わが人生の記

十八世紀ガラス職人の自伝

ジャック＝ルイ・メネトラ 著
ダニエル・ロシュ 校訂・解説
喜安朗 訳

Journal de ma vie

Jacques-Louis Ménétra

白水社

わが人生の記　十八世紀ガラス職人の自伝

Jacques-Louis Ménétra
JOURNAL DE MA VIE

目次

ジャック＝ルイ・メネトラ、十八世紀を生きたある人生のかたち

序

ロバート・ダーントン

〔原注〕この序の原文（英語）テキストの中でフランス語で書かれた部分は《　》で示してある。

ジャック゠ルイ・メネトラの《わが人生の記《ジュルナル・ド・マ・ヴィ》》の出現は、歴史家が思い描いていた夢が現実のものになったということなのだ。これはアンシアン・レジームのもとでの人口動態について、通例念頭におかれているイメージに照応する記録であり（メネトラは二十七歳で結婚、四人の子の父となり、そのうち二人は幼年にして没している）、またサン゠キュロットについてのよく知られた表象とも一致するものだ（メネトラは自ら働くが独立の手工業者《アルチザン》として家族を養うに充分なものを稼いでいる）。しかもこの物語はメネトラ独特の言葉遣いでわれわれに伝えられているものである。この《人生の記《ジュルナル》》はメネトラが一七三八年に生まれたパリで、その幼年期をそれと知覚していくやり方がどういうものであったかを語っているし、地方の仕事場をめぐる《フランス修業巡歴《トゥール・ド・フランス》》での彼の長い旅のこと、親方としてパリに定着し、そこで自分自身の仕事場を開き家庭を築くこと、そしてフランス革命での諸事件の最中に自分の住む地区のセクションでの活動家としての日々のことなども記述しているのである。

　このような記録がほとんど二世紀近くにわたって埋もれていて、今になって日の目を見たということは、信じ難いことのようにみえる。しかしアンシアン・レジーム期に労働者によって書かれた他の三つの自伝が、近年になって再び姿を現しているのだし、また別のものが、それらが埋もれている文書館や屋根裏部屋から、多分出てくることになるだろう。フランスの社会での自伝を熱望する気運は、われわれがまったく予想しなかったほどに、きわめて強いものがあることを示している。

書くことまた読むことに習熟することへの、また書かれたものへの関心も同様に強かったのである。メネトラは事のついでのようにして、自分が読み書きや計算、また歌うことを習ったのは小教区の学校においてだったことを指摘している。十八世紀のパリにはおよそ五〇〇の無料の小教区の学校があった。これは一二〇〇人の住民に一つということになる。公証人文書にもとづいて書かれた著作のなかでダニエル・ロシュは、遺言書を残した家内奉公人一〇〇人のうち九八人が読み書きができ、三分の二の者がライティング・デスク、筆記用具、一日ごとの予定を記載する用紙を所有していたことを明言している。*

＊［訳注］「公証人文書にもとづいて書かれた」ダニエル・ロシュの著作といえば、『パリの民衆—十八世紀民衆文化試論』（一九八一年、パリ）のことだろう。この著作の二〇七ページに次のような指摘がある。一七八九年には、家内奉公人と死別した男または女の配偶者の九八パーセントが、公証人の証書に署名できていると。ただしこれは死去した家内奉公人の遺言書ではなく、遺産目録について、残された配偶者がその目録について承認の署名をしているということである。また家内奉公人の遺産目録のなかにある読み書きに関する指標を集めると、奉公人の三分の一が、書斎用調度品、ライティング・デスク、筆記用具、書見台などを所有していると指摘される。Daniel Roche, *Le Peuple de Paris*, Paris, 1981, p.207

《フランス修業巡歴》をしているメネトラや彼の仲間の職人たちは、旅の中で絶えず手紙を書いている。それは家族との便りのやりとりであったり、女友達をくどくためのものであったり、あるいは次の滞在地で仕事場に欠員が生じているかどうかを問い合わせるものだったりと、さまざまである。メネトラは旅に出ているときに、しばしば背負い袋に一冊の本を入れて持って歩いている。ある都市に身を寄せたメネトラは、即興でシャンソンを歌ったり他の職人といっしょになって道化の寸劇をやったりしている。パリに帰ったメネトラは環状並木大通り《グラン・ブルヴァール》の芝居小屋で宵のひとときを過ごすことも多く、《魚屋体《ポワサルド》》の脚本*を書いていたガスパール・タコネのようなヴォードヴィルの芸人や、人気のある道化役者のピエール・グルランと、ときどきいっしょに酒を飲んだりしている。文芸と著作は彼の日常を構成する要素の一つになってしまっているものであって、だから彼が自分の人生を書いて記録に残したとしても、けっして驚くようなことではないのである。

＊〔訳注〕魚屋体の脚本 pièces poissardes 。ポワサルドとは直接には市場で魚を売り歩く女の呼売り人のこと、また広く市場の女の行商人を指す。しかしこの言葉は魚屋体また魚屋風という意味をもち、女の呼売り人がたてる呼売りの声や客との機知に富んでいるが荒々しいやりとりを、演劇や文学の中心にすえた作品のことをいう。民衆が口にする俗語での放縦で独特な表現が特徴。この魚屋体文学の創作で有名になったのがジャン゠ジョゼフ・ヴァデ（一七一九—一七五二）で、『元日の訪問者』という劇でデビューした。

しかしながら十八世紀という時代にあって、民衆階層に属する人物はどのように自伝というものを受けとめていたのだろうか。メネトラには、自伝を書くにあたってこれといった模範になるようなモデルがあったわけではないのだ。実際のところ、彼は自分の書いたものを章や節に分けたりすることを拒み、すべての句読点を省くことまでして、文章上の約束事とは縁を切っている。彼はこれといった読者に語りかけるかわりに、その作品を自分自身に（「わたしの心に」）捧げているのであり、その作品のあちこちに現在では意味がわからないほのめかしや表現を書き込んでいる。《わが人生の記》を読むのは、そういうことだから骨の折れることだ。ダニエル・ロシュの適切な脚注はきわめて理解の困難な文章の一節一節を解読するのに、おおいにわれわれを助けてくれるものであるが、この身の上話はほとんど接近を不可能とする世界からもたらされたものなのだ。この点こそがこの物語を興味つきないものにしているのであり、またこの物語をそれなりに、ルソーの《告白》と同様の、少々変わった謎めいたものにしている点でもある。

哲学者ルソーが、パリ社会のなかのきわめて上流の世界に上昇していったのに対して、メネトラは社会階梯の底辺の無名の人々のなかに留まっていたということなのだが、それでもルソーとの比較は避けて通れないものがある。この二人の人物のそれぞれの人生行路には交差している部分があるのだ。メネトラの書いているところによれば、彼らは一七七〇年にパリの近郊を連れ立って何度か散歩したことがあり、一度はチェッカーをやるためにカフェ・ド・ラ・レジャンスに立ち寄っている（ルソーがこのゲームで勝っている）。そして二人の社会的出自はともにとり立てて言うほどのものではなく（ルソーの父親は時計屋である）、二人とも早くに母親を亡くしており、父親とはなにかと物議をかもすような間柄で、彼らは青年期のもっとも幸福な時期を旅で過ごしている。そしてつまるところ、二人とも告白を書いたのである。

　しかしルソーは自分の過去の行為について罪責感を充分に味わっているのだが、メネトラはといえば自分の行動を自慢げに語っているのだ。ジャン＝ジャックと同様、メネトラもたくさんの私生児を残しているのだが、彼の場合、そのことを得意がっている。彼はルソーと同様に《母親《ママン》のような女》には弱いのだが、彼の場合にはこの「ママン」とは娼家のおかみのことである。また同様に策謀家連中に取り囲まれるのだが、彼はそうした連中をほうきの柄で殴りつけて追い払ってしまう。メネトラは生涯を通じて、その《人生の記《ジュルナル》》がルソーの物語をさかさまにして民衆の言葉で書き直したものと解釈できるほどまでに、元気いっぱいふんぞり返っている。それは《生意気なパリの若僧《ティティ・パリジャン》》の告白というようなものだ。またこの《人生の記》を架空のおとぎ話と考えることも可能である。この本の冒頭でメネトラは、「わたしはちょっとした無分別の数々を書くことにする」と宣言している。《無分別な行動《フルデーヌ》》《人を担ぐこと《ニッシュ》》《悪ふざけ《エスピエルジュ》》といった笑劇のテーマになるようなことが、その語りを通じて一貫して流れており、それがメネトラの物語の骨格となっているのである。彼はその生涯をその結末がきまってめでたしめでたしで終わる笑劇の連続のように描き出す。彼は何をやらかそうが、つねにそれを切り抜けて自分が有利な立場に立つのだ。《ママン》より抜け目のない彼は、パリの最高級の娼家で泊まり、ただで軽食を供されるという恩恵にあずかる。彼は友人たちの奥さんを誘惑し、こうして欲求不満でいっぱいの家庭における夫婦の間の平和をとりもどす。彼はボルドーの地方長官をだますようなことまでして、仲間の職人たちが徴兵されずにすむようにする。

メネトラはすべてのことに大成功を収めるのだ。背丈が低いにもかかわらず、この《恋の怪力男《ヘラクレス》》はあらゆる女性を誘惑し、あらゆるけんかに勝ち、溺れた子どもがいれば救い出し、あらゆる火災を消し止め、あらゆるげすな連中を煙に巻き、すべての聖職者を唖然とさせ、驚くほど多数の富くじの当たり札を買い当てもして、これで手にした賞金で彼はパリでも最上等の酒場や歓楽の施設で、友人たちにおごることができるのだ。実際のところメネトラは伝説上の英雄を体現しているのではないかと思えるほどに成功するのである。

大きくみれば《人生の記》は明らかにでっち上げられたものだ。ダニエル・ロシュが指摘しているように、メネトラと民衆に人気のあった義賊で英雄のマンドランが、一七六二年という年にお互いに挨拶を交わすということは、マンドランが一七五五年に処刑されたという単純な理由から、ありえないことであった。またメネトラがアンジェ近郊で労働者のアソシアシオンである《ドゥヴォワール派の職人組合》のメンバー五〇〇人を率いて、敵対するアソシアシオンである《ガヴォ派》の七五〇人を相手とする乱闘騒ぎにおもむいたということも、ありそうにない話である。この乱闘はほんものの戦闘で、七人の死者と五七人〔メネトラは一七人と記している〕の負傷者を出したとされているものだ。《フランス修業巡歴》の職人たちが相互にけんか騒ぎを起こしたのは確かであるが、彼らの衝突がこんな規模のものになることはなかったのだ。少なくとも古文書のなかにこのような騒ぎがあればなんらかの痕跡が残っているもので、それがないということは、多分これは作り話なのだ。

メネトラが宿をとった旅籠で起こった殺人事件についての話は、そこで彼が伝えている出来事を構成するすべての断片が、メネトラの作り話であることをはっきり証明しているものなのだ。彼が語るところでは、メネトラが旅籠に到着する少し前に、旅籠の主人の息子が、軍隊で二〇年間過ごした後で帰って来る。自分が誰であるかを告げることなくその息子は部屋をとり、彼の両親に金貨の一杯つまった財布をゆだね、翌日まで安全な場所にしまっておいてくれと頼む。両親は一晩のうちにひと財産を手にできるという誘惑に抗することができない。こうして彼らは眠っている若者を殺害してしまうのだが、翌日になって自分たちの息子を殺してしまったことに気づくのである。この物語はある《瓦版》《カナール》*からとってきたものであり、一六一八年以降さまざまな版が行商人によって売られ、全国に噂として広がったものなのだ。しかしメネトラはそれを実際に目撃したかのようにその人生の物語に挿入しているのである。

＊［訳注］《瓦版》＝カナール canard。発生した出来事を虚実とりまぜて短時日のうちに伝える小冊子、または大判一枚刷りの印刷物。街頭で呼び売りされた。十五世紀末のヨーロッパに生まれ、戦争などの大事件から、人々が何かの前兆として恐れていた天災や自然現象、病気の流行、犯罪や殺人事件などを伝えた。十七世紀から一枚刷り大判ものが出現する。木版の挿絵が人々をひきつけた。

この《人生の記》のどの部分が作り話なのかを明確にすることは不可能であるが、証言記録としての信頼度が低いということよりも、そこに示されている奔放な想像力の示す芸術的な価値のほうに注目すべきである。もしメネトラを十八世紀のウォルター・ミティ*だとしてみれば、十八世紀にはどのようなことに想像力を働かせていたものなのかを明らかにする機会を、彼はわれわれに与えてくれているのである。

＊［訳注］ウォルター・ミティはアメリカ合衆国の短編小説の作家、エッセイストのジェームズ・サーバー（一八九四―一九六一）のもっともよく知られた短編『ウォルター・ミティ氏の秘密の生活』に登場する主人公である。彼は臆病で心配性の男なのだが、一連の冒険に乗り出し自分が英雄のように振舞うのを夢想する。ところが彼の妻のいら立った声に夢をさまされ、現実にもどる。この夢と現実の落差に哀愁に満ちたユーモアがただよっている。

彼は多くの部分でその時代の民衆文学から話を借りてきている。この民衆文学では、彼が旅の日々のなかで起こった思いがけない出来事として描いている諸事件のたぐいが、実際に語られている。たとえばぞっとするような犯罪、亡霊との出会い、悪魔術、危険を冒しての救出劇、悪ふざけ（聖職者をだしにしたものがもっとも辛辣）、盛大な酒宴（もっとも豪華な大宴会は修道院のなかで展開される）などである。メネトラが好むのは性にまつわる行状記だ。彼はつねに誘惑者というポーズをとっているから、この行状記は性豪伝として強調して描かれることになっている。

しかしながらこうした行状記はしばしばボッカッチョから直接刺激を受けたもののようであるし、またアンシアン・レジーム期の語り手たちによって伝播された《デカメロン》の口伝版とでもいえるものから着想をえているように思われる。

職人たちは旅の途中で、また彼らの属する《職人組合》が承認する職人宿で、身の上話を語り合っていたのである。彼らはいくつかのベッドを備えた部屋で、しばしば二人が一つのベッドで眠るのだが、まどろむ前に道化た《告白》を取り交わしたものだった。しばしばホメロスの叙事詩イリアス風に、彼らは招待してもてなしてくれた身分の高い人々に、それぞれの冒険談を語ってきかせたりもしたのである。だから城館の窓ガラスを修理した後でメネトラは、その城館の主人である貴族の食事に招かれて宵のひとときを過ごすのだ。「殿様は女にまつわるわれわれの気まで突飛な行動や、フランス巡歴でわれわれがしでかしたあらゆることを話させて楽しんでいた。わたしもそうしたことのいくつかを語る。殿様とその奥方は涙が出るほど笑いこける」とメネトラは書いている。

《人生の記》は男たちのあいだでこのような一連の会話がなされていたという伝統のなかに組み込まれているものと思われる。この会話は地方への最後の旅から帰り、その草稿の主要な部分を書いた一七六四年に不器用なかたちで書きとめられたのであろう。彼はそれよりもっと後のエピソードで、彼がパリに自分の仕事場をもうけた一七六五年以降の彼のアヴァンテュールについての情報をわれわれに提供している。しかし彼のテキストの核心となっているのは、彼が自分の人生でもっとも幸せだったと考える時期に関するものであり、それはパリに帰ったときの環状並木大通りでのいくつかの出来事も含んではいるが、旅で過ごした七年間についてのものである。

メネトラはその《フランス修業巡歴》の一つ一つの行程を、その旅程に区切りをつけている女を誘惑する話に合わせて物語っている。たとえばヴァンドームのずんぐりした未亡人、トゥールの馬具屋の親方の妻、アンジェの魅力的な女中、修道院の窓の修繕にやってきたメネトラに、初めはそのことがわかるようにと鈴をつけたのはアジャンの修道女たちなのだが、次いでメネトラが彼女たちのなかの二人のスカートの裾をたくし上げた後になると、彼女らは彼に靴下を編んでやる、という具合である。このような語りはブルヴァール演劇で上演されていた喜劇に似通っている。それゆえ、とりすましていて耳が聞えない年配の、しかしまだ《いたって若々しい》リヨンの女性についての語りも同じような性質のものとなっている。この場合メネトラは、ろうそくの火を消して彼女の夫が帰ってきて戸口をたたく前に《攻め落とす》のだ。夫が家にはいり、メネトラは扉の背後に身を隠す――《上出来の思いつき》というわけだ。妻は夫に新しいろうそくを探してきてくれと言い、メネトラはズボンをすばやく着けて、こうして年とった男から身をかくして逃げ出す機会をつかむのである。

　このような数々の物語は環状並木大通りの《客寄せ寸劇《バラード》》や、ボッカッチョ風の笑い話、また好色な冗談話などから同時にとり出したもので、このことはメネトラが何よりもまず物語作者であり、労働階級のカサノヴァまたレポレッロ*であることを示唆している。しかし彼はまた自分の体験からも汲み取っており、その体験は閨房から干草の山にいたる多様な浮れ騒ぎとして要約されるようなものではない。テキストはしばしばメネトラの弱点に向けられており、ほらを吹き虚勢をはる彼の背後で、わが英雄は卑小で弱々しく、一人ぼっちであること――これは彼が描くような十八世紀の真の男とは正反対のもの――を示しているのだ。

＊［訳注］レポレッロ Leporello はモーツァルトの歌劇『ドン・ジョヴァンニ』（初演一七八七年、プラハ）に登場するスペインの貴族ドン・ジョヴァンニの従者。彼は多彩な女遍歴を重ねる主人の尻ぬぐいをさせられる役廻りだが、そのご乱行を面白がり、また皮肉な目で見ている。レポレッロは第一幕で、「主人の愛した女たち」の目録を謳いあげ、「イタリアでは六四〇人、ドイツでは二三一人、フランスでは一〇〇人、トルコで九一人、……あらゆる身分のご婦人、あらゆる姿かたち、あらゆる年齢のご婦人がおります」と言う。

　このテキストの冗談話の合間に散在しているメネトラの自伝的なデータを集めてみるならば、彼がパリの大部分の赤ん坊と同じようにパリ周辺の乳母のもとで、生まれて間もない時期を過ごしていることがわかる。彼の母親は彼が二歳にもならないときに死んだ。ある日のこと、彼の名付け親と祖母が乳母のもとにいる彼を訪ねてみると、自分たちの子が教会の入口で物乞いをしているのを発見する。彼の乳母は数ソル余計にもらうために、彼に口もきけず耳も聞こえない振りをすることを教え込んでいたのだった。彼は祖母といっしょに帰り、十一歳になるまで祖母のもとで育てられ、そのあと再婚していた父親のもとに身を寄せ、ガラス職の手ほどきを受けることになる。子どものジャック＝ルイはまた父親にぶたれるのを避けるすべを心得るようになり、父親の怒りがひどくなったときは、パリの橋の下で寝ることを覚えるようになる。

父親の暴力は子どもが青年期にさしかかるころにさらに激しくなり、二度目の妻も亡くした父は酒を飲むようになる。言い争うなかで父は息子のあごを打ち砕いてしまう。また別のときには息子の脚を傷つけ、またほかの諍いで少年は身を守るために短刀を抜き放つ。こうしてメネトラは父親の家を立ち去るときを迎える。数年間をパリの仕事場から仕事場へと働き場所を変えた後、十八歳になったメネトラは《フランス修業巡歴》を開始する。旅から帰った彼は、その嫁資が自分の仕事場を開くことができるほど高額であった若い娘と結婚する。そしてはやばやと彼は自分の子どもたち、一人の息子と一人の娘と諍いをはじめるが、それはまさに彼が父親とけんかをはじめたのと同様のことだった。

メネトラはこの種の話を、自分の運命を哀れむような調子でもなく、自分の罪責感を表明するようなことでもなく、事実だけに限定してやっているのだが、しかしそうしながらも、人生は苦もなくやっていけるといった考えを信用ならぬものと考えているのだ。この物語の末尾で彼は、父親からも認められず友人たちからも裏切られ、妻に捨てられ、息子は仕事に熟達し親方となるやほかの仕事場に逃げて行き、自分の息子にも見捨てられたことを、くどくどとくり返し述べている。メネトラが相手にした女性たちはどうなったのかと知りたくなるが、そこで気づくことは、メネトラはその女性たちの名を実際のところはまったく、その配偶者の名前まで含めて、記していないことである。これらの相手とした女性は、くどき落とした女についての印象深いコレクションを形づくっているが、――つまり娼婦との関係を別にしても、結婚前に五二件、結婚後に一二件ほどのアヴァンテュール――ただしそれらの女性たちは表情を欠く修道女や、ありきたりの冗談話に出てくる農場の娘たちのように、相互に入れ替えても差しつかえないような性格のものである。こうした女性たちを回顧しながら、メネトラは心も体もともに分かち合うことを彼に申し込んだニームに残してきたガラス屋の未亡人のことを想っている。このような女性の人生に自分のそれを結びつけるよい機会に恵まれながら、それから逃げてしまったのは間違いだったのではないか。彼はいつも何かのかたわらを――この場合は愛なのだが――すり抜けて行ったのではないか。「わたしは燃えるような愛情の恋ではなく、快楽での恋しか知らなかった」と彼は書いているが、結局のところ笑い話の種になっているのは、多分メネトラ自身なのだ。

《わが人生の記》には、虚勢を張った自慢話の下から頭をもたげてくる不安を表現している第二の相があり、それはわれわれと似通った人間の在り方を垣間見させてくれる。そうはいってもわれわれは人を安心させる homo sum〔私は人間である〕というリフレーンを念頭にして、この本を閉じるわけにはいかない。というのもメネトラの語りには第三の相が内包されており、この側面は彼の物語をいちじるしく困惑させるものにしているからである。彼はわれわれが理解することのできないいくつかの現実にたえず軽く触れてみせるのだ。こうしたことはわれわれの辞典にはない言いまわし(たとえば修道女のことを《油ろうそく》呼ばわりすることは、ひどく無礼なところがあるのだろうか)から、今日のわれわれにはまったく理解できない行為(たとえばメネトラは一匹の猫を籠の中に押し込んだり、肥育鶏をユダヤ人から盗んだりすることを、どうしてあんなに愉快がるのだろうか)に至るまでがそうなのだ。

＊〔訳注〕古代ローマの喜劇詩人テレンティウスの言葉 humani nihil me alienem〈私は人間である。ゆえに人間に関することは、一つとして私に関係しないものはないと思う〉からとられている。

同じように、メネトラの大部分の冗談はわれわれの理解を超えている。半裸にされ鉄の籠に押し込められた娼婦たちが川のなかに浸けられるという、彼が低俗な喜劇のようだと思っているバイヨンヌでの光景のどこに、ひどく滑稽なところがあるのだろうか、と問うてみたくもなるのだ。また彼がリヨンで目撃したようなこと、つまりある貴族が町のせむし男すべてを集めて彼らに食事をともにさせ、そうした場でせむしの格好をわざとした市民たちが、せむし男たちにセレナーデを歌って聴かせるということを、彼は「魅力的な悪ふざけ」と言っているのだが、そうしたことのどこに魅力があるというのだろうか。またメネトラは、自分の雇い主が窓ガラスを肩にかついで運んでいてつまずいたときに、どうして笑いをこらえることができないのか。そのときのことをメネトラは次のように書いているのだ。「彼はかつらをつけているだけだったので、頭をガラスに突っ込んでしまい、身動きならなくなる。たくさんのガラスの破片で彼の首は傷だらけになり、ちょっとからだを動かしただけで、激痛に見舞われるのだった。（……）わたしはどうこらえようもなく声をたてて笑ってしまい、帽子をかぶるべきだと言った」

笑いというものは数世紀を経た後でも、その意味が明瞭に保持されているというものではない。笑いが遠い過去に生じたものである場合には、その笑いはわれわれと祖先のあいだにある共通の人間性を明らかに示すものであるよりは、われわれと祖先とのあいだをへだてている亀裂をあらわにしているものなのだ。メネトラの冗談にはそうじて残酷なところがあり、それらは女性たちに加えた侮辱を媒介にして、しばしば男性たちの連帯感を表現しているとみてよいようなところがある。このような特徴をもつ「悪ふざけ」の一つにおいて、メネトラとその仲間のゴンボーは、パリ近郊の森の中で恋人と愛の営みをしている最中の娘を、不意に襲った。二人は、一人が娘の相手の若者が草むらに放ったらかしにしておいた剣でもって、その若者を脅かしているあいだに、他の一人が娘をものにするというようにして、順番に狼藉に及ぶのである。このような行状は、数日たってからぶどう酒一瓶を酌み交わしての二人を固く結びつける盟約で最後を飾るのである。「われわれ二人はとびきりの友達だが、二人は兄弟の契りを結ぶべきだ」と彼らは言明する。こうして彼らは靴についている銀の留め金を売り払い、その金でもって娼婦一人を連れてともに一夜を過ごすのである。

男というものは彼のような獣性を捨てきれないものなのだろうか。わたしが疑問に思うのは、現在でも男はこのような行動に出るものなのか、あるいは少なくともそうした自慢話をするものか、ということである。メネトラの自慢話は説明をしておく価値のあるものだ。たとえば、われわれはそこに階級対立の一要素を見てとることができるかもしれないのだ。メネトラとその仲間の職人労働者たちは、彼らの雇い主を寝取られ男にしてしまう奥の手を身につけている。それはありとあらゆる冗談によってであり、これはまったく滑稽なものだ。彼がオーシュに到着したとき、「ブルジョワ」――労働者は自分の雇い主をこのように呼ぶのが普通だった――の奥さんに性病をうつしてしまう。そして彼女はその夫に病気をうつしてしまい、夫はよそで感染したと思ってメネトラにそのことを打ち明ける。恋の手管につうじているだけでなく、伝統的な療法についてもくわしかったわれらが英雄は、夫婦の病気を治してやって感謝され、雇い主の祝福を受けながら町を立ち去って行く。このブルジョワは治療してくれた人物に病気をうつされたとは、まったく疑いもしなかったのである。

またこうした悪ふざけを社会的また経済的な地位上昇にかかわるテーマを、変奏したにひとしいものと説明することもできるだろう。ガラス屋の職業では多くの免許を受けた他の職と同じように、親方資格の数は制限されており、それは未亡人によって譲渡されるものであった。親方が死亡すると彼らの未亡人はその仕事場の職人と結ばれ、その職人が仕事場を受け継ぐ。メネトラはその《フランス修業巡歴》の途次、がんばってガラス屋の多数の取引きの先頭にのし上って行かないか、という多数の申し出を受けたと自慢して書いている。彼の友人の一人が雇い主の奥さんとの仲を絶ったときに、メネトラはその友人を酒場に連れて行き、「あんたにぶどう酒一瓶とサラダをおごってやる」と言って慰めている。こうして食べ物を分け合って食べ、ついでその女性も分け合い、メネトラとその友人は自分たちは「兄弟」になったと考えるのだ。

このエピソードにはもうひとつの説明が必要となってくる。それは男の仲間意識ということである。旅にあって職人たちは、出会った女たちを分け合うことで、しばしば相互の友情を伝えるのだ。彼らはともに性病にかかったということを通じて、相互に結ばれていると感じてさえいる。性病が彼らをみだらないたずらの共犯者にするというわけなのだ。一人の料理女を誘惑した後で、酒飲み仲間のなかの二人と同じように淋病に自分もかかったことがわかる。

彼らの病のよってきたるところが同じであることを確かめ合うと、彼らは笑いながら自分たちも「兄弟」になったのだと宣言し、三人そろって水銀治療を受ける前に、酒場で自分たちの友愛関係を祝って飲むのだ。

しかし人がどのように皮相な社会学的知識——つまり階級間の対立とか社会的流動性、また仲間のあいだの連帯といったこと——を適用しようとも、このテキストには明らかに異様なところがある。メネトラは普通では想像できないほどの、暴力や死に充満した世界に生きているのだ。ニューヨークの地下鉄、あるいはロサンゼルスの高速道路は、しばしばすさまじい光景の舞台となるが、いったいわれわれのうちの何人が、生命の通わなくなった肉体と日常的に対面させられるということがあるだろうか。メネトラといえばたえず屍と、セーヌ川から引き上げられたり、絞首台にぶら下げられたり、そして小競り合いの後で街路を護送されて行く屍、あるいは葬儀に際しての屍などにたえず出くわすのだ。ある朝、メネトラの属する《職人組合》がよく利用する宿で彼が目を覚ますと、彼はおなじ部屋で寝ていた職人が死んでいるのに気がついたりする。別の旅籠で彼の友人の一人が小便に行こうとして起き上がると、彼らが宿に到着する前にベッドの下に隠されていた死体につまずく。

メネトラは自分の子どものうち二人が幼くして死んだということを、事のついでのように指摘しながら、彼の生涯の物語をはじめている——これは歴史人口学の専門家の指摘に従うならばよくあることだったのである。彼はさまざまな種類の暴力沙汰に触れながら、その物語を綴っていく。花火で遊んでいて彼の友人の一人は鼻をもがれてしまう。他の二人の友人は火薬を取り扱っているときに、それが爆発して耳が聴こえなくなる。彼のいとこの一人はピストルをもてあそんでいて、家の炊事婦を思いがけず撃ち殺してしまう。仕事をともにしていた職人の一人はアルコールでぼーっとなり、ポン＝ヌフ橋の上で眠り込みセーヌ川に落ちて死ぬ。もう一人の飲み友達の職人は、コニャックと間違えて毒薬のはいった瓶を飲み干してしまい、死ぬ。メネトラが住んでいた家屋で、ある奥さんが夫と口論して窓から飛び降り、一階の仕事場にかけられた錬鉄製の看板の上に落ちて傷つき倒れる。この《人生の記》にある死体をかぞえあげてみれば、書かれている恋のアヴァンテュールの数とほとんど同じように、強い印象を与える。

メネトラはその語りのなかで以上のことをおそらく誇張して書いているのだろうが、しかし誇張しているという事実は、それ自体で重要な意味をもっている。それは書き手が、読者が身近な死と隣り合わせで生きていると考えていることを示している。またその物語の死にかかわることを、メネトラはその時代の民衆文化からとり出してもいるのだ。たとえば彼は殺人犯として有名なラ・ジルーの犯罪についてのことを、ラ・ジルーが処刑されたときに売られていたその裁判と刑の判決を一枚刷りの印刷物にしたものと同じ文体で、その物語に書いている。彼はこのような小冊子の一つを買ったと述べており、それに続いてこの小冊子に特徴的な筆づかいで書き加えてもいるのである。そこでメネトラはラ・ジルーが死ぬ前に、彼女の処女を奪ったのが彼なのだと暴露して非難するのではないかと恐怖にとらわれている。彼はまたデュアメル一味の犯罪と刑の宣告についても、同じようなやり方で、きわめてセンセイショナルにその犯罪の細部にこだわりながら書いている。「デュアメルという恐ろしい男」はその愛人を殺して心臓を焼かせてから食べた。「彼は刑事代官の尋問に対し大胆にも次のように答えたのだ。〝代官殿、あなたも一度あれを味わってみれば、やめられなくなりますぜ〟」

民衆文化の他の多くの要素もまた、この物語に影響を与えている。多くのパリっ子と同じようにメネトラも、死刑執行人であり、死者と身近に接していたために、病気治療に大きな力を発揮することで有名だったアンリ・サンソンに魅力を感じていた。メネトラが中風らしきものにかかったとき、「アンリさん」は、死刑を執行されたばかりの罪人の屍から調合した水薬を彼に投与して、元気を回復させている。

《人生の記》ではメネトラの食事はさまざまな意味作用――病気を治す、女を誘惑する、友情をとり結ぶ、あるいは仕事を見つけるといった――にあふれたさまざまな行為に結びついたものである。彼の属する同業組合《コルポラシオン》の文化にとって、酒場は教会よりも重要な場となっている。酒場は職人組合の儀礼をおこなう場として、友愛にあふれた雰囲気を提供している。メネトラは多くの通過儀礼を、飲んだり食べたりしながら克服していき、その儀式から自分流のものをつくり出してしまう。それは洗礼式や聖体拝領式の滑稽版のようなものとなっていた。メネトラの言明するところでは、このドゥヴォワール派の儀式は成功をおさめ、組合の指導的人物たちはそれをまじめに受け取って非難し、こんなことでは彼らのアソシアシオンが反抗的な「パン屑の会の職人たち」であふれかえってしまうと言ったという。

またメネトラはまじめな儀式の主宰者であろうとした。あとからふり返ってみると、彼の人生の頂点は聖ルカの日にリヨンのガラス職人がとりおこなった祭りにあったように思われる。彼はガラス屋の親方たちのすべての店に花を飾りつけさせることに力を注ぐ。すべての職人が灰色の服を着て、白の手袋と靴下をつけ、髪をカールしてそれを白いリボンで飾る。そして彼らは街路をバイオリンとオーボエの音色に合わせ、花束と彼らの同業組合の記章をつけてパレードする。これに続いておよそ一週間にわたり、食べ、飲み、ダンスをする。この祭りの費用は三〇〇日分の賃金に相当するが、彼らはそんなことはまったく気にかけていない。彼らは現在の労働者のように時間や金のことを計算してみたりはしないのだ。反対に彼らは過剰な行動、たらふく食べ、徹底的に酒を飲み、度外れに金を使い、放蕩三昧をやらかし、情け容赦のないけんかをし合い、しゃべりまくり、かんらかんらと豪放に笑うといった過剰なことを、価値あるものと信じている。

このような行動のすべてはその基本のところで、ラブレー的な傾向をもった平民文化に照応しているものである。裕福な階級の人々はヴォルテールを読んで思わず笑い出したり、あるいはルソーを読んで涙したりしていたのだが、労働者たち、そして多くの女子労働者も多分そうなのだが、二世紀も前のラブレーの作品がその本質をつかんでいた、こうした騒然とした世界のなかで生きていたのだ。ミハイル・バフチーンは民衆の「ラブレー的感性《ラブレジアニスム》」には革命的性向がはらまれていたことを明らかにしてみせた。メネトラがフランス革命に注ぎ込んだイデオロギーの根源のところには、この「ラブレー的な感性」があったのではないだろうか。

メネトラはそのサン＝キュロットとしての経験を手短かに、しかもひどく混乱したかたちでしか語っていないので、われわれはこの問題に明確な答えを出すことはできない。彼が恐怖政治を目撃したのは、彼が身を置いた街路からである。そこでは党派間の分裂は彼の居住街区《カルティエ》での争いごとと一体になっていて、政治は《暴力での果し合い》と化している。彼の語りはロベスピエールやそれに類した連中のことには言及しておらず、その反対に民衆――下層民、職人と手工業の親方――は、その語りのいたるところに顔を出す。彼らはバスティーユを攻め落し、テュイルリー宮殿にむかって行進し、国境で外国の軍隊の侵入を押し返すために首都をあとにしたりするのだ。この民衆の革命は啓蒙思想から生じたものではないが、メネトラがアンシアン・レジームで親しんだ諸原理のあるものを具現化している。未来のサン＝キュロットは、リヨンの聖ルカの祭りで輩下のガラス職人たちの名誉のために乾杯して、「わが友よ、今日ここで全員がそろって仲間同士だ、いざともに進もう」と雄弁をふるったメネトラのうちに、すでにその面影を宿しているのだ。

同じような精神はルソーの《社会契約論》のなかにも見ることができる。しかしながら、パリの革命的な諸セクションにおけるこうした精神の、それに特有な共鳴作用を充分に理解するためには、ルソーを超えてラブレーにさかのぼらねばならない。《ガルガンチュア》や《パンタグリュエル》においては、自由と平等とは隷属状態を陽気な騒ぎによって拒否すること、そして人生での賜物を分かち合うことなのだ。――これはサン＝キュロットたちが言っていた《昂然たる自由》とか《享受の平等》と同じ意味をもつことなのだ。ラブレー風の観点から考えてみれば、サン＝キュロットの三つを一体として主張するその第三のもの――つまり友愛ということだが――を、メネトラはわれわれに理解させてくれる。メネトラが友愛ということの意味をつかんだのは本の中ではなく、酒を酌み交わしながら、また《フランス修業巡歴》を女から女へと続けて行くなかでのことだった。こうしたたぐいの友愛は多分、暴力的で残酷なものなのだが、一七九三年から九四年にかけて試練が最後の頂点を迎えたときに、それはたらふく食べ、共和政の救出におもむくということだけでなく、ある種の生きる技を守り、確保するための共同の努力へと下層民を団結させたものなのだ。

こうした生きる技は旅のなかで、また酒場において、著作家ではない人々によって伝えられていくものであって、歴史家たちはこれまでそうしたことの痕跡を見つけ出すことが、なかなかできなかったのだ。一般的には、歴史家たちは図書館のなかから探し出した文書史料にもとづいて過去を再構成する。歴史の教授から教授へと、その作品から作品へと、同一のシェーマが浮上してくる。この過程はおそらく健全なことであろうし、ともあれ避け難いことではある。しかしながら、ときとしてそれは歴史からすべての生命を抜き取ってしまう。ダニエル・ロシュのおかげで、われわれは新たな生命への通路を手にしたのだ。その生命は正真正銘のものであるのだが、しかしそれは二世紀も前に、一人の男として生きることが何を意味していたかについて、われわれが理解していることを問い直すような途方もないものなのである。

凡例

ここに訳出したジャック＝ルイ・メネトラのテキストは、句読点がなく表音的綴字法をともなうもので、三三一葉の原稿からなっている。この原稿はパリ市歴史図書館に埋もれていたものを、一九七〇年代にフランスの歴史家ダニエル・ロシュが発見し、それを精査し、詳細な脚注をつけ、また一冊の研究書になりうる解説を付して公刊した。それが、十八世紀のガラス職人ジャック＝ルイ・メネトラ著、ダニエル・ロシュ校訂『わが人生の記』（初版一九八二年、再版一九九八年、パリ）Jacques-Louis Ménétra, Compagnon vitrier au XVIIIe siècle, Edité par Daniel Roche, Journal de ma vie, 1ère édition 1982, 2e édition 1998, Paris である。第二版にはロバート・ダーントンの序文が付けられている。

本訳書はこの本を、ダーントンの序文も含め全訳したものである。

この原書にはメネトラのテキストを印刷に付するにあたって留意した事項が、前もって記されているが、ここではそれをとり入れながらも、訳書における留意事項となるものを列記する。

1　印刷された原書はメネトラの意思に従って句読点は付けられていない。しかし文と文の間はあけられ、パラグラフがはっきりわかるようになっている。しかし、そもそも文頭が大文字に始まるフランス語原文と異なる日本語では、句読点を付けなければ、文章の安定をはかることはできないので、訳文には句読点を付すことにした。

2　メネトラは統辞法に従っていないところがあるが、原書では原稿のままにしてある。また注意すべき点は、メネトラが demander と dire、que と dont、ou と et、lorsque と alors que、malgré と à cause などなどを区別せずに使っていること、またouにはアクサン記号をまったくともなっていない。こうした点は文意に従って訳出した。なお、印刷された原文では、草稿の十八世紀の綴字法は現代の綴字法に直してある。

3 原書では文意を明確にする必要がある場合、（　）に入れて言葉を補っているところがある。訳文でも努めてそれを（　）に入れて書き加えるようにした。

4 原書では同じ言葉を重複して使っていたり、メネトラのあいまいな判断から混乱をひきおこす言葉が使われたりする場合に、その言葉は［　］に入れられている。しかし訳文でこれを再現すると、かえって文意がとりにくくなるので、あえて訳出しなかった。これはごく少数であり、メネトラの誤記によるものが多いので、問題はないと考える。

5 パリ市歴史図書館においてダニエル・ロシュが発見したメネトラの手稿原稿は六七八枚の紙葉よりなるが、そのうち一～三三一の番号が付されているのが、本書の『わが人生の記』の原稿である。その他の原稿は短編の評論文や詩などよりなるもので、本書の脚注や解説論文では『雑文録』と表記し、第二のフォリオとしてそのページ番号を書き、F° II 150というように注記してある。この『雑文録』は未公刊である。

6 原注において参照された言語についての大辞典は、アカデミー―トレヴー―フュルティエール―アンシクロペディー―リトレ―ロベールと指摘されている。

7 訳注は〔訳注〕と指摘してある場合のほかは、〔　〕のなかに記してある。

8 原注のなかに付けられている古文書館や図書館についての略号は次の通りである。

AN―国家古文書館　AD―県古文書館
AM―市古文書館　APP―パリ警視庁古文書館
BN―国立図書館　BHVP―パリ市歴史図書館
BM―市立図書館

ある庶民の自叙伝

ダニエル・ロシュ

このテキストは来歴がはっきりしないものである。どのような経路をたどって現在に至っているのかを知ろうとしても、どんな手がかりをうることもできないのである。とるに足りない痕跡はあっても解明の役には立たず、それを調べてみても袋小路にはいってしまう。このテキストはF・A・デトゥーシュという人物の蔵書のなかにあったものであるが、その蔵書目録にはまったく記載されていない。このテキストの草稿はパリ市歴史図書館の所蔵するものなのだが、この図書館の運営にかかわる資料を調べてみても、いつそれが収蔵されることになったのか、またどういう来歴をもつものなのかを正確に知ることはどうしてもできないのだ。要するに批判的態度をとれば否応なしに生まれる、どのようにして、また何故にという、パリのガラス屋であるジャック＝ルイ・メネトラの、それなりに独特なものであったことは疑いない人生を知ることができるような疑問に、答えを出そうとしても、堂々めぐりになるだけなのだ。たしかにこの男は実在していたのであり、いくつかの困難はあってもパリの文書館でその痕跡をたどることはできる。彼はある日、民衆でも著述ができるのだということを明らかにしているこの並外れた証言を、書く決心をしたのである。それで長い間にわたって、十八世紀において一人称で書かれたこの人生についてのまがうことなき物語の意味を、さらに問うていくことができるのだ。

「貧者は並外れた人々だ」とチェーザレ・ツァヴァティーニ*は一九三六年に、貧困から生まれる文化の根底にある実相を皮肉をこめて強調している。そうした文化にあっては、言葉や物的な条件や生きざまがいっしょになってもう一つ別の世界を、いささか様相が異なり一つにまとまった宇宙を形成することをひそかに企てているとするのだ（1）。それに加えて貧者は黙して語らず、公認されている文化が定着している回路の周辺部に追いやられている彼らは、自分たちのことを理解してもらう方途を、きわめてしばしば絶たれているのだ。例外的に生じた状況によって、この別世界からの声がときに聴きとれることがある。家計簿が多少発展して日記、つまり日録になる場合がある。これは裕福な階層、とりわけ特権的な階級では稀にしかみられないことであるが、より下層の階級でもそうしばしばあることではない。というのも筆をとる人は、世代のリズムまた人々の死や人生の諸時期のリズムに従って変化する、一つの家系や一つの家族のたどった多事多難な道程を、資料が保存されていたり事柄が記憶されていたりすると、たどってみたりすることはあっても、自分自身のことはあまり語らないからである。リールのセイエテ絹織物業の親方だったピエール・イニャス・シャヴァトは、このような帳面を一六五七年から一六九三年にかけてつけていた。これについてはアラン・ロタン（2）が見事な研究をおこない、それ以来、われわれが現在手にすることのできる、フランドル地方の手工業者、織物工や都市の庶民についての、他にあまり類例のない証言の一つになっている。つまりこれはルイ十四世治下のフランスについての唯一のものなのだ。また少しばかり変わったところのある人生記録がある。それは出身階層とあるところで決定的に切れているもので、その人生の行く手に積み重なる困難の数々を乗り越えて歩んだ道を意味するもので、それはヴァランタン・ジャムレイ＝デュヴァルという、十八世紀の貧しい百姓だったが、その時代のすぐれた碩学の一人であるロレーヌ大公の司書になった人物の自伝である。これは悲痛な思い（3）を打ち明けた農民の証言であり、ルイ十五世治下のフランスでのものとしては、ほとんど唯一のものである。

＊〔訳注〕チェーザレ・ツァヴァティーニ、イタリアのシナリオ・ライターまた劇評家。第二次世界大戦直後のイタリアのネオ・リアリズム映画の理論を形成し、デ・シーカの映画（『自転車泥棒』、『ミラノの奇蹟』など）のシナリオを書いたことで知られる。

それから一〇〇年の後、産業革命が伝統的な生活様式を変え、古くなった都市文明があらゆる側面で崩れていき、政治の大鍋が煮えたぎり、職人や労働者によって書かれた人生の物語が花盛りとなる。それらの物語は世界のいかんともし難い変化をよく示しているもので、新たな疎外された状態を告発している。プロヴァンス地方の指物職人アグリコル・ペルディギエ、ボルドー近郊の町リブルヌの人でパン職人のエティエンヌ・アルノー、シャトー＝ルノーの錠前職人ピエール・モロー、大工で職人名を〈アングモワの人、木工の友《アミ・ド・トレ》〉と名づけられたジョゼフ・ヴォワザン、マントの馬具職人オーギュスト・バタール、ペリゴール地方のドム出身の蹄鉄職人アベル・ボワイエ、リムーザン地方の石工マルタン・ナド、靴職人で職人名を〈カルカソンヌ人、最愛の人〉というトゥサン・ギヨムゥ、このほかロジェ・ルコテ(4)が調査した人々などが、語り、書き、貧しき人々が何世紀にもわたって続けてきた沈黙を破ったのである。このことは彼らの周りですべてが砕けることなのであり、またしばしば、個人的に書くことを選択したことで生ずる責任が、そのような自分を説明し、その是非を論じ、そして闘うことへと彼らを誘うのである。彼らにとってアイデンティティの獲得は、集合的記憶が証言するものを通して受けいれられるものなのだ(5)。かなりはやくから社会学者は、自伝の研究から出発して労働者や農民の世界を理解しようと活動をはじめている。また現在の研究者は今やあらゆる分野で、伝記的な物語を利用している。どた靴を履いたり木靴を履いたりしている自伝は、今日ではすぐれた鉱脈をなしており、その鉱脈にあっては歴史によって排除されてしまった職人たちの時代でと同じように、われわれの時代の危機的状況と、それをとり収めていく筋書きが、同じように浮上しているのである。「あんたの人生を話してくれ、そうすればおれはあんたが何者であるかを言ってやれる」というわけである。そのうえにこれは他の世界を見ようと欲し、社会的なるものの内在的なヴィジョンに接近しようと望む人にとって必要なものなのだ。

十八世紀においてはジャック＝ルイ・メネトラのテキストが放つ閃光は、ただ一つ孤独に輝いたものであって、そ

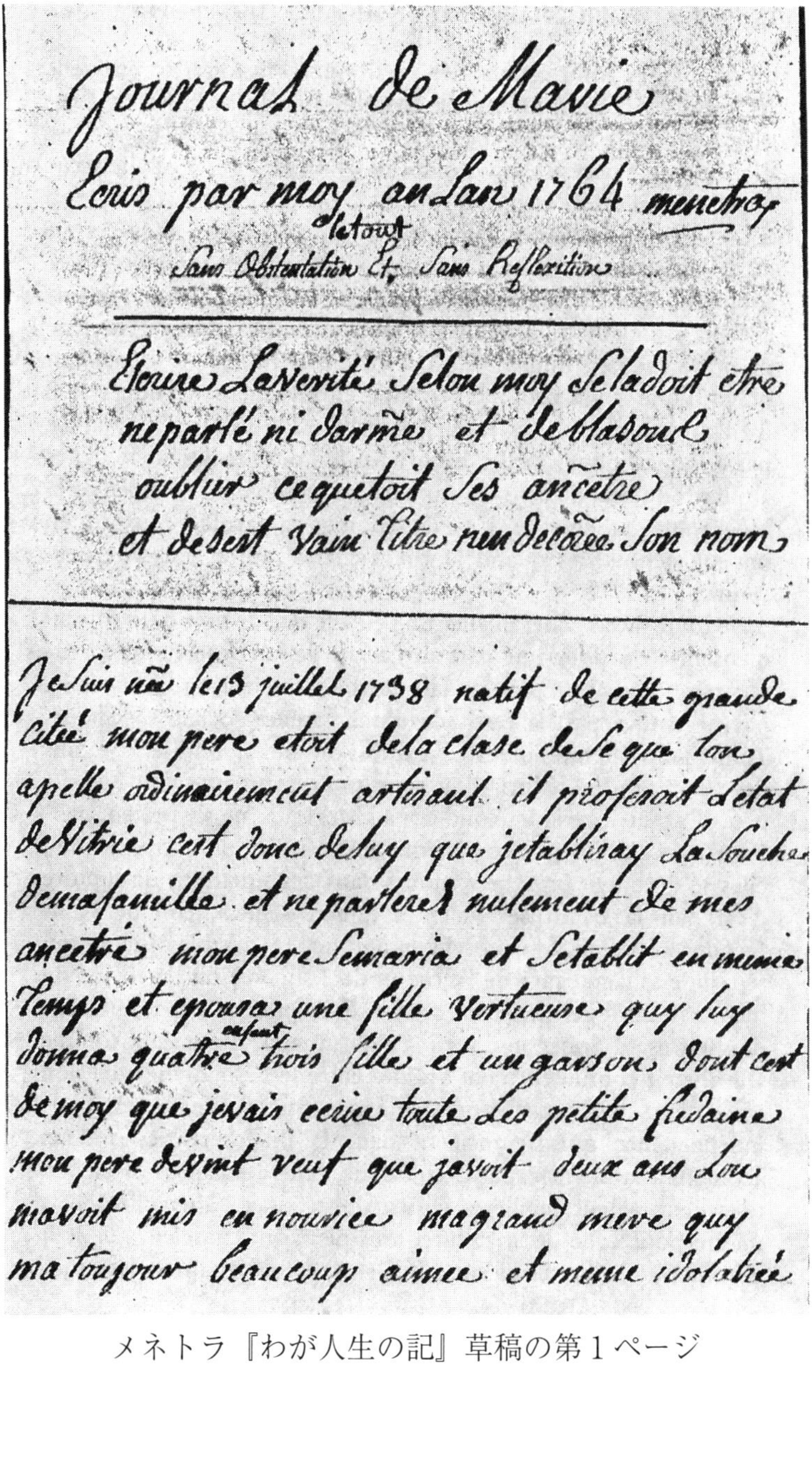

Journal de Mavie
Ecris par moy an Lan 1764 menetra
de tout
Sans Obstentation Et Sans Resflexition

Ecrire La verité Selon moy Se la doit être
ne parlé ni darme et de blasons
oublier ce quetoit Ses ancetre
et de Sest vain titre rien decorer Son nom

Je Suis née le13 juillet 1738 natif de cette grande
citée mon pere etoit de la clase de Se que lon
apelle ordinairement artisant il professoit Letat
de Vitrie cest donc de luy que jetablirai La Souche
de ma famille et ne parlerai nulement de mes
ancetre mon pere Se maria et Setablit en meme
temps et epousa une fille vertueuse quy luy
donna quatre enfant trois fille et un garson dont cest
de moy que je vais ecrire toute Les petite fredaine
mon pere devint veuf que javois deux ans Lon
mavoit mis en nourrice ma grand mere quy
ma toujour beaucoup aimee et meme idolatrée

メネトラ『わが人生の記』草稿の第１ページ

の場合、庶民の自伝というものは当時可能だったのかという、根本的で問題を多く含む問いが生ずるのである。真の自伝というものは個人、つまり〝わたし〟なるものを、また狭い個人的な視点を中心に置くものである。そして人生の外からではなく人生自身のなかに、歴史の語るたどたどしい言葉によって示唆を受け、あるいは「意味を生成させる」(6)オーラル・ヒストリーにたずさわる歴史家や社会学者の問いかけによって生気を吹き込まれた深々とした一体性を求めて、人生をまるごとさらけ出すものなのであり、これこそが真の自伝(7)と理解しておこう。かつてと同様に現在でも、本ものの自伝の賭け金というものは、「〝わたし〟なるものがもはや個人としては存在しないという事態に際会している」(8)ときに、言葉を奪われた人々に言葉を取り戻させることなのだ。

いずれにしろ、一つには史料の保存状態という偶然事に原因があり、他方では、これはありがちのことだが、探し求めぬ者は報われないということが問題なのに、自伝など存在しないと総括され、そこから自伝を生み出すものが特殊・社会的に欠如している、という確信を導き出すことはいささか性急なことであろう。すべての自伝は、「わたしは自己となった」(9)と表現されるものであり続ける。ある人物がそのアイデンティティを構築しようとする努力は、それに適した歴史的条件なしに果たして記録されうるものだろうか。そのような日がくるまでそれが彼ら自身なのだと聞かされていた人々にとっては、歴史的条件はほとんど常に、これまでの自分とは切断され、そこから異種混合性が生まれ出る状況のなかにその姿を現すのだ。ヴァランタン・ジャムレイ＝デュヴァルはジャン＝ジャック・ルソーと同様、トンネールの徴税管区に迷い込んだような村と、あるいは平凡なジュネーヴの時計屋の仕事場と、文芸共和国の競争相手の多い地位とをへだてている信じがたいほどの落差を、一生のあいだに踏破してしまったのだ(10)。またマルモンテル*のことを考えてみよう。ルソーはデュヴァルと同様、支配層の世界の価値観に参与したいという欲求と、それとの差異のなかに根を置いた自由や独立性の保持に心をいたすこととのあいだで、たえず引き裂かれていた。二人とも充分に文化的才能——それは権威ある階級の文化であったが——を発揮した。また二人ともそれぞれのやり方で、貧困による隷属を文化による隷属に置き換えるようなことは拒否する。二人とも孤独のなかで模範になることを意識している。プロテスタントのジュネーヴの人とカトリックのブルゴーニュの人のあいだには、才能や名声に違いが生じているにしても、またジャン＝ジャックが、「わたしはある企てを考えているが、それは何も模範となるものでもなかったし、またそれを模倣する人などまったく出てこないようなものである」と自身で言っているような自負に満ちた意志と、学殖豊かなヴァランタンの誠実な謙虚さとは非常に対照的であるが、どちらも知への意志によって彼らの自由への欲求を正当化している。どのようにして数々の障害に抗して一つの人格が形成されていくのだろうか。どのようにしてこの世界はあなたを現在のあなたたらしめているのか。いかにして試練を生きた経験はつねに解放となるのか。こういう問いかけがなされるからには、この二人はともに民衆なのだが、しかしまた民衆の中にはもういないのだ。つまり例外的に書く行為に生きる庶民であるよりは、証言を書く著述家なのだ。ヨーロッパの文化的地平に十八世紀後半のこの瞬間に生まれる自伝的表現には、彼らが多様に、しかし確信をもってその潜在能力を開発している諸問題と選択が書き込まれている。公衆はそれらのことを認識するようになるだろうし、読者はそこに自分の姿を認めることができるだろう。ジャック＝ルイ・メネトラはこれとは別の部類に属しているのである。

＊［訳注］マルモンテル（一七二三—一七九六）、ヴォルテールの保護を受け、悲劇作品や『コント・モロー』を著し、一七五五年頃から評判になる。百科全書にも文学や美学の論考をよせ、文学的著述によって狂信や宗教的不寛容を告発、百科全書派（フィロゾーフ）として認められる。

もちろん、メネトラの企てたことは、人格の内部に歴史性を発見することが、教養ある階級のみがよくするところとは限らないことを、証明してみせた点に意義がある。過去とのかかわり、その過去を語ろうとする意図は、彼の場合とルソーやデュヴァルの場合とで、その次元において異なるところはない。しかしメネトラの草稿は差異を明瞭に意識していることを物語ってもいる。多分、著述を終えてそれをもう一度書き写してから作ったと思われる、序文の意味をもつ六つの書簡体の詩——その一つだけをこの回想記のはじめにかかげておいた——と、それに加えて回想記の末尾に置かれている詩とは、それらがさまざまな変化をみせ、ためらいがちなくり返しがあったり、語調に変化がみられることなどによって、自分自身に対する不確かさや、書くことについての文人や著名な作者にはあまり見られないような、優柔不断な態度が表現されている。

　下層社会の人であるメネトラは、自分の書く意図が定まらないのは、社会的また文化的な独自性を主張しようとしているからなのだと、弁解を試みている。書く意図が定まらないという点は、彼の気の狂ったような文章の調子、つまり人をあざけるようなスタイルのなかに現れているし、社会的また文化的な独自性の主張は、そのテキストの具体的な文法的なアスペクト自体の問題、またその将来の運命が定かでないという問題を生み出しているのだ。気まぐれ、突飛な行動、冗談、いたずら、無能ぶり、といったことは、書くことをめぐってよくある気取った調子とか、月並みな熟慮といったことからくるものではなく、性格の深いところにある音域を明確に示すものなのだ。メネトラは彼の用いている言葉からして、彼が日常的になじんでいることのない文化に通じていることは明らかである。彼が筆をとると明らかに伝統的なものとはへだたりのあることをはっきり示す言葉が、自ずから姿を現す。「回想」、「想い出」、「告白」、「わが人生の記」、「物語」というような言葉もそうではないだろうか。文学的な出版物を際立たせている「まえがき」、「献辞」、「書簡体献辞」とか「信条告白」といった言葉が、まったく当たり前のようにすっと現れてくるのだが、こうした言葉を彼は知っているには違いないが、その用法を完全に熟知しているわけでもなく、彼もそうではないかと思っていて、自分にはそんなことをする資格がないと言ったりしている。彼の書いたものは「駄文」であり「がらくた」だと書いている。つまり破棄してしまいたいという気持がつきまとっていて、これらすべては「火に［……］投げ入れ［……］否定しさり［……］消し去り［……］抹消すること」が好ましいものだとしている。それでも自分を通そうとして身を保っているとすれば、心の奥で彼を書くことへと押しやっている衝動に忠実であり続けているからだ。この書くことへの衝動は楽しさを求めてのものであるが、それだけではなく、環境の変化や年齢また歴史による強制——この点の重要性は彼の生涯のなかでの革命についてのエピソードによって理解されるだろう——といったことにもかかわらず、自分はいつも基本的には正しい、人々に善をほどこしたいと努めている、ということを自分に言いきかせるためでもあるのだ。教養ある文化とは異なったところに位置し、著者自身がその価値を懸命になって否定しているこのテキストは、自由のうちにあって自己に忠実な精神《モラル》を明確に示しているものなのだ。こうした一人の庶民の混乱したところのある自己正当化は、ある生活世界、またある階級がその全体として受容したり拒否したり、あるいは修正したりする規範や価値観についての、全体的なパースペクティヴを歴史家に対して開いてみせているのだ。

わざとらしいぎこちなさや無遠慮な文体は階級意識なのだ。メネトラは文法を勉強したり綴字を修正したりすることには、非常な悪意を抱いていた。そういったことを彼がしなかったのは、裕福な人々の書いたものについて自分が距離を置いていることを際立ったやり方で表現しようと望んだからであった。このテキストの形のうえでの性格は支配的文化によって完全に同化されてしまうことを拒否していることにある。それらの性格は、共通の作法を越えたところに自己流の基準を選択して使う、部分的には他に従属することのない言説を、はっきりと表明するものなのだ。読みやすくはっきりした書き方で見事に綴られており、それが最初から最後まで一貫している。句読点がまったくなく——対話であることをはっきりさせるために、引用符がいくつかつけられているが——、急に変化したりつっかえたりすることもなく、したがって「とめどない」もので、音声の通りに書かれて——これは日常において実用的に書かれるものでは当たり前のことだが、読者を相手にした、より大きな息の長い物語がそうなっているのだ——、どんなことを表現してもこの調子に変わるところはない。またすんなりと彼女から彼へと、また何の問題もなく単数から複数へと、「正誤表」とまで言わなくとも字句の修正削除すらもなく飛び移っていくのである。こうしたメネトラの三五〇ページの手稿は、拘束を受けないで書くということの可能性を物語っている。独学の成果であるこのテキストは、ぎこちないところも多々あり、しばしば混乱し、くり返しもあるのだが、奇抜な思いつきや滑稽な行動などの描き方に才能のひらめきがあり、なかなか味のあるものであって、偉大な文学作品の陰に隠れてしまうというようなものではない。というのもそれは、さまざまな作法や約束事によって認知され、越えることを許されない境界の手前で、この世界や一個の人格についての独自の読みをするようにうながしているからである。

　メネトラにはルソーと知り合いであったこともあり、一七八九年以前にその著作が大衆に普及していたルソーのものを読んでいた可能性があり、彼は書簡体詩の一つで、『社会契約論』や『エミール』それに『新エロイーズ』のことを引き合いに出している。あらゆることに好奇心を抱いていたメネトラであってみれば、彼がルソー以外の一流また二流のものも、多分読んでいたのだろう。しかしそうしたことについてメネトラは何も言っておらず、これは彼が当時の回想とか伝記や物語に見られる支配的な言説に対して、距離を置いていたことを明確に示しているものだ。社会的に別個の価値があるゆえに「三流の物書き」なのだ。先導者などのいない庶民のメネトラにとっては、問題なのは自分のたどった道を理解させることなどではなく、それとは反対に、歴史の変化に直面した民衆がとる態度について、それが現状維持を保つことを宿命のようにしていること、そして多分それに対する悲痛な思いを強調することだったのである。彼が自分の物語を書くということは、それだから言行の不一致に決着をつけることなのであり、回想することは、他のことや時間を無視して自分自身として存在する能力をはっきり示す手段なのだ。

　このテキストがいつ書かれたのかを正確に知ることはできない。いくたびかメネトラは、一七六四年八月九日に書き始め、共和一一年ヴァンデミエール二十五日に草稿を完成させたと明言している。書くという営みが四〇年間にわたって続けられたというのは疑わしいことだが、しかし書いたことをもう一度たどり、自責の念を抱いたことを示す痕跡はいくつか残っている。まず草稿は二つの部分から成っている。その一つは本来の『回想』をなす部分で、三三一葉の紙葉からなり、その全体がここに刊行する『わが人生の記』である。他の一つの草稿は多様な試し書きや試論の集まりであって、それは年代的には一七六八年から一八〇二年にまたがって書かれたものを寄せ集めており、その全体は約一〇〇ページ以上からなり、ここでは『雑文録《エクリ・ディヴェール》』と名づけておく。この『雑文録』を分析すると、メネトラが回想で語ったさまざまな出来事の日付を確定することが可能となる。他方でそれは、関心が多岐にわたって

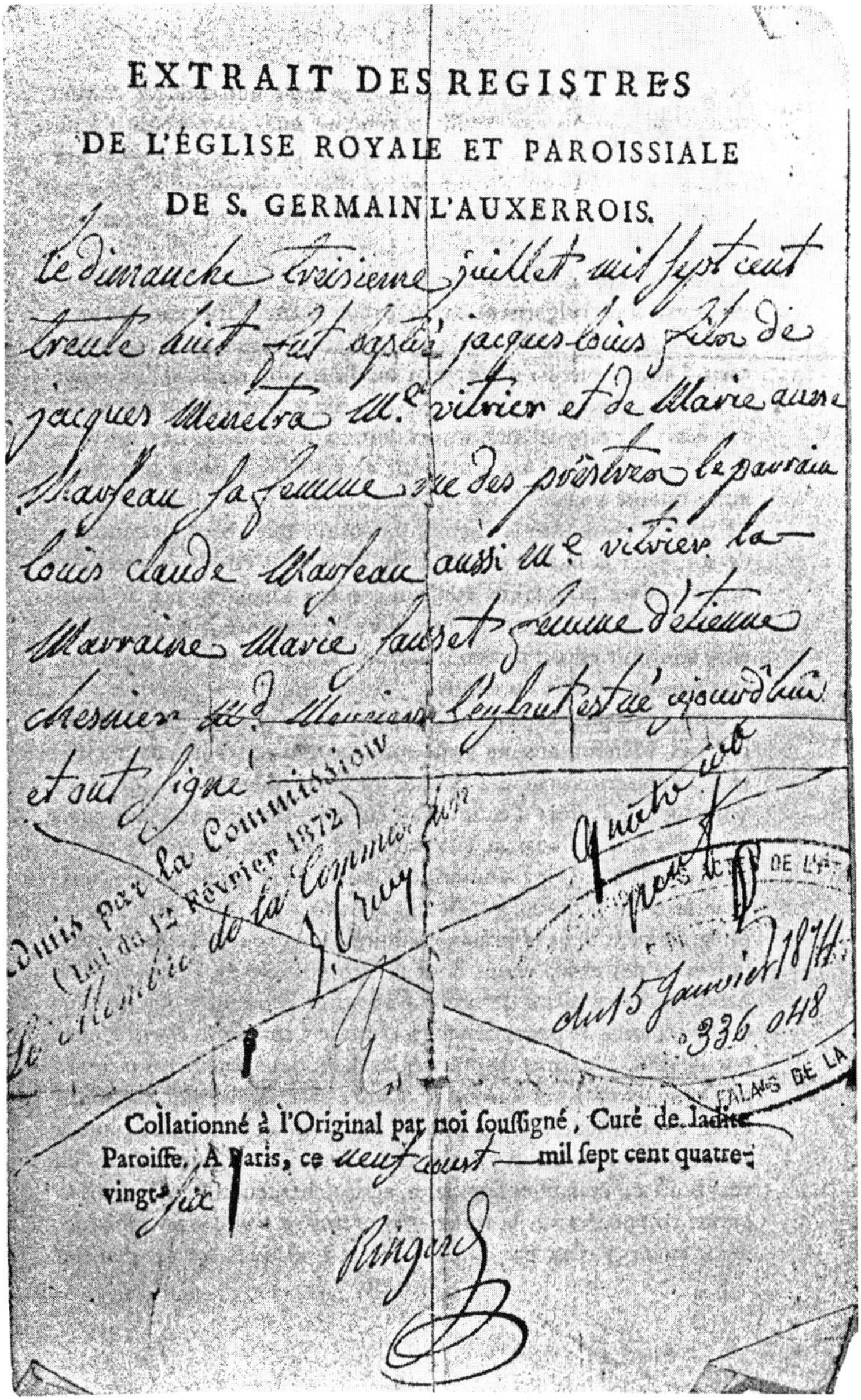

EXTRAIT DES REGISTRES
DE L'ÉGLISE ROYALE ET PAROISSIALE
DE S. GERMAIN L'AUXERROIS.

Le dimanche treisieme juillet mil sept cent trente huit fut baptisé jacques louis fils de jacques Menetra M.e vitrier et de Marie anne Marteau sa femme rue des prouvaires le parrain louis claude Marteau aussi M.e vitrier la Marraine Marie Fausset femme d'etienne chesnier M.d Mercier Le pere est absent aujourd'hui et ont signé

Vu par la Commission
(Loi du 12 Février 1872)
Le Membre de la Commission

du 15 Janvier 1874
336 048

Collationné à l'Original par moi soussigné, Curé de ladite Paroisse. A Paris, ce neuf court mil sept cent quatre-vingt-six

Ringard

メネトラの出生洗礼証書
（サン＝ジェルマン＝ロクセロワ教会小教区の簿冊からの復元）

はいるものの、一貫した問いかけがなされていることを明らかにしている。著者はこの『雑文録』に自分の書いたさまざまなものを集めている。不ぞろいの詩句による恋の詩、家族にあてた墓碑銘体の詩、折句、旅のなかで作った職人のシャンソン*——その最初のものはおそらく一七五七年に書かれているのだが日付がない——、それにパリのガラス業の同業組合の役員とのもめ事を詩文体で書いたもの、ルイ十六世の子の王太子を讃えたり、ラ・ファイエットやボナパルトを讃えた政治的な詩句、エロティックな一五編ばかりの詩、フランス革命に捧げられたいくつかの散文、そのほかに宗教問題を扱った散文や、「真実の探求」という文章などから成っている。こうした『雑文録』の全体は異質なものから成り立っていて、近代芸術に影響された手仕事によるもの、その日暮しの建築家あるいは日曜画家の手に成るものを思わせるところがある。こうした人たちと同様にメネトラは、自分のささやかな書き物に多量の署名をしており、多少これ見よがしに、あたかもそれを自分が占有しているかのように、またそこに自分のアイデンティティがあることをくり返し示しているかのように、その書いたものの一つ一つに署名を書き連ねている。このような特徴のすべては、メネトラがひどく自分の書いたものに執着していたことを物語っている。彼は自分の生涯のさまざまな時期に作成した文章を保存し、次いで書き写すことに労をいとわなかった。彼の残した草稿には、彼のような生まれで彼のような性格の人間はより裕福な人々と同じように、自分なりに書くことができ、人がなんと言おうと世代間のコミュニケーションの可能性に賭けることができるということを宣言するための、自分自身の名誉にかけてうち立てた記念碑のようなところが多少あるのだ。彼の子どもたちや甥たちのことをいくたびか想い起こし、彼らに心配げに問いかけて「自伝契約」をうち立てているこのテキストは、いずれにしろ範例となって彼らに教えるところのあるものだったろう。心して立派な書体で書き、体裁を整えページをきちんと付けることに意を注ぎ、おこたりなく書いたものそれぞれにタイトルを付けるというその在りようは、パリの手工業者の習慣と立派な仕事を成しとげたいという意欲を彷彿とさせるものがある。

＊［訳注］職人組合の各派はそれぞれ自派の職人のシャンソンを保持していた。職人たちはとくにフランス修業巡歴の旅などでは、自

分の属する派の職人のシャンソンを歌い、自分の職人組合への帰属意識を保持した。ここでメネトラが職人のシャンソンを自ら作成したということは、彼の職人組合への帰属意識が強かったことを示す。十九世紀になるとアグリコル・ペルディギエが、旧来の職人のシャンソンは敵対的な派への暴力行為をあおるものと考え、それの近代的改良を試みた。

『わが人生の記』のテキストは綿密にページが付されている点で、詩や散文を記したひと綴りの『雑文録』の、一見すると不ぞろいで締りがないような外観とは対照的である。最初の数ページには外見に注意を払おうとする一貫した意志がみえるが、そのあとはずっと、切れ目ができたり中断があったりしないように、苦心惨憺して書き写している人の努力の跡をしのばせるものとなっている。フランス革命の流れが終息したときに、以前に書き上げ、引退する年齢になって修正をほどこしたテキストを、改めて筆写するという考えは、彼の短い信条の告白によって暗に語られている。この信条の告白は、『わが人生の記』の紙葉の三〇三から三二八において、また『雑文録』のなかの「フランス革命についての私見」（紙葉七八～八三）でさらに詳細に記されることになる、恐怖政治下の悲劇的事件が終わったところで、改めて記憶をたどって書かれることになるものだが、それは『人生の記』の二枚目の紙葉にはじまり、さらに五枚目の紙葉の「わたし自身に」という「前言」あるいは書簡詩の献辞のなかで暗示され、それがテキストの導入部に記されているものである。『雑文録』にはフランス革命について記した、「悪罵に対するわたしの回答」（紙葉七八～八三）、「告発者たちへの回答」（紙葉八三～九四）、「テルミドール九日、ヴァンデミエール十三日の諸事件について」（紙葉九四～一〇一）、「フランス革命のもっとも特筆すべき日々」（紙葉一〇二～一〇四）なども存在する。興味深いことなので指摘しておきたいのだが、もはや革命委員会の委員による家宅捜索の恐れがなくなった段階で、再度草稿を読み直した後で、一七八九年から一八〇〇年にかけて登場する人物の名前が欄外に書き加えられたという点だ(11)。『人生の記』の記述の流れのなかでは、一定の出来事がそれが発生するより前のところで予告されてもいる。たとえば紙葉の一七七ページでメネトラは子守で家庭教師もする若い女性マノンとのアヴァンテュールについての話をしめくくるにあたって、紙葉の二五五ページで語られることになる彼ら二人の再会を前もって書いてしまっている(12)。結局メネトラは『人生の記』を書くことを考えたのは一七六四年からだったと考えることができるし、この年以降に最初の草稿か断片かを作成することができ、また多分そのすべての草稿を、『人生の記』の四ページに記されている日付である共和一〇年（一八〇二年）から、三三一ページに記された日付の共和一一年（一八〇三年）までのあいだに清書したと思われる。それに続けてその仕事を補なうさまざまな文章が書かれ、それらは一七五七年から共和一〇年に書かれたのだが草稿の原文は失なわれてしまっていて、草稿原文を筆写したものだけが、まとまって現存している。それは大変雑にではあるが製本されていて、同一の共通の紙が一貫して使われ、表裏二ページごとにページが付けられていて一ページから二五一ページにわたっているが、さらにこれにはページごとにナンバーが――メネトラの記入には、たとえば二ページ分が一六七―一六八―一六九とされているような間違いもいくつかある――ほどこされているのである。こうしたことは草稿を再検討することにメネトラがたえず関心を持っていたことを、「事後的」にではあるが改めてはっきりと証明しているものだ。こうしたことすべては、都市の手工業者層においては要するに並みのものではない行為の前に立ちはだかる困難を克服するための、心理的な努力と備給が前提にあってのことなのである。書くことは、それに読むことも同様なのだが、まずもって懐具合を考えなければならないことである。用紙や鵞ペン、そしてインクや砂、文具箱、それに多少とも参考になる小冊子や本を買うためには、並外れてというわけではないにしろ、あれこれと考えなければならないのだ。読むことと同様に書くことは、それに特有の身体的な努力を必要としている。住居や灯火、共同の部屋または店の一室に大勢の人が雑居しているといった諸条件を克服しなければならない。またガラスを切断するダイヤモンドや金槌また窓用のパテを使うパレットなどをあやつることよりも難しい筆記用具の操作によって、読みやすい字体を書くために悪戦苦闘する必要があるのだ。最後に、そして特に重要なことは、それが一つの選択、つまり口頭でのコミュニケーションという習慣、また余暇にいつもやっているような行動に対して断絶を持ち込むという選択でもあるということだ。というのも書くということは、しばしのあいだ酒場に寄って行くのを、また戸口のところか暖炉のそばで議論したり冗談話をしたりすることを断ることであり、孤独な行為を優先することであり、そして彼の『人生の記』を読めばわかるように、周囲の環境からすればいささか尋常のことではなく、メネトラという人間のもとではひどく予想外のことと思える、自分の内面を省察する資質をあらわに示すことだからである。

ここでメネトラの生涯の歴史をその年代に即して多少確かめておかねばなるまい。文書史料に残るいくつかの痕跡が、メネトラのテキストの記述の不正確なところをはっきりさせてくれるのだ。ジャック゠ルイ・メネトラはサン゠ジェルマン゠ロクセロワ教会で、一七三八年七月十三日の日曜日に洗礼を受けている。彼はガラス業の親方ジャック・メネトラとマリ゠アンヌ・マルソー(13)の息子である。彼は子ども期をパリで過ごし、一七五七年三月二十九日にフランス修業巡歴をおこなうためにパリを離れた。彼はオルレアンでの滞在が三か月にわたったと回想し、冬期の一部を首都で過ごしたと記しているから、この旅からはすぐにもどって来たようだが、帰って来たパリからまた出発することになる。ただしその日付は確定できない。アンジェの町の彼の雇い主だった人物の息子の婚姻証書によってみれば、メネトラのアンジュ地方滞在が一七五八年の夏であり(14)、ブルターニュに立ち寄ったのは、メネトラがどちらも一七五八年九月十一日と記している、親方の息子の結婚式とサン゠カストの戦い〔本文注(45)および本文八四ページ参照〕の後だったことからすると、その年の秋だったことがわかる。また彼のボルドー行きとギュイエンヌ地方からの出発は、大変おおまかに言って一七五九年の夏だったようだ。彼は一七五九年八月十日夜に発生したボルドーの地震に遭遇しており、一七五九年九月十八日のリシュリュー元帥の帰還(15)の後にボルドーを去っている。その秋と冬はアジャン、オーシュ、トゥールーズのあいだを遍歴しながらオ゠ラングドック地方を旅していたようである。またリル゠ジュルダンで一七六〇年の聖週間の礼拝式に出ており、ついで五月か六月頃にはモンペリエで仕事につくことができる(16)。そのときに彼は二十歳になっていたと言明している。彼がニームに五か月ほど滞在していたとすると、プロヴァンス地方を通ったのは一七六一年の春だったと見当をつけることができる。そこで彼はカルパントラで復活祭を迎えることになり(17)、五月にキリスト聖体の祭日をエクスで迎える。そのあとは、彼の『人生の記』はもちろんのこと、彼がリヨンで過ごした日や、最後にパリに帰って来た日を正確に伝える史料はまったくない。彼の回想のテキストとその著述の第二のまとまりである『雑文録』の冒頭に彼が置いた、短い諷刺詩に要約されていることと比較してみるならば、日付に一定の食い違いがあることに気づく。前者の回想のなかでは、長々と詳細に語られる出来事――リヨンで筆頭職人に指名され、一か月滞在したことなどがそれであるが――は、パリに帰った後、そして二回目のニーム滞在の後に位置づけられ、その後ゆっくり北に向い、ブール゠アン゠ブレスのカーニヴァル、ジュネーヴへの旅、そしてパリでくりひろげられる数々の行為といったことが書かれている。後者ではこれらの時期は最初の旅でパリに帰って行く途次に短く回想されている。年代順に追っていくと、彼が自分でそう言っているように、一七六三年六月二十二日にパリでおこなわれたルイ十五世像の落成式に本当にでていたとしてよいかどうかがはっきりしてくる。第二回目の旅のこととされている出来事の一部は、第一回目の比較的長いリヨン滞在のなかに含まれるべきものであろう。一七六二年の聖ルカの祭りがメネトラに活躍の場を与え、十月十八日にリヨンのその祭りでの彼の役割が頂点に達しているのだから、悪い季節に雪の降るなかをディジョンにおもむくというくだりは、パリへの帰途につくのが六二年から六三年の冬にかけてのことだったことを示す。そこで最初の旅が終わってパリに着いたのは一七六三年の春のことになる。そして夏にまた出発し、二度目にパリに帰るのは一七六四年で、『人生の記』のなかに記されているこの時点、またはその後のことについての事実の一部は、もっと前のこと、つまり以上のことからして一七六二年から一七六三年のこととすべきであろう。職人メネトラは一七六四年のカーニヴァルをブールで過ごし、ジュネーヴを訪れ、ソローニュ地方を通って一七六四年の夏に再びパリにもどったことは疑いないところだ。一七六四年八月九日という、『人生の記』の作成を開始したとされている日は、メネトラがパリに腰を落ちつけることとなったのと時を同じくしているわけである。

ジャック゠ルイ・メネトラは二十六歳となり、成年に達した彼は一七六五年六月に結婚、このことは、その月の二十八日にサン＝ドニ街の公証人シビルのもとで作成された結婚契約書によって確かめられる(18)。草稿の三分の二は書き写され四〇年近くのあいだ筆者のもとで生命を保ち続け、三十歳になる前の燃えるような人生と、ついで過ぎ去った歳月への愛惜の念と単調な日常の営みのなかで過ごした人生についてのイメージを、強く印象づけることに成功したのである。一七六五年から一七八九年までのことについては、その年代をはっきりさせることができないという点が特徴となっている。しかしいくつかの事実については年代を確定しうる。たとえば彼は一七七〇年五月三十日にロワイヤル街で起きた不測の事態に立ち会っている。当時彼は二人の子の父親であり、娘のマリ＝マドレーヌは一七六七年五月九日にサン＝ソヴール小教区で洗礼を受けており(19)、息子については生年がはっきりせず、洗礼名もわからない。メネトラの名前は一七六九年の『商業年鑑』に載っている。一七七一年十一月五日、彼は支払い不足のかどでコレ・ド・グランメゾン氏に裁判所への出頭を求めている。彼が一七七一年六月にプラトリエール街のジャン＝ジャック・ルソーの住む貸部屋でルソーに出会ったことは確かなことである(20)。マルソーとオランの結婚式は一七七三年八月十三日におこなわれているし、ガラス業の宣誓組合と彼のあいだのもめごとのことを語っているいくつかの詩は一七七六年に書かれており、これはテュルゴによって同業組合が短期間ではあるが廃止される少し前のことである。彼の父親の死は彼が書いた墓碑銘体の短詩によって一七七六年十一月だということがわかり、彼の妻の最初の家出は一七七八年であることがわかる。彼はガラス屋をしていたおじのマルソーの破産のことを長々と回想しているが、その破産にあたって裁判所に提出された資産負債明細書は、セーヌ県古文書館で見つかっており、その日付は一七七八年二月五日となっている。フランス革命が突発したとき、彼は五十一歳である(21)。この革命期について彼の語るところは、ほぼ年代順になっており、史料のうえに残る彼の最後の痕跡は、共和一一年フリュクティドール二十日の日付をもつ娘の婚姻証明書に見ることができる(22)。『人生の記』の草稿は共和一一年ヴァンデミエール二十五日で終わっている。歴史をかすめて通ったジャック＝ルイ・メネトラはこうして舞台を去る。古文書はその後のことについて、彼が後継者も財産もなく死んだらしいことを語っている。彼の息子のピエール・ローズはガラス屋の仕事に再びもどったが成功しなかった。彼の相続財産は一三三フランにみたなかった！　ジャック＝ルイが死んだときには、ほんのわずかのものしかなかったのだ。有徳の士はパリから少し離れたところで、彼のことに関心をもつ歴史家にうまくいかなかった商売のこと、あるいは厄介事にまつわる苦い思いを残したまま、この世を去ったのである。

こんなふうに終わってしまうことをそれほど苦痛とは思わないような人物と、人生の数年間をなんの不都合もなくともに生きることは難しいものだ。人の心を魅惑する男、またそうあることを望んだ男であった。「わたしは気が荒く、いささかかっとなるところがあり、心にどんな悪意もなく、諍いをしようなどとはさらに思っていない。翌日になればもうすべてを忘れてしまっているのだ。わたしは深くわが子たちを愛している。同じように妻も愛している。弱き者も強き者も愛しており、愛ある善行の人を愛している(23)」と彼は書いている。詩的なぎこちない文章の背後から姿を現すのは一個の個性ある人間であり、そこに浮び上がるのは征服への欲求なのだ。ジャック＝ルイ・メネトラは身の丈の低い誘惑者、人を嘲りからかうことを好む人間である。彼の身体的な外見でわれわれが知ることのできる手がかりは、身の丈が低いということだけなのだ。彼はその属するドゥヴォワール派［本文原注（34）参照］の職人としての〈パリの人、歓待される人〉という異名が強調しているように、パリジャンの特徴にぴったりの男である。少し気取った言い方になるが、この西欧世界の最大の都市に育まれた彼は、われわれを楽しませ、われわれの認識を高めるために、普通の庶民の生活についての類いまれな証言をしているのだ。その証言は時間的には啓蒙の世紀の六〇年間に限られ、社会空間としてはサン＝キュロットを生み出したパリの民衆階級のなかに位置しているものだが、それから二世紀がたってみると、下層の人々の文化がどのようにして形づくられ、どのように機能したかを深く理解させてくれる手立てを、われわれに手渡してくれるものなのだ。彼の書いた五〇〇ページにものぼる草稿に問いかけることは、文化史についての通例の方法や概念と手を切ることを可能にする。こうして人は統計的なアプローチ*とは異なる方法によって、しかし生きいきした社会関係を理解することにこだわった視野において、ある時代の行動や価値観を一つの社会集団がわがものとして領有し変化させていくということを把握できるのだ。メネトラがその色彩ゆたかな筆致を越えて復元してみせているのは、空疎なカテゴリーに閉じ込めることなどしないとすれば、社会的状況を特徴づける人間の感性である。またそれは、日ごとの習慣的な行為を通して認識できるようになった、日常的に生きる在り方の次元そのものである(24)。『人生の記』は、計量的史料において——この計量的史料なしにすますと何らかの支障が出てくるものではあるが——民衆文化を研究することから(25)、各人がその生活の規範をつくり上げていくやり方を復元するダイナミックな問いかけへと、その歴史の方法を移していくことを可能にする(26)。司法関係史料とは異なり、メネトラのテキストは警察あるいは世俗また宗教の権力の網の目をかいくぐっていけるような、普通の人間の習慣的な行動を把握する手だてを提供している(27)。最後に、伝記的な出来事は証言の範囲を表面的には狭めているとしても——それが手本になっていることには、疑問をさしはさむ余地がたえずある、ただ一つの物語しか手にしていないのである——証言を深いものにするのだ。というのも、尋問がそれに特有の枠組みのなかでなされているために限界のある警察や教会関係の史料においては、隠されてしまっている意味を、それは明らかにしてくれるからである。ジャック＝ルイ・メネトラの『人生の記』は、とくにシャヴァットのものと比較するとはっきりしてくるのだが、私的な個人が活躍する領域においての叙述がゆたかであって、それは比類のないものなのだ。それは個人的な次元のことが社会的な次元のことをどのように備給するか、またどのような混乱が生活習慣についての集合的認識のなかに、根性のある人物の侵害行為や想像力の働きを招き入れることになるのか、といったことを目のあたりにさせてくれる。自伝的叙述へとかり立てる二つの問い、つまり「わたし自身にとってわたしとは何者なのか」というものと、「他人にとってわたしとは何者なのか」という二つの問いは不可分のものであるから、ゆがみが生じたり誇張があったり錯誤に陥ったりすることは、沈黙や想像力が生み出す幻想と同様に、意味をもっているのである。個人が社会的なるものとかかわる在り方は、ルソーの罪の意識が彼に課することになった関係の在り方とは異なる、あるいはヴァランタン・ジャムレイ＝デュヴァルの民衆階層の出身ということが彼に課したものともまた異なるものが下支えとなって、引き受けられることが可能になっているのだ。メネトラの、絶対的自由への欲求、その社会的あるいは性的な幻想、その道徳的または宗教的な夢想といったものをともなった、自我についての民衆的な論理は、こうして一人称で語られた人生の一貫性のなさそれ自体のなかに見えてくるものなのである。われわれはメネトラのテキストによって、集合的な感性のいくつかの大きなタイプを探ることができるし、それで一つの階級からの視点を見失うこともない。このテキストの真実は、とうてい明らかにすることが不可能な現実に向かって探究すべきものではなく、諸個人と、諸個人が共有する習慣的行為《プラチック》の確かさとのあいだにある、測定可能なずれの中に求められるべきことなのである。ジャック＝ルイ・メネトラは彼なりのやり方で、彼なりの言葉と心的な道具立て《ウティラージュ・マンタル》をもって、心性というよりも一つの文化を明確に述べているのだ。同時に彼は、伝記というものを安全な歴史のジャンルだとみるような意見を、誤っていると見なす。というのもそれぞれの人間は生まれてから死ぬまでに、どのように歴史が始まりどのように終わるかを、それぞれに知っているからだとする(28)。さまざまな主観的見地が社会組織の働き全体を照らし出しているのである。というのも同一の個人のなかにどのようにしてさまざまな見地が体験されているかを、そこに見ることができるからだ(29)。こうして十八世紀パリの民衆階級についての歴史人類学が意味をもつのである。

＊［訳注］フランスの歴史学で一九三〇年代から世界大戦後に、社会経済史の分野にはじまり、社会史にも広がった史料の計量的分析による研究方法。長期的な時間持続のなかで同質的なデータがくり返し現れるのを数量的に系列化してとらえる。これにより社会的な変化の長期的なトレンドを探り、表層の動きでは認識しえなかった歴史の深層での変動を発見する。この方法は心性史や文化史にも適用され、第三の次元（ピエール・ショーニュ）の問題をも解明しうるとされた。しかしロジェ・シャルティエはこれを批判し、計量的方法は社会集団などについて社会経済史の概念に依存しており、文化史の独自の研究方法たりえないとした。そして言説として存在する質的史料から、その当事者が抱く社会的イマジネールまた社会的表象を探り出すことを文化史の課題として主張した。ここでのダニエル・ロシェの指摘も、この主張に近いものである。

〈パリの人、歓待される人〉と称するジャック＝ルイ・メネトラは、近代性を帯びた大都市が育てた息子のようなものである。彼は総人口が四〇ないし五〇万から、七〇ないし八〇万へと増大していき、面積がルイ十四世時代の都市領域での一〇〇〇ヘクタールから、ルイ十六世時代に作成されたヴェルニケの地図*に示される市域の三〇〇〇ヘクタールへと拡大していったパリという都市に生まれ、そこで死を迎えたのだった。彼は統制されてはいるが膨張によって混乱しており、また革命によって秩序が不安定になった都市の息子でもある。手工業者層という一つの階級——この階級に賃金を得て働く周辺的な存在の民衆階層を加えれば、パリの人口の四分の三を占めている——に生まれた彼は、歴史を下から見ており、レチフ・ド・ラ・ブルトンヌ、メルシエ、また医師や旅行者などの人間省察にたけた観察者がしばしば書いた証言を、自分なりのやり方で補い完全なものにしている。とりわけ一七八九年になって、その生活のなかに歴史が押し入ってきたときに、彼は歴史というものが、さまざまなアクターを登場させるものだということを、そしてフランス革命とそれにともなって発生したさまざまな出来事が、日常生活の諸条件に対応する一連の日常的な行為から生み出されるということを、その叙述で明らかにしている。歴史もまた日常の些事からつくられていくのだ。しかし十八世紀と革命のパリでは、思いもかけない異常事もくりひろげられる。パリ市民が経験した出来事の類のない性質は、他の著書で明らかにしたように(30)、富や知性が並外れて蓄積されていたことによるものである。上流社会では、すべてにわたり物質文明の歴史に拍車がかかると、伝統的な価値が希薄になっていくことは知っての通りのことである。時代の風潮や消費の革命が人々の精神を衰弱させるなかで、感じられるようになる時間のリズムの加速化は、その他の領域でも顕著なものになっていく。個人の解放の可能性はこうした根底的な変化に根ざしたものであり、この変化の限界は下層階級によってはっきりしてくる。ルイ十五世治下からボナパルトの登場まで、ジャック＝ルイ・メネトラの生涯の軌跡は、他の人々と共通の運命のなかに組み込まれているのだが、それは同時に、名もなき人々がどのようにして日常的な領有と適応をおこなうなかで、抗しがたい歴史の必然を生きていたかを認識させてくれる。

＊［訳注］ヴェルニケの地図。一七九一年にヴェルニケによって完成された地図。三角測量による正確な地図で、一七八四—八七年に築かれた「徴税請負人の壁」まで拡大されたパリの全市域を対象としているので、ここで参照されているわけである。ヴェルニケ（一七二七—一八〇四）は、ブルゴーニュ地方出の建築家、測量師。四十五歳でパリに出て、道路管理官の職を買いとる。はじめは私財を投じて個人でパリの道路の測量をはじめるが、それが政府の事業となり、パリの地図の作成を提案し、フランス革命中に「ヴェルニケの地図」が完成する。

「わたしが書きなぐったこの雑然とした文章は、わたしの人生における実験的な行為の記録簿である」（ポール・カザン）＊という言葉は、『人生の記』のテキストにふさわしいものである。このテキストをここでさし出すことについて、くどくどと説明しようとは思わないが、民衆階級が十七世紀から今日までに体験した決定的な変化について、そしてその基本的な要素が、メネトラの時代のパリに結びついていることを理解するための問題を提起しようとするものではある。

＊［訳注］ポール・カザン。フランス現代の小説家、自伝的回想にもとづく小説を書く。キリスト教徒が体験する人生の苦悩を告白的に書く。

このテキストの確定や多くの事実の実証は、フレデリック・ブランショとジャン・コルソンのご好意とご援助を得て可能となったものである。

同時にヴェルレ夫人とパリ市歴史図書館のスタッフの方々に感謝の意を表する次第である。マリ＝E・ベナブー、ロジェ・シャルティエ、エミル・デュクドレ、ミシェル・フイヤ、モリス・ガルダン、ドミニク・ジュリア、マルセル・ラシヴェ、ニコル・ルメトル、フランソワ・ルブラン、フィリップ・ルーペ、ジャック・マイヤール、アンリ・ミシェル、レイモンド・モニエ、ジャン・ニコラ、ニコル・ペルグラン、ジャン・ヴォグ、にも感謝を捧げたい。サビーヌ・ジュラティクとマルティヌ・ソネにはわれわれとともに、基本的な史料の調査と発見にたずさわっていただいた。ここでこのお二人にとくに感謝の念を表したい。同じく注意深くまた情熱的に文献学上の助言をしていただいたアンドレ・ペザールにも感謝する。

原注

(1) F. FERRAROTTI :《Les Biographies comme instrument analytique et interprétatif》in *Cahiers internationaux de sociologie*, 1980, pp. 227–248.

(2) A. LOTTIN. *Vie et mentalité d'un Lillois sous Louis XIV*, Lille, 1968.

(3) V. JAMEREY-DUVAL. *Mémoires, enfance et éducation d'un paysan au XVIIIe siècle*, présentées par J. M. GOULEMOT, Paris, 1981.

(4) R. LECOTTÉ. *Essai bibliographique sur les compagnonnages*, Marseille, 1960.

(5) A. PERDIGUIER. *Mémoires d'un compagnon*, édition intégrale, introduction d'A.Faure, Paris, 1980; pp. 19–20〔訳注、アラン・フォールはこの序文の該当箇所で、職人組合の各派の起源伝説が、それぞれの職人の集合的記憶となって、職人たちを結合させていることを指摘している〕。

(6) D. BERTAUX. *Histoire de vie ou récit de pratique? méthodes de l'approche biographique en sociologie*, Paris-Lausanne, 1981.

(7) P. LEJEUNE. *Je est un autre, l'autobiographie de la littérature aux médias*, Paris, 1980, とくに：《L'Autobiographie de ceux qui n'écrivent pas》, pp. 229–316.

(8) G. MAY. *L'Autobiographie*, Paris, 1979, pp. 197–198.

(9) P. LEJEUNE. *Le Pacte autobiographique*, Paris, 1975, pp. 241–242.〔フィリップ・ルジュンヌ／花輪光監訳『自伝契約』水声社、一九九三年〕、ルジュンヌはこの著書の最初に「自伝契約」という項をもうけ、自伝についての定義を試みている。そこでは、自伝の著者と読者のあいだで、自伝であることを相互に了解することで成り立つ契約様式があるとされ、これを「自伝契約」としている〕

(10) この二人の並列性を明らかにするためには、J. M. GOULEMOT. Op. cit. pp. 82–85 et pp. 96–105; P. LEJEUNE. *L'Auto-biographie en France*, Paris, 1971, pp. 63–66.〔小倉孝誠訳『フランスの自伝』法政大学出版局、一九九五年〕

(11)『雑文録』においてはそのあとで筆写されているようで、これらの名前は欄外には記されていない。

(12) フランス衛兵の女とのアヴァンテュールが最初に告げられるのは、この箇所から二〇葉ほど先のことである。

（13）パリ市古文書館、再生戸籍簿、一七三八年七月十三日。第二部紙葉（II f°）一二ページの「わたしは先祖の土地を見んものとジュネーヴに向けて出発した」という指摘は、家族がサヴォワ地方の出であることを示唆している。
（14）メーヌ・エ・ロワール県古文書館、G・E.；レ・ポン＝ド＝セ、サン＝トーバン小教区
（15）ボルドー市古文書館、ジロンド県古文書館、G一五七〇。
（16）モンペリエ市古文書館　BB一七五七―一七五九、またBB一七五九―一七六一．
（17）一七六一年はカトリックの大赦の年にあたるという仮説は、まったく考慮に値しない。
（18）国家古文書館、公証人文書保存所、XIX、一七六五年六月二十八日。
（19）パリ市古文書館、再生戸籍簿　一七六七年五月九日。
（20）E. FORSTER. *Le Dernier séjour de Jean-Jacques Rousseau à Paris*, Paris, 1921, pp. 7-11, また国家古文書館、公証人文書保存所、X IX, 一七七一。
（21）パリ市古文書館、破産関係文書　D4　B6、史料箱六六、ファイル四二九八.
（22）パリ市古文書館、再生戸籍簿、共和一一年ヴァンデミエール二十五日。さらにメネトラの身分証明書が、国家古文書館F7四七八七、モーコンセイユ地区ファイル、第四冊二三フォリオに存在していた。――彼の名前は『国民年鑑（アルマナ・ナショナル）』の共和三年、四年、五年発行のものに、判事補佐という資格で治安判事の欄にも出ている。
（23）『雑文録』（II f°）の紙葉三九、《わたしの気質と考え方》。
（24）F.FERRAROTTI. *Art.cit.*, pp. 228-229.
（25）C. GINZBURG. *Le fromage et les vers*, Paris, 1980, pp. 14-21（カルロ・ギンズブルグ／杉山光信訳『チーズとうじ虫』みすず書房、一九八四年）。R. CHARTIER：《L'Histoire au singulier》*Critiques*, 1981, pp. 72-84.
（26）P. THOMPSON:《Des récits de vie à l'analyse du changement social》*Cahiers internationaux de sociologie*, 1980, pp. 249-268.
（27）C. GINZBURG. *Op. cit.*, pp. 35-38 et A. FARGE. *Le Vol d'aliment, à Paris au XVIIIe siècle*, Paris, 1974, pp. 118-119.
（28）S. KRACAUER. *Das Ornament der Masse*, s. l., 1960.
（29）R. BASTIDE. *Sociologie des maladies mentales*, Paris, 1965; E. DE DAMPIERRE：《Le Sociologue et l'analyse des documents personnels》*Annales E. S. C.*, 1959, pp. 442-454.
（30）D. ROCHE. *Le Peuple de Paris, essai sur la culture populaire au XVIIIe siècle*, Paris, 1981.

わが人生の記

わが心に

おまえの駄文のすべてを手にしてわが心よ万事休すだ
ここで望まれるのは序文かせめて献辞となるもの
多分いくたりかの高官か
はたまた誰か国家の首長に捧げられて
仰々しい言葉をもって誇示しながら
辞を低くして彼らに賛同を求めんとするような
それを望まぬおまえわが心はかくて祖先のことをおそらく語ろうとする
おまえの著述で祖先のことを知らせんとし
おまえの出自をあらゆる武勇の騎士に求め
三二代続く貴族の家柄だとする
さすればおまえの子どもらも甥たちも

自らの始祖たちを誇りとするであろうに
だがそれは信じ難く庶民階級の生まれだと書くことになれば
おまえはその著述のすべてが火に投ぜられると思え
わが心よ人は誇り高き生を受けたものと知れ
それら著述は故あって正字法も句読点もなく
また母音もコンソル［ママ］も少なく脱落多く
それらはおまえが三流の物書きたることを物語るであろう
またおまえの弱点や欠点そして誤りを自ら明らかにしていることも
おまえはその駄文が修正で埋まるのを見る
わたしを信じすべてを破棄し焼き捨てよ
これがメネトラの考えるところ

わが人生の記
一七六四年に自分のために記す
メネトラ
肝心なことは気取りや熟慮といったことがないこと

自分から見た真実を書くこと、それは家紋や家柄を語らないということだろうし、祖先のかつてのことやその虚しい称号で名前を飾ることなど忘れるものでなければならないのだ。

わたしは一七三八年七月十三日の生まれ、出生地はこの大都市パリである。わたしの父は手工業者《アルチザン》と一般にいわれている人々からなる階層に属し、ガラス屋を職業としていた。それでわたしは自分の一族をこの父に始まるものと考えることにして、祖先のことにはふれないことにしようと思う。父は結婚すると同時に自立した。結婚相手は貞淑な娘で、父との間に四人の子をもうけた。三人が女の子、一人が男の子、この男の子がわたしで、これから書こうとしているのは、このわたしについての、ちょっとした無分別な行動の数々なのだ。

父はわたしが二歳のときに妻に先立たれた。わたしは乳母の手にゆだねられ里子に出された。溺愛といっていいほどにいつも大変わたしを愛していた祖母は、その乳母が駄目なのを（彼女が）知ってわたしを連れもどし、元気になるとまた里子に出した。こんどの乳母は大変に善良な女で、早くからわたしに物乞いを仕事として教え込んだ。この乳母の里子にはもの言えぬ子もいて、わたしはその子の真似を上手にやっていたのだそうである。母（1）とわたしの名付け親はわたしに会いに来て、フランシスコ修道会の会員のつける腰ひも（2）を持って来た。というのも祖母たちは、それらの守護聖人の御加護がわたしにありますようにと願っていたからであるが、彼らは教会のなかで施し（3）を求めてくるわたしと出会ったのである。彼らに連れられて帰ったわたしは、そのときから十一歳になるまで、やさしい祖母のもとで育てられた。父はわたしの扶養料を支払うことになるのを恐れて、祖母の手からとりもどそうとした。彼は自分のガラス屋の仕事をわたしに手伝わせはじめ、いく人かの人がそれを思いとどまらせようとしたのだが、彼はそれを聞き入れようとはしなかった。わたしにはまことに気立てのよい継母がいた。彼女には数人の子どもがいたので、あらゆる手段を使ってわたしを家から遠ざけようとしてくれた。これに父は激昂するのだった。

サン＝ジェルマン教会（4）の少年聖歌隊に欠員ができると、コンクールの結果、わたしが隊員になることを認められた。その隊員を三か月か四か月ほど務めたところで、わたしはやさしい祖母にもう会えなくなってしまった悲しさから病気になった。あの頃は大変みごとで、また不可思議な奇跡に充ちていた時代で、フォブール・サン＝タントワーヌのある食料品屋のたくらみによって、またその悪賢しこく利益を手にしようとする目的によって、途方もない奇跡がつくり出されたりしたものだった。それは聖体の主日の聖体行列のためのもので、その日の聖体行列は食料品屋のラフォス夫人の行列と呼ばれることになったのだ（5）。幼児イエスを抱いた聖母像がラップ街の片隅にひっそりとおかれていた。聖体行列が通り過ぎたときに、この聖母像はサン＝タントワーヌ街の向こう側からその顔の向きを変えたので、行列を迎えていた人々は突如として、奇跡がおこったと叫んだ。実際には、聖母像は聖体行列の方を向いていただけなのだ。この奇跡のことをスキャンダルと指摘した記事は、食料品屋が彼と同様に悪者の彫刻師とたくらんだ計略であったと、証拠をあげて暴露した。聖職者たちはこの奇跡を信じたようなふりをした。とくに数人の子どもを産んだ聖母といった、新奇なことどもをなにより好む庶民、なかでも善良な女や信心深い人々は、この不思議な奇跡を見んものと駆けつけたのであった。祖母はわたしを九日間祈禱がおこなわれているときにそこに連れていった。それでわたしは他の人と同じように、口の中でなにやらつぶやかれるのを聴きながら二時間もひざまずいていた。人々はそれぞれ、顔を聖体行列の方にうまく向け変えた聖母とそのいたいけない幼児をたたえて、小さなろうそくに火をともした。こうしたことでこのペテン師の食料品屋はその界隈のなかで金持ちになった。しかし、あんなうまい計略を仕掛けなければ、あの男は破産するところだったとほのめかす悪口がささやかれていて、彼はそんなに立派なキリスト教徒ではなかったのだ。

このことは、庶民の信心深さにつけ込んで利益をあげようとする偽善者というものはどこにでもいたということ、そしてこと宗教にかかわることになると、聖職者たちは狂信と迷信を利用してあなた方を、このような偽善のなかに投げ入れてしまうのだということを、明瞭に示しているのだ。その少し前のことだが、わたしの祖母はパリス様の奇跡にかかわるありとあらゆる架空の話を(6)、あきることなくわたしに語って聴かせたが、彼女はこのいわゆる新たに作られた守護聖人が埋葬されている墓地に、高等法院が壁をつけたことを、ひどく悪いことだと考えていた。

ちょうどその頃のことだが、サン=ルイ島に仕事場を開いていたおじの一人が、イシイのある村落にわたしをともなっていった。それはこの村のある建物の窓ガラスを入れた仕事の代金を受け取るためであった。そこの主人《ブルジョワ》がわたしたちを歓迎してくれて、大変なごちそうにあずかり、それでわたしたちは相当遅くなるまで食卓についていた。わたしは何か食べられる果物はないかと思って果樹園にはいっていった。夜になってその家の主人は、急いで帰ることもなかったおじをひきとめて、笛を吹かせた(7)。わたしたちがそろそろ帰りたいと挨拶すると、やっと主人は、では道中を気をつけて、と言いながらわたしたちを門のところまで案内した。そこでおじは小便をしたくなった。わたしも同様だった。そして出発する。おじはわたしと手をつないでいたが、パリに尻を向けて逆方向に歩いているのに気がつかなかった。おじは歓待を受けたことや支払いもよかったことなどをわたしに話しながら歩いた。わたしたちは歩き続け、ぶどう酒でかっかとしてくる。わたしは午前中にたどった往路よりも距離があることに気づいたが、おじはおばあちゃんに可愛がられることがまったくなくなったので恋しくなったのだと冗談を言ってからかった。少なくとも二時間は歩いた後になって、遠くの方に灯火をみとめる。おじはわたしに、フォブール・サン=ジェルマン街の街灯のあかりだと言うのだが、すぐになにも見えなくなった。さらに歩き続けて、とある部落に入った。恐ろしい闇にとざされていて、すべてが眠っていた。とある扉のすき間をとおして、ありがたいことにあかりが見える。わたしたちはその戸口をたたき、パリからは遠いところにきているのかと尋ねると、パリから三里のところにきているという返事がある。おじは戸口をあけてくださらないか、道に迷ったので休ませてもらいたいと頼みこむ。善良そうな女が扉を開けてくれて、わたしたちは腰をおろし、わたしは疲れて眠り込み、おじとて同じである。（彼は）月が出て明るくなったのを見てわたしを起こし、ようやくパリに帰る。やれ嬉やと思ったのだが家には誰もいない。わたしたちは、おばは祖母の家にいったのだろうと思って、オ・ズルス街の聖母像（8）のところを通っていくと、そこにろうそくがともされていて、二人の女がひざまずいているのに気づく。彼女たちはわたしたちが現れたのを見て立ち上がる。その一人が、わたしの息子だと呼べば、もう一人の女は、わたしの亭主だと叫ぶ。そして異口同音に、人間の手でこねて作ったこの土の像に御加護を祈ったからだと言うのである。そして方角を間違っただけであったのに、帰ってきたのは奇跡なのだとわたしたちに信じこませようとした。結局わたしたちはいささかうんざりしたが、アヴェ・マリアを少し唱えただけで、彼女たちもそれ以上はなにも言わなかった。

いちばん年下のおじはサン＝ドニ大修道院（9）で仕事をしていたが、その際にわたしをおよそ六週間ほど連れていき、そこでいっしょに過ごすことになった。神父たちはわたしを大修道院の庭園に連れて行き聖歌をうたわせるのを楽しみにするようになった。わたしは茶目っ気たっぷりだったが、彼らはそれを楽しんでいた。大修道院の宝物を公開した日に、わたしは一人の修道士といっしょに回廊の手すりの中にはいり、彼のまねをして、狂信によってでっちあげられ迷信によって支えられた安ものの飾り物のすべてを、修道士の持っていた棒で人々に指し示して歩いたのだった。わたしはここで貴重な遺物についてではなくて、それが古代ギリシアのコリントの聖ドニの聖遺物なのか、あるいは聖ドニ・アレオパゴスの聖遺物なのかといったことを、神父たちがよってたかって議論したことのある、聖人たちのさまざまな骨や頭蓋骨のことをのべているのだ。神父たちが支配するこうした種類の宝物は信仰の結果ではなく、無知と、アダムとイヴが無邪気であったために、そしてまた自分たちの束縛のもとにおくために庶民を支配していた者の悪意によって、宝物とされたものなのである（10）。

わたしはやさしい祖母に会えないので不安がつのり病気になった。多少元気を回復すると、またいつもの通りの生活にもどった。つまり父はたえずわたしに向かって、怒りをぶつけたのである。ある夜のこと、（彼は）十字枠のガラス窓を運んで階段をのぼっていて、その階段をわたしがランプで照らしていたのだが、思うようにそのガラス窓を運べなかった。父は怒りだし、わたしのあごをまともに蹴りあげたのである。家に帰ってきた継母は、リシーという歯医者のところにわたしを連れていった。その歯医者は駄目になっていない一部の歯をもとどおりにしたのだが、わたしは三週間以上もブイヨンかコンソメしか口にすることができなかった。

その時分のことだが男の子がさらわれて血を抜きとられ、その後の行方がわからなくなっている、そして抜きとられた男の子の血は、人間の血液でしか治らない病気にかかっているさる王女を、血の風呂にいれるために使われている、という噂がひろまった(11)。これはパリを大きな不安のなかにおとしいれた。父は他の多くの人と同じように、てこを肩にかついだ樽作りの頑健な徒弟六人を従えて、わたしを迎えに学校にやってきた。この不安は深刻なもので、警察署の窓ガラスがわられたり、数人の不運な人がたたき殺されたり、そのなかの一人は警察のスパイとみなされて、グレーヴ広場で焼き殺されたりした。人々はもう子どもを外に出さなくなった。運の悪い三人の男が処罰のため、またパリを平静にもどすために、グレーヴ広場で絞首刑になった。われわれと同じ家屋の住人で、ガラス瓶を売っていた男はこの三人のなかの一人だったが、火を注いだ(12)ということで告発された。彼は感じのよい若者だったので、気の毒なこと、また残念なことだとされたのである。

わたしたちの住んでいた家屋には、われわれの小教区の葬儀人夫であるシモンという人が住んでいた。わたしが真向かいの樽屋にいると、わたしの家の看板のうえになにかが落下するけたたましい音をきいた。夜になっていて、なにがおこったのか、(わたし)にはまったく見当がつかなかった。わたしの知らせで母があかりをもって駆けつけると、その途端にシモンの奥さんが、鉄の支柱が折れてしまった看板といっしょに落下してきて、そのまま死んでしまったのである。彼女の夫は酔っぱらって寝ており、それはいつものことであった。それで人々はシモン夫人が、こんな酔いどれといっしょに暮らすより、いっそのこと首をくくって死んでしまいたいと、しばしば言っていたのを思い出したのであった。

わたしが初聖体拝領を受けさせられたのはその頃のことだった。わたしは神の子キリストがなんの抵抗もなく、人間にパンとぶどう酒をいとも簡単に授けるのには、まったく信じがたい思いだった、と言えるだろう。わたしは教理問答書を学びに通っていて、いく度か賞までもらい、司祭たちにときどき質問をしたりすると、彼らはそれに簡単に答えるだけだったり、わたしの口をふさぐか黙らせるために、大げさにそれは神秘だなどと言ったりしたこともあったのである。わたしはある日から、聖職者たちの誠実さを、おおいに疑うようになった。その日、少年聖歌隊の一員としてミサに出ていたわたしは、二人の信徒が聖体拝領を受けたいと願っているのを知り、ミサが終わるとそのことを司祭に知らせたのである。その司祭はわたしに聖具室係を探しにいかせ、その彼に聖体容器に聖体のパンがあるかどうかと司祭はたずねたのである。するとパンはたくさん容器にあるけれども、聖別を受けていないということだった。ところがこの徳高き司祭は、そんなことはどうでもよいと答えたのである。これによってわたしは、彼らの言っていた神秘などはまったく信用できないものなのだと思うようになった。とくにこのもっともらしい人物があえて口にしたつつしみ深さと誠実さをけがすような言葉は信じ難いものだった。そしてこのような偽善者どもの顔を見るのももういやだと思ったし、こうした連中の共同体をもう決して好きにはなれなかった。

わたしは一般には中国式花火と呼ばれていた爆竹を鳴らして面白がっていた。その花火は造られ始めてから間もないころで、わたしは花火づくりをしていたいとこのところに、よく遊びにいっていた。(そして)友人たちといっしょになってリンゴ売りの商人やその他の人にいたずらして、彼らの足もとや腰かけの下に、彼らをびっくりさせてとび上がらせるものをすべりこませた。すべては笑いふざけるためにやったことだ。

そんなある日のこと、パリの警察隊兵士(13)にわれわれはつかまり、警視のもと(14)に連行されてしまった。警視はわれわれの父親たちを呼び出した。幸いにもわたしの父は不在であり、祖母が引き取りにきてくれる。われわれは警視の説諭を受けたが、その警視はわたしに、おまえは泳ぎを習うこと以外の遊びをしてはならぬと申し渡した。それで漁師だったジェローム じいさんの生簀(15)の上で遊んだり、じいさんの舟で勝手にセーヌ川を漕いだりして、彼をひどく怒らせてしまった。じいさんはわたしのことが気に入っていて、お父さんにいいつけるぞとは言ったものの、そんなことをすれば父はすぐにわたしに怒りをぶつけることを知っていて、いいつけることなどしなかった。

わたしはいたずらであったが、それでも父に役立つことをしようと思って、いろいろやってみた。わたしは一生懸命になって働きだしたのだが、何をやってもむだであった。感情が激してくると、父は夜中にわたしを外に追い出すのである。あわれな継母も、わたしのために戸口を開けることができないときなど、わたしはセーヌ川の川舟の中や、ロワイヤル橋をテュイルリー宮殿の方からいったところにある、これと思われた一つの石の上に寝る破目になるのだった。(そして)この石をわたしは今でも感慨をこめて眺めることがある。そこでわたしは無事に夜をすごしたのである。わたしがこの場所を選んだのは、夜警隊の兵士が暇つぶしでテュイルリー宮殿の側からやってくることはなかったからである。そんなわけで、何事もなく現在のわたしがあるのは神の御加護のたまものなのだ。というのも、父のこのような軽率な行動のために、多くの悪い仲間をつくるという結果になったからである。しかしわたしが保っていたわずかの良識で、大罪を犯さずにすんだのである。わたしがつき合っていた友人や隣人またその他の知り合いで、大罪を犯し罰せられた人々がいたにもかかわらず、わたしはそうはならなかったのだ。

ある夜、父はわたしの脚に深い傷を負わせた。わたしの様子を見にきた祖母は、駕籠《かご》に乗せて彼女の家に連れて帰ってくれた。わたしは祖母のところに六週間とどまっていた。傷がよくなるとノートル＝ダムの少年聖歌隊(16)の先生になったばかりの人が、その聖歌隊にわたしを加えたいといってきた。ところが祖母に会うことのできるサン＝トゥスタシュ教会の聖歌隊でなければ嫌だと言うわたしを、両親は説得してノートル＝ダムの聖歌隊に参加させることができなかった。わたしはまたもとの仕事にもどった。その仕事で父は祖母のお金でもって、おじの一人といとこととともにわたしに親方の資格をとるようにさせたのであった(17)。

わたしは近隣で一番の悪童になっていった。ポン＝ヌフ橋の下にたむろして悪さを働いたが、そのことは毎日のように人々を通じて父の知るところとなっていた。ある日のこと父は、彼がお仕置きと呼んでいたことをわたしに加えようとした。屎尿汲取り人が糞尿だめの石ぶたを取りのぞいたので、店の地下室の揚げ床がひらかれており、父のお仕置きから逃れようとしたわたしは、階段の下まで転げ落ちて、そこの糞尿だめの中に落下してしまった。人々がわたしを助け出しにきたのだが、誰もわたしに手をふれようとする者はなく、父とその友人とがわたしをもっとも手近にある家畜の水飲み場に連れていき、ていねいにわたしに水をかけた。要するにこれらすべての人々は、わたしに幸せがおとずれるだろう、これは幸福のしるしなのだと言うのだった。

そのころわたしの継母が死んだ。父は彼女にふさわしい葬儀をしてやろうと思った。彼女は立派な葬儀で送るにあたいする人だった。彼女がよく言っていたように、いたずらっ子だからこそわたしをいつくしんでくれたのであり、それだから彼女は継母などではまったくなく、母のようにわたしたちに大変よくしてくれたのである。わたしは彼女の死を悲しんだ。それに彼女は父の気短な行動から、わたしをかばってくれていたから、その死で大変な痛手をうけたのだ。埋葬の日、父はわたしに司祭がいつも遺体につきそっているかどうか、また遺体のまわりにろうそくがいっぱいともっているかどうか注意しているようにと、見張りを言いつけた。わたしはその言いつけを守って、なにも見のがすまいとした。ろうそくは前に使ったものだった(18)。わたしはそのことを父に伝えた。父はわたしをともなって司祭のところにいき、それについて小言をいった。わたしは司祭にむかって、ちゃんとお勤めしなかったのだから、お金はとれないねと言って、その場で笑いこけてしまった。こうして、司祭はお祈りをしなかったのだからと言って、父はその支払いをすることに同意せず、司祭が遺体につきそっていたことに対する代金の六フランをなしにしてもらった。わたしは今でも覚えているが、わたしが司祭の下心をはっきり示したために、父を怒らせたのだ。

父は折りあらばこそ、自制することもできずにわたしを殴った。わたしは生来、辛抱強いほうではなかったので、(わたしは)親方たちのところに入り浸るために家を出ていったり、以前のわたしの街区にもどっていつも遊んでいたりした。そうしたある日のこと、ポン＝ヌフ橋のアンリ四世の像の下の、セーヌの岸の砂浜(19)と呼ばれていたところで泳いでいたとき、突然、父がポン＝ヌフ橋の上を縄を手にしてやって来るのが目にはいった。すぐにわたしは自分の衣服をできうる限りつかんで、やさしい女たちが馬鹿なことはしなさんなとこぞって言っているから、お仕置きなどしないとわたしに呼びかけている父の声がする王女の庭園の側から、セーヌを泳いで渡った。

数日の後の日曜日にポン＝ヌフ橋のアーチの外側でかくれんぼ(20)をして遊んでいたときに、カデという友人が鞭をもってわたしを追いかけてきて、その鞭が彼の脚にからまり（彼は）川の中に落ちてしまった。わたしと数人の友人が泳いで彼を救い出し、サマリテーヌ揚水場の下のところに引き上げた。翌日その喜びのしるしとして、友人たちとともに石の割れ目に仕掛けた爆竹を鳴らした。カデ・ラピエールという友人が、その爆竹に息を吹きかけようとして、鼻の半分を吹きとばされてしまった。それで、こうしたいたずらを友人たちにやらかしたのは、またもやわたしだということになってしまった。

結局わたしは父がもう乱暴はしないと約束したので家にもどったのだが、その誓いは何ひとつ守らなかった。ある高貴の家柄の女性のもとで働いていたある日のこと、その女性をその小間使いが引き合わせるたびごとに、わたしが六フランをもらいその秘密をわたしが守るという契約を結んだことがあった。わたしが女と関係したのは、この魅力的な女性とのことがはじめてだったし、もらったお金で思いっきり楽しい思いをしたのだった。このようなことがたび重なったので、あらゆるやり方をわきまえることになった。こうした幸運を長つづきさせることはできなかった。あるささいな出来事がわたしを嫌な気分にさせたのだった。ある夜のこと、小間使いがわたしをとある小部屋に入れ、ぶどう酒の一瓶を持ってきて、自分の夫がすぐにブリオッシュか焼き菓子を持ってくるからと言うのだった。誰もやってこなかった。（彼らは）わたしを待ちくたびれさせ、物音ひとつたてずにその夜を過ごすという状態にわたしをしたのだ。そして翌日の正午頃にわたしは次のようにはっきりと言いわたされたのだ。つまり、相手の女性は田舎に出発しなければならなくなったが、できるだけ早くもどってくるだろう、彼女は気分がすぐれず、母親が手離そうとしない(21)田舎の夫に会いにいこうと決心したのだと。

このことでわたしは他の女たちとも知り合うことになった。それでわたしをさそった最初の娼婦のことを思い出すのだが、この種の女は盗みを働くときいていたので、わたしは用心して、持っていたお金を片方の靴の中に入れておいた。この娼婦は大変おこない正しいようにみえたので、言い値の倍のお金をやった。それでこの女はわたしがもっともねんごろにつき合った情人の一人となった。このような女との機会はわたしにはとても魅力的なものだったので、毎日のように新たな女をものにしようと精を出した。これは誰もがそう思うように、最後には苦い思いをするものので、それでわたしも多少は賢くなったのである。

その頃、父は毎日のように酒を飲み、そして毎日のようにわたしを家の外に追い出した。わたしは耐えていた。思い出すのだが、いく度も父は靴だとか靴下止めだとかの金でできた留め金をなくしたとか落としてしまったとかで警官を呼びに行くと言っていたので、わたしは多大の注意を払って落としたものを拾い集め、翌日には警視のプゼ氏のところにとどけたのだ。父はたびたびお金を上っ張りのポケットに入れていたが、その金がなくなったのはわたしが奪ったからだとされるのを恐れて、充分に注意していた。このようにしていたので、愛すべき男はしばしの間、静かにしていたし安息を得ていたのだった。ある日曜日の夜、ぶどう酒を浴びるように飲み怒り狂って帰ってきた父は、妹に飛びかかり乱暴をふるいはじめた。わたしは彼女を助けようとしたのだが、それはわたしにはもっと悪い結果になった。激怒した父はわたしに飛びかかり、妹はガラスのはいった戸を閉めることを思いついて、（それで）わたしの手がその戸に挟まれた。わたしは叫んだがむだであった。彼女は何も聞こうとはしなかった。わたしは窓ガラスの数枚を割らねばならなかった。父はわたしが短刀で刺そうとしていると叫んだ。わたしの手は血だらけになっており、父が大声で怒りをこめて叫ぶので、それをさえぎるためにわたしは不覚にも短刀を抜いてしまった。それで父は恥知らずにも、わたしが父を殺そうとしたとあらゆる人に言ったのである。そして本当のことを知っている妹も父の気に入るようにと、確かなことは言わないで疑いのかかるままにしておいたのである。

そんなわけで、また暴力をふるう可能性のある父のことをなにもかもよく知っていた親戚の人々や祖母は、わたしに対して父のもとを去るように忠告してくれ、またむりやりにもそうさせたのだった。わたしはダミヤン（22）の処刑のあった翌日、パリを後にして初めての旅に出た。わたしは背負い袋を用意し、ポン＝ヌフ橋に店を出す商人たちの息子、そのなかの一人に銀のバックルを売り払ったのだが、そうした息子たちに見送られて、アンフェール市門を通ってパリを発った。わたしはしばしば後にしてきたパリのほうを振り返ってみたのだが、これはわたしが生まれ故郷から離れるのを心もとなく思っているように街道を往来する人々には見えただろう。わたしはオルレアンをめざして道中を急いだのだった。

オルレアンの近くの小さな町で涼んで休憩していると、二頭の馬をひいた博労が、疲れている様子だからよかったら馬に乗らないかとわたしに話しかけてきた。そこでこのすすめに従ったのだが、博労は彼と同じ村の仲間に出会ったときに、ある村で彼は、ゆっくり先に行ってくれ、すぐ追いつくからと言いながらわたしに馬の手綱を渡して馬から降り、その友人と飲みに行ってしまった。しばらくすると馬の一頭が急に暴れだした。わたしはそれを制止することができず、手綱が手から離れてしまい、馬は森の中に逃げていった。わたしはその後を追いかけることになり、だいぶ行ったところで、森に囲まれた茂みの近くに一人の男がいるのを目にした。わたしがその男に馬を見なかったかとたずねると、馬を降りてこい、いっしょに探しに行こうと言ったのである。彼は馬を樹につなぎ、ついてこいと言う。その男は一丁の鉄砲を持っていたので狩人ではないが密猟者だと、わたしはてっきり思った。しかしそれは間違いで札付きの盗人だったのだ。

彼は手にしていた鉄砲の先で茂みをかきわけていき、よかれと思ってというよりはむりやりにもという態度で、わたしを地下の穴ぐらへと引きづりこんだ。そこでわたしの目の前に現れたのは、その穴ぐらを照らしていたランプの油煙のために黒ずんだ顔をしていた二人の女であった。わたしは六週間近くをそこで過ごした。くだんの男には仲間が一人いて、二人の女といっしょにいたわたしをまったく気にかけることがなかった。わたしはいずれにしろ隷属状態におかれていたのだが、うまいものが食べられた。

最後には、居所がつきとめられるのではないかという恐れからその盗人は、わたしの面倒をとりわけよくみてくれた。ノワールと呼ばれてる女に、おれがこいつを改名させてしまうのが嫌だと思うなら、逃がしてやれと言った。わたしはこの言葉を半分までしきいただけで、その女にすぐさま出て行かせてくれと頼んだ。彼女はしばしのあいだわたしを泣きながら抱きしめていたが、道中をご無事で、できるだけすみやかに逃げるようにと言いながらわたしを脱出させてくれた。

日の光を見るとわたしは息づまる思いがし、歩いて行く力がでてきた。わたしはとある大きな道に出たところで、一人の農夫に出会った。そこで彼にオルレアン街道はどこかとたずねると、彼もそこに行くところだからいっしょに行こうと答えた。わたしは無邪気だったし、その農夫はわたしがまっ黒になっているのを眺めていたので、自分の身におこったことをその農夫に話してしまった。すると彼はわたしを街道警備の騎馬巡邏隊の隊長のところに連れて行ったのだ。そしてその隊長は、わたしが祖母のところで働いていたことのあるガラス業の親方のことを引き合いに出して身元の確かなことを言いつのったにもかかわらず、わたしを牢獄に入れてしまったのだ。八日たって、わたしの身元を保証したガラス業の親方ミシュノーさんからの手紙がパリからとどいた。その手紙にはことの次第はわたしの父には用心して話さず、祖母にだけ伝えたとしてあった。この手紙がとどいた後になって、わたしは斧や農業用フォークを手にした人々にともなわれて、セルコットの森に連れて行かれた。わたしは一人の騎兵の馬の後ろに乗せられていたので、茂みがあるとそのつど馬から降ろされて探索させられた。だがこの探索は成果があがらなかった。しかしわたしはあの穴ぐらの場所が全然見つからないなどということは、考えられない話だとずっと思っていた。あのわたしを助けてくれた憐れな女のことをあらためて思い出していたのだった。

われわれはオルレアンにもどり、この町にしばらく滞在してから、(わたしは) パリに帰った。パリではかわいそうに祖母が、わたしが姿を現すのをいら立ちながら待っていた。こうしてわたしはおじたちのところで働き、そこで祖母の援助で衣服を新たにととのえた。

ある日のこと、同じガラス業の一人の職人が、サン=メリ教会の背後の小さな通りの女占い師のところにいっしょに行こうと言った。彼女はその職人の手をとってみて、あなたは裏切り者《ユダ》だ、自分の郷里では死なない、語学の教師になるなどと告げた。この女占い師が予言したことは本当のことになった。その職人はイタリアで死に、フランス語の教師をやっていたし、国王が聖木曜日におこなう(23)最後の晩餐でユダの役をつとめたのだ。そしてわたしについては、ことのほか女運にめぐまれるだろうとし、六十歳で病気をするが七十五歳すぎまで生きていると予言した。いっしょに行ったわたしの友人は彼女の家から帰りがけに、もしあの女が不吉なことを自分に予言したら、刺し殺しただろうと言った。わたしはそれからというもの、この友人と親しく付き合おうとは思わなかった。

そうこうしているうちに、祖母はわたしに父のところに帰ってはどうかとすすめた。結局父は多くのことを約束し、それを守ることなどまったくなかったのだが、とにかく(わたしは)父のところでもう一度働くことになった。わたしは例のごとく、隣に住んでいた父の姪と近づきになったが、父の前では彼女と普段と同じように接していた。彼女は困惑していて、わたしはできれば事がばれないようにと思ってできる限りのことをしたのだ。それでもわたしは彼女をあきらめなかったし、それは運命のようなもので、あきらめることなど考えたこともなかった。わたしはあの怪盗デュアメル(24)やそうした類いの連中のあらゆる種類のやり方を知るようになった。そうした類いのなかの四人はグレーヴ広場でしばり首の刑になったが、とくに処女であったラ・ジルーをわたしはものにしたことがあるのだが、そのジルーもしばり首になった。しかし神様はわたしを見捨てなかった。彼らはその行動についてわたしに言うことはけっしてなかったから、わたしは彼らと世界を同じくすることはまったくなかったのである。

ある日曜日に、いとこの一人が悪魔をこの眼で見たいのだがと言った。彼の友達にプチ・アルベール*を持っているのがいて、意思の強いわたしもいっしょに、居酒屋で死んだスズメでも食べたあと(25)、ユシェット街に三人で行ってみたいのだがと言うのである。われわれはとある部屋にはいり、たきぎの束に火をつけ、わたしが悪魔のやってくると思われる場所を占なってみようとした。われわれは一杯のぶどう酒と一切れのパンも用意していた。すると頭上で突然大きな音がしたので、二人の勇士は逃げだし、わたしもまた手に魔術書をもち、扉を押さえながら逃げようとした。恐怖にとらわれたわたしといとこはちりぢりになって逃げ帰った。そしてわたしたちの友人はとなると、悪魔にさらわれたのかどうかはわからないが、その後わたしは会ったことがないのである。

＊［訳注］これは白魔術や黒魔術を論じた本で、ドイツの神学者でパリ大学で神学を教えたサン・アルベール（一一九三—一二八〇）の書いたものだとされる。

そのころ、いとこの一人がヴェルチュという田舎に別荘を建てて所有していた。この田舎をその地の農夫たちはヴィカラと呼んでいた。ある日その農夫たちとわれわれは徹底的な殴り合いをやり、頭に穴があく者がでた。いとこの息子たちとわたしは、石を手にして正確にそれを投げたのだが、ドゥブレという人をこれらの乱暴者は農業用フォークでおでこの上のところにあなをあけてしまったのだ。これはグランダンという男の軽はずみな行動の結果であった。彼は腕っぷしの強い小男で、（それに）われわれにはまったく我慢のならない人物だった。以前わたしはこの男に、とくにセーヌの河岸で数々のいたずらを仕掛けたものだった。舟と河岸の間に渡された歩み板の上に彼がいたので、わたしは彼を川の中に投げ落とすと、ルーヴル宮殿の正門(26)のところで、渡し守と衛兵が口笛を吹いて彼を野次っていた。というのも、この男は川のまん中にいて、救い出されると船頭たちが彼にしこたま水をかけていたからである。こんなわけで、そのときに彼の母親は学校の先生のところにでかけ、わたしに罰をくわえてもらおうとした。わたしは先生にやられるだろうと予期していた。だから先生がわたしに、ドアの向こう側に行けと言ったとき、わたしはあれこれと弁明したあと意を決した。わたしは鍵をつかんでドアの外から鍵を厳重にかけて閉めてしまったのだ。わたしは先生が叫ぶのもかまわず階段を数段とばしてころがるようにして駆け下りた。わたしの継母はかわいそうに、しばらくしてから閉じこめられている先生を助けだしに行かざるをえなかった。それにしてもくだんの男は腹黒い奴だった。わたしのことを、王女の庭園でわたしの二人の兄弟を山積みになった材木の上に飛び降りさせて死なせた張本人だなどとほのめかしていた。それでわたしはいつもこの男にいたずらを仕掛けて、痛い目にあわせていた。

話をもとにもどすと、わたしはいとこのためにヴェルチュの別荘の窓ガラスを入れてやった。ある日のこと彼は、ジャック、お前の父さんとおれとで別荘に行こう、とわたしに言った。ここにタラが一匹ある。お前が料理してわれわれみんなで食べようではないか。父さんとおれは村に行ってくるから、ということだった。とにかくわたしはタラを料理し、棚に粉があるのをみつけて、それでソースをつくった。彼が帰ってきて、料理を食べようとしたとき、この粉はどこからもってきたのかとたずねた。そこで粉のあった棚を指差すと、わたしが毒を食べたのだと叫びだした。あの粉はネズミを退治するための砒素だというのだ。父はソースの味見をぜんぜんしていないのではないかとわたしにたずね、いとこは毒消しをわたしに飲ませなければならんと叫ぶ。わたしはといえば、まったく仰天してしまい、父といとこはわたしを村に連れて行き、親切な人々に手に入る限りの牛乳をもってきてくれるように頼み、わたしにそれをなにがなんでも飲ませた。わたしはまったく毒にやられなかった。しかし不運なことに口がくさくて鼻のきかない一匹の犬がいて、それが毒を食べてしまい、それで死んでしまった。われわれが帰ってみると、その犬は地面に倒れていたというわけなのだ。

わたしはこのいとこの、イギリス旅行から帰ってきたばかりの息子と親しかったが、彼は馬の鞍のポケットにピストルを入れており、わたしたちはそのピストルを点検して面白がっていたのだが、彼はふざけてわたしを撃ち殺すぞと言ってその一挺をとり出した。わたしのほうも、もう一挺のピストルで対抗しそれを水平に構えた。ところが彼は、いやおれがやっつけようとしているのはお前ではない、ナネットだと言った。ナネットというのは彼の家の料理女であった。ピストルが発射される。この不幸な女があお向けに倒れる。彼もわたしも叫び声をあげる。彼女は息絶えていた。警視がやってきてわれわれを尋問する。わたしは帰され、いとこの不運な息子は監禁され、島流し(27)となった。この不幸な出来事は救いようのないものだった。この不運な若者は実直で感じのいい男だった。どうみてもピストルの犠牲になるはずだったのはこのわたしであって、彼にもわたしにも責任はないと思っていたから、あんなことになったのは、なんといってもうっかりした手違いだったと、わたしは確信している。

わたしは突飛な行動をしていたにもかかわらず、父のところで相変わらず働いていた。ある日、きげんの悪い父がわたしを殴った。わたしはまったく頭にきてフェライユ河岸に出て行ったが、そこでいとこの一人シャルパントラと出会った。彼はオーベルニュ連隊の募兵係士官だった。わたしは彼に兵隊になろうと思うと言った。彼は帽章をくれて、質の悪いぶどう酒一瓶を飲み、一スーのパンと三スーの腸づめを食べながら、契約書にサインさせた。そしてわたしに、父さんのところに帰り荷物を持ってもう一度おれのところにこい、と言った。わたしが帰宅すると、父はわたしを殴ろうとする。そこでわたしは、みろ、おれはもうあんたの配下じゃないぞ、王様の配下なんだぞと言うなり、ポケットから帽章を引っぱりだして、それをわたしの帽子につける。父は仰天してしまって、そのまま何も言わずに家を出て行く。わたしは荷造りをする。職人もわたしといっしょに出て行きたいと言う。そこに父が彼のいとこを連れて帰って来る。そのいとこはわたしに、ジャック、おまえはまずいことをやったものだ、おまえの父さんは将来にわたってもうおまえを殴ることなどしないと約束しているし、（また）このおれがそれを守らせる、と言う。話し合いをたっぷりした後に、わたしはあの募兵係を見つけて父のところに連れて行った。募兵係はわたしのサインした契約書を父に返した。こうして父はぶどう酒少々と一スーのパンと三スーの腸づめの代金を、わたしのいとこということもあって一八フランで清算したのであった。この一件のすべてはわたしの従姉妹の一人と関連することだった。彼女の顔がほてっていたのだが、それはわたしが原因だったのであり、彼女は吐き気をもよおしていたのだ。

ある日のこと、サマリテーヌ（28）揚水場の下が凍っていて、父のところで働いていた職人やその他の人々と氷滑りをしていた。わたしは友人にあまり前の方には行かないように言ったのだが、とうとうその友人の姿が突然見えなくなって、それきりになった。このことで、わたしは自分のことをもう少し気をつけるようになった。しかし父のわたしに対する態度は、わたしがましなことをしようとしても、冬であることがわかっていても、わたしが着るものがほしいと頼んでも、（変わることはなかった）。これに加えて隣に住む父の姪は別れる時が近づいていたので、わたしをせめさいなんでいたし、わたしのことで顔がほてっている従姉妹は、しばしば自分の不機嫌な気分をわたしにぶつけていた。そのうえかわいい娼婦をものにしていたので、わたしは友人の部屋に身をひそめ、二週間もそこにいた。

結局わたしは祖母の反対をふりきって、フランス修業巡歴の旅に出た。祖母とおじの一人がヴェルサイユ街道を行くようにすすめた。そこに職人を雇いたいと思っている親方がいたからである。心残りがなかったわけではないが親戚たちをふりきって、しかし故郷を失うことなどもう気にもかけずに出発した。ヴェルサイユに着き、そこで国王おかかえのガラス業者のところで働いている友人の職人と会った。わたしも彼といっしょにそこでおよそ三か月間働き、祖母には手紙を書いた。

そこからわたしはオルレアンにいたる街道を進み、オルレアンでは以前のわたしの雇い主《ブルジョワ》だった人に会い、その人のすすめに従ってわたしはヴァンドームの町の、六週間前に夫を亡くした気立てのいい未亡人のところに行った。その家はパキエといい、わたしを温かく迎え入れてくれた。わたしはまだ若かったのに、その未亡人はわたしを大変に信頼してくれた。われわれ職人は総勢で四人だったが、すべてわたしの名前のもとに仕事がおこなわれた。わたしは生活を楽しんでいたし、そうすることがいつも嬉しかったので、わたしはあらゆる職業の職人と知り合うことになった。これに加えて祖母がきわめてたびたびお金を送ってくれたことが幸いして、わたしは大いに快適な時をすごしたのだった。この町の中の未亡人の家のそばに輪投げ遊び(29)をやるところがあった。そこに行ったのは遊びのためというよりは、そこでは女主人がわたしに大変親切にしてくれたからである。それでわれわれのちょっとした関係はとてもうまくいった。

ある日のこと、わたしが飲んだり歌ったりして帰ってくると、ある村の司祭が女主人のところにきて、教会の祭壇の上のステンドグラスを入れる仕事をやってもらえればいいのだがと告げにきた。それでわたしが司祭とともに寸法をとりに出かけた。帰ってきたわたしは、資材置き場においてある板のうしろ側に、この教会のためにと、亡くなった主人が準備しておいた真新しいガラス板があるのを発見した。わたしは土曜日には仕事の準備が整うと自分の名誉にかけて誓っていたので、これは面白い気晴らしになるぞと思った。気のいい女主人は頼みますよとわたしに言い、そのように強く頼まれたので、わたしは仕事は立派にでき、取り付けもすむでしょうよと、彼女に言ったのだ。

やっと夜になってわたしは仲間の職人に寝るようにと言いわたした。わたしはすべてのガラス板をとり出してきて、きれいに洗った。そして仕事場で夜の静けさを破るような音を立てたのだ。未亡人が仕事場を見おろすのぞき穴をあけようとする音を耳にしたので、わたしは松脂のテレピン油を燃やしたのである。わたしは物音を立てるのをやめて寝床に入った。そして朝、仲間たちを下に降りて行かせると、彼らはガラス板がすべて整えられているのを見てびっくりしてしまった。わたしはそっと降りて行った。と、これは不思議というものだ、すべての悪魔がかれを助けて働いたのだ、仕事場には一晩中灯がともっていたなどと、女主人が言っているのがきこえた。そこにわたしが姿を現して女主人に、われわれ職人たちの食事を準備してください、わたしはでき上がったガラス板を荷造りして馬に乗せますから、と言った。仲間の職人たちはガラス板にほとんど手をふれようとしなかった。女主人は神に祈りをささげ、わたしは神に誓いの言葉を言うふりをしたのだ。

教会に着くと司祭はわれわれにうまいものをたくさんごちそうしてくれ、模様替えのすべてがうまくいった。ヴァンドームに帰り着くと、職人たちは女主人に、すべてはしかるべく取りつけられたけれども、すぐにはずれてしまうのではないかと気がかりだと述べ、彼女も同様の心配を口にし、あしたのミサの最中に(30)、すべてのガラスが落下してしまうのではないかと言う。コンドム出身のガスコン人で、偽善者ぶった振舞いやおべっかを使う男がいたが、この男が女主人にさまざまなことをくり返し言うのだった。それはどういうことかというと、わたしは悪魔を雇っていたのだ、というのもわたしがひとりごとを言うのを何度も聞いたが、それは悪魔の助けを求めていたのだと思う、それでわたしはやりたいと思うことをなんでもやったのだ。善良な人々にわたしの身振りや言葉によって魔法をかけていた、最後には、それらの人々に悪魔を見せてやろうと思ったのだ。そして悪魔が自分のからだを洗いたいと思ったときに、酢酸鉛水溶液で悪魔をまっ黒にしてしまった、それで悪魔の顔も手もまっ黒だったのだ、そしてわたしはその男によると、まか不思議ないたずらをやらかしたのだ、などというものだった。

信心深い善良な女主人は、このようなでたらめな話を信じてしまって、大変いら立ちながら待つことになった。若者はミサのさなかにあってもステンドグラスが落ちてしまうことはないということをわきまえていた。それで若者は彼女に、ステンドグラスはうまい具合に設置されており、司祭も教区の人々も満足していると告げたときの、彼女の驚きようといったらなかったのである。

夕食のあと女主人はとくにわたしに話しかけてきて、次のように言うのだった。パリっ子のあなた、あなたのようなお若い方が神様をお信じにならず、悪魔と契約を結ぶとはなんと不幸なことでしょう。このような仕事を四日か五日で完成することなど、まったくありえないことですものね。それをあなたは一晩のうちにやってしまったのだからと。さらに彼女は、わたしが悪魔によって霊感を受けていることはだいたいわかっている、わたしがやったすべてのいたずらがまか不思議なものだった、腹を立てていたある農夫に対して、わたしが村中のすべての犬をけしかけさせたことも、そしてわたしがいくつかの言葉を使って水を変質させ、それであのガスコン人がひげをそろうとしたとき水がまっ黒になったことも知っている、わたしが他の人々に悪魔を見せようと思ったときに、彼女は司祭さんと相談したのだが、司祭さんは彼女に、わたしに説明させるようにしたらよいと言った、などなどと話したのであった。

わたしはこうした馬鹿話を笑いとばしたのだが、女主人が司祭のことやわたしに弁明させるということを口にすると、腹が立ってきた。わたしは彼女に、弁明はいたしましょう、町の外に出ることはけっしていたしません、でもほかの親方のところで働くことにします、そしてその司祭については間抜けな奴であり、わたしが気晴らしにやったいたずらは、司祭がいうところのカトリックの秘跡と同じようなものなのですと言った。

こうしているときに、その司祭が、わたしを高くかってくれていた良識のある人をともなってやってきた。形どおりの挨拶のあとでわれわれは議論をはじめ、わたしは冗談めかしながら彼らがまか不思議と思っていることはすべて太陽の光のように、種も仕掛けもないことなのだと説明した。こうして司祭も、いっしょにやってきたまともな教区民も、それがただ面白半分でやったことにすぎないのだということがわかって、心の底から笑いこけたのだった。こうしたことで、かのガスコン人はわたしの投げかけるあらゆる罵倒の言葉と、さまざまなからかいを甘んじて受けることになった。

これよりおよそ六か月も前のこと、わたしが散歩しているときに、かつてパリのシャン＝ゼリゼ(31)でやったように、掘割りをとび越えようとして転落して骨折し、回復するのに四〇日間もなにもせずにいたことがある。いくつかの町でわたしは仲間の一人と、未亡人の仕事を請負って働いた。その折りにモンドゥブローというところの教会の主祭壇の上の方で仕事をしていて、祭壇の上にかけられた組立て式のはしごの一番上のところにいたときに、小修道院長がはいってきて、仕事は進んでいるかと尋ねたのだ。帽子に手をやるために、はしごから手を離してしまい、はしごは組立てが崩れて落ちてしまった。それではしごの上にいたわたしは神様の像のひげにひっかかり、顔の部分全体をもぎ取ってしまった。もっと下にあった聖堂の像の全体も、天使像もろとも落ちてしまった。またその下にあったキリストの十字架像の腕もこわしてしまったのだ。それでその土地の善良な人々は、三位一体の像を一掃してしまったと言って、わたしにあいさつすることになった。

わたしは自分の脚の骨が折れているのに気がつくと、司祭や司教たちもかつてやったことがなかったほどの勢いでののしり《サクレ》はじめた。小修道院長はわたしをヴァンドームに送り返すために荷車を用意するように命じた。あいにくなことに国王代官がそれに同意しなかった。そこでわたしがこのようなことなので是非にもと頼むと、国王代官は心配することはない、あなたが墜落したのは小修道院長の不注意によるものだ、彼がその被害の償いをすることになるだろう、と言ったのである。教会の人間というものは、その人間の過失で傷を負わされた不運な者が、とるにたりないものとみれば、ほとんど気にもかけないものなのだということを、わたしはしかと見とどけ、これで教会の人間がしみったれだということがわかったのである。結局わたしは彼らの負担で怪我の治療をし、それは七五日間にもおよび、回復するのに二四フランかかった。わたしはラルクという未亡人の家で看病され、その善良な女性はわずかの費用で手厚く面倒をみてくれ、そのうえさらに一五日間は代金などいいから彼女の家にいてほしいと言うのだった。

わたしはヴァンドームに戻った。未亡人の妹が、わたしが半分は冗談、半分は本気で彼女に約束したことを守るように迫ってきた。過大な約束をしたがそれをまったく守っていなかったわたしは、トゥールへと逃げ出す。トゥールにおもむく途中でわたしは心ひかれる出来事にぶつかった。それはランジェへの道筋でのこと、馬車のなかにいる女性を見かけたわたしは、丁重にその馬車にわたしが乗ることを望んでおられるかと尋ねた。すると彼女はどうぞそうなさってくださいと言った。いろいろ言葉を交わすなかで、彼女は夫をパリまで送って行ったところで、これから郷里にかえるところだ、それでもしわたしが数日を彼女のところで過ごしたいと思うのなら、わたしを主人としてもてなすと言うのだ。これは農場の女主人といっしょだということで、大変気をそそられることですら(32)あるとみてとって、女の申し出を喜んで受けたのである。かくて彼女は楽しげに、夫はパリに行ってパリ女たちを見つけようというのだが、このわたしは帰り道でパリの男と出会ったのだ、などと言っていた。そんな言葉が出たのも、わたしがどこから来たのかを尋ねることを彼女は忘れなかったからだ。

彼女は一人の若い農夫をともなっていたが、それがぐっすりと眠りこんでいたので揺り起こし、これは旅の職人さんよと言う。するとその男はうんざりしているので気晴らしにと言って馬車から降りた。わたしはといえば、この男にうんざりしていたのである。

われわれは宿駅に着いたが、その宿ではきわめて控え目な態度で過ごした。しかし街道にいったん出れば、これはまた別なのだ。彼女はトゥールの近くのリュイヌと呼ばれるところに住んでいるという。トゥールに着くと、わたしは近いうちに会いに行くと約束して彼女と別れた。こうしてわたしは彼女に会いに行き、つねに歓待を受けた。

わたしはメール(33)、つまり職人宿に泊まり、そこの職人たちはわたしを大変気持よく迎えいれて、トゥールの町のよい仕事場に職を見つけてくれた。そこの主人と奥さんには妹がいたが、わたしはその人をいたく怒らせてしまった。しかし大変良い仕事場だった。この仕事場のそばに一人の若い娘をもつ未亡人が住んでいた。未亡人はわたしが彼女にさまざまな物語を語ってきかせるのを楽しみにしていたが、その娘とはいともおだやかな恋人同士の関係を保った。だから仕事場の主人の気立てのいい妹はその未亡人に、わたしが彼女の娘にそんな風にして戯れの恋をしているのではないか、だとすれば自業自得ということになる、と言っていた。

わたしは職人組合のドゥヴォワール(34)に加入することを認められた。職人たちはわたしに職人登録簿、あるいはジャック親方と名づけたもの、あるいはまたドゥヴォワールと呼ばれているその職人名簿を隅からすみまで書き写させ、〈パリの人、歓待される人〉という職人名をわたしに与えた。

わたしの親方は、ボーモン゠レ゠トゥールの大修道院の仕事をしていた。大修道院の食堂で一人のリヨン人と働いていたわたしは、この相棒が倒したはしごにちょっと接触して、脚をすりむいてしまった。わたしよりその相棒のほうが大きな声をあげたので、コンデ大公のおばの女子大修道院長(35)がその声をきいてやって来たのだが、なんでもありませんとわたしは答えた。はしごはわたしの相棒を転倒させたから、人々は彼のほうを助けようとした。しかしわたしの靴下が血まみれになっているのに気づいたとき、修道院長は手ずからわたしに包帯をし、一五日間はなにもしないでいるように命じ、一二フランをわたしに与え、姿を見せなくなったリヨン人を強く非難した。

それから少しして、庭園でレンヌ人と壁の下塗りをしながら、毎日のようにわたしたちが歌をうたっていると、この若い修道女たちが歌を聞きにこれまた毎日のようにやってきた。それが突然、彼女たちがこなくなったので、わたしたちはいたく驚かされた。そんなときに親方がやってきて、わたしたちに次のようにしたためられた一通の手紙を見せた。「親方さん、ほかの職人をふたり、とくにちゃんとした半ズボンをはいた職人をよこしてください」。わたしたちはあまり良い半ズボンをはいてはおらず、これは明らかに善良な修道女たちが、彼女らにとって気がかりなものを見てしまったというのが、本当のところだった。親方は修道院長のところにおもむいて、ほかの労働者を雇うことはまったくできないことをわかってもらい、修道女たちに不快な思いをさせないようにするのであれば、われわれに立派な半ズボンをいただければ、これがもっとも手っ取り早い解決法だとわかってもらうように訴えた。これはすぐに聞きとどけられ、われわれのもとには真新しい革の半ズボンが届けられ、若い修道女たちは以前のとおりにわれわれわれを見にやってきたのである。

トゥールの町のあらゆる職業の職人たちは王様の健康を祈るテ・デウムの儀式(36)をおこないたいと願い、また修道院長の所感表明を切望していて、奥方様がわたしに対していくらか情のあるところをみせていると知っていた彼らは、所感を表明してくださるよう奥方様に申し出てみろとわたしに言うのだった。奥方様が親しみをこめておっしゃるには、喜んでそうしようと存じますが、あなたはパリ人だということだが職人名をぜんぜん聞いていません、あなたはわたしに出した書面に職人名を書いていませんから、ということだった。そこで、奥方様、わたしは職人たちから〈パリの人、歓待される人〉と名づけられました、と答えた。すると彼女は、よろしい、歓待されるでしょうと言われた。

儀式の翌日わたしたち職人は全員集合し、あらゆる職業の者を合せて八七五人となった。われわれは各人およそ一二ソル半を出していた。われわれは太鼓やオーボエにともなわれ全員が職人組合のリボンをつけ、列をつくり町の街路やボーモンの大修道院の道を行進した。大修道院で大公妃の服装をした修道院長は、わたしの差し出す祝別を受けたパンと、この日のためにと人々がわたしに託したお祝いの言葉を銀の皿で受けとった。そして彼女は、お受けした祝別のパンとわたしの親しいガラス職人さんのお祝いの言葉にいたく満足していますとわたしに言いながら、四ルイを銀の皿に置いてくれたのだった。

わたしは職人宿の女主人であるメールの息子と友達になった。彼は馬具製造の職人で、彼が雇われていた親方の奥さんと情を通じていた。彼がついに旅に出たのでわたしが彼のあとがまに座った。これは彼女の夫の気を悪くさせるものではなかった。彼女は魅力のある女であり、その夫は気の好い人物で田舎に小さな家を持っていて、そこでわれわれは気晴らしをし、わたしは快適な時を過ごした。また時々あのやさしい農場の女主人のところに行き、大変なごちそうになった。

わたしはトゥールを旅立つことにした。職人組合の仲間がバイオリンとオーボエを奏でて、見送りの儀式をしてくれた。その後になって職人たちはわたしを町のなかに連れて行き、そこでわたしに上級職人（37）の地位を授けなければ、このまま別れるわけにはいかないということになった。その翌日にはあの魅力ある馬具屋の奥さんと田舎の別荘で別れを惜しんだのであった。また同じようにあの親切な農場の女主人にも別れを告げに行ったが、彼女は新鮮な卵をたくさん食べさせてくれた。わたしは親方や奥さんに大変愛され、またその他の多くの親切な人々に愛されたわたしが、その素敵な都市から旅立つのは後ろ髪をひかれる思いがした。

結局、わたしはレンヌ人といっしょにアンジェにむかって出発したのだが、その道すがら思いがけない授かりものをしたのである。小さな森の入口で行為中の小柄な牧童と若い女の羊飼いが目にとまった。わたしはできるだけそっと歩いて行き、彼らに近づくと騒音をたてた。衣服を脱いでいた若者は逃げ出し、若い娘は裸身をかくす。わたしの相棒は逃げた若者を追いかけて行ったが、わたしのほうはその娘と半分はその気になって、あとは力づくで楽しんだ。しかしわたしの相棒はこの出来事につけいろうとはしなかったので、よく考えてみて、そこに引き返し再び息抜きをした。そしてわたしは善きキリスト教徒であって、支払われた罪は半分は許されるということを聞いていたので、その娘に二ソル貨を三枚渡して旅を続けたのである。

わたしはアンジェに着いた。このすてきな都市で親方や職人はわたしを快く迎えてくれた。わたしはまじめな人のところで働いた。この人は結婚を間近にひかえた息子と、結婚してもおかしくない年齢の娘がいた。わたしはさまざまに手をつくして彼女の気を引こうとし、わたしがパリの親方の資格をもっていること、できればこの土地で仕事場を持ちたいと思っていることなどとほのめかした。こうしているときに民兵隊（38）の兵役に服するための抽選があった。わたしはやさしい祖母が送ってくれたパリの親方資格証書を提示してその兵役を免除された。祖母はそれに時々は、気晴らしに使うものも送ってくれていて、わたしはそれを惜しみなく分け与えていた。

わたしはヴェルサイユに住む国王お傭いの錠前造りの親方の息子を友達としていたが、彼は毎月少なくとも五ルイか六ルイを送ってもらっていた。これをわたしもいっしょになって遣っていた。というのもわたしはさまざまな遊びに通じていたからである。この頃、わたしの親方の息子がポン＝ド＝セの町の娘と結婚することになった。わたしはその婚礼に招かれた(39)。それで朝早く出発すると彼に約束した。そんな時にその親方の家で働く若い女がわたしに、婚礼に連れて行ってほしいと言い、わたしがまだ大箱の上に寝ているのに、わたしの部屋で白い絹の下着類を着けはじめたのだ。そしてそれが彼女に似合わないかどうかを見てもらおうというわけなのだ。わたしはといえば、この無分別な振舞いを楽しんだ。そしてお互いに約束していたとおり錠前職人の友人を婚礼に連れて行くために彼に会いに行った。彼は白ぶどう酒を飲んだ後で、午後になってなら行くと言った。そこでわたしはわたしの新しい花嫁を連れて、その道すがら二人だけの時間を快適に過ごした。ちょうどテーブルにつくころあいに婚礼の場に到着した。そのテーブルに新郎もいたが、彼は抜け目のないずる賢い奴で、時々わたしを見つめ微笑しながら悔しがっていた。新郎の妹は膨れ面をわたしにしてみせ、わたしの新しい女は密かにわたしを見つめていた。食事のあとにあいさつの歌(40)があり、これは一座の人々を楽しませたのだが、わたしの親方の娘は怒りだし、わたしはといえばダンスをし陽気に振舞っていた。婚礼は三日間にわたって続き、そのあとアンジェに帰らねばならなかった。

わたしはある城館で親方といっしょに仕事をしたのだが、そのときにわたしが出会った出来事によって、ラ・サブリエルというあの親方の名前を忘れることはこれからもできないだろう。親方はわたしが働いている場所の近くにあったある小さな階段を上っていかぬようにと、あらかじめわたしに言っていたのだが、これはわたしの好奇心をかき立てた。その階段を上ったというより、それが否応なしにわたしを引きつけたのだ。ところがわたしが階段を上るや、人の気配がないのに、わたしの脇を降りて行く足音がするではないか。わたしが降りて行くと上っていく足音がする。わたしは恐怖にとらわれ、仕事をしていたもとの部屋にもどる。親方はわたしがびっくり仰天しているのを見て、それは階段のステップを踏む音が反響しているだけのことだと教えてくれた。

数日後に古くからそこで働いている家内奉公人がわたしに、どうして階段を上ったり降りたりする足音を聞いたのか教えてあげましょうかと言った。もちろん、知りたいと答えた。彼は次のように話したので、まあ聞いていただき

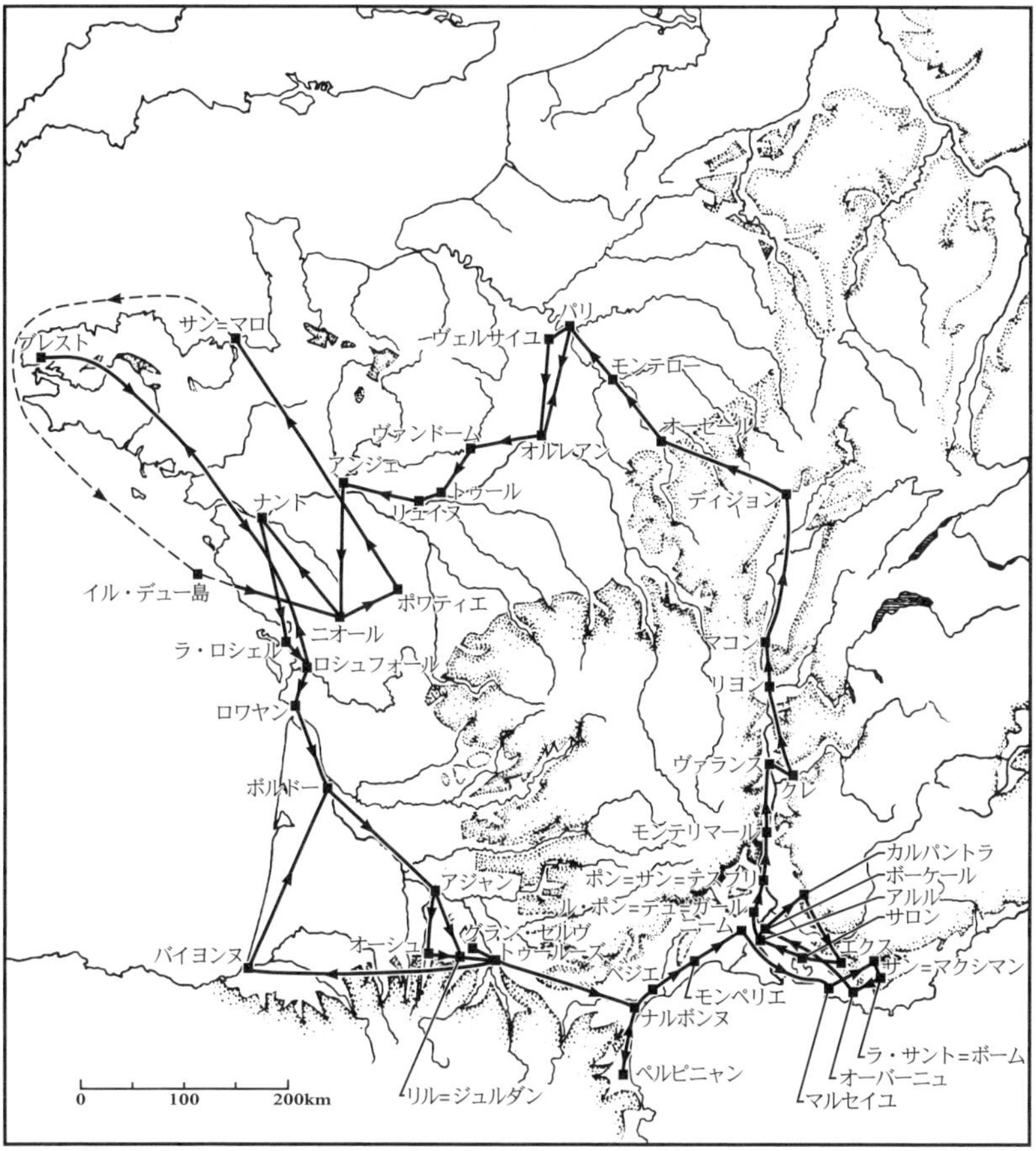

メネトラの第1回目の旅：1757-1763

たい。この館の殿様の息子さんは一人の家庭教師についていたのですが、その人は大変に厳格で、ラテン語の習得がうまくいかないということで、息子さんを毎日のように叱りつけていました。この坊主のいうとおり、死語になっているラテン語を知らないと値打ちのある人間になれないと信じていた若様はある晩のこと、今あなたが寝ている部屋で悪魔との契約を結ばれたのです。若様は契約書を自分の血で書かれました。悪魔がやってきてその契約書を手にし、それでその部屋は火の海となりました。くだんの家庭教師がその部屋の鍵穴からもうもうたる煙が出ているのを見て、その扉を打ち破ったのですが、若様はベッドの上に横たわって死んでいたのです。そして若様が最後に上っていったのがあの階段なのです。

このような話をきいたわたしは、心が落ちつくどころではなく、わたしは出ていきますが、あなたはお残りになるのならどうぞ、とわたしの親方に言うことになり、すぐに出て行った。家内奉公人が話したことは冗談なのだと言ったがそれも無駄で、わたしの心を動かすことはなかった。親方もわたしについてきた。

わたしは四里のあいだ一言もしゃべらずに歩いた。そのあげくにわたしの親方はある村を通り過ぎるときに、ひと休みしないかとわたしをさそい、ある店に入ることになった。その店で一人の男がとうとうとしゃべっているのを耳にして、わたしもようやく言葉がでるようになった。そこで親方はわたしに話しはじめ、パリの人よ、一言もあんたと口をきかないまま四里の道を歩いてきて退屈だったよ、と言った。それに対してわたしは、あんなことを聞かされて正気にもどることができなかったのだ、と答えた。彼はわたしの気持を変えようと力をつくしたが、わたしはそれを受けつけなかった。城館の奥方が急いでアンジェにやって来たが、わたしを説得することはできなかった。

このことがあったのでわたしは、アンジェから一刻も早く立ち去りたいものと思っていた。しかし二人の女友達がいつもよりペチコートが出っ張っているのに気がつきはじめていて、それぞれがわたしを責めさいなんでいたのである。彼女らは無二の親友だったのが、なしうる限りの用心をわたしはしたにもかかわらず、いまや敵になってしまっていた。

だがわたしにとってよい口実となる出来事(41)がアンジェで発生した。聖母マリアの祝日の前の日に、仕立屋に服を求めに行ったある錠前職人が、敵対するガヴォたちに出会い、服をとられ殴られたのである。その錠前職人は仲間の職人宿に行って不法を訴え、と同時に大勢の職人がガヴォの職人宿に行って、改めて服を返すように要求したのだが、双方にとって悪感情を引きおこすような言葉のやりとりの末に、服が返されるということになったのだ。こうしてこの日から、双方の職人が出会うごとにつまらぬ喧嘩が起こった。それで結局、日を決めて全面対決の闘いをすることが決定され、それは聖バルトロマイ(バルテルミー)の日に指令がくだることになった。

製靴職人やその他の職業の者は渡り職人でない者であろうとガヴォの友人であろうと、犯された悪事がどんなことだったのかもまったく知らずに集まったということを考えれば、職人たちがこのうえなく強大であったというわけではない。われわれはアンジェ周辺のいくつかの小さな村に集合を呼びかける手紙を書いた。とくに約三七人の大工がいたサン=ジョルジュという小村にも手紙を送ったが、彼ら大工はどんなことも約束しようとは思わなかったのだが、残念なことにあわれでとるに足りない製靴業の見習い職人とそれに従う者に過大な約束をしてしまったのだ。

われわれは総勢で職人五〇〇人しか集まらなかったが、相手方は七五〇人を超えていた。闘いの日がきて、われわれは三列に並んだ。第一列は杖を手にした大きなな男たちで、彼らの指揮をとったのは兵役で選り抜きの擲弾兵の伍長だったガラス職人のレンヌ人であった。第二列は石や小石をたずさえた連中で、わたしはその第三指揮者だった。第三列は杖や頭を覆う帽子を拾い集めて、集団のもっとも弱体になった部分に運んでいくのが役目だった。

われわれは大勢力がやって来るのを見て、これは負けたと思ったが、われわれには勇気と正義があることに希望をつないだのだった。すべての親方は武器を手にしていたが、あえて前にでてこようとはせず、中立を保っていた。合図があり製靴業の筆頭職人たちが、どうして彼らは闘うことになっているのかと説明を求めた。彼らは話し合いの合図をして、われら集団の九人のリーダーが寄り集まった。彼らはその話し合いで同意に達した。製靴業の筆頭職人やその他が自分たちの隊列にもどり次のように言いはじめたのだ。闘いを欲している者がわれわれに働きかけているのだ、悪いのはガヴォだ、われわれは退場しよう、と言いはじめた。それで非常に多数の者たちがこれに従ったのである。

一三三人の大工が、こっそりと生垣の背後にかくれていて、われわれはこれを当てにしてはいなかったのだが、(この大工たちは)このような状況を見て、これは敗北だと思いこんで逃げてしまった。(彼らは)棍棒を手にしていて、これら憐れな者たちより四分の三も多かった。七人の死者、一七人の重傷者、そして約四〇人の負傷者が出た。わたしは危うく一人の頑強なカヴォに殺されそうになったが、立ち直って逆に相手を同じような目にあわせた。というのも相手は仰向けに倒れたからである。それは相手方の指揮者の一人で、職人名を〈フラマン人、踊りの人〉という頑強で太った男だった。リーダーたちは死体の収容を命じ、六〇人ほどで逃走した。メーヌ川にいたって、漁師たちが抵抗するのを押し切り、また騎馬巡邏隊が追いかけてきたということもあって、渡し舟をつないでいたロープを切って、それで川を渡ったのである。

われわれは夜通し歩きつづけ、とある農場にはいりこみ、数頭の羊を奪って生焼けのままそれを食べた。誰もがそれで我慢したのである。わたしはドネー＝アン＝アンジュで働いたが、わたしの親方の娘に会えるだろうと思って、密かにアンジェに帰った。ところが思ったことに反して、わたしはもう一人の若い女と出合うことになった。職人たちがポワトゥーに向けて旅立つ見送りの儀式を、夜にスレート採掘場の背後でわたしにやってくれたので、わたしが別れの挨拶をしにそこに行ったとき、なんとその若いアンジェ娘と出会ったのである。彼女は、わたしが彼女から奪ったものを返してくれなければ、かねてから言っていたようにわたしを短刀で殺し、つぎに親方の娘も殺したいと思っていた。幸いにも物音を聞きつけた職人たちがかけつけてきて、わたしから彼女を引き離した。そのときに、彼女が関係の証しとしてかわいい女の子を産んでいたことを、そして親方の娘はまるまるとした男の子を得ていたことを知ったのである。

わたしはポワトゥー地方のニオールで働いた。それは気のいい人たちの仕事場で、彼らはわたしを自分の子どものようにみなし、他に例を見ないようなすばらしい希望をもたせてくれた。わたしはおよそ三か月そこにいたが、友人に会いにポワティエに行こうと思った。それはわたしにとって大変高くつくことになった。

日曜日の朝、わたしはポワティエに着き、翌日から働くということで雇われることになった。夕食の後、仲間といっしょに並木の植えられた広場のようなところに行って、馬跳び(42)をして遊んだ。そのあとで親方の家に帰り静かに床につく。翌朝、仕事をはじめようとしていたときに、二人の町の警官(43)がやってきて、わたしにパリ人と呼ばれている人ではないかと問い、わたしはそうだと答える。彼らは付いてくるようにと言い、わたしを牢屋に入れてしまう。一時間もすると、わたしの仲間のなん人かが連れてこられるのが見え、よそ者の職人すべてが投獄されてしまった。

われわれはおよそ六日間牢屋に留め置かれたが、その間ずっと町の親方たちが充分な食糧を差し入れてくれた。われわれへの尋問が、犯罪人のように被告席にすわらされて次から次へとおこなわれはじめ、判事の言うところによると、わたしはパリからきた者であり、より思慮深そうにしていて、他の者より巧みに答えるということで、とくにわたしに尋問したいと思ったのだそうだ。こうしてわれわれ、とくにわたしは、広場の並木の若木を切り倒したということで起訴された。われわれは三〇日近くも留置された末に、無罪放免を通告された。不運なわたしの仲間たちは賠償を請求する手紙をわたしに書かせたのであった。こうしたすべてのことに対する返答として受けとったことは、われわれは放免されたのであり、降格された連隊の士官たちがいて、それが腹いせに広場の若木を切り倒すという破壊行為をやったということで、われわれには罪がないと裁定されたということだった。

わたしはこのことを知って荷物をとりに職人宿に帰り、誰にも別れの言葉を述べずに旅立ち、ひどい出来事を経験したブリキ職人のアンジェ人と刃物業の職人のラングル人をみつけて行動をともにすることになった。われわれは船に乗るためにサン＝マロに行くという計画を立てた。というのも三か月で八〇〇フラン近くを稼いだ仲間がいるということを、風のたよりに聞いたからだ。これはわれわれの元気を回復させるものだった。ところが実際にはこれと反対のことがわたしの身に降りかかり、わたしは惨めな状態に落ちこんでしまったのだ。

われわれはサン＝マロに着いた。そこでサン＝マリ号という私掠船をみつけ、イギリス人を追いかけるということで、われわれはその船に乗り組むことになった(44)。給料は二七フラン、捕獲物は分け前にあずかるというものだった。だが乗船の時を待つ間、わたしはディナンという町の、都市民兵の士官をしていた親方のもとで働いた。そしてイギリス人が上陸してくるのは確実だというので、地元の人も近在の人も強制的に軍隊に入れられていたというのに、わたしの親方は病気になっていて、わたしが一日一五ソル、食事つきということで、親方の代理で民兵の士官の役を務めたのである。これが軍隊でのわたしの軽率な行動のはじまりということになった。

わたしは七人の兵士を与えられて、ディナンの近くの高台にすえられた一門のちっぽけな大砲の守備につくことになった。歩哨に立った兵士が眠りこんでしまい、これが現場で取り押さえられることになり、（この男）のためにわたしは降格されてしまい、ただの狙撃兵になった。われわれは二人の狙撃兵のあいだにいる三人の兵士とともに演習をさせられ、射撃訓練を受けた。わたしはイギリス人がサン＝カスト湾(45)で撃破されたとき、サン＝マロに帰った。デギュイヨン公はイギリス人の命だけは助けてやったのだ。というのも公の意向次第では、彼らは生きて英国には帰れないということにもなったからだ。

そのようなときにわたしは二人の仲間と船に乗った(46)。われわれ乗組員は、それぞれ一挺の火縄短銃と二丁のピストルと剣のひとふり、それに接敵攻撃用の斧で武装させられた。こうしておよそ六か月ものあいだ海上にあって沿岸航行をしたのである。ある土曜日の食事のあと、われわれは三隻の帆船を望見したが、それらの船はわれわれを追いかけまわすことになる。その船はオランダの旗をかかげていたが、実際はイギリスの船だった。われわれの船は王国の旗をかかげていた。敵船はそれぞれ一斉に砲撃してきた。われわれも応射しフランスの旗を守ったのだが逃走せざるをえず、小さな港にたどり着き、そこで水を補給した。敵船はその港までは近づいてこなかった。そこでわれわれは海上にもどった。

われわれは船の周囲を飛びまわるように航行している沿岸航海用の小さな船をみつけた。わが方はそれを砲撃し降伏させた。その船には一一人のイギリス人が乗り組んでいたが、彼らの船を海の底に完全に沈めてやった。そのとき三隻の帆船が現れ、われわれを追撃してきた。昼間のことでもあり、われわれはつかまってしまうと思った。船長は、われらは神のため、王様の御ため、そしてその御利益のために戦わん、と大変悲壮な演説をやり、同時に二日分の食糧を各人に配り、さらにいくつかの荷物をたたき破って一そろえの靴下と靴を配布し、隊列を整えて各自の義務をまっとうするように命じたのである。

風向きがわれわれに味方し、これでわれわれは敵の手に落ちることなくすんだ。われわれがフランスの沿岸にいたったとき、船長は一一人のイギリス人を陸地に降ろすことを命じ、わたしに彼らを連行する任務を与えた。わたしのことを高く評価していた航海士が、六人の部下をともなって行けと命じたので、すかさずわたしはいっしょに航海した二人の仲間をそのなかに加えたのであった。

われわれはイル・デューの島の港に入った。そこの司令官は城砦のなかで英気が養えるようにと、われらの航海士を招待し、わたしは航海士が帰るまで待機しているように命じられた。わたしはぶどう酒を飲ませる居酒屋をみつけ、仲間とともにそこに入って酒を飲み、柔らかなパンを食べた。わたしが仲間たちに脱走しようとずっと思っていたと告げると、彼らはあっさりとこの提案に賛成した。そこで、監視されているから普段と変わらぬ顔をしているように言い、脱走するやすぐに火縄短銃を生垣の背後に投げ捨て、思い思いに逃げ去ったのだ。

わたしはといえば、ポワトゥーに向かってもどることにして、リアール銅貨で二〇ソルの所持金で物乞いをする(47)こともなく、少なくとも四〇里の道程を歩いた。十月の頃でわたしはほとんどいつも茂みの中で寝た。半分は裸の状態で体じゅうがシラミだらけだった。ある晩、大変なご馳走にあずかったことがある。犬の鳴き声がするので近づいていくと、立派な農場が見えてきた。それで一晩を過ごせるように納屋で休ませてもらえないかと頼みこんだ。犬の吠え声とともに立派な顔立ちの男が現れ、低くなった部屋にわたしを通してくれたが、そこには何人かの人が食卓についていた。彼はわたしをそのテーブルにつかせ、飲み物や食べ物を出してくれたのだ。そしてどこからやって来たのかと尋ねるので、わたしの身に起こったことを話して聞かせた。すると彼は、わたしが安眠できるようにと寝床を準備させたのだった。翌朝わたしがお礼を述べにいくと、彼は二四ソル貨一枚をくれ、朝食をたっぷり食べさせ、ポケットにいっぱいつめこんでくれて、旅の安全を祈ってくれたのである。

ある日のこと、ある農場の前を通りかかると一匹の犬が追いかけてきて、わたしの脚に嚙みつき、ぼろぼろになったわたしの衣服を引き裂いてしまった。その家の女主人が門口にいたので、お願いだからその犬を押さえてくれとわたしが言うと、その女はさげすんだ目でわたしをにらみつけ、犬は自分の義務を果たしているだけだと答えたのである。わたしはこの言葉を聞いてピストルで犬を撃ち殺した。すると女は声をあげはじめ、農場で働くすべての下男たちが、農業用のフォークや梶棒で武装しわたしを追いかけようとした。しかしわたしは、おまえたちが近づいてくるような馬鹿をするなら、それ相当のお返しをしてやると言って彼らを抑えこんだのだった。

わたしはやっとニオールにたどり着いた。夜になっていた。親方は大変にみすぼらしいありさまになっているわたしを見て驚愕してしまった。（彼は）すぐに使いを出して奥さんを探しに行かせ、部屋の中にわたしを上げてくれ、衣服を着替えさせ、親方の奥さんはわたしの衣類一切をかまどにくべてしまい、翌日にはもうわたしは何も考えなかった。わたしは祖母に手紙を書き、食べ物などの補給をする(48)ためのお金を送ってもらった。わたしはあの船がどうなったか知ろうとした。しかしそれができたのはわたしがフランス修業巡歴を終えてパリに帰ってからのことだった。パリで海軍の役所に行って、役所の人が帳簿に目を通して、六年以上も前からその船についての情報がまったくないのだから、その船は沈んでしまったと判断した、というわけなのだ。神がわたしの経験した日々を、見守っていてくれたのだと知ったのである。

充分に体力を回復すると、思いきって親方夫婦に別れを告げた。彼らはわたしのことをいつも気づかってくれ、もっと長くいっしょにいてもらいたいものだと思っていたのだが、わたしとしては同じ都市にそういつまでも留まっているわけにはいかなかった。

わたしはモントルイユ＝ベレという小さな町で働いた。そこに同職仲間だったレンヌ人が住んでいたからで、しばらくの間わたしはこの人の家にいたのである。しかしその人の若い細君は、わたしが語って聞かせた小話が気に入ってしまい、それでレンヌ人の方はやきもちを焼くようになった。わたしはナントからの手紙を受け取った。ゲパン(49)という人がその手紙で、もしある未亡人のところで働こうと思うなら、その人にはよく言ってあるからそうしないかと知らせてくれ、一二フランを郵送してくれたのだ。

そこでわたしは昔の同職仲間のもとを去って、ナントへの街道を行く。その街道の大きな草地のところで、わたしは二人のガヴォに出くわし、彼らはわたしの背負い袋を奪おうとした。わたしは彼らから身を守ったが、最大の窮地に追いつめられないかぎり、武器でもって闘おうとは考えなかった。偶然そこに二人の帽子職人がやってきて、ガヴォたちをそれなりに殴った。こうしてわたしはナントに到着、職人たちが待っていて、未亡人のところで働く手配をしてくれたのだった。彼女はわたしを雇い入れたことに満足しているようだったし、わたしのほうも彼女が魅力的だと感じたので、その家に滞在することには大いに満足だった。この親切な未亡人のところにいて三週間もたたないある日曜日に、彼女はわたしに服を買うようにと三ルイを渡してくれた。それはある若者が着ていた服の灰色が気に入ったと、わたしが言っているのを聞いたからだった。わたしは断ったのだが、これはわたしが彼女の大変な好意にあずかっていたことを示すものだった。

わたしは未亡人のところに一一か月近くも留まった。というのも、その町が職人組合のボイコットの対象となり(50)、職人がやって来なくなり、わたしをあわせて三人の職人しか町にいなかったからだ。われわれは親方たちを怒らせて、いざこざがたくさんおこった。ある日のこと同業組合の筆頭の役員が、職人たちを町にやって来させるために和解しようとしてやって来た。われわれは気の紛れるようなことを言われたあとで、えらく腹を立てることにもなり、邪険に扱われることにもなった。わたしはわたしの仲間の誰の助けもかりずに一人で親方をやっつけて窓からほうり投げ、それが大きな音をたてたので、わたしも窓から飛び降りざるをえず、堆肥の上に落ちたのだが、なんの怪我をすることもなかった。こういうことで、われわれはどんなことも受けいれようとはしなかった。結局、他の親方たちが会いにきて、われわれは職人たちを町にやって来させるようにするための手紙を書いた。こうしてすべての親方たちがわれわれにごちそうをすることになったので、これはわれわれにとっては大変な祝宴であった。

わたしは未亡人の厚意を深く受け続けていた。わたしたちは職人たちが食事をしたあと、二人でテーブルにいて、上等のぶどう酒を飲んで楽しむことにしていた。彼女は恋していたのだ。ある日のこと、彼女はわたしに次のように言った。わたしがうっかり転んだのは、あなたが情人のだれかを抱き起こしたように、わたしを抱き起こしてもらいたかったからだ、と。そこでわたしはそのようにしたのであった。それでわたしはその家の主人のようになった。わたしの同意がないと、何事も取り運ばなくなった。わたしに節制を欠くところがあって、ときにはいさかいが起こった。

わたしは、ある種の病気の治療をやっていた同郷の女の一人と知り合った。彼女は肉体関係にとらわれて、わたしを扱うことに自信をもったのだが、それでわたしは得ることのほうが多かった(51)。しかし彼女はきれいな料理女をかかえていて、その女もわたしに気があった。このことでしばらくすると、一方の女はやきもちをやいて、もう一人のほうは不機嫌になって、わたしはこの双方と仲が悪くなった。しかし未亡人の家では、わたしは職人名が表現しているとおりに、大変に歓待されていた。わたしはこの女たちに別れの言葉を言うこともなく、旅立つことになった。

たまたま御公現の祭りの日がやってきた。職人宿のメールはわれわれ各職業のすべての職人を招待して、御公現祭のケーキを切り分けて、ソラ豆のはいったひと切れを引き当てる職人を選び出す行事をおこなった。集まったわれわれは、およそ一八〇人にはなっていた。わたしもわたしの仲間たちも、ソラ豆を引き当てるのは仲間のうちの誰かになるのではないかと思い、(はらはらしていた)。というのも、ソラ豆を引き当てて御公現祭の王様になると、王様になった人とその人と職業を同じくする仲間たちが、他の人々にごちそうするという決まりになっていたからである。

ところがわれわれが心配していたとおりに、ソラ豆をわたしが引き当ててしまったのだ。かくてわたしが王様となる。そのことが宣言される。わたしは王座につかせられ、リボンで飾られることになる。わたしは発言を求め、人々がかしこまってそれを聴く。わたしは、お仲間たちよ、みなさんはガラス業の職人の数がもっとも少ないということをご存知である。われわれガラス職人は才能ある皆さんに値するようなことができないのです。どうかお願いですから、わたしの代わりに別の王様を選んでいただきたい。わたしは喜んでその人に王座を譲ります、と述べたのだった。すると皆が声をひとつにして、各人が自分の分を払おう、支払い義務を免除された王様ということにするしかない、と言ったのである。

このようにして御公現の祭りのことで、わたしは自分の仲間のことは気にしないですみ、そして夜の一一時に未亡人のところに帰ると、彼女はそこでもケーキの引き当てをするためにわたしを待っていて、わたしたちはちょうど五人か六人であったが、またもわたしが王様に当たってしまった。翌日の朝、わたしはあの女外科医のところに行ったのだが、どういうわけか偶然そこでもソラ豆を引き当てた。職人宿のメールのところでは大宴会がおこなわれ、そこでわたしはもう一度王座についた。前の日の夜にわたしを盛大な行列と儀式に連れていったように、職人仲間の一部の連中がまたわたしを連れ出しにやって来ていた。わたしの未亡人はダンスに招待されたが、女外科医もその若い料理女も同じように招かれた。それはわたしが招待し、ひそかに迎えに行ったのである。そしてわたしは人々を歓待し、大部分の職人が自分たちの親方の娘や奥さんを連れてきたので、すべての人々が満足したのだった。

わたしは大変すばらしいチャンスを逃した。この未亡人は二〇里四方にある町のすべての親方に大量の板ガラスを売っており、アンティル諸島にもそれを発送していた。その仕事をしていたのはわたしで、すべての手紙を書き、彼女の署名もわたしがそれを真似てやり、それは本物の署名とみられていた。すべてはわたしなしではとり運べず、わたしにはじっとしていられる時間もなかった。わたしにとってはつねに新しいことが必要で、いつも駆けずり回っていたのだ。

ある日曜日にド・ラ・シャペル氏の森を取引所の側から二人の友人をともなって散歩していると、というのもわたしの未亡人はラ・フォスというところに住んでいたからなのだが、その二人の友人が、とあるカフェの女主人に口づけしてみろ、そんなこと絶対にできないだろう、とわたしをけしかけたのだ。そのときわたしはきちんとした身なりをしていたので、その女主人に自己紹介をして礼儀正しく、口づけをすることをお許しいただきたいと申し出たのである。ところが驚いたことには、小柄な剣の使い手が現れて立ちふさがった。パリの場合と同じように、そこには用心棒みたいな奴がいたのだ。その男は乱暴にわたしを押し返し、わたしもそれを押しやった。男は剣を抜き、わたしがその剣を払い落とすと、同じような男どもが剣を抜き、すばやくわたしも攻撃を仕掛けたので、その男たち三人のすべてに傷を負わせることとなった。それでわたしは叫び声を聞きながら、あっという間に女主人に近づいたのだが、彼女に捕らえられてしまった。しかし運のよいことにガボリーという町役人はガラス業の親方だったので、わたしを逃してくれ、わたしは未亡人のところに帰り、彼女はわたしを自分の寝床にかくまってくれた。しかし翌日になると警視が尋ねてきて、彼女はわたしが帰ってきていないと答えてくれた。それで警視は帰ったのだが安心できなくて、職人宿に手紙を送って、それで六〇人以上の職人仲間がやってきて、わたしをピルミル橋(52)まで連れていってくれた。そして翌日、やさしい未亡人は目に涙をうかべてわたしに別れの言葉を述べ、お金も出してくれて、わたしの小箱をラ・ロシェルに、わたし宛に送ってくれたのだ。わたしは必ず戻ってくると約束し、それを保証するものとして、美しいダイヤモンドを彼女に渡したのである。のちになって彼女はこのダイヤを、ナントを通りかかったわたしのいとこの一人に返してよこした。

わたしは予定していたとおり、アンティル諸島むけに大量の窓ガラスを発送していた親方のところに着いた。この人はわたしが大きなガラスをカットするのが上手だという噂を耳にしていて、それでわたしはその親方のもとに一五日間も滞在することになったが、そこでちょっとした情事で病気にかかり、ロシュフォールに送り返され、王立病院で治療を受け、その病院のための仕事をして働いた。わたしは仲間とともに国王の艦船三隻にガラス窓を入れる仕事をしたのだが、その三隻とはフードロワイヤン号、トナン号、ヴァヴィ号であった。ある日のこと、われわれは口の開いている火薬の樽を見つけ、わたしは花火を作るのだと言って、火薬をココヤシの実(53)にたっぷりとつめ込んだ。わたしの仲間はそれをポケットにいっぱい入れて、夜になるとわれわれの部屋でそれをろうそくの火に投じて面白がっていた。わたしは仲間に、もうやめておけ、用心しろと言ったのだが、彼らは言うことを聞かなかった。わたしは寝床に入り、彼らは窓のほうに二人いたのだが、火薬全部に火がついてしまい、家の正面の部分が崩れ落ちてしまったのだ。仲間は目が見えなくなり、わたしは叫び声をあげ、人々が救助にかけつけた。わたしは仲間のこのような慎重さに欠けた行為による損害の見積りをした。親方にとって被害と修繕のための費用は五〇エキュになった。二人の仲間は六週間入院することになり、一か月以上もはっきりものが見えない状態が続いた。そのなかの一人は傷跡が一生涯にわたり残ることになり、人々はその男のことを〈ケルシー人、できそこないのすりガラス〉という仇名をつけた。

ガラス職人すべてを集合させる指示がわれわれにあり、それはブレストで国王の艦船にガラス窓を入れる作業にあたる職人を選ぶためであった。われわれ三人が選ばれ、緑の花形帽章と六〇里の道程を行くための費用一五フランが与えられた。その六〇里の道程とは、いまわしい地方を通って行くもので、道路の状態は悪く、小隊から小隊へと引き継がれていく騎馬巡邏隊の護衛がつくもので、つねに道に迷う心配をかかえるものだった。いよいよ命令に服するという日になって、われわれは海に出ることを望むかと尋ねられた。わたしは、思い出してみればひどい目にあったわけで、海に出ることなどまったく受け入れられないことだった。仲間にサン゠ジェルマンという友人がいて、船のいる錨泊地に行ってみたいと言うので、わたしたちは海岸まで(彼を)送って行く人をつけるようにたのんだ。大砲がなり始め、彼はいやおうなくわれわれに別れを告げた。われわれは遠くにいてその男の好奇心を冗談話にした。しかしこの憐れで不運な若者は、最初の戦闘で死んでしまったのである。

わたしたちはロシュフォールに帰ったが、そこでわたしは筆頭職人に任ぜられた。この地方は大変な沼沢地だったので、わたしの仲間はみんな熱を出していたが、わたしは発熱することはなかった。わたしはボルドーにむけて出発し、ロワイヤンで船に乗った。われわれは同道三人で食糧もたずさえていた。わたしは上甲板にいたのだが、人品賤しからざる船客が、どの地からおいでなのかとわたしに尋ねたのである。わたしがパリに住んでいましたと答えると、そのままわたしが立ち去ることを彼らはもはや望まず、いっしょにごちそうを食べようと、わたしを招待した。これにわたしの旅仲間は不満に思ったようだ。翌朝、船客は、あそこに見えるのがボルドーだと教えてくれ、そこに到着したら彼らを訪ねてくるようにと招待してくれ、わたしに楽しい話をしてもらいたい、と言うのだった。わたしは彼らに充分に感謝の意を表した。人の言うところでは、それはド・ラディス氏(54)という人だとのこと、それでわたしはその人がボルドーの大商人の一人だということを知ったのである。

ボルドーには約三か月ほど滞在したが、そこで地震に見舞われた(55)。それは夜の一〇時頃のことで、不意に揺れがあり、あっという間にわたしは親方の上に押しやられ、ついで二回目の揺れがあって、今度は親方がわたしの上に投げ出された。すさまじい音がしていて、誰もが叫び声をあげ、すべてのものが砕けた。父親も母親も寝床にいて、息子の名前を力いっぱい叫んでいた。息子はボルダスという名前であった。家屋が崩れ落ちる心配がないわけではなかったが、家の中にはいってみるとその男女がベッドとベッドの間に落ちていて、それが真っ裸でいるのを見て、恐怖でいっぱいだったのに大笑いしてしまった。女性が上になって大きな尻をまる出しにしていた。彼らは二人とも太っていたのである。われわれは彼らを助け起こし、一晩中、野原をとび回っていたが、そこにはシーツを身体にまきつけた男や女だけがいるというありさまで、最後の審判を描いた絵を見ているようだった。日がたつにつれて恐怖心は薄れていったが、このような情景は聖職者たちに、説教のための愚にもつかぬ話を提供した。というのもボルドーも他の地方と同じように、馬鹿な奴がたくさんいたのである。

ある日のこと、わたしとあるラ・ロシェル人の二人は、はたして餌食にする女などまったく見つからないものなのか知りたくなった。それでわれわれはトロンペット城(56)の掘割りに行ってみたのだ。われわれはそこで探していたものを見つけたので、合意のうえわたしが最初にことをおこない、ついでラ・ロシェル人の順番となった。と、わたしはわれわれの不意をついて捕らえようと駆けつけてくる戦傷で除隊した元兵士たちに気がつき、彼に逃げるようにと声を出して合図した。彼は行為の真っ最中だったのか、わたしがふざけて合図したと思ったのか、あるいはまた、彼は片目なので正しい方角が見えなかったのか、いずれにせよ彼は現場を取り押さえられて、カドラン・ブルー(57)へと胸当てを引きずりながら連行されてしまった。

翌日、わたしは数人の職人仲間とともに彼をたずねたが、彼はひどくわたしをなじり、わたしもまた、彼がよく状況を見ていなくて捕えられるために、ひとかたまりになっていたようなものだと(58)、冗談めかして言ってやった。こんな事情なので、われわれは彼がカドラン・ブルーに留置されているあいだは、充分に面倒をみてやった。われわれは病気になったり職人たちの問題で投獄された職人仲間に対しては、一日あたり五ソルを与える義務があり、そういう仲間を順番に見舞いに行き、彼が必要とするものを与えることになっているのだが、それと同じ扱いをラ・ロシェル人にしてやり、彼の必要としているものは与えられたのである。

そのようなとき、ある石切り職人の身に大変な不運がふりかかってきた。それは彼が狼派の職人組合に属する石切り職人を殺したということであったが、死刑にならなかった(59)というものだ。ボルドーのすべての筆頭職人が彼の赦免をうるべく、力をつくしたのである。しかしすべては徒労に帰した。処刑の日、すべての仕事場は仕事をやめ、職人たちはそれぞれに決心を固めていた。刑の執行の瞬間になって、一〇〇人以上の武装した職人たちが死刑執行人の手からその職人を奪い取り、彼を連れ去ってメドック行きの船に乗せてしまったのである。彼は六週間ののちに、処刑のときに襲われた恐怖が原因で、メドックで死んでしまった。

トゥルニーの並木道を散歩しているときに、ある地元の気取り屋が、とくにわたしのことで喧嘩をふっかけてきた。わたしはその男に職人杖の一撃をくらわせた。われわれは警察に連行されたのであるが、わたしはきわめて巧みに弁明したので、その男の方がずっと悪かったのだということになった。これは、職人たちに刃向かい、また侮辱したり決してするものではないことを、彼にわからせたのだ。

こんなことが起こっていたあいだをつうじて、われらが片目のラ・ロシェル人は、牢屋にずっと入れられていた。そして、彼を見舞いに訪れた職人たちに、この恨みは晴らすぞと言っていたが、実際に彼が釈放されると、わたしと殴り合いをすることになった。この問題全体は彼にとって悔いの残るものだった(60)。というのも、わたしは彼に傷を負わせ、彼は六週間以上も床につくことになり、職人たちが彼に言っていたのだが、すべては彼の目が利かなかったためだということになったからである。(わたしのほうは)悪気もなければ恨みもしなかったから、われわれは仲直りをしたのである。

王国民兵隊への入隊をきめる抽選を実施するという国王の命令がボルドーに伝えられた。わたしはパリの親方資格をもっていたから、この抽選から免除されていたのだが*、筆頭職人という立場で他の職人と同様に、この抽選をしなければならなかった。地方長官は、ボルドー生まれの職人については、金を長官に出しているという理由で保護を与えていたので、抽選をするのは他国者の職人しかいないし、そのなかで長官に贈り物をした者は免除するつもりでいたのだ。こうしたことは、われわれの受けいれがたいことだった。

* [訳注] 十八世紀のパリでは一七四三年に一回だけ王国民兵制への徴兵要員の抽選があった。これには反対が起こり、以後政府はパリの同業組合に徴兵要員を傭う資金を集めることを許し、徴兵にかえて傭兵にしようとした。しかし市民の不安は大きく、これも廃止される。ここでいうパリについての抽選からの免除は、以上のいきさつにもとずいている。

われわれすべての職人はあげて、アー城塞の背後の広大な地所に集合し(61)、それはすべての職業と職能の職人四〇〇〇人以上となった。われわれはそこを野営地とし、ボルドーの他国出身の職人は長官に軽くあいさつする立場にはまったくなかったのだから法律に従うだけなのだと、たえずくり返し言い立てたのである。われわれは決心を固め、地元生まれの職人たちが抽選しないかぎり、われわれも抽選に応じないと、全員が心をひとつにしたのだった。

われわれは地方長官(62)のもとに数度にわたって代表を送ったが、長官はただただ秩序を乱すなと言うだけであったので、われわれはしっかりしていて決意の固い職人三〇人を評議委員に任命することになった。そのなかでもわたしの属する職業からはあるギュイエンヌ人が任命された。この評議委員のあいだで、書くことのできるものが必要だということになり、ギュイエンヌ人がわたしにそれをやってくれと頼みにきて、それでわたしは三一人目の評議役の職人ということになった。

そこでとりあえずわたしは諸規則を作成し、職人の数を確かめた。食糧は各方面から野営地に届いた。各人が工面したのだ。共同の基金がもうけられたが、それぞれが拠出した金額が記帳された。これは地元出身の職人を雇っていない親方たちがわれわれの決心に感銘を受け、職人おのおのに資金を与えたからであった。職人たちは評議員会の許可なしには、誰も野営地の外に出ることはできなかった。二時間ごとに職人杖を手にした一〇〇人の職人が外に出て、交替で野営地の守備にあたった。このような手段をこうじたので、指示を受けることなしに誰も野営地を出たり入ったりすることはできなかった。そしてわれわれはみな天幕を張ったのだが、きわめて快適な季節だったので、天幕の生活を苦にする者はいなかった。

三日目と四日目に馬に乗った貴族が二人、地方長官閣下の代理ということで、野営地にやってきた。守備についていた一〇〇人の職人が、彼らを評議員会のもとに連れてきた。われわれ三一人全員が集合して円陣をつくり、わたしはそのまん中で紙とペンを手にして、石に腰かけていた。そして彼らは次のように言うのだった。われわれは地方長官の代理として派遣されてきたものであり、もし貴殿らが地方長官閣下の意向をすなおに聞き入れないというのであれば、アー城塞の大砲やその他の大砲に砲撃を命ずることになる、と。

彼ら代理人には退出してもらって、全員で相談した後に、わたしが彼らに回答することに決まった。代理人たちは再び円陣のところに戻ってきて、わたしは彼らに次のように述べた。皆様方、われわれ職人すべては、地元生まれの職人がわれわれと同じように民兵の抽選をやるのであれば、いついかなるときでも王様と地方長官閣下の意向に服従するものであります。これがすべての職人の意思でありますので、このことを地方長官閣下にお伝え願います、と。彼ら貴族は再三にわたりわれわれのところにやって来たが、言うことは同じであった。したがってわれわれの返答も変わらなかった。（地方長官は、）相談するから二〇人ほどの職人を送ってよこすように要望したが、それは罠だとして敬遠され、われわれは平静をたもっていた。

われわれが野営してからすでに八日が過ぎたとき、高等法院の院長閣下(63)の侍従をしている貴族がやってきて、院長が野営地に来ることを望んでおり、夕食の後にたずねたいという意向を伝えた。この申し出に対しては、大いに歓迎すると答えたのだった。それで二〇〇人がお迎えにうかがうということに決まり、わたしともう一人、ラ・ブレシュ（突破口）という職人名のパリ出身の指物職人とが、暗記して憶えたあいさつの言葉を院長に述べることになった。また同時に、地方長官に貢物をした結果、長官が兵役を免除してやろうとしたボルドー出身の職人の一覧表を、院長に提出することにもなった。

パリ出身の職人が一〇〇人の職人とともに道の右側を通っていき、それぞれは職人杖を手にし、服のわきに自分たちのリボン(64)をつけていて、わたしも同じようにしてそれに付き従って行き、こうして野営地から四分の一里ほどのところにくると、四時ごろに一台の六頭立ての馬車とそのうしろに近習を従えた二台の馬車がやってくるのが見えた。歩調をとって行進しているわれわれの姿が彼らの目にはいったとき、わたしとパリの指物職人は彼らに対して三度にわたり深々とお辞儀をした。帷が開かれて院長がわたしのほうに目を向けた。パリの職人が言葉につまって言いよどんでいるのを見たわたしは、あいさつの言葉を述べはじめた。二人の家臣がわたしに院長閣下の右側を通るようにさせたのだが、わたしとともにいた一〇〇人の職人も野営地にはいるにあたって、わたしの後について行こうとしたので、この指示は多少の騒ぎを生み出すことになった。

それぞれの職業の職人たちは各自の天幕の前に位置をしめ、職人杖を手にして臆することない態度（をとって）院長を迎えた。院長は、この者たちは如何なる職業（である）かとわたしに尋ね、わたしは彼らの名前をあげて、その問いに答えた。彼は大いに満足した様子だった。院長は野営地を一巡して回ったが、そのときの物腰には、われわれ、そしてわたしの野営地を案内する態度に好感をもったかどうかがすぐにわかるものだったので、院長閣下万歳の叫びが一斉にわき起こった。これは院長をいたく喜ばせることになり、さらに彼を見送っていったときに、提出された書面にあることはすべて真実なのかと言うのだった。わたしはそれに答えて、はいさようです、わたしどもは作り話を信じてもらおうなどとは思ってもいません、と言った。すると院長は、このままの態度を維持して平静を保っていなさい、さすればあなたがたを支持いたしましょう、とわたしに答えたのだ。院長が去るにあたってわれわれが敬意をこめたあいさつをしたあと、院長はわたしに、院長の夫人が次の日にわれわれに会いに来るように願い出てはどうかと言った。そこでわたしは、院長閣下をお迎えしたように、院長夫人をお迎えすることはわれわれの名誉とするところであります、と答えた。翌日、院長夫人らが二〇台以上の馬車を連ねてやって来た。われわれは再び従者のようにそれにつき従い、それですべてのご婦人方は大変見事にエスコートされたのに大いに満足していた。このときあいさつの言葉を述べたのはパリの職人であり、その後はわれわれを支持していることがわかっている親方に限り、野営地に入ることを許したのだった。

院長はリシュリュー元帥(65)がボルドーに到着することを知らせるメッセージをわれわれに伝えた。ガロンヌ川を下ってくる予定だという。われわれは船で到着する元帥を迎えにでること、三〇〇人か四〇〇人を野営地の守備にあたらせ、三一人の筆頭職人は元帥に請願書を提出すべきこと、もしそれが許されないときは、それぞれの職人が各個人の意志で出発すること、などについてわれわれは合意した。その反対に(陳情が許されれば)、筆頭職人は職人杖を高くかかげて、国王万歳、リシュリュー公万歳を三たび唱えることに決まった。

その到着の日がきて、われわれ全員は服装を整え、職人杖を手に職人組合のリボンをつけて船の到着する地点におもむいた。ブルジョワジーは武装して集まっていたが、われわれは彼らの面前に位置を占めていたので、これは彼らに耐えがたい思いをさせた。リシュリューは天蓋の下にいたボルドーの主だった人士の歓迎を受け、われらが職人の一人が請願書を提出したが、これは地方長官が他国者の職人は民兵の抽選をまったくいたしておらず、彼らに平静を取り戻させねばなりませんと述べたことに対抗してなされたものだった。これと同時に、われら三〇人の職人は職人杖を高くかかげた。このことは国王万歳、リシュリュー公万歳を三たび叫ぶ全員の声、そして歓迎の大砲が聞こえるという噂を広めることになった。

われわれには乱れが生ずるようになり、町にもどって、それぞれが親方のもとに帰った。わたしは旅立つことにし、職人仲間がバイオリンを奏でて、わたしを見送ってくれた。（わたしは）アジャンに赴いた。二里の道を歩いたのだが、それはポール＝サント＝マリからアジャンまでの普通の尺度での一〇里の道程にすぐるものであった。

親方はわたしを修道院に連れていき、そこでわたしは歓迎された。約六週間にわたりそこに滞在し仕事をした。最初の数日間、わたしがあたかも世の終わりの反キリストでもあるかのように、修道女たちはわたしから身を隠して出てこなかった。それでわたしは小鈴をつけられてしまい、共同の大寝室に入るときにはその小鈴を鳴らすように命じられたのだ。わたしはいつでもあまり邪魔をしないようにしていたので、そのことに彼女たちは慣れるようになった。とくに二人のやさしい修道女は、一方の腕を他方の腕に通してどちらも満足していた。また二人はわたしに［……テキスト判読不能］な靴下を編んでくれ、他の修道女たちにも編ませた。

彼女たちの個室で何かすることがあるようなときには、二人は発言権があったので、わたしのために何かすることをいつも見つけてくれた。そしてすべてのことはパリの人でなければそううまくはやれないということになったのだった。このようであったから、わたしの親方は警戒するようになり、わたしはこれらのやさしい修道女たちに後ろ髪をひかれるような思いで修道院を去り、領主にしてアジャン伯(66)でもあった司教の田舎の屋敷に仕事をしにおもむいたのだった。

かくしてその城館に着いたのだが、わたしの親方はそこでわたしにできるだけ働かないようにすすめた。わたしがきまってやったことは、城館の執事と召使いの友達となったことで、その執事たちはわたしに配膳室でおいしい食べ物をたくさん食べさせてくれ、彼らが地元の人間であったので、わたしを彼らのすべての遊びにひき入れてくれたのである。

この地方でわたしは狂信的な農民のさまざまな姿を目撃した。彼らはこの司教のもとにウズラやキジなどを毎日のように献上にやってくるのだった。また司教が、旗を掲げるように十字架を手にして馬に乗った司祭が先導する六頭立ての馬車で外出するときには、これらの農民はこぞって畑仕事をやめて馬車の通る沿道にかけつけ、ひれ伏して出迎え、司教様の祝福を受けてくり返し感謝を捧げるのだ。

わたしは充分に楽しんだ後にアジャンを旅立つのだが、その折りにパリの職人と出会った。彼はサン゠ジェルマン(ロクセロワ)教会の門衛の息子で名前をコルディエといい、こまごまとした安物の装身具を売り歩いていて、アジャンから二里ほどのところにあったサン゠カプレーという定期市に使い走りの男とともにいたのである。われわれはともに気晴らしをして数日を過ごした。いろんな種類の餌食になりそうなのがいたので、そうした女たちと付き合おうと思い、それでもう一度報いを受けることになった。

わたしは彼と別れ、ガスコーニュ地方の主邑であるオーシュという町の親方のもとで働いた。この親方は、またとなく美しいステンドグラスの細工で知られる司教座聖堂の仕事をしていた。そこの聖堂参事会員たちはきわめて疑い深く、交替で見張りをしていた。わたしがこの教会のステンドグラスの仕事をしているときに、彼らはいつもその場にいて、決してわたしのそばから離れようとしなかったし、親方からも目を離さなかった。新しい表現形式はキリストの死にいたるまでの人類創造を表していて、わたしが仕事で手がけたなかでも、もっともみごとな継ぎ目で作られていた。

わたしは親方の奥さんに病気をうつしてしまった。奥さんは善意のかたまりのような人で、いつもわたしになにかと贈り物をしてくれていたが、彼女の夫にも病気がうつってしまった。親方は外で気晴らしをしていたので、わたしに病気のことを告白した。そして、わたしが病気のことに詳しいことが親方にわかったので、わたしは、多分それはかつての病気の後遺症だと彼に言って聞かせた。わたしは魚の目(67)の病のための受領書を持っていたので、親方はそれを使い、こっそりとわたしに、妻とたわむれすぎたのだと彼は言い張った。彼は素朴な男で、このことで妻にもわたしにもとてもうまく対処したのだと打ち明けるのだった。こうしてわれわれは三人とも病気がなおったのである。彼はこのことを口にしなかったが、彼らにすばらしい贈り物をしたのがこのわたしだということなど、考えてもみなかったと思う。彼は最大限の友愛の情をこめて見送りの儀式をやってくれ、わたしは幹線の街道をトゥールーズにむかって旅立った。その街道で一人の男と出会い、この男といっしょにモントーバンの近くまで歩いた。街道を歩きながら話をしたのだが、(その男は)発熱をなおす方法を知っているというので、わたしはすぐに、その方法を知りたいと言った。わたしは彼にたっぷりと酒をおごり、それで彼はその秘法をわたしに伝え、そのうえ粉末の薬までくれたのである。

この男と別れたあと、わたしはモワサックの突端と呼ばれるところを通り過ぎた。天候が悪くなったので、とある旅籠にはいると、炉端にその家の娘がいて熱があって苦しいといっているのを目にし、わたしは熱をなおしてやろうと申し出た。彼女の父親と母親は大変喜んだ。わたしは粉末をぶどう酒の中に入れて彼女に飲ませ、熱がもう一度出たときの(ために)、もう一回分その薬を渡しておいた。しかし人々はわたしがそのまま立ち去るのを望まなかった。翌日、わたしの持っていた粉末は効果があって、そこの人々や周辺の人々がやってくることになり、わたしはそれらの人々をも治したのである。わたしは粉末を売ったりはせず、このすばらしい土地に四、五日滞在して楽しく過ごした。人々は薬がただであることをよしとせず、わたしを歓待したのである。

わたしはその大部分がプロテスタントであった善良な人々の厚い感謝を受けながら、この地をあとにし、トゥールーズに到着、そこである未亡人の仕事場に雇われることになった。それはこの町でももっとも有力な仕事場の一つだった。未亡人がわたしに述べた言葉は、ずっと前からわたしについての噂は耳にしていて、わたしが彼女のところで働いてくれるのは大変嬉しい、というものだった。わたしはそれに答え、彼女はその返事にいたく満足したのである。

同じ仕事場にわたしを含めて四人の職人がいた。そのなかに旧知の〈ラ・ロシェル人、片目の人〉がいて、わたしはいつも彼にいたずらをして面白がっていた。わたしはパリ出身のコルディエという人にも出会ったが、彼とともにグルマンド〔食道楽〕通りで遊蕩にふけった。だが彼はパリに帰ると言い出し、（わたしは）別れのあいさつをしたのだった。この不運な友達は大変な貧しさのなかでいささか異様な死にかたをした。というのも、わたしがパリに帰ったときに彼に出会うと、驚くまいことか、わたしにプチ＝シャトレの橋を古材として利用するためにばらばらにさせて、シャトレ裁判所の被告人席にわたしを座らせようと思っていた。わたしは引き退がろうとしたのだが、彼はわたしに次のような言葉をのたまわったのだ。「女を寝取られた職業などはない。女を寝取られた人間だけがいるのだ」と。それでわたしは言われるがままになり、彼に何も与えなかったが、ただぶどう酒一瓶を彼におごったのである。わたしは（彼が）イノサン墓地の納骨堂の下で代書屋をやっているのを見かけた。ある日、彼がその友人たちとわたしをともなって飲みに出たとき、気分が悪くなった彼はポン＝ヌフ橋の下のフェライユ河岸の側で眠りこんでしまった。欄干の上にあがって眠りこんだ彼は、突然死んでしまったのだ。

さて話をもとにもどそう。トゥールーズにいたわたしは、ある日曜日にフォブール・サン＝ミシェルの側の市外に散歩に出かけた。そして一人の女に出会ったのだが、彼女はわたしに近づき話しかけてきて、もしかするとあなたは前の日曜日に、悪魔に会ってみたいものだと言った人ではないかと尋ねたのである。わたしはそんなことはないと答えたが、美しい女性には会いたいものだと言った。彼女は失礼しましたと詫びたが、もしそういう気持があるのなら、あなたを魅力的な女性に会わせてあげようと言うのだった。ひょっとして彼女は悪魔なのではないかなどという危惧を抱くこともなく、わたしは彼女のあとについていった。立派な家具を備えた部屋に着いたのだが、そこには誰もいなかった。そこでわたしは彼女に、何でもないのにわざわざあんたのところまでやって来たわけじゃないんだ、あんたは親切そうにみえるし、事情はわかっているだろうと言った。そうすると彼女は、もしそのような若い女に会いたいと思っておられるなら夕食のあとにもう一度おいでなさい、ただし何はおいてもあなたとわたしのこうしたいきさつは、絶対に口外しないように、と言うのだった。それでわたしは夕食の後そこにおもむいたのだが、若い魅力的な女がそこにいて、夫が仕事に出ているときに会いにくるようにと告げた。わたしは再びそこに行ったが誰もおらず、悪魔のかわりに金銭づくではない立派な女性と快適な時間を過ごすことになったのだから、すてきな廻り道を見つけたわけなのだ。

わたしは一人の友人と数日にわたり、田舎のミュレというところで仕事をした。そこからの帰りに、わたしは職人宿に立ち寄ったのだが、友人はまっすぐに未亡人の店に帰り、(わたしは)ひと足遅れてそこに着いた。職人たちと料理人はすでに寝ており、未亡人だけがわたしを待っていてくれた。そこで二人でいっしょに食事をとったのだが、そのあと彼女はぜん息にかかっていることを理由に、わたしが彼女のベッドに寝て、彼女は肘掛椅子に寝ることを望んだのである。わたしはそれをなによりの申し出と思って承知し、このような場合に誰もがやるようにして、その夜を過ごしたのである。アングレーム人という古参のガラス職人がいたが、わたしはこの人を不快に思っていて、彼は自分こそがと思っていた。わたしは彼にあきらめるように説得したのだが、彼女は逆に彼を怒らせるような態度をとった。

その彼にとって幸いだったことには、トゥールーズから四里のところにあったサヴェンヌという小さな城館の主であったガスコーニュのさる領主がやってきたことだった。この領主は未亡人に仕事の準備はすべて整っていると言って、職人を一人ほしいと依頼したのだった。未亡人はぜひラ・ロシェルの人をと推薦した。領主はわたしにどこの出身かと問い、アングレーム人の身振りでの意思の表明があったり、未亡人のとったさまざまな態度(もあったりして、)わたしがこの領主と出発することになった。それでわたしは八日間働いて二一エキュを稼いだ。このようにして領主は、もしわたしが働きつづけたら自分よりも金持ちになってしまうと言うまでになった。

冬にさしかかっていたので、領主はグランセルヴ大修道院(68)での仕事を見つけてくれた。そこではおよそ六か月前に仲間のガラス職人が死んだのである。わたしはそれまでに、オカンヴィルというところに宿をとり、その近辺の領主や司祭のところで働いていたので、大修道院の人々もわたしの噂は耳にしていて、わたしを大いに気に入ってくれた。わたしがこの修道院にはいったのは日曜日のことだったが、ついてきてくれたくだんの領主を後に従えるような形でそこに行った。というのもわたしたちは二人とも馬に乗っていて、この地方の流儀では地位の低い者が地位の高い人の前を進むということだったから、わたしが領主の先にたって行ったのである。わたしたちはとある森を通過したのだが、その森には三〇匹をこえる狼がいて、しばらくの間わたしたちの後を遠くからついて来た。わたしは修道士たち、とくに浪費ぐせのある一人の修道士と親しくなった。彼らのただひとつの楽しみはカードで賭け事をすることであり、わたしの仕事場は奥まったところにあったので、毎晩のようにそこで彼らは朝まで飲み、カード遊びをしていた。

わたしが発熱を治すことで知られるようになったのは、この大修道院においてだった。無料で治療したので方々から人がやってきた。われわれは修道士もわたしもだが、上等の若鶏を食べていて、わたしは周辺の各地とくにブイヤックというところで大歓迎を受けた。わたしは六年間も発熱に悩むその地の伯爵を治療し、祭りの日や日曜日の前日は修道院には泊まらず、わたしを歓迎してくれる家に行ったのだ。神父や修道士はわたしを修道士にするといって、彼らのもとに留まってくれるようにとあらゆる手立てを尽くしたが、わたしはわずらわしいのが嫌で、加えてなによりも自由でありたいと思っていた。

ある日のことわたしはトゥールーズに服を買いに行ったが、町のとあるところで烈しいにわか雨にあい、雨宿りしなければならなくなった。わたしは旅籠にはいって飲み物をたのんだ。そこには立派な身なりをした二人の男がいて、クルミの殻とエンドウ豆一つで賭け事をしていた。それはエンドウ豆が三つのクルミの殻のうちのどれにはいっているかを当てるというだけのものだった。わたしは最初に一二フランを獲得したが、結局一八フラン損して少々がっかりして村に帰った。わたしは自分よりもっと抜け目のない奴がいるということがよくわかった。

わたしはときどき修道院に戻ったのだが、修道士といっしょになって神父たちがやらかしかねないことどもを知るにおよび、またこの目で見ることすらあってからというもの、修道院が気に食わなくなった。わたしは指物職人だった修道士を気晴らしにさそい出し、トゥールーズで服を彼に買ってやり、こうして彼は還俗してしまい、われわれはトゥールーズで大いに楽しんだのである。それより前にわたしはこの浪費ぐせのある修道士に二四フランでわたしの粉末の薬を売りこみ、一晩かけて彼のために粉末をつくった。そして（わたしの）道具と残っていたものを、憐れな男にやってしまった。彼はわたしが町や村々に仕事におもむくときには、ガラスを運んだり、わたしが必要とするあらゆるものをトゥールーズまで探し求めに行ったりしてくれていたのだ。わたしは彼を、できの悪い塗装職人、また腕のよくないガラス職人にしてしまったのだ。

オカンヴィルの善意の人々は、わたしが旅立つにあたって、涙をながし太鼓をたたいて見送りの儀式をしてくれた。わたしは大変に愛されていたし、その土地の主だった人たちと賭け事などをして遊び、また毎日のようにあちらの人こちらの人と訪ねては食事をごちそうになったりしていたので、わたしはそうした人たちに、持っていた粉末を進呈した。多くの人々がわたしの成功を願ってくれたし、わたしがそれなりの幸運をつかむように助けてくれたのだった。わたしは一人の隠者の修道士にも別れの挨拶をした。この人はパン焼き職人や粉ひきたち、それに小作農民とともに、わたしを快く迎え入れてくれ、われわれはこの隠者のいたノートル＝ダム・ド・トゥルヴィルという、オカンヴィルから一里半のところにあった修道院で楽しいひとときを過ごすことがあった。わたしはあの旧知の領主にも会ったが、彼はもしわたしがパリに行こうと思っているなら、彼も近衛隊の代将であり、サン＝ルイ十字章(69)ももっているから、パリの兵営に立ち寄ることにしようと言った。彼はわたしの父にも会いに行くと約束し、その約束を守ったのである。

トゥールーズに着いてお金があったわたしは、サン＝ジャックまで行きたいと思った。わたしの未亡人は行くことに反対し、もっともな理由を述べ立てたが、わたしは彼女のところに背負い袋を置いたまま、同行三人で出発し、ビスケー湾岸地帯を通りぬけてバイヨンヌに至った。今わたしは思い出すのだが、スペイン領のビスケー州に入るためにサン＝ジャン＝ピエ＝ド＝ポールまたはサン＝ジャン＝ド＝リュを出たときに、そのスペイン領から帰ってくるひどいありさまの職人たちを目撃したのだった。ともに旅をしていた一人は金物職人でもう一人は刃物造り職人であったが、そのアンジェ人とアジャン人に、わたしはこれ以上先には行かないことにしたいと言い、バイヨンヌに引き返したのであるが、そのバイヨンヌでわたしは、サン＝テスプリまたはペナコ（70）という橋の上で若い女たちが受けていた裁きを目撃することになった。この女たちは鉄の檻に入れられ、裸で下着をつけただけで一台のシーソーによって川の水につけられていたのだ。彼女らの滑稽な表情や身振りを見て、人々は思わず笑っていた。そんなわけで私は地元の娘たちに、彼女たちは洗濯されるのがいやなのだろうかと尋ねたのである。

わたしは仕事が見つからなかったので、ただ一人バイヨンヌを旅立ったのだが、仕事につくことができた旅仲間の職人がわたしに見送りの儀式をやってくれた。わたしは街道を行ったが、大きな街道が二つに分かれていたので、トゥールーズに行こうかボルドーに行こうかと迷っていると、駅馬車の御者がわたしに、どこへ行くのかと聞いたのだ。そこでわたしはどっちの方に行くかきめていないのだと答えた。御者は、自分はボルドーに向かっているのだが、よかったらこの駅馬車のうしろに乗せてやろうと言った。わたしが御者に、自分はパリ出身だというようなことを言い、彼の方もわたしと同郷だと答えたりしたので、彼はボルドーに着いたら、お望みとあればパリまでも送ってやるというのだった。わたしは御者の申し出を受けることにした。そして翌日にはボルドーに着いたのだが、途中の停車場ごとに同郷の御者がおごってくれたので、わたしは一文も使わずにすみ、お互いにまた会おうと言って別れたのである。

再びボルドーでおよそ一五日間働き、五人の石切り職人とともに旅立った。ポール＝サント＝マリに着いたときには、それまでの道中で一つの村落にも一軒の家にも出会わなかったから、五時間かかる道程をたっぷり三時間で歩きとおしたのだが、そのことを石切り職人たちに言っても信じられないという様子だった。（われわれは）その地方の人に出会い、アジャンまではここからまだ遠いのかと尋ねた。するとその男は半里（71）の道だと答えた。わたしは彼の言うことをそのまま信じて、五ソルあげるからいっしょにきてくれと頼んだ。彼は鼻血を出していたのだが、旅仲間たちはむりやり彼を道連れにした。彼はわれわれとともに少なくとも二時間半は歩いたが、アジャンはなおはるかかなたであり、そのとき彼に対して、この次に渡り職人に会うようなことがあったときには、本当のことを話すのだと言って帰ってもらったのである。

わたしは旅仲間と別れてガスコーニュ地方のリル＝ジュルダンと呼ばれるところにたどり着いた。そこにはわたしの友人が定着していて、その人のもとにしばしのあいだ留まって疲れをいやした。あたかも聖週間にあたっていて、友人と懇意にしていたその地方の小教区の助任司祭が、わたしにエレミアの哀歌の朗唱をしてもらいたいと頼むのだった。その哀歌は祖母が送ってくれたわたしの本の中にのっているものだった。こうしてわたしが小教区の聖堂でうたった歌は、その地の住民をよろこばせることになった。ところが復活祭の日になって、教区民の気に入ることをしたいと思っている助任司祭が、教区の人々にパリでうたわれている楽しい歌を自分がうたってみようと言って、フィリアエ＊をうたうからわたしの持っている本を貸してもらいたいと言ってきたのだった。しかしリフレインのところでわたしはハレルヤ唱をうたい始めてしまい、助任司祭にハレルヤ唱をうたうことになった。典礼の終わりに、参会者はわたしの歌がきっかけで、参会者の全員が高らかにとってこれを歌いだすとは思いもかけないことだった。このたしに感謝し大いに満足していた。それでわたしは復活祭の一五日間をずっとうたうように言われ、彼らの模範になるようにたくさんの歌をうたった。

＊［訳注］フィリアエ Filiae は、O filii et Filiae（おお娘たちそして息子たちよ）という歌詞にはじまる、復活祭を祝う賛歌。説教師ジャン・ティスランが十五世紀末に作詞、他のヨーロッパ地域に広まったが、とくにフランスで歌われた。

貯えの金が底をついてきたので、再びトゥールーズに戻ろうと思って出発した。持ち金はもう七、八ソルしかなかった。ある晩、旅籠に入って一夜の宿りを求め、あまり腹がすいていないからと言って半熟卵を二つ注文すると、その宿の娘が女主人に、わたしが立派なフランス語を話していると言いだした。それで女主人はわたしがどこの出身なのかと尋ねたのだ。それに対しパリから来たと答えると、彼女は自分の息子はパリにいたことがあり、今は狩りに行っているがもうすぐもどってくる、息子はパリの若者に会うのを喜ぶだろうから、と言って、わたしが寝るのをもう許さなかった。わたしはスズメの串焼きを眺めていて、彼を待っていればその串焼きを食べるようにすすめられるだろうと思ったのだが、しかしそのときも自分のふところ具合のことを考えていた。

やっとその息子が帰ってきて彼とわたしは顔を合わせることとなった。彼はわたしにポン＝ヌフ橋のことやそこのアンリ四世の像のこと、サマリテーヌのこと、ヴィクトワール広場のこと、そのほかパリで目ぼしいことどものすべてについて尋ねては喜んでいた。酒を飲んでいたその場の人々は自分の村の鐘しか見たことがなく、わたしの話に大きな目をみひらいて聞き入っていた。相手の若者は大いに喜んでいたが、わたしはといえば、ずっと自分のふところ具合のことを考えていたのだ。酒をたっぷり飲んでしまったので、わたしは持ち前の陽気さを取り戻した。夜食が出たのでわたしはこれも大いに食べてしまった。女主人が最初の酒つぼ(72)のぶどう酒をつぐと、息子が二番目の酒つぼから酒をつぎ、三番目の酒つぼが出ると女主人は、さあ今度はあんたがつぐ番だとわたしに言うのだった。それでまたわたしが酒をついだという按配で、わたしは完全に酔っぱらって寝てしまったのだ。ところが翌朝、宿に着いたときには翌日早朝に出発すると言っていたのに、もう九時近くになっていて、さていったいどうやって宿から立ち去ろうかと、(もう一度)考えてみることになってしまった。若者が、食事をするのでみんなが待っていると告げにわたしの部屋にやってきたときに、わたしは意を決することになった。食事をしたあと、わたしはいくら支払えばよいかと尋ねた。と、娘にあなたがなにか与えたいと思うならそうしてくれ、それ以外はいらないと言う。わたしは思いきって娘に四ソルを与え、自分がパリの人間であるのを満足に思った。わたしはこうして、大変温かくもてなしてくれた人々に感謝しながら別れを告げたのであった。

トゥールーズに到着する。わたしの未亡人は、われわれパリの人間について、パリの人の言ったことなど全然信用できないと言い、わたしのことを大変な浮気者だとし、彼女はアングレーム人と約束を交したなどと言いながら、訪ねていったわたしを仕方なく受け入れてくれた。わたしはこれを少々残念に思ったが、内心ではほっとしていた。

わたしはまことに大きな背負い袋をあずけていたので、必要でないものを片づけてしまって、ナルボンヌに向かって出発し、カルカソンヌからナルボンヌのあいだでキュロット仕立て職人の偉丈夫なドイツ人と道連れになったが、この職人はわたしに、波形の刺繍をほどこし花飾りをつけた革のキュロットを仕立ててくれた。道中で、一人の女がオリーヴの樹の下で叫び声をあげてわれわれを呼んでいるのに気がついた。ドイツ人はそれを無視して行こうとし、わたしにも無視するように言ったのだが、わたしとしては、あらゆるよい出会いを経験したいとつねづね思っていたので、二人してどうしたのかを見に行ったのである。するとどうだ、出産したばかりの女がそこにいるではないか。その女は、自分はもう死ぬ、わが子のことをよろしく頼むと言いながら、財布をわれわれに手渡したのだ。ドイツ人はぶどう酒がたっぷりはいったひょうたんを持っていて、それを彼女に数回にわたって飲ませてやり、彼女は手荷物を駅馬車の中に置いてきてしまい、何も持っていないので、わたしは自分の下着類で赤ん坊をくるんだ。彼女はなにか用を足すために駅馬車を降りたのだが、駅馬車はそのまま行ってしまったのだ。

われわれの前方には村落ひとつ見あたらず、駅馬車とて見えなかったので覚悟をきめて、食事がとれ彼女を介抱してもらえる町まで、われわれがその女を送っていくことにした。わたしが赤ん坊を抱き、きわめて頑健なドイツ人が道中をずっと女の重さに耐えて歩いた。赤ん坊はその日の夜に洗礼を受けた。ドイツ人が名付け親となった。のちにその女がナルボンヌを通過したときに、わたしは彼女自身からその子どもが元気であること、また彼女はフランドル連隊の下士官をしている夫のもとへ行くのだということを知らされた。

こうしてわたしはナルボンヌに着き、エステーヴという未亡人のところに雇われ、大変よくしてもらった。同郷のオランという人物がわたしを尋ねてきた。しかしわたしの家は身分の低いその男の家との結婚で結ばれており、また彼らはあとで述べるような無礼なことをわたしにしたので、その姓については忘れたことにしておいたほうがよいだろう。この不愉快な若者はわたしといっしょに仕事をしたいと頼むので、いっしょにやる仕事はあまりなかったのだが、その求めに応じてやった。わたしは彼に、多くの都市をめぐり歩いてきたのになぜ職人と認められなかったのかと（理由を）尋ね、彼があまりにひどい状態だったので、できる限りのものを与えた。彼が言うには、仕事がみつからず、職人たちからナルボンヌにわたしがいると聞いていたので、リヨンからここにくるまでまったく働いていないのだ、とのことだった。しかしこの話はすべて嘘だったのだ。

雇い主の未亡人が田舎家、つまり田舎の小さな別荘に行っていたとき、われわれは溶解の作業をやり始めていた。同郷の男は、わたしが貯蔵室にぶどう酒を探しに行っているあいだに、してはならぬと言っておいた（のに）、炉に小枝をたくさん入れて火をつけてしまった。わたしが戻ってみると炉全体が火となり家にも火がついていた。わたしと一人の指物職人が全力をつくしてようやく火を消し止めた。ところが同郷の男の姿がどこにも見えず、わたしは探し歩いた。われわれの部屋に戻ってみると、彼は用心おこたりなくわたしの背負い袋を持ち去っていた。そして職人宿にはいりこみ寝ていたのだ。それを見つけ出したわたしは、彼をそれ相応に痛めつけてやって、背負い袋を取り返した。職人たちはわたしに、彼にとっては不幸なことに大変な苦境に立ち至っていたのだと言ったが、そんなことは関係ないことだった。

そのあとの日曜日にわたしが散歩していると、職人杖を手にした四人の錠前職人が町に着くのを目にした。彼らはくだんの同郷人を職人杖でめった打ちにする目的で、ペジエから急いでやってきたのだった。彼らはもしわたしが、わたしのもとにいる徒弟見習いを打ったりしてはならぬと言って、めった打ちにするのをとめなければ、彼を打ち据えて広場に置き去りにするところだったのだ。われわれは職人宿に行ったが、そこで四人の職人はモンペリエの職人たちの手紙を見せてくれた。その手紙は、わたしがナルボンヌにいることなどまったく知らないでいて、かの同郷人がダイヤモンド一つと下着類、それに絹の靴下を盗んだことを（伝え）、それでモンペリエの職人たちはナルボンヌの職人に、その男をめった打ちにする(73)ように呼びかけているものだった。わたしはその同郷人を探しダイヤモンドを返させようと思って職人宿を再び訪れたわけなのだが、男は逃げ去っていた。彼はわたしの名前で三リーヴルを未亡人に請求し、わたしのビロードのキュロットと新品の靴下ひと揃え、それにラングドック地方の人々がよく履いているかかとの低い黄色のパンプスを盗んで姿を消したのだ。わたしは彼を二度と見ることはなかったが、噂はよく耳にした。

それより前、わたしは職人たちと遊びがてらにナルボンヌを離れペルピニャンに行った。わたしたちが職人宿に着くと、そこの職人はわたしがパリの人であることをすでに知っていて、わたしにそれなりのあいさつの言葉を述べた。それによると、およそ一か月前にガラス職人のパリ人が、ペルピニャンから三里のところのスペインの地で盗みを働いたために縛り首になった(74)というのだ。

ナルボンヌに帰ってなお少しそこに滞在したが、わたしの仕事を、働き場所を求めていた友人のレンヌ人に譲った。わたしは、サン＝ジェルマン人という、かつてガヴォ派に属しアヴィニョンで選抜《キャピテーヌ》された職人だったのが、ドゥヴォワール派の指物職人になることを許されたという人をともなって旅立った。ベジエから四分の三里のところで、八人のガヴォ派の職人が待ち伏せしていて、わたしは危うく命を落とすところだった。彼らを見たわたしはサン＝ジェルマン人にうろたえるなと言った。彼は逃げようとしたが、わたしは旅の道中では、つり革に入れたピストルを服の折り目の中に隠して持ち歩いていたので、そのピストルに弾をこめた。それを見たガヴォ派の連中は、われわれにつかみかかってこようとして、相手はおまえではない、おまえの連れの職人だとわたしに言った。わたしはサン＝ジェルマン人に断固とした態度をしていろ、そうすれば彼らは近づいてはこないと言った。大勢の人がやってきて、これにはわれわれもただ恐ろしいと思うほかなく、わたしは逃げたのだが進退きわまってしまうことはなかった。というのも、指物職人は町にはいったときには、だれかがそこに迎えにきてくれるから職人宿に行こう、と言ってくれていたからだ。

それでわたしは指物職人の職人宿を尋ねていったのだが、ガヴォ派の職人宿に案内されてしまった。わたしがそこに入っていくと、その途端に大騒ぎになろうとしているのを見て、やっとわたしは宿を間違えてしまったことに気づいた。ガヴォの連中は帰ってきていて、おれたちをどうしようというのか、もしおれたちの健康を祝して乾杯をしようなどというのなら、おまえをぶっとばすぞと言った。わたしは確固とした調子でそれに答えた。彼らはわたしに襲いかかろうとしたが、そこに宿の主人が帰ってきた。わたしは彼らに、われわれの職人宿ではガヴォたちに攻撃が加えられることはないだろうと上手に話してやったので、職人宿の主人はガヴォの連中をいさめた。それで彼らはわたしに少々酒を飲ませてくれ、おまえはいい若者だと言った。わたしが自分の職人宿に帰ってみると、わたしをガヴォの手から取り返そうとして職人たちが集合していた。そこでわれわれはサン゠ジェルマン人を探しに行き、彼を肩車にして町中を歩いて帰ってきたのである。

ベジエにいるときに、モンペリエの金属加工業の親方のところに来るようにというわたし宛の手紙が届いた。その親方はモンペリエの六〇〇の街灯の製造を請負っていて、一二リーヴルをわたしの旅費として送ってきたのである。わたしはベアルンの連隊の下級士官といっしょに出発した。途中、ラバディという他国者に施しをする(75)修道院で休んだ。ベアルンの下級士官がわたしにそこに滞在するように言い、修道院の修道士たちもそうするようにすすめた。しかしモンペリエに丁度よい頃合いに着きたいと強く思っていたわたしは、またわたしに降りかかってくるに違いない不運を避けることができなくなるとも考えて、先を急ぎ、モンペリエから四里のところの旅籠に泊まった。

そこで食事をしているとき、馬車が停車する音がし、われわれは五時前にモンペリエに着くと人々が言っているのを耳にした。月の光が大変美しい夜だったので、わたしは代金を払うから馬車に乗せてくれないかと頼んだ。穀物のはいった袋が積んであって、そこにわたしの職人杖と背負い袋をのせて、わたしは眠りこんでしまった。と突然目を覚まされたので到着したのかと尋ねた。そうではなかったのだが馬車から降りると、わたしの足の先から頭までじろりと見ている盗賊どもに囲まれていた。わたしの背負い袋が投げ出され、一人の強盗が持っていた大きな刃物でそれを真っ二つに裂いた。彼らはわたしの持ち金を奪い、わたしのおろしたての黒革のキュロットを脱がせて、一人の盗賊のキュロットと交換させられた。わたしがその盗賊を見つめていると、彼らはむこうを向いておれと言った。

わたしは衣服の折り目のなかにうまく隠していたピストルをあえて取り出すことはしなかった。そのピストルはぶらぶら揺れたりしないように丈夫なピンで服に付けておいたのである。盗賊がわたしの背負い袋を探っていると、パフ付きの白粉が出てきて、彼らはどっとばかり罵詈雑言を吹っかけながら、わたしの顔にその白粉を投げかけた。そしてすさまじい調子で消えて失せろと言った。そうしている間、わたしはずっと彼らが服を脱げと言うのではないかとはらはらしどおしだった。しかし彼らはわたしの服の前の方に染みがついているのを見ていたのだ。その染みは馬車の御者がひょうたんの中に入れていたリキュールを、わたしが眠りこむ前に飲んだときにこぼして、付いてしまったにすぎないものだった。わたしのピストルを見つけた彼らが、わたしを撃ち殺すのではないかと心配だったのだ。

およそ二里のあいだわたしは靴もなく、みじめな姿になった馬車に乗ってモンペリエに着いた。職人宿におもむいたとき、わたしの身にふりかかった不運を知った職人たちは、わたしの必要とするものすべてを貸してくれた。幸いなことに盗賊どもは、わたしの上着のポケットを探ることはしなかった。そのポケットにはガラスを切断するのに不可欠なダイヤモンドがはいっていたのだ。また職人杖も発見されずに無事だった。わたしはわずかな身のまわりの品を失うだけですんだのだ。わたしを雇った親方は、人前に出られるようにと賃金を前払いしてくれた。

とりあえずわたしは市役所に行った。そこでパリの街灯のスタイルに似たものを三つ製作し、その最後の一つを、雇い主の金属加工業の親方(76)に付き添われて会いに行った市長と市参事会員に見本として提出し、彼らはそれを認めてくれたのである。ガラス業の親方たちが多くの提案をわたしに出してきた。わたしは彼らに、自分はパリの親方資格をもっており、わたしの邪魔をすることはできないのだと答えた。職人たちもこれに介入してきた。わたしは彼らに、これは進んで見本の作品を見てもらうことをしなかった親方たちの責任であり、もっぱら彼らの親方の手落ちだったことを教えてやった。わたしはロレーヌ人とブルゴーニュ人の二人の職人とともに仕事をすることを決めて市役所の中で働いた。親方とは賃金を取り決めて、わたしは一か月一五フラン、それに一〇〇の街灯を作るごとに六フラン、そして充分な食事の提供、また市役所のお偉方からは仕事の手付金として一二フラン、仕事の終了時にさらに一二フランもらうということにした。彼らはこの約束を忠実に守ったのである。

街灯がほとんど出来上がっておよそ三か月たったが、わたしだけは、街灯が壊れたときやその他の場合の付け替え用と呼ばれるものを六〇ばかり製作するために残って働いた。ところがそんなことはほとんど考えていなかったのに、わたしは天然痘にかかってしまった。職人宿にいて酒を飲んでいると、悪いブランデーかマスカットぶどう酒で頭が痛くなり、ついには死ぬのではないかという状態で、なんの病気かわからないまま、職人たちの助けを受けることができて、背中に毛布を置いたロバに乗ってサン＝エロワ病院(77)に連れていってもらった。そのときは左右から二人の職人がわたしを支えてくれ、一人が手綱を引き、そして大勢の職人がその後に従っていて、まるで大変みごとな山車の行列のようだった。

わたしは市のお偉方の紹介があったので、手厚い看護を受けたが、とくにパリ出身で同郷の人の面倒をよくみる二人の灰色の衣を着た修道女が親切だった。ある朝、わたしは顔一面に火がついたような感じがした。看護人が修道女のところに駆けつけて、パリジャンが天然痘《ピコット》(78)になった、と叫んだ。わたしはパンの皮をかじり、これでわたしは助かったのだ。というのも、八日間もはっきり物が見えず、喉に天然痘の発疹ができてコンソメスープ以外のものは、ほとんど飲み込めなくなったのであり、修道女はパンの皮を食べたことで命びろいをしたのだとわたしに言い、わたしもそのように思ったからである。

二十一歳の青年が天然痘にかかったということは、この地方では珍しいことだったので、外科医かそれに類するひとが診療にやってくるときには、ベッドの天蓋にもおよぶほどの学生が群がっていた。わたしは小部屋に一人いれられていて、そこで小さな足を食べていた(79)。

職人たちはわたしが彼らとともに御公現の祭りをすることを願っていたが、修道女たちはそんなに早くわたしが彼女らのもとを離れるのは望ましくないと考えていた。結局わたしは病院を出ようと思い、危うく困った問題を起こすところだった。というのは、わたしが急いで服を着るときに、病院の帽子とそれにスカーフも自分のポケットに入れてしまったからだ。病院の門衛がわたしに、あなたは病院の備品をなにも持っていないだろうなと尋ねたので、わたしはびっくりしてしまった。わたしはなにも持っていないと断言した。しかし彼は、病院のものをわたしが持っているのを見つけ、わたしはうっかりしていたのだと弁明に努めたのだが無駄だった。病院の会計係は、毎日のように盗難にあっているから罰を加えねばならぬと言うのだ。最後に修道女がやってきたが、病院のあらゆる男の看護師も集まってきて、犯人はこいつだという目つきでわたしを見つめていたので、彼女たちは病院長を探しに行き、その人がわたしを解放してくれたのだった。

わたしは数日のあいだ職人宿にいたが、部屋で寝ているところに庭師をしていた若者が訪ねてきた。そこでともに寝たり食事をとったりしたのだが、翌日彼を起こそうとして、白ぶどう酒でも飲みに行こう言うと、彼はまったく返事をしなかった。たしかに彼は夜、わたしに話していたが、あれはわたしに別れの言葉を言っていたのだと思いあったのだ。わたしは修道女たちに会いに行き、彼女たちにガラス製の小箱を進呈したが、これは病院長に進呈したきれいなインク壺と同じようによくできたものだった。これはわたしが自分のサイズに合わせて作ってもらった艶出しした(80)上下揃いの褐色のきれいな服に相当する値のものだった。

雇い主はわたしと街灯を磨く仕事について、わたしと取引きをした。街灯一つにつき五ソルという契約だった。それで一日で二五から三〇におよぶ街灯をきれいにしたのだった。あまりに速く仕事をすると親方が気づいたときに、わたしはすべてをほったらかしにしたのだが、そんなときにケルシー人なる人物が、仕立職の見習いに姿をやつした娘をともなってやってきた。ケルシーの人は刃物製造の職人で、トゥールーズからその娘を連れてきたのである。夕方になってわれわれ全員で食事をしたのだが、わたしはこれは娼婦だと気づき、それに相違なかった。最初の夜、われわれと同じ部屋で彼ら二人は同じ寝床で寝たが、翌日はケルシー人は働きに出かけ、夕方に帰ってきてわれわれと酒を飲んだ後、彼は自分の親方のところへ行って寝た。わたしはその夜、前の夜に彼が寝ていたところに半分は力づくで、半分は合意のうえでもぐりこんだ。彼女は翌日になってその情人に自分の身にふりかかったことを話したのだが、われわれはその部屋にいく人もが寝ていたので、ケルシー人は誰をやっつければいいのかわからなかった。彼はそのことをとくにわれわれすべての者に話し、すべての職人が冗談を言いに集まってきたから、われわれは彼らのことをひどくからかった。二人は旅立たざるをえなくなり、職人宿の女主人を含めてみんなは、そんないたずらをするのはパリ人しかいないではないかと言い、わたしとしては厳然たる態度でそれを否定したのだった。

同じ頃、わたしと部屋《ロジ》(81)を同じくしていた同郷の仕立職の見習いが、なすすべもなく死んでしまった。仕立職人たちは職人、そしてとくにわたしを葬儀に招いた。わたしは帽子に喪章をつけ遺体の後に従う葬列の先頭に立つようにと言われたのだ。そのあとで大勢集まっての会食となり、そこで人々は亡くなった人の同郷人としてのわたしに敬意を払ってくれた。

ある日の夕方、われわれがペルー広場まで続く遊歩道を散歩していると殴り合いが起こり、わたしは右脚に一撃をくらった。襲ったのは仕立職人で、その男は木製の鏝《こて》をわたしの脚に投げつけたのだ。彼にはたっぷりと仕返ししてやった。その時にわたしはあの親切な病院の修道女たちに出会い、彼女らはわたしの顔に大きなつぶつぶ(82)ができていると思った。わたしは病院に入って手厚い看護を受けて、すっかりよくなった。職人たちが交替で見舞いにやってきたので、一人のだいの煙草好きの患者がその職人たちに煙草を買ってきてもらってくれと、しじゅう言ってわたしを困らせた。わたしはそれを買ってきてもらったのだが、同時によく乾燥したずっと上等のものをそれに添えて彼に渡した。すると彼はそれがとてもうまいと感じたので、そんなことではすまなくなってしまった。彼は他の患者にもそれを吸わせたので、彼らもそれを欲しがったのだ。そういうことでわたしは、こうした煙草好きは一番の気分屋だと知ったのだ。外科医見習いたちにこのことを打ち明けて話すと、彼らはそうした煙草好きの患者を心底から馬鹿にしていた。

わたしは親切な修道女たちに別れを告げ、魅力的な地方のニームにむけて旅立った。そしてニームのフリコという名の感じのいい未亡人のところに雇われた。そこに五か月滞在し親切にもてなされ、その未亡人があのナントの気立てのやさしい未亡人と実によく似ていたこともあって、そこに定住することを申し出たのである。わたしは彼女に、この修業巡歴の旅を駅馬車に乗って急いですませ、両親に結婚の許可をもらえる間だけパリに滞在し戻ってくると約束し、財産についてはわたしは何もないが、親方資格だけはもっているので、どんなところにでも定着して仕事場を開くことは可能なのだと言った。彼女は大変喜んで、あらゆることをわたしに約束してくれ、すばらしい約束のもとにわたしと連れだって二里ほどの道程を見送ってくれた。わたしたちは結婚によって結ばれることになるという思いでいっぱいになって、愛をこめて別れたのだった。

しかし、わたしがマルセイユに着いたときには、そこに一五日間とどまること、また次はリヨンに直行する予定であるという手紙を彼女に書き送った。彼女は心惹かれる返事とともに二五フランを送ってくれ、わたしが彼女に見せた親方資格証書を、愛情のしるしとして送ってもらいたいと言ってきたのだ。わたしはそうしなかった、というのも彼女が誰かにふきこまれていることにわたしは気がついたからだ。彼女はプロテスタントだったが、亡くなった夫はカトリックで、彼女がカトリック教徒と結婚するという条件で一万リーヴルを遺産として彼女に与えるということになっていたのだ。

わたしは彼女にまったく返事をせず、マルセイユにはほんの少ししか滞在しなかった。それは次のようなことがあったからだ。わたしがマルセイユに着いたとき、職人たちとともにとある酒場にはいると、四つの杯と同じ数の煙草のパイプが運ばれてきたが、そこに二人の陽気な男がやってきて、すぐにわれわれは知り合いになった。しかしわたしは彼らの振舞いを知るにおよび、それがふざけたものだと言うしかないものだったし、わたしと同じ職業の職人は一七人だったが、そろいもそろって堕落しているのを知ったのだ。わたしはこれで、自分が一八番目の堕落した職人になるのではと思って、あわただしく出発したのである。

わたしはサント＝ボーム（83）を望み見て、六時間かけてサン＝マクシマンを経由してそこに登り、オバニュへと下山し、有名なボケールの定期市を見てまわったが、そこでカルパントラの病院(84)の窓などに入れるためのガラスを買いにきていた一人のまじめな男に出会った。わたしはこの人のもとで働いたが、そこでわたしの愛しい人によく似ているきれいなノラドというその人の娘の一人を、口車にのせてだましてしまった。私はしばらくの間、とくに大赦の年(85)のあいだそこに滞在した。その年のあいだは、地元の人間以外の者は聖体拝領をするか、その町を出て(86)行かねばならぬことになっていた。わたしは一つには気配りから、もう一つには愛情から、そこに留まることにした。その結果、わたしは認められることになったのである。わたしと一人の仲間とは良心を強固にすることができたので、われわれの親方は大きな袖の衣を着たドミニコ会の修道士を紹介してくれた。彼はわたしに十字のしるし(87)をいとも軽々と授けてくれた。しかし仲間に対してはわたしと同等の扱いをしなかった。というのも一週間それを延期したのだ。わたしたちは自分が犯したことのあるちょっとした性的な過ちのすべてをともに言い合ったことがあったのだが、わたしは彼にむかって、おまえはすごい罪を犯している、だから修道士はおまえにわたしと同じようにしないのだろうと言った。結局、わたしは夜の間よく考えた。それからわたしは急に思いついたので、修道士のいつもの昼寝が終わるのを待って、彼をまた訪問した。彼はわたしに会うと、わたしの仲間のことはすべて聞いているのだと言った。それでわたしはこの件についてはすっかり終わりにし、親方の娘の望むますべての義務をはたしたのである。

人々は町のいたるところに、芸術的に製作された鉄の十字架を立てていた。錠前職人が大勢いて、われわれはしばしば大酒盛りをやった。わたしは夕方、カルパントラの町についてのシャンソンをうたった。その翌日、すべての職人たちが乱痴気騒ぎをやり、バイオリンとオーボエの奏者を呼んできて、各人はそれぞれ酒瓶と酒盃を手にして、一人の錠前職人が板に白い石で大きくシャンソンを書いたのを背負って、代わる代わるくり返しうたい、それが十字路からこの行列についてきた住民たちを大いに楽しませたのだった。

その頃わたしは不幸なユダヤ人にいたずらをする目的でユダヤ人街(88)に出かけて行った。そのときユダヤ教徒のなかでももっとも裕福な女性の一人と（知り合いになった）。彼女はかわいらしく、もしキリスト教徒になりたいと思っているなら、彼女と結婚しパリに連れて行くとわたしが言った言葉を、信じてしまった。彼女の父親は男やもめであり、この地方では法律はユダヤ人に対してきわめて厳しく、もし娘がキリスト教の洗礼を受けたとなれば、娘に財産の半分を与えねばならないことになっていた。彼女は自分の意向をわたしに伝えようとして、わたしの仕事場の前をしばしば通り、わたしが好物だと言っていた酵母ぬきのパンを紙に包んで持ってきてくれたりしていた。そしてわたしは彼女宛の手紙を書いた紙にキャンディーかその他の砂糖菓子を入れて渡したのだが、彼女はそれをなんともいえぬ好ましい態度で受け取るのだった。わたしの親方はこのことに手を貸してくれたのだが、乳母となって彼女を育ててくれた人はキリスト教徒ではあったのだが、彼女を手放さず（秘密）をもらしてしまい、わたしのすべてのもくろみを御破算にしてしまった。

カルパントラの司教(89)が、カルパントラの病院の門の上にガラスの紋章を作れと言ってきて、御礼はすると約束した。われわれ、友人とわたしとは日曜日の数日を使ってその仕事をやり、紋章が完成し門の上に取り付けると、司教はイタリア人流(90)の気前のよさを示した。彼はわたしに二五ソルを出した。彼はそれをこっそりと渡したのでこれはルイ金貨だと思ったのだが、彼はそれを友人にも見せたあとわたしの手から取り上げて、しまい込んでしまった。

われわれすべての職人は大太刀を習うことや職人杖をうまくあやつることができるようになることに、度外れた情熱を抱いていた。わたしはトゥールで多少の稽古を受け、またわれわれは職人宿で技を競い合ったりして、自分の技を職人たちにはっきりと証明してみせた。それが職人宿の女主人のおっかさん《メール》の気に入らないことでは決してないことを明らかにしてみせて、祝杯をあげさせることになったのである。そしてある日のこと、われわれが三人か四人して平野を歩いていると、むこうから黄色の帽子をかぶっていない一人のユダヤ人がやってきた。彼は二羽の太った鶏を持っていたが、われわれはそれを分捕って食べてしまった。彼はわれわれを地方役人のところに呼び出したのだが、それでも黄色の帽子をかぶっていなかったということで、彼のほうが悪いことになってしまった。

わたしは仕事場の向かい側のかわいいボタン屋の女性に目をつけていたのだが、彼女はわたしよりさらに抜け目がなく、わたしに町の外に散歩に連れて行ってくれと頼むのだった。愛しいノラドは母親のもとを去ろうとはせず、我慢してつき合っていた変に内気な恋人といっしょに行動していたが、わたしはそのことを残念だとは思わず、彼女に愛情をもっていても気がねすることがなくなり、常に自由気ままに振舞っていたのである。

ボタン屋にはもう一人の恋人がいて、その人の運命を決めたのはこのわたしであった。彼はかわいいボタン屋と結婚し、わたしは彼をパリに来させたのだった。わたしは日曜日にペルヌというところに彼女を散歩に連れて行くと約束した。そのことを親方に話すと、親方は、彼女がわたしを罠にかけようとしているから用心しろと（言うのだ）。つまり、いっしょに町に戻るときに彼女は、自分はかどわかされたのであり、いかにわたしが否定しようと、わたしは彼女と結婚する義務があるのだと言って、わたしを教皇庁の兵士に逮捕させようとしているのだとのことだった(91)。わたしは散歩に出た。そして彼女の要望することすべてに約束を与え、町から四分の一里のところに来て、彼女がまさかと思っているときに、わたしはほかの市門にむかい、そこにたどり着いた。そのようにしてわたしに騙されたと知ったとき、彼女は（二番目の）恋人と散歩に出て、彼らはすすんで逮捕され、結婚させられたのである。彼女が娘たちを留置しておくところにはいっていたときに、わたしは牢屋の柵ごしに彼女を目にしたが、こうなったのもあなたのせいなのだが、それでもずっとあなたを思っていると、彼女はわたしに言った。

のちに彼女がパリに住んでいたとき、彼女はわたしに礼節のある賢明な態度を示し、時としてわたしに、あなたはペルヌの散歩のことを憶えていますか、わたしたちは確かに若かったのね、と言うのだった。ある日わたしは、あなたの娘さんも大きくなって、今はもう昔のことになったね、と彼女に言った。彼女は微笑してわたしの手を握りしめた。彼女の相手の男について言えば、わたしが彼の幸せを実現してやったにもかかわらず、わたしがまたパリに戻ったときには、彼をイタリヤ風のパスタの製造・販売(92)の仕事につけるよう一筆書いてやったのだが、そしてその仕事で一財産をつくったにもかかわらず、ありがたいとも思っていなかった。そしてわたしと出会うと、彼は丁重な態度をとるのだが、ペルヌへの遠出の散歩をいつも最近のことのように記憶しているのだった。

ニームのわたしの未亡人に手紙をすると、ひたすら愛と友情を表明する返事をよこし、わたしは相変わらず、旅を続けるのを妨げているいくつかの理由を彼女に書き送っていた。旅仲間の友人は、われわれは旅を続ける理由があるのだから、エクスの祭り(93)の行列を見に行くのがよいだろうと、わたしを説得した。その祭りは迷信と縁起かつぎがよく見てとれるもので、聖職者が民衆をそうしたことに駆り立てるようにしているものだという。

旅立つことに決めたわれわれは賃金の清算を求めた。われわれが出発することにひたすら固執しているのを知り、親方はくり返しもっと滞在するように言ったので、われわれは賃金の支払いを命ずる地方役人のところに親方を出頭させざるをえなくなった。そして地方役人は、親方は賃金を支払うから、われわれが立ち去ることは自由であると(言ったのである)。これに対して親方は、われわれの請負った仕事は終わってはいないのだとくり返し述べて、いっこうに聞き入れなかった。しかしわたしたちの賃金は月ぎめであり、わたしが市参事会員の前で断固とした態度で、わたしたちは請負いの仕事はまったくやっておらず、フランスでは人々は自由なのだと答えたので、親方はなにも主張できなくなった。市参事会員たちはアヴィニョンの伯爵領と同時にフランスにも服属する(94)ことになったばかりだったので、わたしの言ったことは大変適切なものだったのだ。

この結果、親方はわれわれに賃金を支払ったのだが、気のいい男だったにもかかわらず、仕返しをするべくプロヴァンス地方の通貨のパタールで支払ったのだ。これだと教皇領の一ソルが七パタール、フランス王国の一ソルが六パタールということになる。支払いはわれわれ二人で約三三リーヴルとなったから、パタール貨での支払いは持ち運びには重すぎるものだった。親切なヴナスクの領主がこれを両替してくれ、そのうえ出発の日にわたしと食事をしたいと言うのだった。この親切な老人はわたしに好意をよせていて、わたしにパリについての話をということで人を迎えによこした。この領主に仕える人々はわたしを大切に思ってくれていて、しばしばわたしにごちそうをしてくれた。

領主は上等のぶどう酒をひょうたんにいっぱい注いで飲ませてくれた。彼とその館の人々はまたとないほどの情愛をこめて別れを惜しんでくれた。親方もわたしに会いに来て、恨みを残したままわたしが立ち去るのを望まなかった。わたしは親方にもその娘たちにも別れの言葉を述べたのだが、あの素敵なノラドはなんとしても姿を見せようとはしなかった。

わたしがこの魅力的な町を去ったのは日曜日のことで、それぞれが酒盃と酒瓶を手にしたあらゆる職業のほとんどすべての職人に伴われ、全員で職人組合の別れの儀式をおこなった。一人の職人がわたしのひょうたんを足で踏み潰してしまった。これはわたしの心痛む思いにさせたが、そのひょうたんは素敵なものだったのだ。

この地方では狂信と迷信が極点に達しており、不運なユダヤ人(95)は黄色の帽子をかぶらなければ外出できず、またその妻は黄色いしるしを帽子につけて外出せねばならなかった。土曜日にユダヤ人は、その大半が良識にまったく欠けている修道士の改宗をすすめる言葉を聞くのだが、そのときにユダヤ人が不幸にも抗弁したり、ぼんやりしていたりすることがあると、修道士はすぐに鞭で……〔判読不可能〕……。ああ、寛容といわれているキリスト教よ。(どうして)神のしもべであるあなたたちは、扉の中や路地の中にユダヤ人が身を隠さねばならないほどの残忍さで行動することができるのか。あなた方が町の中を行列して、民衆に押し付けているあなた方の人智を越えた教理のもっとも秘密な仕掛けをかかげて歩くときに、あなた方はわが救世主と呼ぶものを背負っている人に、そのキリストによる贖罪を象徴するものでユダヤ人を打ってもよいと命ずるのである。あなた方はユダヤ人がわれわれの兄弟であり、神の前でわれわれと平等なのだと考えていないのか。たしかにユダヤ人はわれわれの教父なのだ。われわれすべての源流は、われわれの使徒でもあるユダヤ教の最初の使徒に発するものなのだ。そしてあなたがた野心満々たる人々は、自分たちの宗教の教理や儀礼をユダヤ人の宗教から取り入れたのである。

われわれはアヴィニョンへと下って行った。そのときわたしはわたしの名付け親が歌っていた古いシャンソン「アヴィニョンの橋の上で」を歌い始めた。この名付け親が死んだという知らせを受け取っていたが、彼は祖母とともにわたしをやさしく育ててくれた人だった。その頃わたしはこの歌を上手に歌おうと努めたのだが難しく、名付け親はいつも、お前はアヴィニョンに行ったことがないからとくり返し言っていたものだ。それはもっともなことだった。だが今度は実際にアヴィニョンの橋の上で歌ったので、大変上手に歌えたのである。

われわれが散歩に出てユダヤ人街を見に行き、あるガラス屋の親方の店の前を通りかかったとき、立派なガラスの親方作品を暇なときに自分でデッサンしておいたノートを持っていたので、そうした作品のいくつかがその店にないかと思って眺めていた。ただそのノートはあるいとこに貸したまま取り戻すことができなくて、現在はなくなってしまっている。わたしが注意深くそうした作品に目を注ぎ、あんな作品があると、連れ立っていたレンヌ人に言っていると、その店の主人が中から出てきて、丁重な態度で、あなたがたはガラス職人かと尋ねた。そうだとわたしが答えると、われわれを店に入れてくれ、ひと休みさせてくれた。愛想のいい彼の奥さんがもてなしてくれ、郷里はどこかと聞いた。こうしてわたしたちは歓待されることになった。親方が言うには、ヴァントゥ山というプロヴァンス地方の山の麓にあるベドワンという町に、前の日に弟が出かけていて、嵐でこわれた教会の修繕があるので職人をよこしてほしいと依頼してきている、自分はカルパントラへ行って、そこにいる二人の職人をなんとか引き抜いてこようと思っているところだ。しかしほかの人でも間に合えば、その人を弟のところにいつでも行ってもらう、とのことだった。わたしは彼に、われわれは引き抜かれるまでもなく、二人とも現在は職についていないのだと答えた。主人はわれわれをベドワンに行くようにとすすめるのだった。

職人がやってくる。われわれは自分たちがなに者であるかを名のり、その職人はわれわれを職人宿に案内してくれる。彼にはこの町で働くつもりはまったくないのだと言う。職人たちが帰ってくるが、われわれは仕事につかないことにする。さきの親方がやってきて働きに行かないかとわれわれを誘い、一五日間だけなのだから自分がみんなを連れて行くことにするからと、折り入って頼み込むのだった。彼は旅の費用は負担し各人に六フラン支払うと言う。そこでわれわれは心を決め、職人の言葉にかけて翌々日に出発すると約束する。

われわれは大いに楽しく過ごし、みんなは女の腕に抱かれてそれぞれが愛する女のことは忘れるようにしていた。そういう女は他の地方と同じようにこの地でも大勢いたのだ。わたしはデッサンしておきたいと思う立派な親方作品のことは忘れてしまい、アヴィニョンの町のあらゆる名所を見物して歩く。錠前職人の職人宿に行ってみると古参の同郷の職人に出会う。わたしたちはもう別れわかれになることはできなくなる。彼はわたしがベドワンにおもむくことを約束していることを残念がり、そうでなければフランス修業巡歴の旅をいっしょに終了することになったのに、と言う。わたしは彼に、仕事が終わったら彼を連れに戻ってくると約束する。彼は多くの職人たちを引き連れてわれわれに見送りの儀式をしてくれる。

さてこうしてわれわれは店の主人である親方とともに旅立ち、彼は自分が働いたことのあるプロヴァンスの領主の美しい館にわれわれを泊めさせてくれる。この親切な殿様は食卓をともにしてわれわれに食事をとらせてくれ、丁重にもてなしてくれた。わたしがパリ育ちだとわかるとわれわれの気ままで突飛な行動や、フランス巡歴でわれわれがしでかしたことすべての話をさせて喜んでいた。わたしもそうしたことのいくつかを語る。殿様とその奥方は涙がでるほど笑いこけ、殿様に仕える司祭は、彼らにありがちな偽善者のような態度がまったくなくて、ハンカチか食卓のナプキンを口にもっていき、笑いを押し殺していたが、奥方はおおっぴらに笑っていた。親方は次の日もわたしの話を聞いては、と殿様に言う。それに感謝しながら殿様は親方に、親方、館に仕事でやってくるときには、パリ人のような働き手を連れてきてもらいたいと言った。こうしてわれわれは領主に別れを告げたのだった。

われわれは魅力的な小都市ベドワンに到着し、たいへん歓迎された。われわれに約束されていたことは全部、あらゆる点でその通りに履行された。われわれは仕事をはじめた。温和で気のおけない人々にわたしたちは受け入れられたのだ。この地の善良な人々は、狂信の地域の近くにいても、わたしが今までにみたことがないほど性格がよいとわたしは思う。彼らは同じように教皇領に住んでいたのだが。

わたしたちはヴァントゥ山(96)に登る季節を迎えており、他の季節には登山は不可能になることもあって、数人で食糧をたずさえて登頂した。五時間近くかかった。頂上では木々の緑が美しく空気がさわやかで、四分の一里ほどのところに湖が眺められた。下山するときは登りのときよりもさらに楽しかった。ある日のこと親方がいっしょにクリヨンの城館(97)に行かないかとさそった。彼は奥さんに、仕事は一日では終わらないと思うから、帰りを待つ必要はないと言っていた。わたしは準備などなにもしなかった。われわれはある丘の麓の、物語に描かれているような古い城に着いた。城門の上には、「神と勇気あるクリヨン城の威力を恐れよ」と書かれた刻文があった。わたしはなすべき仕事を見てみた。それは約六〇の窓にガラスを入れることだった。わたしは親方が窓ガラスを接着させるためのパレットの一種であるエスパチュルを取り出すの見て、門衛のところに行っていてください、わたしにやらせてもらいますと言った。親方のこのおかしなやり方でわたしは不愉快になったのだ。親方のやり方だと二人で二日もかかっただろう。わたしは一挙に仕事をやってしまい、親方がやってきてこれを見ると仰天していた。われわれは町に帰った。親方の奥さんは驚いてしまって、いつまでもそれが信じられず、親方に、パリの人が一人で仕事をしたのか、と言っていた。

わたしは親方に熱を治す粉を与えていたので、それを彼は服用してよくなった。気の好い奥さんは、わたしがいつも歌をうたって陽気にしているのだが、また同時に偽善者的な行為をするということで聖職者を嫌い、いく度もいたずらをしでかすという理由で、わたしを魔法使いだと考えるようになった。これは、わたしが娘たちに冗談話として語り、奥さん方には小話として語っていたことでもあるから、まさにあのヴァンドームの女主人の再現なのだ。わたしは親方の奥さんが間違っていることを悟らせてやった。またレンヌ人も同時に自分の考え違いを知った。

約束の一五日間も終わったので、わたしは出発しようと思った。レンヌ人はわたしにもっと滞在するようにすすめた。われわれは大変気立ての好い人々といっしょだったし、アイヨオの粉薬(98)が作られていたのがクリヨンだったから、親方の奥さんもわたしの粉薬の評判を理解しはじめていたのである。わたしは奥さんにその粉薬をプレゼントしたが、彼女は六フランを払ってくれ、わたしはそれを受け取った。わたしはレンヌ人を残して出発し、アヴィニ

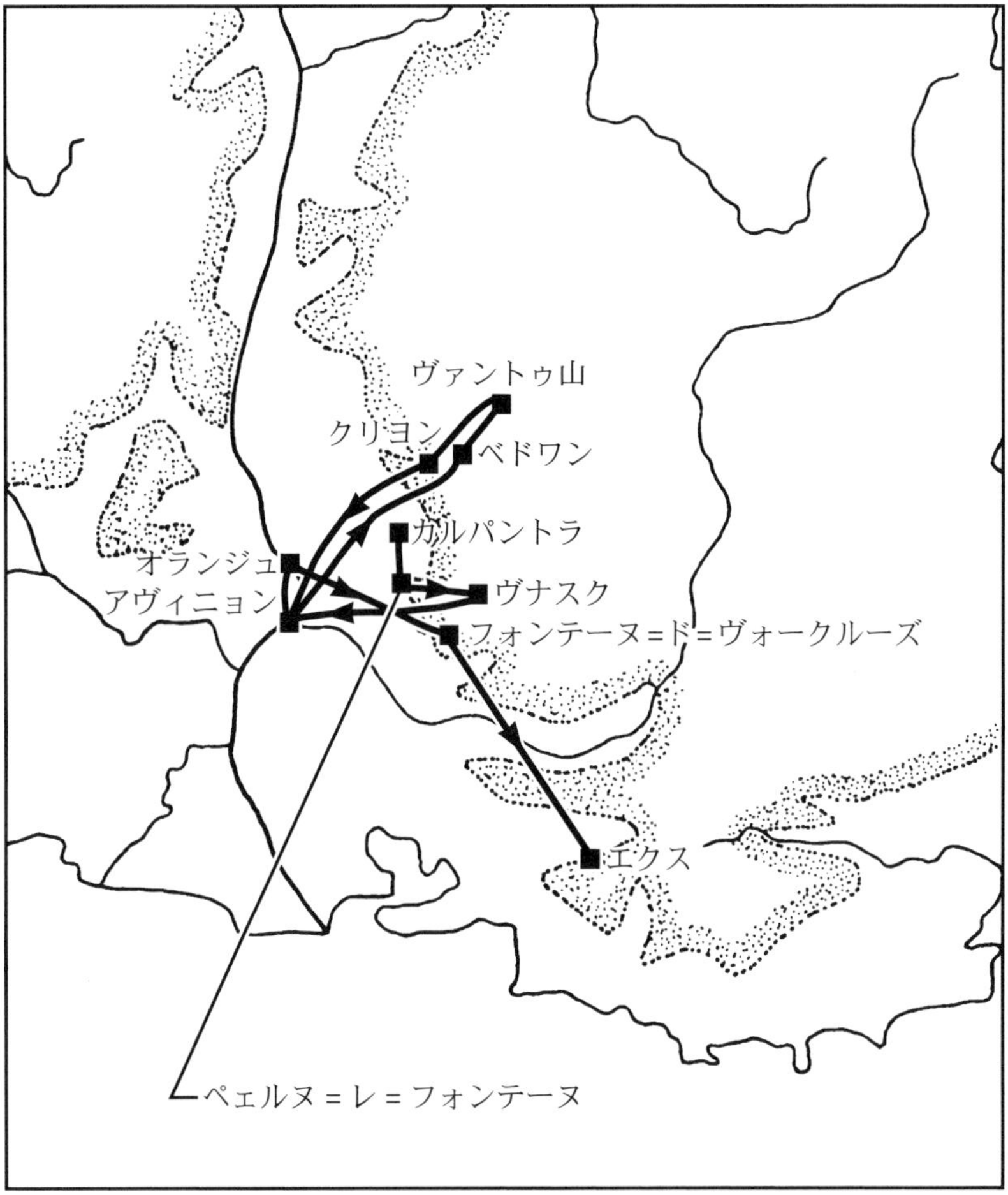

メネトラのコンタ地方滞在の詳細

ョンの職人宿でわたしを待っていたあの同郷人と会い、そこでわたしたちは指物職人の祭りである聖アンナ祭を祝った。その祭りには、古参の同郷人である〈パリの人、突破口《ラ・ブレーシュ》〉を含む指物職人たちが招待してくれたのである。

わたしは数日のあいだ楽しい日々を過ごし、あの結構きわまるユダヤ人街を見て歩き、また教皇特使補佐(99)なる人物に会いたいと思った。この人物はその知り合いの女性と意見が対立していた不運な女に、またとないほどの残忍な振舞いをやらかしたところだった。彼女たちが争っているときその女は石を投げたのだが、それが具合悪いことに、たまたま通りかかった教皇特使補佐の馬車の窓ガラスを割ったのであった。教皇特使補佐はその女を綱で三回にわたり力いっぱい打てと命じ、それで彼女の手足は関節がはずれてしまったのだ。彼女は病院に運ばれたが、苦しみながら死んでしまった。アヴィニョンの人々はみんなこれに恐怖していた。わたしは心のうちで次のように思った。その人間性によってまたその隣人愛によって人の模範たるべき人々が、そしてこの地上でやさしく仁慈をたれ給う神のしもべたることを自称する人々が、野心と復讐心しかもっていないということは、あっていいことであろうか、と。結局のところアヴィニョンの人々は、フランスの保護下にはいるためにイタリヤ人のくびきを揺り動かしたということでよしとしていたのだ。

われわれは出発した。職人たちが見送りの儀式をしてくれた。わたしの同郷人は心の広い人であり、どんな場合にもそうだったから、職人宿の見送りで二〇人ばかりの同じ職業の職人に酒をおごり、その日われわれはこの職人宿に泊まった。翌日われわれはオランジュを経由して行くべく旅立った。天気はよかったのだが、突然これまで経験したことのないほど強烈な雷雨に見舞われる。雷鳴がとどろき、雨が烈しく降ってくる。わたしはとあるオリーヴの樹の下に身を避ける。もう一つの樹の下にいた同郷の友人を呼ぶと、彼はためらっていたが思いきってこちらにやってくる。とその瞬間、空が裂け大音響がして雷が落ち、友人がその下から出てきたばかりの樹を焼きつくす。わたしたちは地面に倒れる。わたしが最初にしたことといえば、われわれを守ってくれた神に感謝し、神慮の御加護をたたえるということだった。雷雨がやんだので、落雷のあった樹を調べてみると、それは根元まで燃え尽きているではないか。わたしたちはその場に立ちつくし、改めて恐怖にとらわれ、ヴォークルーズの泉を見物しようと先を急いだ。

翌日また旅を続け、その途中で二人の修道士に出会う。同郷の友が彼らに挨拶し、わたしもそれに従うが、修道士たちはさげすむような眼でこちらをじろりと見る。わたしは友人に、見ろ、こいつらは信心深そうな顔をした怠け者どもだ、ロザリオの数珠を身につけた偽善者のようで、この信心家ぶったにせ者は、われわれのことを山賊だと思ったのだ、まさしくそうに違いない、怖い思いをさせてやれ、あとをつけて行こう、あまり急いで歩くな、彼らを追い越してしまったではないか、と言った。われわれは腰をおろし、彼らが通り過ぎるときに、彼らにじっと眼をすえて見た。彼らは頭を下げ、地元の人間のようだったので、われわれは最初の村までは遠いのかと彼らに尋ね、いっしょに歩いた。彼らはいつもうしろからわれわれに目を配っていた。わたしは彼らに、自分はベルナルダンの修道院に滞在したことがあるが、それは慈悲を旨とする修道院で、貧者に慈悲をほどこし善行を積むことを心がけ、同胞たちにそんなに厳しい態度を示すことは全然なかったぞ、と言ってやった。

わたしたちはうしろにさがり、ほぼ自分たちのペースにもどって旅したので、あのわたしの未亡人にはゆっくりしていることを手紙に書かないようにしていた。こうした旅の途上で小さな川の岸に出たのだが、そこには橋も船もなく、屈強な大男がいて、わたしを肩にかついで川を渡ってくれた。友人は靴下と靴を脱いで別のところから自分で川を渡ろうとしたが、その律気な男が彼を引き上げなかったら、不注意から水を飲んでしまうところだった。

われわれはこうしてエクスの本物の聖体祭の行列を見物したが、そこには二日間しか滞在しなかった。わたしはまたノストラダムス(100)のことを人々が噂しているのをこの目で見るために、サロンを見物しようと思った。われわれはある教会のなかの壁のそばにあり、人々がそれについての多くの物語をつくりあげたあの墓、その上にあるガラスの中の肖像、そして一つの石碑を見た。友人はその小刀を墓の割れ目につき通したが、それで彼が死ぬといったような、人々が庶民に信じこませようとしていたことは起こらなかった。

われわれは立派な舟の橋を見物するためにアルルに立ち寄り、セヴェンヌ山地の近くにたどり着き、ドフィネ地方に到達した(101)。少々遅かったので、とある旅籠に泊まることにすると、一人の男が死んだ部屋をあてがわれた。その死者はシーツに包まれてベッドとベッドの間のすき間に置かれていたのだった。夜になって友人が便所に行こうとして起きると、なんと驚くまいことか、人間のからだの上を歩いているような感じがしたのだ。彼に起こされたわたしは、わたしたちを謀殺しようと男が待ち伏せているのだと思った。それで宿の全員を起こしたのだが、そこでそれがどういうことなのかということを知らされたのだ。まだ夜が明けていなかったのだが、われわれはこの宿を出た。そしてこの旅籠から詫びのしるしとして二羽の見事な鴨をもらった。そこでこの鴨の一羽を次の旅籠に提供し、他の一羽をわれわれのために料理してもらった。

夕方われわれはある人のよさそうな男がやっている宿に着き、みんなそろって食事をした。その男は他国からこの地に移ってきた人ではまったくなかったから、われわれの会話に引きつけられたのだ。わたしがこれから家族のもとに帰って行くところで、家の者たちはもうかれこれ七年間もわたしの顔を見ていないのだと言うと、彼は目に涙を浮かべながら、あんたのお祖母さんが自分の女房のようなことにならなければよいが、と言うのだった。そこでわたしは彼にぶどう酒をもってこさせるように言って、そんなに苦しんでいる事情を話してくれと言った。彼は涙ながらに数杯のぶどう酒を飲んだあとで、次のようにことの次第を語ったのである。わたしには一人の男の子がいたのですが、その子は十三歳のときに家から出て行ってしまい、丁度その歳ぐらいの年月にわたって、その子からなんの便りもなかったのです。ある夕方のこと、立派な馬に堂々とまたがった男がやってきて、われわれと食事をしたいと申したのです。食事がすむとその男はお子さんはおありかと尋ねたのです。そこでわたしは、一人のがきがいたのだが、なにも言い残さずに出て行ってしまい、それから一二年か一三年の間なんの音沙汰もないのだと答えました。すると彼は女房にむかって、あんたの息子さんを覚えておいででしょうなと言うのです。彼女はもちろんですとも、あの子の頭の真ん中にはやけどの跡があってそこには毛がはえることはないのだから、間違えっこありませんと答えました。それと同時にこの男が息子であることがわかり、女房は嬉しさのあまり死んでしまい、それ以上なにも言わなくなってしまったのです。不幸な息子はわたしが下男や下女とともに妻の手当てをしている間に、馬に鞍を置いて立ち去り、それ以来六週間というもの、息子の消息はないのです。息子がわたしに語ったのは、彼がさる連隊の士官だというだけで、それ以上のことはわからないのです。

わたしは祖母には自分が帰り着いたことを知らせぬようにしようと心に決め、祖母がわたしに会って喜んだとしても、この男の奥さんのようになってしまわないように、嬉しさのあまり死んだりしないようにと思い願ったのである。わたしはこの人の好い男に、息子からの便りもあることだろうと元気づけて慰めたのだった。

こうしてわれわれはポン＝サン＝テスプリに着いたが、そこでは大勢の狼派の職人組合の石切り職人が働いていて、われわれに不当な言いがかりをつけようとした。わたしは彼らに、もしおまえたちに勇気があるのなら、われわれは対等の勢力で職人杖をたずさえて町のはずれのところで待っていよう、そこで喧嘩に負けたほうの職人杖は勝ったほうのものになることにしようと答えた。彼らはこのわれわれの挑戦を受けて立った。われわれは二時間近くも待っていたが誰もやってくる様子がなかった。というのも彼らはわれわれの職人杖を奪おうとしていたのだが、わたしが武装しているのを見てあえて近づいてこなかったからで、彼らは自分たちが断然優勢だとわかったときに、他の土地からやってきた渡り職人からその職人杖を奪い取ることをいつもやっていたのである。

旅を続けたわれわれはあの美しいポン＝デュ＝ガールの橋を見物したが、その地では無知と迷信からこの橋は恐ろしい異教の神々が築造したものと信じられていた。（われわれは）モンテリマールに行ったが、その町の職人たちはポン＝サン＝テスプリでの出来事をすでに知っており、われわれを快く受け入れてくれ、大いにご馳走してくれた。その翌日わたしは見送りの儀式をしてもらった。わたし一人が見送られたのは、それまでわたしといっしょにしてきた長旅で友人は疲れてしまって、そこに残って働くことにしたからである。

そこで（わたしは）ボワイエという祖母の兄弟の一人に会うことを考えて、ヴァランスに直行した。祖母はその人を紹介するために一筆したためてくれていたからである。わたしはボワイエの未亡人がその所有地に引退しているクレにおもむき、その未亡人がその土地の人間であることを知った。わたしがそこに着いたときはもう夜になってい た。その未亡人にマダム・マルソーの代理で参上しましたと伝えると、死んだ夫に大変似ているから、これは甥の息子だと言いながらわたしの首に抱きついた。（彼女は）わたしの意向など考えないで数日間わたしを引き留め、大変なご馳走をしてくれ、クルミ油のサラダを食べてほしいと言うのだった。（彼女は）わたしを相続人に指定し公証人のところに連れて行った。亡くなったわたしの大おじは彼女をその所有地の相続人に指定しており、わたしが最初に訪れた親族であり、それにわたしがニームに定住することを希望していると言ったので、いずれそこに戻ってくるのだからということで、（彼女は）わたしを相続人に指定したのだ。しかしわたしがパリに帰り祖母がその兄弟の死を知らされたとき、わたしの叔父たちが執拗に言い張ったので、わたしは彼らにこの贈与をゆだねたが、その財産は失われており、わたしはそれについてもう口にすることはなかった。

わたしはこの親切な大おばに別れを告げ、ロバに乗って、この地方でロバの詰所(102)と呼ばれるものを利用するすべを知ったのである。わたしは数人の職人といっしょだったが、ラパリュという村にまっさきに着こうと思って、乗っていたロバに拍車をかけた。ところがロバはわたしを溝の中に振り落としてしまい、わたしはラパリュまですっかり腹を立てて行くことになり、職人にからかわれ、ラパリュという仇名をつけられてしまった。

わたしはリヨンへとくだって行き、リヨンに到着したことをわたしの未亡人に手紙で知らせ、リヨンに滞在して未亡人からの返事を待っていると書いたついでに、さまざまなほら話をしておいた。返事はすぐにあって、少しばかりわたしを非難していたが、それはきわめて婉曲な言い方だったので、腹立たしくなるようなものではなかった。わたしはシモンという名の親切で陽気な親方のところに雇われた。この親方に紹介されたとき、働くのは一五日間だけにしたいとあらかじめ言っておいた。親方はどこの出身かと尋ねたので、パリ育ちだと答えると、すぐに娘を呼び寄せて、この職人をごらん、ベリー人やフランシュ・コンテ人よりも、この人がおまえにお似合いだ、パリから来た人で修業巡歴の旅をしたところだと彼女に言ったのである。娘は微笑でそれに答えたが親方はさらに、おまえはお利口さんだ、わしはこの人が他の誰よりもお前の気に入るにきまっていると思うよ、と言った。彼女の微笑と眼差しはその本心を物語っていて、わたしに好意を抱いていることがわかった。彼女にはその番人のようにしてついている年老いた女中がいて、わたしの新しい親方は奥さんをなくして一人身だったので、この女中が娘から目を離さなかったのである。

わたしがリヨンにいたのは、せむし男たちの面白い笑劇がおこなわれている時期だった。せむし男たちはある夕方にヴィユロワ公(103)の甥の命令か招待で、フールヴィエールの丘の大聖堂の近くの建物に集められたものだったが、彼らはそこに集まって少なくとも二時間は待ち続けていた。明かりがともされてみると、せむし男たちを取りまいているのもせむし男という状態になっていた。招待客の一人の公証人は客がみんなせむし男だということに気がついて、軽食を味わう気にまったくなれず、すべての者が立ち去ろうとしたのである。しかし彼らはたいまつをもったせむし男たちや、せむしのシャンソンの節回しを鳴り響かせた背にこぶのある楽士たちによって明るく照らし出されることになった。数人のせむし男がリヨン総督の甥を馬鹿にするようなことをしたと言い張る人もいた。これは少しばかり騒ぎを起こしたが、腹を立てる者など意に介せず、そんなことは忘れ去り笑い飛ばし、それを歌にまでしてうたったので、その歌はリヨン全体に広まることになる。

ある日の夕方、一人でベルクール広場を散歩しながら、幸運にめぐり会える機会を求めていると、若くはないがみずみずしい女性に出会った。わたしが、よろしければ彼女の家まで連れ立って行きたいがと言うと、彼女はこの申し出を受け入れたが、わたしは大声を出して話しかけなければならなかった。それで彼女は耳が不自由なのだと気がついた。彼女の家の戸口までくると、彼女は別れの言葉を述べ、もしわたしがしばしの間彼女の家で過ごしたいと望むのならば、翌日の八時きっかりに来るように、彼女は一人でいるから、今は夫が家にいると言ったのである。彼女は部屋に明かりがともっているのを見てそう言ったのだ。翌日、わたしはその約束を守り、一人で家にいるその女に会ったが、とりすました態度をしていて、しかも仲睦まじい時間を過ごしたいと思っていたのだ。わたしは万事を乱暴にやってのけ、意思を通じさせるためには声を強めねばならず、彼女を攻め落とさねばならなかったので、明かりを消したところ、これで大変うまくいったのである。

お互いにほとんど満ち足りて、わたしが三度目のひと休みというところにきて、戸口をたたく音がする。夫である。わたしは気を取り直し、彼女は戸口を開ける。わたしは扉の背後に身を隠す。このとっさの行為が幸いした。彼女は手に燭台を持って、夫が明かりを探しに階下に降りて行ったと言う。わたしは彼女の手を握ってから、もう一階上に上がる。そして降りてくるが、戸口の鍵の開け方がわからない。わたしはのろいの言葉を口にし、もう駄目だと思う。最後に戸口をたたくと、なんと嬉しいことか、上から降りてきたのは耳の不自由な彼女で、わたしを外に出してくれた。

わたしは親方のところに帰り着くと、食事の最中だった。人々はわたしをからかう。わたしは経験したアヴァンテュールのことをいくらか話したのだが、耳の聞こえない彼女のことを言うと、親方の顔色が変わったのが見てとれ、わたしにその家のある街路の名を怒った様子で問いただした。それでわたしは別の回り道の名を告げたのだが、親方はその娘に次のように言ったのだ。この話でパリの人に送られていったのがおまえのおばさんだなどとは到底考えられない。それというのも、わしはおまえのおじさんを彼の家の戸口まで送って行ったのだから。こうしてわたしは物語をそこで終わりとすることなく続けたのだが、わたしがその家族の一員になってしまっていたのだということがよくわかったのである。

親方はわたしとわたしの仲間一人を率いて改革派の聖フランシスコ会の修道院(104)におもむいた。夕食にはオイルスープが供された。わたしが働いていると、神父や修道士たちがやってきて、わたしの郷里はどこかと尋ねた。そして パリの神父たちに知り合いがあるかと聞き、その他いくつかのことをわたしに尋ねた。わたしは彼らを満足させる返事をしたが、冗談半分にパリでは彼らをオイルろうそくと呼んでいると言ってやった。途端に彼らは身に付けていた帯をはずして、わたしを追いかけようとした。わたしは庭の中にあった溝に飛び込む。同じように飛び込もうとした若い修道士が脚をまともに痛めてしまう。わたしは引き返し、その修道士は個室に運ばれる。修道院の外科医がやってくる前に、わたしは下着を裂き、自分は二度も脚を痛めたことがあると伝えて、修道士や神父の助けをかりながら、彼の脚をもとどおりにしてやる。外科医がやってきて診察をし、よく手当てしてあることを認め、それからは彼の脚の具合は悪くないことをわたしは知ったのだ。こうして悪事の張本人だったわたしは、すぐさま役に立って善行を施したのである。

その後の日曜日の夕食のあと、親方がわたしに、弟とともにソーヌ川のサント＝バルブ島に行くのだが、もしよければ、見物しに行かないかと言った。これにはあのわたしの耳の不自由な人にかかわって、親方がわたしに仕掛けた罠ではないかと恐れを抱かざるをえなかった。それで充分に警戒しようと固く心に決めて、この申し出に従ったのだった。われわれは出かけて行った。親方は自分の娘と料理女に、おばさんを誘ってきてくれ、そうすれば弟も来るだろうと言った。わたしはこれに驚いた様子など少しも見せなかった。これはまったくわたしの以前からの経験のおかげだった。われわれはこの美しい島を散歩し、リヨン風の食事をとった。わたしの恋敵である親方の弟は、わたしの脇をかかえて、パリの人、ところであなたはわれわれのもとを去り、リヨンの娘や女たちを棄てようとしていると言った。この言葉に、さてはあのことが露見したかとわたしは思い、警戒して身構えた。もしこのとき彼がわたしの様子に注目していたならば、わたしの顔色が変わったのに気がついただろう。わたしは彼に返事をするかわりに、自分の背後に目を配った。すると親方がわたしから見ると深刻そうに耳の不自由な彼女と話をしており、彼女は親しみをこめたような眼差しをわたしに投げかけるのが目に入った。そこでわたしは相手に、自分は名誉にかけて誓ったのであり、それにわたしが背くことがあれば、彼自身もそれを不愉快に思うだろうと答えた。

彼はわたしのこの言葉に、それはその通りとしながら次のように言った。しかしもしあなたがここに一年か二年の間留まろうと思うなら、わたしの兄はあなたにその店を譲ることだろう。そうすればあなたは感じのいい人だから、わたしも兄の娘をあなたの嫁さんにしたいと思うだろう、と。それで彼がこのようなことだけを問題にしているのだということがわかって、ようやく安心してものを言えるようになり、彼に対してそれ相応の感謝の意を表したのだった。しかしわたしは、長い間家族に会っていないし、家族の意向も知りたいと思うので、ここに長く留まるわけにはいかないのだと答えた。しかし彼がわたしに申し出たことについては、予定していなかったことでもあり、その後もずっと強く心に残ることになる。われわれは再び一団となり、わたしは親方の娘の脇をかかえるようにして歩いた。彼女のおば、つまり耳の不自由な彼女が親方となにを話していたのかを知りたいという思いはあったが、しかしパリに帰ったとき、彼女はもう亡くなっていて、その姪の、親方の娘も死んで、こうしたことのいっさいが無に帰しているということだった。

非常に暑い日だったので、われわれは夕方にエネーの防護堤(105)のところに行って泳いだ。すると一人のブルジョワが足をとられて流れにさらわれ姿が見えなくなる。わたしはとっさに危険なことも忘れて、兎にも角にもその人のあとを追い、泳いで彼を岸に連れ戻す。その若者は息を吹き返し、その場のすべての女たちがわたしに抱きつき、親愛の情を示し、もうわたしを離そうとせず、わたしと知り合いになりたがる。翌日彼女たちがわたしの親方のところにやってきて、親方とわたしを若者の父親のところに連れて行く。父親はわれわれをご馳走してくれ、どうか今後お見知りおきを願います、と言った。わたしの親方は、わたしが立派なブルジョワの息子の命を救ったことに感激し、わたしに多くのものを提供する。わたしは旅立つことにし、親方はわたしに六フランの金貨二枚を渡し、見送りの儀式をして旅の安全を祈り、好きなときに戻ってくることを願うと言ってくれた。しかしわたしがパリに帰ってそこにいるあいだに、妹や娘よりさきに亡くなったのである。

わたしは職人たちに感謝の意を表し、親方がくれた一二フランを使って彼らをもてなした。彼らは全員でバイオリンを奏でながら見送りの儀式をしてくれた。それは職人宿でおこなわれ、わたしに別れを告げるために大勢の職人が集まり、夜になろうとするときにもう一度町の中に入って、そこでわたしに食事を供するべく、四人の町でもっとも古参の職人がわたしを追いかけてきたのだった。すべてのガラス職人がそこに来て、わたしの親方も招いて大変楽しくその夜を過ごし、朝になると仲間のいく人かが、そのなかには友人のレンヌ人も加わって、わたしを見送ってくれた。

わたしはディジョンに立ち寄るべく、まっすぐに進んだ。マコンへの途上でわたしはマンドラン(106)の二〇人からなる先頭の集団を発見し、その半時間あとで、一隊の先頭に立っているマンドランを目にした。わたしは彼に一礼し、彼のほうもこれに答えた。この地方の住民で彼のことを悪く言う者はいなかった。そして(わたしは)マンドランが泊まったのと同じメゾン・ヌーヴと呼ばれているところに宿をとり、これは後になってわたしが人から聞いたところであるが、マンドランが寝たのと同じベッドにわたしも寝たのである。わたしは旅を続けたのだが、町全体がまだマンドランの噂でもちきりになっていて、彼は別れの杯、あるいは地元で名誉の杯と呼ばれているものを与えられたと噂されていた。これは地方の国王役人や都市の役人が片ひざを地に付けて金の酒盃で(国王たちに)捧げるものとよく似ているのだ。マンドランにかけられた犯罪容疑の最大のものの一つは、オタンの住民がその都市の門を彼に対して閉ざしたときに、その町の貧しく不運な身重の女性が殺されたこと(に関しての)ものだった。だがわたしが通過したところではどこでも、マンドランは優れた人物だとしか人々は言っていなかったし、彼がおこなったという善行について語ってすらいた。

わたしはディジョンに着いた。そこで偶然にも郷里の旧友の一人に出会ったことはなんと快い驚きだったことか。彼はデュ・ティィレという名で父親はわたしの家の向かいで店を開いていた。彼は高等法院の院長の家で食膳係を務めていた。そしてわたしをどうしても行かせようとしないで、わたしの意向など無視して八日間も引き留めたのであった。

やっとわたしは旅立ち、オーセールへの道をたどっていたとき、仲間といっしょだったのだが、突然脚に痛みが走り、それが激しくなった。それでそう遠くまで歩くことができなかったので、仲間に先に職人宿に行き、ロバをよこしてほしいと言った。ところが少なくとも三時間は待たされたので、わたしはいらいらした。こうしてわたしはロバに乗ってオーセールの町にはいり、四日間をその町で過ごした。わたしは職人たちに歓待されたが、職人たちはオーセールの町で大変楽しそうにしていたので、わたしは彼らにシャンソンを作ってやった。

これで財布は空っぽになったので、わたしは努めて道中を急ぐことになった。最初の宿駅で食卓についたとき、普段より金をかけてしまい、立ち上がって出発しようとすると、あけすけな態度で人の気をそそる太った宿の娘がわたしに、わたしを呼び出してきたのはあんたでしょうと言った。彼女は手にろうそくを持っていたので、わたしはそれを消してその状態につけいって楽しんだ。彼女はわたしの旅の安全を願い、わたしのほうは子だくさんでありますようにと願い、そうしてモントローに到着、財布は底をついていた。

わたしは自分の持ち物を運送会社に託してしまって、背負い袋も身につけていなかったので、必要なところ以外を訪れることはまったくできなかった。こういう困惑したありさまで町にはいったわたしは、ガラス屋の店を見つけ、その親方と会って、わたしにもらえるような仕事はないだろうかと尋ねた。するとその親方は、望むのであればすぐに働ける仕事があると答えた。標石板と呼ばれていたガラス板を切るときに使うゲージを渡され、わたしは自分のダイヤモンドを取り出したのだが、それについている取っ手を壊してしまった。そこでなにか木片をもらいたいと頼んだ。親方はすぐに向かい側にある酒場におもむき、その友人たちに、この職人なのだが、うちで働いている二人の職人にふさわしいように思うと言った。

わたしは仕事を始める。ある部屋にはいる。女主人がいたので、親方に与えられた仕事は終わったが、これからやるべきことはないのかと尋ねる。彼女はこっそりと親方を探しに行く。わたしは親方に対して、あなたを待っているんですと言う。親方は、いや今日はこれで充分だ、友人といっしょに一杯やろうと言う。こうして飲みながら親方はその友人たちに述べたことを、わたしに語って聞かせたのだった。わたしは三、四日しかそこにはいないつもりだったのだが、親方が大変好意をもってくれ、親方の奥さんも同様だったので、一五日間滞在して親方のために約八〇枚のガラス板を作った。われわれは深い友情を結んで別れた。親方はわたしを川舟のところまで見送ってくれ、充分な賃金を支払い、旅の食糧まで渡してくれた。

こうしてわたしはパリに着き、サン＝ポールの船着場で舟を降り、その足で祖母のところにおもむいた。わたしは祖母に、ディジョンで会ったと手紙に書いたあなたの息子の依頼でやってきましたと言ったので、彼女は大変感謝し、（その後）日曜日だったので祖母しか家におらず、わたしは彼女を抱きしめたいと思った。それでわたしはあなたの息子なのだと言ったのだが、息子だとはとても信じられないと言うばかりだった。そうしているところへ従姉妹（の一人）がやってきた。彼女に、旅先のわたしのところに祖母が書き送った手紙を見せると、もう思い残すことはない、おまえにまた会えてこんな嬉しいことはないと祖母は言ったのだ。それと同時に彼女は父親のところに行くようにわたしを促し、最初に祖母に会ったなどとはけっして言わないようにと言うのだった。わたしは父の家に行った。家にはお手伝いさん一人しかおらず、お父さんはお友達のところですと言った。父は大変喜んで迎え入れてくれ、父のところにいてほしいと言う。それはあまり気のすすまないことだったが、これについては祖母のそうせよという意向に従うことにし、旅の荷物をとりに行った。父や祖母たちは、わたしが新調の服を着て、模造金の懐中時計、銀の留め金のついた靴と靴下、それに絹のリボンのついた帽子という立派な姿で帰ってきたのを見てひどく驚いていた。彼らは模造金(107)の懐中時計を純金だと思った。絹のリボンのついた帽子はリヨンであつらえたものだった。

わたしは妹に会った。妹はわたしがパリにまだいたときに父の店で働いていた職人と結婚していた。この職人はヴァンドームやその他のところにいたわたしに、友達をいら立たせ、わたしを魔法使いだなどと言いふらすようなことになったあの粉薬を送ってくれた人だ。わたしはもうすぐニームへと旅立つのだと言いながら、父親のもとで働きはじめた。父はわたしを思いとどまらせようとあらゆる努力をしたし、祖母も同様で、わたしは少しずつすべてのことを忘れていった。

パリはわたしにとってとても魅力のあるところだったので、すっかり情熱のとりこになってしまった。次の日曜日に父の家の近隣で舞踏会のようなものが催され、わたしは招待された。この集まりの費用を負担したのは理髪屋の見習いたちで、彼らは気の利いた服を着て、脇腹には剣をさしていた。わたしはそこで旧知の人たちに出会った。ダンスが終わってわれわれはラルブル＝セック街のマスカット・ワインを飲ませ、シャンソンを歌う地下の酒場に行き、そこで青いリボンのヴィエル弾き(108)の女たちに出会った。わたしは他の者たちと同じように楽しもうとした。が、一週間ほど後になって、わたしは得たものより失ったもののほうが多いことに気がついた。しかしわたしの受領書を使い安静にしていることで、こうしたことはすぐに忘れてしまった。

ある夕方、わたしが友人と飲んでいると、わたしの健康のためにと言って酒盃をあげる女の声を聞いた。わたしはどなただか思い出せませんがと言いながら、それに感謝の意を表したのだ。ところがその女はわたしの耳元で、わたしラ・ジルーよ、と言ったのでびっくり仰天してしまった。どうしてそんな変わった姿をしているのかと尋ねると、あんたには関係ないことでしょ、と答えた。しかし二日後になってわたしは、彼女が逮捕され、四人の彼女の一味が裁判にかけられようとしていて、獄舎につながれているということ、そして一味の連中もわたしの旧知の人々で、そのなかのデュアメルという恐ろしい男は愛人を殺してその心臓を焼いて食べるという残忍なことをやってのけた、ということなどを知ったのである。この男は大胆にも刑事代官の尋問に、代官殿、あなたも一度あれを召し上がってみれば、いくらでも食べたくなりますぜ、と言ったとのことだ。このひどい連中のなかにカフェの主人の息子がいた。彼らが車責めの刑に処せられ、ラ・ジルーが縛り首になろうとしていたその夜に、官憲がわたしの父を探しにきたのである。わたしたちが食事をしていたところに三人の男がやってきて戸口をたたき、メネトラ氏はと尋ねる。わたしがそれは父のことかあるいは息子のことかと聞き返すと、父親の方だと言う。父は恐れおののきながら出て行く。わたしも馬車に乗る。父が出頭すると、カフェの主人の息子が父に、わたしをご存知でしょうかと言い、父が知っていると答える。すると彼は、七年ほどの間あなたの息子さんと遊んでいた頃、あなたが息子さんをひどく痛めつけるのに使っていた銀のカップを盗んだのはわたしです、そのうえ窓から息子さんの毛布を奪いました、と言って許しを乞うたのだ。判事がほかに言うことはないかと問うと、彼はありませんと答え、父に会えたのを喜んでいた。官憲は父を家まで連れ帰ったが、大勢の近隣の人々がやってきて、すぐに帰れてなによりだったと言い、難儀なことだったなと父を慰めたのである。

かつてこの哀れなジルーの初めての特別の愛をものにしたのはわたしだったので、わたしに会いたいとことづけしてこないかと恐れていた。わたしはいとこの一人と、ジルーたちが不名誉な最期をとげるのを見に行った。彼女は朝五時の鐘が鳴ると同時に最後に縛り首となり、他の四人は車責めの刑となった。これらの哀れな連中はフォセ＝サン＝ジェルマン街に一つの部屋をもっていたのだ。四人の男たちがその部屋のいくつかの衣装戸棚のなかに隠れていて、彼女が客引きに出るのだった。そして不運な客たちが彼女と部屋でいっしょに過ごすことになったときに、彼女は客の胴体をつかまえ、他の四人の恐ろしい男たちが鉛を入れたうなぎの皮で彼らを殺して夜の川に運んで捨てたのだ。ラ・ジルーの母親は果物を売ったりして、行商人をやっていたのだが、彼ら一味の裁判の判決と宣告文を売るという始末で、近隣のいたるところで売り声を立てて売っていたので、わたしはわざわざ判決文を買い求めた。

かつて祖母の家に住んでいたことのある道化役のアルルカンを演じていたタコネが(109)、ニコレ(110)のところに当時は住んでいたので、わたしは彼と会っていた。わたしは芝居小屋に入りびたりだった。彼はゴオドン(111)という名の大変上手にアルルカンを演ずる人を友人としており、その人はわたしのことも友人と思っていてくれていた。その頃のこと、ある芝居が連夜にわたり一一時から上演され、ゴオドンたちはその劇を見に来るように誘ってくれ、その折りにちょっとした知り合いができた。ある日一人の若い男が親しげに声をかけてきて、わたしのことを知っていると言ったのだ。わたしは彼が大変きれいな女性を連れて劇を見に来ていたので、その男の名前と住んでいるところを尋ねてみた。すると彼は、わたしはモンジオといってグランド＝トリュアンドリ街のあなたのおばあさんのところに住んでいますと言った。

彼はわたしをカフェに誘った。タコネとゴオドンもそこに呼び出してくれと彼はわたしに頼み、われわれは大いに楽しく過ごした。ゴオドンはこれは素敵な女性だとわたしに言い、しばしば彼女は劇に招かれるようになった。それでわれわれは彼女がレコンバールという名前であることを知るのだ。わたしが祖母を訪ねたときには、モンジオにも会いに行った。そしてわれわれはいく度も劇の真似をやって遊び、わたしはアルルカン役で、熱狂してアルルカンの変てこな服を買ったりしたし、モンジオはピエロの服を着たのである。幸いなことにその後われわれの交友は途絶えた。というのも彼は、そして彼女も同じように、受けて当然といえる罰をこうむったのだが、わたしはそのときすでにパリにいなかったからである。わたしは彼がまだ被疑者としてシャトレ(112)に収監されていたときに会いに行ったことがある。しかしわたしがヴェロンという男を連れてみんなで飲んでいたときに、そのヴェロンが、収監されているモンジオに会いに行ったという彼の友人の一人に、パリでは被疑者のことをなんと言っているのかと尋ねたのだった。するとその男はとても駄目だというような身振りをしてみせたのである。それでわたしは、そんなひどい大罪を犯したとは信じられないと男に言ったが、その後もうモンジオと会うことはなかった。

父はわたしのために月に一八フラン出すことを約束したが、それを守らなかった。ほとんど何ももらわなかったし、父に迷惑をかけなくてもやっていくことはできた。ルノワールという古くからの友達がわたしに、おれはおまえに焼鳥を食べさせてやろうと思う、おまえと是非知り合いになりたいと言っている近所のきれいな女を連れて行くから、と言った。この友達は焼肉屋で気の好い人物だったので、わたしは彼の申し出に応じた。美人と知り合いになるということは、まったく気のそそられる提案だった。待ち合わせているとすてきな女性が、年をとってはいるが大変愛想のいい女と連れ立ってやってくるのを目にした。年寄りの女は、これから用事がある、せいぜいお楽しみなさいと言って、われわれをそのままにして立ち去る。そしてわれわれが大変うちとけてきたのを見て、友人のルノワールも用事があると言って立ち去った。女とわたしと二人だけになって、すぐにくつろいだ気分になった。彼女はわたしに食事をご馳走したいのだがと尋ね、わたしはそれに応じ夜も泊まることにしたのだった。話がまとまり、ともに楽しく食事をし、そのあと彼女はパントモン大修道院(113)の裏手にある彼女の部屋にわたしを連れて行った。わたしはその夜をひどく情熱的な若い女と過ごした。朝食もともにした。その女はわたしともう別れたくないと言い出したが、不用意にも、ねえあんた、あんたのロザリーは素敵な夜を過ごしたわ、それであんたのお父さんの時とはまったく違ってとても楽しかった、ともらしたのである。わたしは驚愕して彼女を見つめ、ほとんど彼女になにも言わず立ち去った。

ある日曜日、妹を連れてブールヴァール(114)を散歩しながら友達のゴオドンの劇場に二人して入ろうとして、入場の時間が来るのを待っていたとき、道路の渋滞で先に進むことのできない馬車が目にとまった。そのとき従僕が着ていたお仕着せを見て、これはガスコーニュ地方のベルペックの女領主であるガルドゥーシュ夫人の馬車ではないかと思った。かつてわたしはその領主のところで働いたことがあり、大いに歓待されたことがあったのだ。馬車にいた小間使いの女が夫人に、奥方様、お館で働いておりましたガラス屋があそこにおりますとびっくりして言ったのである。馬車のドアが開けられ、わたしは妹といっしょに馬車に乗るように言われた。車中ではその後のわたしのことをあれこれと尋ね、親切な態度で迎え入れてくれた(夫人は)、翌々日のお祭りの日に彼女の家に来るようにと誘ってくれ、朝訪ねて行けば、昼間は部屋付きの小間使いと過ごせばよいだろうし、その夫ともいっしょに散歩に出てはどうかと言ってくれた。

その少し前からわたしは同じ家屋に住むアイロンかけを仕事とするあか抜けした女に、色目を使ってしげしげと見ていたのだが、アイロンの仕上げをかけたいものと願っていた。彼女に出会うたびごとに、わたしは彼女が大好きだと言い、またこのようなときに若い男が口にするようなことを言っていた。彼女はわたしの言うことを聞き流しておくようなことはしなかった。逢引がはじまるが、わたしには対戦者というか、もっと適切な言い方をすれば競争相手がいて、その男は夜警隊の班長で自分は誰よりも偉いのだと信じていた。彼はこの愛らしい女と話をしているわたしを目にすると、そのたびにきまってわたしを威圧しようとした。わたしのほうも彼に対する敵意をむき出しにした。彼は自分の影響力はたいしたものなのだといつも言っていた。

わたしは指示された日にガルドゥーシュ夫人のところにおもむいた(115)。その家に着き門番に夫人にお会いできるかと尋ねると取り次いでくれる。小間使いがわたしを化粧室に通した。そこでわたしはまるで絵に描かれたヴィーナスのように色香を漂わせた夫人に会ったのだ。小間使いは夫人の姿に放心したようになり、わたしのほうも目がくらむ思いだった。小間使いは口実をもうけて出て行ったが、わたしは彼女が口実をもうけたわけを直感してそこにいなければならないと思った。夫人は鈴を鳴らし食事の合図をし、それが運ばれてきて、それに心づけが与えられる。わたしは夫人と食事をともにし、それでまたまた悦楽の神になってしまった。夫人は満足していた。そして控え目な態度のなかに大変な誠意をこめて、わたしがガスコーニュ地方のなまりで話すから、小間使いの親戚だといってまた会いに来るようにと言う。こんなことでわたしの家族にはもう一人のいとこが加わったというわけなのだ。夫人は晩餐会で外に出なければならなかった。いずれにしろわたしは夫人の家で立派な夕食をご馳走になり、そのあとわたしのいとこということになってしまった小間使いの夫や親切な小間使いといっしょに散歩に出た。われわれはメニルモンタンに行き、そこでもわたしは手厚くもてなされる。

そしてわたしは父のところに帰るのだが、彼の機嫌が悪いのに気がつく。その父がわたしのことを、近隣の娘たちをかどわかす奴、言いたくはないがあのことをよく知っている、と言う。彼は怒り狂っている。そこでわたしは、もしかしてそれはロザリーのことか、すべてはこの娼婦にかかわることではないかと聞き返す。父は激怒する。そして彼はフルーリと手を組んでいること、またその命令によってわたしをどこかに追い払うことにする、すぐにやってやる、とわたしに言う。

わたしはもうそこには戻らないと心に決めて家を出る。妹はこれから起こることは全部わたしに伝えてくれると言いながら事の詳細を話してくれ、こうしてわたしは出ていったのだ。ところがなんと、その道すがら出会ったのがロザリーだった。わたしが興奮しているのをみてとったロザリーに、わたしへの反感をかき立てるようなことを父に言ったろうと尋ねる。すると彼女は説明させてほしいと言い、二人でカフェにはいった。彼女はどんなことをしてでも、もうわたしから離れないと思っていて、わたしを彼女の部屋に連れて行くが、その夜は最初のときのようではなく、その媚態や彼女そのものすべてが色あせていた。結局、わたしは父の不実な態度に仕返しをするのだという思いにかられて、あらゆる約束をし、わたしが出発するまでの約一か月のあいだこのロザリーと同棲した。そのあいだ彼女はできうるかぎりの気配りをしてくれて、わたしがフルーリとのあいだに厄介ないきさつがあることを知っていたので、わたしがどこで働いているかは誰にも言わないで秘密にしておいてくれた。

朝になって父の家の近所に行ってみた。父は家にはおらず、妹が家にいたがそれにはかまわず、わたしは自分の荷物を運び出し、それを手伝ってくれた友人のルノワールがこちらにやってくる父を遠くから目にして、それを酒場に引っぱりこむ。ラピエールというもう一人の友人がわたしの荷物を運んだ。近隣に別れを告げ、こうしてわたしは家を出た。わたしの愛するアイロンかけの彼女が窓のところにいて、わたしが合図すると降りて外に出てくる。わたしたちはサン＝ジェルマンの教会の内庭回廊のところで会った。わたしは自分の身にふりかかってきたことを彼女に伝える。彼女はフルーリの無礼な振舞いのことを打ち明け、その男が口にする呪いの言葉や復讐するというようなことは、わたしの父がもっともなことだと認めているのだと語る。わたしたちは多くのことを約束し、わたしがこの近隣から逃げ出すこと、働くことになったらその場所を知らせると述べる。彼女は自分のことでわたしがひどく苦しめられているのではないかと泣きながら言う。わたしはそれには答えないで、お互いに別れの言葉を交わす。

友人たちがわたしを探し、わたしの荷物はそのなかの一人のところに置いてある。父親の注意をそらしてくれた友人も、レ・トロワ・モールという酒場でわれわれと合流する。そこにロザリーがやってくる。わたしはそれに腹を立て、低い声で、今夜早いうちに部屋でと彼女に言う。わたしはまともなことを言うとは思えなかったのだ。

われわれ四人でポン＝ヌフ橋に行こうとして歩いているとフルーリと出会った。彼はロベールという兵員募集係をともなっている。このロベールはわたしを罵ろうとした。そこでわたしは、おまえのことはばか者と思うが、あんたの仲間のことは尊敬している。兵員募集係のシャルパントラはわれわれのところにやってきて合流したんだからな、と彼に言ってやる。それが功を奏し、シャルパントラはわれわれを仲直りさせようとするのだが、フルーリは相変わらず高圧的な調子で、とてもアイロンかけの彼女には言えないような条件を持ち出す。わたしは、彼にラゲという女がいると非難し、もしわたしが恋の情熱をもやしたら彼女をものにしたろうよ、と言ってやった。フルーリは怒り心頭に発してわたしに平手打ちを加えようとした。わたしはそれに反撃する。わたしは瓶をつかんで、ようしおれの仕返しはそんなもんじゃないぞ、おまえのような兵隊をおれが怖がっていると思うのか、こんなごたくを並べているより、貴様、剣を持っているじゃないか、ここにいとこのシャルパントラがいるが、彼がおれにその剣を貸してくれるだろう、それでおまえがあれやこれやの大言壮語でもって勇気があるように見せていたのが本当なら、その勇気を見せてもらおうじゃないか、と言う。フルーリは同じようにわたしを罵ろうとする。シャルパントラはわたしを片付けてしまうからと言って父親から一八フランも奪い取ったような男だが、フルーリに対して、メネトラはそんなにばか扱いすべき男じゃない、あんたがたとえ偉い男だとしても、それでも彼はあんたをやっつけることはできるんだぞ、と言う。そしてわたしには、いとこよ、金を持っているか、おれはあんたのために役立てる金は持っている、と言うのだ。わたしはそれに対して、あんたはこんな状況のなかでは、金などおれに貸してくれることなどなかったと思うが、と言う。すると、いやそうじゃないんだ、あんたのお父さんの汚名をそそぐ必要があったのだと答えた。

軽便馬車《ルーラン》(116)を探しに行き、二人のうち敗者となった者が運賃を払うことになった。フルーリはなにやかやと逃げ口上(117)を言っていたが、近隣には多くの若者がいたこともあってついに決心し、ロベールを自分の補佐役にしたいと言う。わたしはそれに答えて、わたしは改めて要望しない、友人がた、わたしのことはあなたがたにおまかせすると言うと、ジヴェという人が、わたしが補佐役を務めようと言う。

われわれは六人で馬車に乗り、こうしてペール・ラ・シェーズ(118)と呼ばれている家の壁の裏手におもむく。フルーリは最初の打撃をさもばかにしたようにして打ち返す。わたしは彼を締め付け、下腹部の脇のところに一撃を加える。わたしは彼が傷を負ったと言って引き退る。だが彼は気違いのようになってわたしに跳びかかってくる。わたしはその攻撃をかわし、相手の腕に傷を負わせ、その手にしていた剣が落ちる。彼は気がふれたようになって呪いの言葉を吐く。ロベールがわたしのことを勇敢な奴だと言っているのが耳に入る。相手が剣を大上段にふりかぶったので、わたしは構えの姿勢をとる。わたしは熱気を帯びていたので相手に、今度はおまえを打ち倒すぞと言う。すると彼は剣を持ちなおして鞘に収めてしまう。シャルパントラ、ジヴェそれにラピエールがわたしといっしょに帰ってくる。

わたしはフォブール・サン゠タントワーヌの義兄のところに行き、この思いがけない事件の一部を話す。彼はシャラントン街の製造所の仕事をしては、と言ってくれ、わたしはそれを引き受ける。すでに友人たちとはぶどう酒を数本飲んだあと別れていた。わたしの義理の兄は、彼のところに泊まるよう言ってくれる。わたしはロザリーに約束したこと、そしてわたしのことで彼女がやれることがあるのを思い出し、夜になってフォブール・サン゠ジェルマンを訪れる。一一時近くになっている。おいしい夜食にありつく。ロザリーはわたしがフルーリと決闘したこと、彼はわたしに説教したいと思っていたこと、わたしの父が近隣の女に関することでそれを彼に頼んでいたのだということなどを知っていた。彼女は自分こそがそうしたことにあらゆる敬意を払うものなのだと言い、好きなのはわたしだけなのだと言う。そしてわたしを喜ばそうとあらゆる手をつくしたので、わたしは彼女のところに泊まる。

翌日、彼女が止めるのも聞かず出かける。代書屋の店にはいり一枚の紙を求める。わたしは未亡人に手紙を書き、婉曲な言いまわしをしたあとで、未亡人のところに旅をして行ける費用をお送り願いたいとしたためる。わたしはまた引き返してロザリーと会い、二人してその日はヴォージラールで過ごす。翌日、彼女はいつもの界隈に戻り、その気の毒な職業を続ける。彼女は父がわたしを遠くへ追い払うために、フルーリの父親と親しく手を結んだという知らせをもたらした。

翌日わたしは義理の兄に会いに行き、夕方にはロザリーのところに戻る。父は烈火のごとき怒りをわたしに浴びせかけるが、わたしにはすべての情報が伝えられる。わたしは自分の持ち物の一切合財をあずかってくれている友人に会いに行き、自分が旅に出ることを告げる。友人はそれに同意する。その月の終わりに未亡人からの手紙が来て、六〇フランが同封されている。そこで祖母に別れの挨拶に行くが、祖母は嗜眠状態におちいっていて、おばたちはわたしのことが原因なのだと言い張って、祖母にお別れを言うのは絶対にやめてくれと主張する。わたしはぶっきらぼうな態度で押し通し、家のなかにむりやりはいり、メネトラだよと言いながら必死になって祖母の上に身を投げかける。メネトラの名をくり返して言うと、祖母はなんとか努力してあらゆる種類の悪いものを、金だらい一杯に吐き出して生気をとりもどす。二日前から祖母はなにも話さない状態で、人々はもうなにも期待していなかったのである。わたしは祖母の調子がよくなると期待して、なお数日のあいだ祖母のもとに留まっていた。こうしてわたしは彼女に、数年のうちにすてきな未亡人を連れてパリに帰ってくるからと約束して、別れを告げたのである。

しかしながら祖母は病気がすっかりよくなって、一八か月ほど生きていて、(わたしは)しばしば手紙を書き送ったのだから、未亡人を連れて帰れなくなり、祖母に会えずじまいになることも、運命のなせるわざだったのだ。わたしは充分に仕返しをしたことだし、ことの重大さも推しはかれたので、再びパリを旅立ったのだ。しかしあの魅力的なアイロンかけの女に別れの言葉を言わなかったわけでは(なく)、彼女はわたしに多くのことを誓った。そして最後に(われわれは)内密な関係も交わしたのだが、彼女は心をこめてそうしたが、わたしには(それは)いつものとおりのことであったのだ。

ニームの未亡人には、わたしが本気になって彼女のもとに行こうとしていることを知ってもらうために、荷物の箱の中にわたしの一切の衣類を詰め込んで、彼女のところに送った。また旅立つ日には、友人たちや数人のいとこと義理の兄そして祖母が見送りにきてくれた。ロザリーには出発のことは言わず旅立ったので、わたしは彼女に手紙を書き、実際にわたしの妻になった以上に誠意ある態度であったことに、心をこめて感謝しながら部屋の鍵を返したのである。わたしはもしかすると少し遠くまでわたしを送っていく者がいるかもしれないと警戒していたので、愛するアイロンかけの女は街道に出てわたしを待っていて、そこでお互いに心ゆくまで別れを惜しんだのだった。

わたしは一五日間、ときどき馬車に乗り、ときには旅籠の女と楽しんだりして、暇つぶしをしながら旅を続けた。こうしてニームから二里ほどのところにある未亡人の小さな別荘に着き、快く迎えいれられ、未亡人がその手紙で指示したように速達便を彼女に送った。彼女は翌日、身内の者二人をともなってやって来た。わたしは彼女にフランス修業巡歴の旅を終えるまで三か月だけ待ってくれと言っておいたのに、九か月近くもたってしまっていたので、それをまず少し非難されたのは当然のことだったが、わたしたちの再会はすばらしいものだった。わたしはこまごまとした言い訳をあれこれ言ったあげく、いつものように、時間がたったのにはそれなりの理由があるのだということをわかってもらえて、すべては円満にすすんでいたときに、嫉妬というあのたちの悪い病がわたしをとらえることになった。

彼女はいわゆる改革派の宗教のなかで育ったので、その家には聖職者が出入りしていたのだが、彼らが口にしていたように、未亡人がその生まれ育ったときの宗教に戻ってしまわないかと恐れを常々抱いていたのだった。それに加えて彼らは、わたしが心のなかで彼らの信仰する宗教の真理をまったく信じていないことを察知していたし、われわれは彼らの滑稽な空想について議論していたことも知っていた。わたしはしばしば未亡人とともに彼女の田舎の別荘に行った。そこはわたしたちを悩ましていた監視の目から逃れるための快適な場所だった。わたしはねたみを買っていると思われるほどだったので、未亡人は自制をし、わたしを少々冷たくあしらっていた。

わたしは善良なプロテスタントである有力な商人の娘（のことで）、未亡人がやきもちを焼くようにしようと努めた。この商人はわたしのことを認めてくれて、カトリックの連中が彼らのプロテスタントの信仰(119)に加えていたさまざまな侮辱について語り、友人としてその家に招いてくれた。わたしは善良そのものといった性格で、心地よい会話をするこの人と、どちらかというと熱心に会うことにしていた。（それで）わたしは、聖職者やその迷信のことでわたしを困惑させていたあの狂信の徒たちよりも、この人物が好きだったのだ。（そして）カトリックを信じている娘たちのようにお上品ぶったところがまったくなかったその人の娘のことは全然念頭になかったのである。

わたしはしばしば彼らの説教を聴きに行った。それは神への祈りを義務づけ、人の目につかないところで密かに神を讃美することを義務づけられるものだったが、説教は有益なものだと思った。このように集会が密かにおこなわれるのは、それを抑止しようとして分遣隊がやってくるからであった。わたしはよく考えてみて内心で次のように言ってみるのだった。これらの人々はカトリックと同じ神を崇拝しあがめているが、いかなる公職にもつくことができないので、追放された者であるかのようだと人が言っているのはもっともなことだ。これはまさしく真実であり、そこにあるのは強者の法の支配なのだと。

こうした彼らの聖職者の一人は、あらゆる種類の巧妙な役割を演じて、宗教の仮面のもとで人にとり入り、家にしげしげとはいりこんで、わたしの未亡人の良心の指導者であることを誇りに思っていて、彼女に対して大変巧妙な態度をとるように努めていた。この男はある日、招待もされないのにやって来て食事をともにして、夕食のあとでわたしと会話を交わすことになった。彼はわたしの言ったことすべてに賛意を表明したので、わたしは、この偽善者め、おまえはおれをまさかのときの最後の手段に使おうというのだな、と独りごちた。これは本当のことだった。そのときはやってきていて、それは事実となった。

朝、未亡人が、わたしの服を一着誂《あつら》えるために仕立屋にきてもらおうと思う、これまでわたしの下着類を買い替えるのに気を配ってきたので、今度は服が必要になることもあろうからと言った。わたしはこれに激しい調子で、そんなことは差し迫った問題ではないと答えた。このことがくだんの坊主に伝えられていて、彼は次第にわたしと口論するようになった。未亡人は、わたしがパリ風につくった店の中の小部屋を私室にし、その部屋の飾り付けもしたので、それが大変気に入っていた。わたしが未亡人に対する誠意のあふれた祖母からの手紙を受け取ったとき、わたしはそれを読み上げたあとで彼女に手渡した。彼女はそれを持って私室に行き、わたしの二人の仕事仲間もテーブルを立って仕事についたから、わたしとその坊主とがテーブルに二人だけ残ることになった。

彼はわたしに次のようなことを言ってやむところがなかった。夫人の夫だった亡きフリコ氏は市の助役であったが、その後を継ぐわたしが、同じような道を歩んでいない、教会にもあまり行かない、気に入っているのはカルヴァン派《カミザール》だけじゃないか、わたしがニームに戻ってきてからというもの、善良なカトリック教徒の義務を未亡人に教えるかわりに、あらゆる手を使って未亡人を堕落させるように努めていて、彼はそのことをいやというほど見ている、というようなことであった。このような非難の言葉に対してわたしは、司祭さん、あんたがたんとなさるお説教は、とくに女性の心に多大の影響を及ぼしていると思う、わたしが良きキリスト教徒でないなどと言っているのはいったい誰なのだろう、わたしは道徳を説教する人々などよりずっと立派なキリスト教徒で、わたしは神を崇め、誰も苦しめたことはないし、人を誤った道に引き入れたこともない、これ以上あんたはどうしろと言うのだ、だがとくに、二度も耳をひっぱられる（罰を受ける）ことなどないものだ、と答えた。わたしがこのように言ったのは、わたしに信仰の説教をしながら失礼にもこういうことをしたことがあったからである。

彼は顔を赤くして、それは敬意と親しみをこめてしたことだと言った。わたしは激しく、あなたの聖なる手はなんであろうと世俗のことに触れてはならないものなのだと言う。というのもある日のこと、未亡人がかなり目立つようにしていた胸を、彼がこっそり手で探ろうとしていたのを、わたしは目にしていたからであった。あなたは堕落している（と司祭は言い）、二人のうちどっちがそうなのだかわかったものではない、とわたしはやり返す。邪悪な心があなたを惑わせている、わたしを信じ教会のふところに戻ってきなさい、さもないとあなたは破滅ですよ、（という彼の言葉に）わたしは、ああ、あんたはわたしのことがわかっていない、わたしは決して信仰を捨てたことはない、誰もわたしに信仰を変えさせることはできないだろう、と答えた。

彼は気持をやわらげはしたが、このわたしの返事がどのようなことを意味しているかを理解していなかった。こうして彼は、それでは親愛なるパリの人よ、あなたは総告解をすべきでしょう、わたしがそれを聴く役を務めましょう、と言った。わたしは、それは今しがたあんたにしただろう、それにわたしには、自然に見つかったそれにふさわしい人もいるのだ。時がくればわたしはすべてに順応するだろう、それにわたしはまだ束縛されてはいないのだ、わたしがあんたにお願いしたいことは、自分の聖務日課書を読むことであり、わたしにお説教をしにこないでいただきたい、そしてフリコ夫人のところを訪れるのはやめにしてもらいたいということだ、と述べた。強い調子で言ったこのわたしの言葉は、彼に言った最後のものとなり、彼は引き下がったのだ。教会の人間ほど恨みを根に持つ連中は他にはいないから、わたしは未亡人の私室におもむき、警戒するように伝えたのだが、彼女はやってくるにきまっているこの坊主に頭を痛めていた。こうしてわたしはなにも見ず、なにも聞かないという態度をとった。しかし教会の人間たちがアルルの親方の息子を彼女にすすめていたこと、しかし彼女はわたしのほうに以前から気持をむけていたのだと答えたこと、それで彼らはそれ以上はこのことについて彼女になにも言っていない、といったことの大部分をわたしは知っていた。

ある夜のこと、わたしは未亡人に次のように言った。おれはあんたのことがわからなくなった、おれたちのあいだがおしまいになってしまえば、あんたはあの坊主にいつも悩まされ、教会の連中は思うがままに威圧しようとするだろう、と。そしてまたこのミレ司祭はたえず彼女につきまとうことになろうし、彼女が連中をあくまで追い払おうとしないのなら、わたしはすぐにでも決心しなければならないことになるだろう。おれはどこから旅してきたかは知ってのとおりなのだ、とも言った。未亡人はそれまでわたしに見せたことがないような態度で、あなたは気ままな親方だと言った。

わたしはよく考えてみることなく彼女の部屋から出て行く。衣類をまとめ、荷造りをし、部屋に来た仕事仲間の一人がこれを見て驚く。わたしはその彼に、ブルゴーニュの人よ、内緒でおれの荷物を運送会社に運んでもらいたい、と言う。荷物はリヨンに送られる。翌日の朝、女主人が起きる前に、わたしは善良なプロテスタントの靴下屋に三五フランを計上した計算書をつくって持っていく(必要があり)、(靴下屋は)三〇フランと絹の練り糸づくりの靴下二足をわたしに渡してくれる。すべてはとっさの間になされたことで、わたしは職人杖と上っ張りを肩から斜めにかけて旅立つ。

わたしはその日しばらくのあいだ、やってしまった行動のことは考えることなく歩き続ける。未亡人に手紙を書くが、それ以来、彼女がその店を売ってしまって、わたしたちがいつまでも愛し合うと誓って幸せな時を過ごしたあの田舎の別荘に、親戚筋の一人の女性をともなって引きこもってしまったということ以外にはなんの便りもなかった。いく度か彼女に手紙を書こうとしたが、あまりに唐突に彼女と別れてしまったので、他の女のときと同じように彼女のことも忘れてしまった。というのもわたしは固い親愛の情で結ばれた恋ではなく、快楽での恋しか知らなかったからである。なにはともあれ、わたしはこの魅力的な女性のなかに、他の女には見出せなかった繊細な物腰、わたしへの情愛とその恋する心、そうした比類のないことどもを見出していたのだった。こうした申し分のない美点と良き心根が、わたしを彼女に結びつけていたのだった。わたしは心が激したあの時のことを悔やんだし、それを決して忘れることはなかった。

わたしはセヴェンヌの山地を通って行った。夜のとばりがおりようとする頃に、その名は忘れてしまったが不穏な空気のただよう村に着いた。とある旅籠にはいると、夫婦が自分の子どもを殺害したという街道筋に流れていた噂を人々から聞かされた。わたしはもっと詳しく事情を説明してくれとたのむと、人々は次のような話をしてくれた。その村のはずれにはもう一つの旅籠があり、そこで働く夫婦には息子が二人いた。その一人はここから一里半のところで司祭をしており、もう一人は軍隊に入っていてここ二〇年というもの任務についていて故郷に帰っていなかった。その息子が昨日のこと、兄の司祭のところに現れて家に連れてってくれと言う。司祭は、おまえは今晩家に行け、おまえだとわかってもらえないだろうが、明日の朝になったらわたしが行って、お父さんやお母さんにあらかじめ静かに話をしようではないか、と弟に言う。士官の弟はふたたび馬に乗り、宿の客といっしょに食事を注文し、彼の母親にそれとは気づかれないまま自分の財布を渡して寝てしまう。ところがその夜、両親は彼を殺害してしまった。朝になって司祭がやってきて彼らに、馬に乗って泊まりにきた男はどこにいるのかと尋ねるのだが、彼らは狼狽して誰も泊めなかったと言う。司祭は馬小屋に行き馬を発見し、彼らに弟をどうしたのだと尋ねる。彼らは叫び声をあげる。

あんたらは自分の息子を殺したのだ、そうだったのか。捜査がおこなわれ、いくつかの死体が発見されたうえに、その後の裁判でこの恥ずべき家族の大罪が明るみに出たのである。

その翌日に出発、セヴェンヌ山地の町サン゠ティポリットに到着、その町の善良なプロテスタントのところで働く。このプロテスタントはこの不幸な地方で、宣教師がプロテスタントに改宗を迫るに際して実行した残酷な抑圧についての話をしてくれた。ある日わたしはこの雇い主の息子と二人で働きに行ったが、雇い主はわれわれが仕事から帰ってくるのを小さな橋の上で待っていた。彼とその息子は、わたしをとある旅籠に連れて行き、そこに入るなり彼らは、こいつは狂信的なカトリックだと言い始めた。わたしはこれに対して、もしそうだとすればおれはそれをひけらかしていたろうよ、どちらの教会に属していようと、誠意をもった人はいたのだ、と答えた。しかし一人が、あんたは聖ヒエロニムスや聖アウグスティヌスを信じているが、そいつら二人は悪党なんだと言った。わたしは、自分の言ったことがよくわからないまま、なにを言ってるかわかってないのだ、と言い返した。たっぷりと言い合いをした末に、彼は改宗をした奴らは悪党どもだと言い出した。それに答えてわたしは、ルターやカルヴァンも改宗したじゃないか、一人はノワヨンの司教座聖堂参事会員だったし、もう一人はぱっとしないアウグスティヌス会の修道者で、グレーヴ広場で鞭打たれ肩に烙印を押されたじゃないか、と言う。すると彼はわたしに飛びかかってきて、怒り狂った連中のなん人かがわたしを殺そうと思って、命はもらったぞ、と言う。わたしは彼らに次から次へと立ち向かう。騎馬巡邏隊がやってきて、わたしを彼らの手から引き離す。わたしは彼らの名前を覚えている。領主裁判所の検事(120)は彼らを告発してほしいと言い、カトリック教徒を侮辱し、加えてわたしに向かってピストルを撃ったということで処罰したいと述べる。検事はわたしをその保護のもとに置く。

翌々日になって、雇い主はわたしを連れ出していろいろと弁解をするのだが、彼の甥がわたしの肩をもち、彼らはやりすぎたのだと言う。すると雇い主の息子がその甥を平手打ちにする。わたしは息子を軽蔑する。友情の誓いをしていたのだが、それにかまわずわたしは仕事の手間賃の精算を求める。彼らは愚かな振舞いをしたことを悔やんで、酒のせいだったと弁解し、神がわれわれの過ちを忘れ給うようにと思うのであれば、すべてを忘れるべきだと言う。

わたしは職人宿の女主人からできるだけ急いで来てくれ、待っているから、という手紙を受け取っていたので、彼ら善良な人々に別れを告げることになった。息子はわたしを見送りたいと思い、彼とわたしは五里もの道を連れ立って歩いた。（彼は）わたしをある親戚の家に連れて行き、こころよく迎え入れられ歓待された。

このあたりの地区《カントン》は狼の生息地である。森林に覆われて悪路ばかりなのだが、わたしは良い季節に旅したので、長い道中であるという以外は不快なところはまったくないように思えた。そうしたある日のこと、森の真ん中でわたしは狼の吠えるのを耳にし、たくさんの狼を目にする。わたしはピストルを取り出し発砲する。幸いなことにすべての狼が逃げていった。そのとき得体の知れないもの音が聞こえる。てっきり他の狼の群れがわたしを襲うために追いかけてきたのだと思う。しかしそれは盗賊を追跡する騎馬巡邏隊だった。彼らはわたしをつかまえ、どこから来たのか、何者であるかと尋問する。そしてわたしの武器や職人杖を取り上げ、身分証を見せろと言う。わたしはそれに答え、親方資格証書を彼らに見せた。それで彼らはわたしの所持していたものを返してくれ、この森には盗賊や密輸業者がうようよしている、これであんたは宿駅に予定の時間に着けるだろうよ、と言う。

馬の尻に乗るようにとすすめてくれ、わたしはそれに従ったのだ。われわれはとある旅籠にはいり、わたしは用足しに行く。すると宿の女主人が巡邏隊員たちに、捕らえた罪人を監視していないではないかと非難しているのが聞こえる。村の者みんながわたしを見ようとしてやって来る。娘や女たちはわたしに哀れみの情を示し、それぞれが思い思いに話をしている。わたしはぶどう酒を注文し兵士たちに飲ませる。わたしは若い娘たちのところに行って口づけしてやろうと思うが、兵士たちはそれを押し留めるような素振りをする。誰かが、つまらないじゃないか、あいつは盗賊のような様子をしていないじゃないか、と言っているのを耳にする。それに答えてわたしは、顔かたちにだまされるなよ、悪者はまじめな人間に見えることが多いんだぞ、と言ってやる。人々はわたしが話し上手だと言って、わたしに会いたがる。これは酒屋に酒を買わせるようなものである。わたしはわざと騎馬巡邏隊員と飲むことを差し控え、いろいろの話をしてきかせ、これらの善良な人々は哀れむようにわたしを見つめていた。巡邏隊が出発しようというときになって、わたしは彼らと乾杯し、別れの言葉を述べ、彼らも良い旅をと言ってくれる。それでこの村の善良な人々は顔に喜びの色をうかべて、やれやれという気分になる。そこでわたしは娘や女たちを抱擁し、みんなが喜び満足する。

翌日わたしはリヨンを目指していた行商人たちと連れ立って出発し、このまじめな人々とともに旅をした。われわれは狼の一群を発見し、わたしはピストルを撃った。一頭に命中しその大腿部を砕いた。二発目を撃った。一頭の犬を撃ち殺し、一頭の狼に傷を負わせた。このときの記憶が新たによみがえったのはガルドゥーシュ殿の館で働いていたときのことだった。その領主の密猟監視人が小さな狼の仔をくれたのだが、わたしはそれをおよそ八か月にわたり世話し、それでこの狼はわたしの行くところにはどこであれついてくるようになった。ところがそれが子どもに噛みつこうとするようになったので、口輪をつけさせねばならぬことになった。その狼はわたしのベッドの脚もとで寝ていたが、頑強で獰猛になっていった。人々がわたしに、それを手放すようにと忠告してくれ、狼がわたしの顔を覚えているとはいえ、ひどい目に会わされますよと注意されもした。そこでわたしはヴェルダンの森の入口にその狼を連れて行き、狼をくれた猟場の番人がその狼に一発の銃弾を放ったのである。

日曜日にリヨンに着いた。そこまでの道中でわたしは一人の男と寝泊まりをともにした。その男はパリまで行くところだと言い、いつもかつらを着けており、遺産相続のためにマルセイユからやって来たところだと言っていた。わたしはこの男に、ニームを去らなければならなくなった事情を説明した祖母あての手紙を、パリに届けてくれるように頼んだ。しかしその手紙は祖母のところに届かなかったのだ。わたしはその男を職人宿に連れて行き、すぐまたパリで会おうと約束しつつ見送りの儀をしてやった。われわれ数人が彼を送って行き、別れの言葉を述べたのだ。

月曜日にわたしは多くの職人たちを一杯飲もうと言ってさそい、その場で彼らに次のように言った。わたしの働き口を彼らが紹介してくれなくても、彼らが困惑することではない、それでもわたしはしばらくリヨンで働くことになろう、これは知っていると思うが、かつてわたしがリヨンを旅立ったときに、わたしは職人組合から脱退することになったのだから、わたしは彼らの組合の定めを守る義務はなくなったのだが、組合の彼らと密接な関係を保つことには誇りを感じていると。わたしの友人のレンヌ人は当時リヨンにいて、筆頭職人も他の者と同じようにその席に出ていたのだが、彼らは次のように言った。そんなことは具合が悪いことだとは思っていない、あんたはまじめに修業巡歴をやった、だからあんたはわれわれと相変わらず一体であってほしい、と。わたしはこの言葉を了承し、彼らはわたしをブレシュ・サン＝ジャン街のミシェルさんのところで働けるように紹介してくれて、そこに一一か月にわたり滞在したのだった。

わたしとかつて知り合いになった者の多くが、前の日に、彼らといっしょに仕事から戻ってくるようにわたしをさそうことに決め、みんなで大酒盛りをやった。われわれは自分たちがやったことのある無分別な行動を語り合って愉快に過ごしたのである。レンヌ人はカルパントラのこと、また彼が食べた小さな蜜蜂の巣のことを語り、それはわたしとしては愛情のため、彼としてはわたしを離さないようにするためだったと言った。わたしは彼に、かつてドミニコ会の神父がわたしにそうしたときから八日もあとになって、彼に罪の赦しを示す十字のしるしをきってくれたのは、彼が街道筋を荒す盗賊で人殺しだったことがあるからに違いない、これは認めるだろう、と言った。すると彼は、わたしがガスコーニュのある修道院でイエズス会の二人の修道女をものにしたことがあるのを知っているが、これだけで湯の煮え立った大釜に入れられるに足るものだ、釜ゆでの恐ろしさを知らなかったに違いない、と語った。わたしはまた、かつてわたしの親方だったシモンとその家族のことも知った。その娘は死去し、陽気だったその父も彼女のあとを追って死に、彼の店は売却されたというのだ。

わたしは仕事をはじめたが、土曜日になって職人宿の世話役の職人を連れた筆頭職人が、わたしのところに別れの挨拶にやって来た。次の日には敬意を表する太鼓を鳴らして、職人のすべてが彼の旅立ちの見送りの儀をやらねばならぬことになったからだという。そしてなんと驚くまいことか、筆頭職人の地位をわたしにゆだねるというのだ。わたしは何べんも固辞するが、是非にもと強く言われ、わたしは承知して、その地位をずっと親方や職人たちの同意のもとに維持した。かつてサン＝ティポリットにいたときの親方の息子が働き口を求めてやって来て、職人として受け入れられたが、しかし彼はプロテスタントであってそれを公然と表明すれば、職人組合の職人たることはできなかったところである(121)。何はともあれわたしはその息子と連れ立って親方のもとにおもむき、親方は大変満足していた。しかし彼はわれわれのすべての祭りの決まりごとの外に置かれていた。

月の初めの日曜日ごとに、すべての職人はみんなまとまってミサに行くことが義務とされていて、横に並んでミサを唱え、奉献の儀式にはいつも筆頭職人にはじまって古参の者から順に行かねばならなかった。

リヨンのような大きな都市にあってわたしは、職人が到着したり出発したりということであれ、フランス巡歴の諸都市から届く手紙のことであれ、親方と職人との間に起こるもめごとの処理といったことであれ、ほとんど毎日のように職人組合の用事をやった。オテル＝ディユ病院にいたあるブルゴーニュ人が死去するということがあった。われわれはその人を尋ねあて、組合の費用で盛大に、他の職業の職人も招いて埋葬の儀式をおこなった。

サン＝ティポリットのわたしの友人のいとこが職人宿にやってきた。すぐにわたしに呼び出しがかかった。この男は、彼のいとこをわたしが受け入れたことがあるのだから、自分も受け入れてもらえると考えていた。わたしに悪意などまったくなかったのだが、まさか聖アウグスティヌスや聖ヒエロニムスは悪党だったなどと言って、わたしをまた侮辱しにやってきたのではあるまいな、とわたしは彼に尋ねたりしたが、明日の日曜日、あんたがこの町で働けるかどうかわかるだろう、と言っておいた。翌日になって別にどうということもなく、ただ誰に対してであれ侮辱などしてはならぬということを教えようとして、ここでおとしまえをつけておこうと思ったのである。職人がすべて集まったところで、わたしは彼を部屋に入れるように命じた。入ってきた彼は、全員が一つのテーブルを囲んで静まりかえっており、それがみな組合の仲間で、わたし以外は帽子をかぶっておらず、わたしは帽子をかぶりインキつぼと書類を前にして座っているという情景を目にした。わたしは彼に言った。サン＝ティポリットの人よ、あなたはこの町に仕事を探しに来られた。しかしながらあなたのわたしに対する悪しき振舞い、つまりあなたの宗教がどんなものであれ、われわれはその基本とするところに敬意を払うものであるが、あなたは教会の二人の教父たちについての記憶を冒瀆したのである。この時にあたり、あなたはそのことを悔いていると明確に表明し赦しを乞うべきであり、今後どんな職人をも決して侮辱してはならない、と。

これ以外のことはなにも言わなかったのだが、彼は膝をついてわたしに赦しを乞う。それでわたしは次のように言った。お立ちなさい。人間たるもの決して人の前でそのように自らをおとしめることはないのであって、それは神の前でこそふさわしい態度でしょう。あなたはわたしを怒らせたのではなく、わたしと信仰を同じくするものすべてを、また職人たちすべてを侮辱したのです。退室していただきたい。あなたがリヨンで働くことになるかどうかを、われわれはこれから判断します、と。われわれは彼に仕事が与えられることになるという決定をした。わたしは、われわれが集合したときに秩序整然としていたことを理解してもらうために、この人のいとこに職人宿まで来てもらうようにたのんだ。彼が部屋に案内されてくると、わたしは、サン＝ティポリットの人よ、この場合あなたが賢明で冷静な態度でおられることを考慮した結果、あなたのいとこはこの町で働くことになりましょう。このことをいとこさんに伝えて下さい、と告げたのである。

われわれガラス職人の守護聖人聖ルカ(122)の祭りが近づいた頃に、わたしはガラス職人たちに次のように述べた。われわれが立派な祭りをとりおこなえるように、みなさんに切にお願いしたい。われわれのところには職人として承認を受けるべくこの日の来るのを待っている見習いがすでに一七人もいます。それに隣接する町々の職人がどのくらいの数のそうした見習いを連れてくるか、わかっていないのです。ご存知のとおり、この職人の承認は一人あたり三リーヴルの収入となり、他の二人の筆頭職人におかれては三〇ソルをいただくことになっており、それで守護聖人へのお供えを充分にいたします。われわれの組合の金庫には一三〇リーヴル余りがあり、各人が六フランずつ出せば二倍の金額が入ることになります。それでわれわれは音楽をまじえたミサを唱えてもらいましょう。また四つの腕木に支えられた祝福を受けたパンをつくらせます。レンヌ人とわたしが製作すると言っていた、ガラス職人の紋章をつけた女神像が、四人の徒弟見習いにかつがれた担架で運ばれることになります。われわれはほとんど全員があわい灰色の服をもっているので、当日はそれをそろって着ることにしよう。またみんな白の靴下をはき、巻き髪にしてそれに白いリボンをつけ、各人が青と緑のリボンをつけた職人杖を手にし、白い手袋をつけた手に花束をもつことにします。祭りの前日には職人を雇っている親方の店を花で飾りに行きましょう。われわれは当日にはバイオリンとオーボエを用意し、二人の者に町の警備にあたらせ、四人の鼓手をともなわせ、おのおののかたわらにわれわれの従者がつくことになります。われわれは各職業の二人の筆頭職人を招待し、食事とダンスをすることになるので、その許可を求めに行くことになりましょう。祭りの二日目には各人はおもいおもいに帰っていくことになります、と。

仲間の全員が以上のことを了承した。そこでわたしは彼らに言った。かつて祭りをやったことのある町々にわたしといっしょにいたことがあって、その祭りの事情に通じているのがこのアンジェ人とレンヌ人である。わたしの代理として指揮をとることになるのはこれらの人だ、と。すると彼らは、しかし古参のお方よ、道具をあつらえに行くにも職人に招待状をもって行くにも、歩いて行くというわけにはいかないじゃないか、われわれが駕籠《かご》を雇うことにしよう、そして最初にあなたの店に花を飾りつけることにしよう、と言った。わたしはその申し出を受け入れた。われわれは万事を整え終わった。もう職人たちとは交流のないかつてのガラス職人だった人々も、祭りと知ってわたしに会いにきた。われわれは彼らをあの二人のサン＝ティポリット人と同じように職人として扱うように最善をつくそうとした。わたしはよく考えた末に彼らに言った。祭りの日においでになり招待された者という立場をとられる場合には、彼らのことをみんなに伝えておくことにする。しかし費用をおさめるということについては、わたしも職人たちも気にしないことにする。だがみんなと同じように食事やダンスに出ることはいっこうに差し支えないことにする、と。彼らはわたしに感謝し大変満足していた。

こうしてついに祭りの前日となる。立派な服と帽子をつけ、髪は丸く巻くという姿でわたしは駕籠に乗る。駕籠屋にはこれから出向かねばならぬ街区の名を書いたリストを渡す。そのリストに従ってわたしの仕事場に行き、わたしの主人もその奥さんも満足のていである。彼らをダンスに招待し、さらに彼らの店には、わたしの後に従ってきていたバイオリンとオーボエが奏でられるなかで、花が飾りつけられる。わたしが依頼をしにはいった店のどれもが、わたしに一息つかせてくれる。彼らも大変喜んでいて、わたしの駕籠かきたちにあまりたくさん酒を飲ませたので、彼らはサン＝ヴァンサンの橋を渡ろうとするときに、わたしを振り落としてしまう。わたしのあとに大勢の石切り職人がついてきて、彼らがわたしを支えてくれ、彼らは帽子にリボンをつけている。他の人々は花束を振っている。花売り娘がわたしを見て花束をくれる。彼女に花束の注文をした［……読み取り不可能……］のがわたしであることがわかっているからである。

要するにわたしは歓迎され、どこの店の仕事台の上にもぶどう酒の瓶とグラスが用意されている。わたしはヴィルロワ公の屋敷に出向き、翌日われわれが夜どおしダンスの会を催す許可が与えられる。こうしてわたしは職人宿に帰り着く。夜になって仲間たちとそこを出て店々に花を飾り付けにおもむき、親方たちは大喜びである。バイオリンとオーボエが奏でられ、ぶどう酒が注がれる。わたしと仲間の何人かに食事を出して手厚くもてなしてくれたある親方のところで休息し、夜の一二時から一時の間に職人宿に帰り、二一人の職人の訪問を受ける。彼らはそれぞれの雇い主のところにもどるのだが、各人は規定されているところに従って、一〇時きっかりに職人宿に顔を出し、その際に酒を飲まされていた者は注意を受け、朝食は立ったままとり、職人それぞれぶどう酒は半瓶だけに限られる、と申し渡される。

祭りは盛大にとりおこなわれる。このように立派な祭りは人々が初めて経験するものであった。リヨンの住民はこぞって、音楽の奏されるなかを、わたしを先頭にして二列になってわれわれが行進するのを見ようと押しかける。先頭のわたしは服の三番目のボタン穴に二つのリボンをつけ、職人宿の主人《ペール》が右側につきそっている。四人の徒弟見習いによって運ばれて行く祝福を受けたパンは桁ちがいに大きく、祭りの行列は過ぎていき、祝いの食事は熱狂的なものになる。貞淑な人でないかぎり他の女性は招待されていなかったので、職人たちは自分の親方の奥さんであれその娘さんであれを探しに行く。多数の親方もやってきていて歓迎される。全員の心が完全に一つに溶け合い夜は過ぎていく。わたしは職人宿の女主人《メール》とともにダンスの会をおこなうと告げる。冷たい飲み物が出され、整然とことは運ばれる。食事に列席したリヨンのガラス業の見習いたちは、その費用を自分たちも出すとくり返し言うが、わたしはその申し出を聞き入れない。彼らは一五人ほどの筆頭職人に外辺地区のギヨティエールの方で晩餐を差し上げたいと言ってわれわれを招待するので、それには応じる。われわれはすべての職人に、それぞれ自由に思い思いに楽しんでもらいたいと告げて、休息をとることにする。やってきていた他の職業の職人たちは、われわれ三人の筆頭職人と彼らの知り合いの人々に軽い食事を差し上げたいと言う。われわれは次の日曜日にということで、この申し出に応ずる。

食事をとりたいと思い、そこにあるものを食べようと思う人は誰でも、再び二時にやってくる。われわれは辻馬車に乗って、われわれを待っているリヨンの見習いと二人のサン＝ティポリット人に会いに出かけ、一同三〇人ばかりでテーブルにつく。彼らはわたしに、前日に人々がやったように敬意を表そうとする。わたしはそのような彼らに、だが友よ、今日われわれ全員は仲間じゃないか、仲好くやろう、と言う。われわれはよく飲みよく食べ、そして歌をうたい、真夜中になって各人はそれぞれ自分のところに去って行った。われわれは翌々日にもう一度集まったが、職人組合のジャックの親方に三〇数リーブルを借りただけであることがわかり、すべての費用の支払いはすぐに果たされた。

祭りが過ぎておよそ一か月ばかりたった頃に、かつての職人でリヨンの連隊にはいっていたフランシュ＝コンテ人と出会った。彼は詐欺を働いたということで、われわれのところから追放された人物だった。彼に飲もうとさそわれるが、わたしはそれを断わる。すると彼は、わたしが筆頭職人だといことで尊大にかまえていると言った。それでは、とわたしは言って、そんなこととはまるきり違うのだということをわからせてやるから酒場に行こう、と答える。わたしは青いグラスと赤いグラスを持っていて、それを手にして二人で席に着く。ぶどう酒を一杯最初に飲んだ

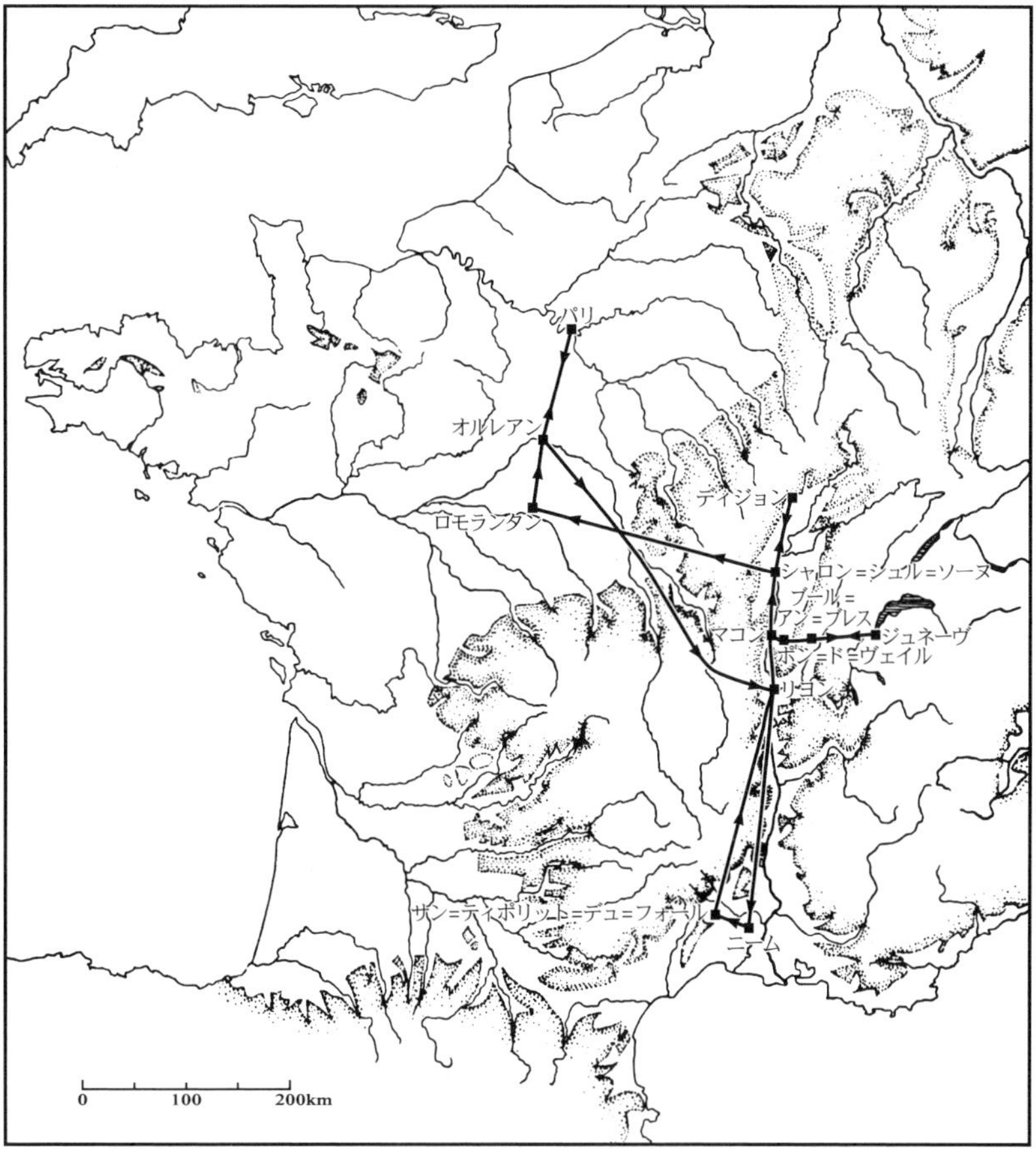

メネトラの第２回目の旅：1763-1764

あと、彼が出ていた祭りのことで喧嘩をふっかけてきた。レンヌ人がわたしにそっと伝えに来てくれたところでは、軍服を着ているという理由で彼の祭りへの参加をわたしが認めなかった、ということなのだ。彼はわたしをなじり、わたしがそれに答える。酒屋の主人がわたしを弁護してくれる。彼は怒り出し、わたしの二つのグラスに一撃を加えこなごなに砕いてしまう。

わたしは彼に言う。フランシュ＝コンテの人よ、こんなことは勇気ある軍人のすることじゃないぞ、これはおれに仕掛けているんじゃなくて、おれの雇い主にやっていることなんだぞ、おまえは剣をもっているだろう、おれもどこかで探してくるから、この落としまえをつけようじゃないか、と。わたしは走って行く。いつも服をしまっておくたんすの中には、民兵隊の下士官だったわたしの雇い主の剣がいれてあった。わたしは服をさっと着てその下に剣をつける。われわれはエネーの防護堤の背後のところに行く。そこでわたしは彼を倒して立ち去る。

わたしは知り合っていた若い女性のところに行きたいと思う。それで、道を歩いていると仲間の一人に出会う。彼にいましがたわたしの身にふりかかったことを話し、その仲間の働く店にはいる。彼は職人たちにわたしの話を伝える。夕方、職人たちはわたしの相手の男も、その男の悪党仲間のどんな連中も、わたしを見つけ出すことができないような場所にわたしを匿う。これは完璧なもので、情報が集められる。これは職人たちの共通の利益を守るためなのだ。

フランシュ＝コンテ人は病院に運ばれる。彼はわたしの住所を告げ、わたしと間違われてサン＝ティポリット人が連行され、監獄に入れられる。そして三日もたってから、無実であることが認められて放免される。わたしのことにすべての職人が関心をもつことになる。軍の司令部はわたしの死体だろうが生きたままだろうが、とにかく捕らえようとする。それで遂にわたしはリヨンを立ち去る決心をする。職人たちはこれに反対し、全力をあげてわたしを守ろうとする。結局、マコンの親方から職人宿に、ポン＝ド＝ヴェイルという小さな教会の窓ガラスを入れる仕事で三人の職人がほしいのでよこしてくれという手紙がくる。わたしは職人たちにわたしの出発を認める決心を固めさせる。

わたしは雇い主のところにおもむき、賃金の精算をしてもらう。わたしは一七フラン借りがあるということだったが、彼はわたしに次のように言う。わが友、パリの人、あんたはわたしの店におよそ一一か月いて、八〇日ほど大酒盛りをやっているが、その勘定はなしにしておこう。あんたの仕事ぶりには大変満足している、ここに一二フランあるが、これをわたしの健康を祝して乾杯してもらうために差し上げよう、わたしはあんたがリヨンに定着して仕事場を開くことができるように力を貸そうと思っていたのだ。あんたはサントンジュの未亡人の気をそこねてはいないと思う。彼女はさようならを言いにもうすぐやって来て、嵐が過ぎ去ったときに、あんたがわれわれのことを忘れないでいるなら、この地に帰って来ることができるのだ、というような話し合いをすることになると思う、と。このように言う彼の目からは涙が流れ、奥さんは悲しそうにわたしをじっとみつめ、若いその息子は、パパ、ぼくがお父さんに、窓ガラスをパテで接ぎ合わせるのが下手だ、レースをつくっているようだ、などと冗談を言ったことがときどきあったので、パリの人がお父さんにレースの産地のマリーヌにいたことがあるんだな、などと言うことはもうなくなっちゃうんだね、と父親に言っていた。もう一人の子はくよくよしていて、なんで行ってしまうのか、長い間顔を合わせていないのに、とわたしを非難する。わたしを見送ってくれた職人たちもこれにはびっくりしていた。最後に未亡人がやってきて、わたしが以前とは変わってしまっているのに気がついた。わたしは彼女に、マダム、もしわたしが変わったとしても、あなたに対してはまったく変わっていません、わたしはいつもあなたの払ってくださるご好意を名誉に思っています、と言った。お互いに心のこもった言葉を交し、なんの心配もなくなった日にまた会えるだろうと言いながら抱き合ったあとで、未亡人が（雇い主の奥さんに）、わたしが旅立ちの費用を持っているのだろうかと尋ね、奥さんがそれに対して、夫がそれを用立てましたと答えていた。

わたしは心のあたたまる彼らの態度に涙しながら別れたのである。職人たちの一部はマコンに向かう街道で見送りの儀式をしてくれた。そしてバルモンの山の頂でわたしに同行する二人の職人と出会い、そこで大変楽しい思いをして過ごしたリヨンの町に永遠の別れを告げた。

こうしてわれわれはマコンに着き、充分な休息をとった後にポン＝ド＝ヴェイルにおもむき、仕事についた。わたしはそこでうまく仕事を率先してこなしたので、善良な村人たちも満足していた。われわれはそこに三か月近く滞在したが、大変楽しい思いをした。というのもその時期に四旬節前三日間のカーニヴァルの日がきて、わたしは例のごとく、女たちとちょっと知り合いになろうとしたからである。ブール＝アン＝ブレスの職人たちは、ともにジュール・グラ［カーニヴァル］を楽しもうといってわれわれを招いてくれた。そこでわれわれは土曜日に出発したのだが、その道すがらメゾン＝ヌーヴというところで仔牛の頭の肉の料理を食べていたときに、馬に乗ったマンドランの妹(123)が通るのを目撃した。それは、すっかり武装し、誰もが袋の上に馬乗りになり、ブロックという男を先頭にした少なくとも一〇〇人からなる一隊を引き連れていた。われわれはその一隊が通るのを見ようとして十字路に立っていたので、そのブロックはわれわれに向かって、何者かと聞いたのである。そこでわれわれはドゥヴォワール派の職人組合の職人だと答えると、彼はトップ・ラ*と言ってわれわれに挨拶した。そこで彼に、貴殿の健康を祝して酒盃をあげようと言うと、それじゃあ酒屋で飲もうじゃないかと言った。彼はその友である殺されたマンドランの復讐をとげることをわれわれに誓って、またとないほど見事な態度をとったのであった。しかしこの土地でのこの男を見る目は、マンドランがそうであったほど好意的なものではなかった。

＊［訳注］Top la. フランス修業巡歴の旅の道中で出会った職人の間で交わされる挨拶の言葉。職人組合での儀礼の一つである。

ブール＝アン＝ブレスに着いたとき、われわれは事情を聴取された。そのあと職人たちと会い大いに飲んだのである。そこはまことに別天地のようであった。翌日われわれは町なかを散歩し、夕方はダンスの会があって大いに歓迎され、この町に滞在しているあいだはいつも同じようにもてなされた。

ある朝のこと、そっとささやくように戸口はどこにあるのかとわたしに尋ねる女の声を耳にして目を覚ます。いくつかのベッドがあるわれわれの部屋にどんな人が寝ていたのかを、わたしはとくに気にとめていなかった。わたしは窓のそばのベッドにいたので、外を眺める。夜が明け始めていて、目に入るものはみな輝いていて、それを眺めて豊かな気分になる。このような場面に思いもかけず出会えるとは、なんと喜ばしいことか。かたわらにいたブルゴーニュ人に、この美しい光景を見て楽しもうとは思わないのかと言うと、わたしのおかげでえらく体が熱くなっていると彼は答える。そこで彼のために戸口を開け、わたしは一息いれに行く。その次の日、わたしが眠った振りをしていると、二人の女がやってくるのを目にする。朝がくるのが待ち遠しくなる。わたしはよく考えてみて、これは母親とその娘だと思う。そう考えておかしいところはなかったが、しかしこれはあくまでわたしの憶測にすぎない。ようやく朝になり、ゆっくりと夜が明けていくのを見ていると、誰かが外に出て行くのが目にはいり、前の日と同じように出て行ったのは母親のほうだと思い込む。わたしは起き上がりそのベッドのところに行き、事におよぼうとする。叫び声をあげるので、逃げ出す。わたしはテーブルの上にグラスが積み重ねられているのを見つけるが、グラスが女の叫び声とともに恐ろしく大きな音をたてたのだ。他の二人の仲間も目を覚ます。その家の主人が灯火を持って部屋に上がってきて、部屋の真ん中で一人の女が、誰かに犯されたと叫んでいるのを目にする。家の主人は、これは夢遊病の老女だ、なにも変わったことはないじゃないか、夢も終わったようだ、壊したものを弁償しろ、と言う。彼女の娘が部屋に戻ってきてカーテンを開ける。これでわたしはえらい人違いをしたことに気がつく。しかし彼女は現場にいたのだから抗議はしたものの、グラスの弁償をする。彼女はさんざんな目に会い(124)、その娘はまいってしまい、彼女はグラスの弁償をするという始末となったのだ。

わたしはジュネーヴへの街道に出たので、偉大なローマのライヴァルであるジュネーヴを見物しに行こうと思った。ジュネーヴに着くとそこの王の屋敷に連れていかれた。彼はわたしの出身地、職業、信じる宗教を尋ねてから、わたしはこの町で働くことができないことを伝え、町を見物するのなら二四時間だけ許可すると言った。彼はさらに帰る道中に必要な金を持っているか、もし持っていなければ支給すると述べたが、わたしはそれに感謝して、マコンに戻ってきてそこで働いた。

わたしはここで初めて職人組合とは関係せずにすませ、組合はもう終了したのだから、わたしは二人の職人とともに面白半分に一つの会を作った。この二人の職人のうちの一人は壁紙張りの職人で、もう一人はレンガ造りの職人(125)つまり石材加工職人であったが、この職業にはまったくドゥヴォワール派の職人組合がなかったので、このことから思いついて、入会を認めた者にはパン皮の職人という名前を与える会をつくることにした。この会への入会にはぶどう酒一瓶を出すだけでよかったし、わたしは知名度も高かったので、あらゆる職業の者がパン皮の職人になることを望むようになった。これは単に遊び心でやったことで、飲み食いそして笑い楽しむということがその内容のすべてだった。三か月近くのあいだに数えきれないほどの職人が入会し、すでにフランス全体にわたってあらゆる者がパン皮の職人になろうと思うようになった。

一通の手紙がわたしのところに届いた。それは全国の職人宿を一巡してきたもので、あらゆる職業のすべての筆頭職人が署名していて、わたしに対して、今後パン皮の職人組合をつくってはならぬ、職人たちがドゥヴォワール派の組合を無視しているので、パン皮の組合には誰も入会させるな、と勧告するものだった。わたしはこれに対してほぼ次のような言葉を連ねて返事を出した。あなたがた親しい職人方、そして誠意ある仲間たち、パン皮の職人の会の考えは他意のない気晴らしでやっているだけで、立派な職人がドゥヴォワール派の義務を果すのを妨害することなどまったく考えていないものです。これがこの会の原則であります。私は自分と職業を同じくする職人たちには感謝しつつ、彼らの組合での職業を終えて別れを告げた者であり、ポン=ド=ヴェイルで働いている者です。ご存知のごとく、私は職人組合の名誉を守るべくリヨンを出て行かねばならなかった者であります。私は一人で行動しています。私はその職業柄から職人組合をまったく持たない二人の職人（と）、それにさまざまな職業の多くのプロテスタントの若い職人を友としています。プロテスタントの若い職人たちは彼らの宗教が原因で、ドゥヴォワール派のいかなる職人組合にも加入できません。それで彼らはガヴォ派、狼派、そしてアルパイヤン派(126)などのドゥヴォワール派を忌み嫌うすべての職人組合に足しげく出入りする可能性があります。これが現状なのです。パン皮の会への入会の誓約といえば、飲み、食べ、そして二、三本のぶどう酒の支払いをするということ以外、何もないのです。会の成り立ちはこういうことです。その秘密とは純粋に遊び心ということで、こんなふうになっています。《あなたはパン皮の職人であるか》／《そうだ、飲みかつ食う覚悟はできている》言ってみれば／《春は花をもたらし、晴れの日その色はとりどり》／パン皮を支持する核心を言いなさい／《秋はぶどうを成熟させ、晴れの日酒は熟す》そしてすべてはパンの皮の栄光のために。このようにしてわが職人たち、あなたがたは、パン皮の会に属する職人たちによってその真実を知ることができるのです。わたしについて言えば、わたしは家に帰り、ドゥヴォワール派の職人であったことをいつまでも誇りに思うでしょう、そしてあなたがたと同様にそのことは深くわたしの心に刻まれることだろう。そしてわたしの職人たち、あなたがたわたしの仲間たちよ、わたしは〈パリの人、歓待される人〉なのだ、と。

このパン皮の会は特異な影響を与えた。笑ったり楽しんだりしようと思う者は誰もが、この会に入会したいと思ったのだが、これは会の場でおこなわれるあらゆる祝宴や気晴らしの集いのすべてに、わたしが加わるということになった。名付け親である代父や代母は、自分の男の子や娘に洗礼をすることを望む人には誰でも洗礼に招待し、それぞれが妻を連れてやってきて、こうして人々は教会におもむく。食事が供され、招待された人々はそれのお返しをする。それでお互いが知り合いになるのだ。わたしの友人の一人で、故郷に帰っていた〈マコンの人、ラ・ドモワゼル〉という名の職人がいて、職業は大工だったが、その彼がわたしを招待する。われわれは大いに楽しく過ごし、すてきな知り合いもでき、その家の人々にも歓待される。その父親は立派な大工親方であったが、わたしは他の女性たちのときと同じような結末となったのである。

わたしはあるシャンパーニュ人といっしょに住んでいたが、これがひどく融通のきかない男で、わたしがふざけたことをしようとすると、わたしのことを魔法使いだと言ったりするのだった。ある日曜日の朝のこと、彼は暖炉の上に袖の飾りボタンを置き忘れていた。それは銀でできていたのだが、わたしはそれを自分のと取り替えてしまう。わたしのものは彼のと似ているのだが錫でできていて、銀と区別のつけがたいものであった。午後になってちょっとしたいたずらをいくらかやったあとで、わたしは彼に銀を鉛に変える力をもっていると言う。彼はやれるならやってみろと答える。わたしはそれにただ触るだけだと言う。そこで飲み食いすることが賭けられた。わたしはそれに触れる。彼はなにも変化しなかったと言う。本当のことが知りたくて、人々はそれを貴金属細工の店にもって行き、それは鉛だということになる。彼はおごり、もとの銀にもどしてくれと泣きついてくる。わたしは都合のつく日に食事をおごれと言って、その難題をかわしてしまう。これで留め金の類いにわたしが手を触れるのはもうやめてほしいということになるが、(わたしは)悪魔の仕業を見せてやろうとしたのさ、と言ってやった。そこで彼の飾りボタンを銀にもどしてやるにあたっての条件で話をつける。わたしは彼に、その帽子と飾りボタンを貸してもらおう、そうすれば飾りボタンはすぐに銀製のものに変わることになろう、と言う。わたしは薄暗い部屋にはいり、彼の帽子の中に黒色顔料を投げ入れ、ぼんやりとした弱い光のもとで、彼にその飾りボタンをテーブルの上に置くように言う。わたしはそれをもとの銀製のものと取り替えてしまい、彼に対して、自分の帽子を手に持って、わたしのするようにその帽子の内側でもって自分の額をたたけ、そのようにして帽子でたたくということを三の三倍言うのだ、と指示する。それから飾りボタンを再び手に取るように言う。われわれが部屋にはいってみると、彼はまっ黒になってしまっている。わたしは彼を鏡に向かわせて、これが飾りボタンをもとどおりに返した悪魔だぞ、と言ってやると、彼は気を失う。それで、またまたパリ人がいたずらをやらかしたとみんなが騒ぎ、飾りボタンを見せてみろと言う。わたしはそれは銀製だと断言する。そこで銀かどうか賭けをしようということになる。みんなは飾りボタンを見せてくれと言い、わたしの勝ちとなり、こうして彼らをからかってやったのだ。

わたしはやっとパリに戻るべくこの地をあとにし、ディジョンに着く。そこで友人のティレの消息を知る。彼はパリにいるとのことである。わたしは出発するが、夕方、大通りで若い娘と出会う。夜になっていた。わたしは彼女に何をしているのかと尋ねる。彼女はぶつぶつ言いながら誰かを待っていて、待たされているのが大いに不満なのだと言った。わたしはわきおこる恋の情熱に流されて、天気が悪かったのだがわたしと彼女はそろってベンチに腰をおろす。雪が降ってきて、わたしはまたも深入りすることになる。その女を送って行くことになって、とある道の角までくると突然、彼女はわたしを置いて走り出す。わたしも駆け出したのだが、彼女はたばこ屋の中に入ってしまう。その店の中をじっと見てみると彼女はカウンターの中にいるではないか。わたしは店にはいり半オンスのたばこを買い、それを彼女にプレゼントし、おおいに反省しながらその店を出た。

翌日、ひろびろとした街道を歩いていると、とても立派な服装をし、小さな袋を小脇にかかえた男が声をかけてきて、シャロンのほうへ行くのか、自分はもっと先まで行くのだがと尋ねたので、わたしはそうだと答える。と、その男は、よければ道中をいっしょに行かないか、ただシャロンまで一、二時間でどこにも寄らずに行かねばならないのだが、と言う。われわれは旅の道連れとなり、どの村にも寄らずに通過していき、それぞれが自分の食事代を払い、こうしてシャロンに着く。道中をともにしたその男はわたしと別れ、その町の門のところでまた落ち合う約束をする。わたしは職人宿におもむく。そこの職人たちは、わたしが休養のためにしばらく滞在してほしいと願い、町で処刑がおこなわれるところだから見に行こうと言う。そしてわたしはあっと驚いてしまったのだが、あの旅の道連れの男が受刑者の傍らにいるではないか。そしてその男はかつてセルコットの森でわたしを地下に閉じ込めた盗賊であることが、はっきりわかったのだ。わたしはその男と落ち合うことはやめにして、数日の間、町に滞在して休養をとった。

わたしは、ソローニュ地方のロモランタンに定住しようと、そこをめざしていたナルボンヌ出身の若者とともに旅立つ。道中をゆっくり進み、四里ばかり離れた小さな町のシャトーヴューの娘と結婚しようとしていた善良な人物のところで、一五日ばかり働き、われわれはその小さな町にも約一〇日間滞在する。そこの娘というのは善良な農家の人で、わたしは彼女が気に入り、若者はやきもちをやき、わたしはそれが誤解だということを悟らせ、彼をからかう。わたしは魔術師だと思われる。その土地のひとりの若者が、いたずらを仕掛けてわたしが平手打ちを食わしたので腹を立てた。わたしは彼に、次の日には田舎の犬が彼のあとを追いかけてきて、教会のところできっと彼の両脚と服に小便をかけるだろうと言ってやる。彼が犬をたたけばたたくほど、そういうことが起こるのだと。彼はわたしにその理由を尋ねる。彼の靴に呪いをかけたのだと言うと、彼はその靴を火の中に投げ入れようとする。

要するにわたしは面白がっていたのだ。素朴な人たちが幽霊についてのさまざまな話をしてくれる。この地の人々はひどくそうしたことを信じていた。彼らは十字架の立っている道には必ず幽霊が出る、信じないのかと言うのだ。そこでわれわれはそれを確かめに行き、夕方わたしは街道沿いのまさに十字架の立っているところで、なにかが実際にいるのを目にする。わたしの連れていたロバがいななき始め、それ以上は前に進もうとせず、わたしについてきた若者も同じようなありさまで、わたしはといえばひどく戸惑いはしたが決意を固め、杖を手にして、この野郎と叫びながら十字架のところに走って行く。と、杖を手にした一人の男を目にする。われわれは杖をふるう。男は苦しそうな声をあげるが、わたしはもう何も聞こえず、ただ杖でたたき続ける。若者と彼が乗っていたロバは逃げてしまい、相手の男は人殺しと叫ぶ。わたしはその男をそのままにして引き返す。

小さな橋のところに来ると、わたしを杖で殺そうと腕を上げている男たちを見たような気がする。誰だ、と叫ぶが返事がない。やりすごさねばならず、わたしは帰り着く。わたしはなにを見たのだろうか。本当のところは、枝を刈り取られた柳の木がわたしを驚かせたのか。そしてわたしが叫び声をあげ、それでも押し黙って答えようとしなかったあの男、しかし杖でさんざん打ちすえ、言葉をもらさせるまでにしたあの男に対して抱いた怒りはなんだったのか。これらすべてのことがわたしを唖然とさせるものだった。

帰ると、雇い主の奥さんがわたしを正気に戻そうとして、ニシンで料理したスープを出してくれたのだが、それを食べる気にまったくならなかった。雇い主の息子は、わたしが幽霊を殺してしまい、幽霊に見事に叫び声をあげさせたと父親に話した。次の日わたしたちは、一人の男が盗人たちに殺されそうになったという噂が、町中にひろがっているのを知った。わたしはその男に会いたいと頼んでその男のところにおもむき、そんなひどい目にあわせた奴らのことをはっきり覚えているかと尋ねた。すると彼は覚えていないと言い、相手は三人か四人だったが、よく身を守って闘ったと答えた。そこでわたしはその男に次のように言った。その話は時ならぬときに十字架のそばにあんたがいたということを、みずから語っているようなものだ。わたしはむしろあんたが盗人だったのではないかと思っている。自分のことあるいはわたしのことをよく考えてみなさい。あんたが闘ったのはわたし一人なのだ。あんたは嘘をついている。ここにいるのはわたしの雇い主の息子で、あのときにあの場を通りかかっていたのだ。それはロバなどではない、わたしだけなのだ。それでもし人があんたやこれらすべての信じ込んでいる人々によいことをするとすれば、彼らを大さわぎさせておくだろう、だがわたしの言うことを信じて、あんたは盗人たちに危うく殺されそうになったなどと言わないことだ。というのもあんたはわたしを殺したとすっかり自分で思いこんでいたようだから、と。

検察官がわたしを迎えに人をよこし、わたしは尋問に答えた。また彼は幽霊男のところにも人を差し向けたが、彼は脚がないのだから、やって来る気はなかった。この地では大変な［……読み取り不可能……］であるとは思われていなかった。検察官は彼に、夜の街道に行ってはならぬと厳しく命じ、他方で彼は、自分をこっぴどくやっつけたのがパリの人だということがあるので、盗人に危うく殺されるところだったなどと信じ込ませたりする気にはならなくなる。わたしはロモランタンの町の素朴な人々に別れを告げた。あの息子がわたしをシャトーヴューまで見送りたいと言った。彼は、もしかしたらわたしとうまくいったかもしれない彼のとても愛らしい若い恋人のことで、わたしにやきもちをやいていたからである。

二人の屋根ふき職人の見習いが、わたしとともに旅をしたいと言った。われわれがベルナルド派の修道院で働いていたある日のこと、彼らは朝の祈りを唱えるために教会の内陣にいた。わたしは高いところにいて、運搬籠の中にわたしがいたときに補強の石積みがぐらつき、石の一つが落下し階段にどんと当たり、わたしは石の残骸の中に転げ落ちる(127)。見習いたちは逃げ出して、彼らの祈りはそのままになってしまう。次の日、わたしたちがシェル川の流れに沿った庭で暇つぶしをして遊んでいると、一人の屋根ふきの見習いが、これ見よがしに速く走ってみせようとした。その場所は岩と美しい地所(128)に囲まれたところで、彼は川のなかにそのまま落ちてしまった。彼を助けようと駆けつけたわたしたちは、一隻の舟を見つけ、わたしはすぐにそれに乗るが、舟は川の流れのままとなる。鉤竿もどんな棒もそこにはなかったが、われわれ三人は落ちた見習いをつかまえて助けようとするが、舟はぐらぐらと揺れてついにわれわれ舟の全員が川に落ちてしまう。シェル川というのはきわめて深くまた流れが急であった。われわれは木の枝に取りつき、われわれが救おうとしていた若者は流れて行った舟をとらえる。われわれのほうも助けを求めて叫び声をあげるが、その声は誰にもとどかない。舟とそれに乗った一人はどんどんと流されて行く。わたしは枝のようなものにしがみつき、水面の外に顔を出しているが、もう仲間の誰の姿も見えない。舟の中にいる一人に呼びかけるが、彼も直面している危険から抜け出せないでいる。わたしは彼に枝を投げてたよりない小舟に乗ることができ、大変な苦労をしてほかの二人を助けて、ようやくいっしょになる。われわれは合流してやっとのことで修道院に帰りついた。わたしたち四人はそろってずぶ濡れで、骨の髄まで凍りつき、そして修道院を立ち去るのだ。

わたしが最後に職人組合の定めるところに従ったのは、シャトーヴューにおいてであった。そこには何人かの指物職人と錠前職人がいて、見送りの儀式をしてくれ、わたしはオルレアンへと向かったのである。オルレアンでわたしはかつてミショノー氏と出会ったのだが、彼はすでに死去していた。自分の大切なものを入れた小箱をパリの祖母のもとに送ってから三か月もたっていたが、それについての音沙汰がなく、わたしは心配していた。ところが友人のレンヌ人が、旅の途中でわたしをエタンプの町の友人のところに残したまま先に行ってしまったある職人からわたしのことを知って、わたしのところに現れ、祖母が死んだことを教えてくれたのだ。これはわたしにとって何という苦しみだったことか、わたしをやさしく愛してくれた母親同然の人を失ってしまったのだ。

パリに着いたわたしは義兄のもとを訪ね、快く迎え入れられた。翌日、わたしの小箱を受け取ったと思っていたおばのところにおもむくと、彼女は小箱を運送会社に受け取りに行くのが嫌だったのだと言ったので、運送会社からの通知状を渡してくれと頼んだ。すると心配していた甲斐もなく、彼女はその通知状をなくしてしまったと言うのである。わたしは腹を立てて立ち去る。小箱を取りもどすのに考えられるかぎりのあらゆる苦労をすることになる。父はわたしがパリにいると知って、会いにきてほしいと言うので、父のところに行った。父はわたしを抱擁し歓迎してくれて、父の家に住むようにと言い、祖母の遺産のなかのわたしの取り分を預かっているのだからと述べ、おまえは過ぎたことをもう忘れているとも言った。そこでわたしは、父さん、息子というものはどんなことも父親に頼るべきではないのです、あなたのわたしに対する厳しい態度は極端なところがあり、わたしの気質も父さんのそれとあい並ぶものがあるに違いないのです、わたしに時々あなたに会いに伺うという名誉をお許しいただくだけに願います。あなたが預かっているものについては、そのまま保管しておいてください、今のところわたしはそれをまったく必要としていませんから、と父に言って帰ったのである。彼はいろいろとわたしの気を引くような約束をしたが無駄なことで、わたしはそうした条件のいずれについても受け入れなかった。というのも父が自分を抑えていることが、いやというほどわかっていたからである。

わたしは仕事を探し、ヴィルモンさんのところでお世話になることにした。ある朝、わたしが働いていると、酒場に行けと言われる。そこでガラス職の親方だという堂々とした男に会うが、その人は、鉛骨にガラスをはめ込むのが上手な職人を二人必要としており、ヴィクトワール広場のプチ＝ペールの修道院(129)のステンドグラスをてがけているところで、わたしの評判を聞いていたので、と言うのである。仕事は面白そうなので、わたしは次の日曜日という約束をした。その人はエロフという名前だと告げ、わたしと同じような職人を見つけてくれれば大変嬉しいのだがと言った。わたしは友人の一人に会いに行き、ラ・ブリというフランス修業巡歴での仲間を見つける。

わたしはヴィルモンおやじの許しを得て、その仕事場を去り、一日あたり三五ソル、それにステンドグラスごとに六リーヴルが加給されるということで合意する。こうしてわれわれはプチ＝ペールに配置されて仕事を始める。わたしがステンドグラスを縁取りでデザインすると雇い主の気には入ったのだが、（しかし）ラ・ブリはもっと違ったやり方で縁飾りを描きたいという。わたしは修道院の中庭のなかの地面に白い石で縁飾りを描いてみせ、それを彼に説明してやると、彼はわたしの描いたものの一部を消したので、わたしは彼を押しやった。彼はわたしを押し戻し、こうしてわれわれは殴り合いとなるが、そのとき雇い主とともに数人の神父がやって来て、われわれを引き分ける。わたしは自分の描いたものを見せ、それがよいということになる。一人の神父が、別の二人の職人がほしいと言う。エロフさんは、われわれがこの仕事にもっとも熟練した職人なのだと言う。わたしはといえば、神父さんがそうおっしゃるのなら、そうしたいようにしてはどうです、わたしはおいとまします、と言う。神父たちはわたしを引き留めにかかり、雇い主は、仕事をしてくれ、お願いだからと懇願する。われわれは仲直りさせられるが、わたしは相棒の職人と同様まったく恨みなど抱いていなかったのだが、怒りがおさまらない。

修道会の総代理の神父がわれわれに酒手を一二フランくれ、エロフはわれわれにぶどう酒を飲ませるために連れ出す。こうして仕事がおこなわれることになる。わたしはかわいい花売り娘と知り合いになり、毎晩のように連れ立ってマニーとかカデ・ビュトーに行く。わたしは仲間の職人とときどきサン＝トゥスタシュ教会に面したタイユフェールという店で食事をともにするが、そこは五ソルで大変よい食事を出してくれるところで、わたしがラングドック地方に再びおもむく前に、何度か行ったことのある店だった。修道院の仕事が終わってもしばらくわたしはエロフのところにいた。そこを離れると今度はジェロームさんのところで働くことになる。

ある日働いていると、料理女がガラス窓を見にきてくれと言ってくる。わたしはその家にはいると、きれいな女が出てきて、壊れているガラス窓を見せて、すぐ戻るからと言って立ち去る。わたしが窓ガラスを入れていると、その女はわたしがいつも上機嫌に歌をうたっていて、バルコニーから見ているとわかると言う。そして恋人がいるに違いないと尋ねるのだ。それに対しわたしは、パリに帰ってからというものどんな女性とも知り合うことはなかったと言う。すると彼女はダンスは好きかと尋ねる。わたしはダンスはできないが飛び跳ねたりはすると答える。彼女はわたしに飲み物をついでくれて、小間使いを連れて行くが、ダンスに連れて行ってくれないかと言う。わたしはもちろん喜んでと答える。それで、彼女は五時きっかりには出かける用意ができるだろうと言うので、わたしは馬車を呼んでルール街で彼女たちを待った。

その時間がきて、わたしは雇い主の奥さんに六リーヴルを出してくれるように頼むが、彼女は次の日にわたしは働かないのだからと言って、三リーヴルしか出そうとしない。わたしは行きつけの理髪屋に行き、服をさっと着る。知り合いになったばかりの彼女が、わたしが歩いていくのを窓越しにじっと見ているのに気づく。わたしは馬車を呼び、彼女たちも乗って、こうして堂々とマニーにくりこむ。そこでダンスとなる。その店の女主人はわたしたちが冷たいものを注文して飲んだのに、何度もくり返してわたしに何か食べなければと言う。わたしはそれに耳を貸さない。用意した金が少なくなってしまっていて、それにうわの空でいたのだ。その様子がわかってしまい、小間使いがダンスをしている間に、そっとテーブルの下でわたしをつついて一二フランを手渡してくれる。わたしはほっとして言葉が口をついて出るようになり、見事な雌鳥とサラダを注文し、ダンサーのところに行きダンスの券(130)を求め、これで彼女も満足するだろうと思った。と、あの花売り娘がやって来たのが目にとまる。わたしは彼女に自分の姉妹の一人といとこと連れ立って来ているのだと言いのがれをし、それで娘は納得し立ち去る。

わたしたちはその夜の集いを陽気に楽しく過ごす。テーブルの下で出された思いがけないあの手、それはわたしに対するすべてのことが、深い思いやりのなかで渡されたあの一二フランに込められているように思えたのだ。小間使いを連れた一人の女性と魅力的な会話というこのすべてのことが。引き上げる時がきて、わたしは馬車を呼びに行かせる。わたしたちは彼女の家の戸口に着く。彼女は、ではまたお会いしましょうと言って別れを告げる。わたしは戸口のところで別れを告げる気になれず、ぜひ部屋の中でと言い張る。それはだめですと反対され、もう遅いしお帰りにならなくてはと言われる。わたしはそれでもなお頑張り、やっと願いが聞き入れられ、かくして部屋の中にはいることになる。わたしはそこに居続けようとするが、これにはひどく反対される。乗り越えるべきものは最初の一歩にすぎないのだから、わたしは立派な若者がせねばならぬこととして、思いを遂げる。

朝食を作ってくれて、愛する女とテーブルをともにする。戸口はわたしのためにいつも開けておくからと言われ、それはわたしもよくわきまえていたこと。そこでわたしはしばしば彼女に会いに行くことになる。調べてみると、彼女はコルドン・ブルー（131）の囲われものだということを知る。われわれの交際は長く続き、もしわたしが彼女との結婚のことに関心を示していたら、この交際はさらに続いただろう。彼女の両親はもういい加減に結婚して身を落ち着けねばということで、彼女を後押ししていた。と、一人の恋人が現れ、それは国王の農場の役人であった。わたしは身を引き、もうそのことはなにも考えず、彼女はマドモワゼル・ド・ボフォールといっていたのが、マダムB……と名乗ることになる。それ以来わたしたちは会っていない。

　わたしは毎晩のように愛らしい花売り娘を連れてカデ・ビュトーとかマニーに通う。彼女は多くの他の同じような境遇の女と似て、またわたし同様にそんなに貞節というわけではなかった。われわれは気にもかけなかったが、これはわたしの性格でもあるのだ。友人のエロフがやって来て、彼のところで働くようにと言ってわたしを引き抜きにかかり、月二五フランと良い食事を提供すると申し出る。わたしはすぐ雇い主のもとを去ろうとは思っていなかったので、一五日間の猶予をもらい、その間にどうするかを考えることにする。ある夕方、フォブール・サン＝ジェルマンから帰ってくる道で旧知のロザリーと出会う。ともにぶどう酒を飲む。いっときが過ぎ、彼女はわたしに連れて行ってくれと言うが、わたしは空約束をして彼女と別れる。

　わたしはドフィーヌ街で夜警隊《ラパン・フェレ》（132）に逮捕された。道路の街灯と類似した角灯（133）を持っていたので、彼らはわたしが街灯を盗んだものと思い、わたしを取り囲み警察署に連行する。弁明しようとするが無駄で、このおぞましい連中はわたしの言うことなど聞こうとはしないのだ。彼らにニヴェルネー公（134）のお屋敷から帰るところだと言っても耳を貸そうとしない。わたしのことを証明してくれる何人かのガラス業の親方を探すということになり、夜警隊の兵士がジェロームさんのところにわたしを連れて行ったのだが、角灯は滅茶苦茶に壊されていて、ジェロームさんはいささか不満げである。わたしが逆に問いただしたのはこの点で、勢い込んで弁償してもらいたいと言ったのである。

　わたしはエロフのところで働き始めるが、彼の姪がわたしに親切にしてくれる。わたしは楽しくやってきていたが、いくつかの厄介ごとに悩まされていて、彼女はわたしの着るものや、落ちついた生活を取り戻すのに必要な金を貸してくれる。わたしはソルボンヌの背後のフォブール・サン＝ジャックの小さな通りに小部屋を持っていた。彼女は二回分の家賃を払ってくれ、その代償に、わたしが部屋の主人であると同様に彼女も女主人となり、その部屋にわたしたちは浮かれはしゃぎにいったものだった。このあわれな娘はこころを決めていたのだが、彼女には美しく若い姪がいて、それが快楽のことしか頭になく、わたしはこの娘に引き合わせてもらったのである。かくして、わたしの部屋にはあらゆる種類の女たちがやってきたので、その部屋をわたしは征服の広場と名づけたのだ。

　ある夕方のこと、ただ一人で部屋に向かっていて、その気でいるのがいないかと探していると、いいカモに出会った。わたしが部屋に泊まらないかと声をかけると、悪態をつかれて断わられる。それでわたしは行ったり来たりをやることになる。と、パリ警察隊《トリスト・ア・パット》の兵士(135)が駆けつけて来る。それをやり過ごすためにわたしは傍らに寄る。下士官とそれが率いる一隊はわたしに気づかなかったが、伍長がわたしに飛びかかってくる。この男がわたしの襟首をつかもうとしたので、わたしはそいつを殴りつけたのだが、道があまり広くなかったため、その男は自分の鉄砲の上に倒れてしまい、それを壊してしまった。彼らはわたしを取り囲み手錠をかけ、警察署に連行する。伍長が警視に証言し、わたしはそのあらゆる点について反論し、なぜに証言をさせるために娘を連行してこなかったのか、伍長は酔っていて地面に倒れたのだ、と言ってやる。そして実際に伍長はほろ酔い気分だったのだ。警視はわたしを放免しようとする。しかし戸口のところで兵士たちはわたしに飛びかかり、ラポルト警視のところにわたしを連行し、警視を起こし、警視はわたしを閉じ込めておく(136)ように命令する。

　監獄に着く。獄吏たちがわたしにこうなったいきさつを尋ねたので、一部始終を話してきかせる。すると彼らは、おまえは善良そうな若者だ、たいしたことはない、われわれのところに留め置かれるだろうが、明日には明るい部屋(137)に移ることになるだろう、とわたしに言う。わたしは二五ソルを出し、(獄吏たちと)ブランデーを飲む。こうして朝になっても飲んだくれの相手をしているというありさまである。わたしは、拘留されているある男に面会にきたマルタンというガラス職人と顔を合わせる。そこで彼に金物商をしているいとこのところに行って、わたしのことを伝えてくれるように頼む。一時間もすると、そのいとこが、羊のもも肉と四リーヴルのパンをたずさえ、それに水差しにぶどう酒をいれてやってくる。わたしは彼にこのことは誰にも言わないでくれと頼み、ただ雇い主にだけは伝えておいてくれと言う。

そこには女たちがたくさん留置されていて気をそそられる。しかし彼女らがわたしのところにやってくる、いとこの女だか情婦だかが、わたしに大いに関心を抱いている様子の魅力的な金髪の娘をともなってやって来て、知り合いであることを利用しようとする。それで女たちはわたしといっしょに食事をしようとしばしばそれなりのものを持ってやってくる。小太りの褐色の髪のきれいな女がいて、彼女には兄がいたのだが、それがわたしの友人でもあったので、わたしの伝言を喜んで伝えてくれ、その友人は彼女がわたしのことを憎からず思っていると教えてくれた。

新兵の募集係官のロベールが、ある日、応募する熱意のある者を求めてやってくる。わたしは彼にこうなった一部始終を話し、酒を飲みながら父にはこのことを言ってくれるなと頼んだ。ところが彼は外に出るとすぐに父にこのことを伝えに行く。父がやってきてお説教をしようとするが、友人たちもやってきて、わたしは友人たちといっしょになって父に酒を飲ませ、逆に父にものごとを説いてきかせる。その翌日は聖体の祭日にあたっており、わたしは礼拝堂を見に行き、人々はミサを唱えにおもむく。ところがそこでわたしにわかったことは、なんとその礼拝堂付き司祭が、わたしを探していた女の兄だったのだ。わたしは祭壇の段のところにひざまずき、ミサに対する答えの祈りの言葉の一部を唱えた。司祭はわたしをじっと見る。彼はミサが終わると、裁判所の書記室に行かせ、わたしに一体どうしたのだと尋ねる。わたしはことの次第を話す。彼はそこの書記官に収監記録を確かめてほしいと頼む。するとわたしは釈放されたことになっているというのだ。彼は少しわたしにお説教をし、とくに妹とはうまくいかないと思うから、彼女には会わないようにと忠告する。

わたしは獄吏のところに行ってさよならを言い、わたしと夕食をともにするはずの女たちを待っていられないとしても、許してくれるように伝えてくれと頼む。父がやって来て、わたしの釈放のために友人たちの力を借りていると

を立てている。

ところで父に別れを言うと、父はわたしがまたも新しい美人の娘をものにして、父を困らせようとしていることに腹を立てている。

言う。ちょうどそのとき、褐色の髪の彼女がやって来たので、わたしは彼女にいっしょに外に出ようと言う。戸口のところで父に別れを言うと、父はわたしがまたも新しい美人の娘をものにして、父を困らせようとしていることに腹を立てている。

彼女とわたしはいっしょに走り出す。こうしてヴォジラールに出たのだが、これはすべて後をつけてくると思われる狼のような奴らを振り切るためにしたことである。夕方になって彼女をわたしの部屋に連れて行く。彼女の両親であればこうせよと言ったであろう、そのようなやり方でもってさんざんごねた後で、ことの折合いをつけて、その夜は快適に過ごす。朝になり彼女が出て行こうとすると、家主の奥さんが彼女のことを若い男たちを誘惑する女だと言って、侮辱の言葉を投げかけるが、わたしはただじっとしている。しかしわたしが部屋の外に出ると逆に奥さんはわたしを非難する。わたしは、自分の部屋の主人はわたしなのだからそんなこと大きなお世話だと言い返す。すると彼女は、そんなことじゃなくて、あんたの部屋には毎日新しい人がやって来る、そのことを言っているのだと答える。そこでわたしは、この一一日間ほどはこの家に足を踏み入れていないんだぞ、と言ってやる。彼女は夫を呼び出し、その夫は、少なくとも八人から一〇人の女が昼間にたびたびやってきたのは確かなことだ、もしわたしの仕事場をよく知っていたら彼女たちをそこに行かせただろう、と言ったので、わたしは笑い出してしまった。彼は気のいい男で、われわれはいっしょに酒を飲んだのだが、そこで彼は次のように言ったのだ。わたしの女房はあんたがもう少し静かに落ちついていてくれればいいと思っているのだ、そうであればあんたはサント゠ジュヌヴィエーヴの丘に住み、なかなか立派な店をもっている未亡人と連れ添って、この近隣に住みつくことができるのにと思っているのだと。わたしはこれに対して、いつかはそれがわたしの直面する問題になることだろうと言った。

ド・ラボルド殿(138)の仕事をしていたとき、わたしはその二人の息子に凧《たこ》をつくってやって、それで結構いい心づけをもらっていたのだが、そんなときその家の内装の壁紙を扱う従僕がわたしに、殿様がわたしと話をしたいと言っておられると伝えに来た。わたしがその人の部屋に入ると、次のように言われた。君、わたしはガラス屋を一人召し抱えたいと思っているのだが、あんたがいいのではないかと思っているところだ。食事を食膳室でとってもらい、多少の特別の手当ては別にして、一日二五ソル出そう、一週間のうちに返事をもらいたい、と。わたしはありがたいことですと言っておいた。夕方、食事のあとでわたしはエロフさんに、あなたはド・ラボルド氏のひいきのガラス屋という立場を失おうとしていますよ、あの人はわたしを召し抱えたいと言っていて、一週間のうちに返事をと言っていますが、それではわたしがあなたに負っている義理を欠くことではないかと思うので、このことを打ち明けておきます、うまくこれを切り抜けるために、わたしはもうあそこには仕事に行きません、と言った。彼はわたしに感謝し、そうしてもらえるとありがたいと言った。

彼の姪がわたしに、次の日におじは町へ夕食をとりにでかけていき、彼女ひとりになるから夕食をいっしょにしようと言った。それでわたしは言われた時間に彼女のところに行く。戸口は閉められ、わたしがテーブルにつくと鶏の煮込み料理ができていて、その若鶏を串からはずして切り分けようとしていると、そこに雇い主と奥さんが帰ってきたのだ。こうしてご馳走ののったテーブルで姪と差し向かいに座っているわたしを彼らは目にすることになる。彼らはわたしに、どうぞそのままでと言ったのだが、わたしは思ったようにはご馳走を食べられなかった。

この夕食のあと、雇い主はわたしを散歩に連れ出す。われわれは酒場にはいり議論となる。彼は、わたしが身を落ちつけるつもりがあるのか、もしそうなら姪から七〇〇フラン借りているからそれをわたしに進呈する、それに彼女はその父親の財産の取り分が一二〇〇フランあるのだ、と言う。わたしは同意する。彼は店の資金を調べることに没頭する。彼の言ったことはあてにならないものだとわかる。ある日、彼がこのことをわたしに話しているとき、われわれはそれぞれの肩に一六枚の大きなガラスのはいった窓をかついでいたのだが、彼は足を踏み外してしまう。彼はかつらをつけているだけだったので頭をガラスに突っ込んでしまい、身動きならなくなる。たくさんのガラスの破片で彼の首は傷だらけになり、ちょっとからだを動かしただけで、激痛に見舞われるのだった。結局、わたしは非常に苦労してやっとのことで彼から窓をとりのけることができたのだが、彼のあわれなかつらは駄目になっており、顔や首のいたるところに切り傷ができてしまった。わたしはこのような苦労をしている間も、どう抑えようもなく声をたてて笑ってしまい、帽子をかぶるべきだったと言った。

その彼がバランヴィリエ公(139)のための仕事をしていたときのことだが、公妃がその仕事の現場にいるときに彼がやってきた。彼は公妃を小間使いだと思いこんで、ふざけようとして何度もやさしい言葉を口にしながら、彼女の胸に手を当てる。わたしは身振りで人違いだと知らせようとしたのだが、彼はこの合図をけしかけているものと受け取り、奥方は激怒することになる。彼は公妃を強く抱きしめたので、わたしはそれは公妃だと声を出して言わざるをえなくなる。公妃は召使いたちを呼ぶ。エロフは人々の中で身を縮めて小さくなっている。彼は膝をつき、ひどい言葉づかいをしたのでその場にひれ伏す。彼は、出て行け、二度とこの屋敷に出入りするなと言われる。彼はわたしを待っていた。門衛のところでぶどう酒をいくらか飲み(140)、こんなことがあったなどと女房には何も言ってくれるなと、わたしに懇願する。

わたしは彼が言った気をそそるような約束が言葉だけのものと見てとり、また彼の姪はわたしにつきまとうので、なにも告げずにエロフのもとを去り、徒弟としてわたしが使っていた若者を連れて、ラングロワという人のところで働くことにする。彼は旧友の一人で、かつてわたしにアルルカンの着る珍妙な服を売ってくれた人だ。しかしそこで働き始める前の二週間ほどを、トリュデーヌ殿(141)の所有するモンティニーという城館で過ごした。そこには友人のデュ・ティレとその連れ合いがいて、デュ・ティレは給仕長として、その連れ合いはリネン係の奉公人として働いていた。わたしはそこでバトワール(142)や球戯で遊んだりして大切にもてなされたのだが、このすてきなところからも立ち去ったのである。

友人のラングロワはサン゠トマ修道院(143)の修道女のために、そこの教会の窓の鉛骨にステンドグラスを入れる仕事をしていた。そのためわれわれはその修道院に二か月のあいだ滞在した。仕事が完全に終わると、女修道院長が雇い主の同意を得たうえで、わたしに修道院の内部で働きたいと思わないか、よい食事を提供するし、朝八時にやってきて六時に退出すればよいことにするし、一日につき一二ソルを給金に上積みする、と言ってくれたのである。わたしはその修道院の規則、つまりわたしが共同の大寝室から出るとき、また食事をとるときには手に小鈴を持つことという規則に従うことにして、この申し出を受けることにした。すると修道女のなかのいたずらっぽい連中は、わたしの小鈴の音を聞きつけると、黒い布で顔を隠しながらわたしを見に来るのを楽しみにするようになったのだが、わたしとしては髑髏《どくろ》の形を見て楽しんだという次第になった。そしてまた、修道院でよい食事をしたあと退出するときに毎日一二ソルを支給されたのだが、それを手にしてわたしは毎日のようにカデ・ビュトーに出かけて、若い女の生気に満ちた顔をみることになったのであり、あの花売り娘もわたしに会いにきたのだった。

わたしはそれまでの部屋からサン＝ジェルマン広場の八階の部屋に移った。暇なときにわたしはその小さな屋根裏部屋を改装して、格子模様に組んだ小さな鏡をとりつけた。これでわたしはあらゆる方向から寝ている自分を眺めることができるようになった。それでこの部屋を去るときには、家主はわたしに三〇フランくれた。

わたしが修道院で働くようになってからというもの、生気がなくなってしまって、いつも眠っていたいような気分だった。そのことをわたしは友人のラングロワに言って、もう元気もなく変になってしまった、修道院はわたし向きではない食事を間違って出している、と話した。わたしはもう修道院にもどる気がしなくなった。女修道院長からわたしが姿を見せないことについて呼び出されたラングロワは、小部屋にいるわたしに会いに来る。それから事の次第を院長に知らせた。すると院長は食べ物のことは自分のあずかり知らぬことであったと言い、もしわたしが戻ってくれば、食事のことはしかるべく考えるし、毎日心づけとして二四ソルを支給するようにしようと言ってくれたので、わたしは再び修道院におもむくことにしたのである。

ある日のこと、わたしはサント・ユルシュル修道女と二人きりで、プチ＝ペールの修道院の庭が見下ろせる彼女の個室にいた。彼女はわたしに、ガラス屋さん、もしわたしが社交界の女(144)だとしたら、あんな男たちを相手にする気には少しもならないでしょう、とプチ＝ペールの庭を指差しながら言ったのだ。この瞬間、わたしは自制心を失って、再び幼な子イエスのライヴァルになってしまった。彼女は美しく太り肉でいきいきとしていた。世俗の人間にとってこれはなんという歓びであることか。ハレムで待っているかくも美しい修道女たちを口説くということは。これはあのアジャンでの二人の修道女を思い起こさせることになった。彼女らはわたしに靴下を編ませただけだったのだが。今この修道女ももうひとつ別のを持たせてくれ、わたしはそれに大いに満足したのである。

しかしやるべき仕事はつねにいくつかあって、修道女たちの個室の塗装もやった。これを女修道院長はよくやってくれたと思っていて、またわたしを個室に案内する権限をもっていたのは院長だけで、他の修道女は顔を覆ってわたしを前にすると逃げ出さなければならないことになっており、そんなわけでわれわれは間食にさまざまな甘いものを食べたり、大いに気楽な気分になっていたので、修道女たちのベッドはわれわれのソファーとなり、それらはわれわれのため息を聞いていたのである。そしてこれでわたしは本来の調子を取り戻した。しかしこのとき残念なことに仕事は終わりとなり、そのあと同じような立場で二、三回出向いたことがあったものの、もうそこに行くことはなかった。

わたしは小舟を買い求めたが、それは四二リーヴルもした。いとこの一人であるシェニエが、いっしょにその舟でシャラントンの上流にある島々に行きたいと熱心に頼み、行くのであれば、四人の男がそれぞれ女を連れて行こうということになった。わたしはいとこに、今のところ連れて行くような彼女はいないと言うと、いとこは心配するな、あんたが監獄に入っていたときにあんたに会いにきたことのある女を、おれの彼女が連れてくるから、と答えた。

わたしの準備が整い、(彼らは)七人で食糧も用意してきて、(われわれは)出発した。われわれは大いに楽しんだ。その島々は柳に覆われ、太陽の日差しを避けるのによく、また人目を避けるのにも適していて、それぞれが連れの女と親密になった。わたしはそのとき、ものにした女の住所を聞き、わたしの気がそそるときに会うことにした。わたしはこんな羽目になったのだ。

われわれは夕方、月の光のなかで涼しい空気に満たされながら、川を流れ下って帰ってきたのだが、そのとき人が叫び声をあげているのに気がつき、わたしは溺れかかっている若者を発見する。わたしは自分の鉤竿を手にとる。幸いにもその男の脇をつかむことができ、こうして若者は舟の中に引き上げられた。友人たちが、その若者の足をつかんで頭を下にすると、飲んでいた水を全部吐き出す。われわれはその男を岸辺まで運ぶために、警官の叫び声がしたのもかまわず、いくつもの橋の下を通過して下って行く。

溺れた者は警視がやってくるまでは川の中にほっておかねばならぬということ(145)、また溺れた者をつかんで助けた場合には、死んでいた場合でも六フランもらえるということをわたしは知っていた。そうでなく命を助けた場合には、助けた人が溺れた不幸な人からお礼を受ける以外にないということになるのだ。以上のようなことはまったく人間味に欠けたことなので、われわれは廃兵院の方へと舟で下って行き、そこに彼の友人たちが彼の身の回りのものを持ってやってきて、彼をひきとって馬車に乗せたのである。わたしは自分の住所をその友人たちに教えておいたので、翌日になると若者の父母と兄弟が、友人ラングロワのところにわたしを訪ねてきた。彼らは感謝の言葉を述べて、礼金を差し出したのだが、わたしはそれを受け取ろうとは思わなかった。わたしは人情からそうしたまでのことで、こうした不幸な目にあった人には誰であれつねにそのようにするであろう。彼らは大変に感謝していたが、わたしが彼の父親のところにおもむいて、大変なもてなしをうけたにもかかわらず、三週間たつと若者自身がわたしのところにやってきて、わたしのことを命の恩人と呼んだ。

わたしが新しく親しむことになった女は川舟遊びに大いに満足していて、われわれはその夕方、いとこといっしょになって交換パーティーをやった。わたしはサマリテーヌ揚水場の舟の船頭見習いの息子を知っていたが、この男は気のいい奴で、われわれの舟を操る役を引き受けていた。われわれは彼のことに気をつかっていて、酒を飲ませてやっていた。ある日の夕方、彼女のところに行こうとして歩いていると、立派ななりをした剣士に呼び止められた。彼はわたしに、もしや誰それではないかと尋ねるので、そうだと答える。するとその先生は声を荒げて、デュプレ夫人のところにこれからも顔を出すのなら思い知らせてやるぞ、とのたもうたのだ。それで、おれの邪魔ができる奴などこの世にいるものか、と言い返す。するとその男、そうはさせないぞ、吾輩の剣を受けてみろと言う。わたしはそれに臆せず、それを見て男は剣を抜く。パリ式の拳法の一撃が彼を襲う。男は転倒する。わたしは男の剣をつかみ、刀身をまっぷたつに折り、相手の顔にそれを投げつける。そして刀の柄を奪い、オラトワールの袋小路の腕っ節の強い友人たちがいつも集まる酒場におもむく。その友人たちの話では、奪い取った剣の鍔《つば》は金の象嵌が細工してある銀製だとのこと。それでわたしはそれを返しに行くと言うと、彼らはわたしに付いてきてくれる。相手の男は大勢の人々に囲まれて、体を拭っている。ある人々は彼を非難し、他の人々は議論している。わたしは男に話しかけ、おれはかなりの若者なのだ、ほらこれはあんたの剣の鍔だ。もしあんたが剣の一撃を加えようと思うときには、なんなりと助太刀する、権威を傘にきて行動しなさんな、そんなこと考えなければあんたは剣の達人とおもわれるのだから、このことをよく覚えておいてもらいたい、と言う。すると男はわたしと知り合いになりたいと言うので、願ってもないことと返事する。そしてわれわれはラルブル＝セック街のヴァン・ミュスカという酒蔵で飲むことになる。そこで男はデュプレ夫人のことを語り愚痴をこぼす。彼女を熱愛しており、彼女なしには生きていけないと言うのだ。わたしは吹き出してしまう。わたしはそのような気持になったことはまったくなかったので、人はそんな揺れ動く気持などなしに、愛することができると思う。

その男は、あんたは勇気がある、友達になってほしいと言ったのだが、わたしは警戒していいかげんな住所を教えておく。わたしは彼がド・ヴェルタモン伯爵(146)の息子だということを知る。わたしがシェニエの愛人のところに行くと、デュプレ夫人(147)がそこにいる。彼女はあの男よりわたしのほうがもっと好きだと言い、わたしは彼女が勝手にそう言っているのだからと聞き流す。しかし日曜日や祝日になるとわれわれは、舟でサン＝クルーあるいはセーヴルに散歩に出かけた。ラングロワはわたしに、フェイドー街にあるドゥノングレ夫人(148)の住所を教えてくれる。夫人は自身の償いをするためにパリでも最高級のなかの一つにはいるハーレムをもっていた。そのハーレムにはいると、わたしはその女主人と言葉を交すことができ、彼女と知り合いになる。それで彼女はロザリーのかつてのママさんだということがわかり、すぐにロザリーの消息について尋ねられる。わたしはロザリーが夫人のところにいると思っていたから、夫人には、彼女がどうしているかわからないが、いつも感謝の気持をもっていた、しかし今では彼女にたいしてわたしがどう思っているかわからなくなっている、彼女がわたしの父と懇意にしていたことを告白してからは、彼女はわたしに嫌悪感をいだかせるのだ、と返事した。

夫人はわたしに愛人がいるかと尋ねる。わたしがあやふやな答え方をすると、夫人は、ご安心なさい、すぐにあなたにやさしい女性を紹介しますから、と言う。そう述べながら、彼女は、大きなサロンに顔をそろえていて、ある者は鏡の前に、他の者は靴下止めをつけようとしており、またある者はトランプ占いをしていた、一五人ほどの女たちに会わせてくれた。そして、こうした若い女性で、いなくなってしまったロザリーの埋め合わせをあんたにしてもらおう、などということではありません、とわたしに言った。わたしは思わず吹き出してしまったが、夫人は、あだっぽいガラス屋さんを紹介します、この人を愛人にしようと思う人があれば認めてあげます、と言う。女たちはわたしを見つめ、またわたしも彼女らを眺め、女たちがわたしの足の先から頭までをじっと見つめ始めたのには、恥ずかしくなってしまう。と、女主人は、あんたの仕事をやって、そしてわたしといとしい将校さんといっしょに食事をしましょう、と言う。彼女の後ろ盾になっているのは、パリ警察隊の下級士官だったのだ。わたしは足しげくそこに通うことになった。

次の日曜日に、二〇人以上がテーブルについていたので、夫人がわたしに、あんたはブロンドの髪の女が好きだということがわかったので、好きな女を選びなさい、と言った。わたしは少々驚いたが、その場の若い男たちがそれぞれ愛人を傍らにしていて、甘い言葉をささやいているのを見ていたので、わたしもそれを見習うことにした。それで女主人は、祝日や日曜日にだけこのような自由を与えており、そのあとそれぞれの個室に入って行くのだということを知った。わたしもこれに習い、その週のうちにまた来ることを約束した。わたしはこれらの若い男といっしょにいて、訪問するときには何かプレゼントするか、花束を持っていくことが必要だとわかり、わたしもその習慣に従い、わたしのかわいいブロンド娘は心ゆくまで楽しんでいて、色っぽいことを好む性分だったので、快適な時を過ごした。

こうしている間にわたしのいとこは愛人と結婚しようと思うようになっていた。わたしは彼に、少し考えてみてはと忠告しようと思ったのだが、とてもそんなことを聞こうとする状態ではなかった。彼の父親もわたしの父も、まったく姿を見せなかった。いとこは、それでは、あんたには何から何までやってもらいたい、と言った。われわれはムフタール街に結婚の申し込みに行ったのだが、それが紙商人(149)だと自称する大変な金持ちだった。その人は小さな鉤棒で古紙を拾い集める男たちから、その古紙を買い集める仕事をしていた。その家にはいり、結婚の申し込みをするのはいささか常識破りのものだった。わたしはシェニエといっしょに総勢三人でそこにおもむき、大きな中庭にはいった。と、そこにはポケットのついた上っ張りを着て、熊手のようなものを手にし、小さな鉤棒でたくさんの布切れをかき分けている男を脇に従えている大きな男がいた。われわれはその男に挨拶をする。その男は気の利いた飾り付けのしてある部屋にはいるようにわれわれに手で合図をした。そこには耳の形をした金の大きな留め金のついた鎖の輪(150)と大きな鎖と金の十字架をかっこよく身につけた年配の女がいた。われわれは彼女にうやうやしく挨拶する。わたしは彼女を抱擁する。わたしのいとこになるはずの人が愛らしいその妹と(いっしょに)すでにその場に来ていて、その妹はわたしを気にし始めている。われわれは椅子をすすめられ、アンリ四世時代のものという古めかしい銀のカップで飲み物をもてなされる。

父親がやってくる。金のブレードのついた上着で美しく着飾り、その上着は膝のところまであり、そのかつらは六段の折り返しのついた大きな巻き毛のもので、その毛は指の先まで届いていた。この人に脱帽して結婚の申し入れをしたのはわたしだった。彼はわたしに帽子をかぶるように言い、申し込みに次のように答える。彼には二人の娘しかおらず、結婚のための身の回りの支度を除いて、今のところそれぞれに六〇〇〇フランしか与えるつもりはない。二人の娘をともに片づけてくれるのであれば、結婚式の費用も用意しよう、と。わたしはごもっともですと言って楽しげに返事をする。と、若い妹がちらりとわたしを見るので、わたしも結婚するつもりでいると言う。ここで会話がひろがっていき、われわれは酒をすすめられ、すべては上々の成り行きとなる。わたしは若い娘のそばに座り、お母さんの手を握って、その家に出入りする許しを求める。母親はフォブール・サン＝マルソーの場末の街の流儀にのっとって、その許可を与えてくれた。

われわれは別れの言葉を述べ、わたしは若い妹に口づけし、すでにいとこと世帯をもっていたのにお嫁さんと称している人を小脇に抱えた。彼女はわたしに、デュプレ夫人のところへすぐに行って、わたしが彼女の妹に結婚を申し込み、また彼女の母親がわたしの職業について尋ねたこと、そしてわたしがまじめに結婚を申し込んだのなら、われわれは二重に親族の関係をもつことになる、ということを話そうと思うと言った。そこでわたしは、あんたは大変慎重な人だということを知ってはいるが、結婚を申し込んだことが、デュプレ夫人にわかったとしても、彼女にはあの騎士が付きまとっているじゃないか、それに加えてそんなことをすれば、おれは困ったことになるだけだ、と言う。するとそれじゃあんたは本気で結婚するのね、と彼女が言うので、わたしは、おれがあんたの義理の兄になるのが嫌なのか、と言う。それに返事をする代わりに、彼女はわたしの手を握り、わたしを抱きしめた。

結婚式のためにということで、デュプレ夫人は絹の靴下一足ときれいな下着をわたしにプレゼントしてくれ、わたしはそのお返しに、慣例に従って花束を贈った。夫人は当日、夕方になってあの騎士がダンスにやってきても、腹を立てないようにと言ったので、わたしのほうも同じように、嫁さんの妹の隣にわたしがしばしば付いているようなことがあっても、気にしないでもらいたい、その妹と語り合っていてもそれはただ気取ってそうしているまでのことなのだから、と彼女に言った。しかし夫人はいたって繊細な人だったから、そんなことでごまかされはしなかった。彼女は騎士を避けるようにしたので、騎士は不快な思いをしていたが、わたしはそんなことに頓着せず、ずっといつもの調子でいたのである。われわれはそれではこれでということにして別れたが、わたしはその夜の残りの時間を婚礼に出席したほかの若者と過ごし、その後デュプレ夫人のところに行ったのは、夫人が逮捕された翌々日だった。騎士の父親が彼女を連行させ、マドロネット(151)に閉じ込めてしまったのだ。わたしは長いことそのいきさつを知らないでいた。夫人の娘はわたしに、母親の家具調度品や衣類を取り戻してもらいたいと言ったが、義理の兄と名のる人がそれらをすべて持って行ってしまい、連れ去られた夫人が帰ってきたときには、すべてが奪い取られていて、頼れるものはなにもないありさまであった。

わたしは相変わらずドゥノングレ夫人のところに通っていた。ある日のこと、夕食の後で夫人はわたしに、ちょっと言っておかねばならないことがあると言った。そこで彼女の部屋におもむき腰をかけると、彼女はわたしに、メネトラ、あんたひょっとして具合がわるくないかい、若い男が女あさりをして、時にだまされてしまうことがあるじゃないの。というのもジョセフィーヌ（これはわたしの愛人の源氏名である）が苦痛だと嘆いていて、病気にかかっているのよ、と言った。わたしはすぐさま武器を手にとって、その状態を見せてやる。仔細に調べられたあと、すべては正常であることがわかる。彼女は、しまいなさい、うれしいわと言う。わたしはといえば、うれしいどころではない。時打ち人形が不敵な頭を見せるように、それは出てきたときのようには戻れないだろうと、わたしは彼女に言う。それはそこを通らなければならなかったのだ。わたしたちは二人とも満足し、わたしはこれからも彼女のところに通うということを約束させられた。わたしは約束することでなんの危険もおかしはしなかった。しばしば他の女たちにもそう約束していた。

エロフは彼を見捨て、その姪を捨ててしまったわたしに、仕返しをしてやろうと思っていた。それで彼は、わたしがヴェルサイユの王様のお抱えのガラス屋であるジェラールおやじのところに行くように仕組んで、わたしにひどい打撃を与えた(152)のだ。やむを得ず出発しなければならないことになったのだが、出発の前にエロフに少々いたずらをしてやろうと思った。わたしが彼の店にいたときに、店の上のところに大きな文字で一行、ガラス工房とペンキで書いたことがあった。エロフが同じようにひどく非難していたビュシーという男がわたしに会いに来た。それでこの男と共謀して、エロフのところにいる三人の職人をすべて引き抜いて、われわれとともにベルサイユに連れて行ってしまおう、ということにしたのだ。朝の五時前にはしごを持ったわたしは、ガラス工房と書かれた文字の端のところに、同じ書体で、書かれているものを台無しにしてしまう言葉を書き加えた。この巧妙な作戦が終わると、われわれは酒場におもむき職人たちが出てくるのを待った。彼らが現れると、酒場に招き入れ、彼らは入ってくる。そしていっしょに白ぶどう酒を飲み、どうするかを考え、わたしは相棒のビュシーと食事をとる。それで元気いっぱいになり、職人のなかの一人を引き抜き、他の職人たちは働ける状態ではなかった。一人は兵士であり、他の一人は酒場ランポノー（153）の主人の甥で、これはほんもののおきあがりこぼし《ランポノー》で、なにを言っても通じない男だった。

われわれに引き抜かれてヴェルサイユにいっしょにおもむくことになった職人は、ダルヴレーさんのところの部屋の鍵を持っていて、それを返してきたいと言うが、わたしはそれを押し留める。彼は文字が書けないので、わたしがエロフに手紙を書き、彼には次のように言ってやる。「鍵をお返しする。わたしはあなたが悪しざまに扱った二人の職人と出発する。漁夫の利を占めるのだ」と。わたしは仲間になった二人の職人を待たせておき、わたしの花売り娘に会いに行き、ドゥノングレ夫人のところにも行く。わたしはその家のなじみ客になっていて、彼女はわたしに会いに日曜日にヴェルサイユに行くと言う。それでわたしがここに来るからと言うと、彼女はそれでは疲れてしまうからと反対する。そして着替えの下着類をプレゼントしてくれ、それをヴェルサイユに持ってきてくれると約束する。こうしてわれわれは別れたのだが、いつもその娼家の人々には二人のことは内緒にしていた。なんでも打ち明けて話していた一人の娘を除いて。それは当然のことだ。

ヴェルサイユに着くと、ジェラールさんはわたしのことを覚えていてくれた。それはおよそ九年か一〇年前に、わたしが彼のところで働いたことがあったからだ。ジェラールさんのところの職人たちも、わたしに親愛の情をもってくれた。われわれ職人はヴェルサイユ宮殿の控えの間にいて、総勢でおよそ三五人である。それが夕方になると、われわれはテーブルの上にのって客寄せのために芝居小屋の前でよくやられていた寸劇を演じる。召使いや大勢のスイス人傭兵警備隊（154）の連中がそれを見て楽しんでいて、国王のお孫さんたち（155）それにわれらが殿様方にもわれわれの猿まね芝居を見にきてもらった。雇い主は大喜びで、昔のことを思い出して食事のときにそれを話し、わたしがあの頃ある職人に、鹿の庭園では穴熊をつかまえることが可能で(156)、その熊の毛皮は三リーブルの値打ちがあると吹き込んで、その男に夜、鹿の庭園で過ごさせ、それで彼は騎馬巡邏隊に捕まり牢屋に連行されてしまったこと、このわたしはといえば、鹿になってすべての職人がわたしを追いまわし、多くの貴族がこの鹿狩りを見て喜んでいたこと、そしてまたある日、歩廊のある広間で馬跳び遊びをしていて、一人の職人がわたしを落下させてしまい、わたしは鼻を痛めてしまったのだが、その場にいた貴族の殿様がたはわたしがいっぺんに数人を跳び越えたのを見ていたから、わたしをわざと落下させてしまったことに大変腹を立てたこと、わたしに一二フランのお見舞いが与えられたので、わたしはその次の日に仲間たちとその金で飲み食いしたのだ、というようなことを語る。

わたしはこうしたにわか芝居《パラード》が、雇い主やその奥さん、またその息子や娘たちを喜ばせたのを見て、その次の日には寸劇をやる職人が五人か六人しかいなかったし、われわれの仕事場が小さな広場に面しているからとわたしは言って、六つの樽とわれわれの仕事台でもってそこにみんなで舞台をしつらえた。われわれは八つか一〇の照明を用意し、〝靴直しの道化芝居《パラード》〟をやります、と前口上を言って(わたしが)舞台にあがった。その芝居に必要なあらゆる道具をそろえ、相棒のビュシーはきれいな顔立ちをしていたので、雇い主の娘たちが彼に女の格好をさせた。大変大勢のひとたちがその芝居を見にやって来た。その翌日には、〝仕立屋の道化芝居《パラード》〟をやった。人々はいくつもの松明を持ってきてくれ、そんなに暑くはなかったのだが、われわれに冷たいものを出してくれた。女性たちは馬車でやってきていて、〝靴直しの道化芝居《パラード》〟をもう一度やってほしいと言うのだった。人々は投げ銭をしようとするが、われわれはそうしたものを受け取ろうとは思わず、毎晩のようにずっとわたしとビュシーは舞台に残って、いつも大変楽しい思いをしたのだった。

ドゥノングレ夫人は手紙で、いろいろ問題がもちあがっていて、わたしのところに来られないと伝えてきたが、白い下着とカラーに包んだ六フランのエキュ金貨二枚を送ってきた。そのカラーには小さな美しいメモがついていて、わたしがヴェルサイユを発つ日を知らせてくれないか、その日にはパッシーまで迎えに行くのだが、と書いてあった。われわれをパリから遠ざける四〇日間が終わり、日曜日の朝に出発する予定だったので、ヴェルサイユに来たときのものとして三リーヴル、仕事が終わって帰るときのものとして三リーヴル、合計で六フランを渡され、われわれが監督官のところに出向くと、彼はどちらがパリ出身でどちらがマンソー出身かと尋ねた。そして自分は命令を受けており、われわれは国王の大厩舎づきのガラス屋であるプチという人のところでさらに働くことになった、その大厩舎のガラスをすべて付け替えるのだ、と言う。

わたしはといえば、およそ一二〇の街灯の仕事をラングロワのところでやらねばならぬということになっていて、その上に交際の相手もいるわけで、あの花売り娘はセーヴルで、ドゥノングレ夫人はパッシーでわたしを待っていると知らされていたのだから、わたしは自分に好都合な計略を思いついたのである。ジェラールさんのところにわたしの荷物をとりに帰ると、彼は挨拶に出てきて、わたしがヴェルサイユにとどまることになったこと、そしてその仕事が終わると次には彼のところに、そこの四人の職人の一人として戻ってくること、またそういうこともある（ので）、わたしはマンソー人と連れ立ってプチ氏に会いに行くことになろうから、そのときは彼もいっしょに行く、などと（言ったのである）。わたしはこのように言うジェラールさんに、その場しのぎの言い訳を言っておいた。

わたしは荷物をビュシーにあずけ、花売り娘にはわたしがヴェルサイユにとどまらねばならないことになった、と伝えてくれと頼んだ。彼にも知り合いのブルジョワ女がいて、花売り娘とともに二人してセーヴルで待っているとのことだった。このマンソー人とそれからエロフのところから引き抜いてきた職人を連れてプチ氏のところにおもむくと、そこの職人たちは、わたしが彼らの仲間になることに歓迎の意を表した。わたしが、プチ氏はおいでかと彼らに尋ねると、奥さんしかいないとのこと、しかしわたしはそれでよかった。わたしは家に入り奥さんに、奥さん、これがわたしが紹介し、ご主人が求めておられる二人の職人です、と言った。彼女は彼らを受け入れてくれ、わたしは何も言わずに、職人たちがいっしょに飲もうと待っているにもかかわらず、太鼓もトランペットも鳴らさずに逃げ出したのである。

わたしは魚のぶどう酒煮の料理を用意して待っていたドゥノングレ夫人と落ち合い、馬車に乗って、というのも彼女は馬車でしか外出しなかったから、パリに戻ったのである。その翌日、わたしは友人のラングロワのところに出向き、ビュシーといっしょにわざわざエロフの店の前を行きつ戻りつした。エロフはわれわれを逮捕させると言っていた。われわれは彼に帽子につけてある花形帽章を見せつけてやり、彼のところに残って働いていた二人の職人に大酒を飲ませるようなことをした。

かの下級士官はかつて彼が必要としていたし、またわたしがものにしている愛人といさかいをしてしまい、牢獄(157)に一七日間もはいっていたのだった。わたしはといえば、ヴェルサイユの親方から身を隠しているようにという知らせを受けた。それによると、親方はわたしが自分の代わりにと彼に紹介した職人が、その仕事をやれる状態にはなかったので、わたしにうまくごまかされたと言って、わたしに働かせようと考えているからだと言うのである。

そこでわたしはモン＝サン＝ティレール(158)におもむき、そこの寄宿学校の窓の鉛骨にステンドグラスを入れる仕事をやっているある親方のところで働いた。わたしは自分の名前を隠しておよそ一か月のあいだ滞在した。月に二四フランで充分な食事つきであった。わたしはしばしばドゥノングレ夫人のところに通った。ある土曜日の夕方、食事のあとで、親方はぶどう酒を一瓶もってこさせて、メネトラさんの健康を祝して乾杯、とやりはじめた。親方は数日前から、もし数年のあいだ親方のところで働こうと思っているひとがあれば、自分の店をそれに譲るつもりだと話していて、(わたしは)それを気にもとめなかったのだが、この時それがどういうことなのか、初めてわかったのである。わたしは彼の誠意には感謝したが、いつもと同じ調子で働いていた。と、そこにラングロワがわたしを訪ねてきた。親方は数日分の賃金をわたしに支払わなければならないところだったので、立ち去ってもかまわない、気にするな、とわたしに言った。そこで(わたしは)ラングロワから割り当てられた街灯づくりの請負仕事をはじめたのだった。

わたしは大いにもうかったのだが、その分だけ浪費してしまった。わたしの相棒に、同郷の女のなかの一人と親しくしているのがいて、その女はクリストフ・ド・ボーモン(159)の愛人の家の料理女をしていた。彼女はルーヴル宮殿の裏手のところに住んでいて、ある日わたしの相棒は彼女のところにわたしを連れて行った。女主人は劇場に出かけていて、われわれは大いに歓迎され、そこの侍女がわれわれの相手をしてくれ、二組のカップルのパーティーのようになった。わたしはうまくその場にとけこみ、みんなが束縛から解き放たれた様子なのを見て、わたしも自由に振舞った。そしておいでのときには、いつでも歓迎いたしますと言われた。わたしは気楽にその言葉に従い、しばしば入場券を手にいれられたゴオドン、またニコレの芝居小屋に彼らを連れて行った。彼女たちは、カルラン(160)やサンソン(161)またクリストフ・ド・ボーモンは女主人の社交仲間だと言っていた。わたしはこれはまた変な取り合わせだと思わずにはいられなかった。この三人はたしかにフランスの道化役者の第一人者ではある。一人はノートル＝ダム大聖堂で、一人はコメディー・イタリエンヌの劇場で、一人はグレーヴ広場で道化役を演じている。その実際のところを確かめたいとわたしは思い、彼らの姿を見て、確かにそのとおりだと納得がいったのだった。わたしはこうした交際をしばらく続けたのだが、やはり少しでも窮屈な思いをするのを好まなかったし、優しい心遣いをするのも気がすすまず、彼女は大変情熱的ではあったのだが、わたしには他に交際相手もいたことだし、ときどきわたしは親密にしていた女に会いに行っていたこともあって、われわれの間は次第に疎遠になっていった。わたしはしばしばあの三人の道化役者のことを考えることがあった。その性格や身分によってまったく異なる状況にある男たちが、いっしょに結びついていて、しかもすべて一人の女のためとは。このことは、男というものはみなそれぞれ弱点をもっているのだということを深くわたしに認識させるものだった。

ラングロワとその奥さんは、わたしを結婚させ、ド・ブーローニュ殿(162)から受けた恩恵で繁盛するようになった彼らの店を、わたしに買い取らせることを念頭に置くようになった。しかし奥さんは、わたしがしばしばそのことに気がついていて、気乗りしていないので、積極的ではなかった。わたしは彼女がいく度も裏口を通って行くのを目にしていた。それはすべて、太った某氏が小さな階段を昇って行こうとして大変な努力をしたのだが、前に進むも退くもできなくなって、そのまま階段で立往生するということがあってからのことだった。ラングロワはこの彼の隣人のためを思って、階段から引き出してやろうとしてわたしを呼んだのだ。この人物はわれわれが助け出さなければ死ぬところだった。というのもこの人を引っ張り出すのに大変な苦労をしたからで、しかしそうではあったが大笑いをし、またラングロワをからかいもした(163)のだが、彼はそれを気にとめはしなかった。

ラングロワの奥さんはそこでわたしに、ド・ブーローニュ殿の親戚だと称する女性を世話しようとした。その人は八〇〇リーヴルの年金があり、店を買い取る資金を出すというのだ。顔合わせをし、わたしは気に入った。すでにわたしはブーローニュ殿が家に来ていたときに、このかわいらしい女がやって来るのを見たことがあった。ブーローニュ殿には多くの貧しい親戚がいて、特にその娘たちにお屋敷で会うのでは家内奉公人に知られたり見られたりするので、ラングロワ夫人のところに来て会うのだという話だった。ブーローニュ殿は彼女にささやかな婚資を与えることになっていて、われわれはこのよき父の前で結婚に合意するために顔を合わせなければならなかった。この人には魅力があり、わたしは金時計を贈られたが、金時計を二つも持っていたのである。こうした贈り物は目下の者からされるのでなければ、誰も苦痛に思わないものであった。ラングロワはわたしに、自分と同じように振舞っていれば、幸運に恵まれるのだぞと言っていた。

しかしこのブーローニュ殿、そしてこの家族関係はぼろかくしのかぶり物のように思われた。こうしたことはわたしの性分に合わないものだった。ラングロワとその奥さんは、われわれを散歩に連れ出す。わたしはむっつりとしてしまっていて、そのことを彼らは非難した。ついにわたしは心を決めて、トリュデーヌ殿のところに相変わらず住んでいた友人のデュ・ティレに会いに行った。そしてそれまでのことを彼に打ち明けると、それについて彼もわたしと同じように、かぶり物だということに気づいたのである。わたしはこういうことからどうしたら抜け出せるかわからなくて、困っているのだと言った。すると彼は、そんなこと簡単さ、おれがおまえをここで働けるようにしてやる、トリュデーヌ殿はシャティヨンにきれいな屋敷を持っておいでで、そこにはガラスを入れることになっている温室があるのだ。そのうえ殿様はその田舎の屋敷にガラス屋を常に雇っておきたいと思っておられる。おれが殿様に紹介してやる、と言うのだった。こうしてわたしは雇われることになる。

わたしはラングロワとその一党の連中をそのままほうっておく。そして人づてに、わたしは田舎に出発したこと、そして実際にここシャティヨンに来ていると伝えた。わたしはそこで一日あたり三五ソル支給され、サンスの近くのモンティニーという土地に出向いた場合には五〇ソルを支給される。食事つきである。殿様が田舎に滞在するときには、デュ・ティレが給仕長をやっていたから、出される食事は格別のものだった。わたしは快適に自分の時間を過ごす。ときどきフォントネ＝オ＝ローズに行き、その地のガラス職人たちと友達になる。わたしは彼らの手伝いを無償でやり、かわいい女友達もでき、それにわたしの心はとらわれる。

＊〔訳注〕当時のパリでは熟練の職人でも二五ソルが普段の賃金で、それからすると、これはかなり高額である。

わたしはドゥノングレ夫人に会うためパリにおもむく。彼女のもめごとに警察が介入してきていて、彼女は店の営業権を売ることに心を決め、その職業で多少の財産を蓄えたので、寝取られ男の夫とともに彼女の郷里に引退することにしていたのだった。わたしはその彼女の決心に大いに賛成した。すると彼女は、あんたがそう言ったことで、あんたがわたしを愛したことなどまったくなかったのだということがよくわかった、と言った。彼女の言うことは正しかった。わたしは官能的な快楽でならともかく、そのほかのことで女に心を動かしたことはまったくなかったのだから。わたしは彼女にお別れを言いにまた来ると約束したのだが、いまだにそれをしないでいる。

晴れた日が続いたので、われわれはシャンピニーに出かけ、そこでわたしの友人といっしょに関の酒場《ガンゲット》と呼ばれているところで過ごした。祭りの日や日曜日には城館の前でおこなわれるダンスに行き、他の日には大部分の時間をお屋敷の人たちとバトワールで球戯をしたり、散歩がてらに周辺の村の祭りを見物に出かけたりして過ごした。モンティニーから一里ほどのある村の祭りの日に、そこでデュ・ティレとともにバトワールで球戯をしていると、殿様と地方長官らしきお役人、それに司祭がやってくる。わたしには、そこにいるのがパリの職人だと言っているのが聞こえ、何を話しているのかとその方を見る。すると、ごらんのとおり、友達があんたがバトワールが上手だと言っておる、あんたと試合をしようというのだ、と言うのである。実際に六人の若者がやって来ていて、われわれのそれぞれに丁重な態度でラケットを差し出す。わたしの友人はゲームがよくできないからと言って断わったのだが、彼は、わたしの友人の方があなた方とお手合わせができるでしょう、と言ったのだ。わたしは丁重に辞退申し上げたのだが、彼らは是非やりたいと言い、殿様も地方長官も司祭もそれを後押しして、われわれは試合をやることになる。拍手喝采の音が響く。われわれは城館に招じ入れられ、冷たい飲み物をごちそうになる。

　わたしは大変な拍手喝采を受け、モンティニーの従者たちとともに次の日曜日にも六人の若者のお相手をすることを約束する。当日になると周辺の地域からたくさんの人々が押しかけて来る。わたしはバックを受け持ち、われわれはゲームを楽しむことができ、試合に勝ったのだが、なにはともあれ相手方も大いに楽しんでいた。トリュデーヌ殿はわたしが競技するのを見たがっていたので、わたしの友人はわたしにもっとやれといってきかず、トリュデーヌ殿の前をわたしが走って行くときには、彼を取り巻いている人々ともども、わたしに頑張れと声をかけていた。それでわたしも頑張るぞと答えていたのだった。

　ある日のこと、わたしは密猟監視人のあとについて行った。鉄砲を持っていなかったので、その監視人が野原を走って行くがままに、そのあとに従って行き、ある村にたどり着いた。その村で、司祭がトリュデーヌ殿に深々と腰をかがめて挨拶しているのを見ていたのだが、その司祭はわたしがいるのを見て話しかけてきて、バトワールで機敏なところを見せてくれたと言って、ひと休みせよということで、彼の司祭館に連れて行ってくれた。

　そこでお互いにさまざまなことを話したのだが、そのあと最後に宗教のことが話題にのぼった。わたしたちは秘跡の祭儀について語り合った。そこでわたしはセヴェンヌ地方のプロテスタントのことを司祭に話し、とくに、多少の見解の相違があるとしても、同じ神を崇拝している人たちの間で、プロテスタントが迫害されているという事実を強調したのであった。またわたしは、ローマカトリックの信仰がその最高の立法者たる神の定めた原則に従うのであれば、寛容であらねばならない（こと）、またカトリックがそのさまざまな祭儀によって愚かしいものになっていて、すべての秘跡がまがいものになっているとも述べた。そしてまた、免罪符が売られたり、金銭で免罪がなされていたりするのなら、その限りで地獄の恐怖などということは、煉獄と同様に第一級の偽善者たちによってでっち上げられたものにすぎないし、イエスは煉獄などということについて述べたことはまったくないのだ。また、すべて秘跡などというものは、金銭を巻き上げ俗衆にそれを強要するために、ただ単に考え出されたものにすぎないとも述べ、知力に大変恵まれた者でも、神を創り出したり、神を食いものにしてそのあと消化してしまったりすることはできないのだと言ったのである。われわれと信仰を同じくしない人々すべてを迫害し、すべての聖職者が教会なくして救済なしと述べているからということで、教会の言うところに従ってこれらの人々を、迫害されるに値するものとみなすとはなんとしたことか。また、われわれ自身がさまざまな彫像を前にしてひれ伏すことがあるのに、偶像を敬う者たちを偶像崇拝者呼ばわりするとは。同じように、それは神様だと深く信じ込んで食べる練り菓子を、われわれは崇めているというのに。この偶像崇拝者は、こうしたあらゆることが彼らの害にならないように、それ以外のものは彼らに善となるようにと思って、それを敬うことしかしてこなかったのであるが、われわれはその反対に真の人食いとなっていたのである。それに祈りを捧げ、それを崇めたあとで、そのご利益に報いるために、それをさらに食べてしまわなければならなかったのだ。

わたしのこのような考えには、それまでも多くの人々が反対したことがあったが、司祭もまたそれと同じような反論をおこなった。彼がわたしに言ったことといえば、教会がそれを信じているのだから、すべての祭儀の神秘を信じなければならない、という一つのことにつきていた。彼はわたしに、あなたは見識を持っている人だ。しかし良好な支配を維持するためには、民衆は常に無知と盲信のなかで日々を送らねばならないのだ、と言ったのだ。わたしはこれに対して、神よ、かくあらしめ給え、アーメン、と答えておいた。

夕方に城館に帰ると、わたしは密猟監視人にむかって、もしわたしも鉄砲を持っていたら、彼といっしょに狩りができたのだが、そしてもし彼さえよければわたしは狩りにお供する、わたしが野兎か兎をしとめたなら、銀貨一枚を出すのだが、と言った。翌日わたしたちは狩りをする。やぶの入口のところで彼は、パリの人、そこに一匹いるぞ、と言い、わたしはねらいを定めた。犬が走っていき、そのあとを彼が追いかけていき、その獲物を革袋に入れて、（われわれは）わたしの出した銀貨で食事に行く。彼はわたしのために確かなやり方で狩りを教えてくれた。というのも、わたしは獲物が温かいかどうか、それに触ってみてみるという機転をきかせることができなかったのだから。またわたしが彼にやってみせたいくつかのカードさばきと、彼がやってみたいと思い、あとでわたしが教えてやったカードさばきで、わたしのしとめた獲物の代金を払ったのだった。

われわれはこの田舎で大変楽しい時を過ごした。わたしが司祭と出会ったときにいっしょに話をし、またその後もそうしていた司祭のところの家政婦と、わたしは付き合っていた。わたしはしばしば、本を借りるという口実で司祭のもとを訪ねていたのだが、そうしたある日のこと、てっきり司祭は城館に行っていると思いこんで、わたしは司祭館に駆けつけた。そして司祭の世話係のその家政婦にいろいろうまい言葉を言ったすえに、わたしが彼女に迫っていこうとすると、物音がしたのだ。わたしはさっと脇に飛びのき、暖炉の隅にあわてて退いたのだが、とっさに食べ物を一方の手に、本を他方の手に持ち、顔は紅珊瑚のように赤くなっていて、相手の娘はまったく無表情でいた。もし司祭が彼女にいきさつを尋ねたとすれば、彼女は彼に告白してしまっただろうとわたしは確信しているから、司祭がそうしたことに関心をもっていなかったか、あるいは他のことに気をとられていたのだと思う。それでわたしは恐ろしくなり、彼女と会うことはやめたのだが、こういう場合には充分に用心しておこうと、自分に言い聞かせたのである。

このような状況にさらされた男というものは、もし片手に食べ物を持ち、司祭が目の前にいて、娘がおののいているというようなことであれば、はなはだ愚かしい体たらくになるのだ。ああ、何というひどい瞬間だったことか。全身から冷や汗が出たのだが、そうかといって身体はすぐに正常に戻るものでもなかった。わたしは恐怖にかられて彼女から離れたのだった。

われわれはシャティヨンに帰り、（わたしは）ルイ十五世広場の国王の騎馬像の落成式(164)を見物しにパリに出かけた。その次の日、わたしはパリのお屋敷に行き、執事に会うと、執事は三六フランをわたしにくれた。それで舞踏用の靴一足と麻の靴下一足を買い、父に会いに行った。（わたしたちは）ぶどう酒を飲んだが、父はすでに飲んでいて、二人のプロヴァンス人が、おや、あいつは酔っ払いだと言った。わたしは彼らにちょっかいを出さないでくれと言うが、父は彼らに悪態をついた。それで彼らは父を殴ろうとしたので、われわれは喧嘩となり、足払いとパリ式の一撃が威力を発揮する。わたしの友人の一人であるルノワールという男が、わたしに飛びかかろうとしたもう一人の男を引き止める。地面に倒れた男は溝の中にいくらかのお金を落としてしまい、わたしがばか正直にも、それを拾い上げてやる。すると男はわたしが金を盗んだと叫んだので、その男の襟首をつかみ、ろくでなしと言いながら彼を打ち据えた。パリの警察隊員がやってくる。わたしの父は酔っぱらっていて、もし息子に罪があるのなら自分が息子に折檻する、とずっと言い続けた。わたしは自分の金を見せる。相手の哀れな男どもは、それはわたしが溝の中で見つけたもので、自分たちの金だと言いつのった。

警官はわれわれを警視のところに連行する。彼らは尋問に対して、金は自分たちのものだと陳述する。わたしはそれはうそだと言ったのだが、聞き入れられず、父はわたしを罰するべきだと言い続ける。そこでわたしはトリュデーヌ殿の執事から三六リーヴルをもらったこと、そして靴下と靴をそれで買い、また父とだけではなく友人とも飲んで二四ソルを使ったことを明らかにし、金額はそれにぴったり合っている。二人の悪者は四エキュは自分たちのものだと言い張るし、父はわたしを罵るので、わたしは警視に人をやって執事に証言してもらってくれと頼む。天の助けであろうか、執事は自宅にいた。彼は警視のところにやって来て、真実のところを証言してくれる。二人のプロヴァンス人はシャトレに連行されていった。警視はわたしの父に、息子に対して冷たいではないかといって、あれこれと訓戒をたれる。執事もそれに言葉を合わせて、こんないい息子の親としての資格がないではないか、父親とは名ばかりのものだということがわかった、と父に言う。警察署の戸口のところにいた人々は父に非難の言葉を投げ、わたしは、あんたが父親として冷たい人で、あんただけの勝手な考えでおれを育ててきたことがよくわかったと父に言ったので、（父は）困惑しながら帰って行った。

このように言って父と別れたのだが、かつて漁師をしていたジェロームおやじに会った。彼は父の友人でもあり、以前別れるときに、サン＝ラザール街のヴィル・ド・ラ・ロシェルにいる彼を訪ねていくことをわたしに約束させていた。ジェロームおやじはこの出来事を聞きおよんでいたにもかかわらず、涙を流して喜んだ。そしてわたしが生まれるのに立ち会ったこと、わたしはいたずらっ子だったが卑屈なところがまったくない子だったこと、そして父がそんなことをやっても別に意外だとは思わないこと、わたしに対して父はいつもそんな態度で振舞っていた、というようなことを皆に話してやむことがなかった。

わたしはすべてを忘れてしまうことにして、シャティヨンに戻った。それからしばらくして、ある朝トリュデーヌ殿がわたしを呼び、次のように言ったのである。ねえ君、わたしのところにはたくさんの人が訪ねてきますが、ド・マルガトー殿(165)がわたしに言うには、窓や鎧戸を開けるためであれ（あるいは）閉めるためであれ、あなたは屋敷のすべての広間に出入りしており、またあなたの仕事場に見ず知らずの人間が入りこめたりしている、というのです。わたしはあなたのためのお仕着せを作らせようと思うので、屋敷の中ではそれを着てください、と。わたしはこれに対して、殿様、わたしはお仕着せというものを一度も着たことがありません、これからも着ようとは思いません、そういうわけで、御辞退申し上げる次第であります、と答えた。すると彼は、八日間の猶予を与えますから、よく考えてくださいと言い、わたしはそれに、すべてをよく考えております、わたしは殿のよき下僕であります、と返事した。

わたしが友人たちと別れる原因をつくったのは、ある不幸なガスコーニュの領主だった。彼は、自分の所有地につながっている森から収益があがらないということを訴えにやってきていた。しかしわたしが執事にいとまごいの挨拶をしに行った折りに、その森はわたしがしばしば行ったことのあるところで、グランセルブ大修道院の森に付属しており、彼らはヴェルダンの森と呼んでいて、彼らの言うことは筋が通っている、と執事に教えておいた。ところがその執事はその領主の言い分には反対で、わたしの述べたことをトリュデーヌ殿に伝えた、ということをわたしは後になって知った。それで、そうとは知らずにわたしは恨みを晴らされていたのだ、とわかったのである。

シャティヨンから帰ったわたしがラ・アルプ街を歩いていると、その家の戸口のところにいたベレさんを見かけたので、冗談めかして彼に、わたしは借り手募集中だと言うと、彼はもしよかったら自分のところで働かないか、やってもらいたい仕事があるのだが、と誘ってくれたので、是非やらせてもらおうということになった。わたしはしばらくの間そこで働いたのだが、そのときベレの奥さんの妹をかっかとさせるようなことをやってしまった。わたしが奥さんに、もしお望みとあれば天国や地獄、また悪魔を見せてさしあげようと言ったところ、彼女はそのことを妹に話し、それで妹はわたしの言ったことを本気にしてしまったが、わたしはそんなつもりで言ったわけではなかったのだ。しかし結局わたしは約束したことをせねばならなかった。彼女らが下の部屋で二人いっしょに開かれた窓の前に座っているときに、わたしは黒い仔猫を見かけたことのある家屋の中に入って行き、その黒猫をわたしの上っ張りのポケットに入れる。日が暮れてきていたのでわたしは彼女らに、あなたがたは悪魔を見たいと言われた、それをこれからご覧に入れますと言う。そしてわたしはいろいろな表情をしてみせ、気取った態度と口ぶりで彼女らに、人間の姿をした悪魔と動物の姿をした悪魔と、どちらをご覧になりたいかと尋ねる。すると彼女たちは猫の姿をしたのがいいと答えるので、わたしはなめし皮の上っ張りをぽんとたたき、少しばかり体の向きを変えると、猫が飛び出してきて、妹の足にまといつくようにしてその間を通り抜けて、窓から外に逃げて行く。二人はともに叫び声をあげ、びっくり仰天してしまう。そしてどうしたのかと尋ねる人ごとに、彼女たちは、わたしが悪魔の姿を呼び出してみせたとくり返し言い、そのことは真に迫っていたことで、もし別の姿の悪魔を見たいと言ったならば、そんなことはわたしにはどちらでもいいことだったろうと、彼女らに信じ込ませたのだった。彼女たちはわたしがいんちきをやったなどとは思いたくもなかったのだ。わたしは妹に別の姿の悪魔を見せてやろうとうずうずしていたのだが、彼女らはいつもたじたじとした様子を見せたのだった。

わたしはマテュラン街のお屋敷で子どもたちの家庭教師をしていた魅力的な若い娘と知り合った。しばしばわたしは彼女に心を奪われた。妻を亡くしたある男のところに彼女は住んでいた。ある晩のこと、わたしたちは門番がわたしの入って行くのを見ていなかったと思い込んでいて、わたしは彼女にその夜をともに過ごそうと申し出る。かくしてわたしたちは合意する。彼女はわたしに静かに振舞い、また話すようにと注意する。わたしは彼女の部屋に入り語り合ったのだが、それは人間それぞれがおこなうなかでも、もっとも真剣なものであったし、わたしは神々が内在する人間というものを信じ、われわれはこうした瞬間にも神々と同等のものと思いこんでいるのだ。

このようにしてわたしが陶然とした気分になっていたとき、小さな隠し階段のところから家内奉公人が主人に、旦那様、ガラス屋が出て行くのを見ておりませんが、と言っている声が聞こえたのだ。主人がそれでは確かめてみようと言っているので、わたしは服を手にしたが途方に暮れるような状態で、干し草の積んである屋根裏部屋に上がっていき、その片隅にうずくまる。明かり取り用の小窓をわたしは見つけ、そこを抜けて屋根の上に出る。下の部屋で探索がおこなわれている様子が聞こえてくる。眠っている彼女も探索されている。人々が屋根裏部屋に上がってくる。なんとわたしが目にしたのは、二つのランプとその家の主人と手にした長い剣(166)だった。もし彼が一人だけだったら恐れることもなかったろうが、彼らは三人であった。わたしは静かに背後の窓に付いた鎧戸を閉めるが、人々は屋根裏部屋を探索し、あたかも市門で入市税徴収係(167)が積み荷の中を探るときのように、長い剣で干し草の中を探っていた。明かり取りの窓から抜け出したのは正解だったのだ。

始めのうちはうまくやっていたのに、こんな結末になるとは思わなかったので、わたしにとってこれはなんともみじめな夜であった。そしてなんという反省すべき瞬間だったことか。男は怒り狂い、わたしは下着姿。彼らがわたしを突き刺すことなどいともたやすいことではなかったか。わたしは抵抗できない状態、若い女性の名誉と立場は失われてしまうということなのだ。わたしが屋根に逃れれば、屋根を滑り降り街路に飛び降りることができる。ところが丁度そのとき雷雨となり、そのおかげで幸運にも首尾は上々ということになった。わたしはできるだけ物音をたてないようにして屋根裏部屋にもどり、悪魔に愛を捧げるような気持で身づくろいをする。そして干し草や藁の束がひっくり返ったようになっている屋根裏のそこいらじゅうを探しまわるが、わたしの絹の靴下の片方が見あたらず、しかもそれはデュプレ夫人が贈り物としてくれた絹の靴下であった。こうしたことは、あの当時わたしがひどく気ままに過ごしていたのだということに思いいたらせるものだ。といって囲われ女と縁を切ることにいつも自信があった、というような分別を持ち合せてはいなかったのだが。

こうしたわたしの反省などなんの意味もなかった。とにかく見つけられずに外に出なければならなかった。わたしは心をきめる。部屋の戸口のところで聞き耳を立てる。前に進む。すべては閉ざされている。薄暗くほとんど何も見えない中をこっそりと下に降りて行く。中庭を思いきって通り抜け、これでひと安心となるはずの戸口のところにたどり着く。手探りすると幸いなことに大鍵はかかっていない。かんぬきだけがかかっていて、それに差し錠がしてある。その錠を押すとけたたましい音がして、それがひとを驚かせたのではないかと恐れる。ついにすべてを突破して、かくしてやっとわたしは街路に出る。

わたしは自分の部屋に行く。だがカプラン亭でひとやすみする。いや、むしろ体を温める。というのも、全身に冷や汗をかいたのだ。さらに幸運なことには、わたしは鍵を持っていなかったのだ。それで一方の足に靴下をはき、片一方の足ははだしのままで河岸を歩いていき、こんな具合にして女にもてるのはもうやめにしようと、わたしは心に誓ったのである。

わたしは急いでやらねばならないパリ市の街灯の仕事を請負っていたので、その夜のいやな体験などは気にせず働いた。一〇時から一一時のあいだに、あの家内奉公人がやって来るのが見え、その男はわたしをあざ笑うように、ゆうべはうまくいったかと尋ねるのだ。わたしは彼がその手にわたしの靴下を持っているのに気がつく。わたしは狼狽して、ぶどう酒を一本あけにいこうではないかと彼に言う。彼はそれに応じ、次のようなことを話す。それは、彼はわたしが女の部屋に上がって行くのを見ていたが、わたしのことを密告したのは馬車の御者で、主人は彼を厳しく叱った、用心していたのをどうやってわたしがかいくぐったのかわからなかった、彼は一晩中見張っていたのだが、門番と相談してわたしをそっと抜け出させることにしていた、わたしの靴下については彼が階段のところで見つけたのだが、彼が最後にそこを通ったのだから言うが、それは幸運なことだった、そして彼はすぐにそれをポケットにいれた、というようなことであった。

わたしはそれらのことについて彼に礼を言い、もうあのようにして幸運をつかもうとは思わないと誓い、誰かがわたしを突き刺しにやってくることなど心配しなくてすむわたしの隠れ家に、みなさんを案内すると約束したのだった。こうしてわたしは彼女と別れたのだが、われわれはもう一度どうしても出会うような運命になっていて、最後には愛の束縛をわたしが甘受することになるのは避けがたいことだった。わたしは後にその束縛にとらえられてしまうのだが、そうした束縛はわたしに愛を感じさせたし、すべての人間は結局は愛の定めにしたがわねばならぬものなのだということを、理解したのだった。

わたしはベレのもとを去り、花売り娘と楽しく過ごし、蓄えていたもので暮らしていた。一月の終わりに、有名な大酒のみで軍隊では勇者として知られたゴンボーという人物と知り合った。彼はまたすべてのことに如才なく、パリの威勢のいい者たちすべてと付き合っていて、わたしはそうしたパリの暴れん坊の仲間となった。夜になるとわれわれはこうした大酒飲みの集まる、中央市場のさまざまな酒場《ロゴミスト》(168)で過ごしたのだが、そこには捜査官のデュ・ロシェ(169)が臨検にやって来るのだった。彼はわたしの評価を大いに高めたのであり、それはただちょっと注目されていたというようなものではなかった。

ある日われわれはテーブルについていて、わたしが浮かれ話をしていると、二人の理髪屋の見習いがやって来るのに気がついた。ひとりは立派な背丈で、もう一人はそれほどでもなかった。友人とわたしは二人の愛嬌のある悪がきを連れていて、わたしは軽口をたたいていたのだが、この二人の見習いはわれわれとテーブルをともにさせてもらいたいと言う。そこでわれわれはいっしょになって冗談などを言って楽しく過ごし、ぶどう酒の小瓶をいくつか注文して気前よく振舞った。そこにデュ・ロシェの一党がやって来たのだが、デュ・ロシェに合図が送られているのに気づいたわたしは、われわれが上流階級の人々といっしょにいるのだということがわかった。二人の見習いが帰ったあとで、あの二人はコンデ大公(170)とコンティ大公であるとデュ・ロシェが言っていた、と酒場の主人がわれわれに話した。そこでわたしは、へぇっと驚きの声をあげた。彼らはよく笑った、彼らの服やシャツを注意して見たが、わたしたちはてっきり羽振りのいい理髪屋の見習いか親方だと思っていたのだ。

わたしは二人の若い女のうちの一人、オロール・ド・ニュイという女と付き合った。もう一人はオロール・ド・ジュールという名前でわたしの友人の愛人だった。わたしは女を自分の部屋に連れて行き、こうしてわれわれはできてしまったのだ。毎晩のように夜食をともにすることになり、そのあと彼女は当然のようにわたしのところにやって来る。彼女ら二人はいつもいっしょにいた。商売ということでは、彼女らの店はモネー街にあり、お客を相手にした後の彼女たちで我慢するしかなかった。これがわれわれの間の取り決めのようなものだった。わたしの今までの情事で、ライヴァルの女同士がぶつかるということは一度もなく、これだけはわたしの名誉となっているものだったのだが、ついにこれが起こった。ある日、わたしの花売り娘が部屋にやって来て、そのときオロールとわたしは出かけるところだった。そこで二人のにわとりの激しい殴り合いが始まる。わたしはそれをやめさせ、なだめようとするのだが、これは彼女らの問題だから、と言われる。帽子をポケットに入れ、彼女たちはルーヴル広場で容赦なくやり合い、わたしは関わらなかった。結局、オロールがオラトワールの袋小路にいたわたしに追いついた。彼女は十分楽しみ、すべての栄誉をわがものにする。しかし彼女は自分がもっと複雑な秋波を送っているのだとは思っていなかった。

彼女に対する絆はますます強くなる。彼女はその女友達に自分の勇気を自負してみせ、わたしの自尊心も満たされる。ある日の夕方のこと、わたしが友人といつものとおり相手の女のところに行くと、わたしの愛人のあとを薪の束《コトレット》(171)をかかえた小男がついて行くのが目にとまる。家の階段をのぼりながら、わたしは心の中で、あの小男はわたしの父親だと思う。女の部屋にはいると、なんとそこにはやはり父がいるではないか。父はわたしを見つめ、なにか少し言っていたが、そのあとわたしの友人が、相手の女はどこだと尋ね、父はわたしにここでなにをしていると聞く。そこでこの女はわたしの愛人だと言うと、彼は部屋から出て行き、階段を下りながらうなり声をあげていた。われわれは父の残していった薪の束を使って、友達の愛人が来るまでそれで暖まっていた。そしてえらいことに出くわしたものだと面白がっていたのだが、考えてみると彼女はわたしの義母になってしまうところだったのである。こんなことは父親に対するわたしの気持をひどく傷つけるものであったが、父は彼女とのことをわたしにはいっさい語らず、慎重な態度をとっていたのだ。

パリのブルジョワになって、少しも働かないでいる人は、消防隊(172)を熱心に組織したものだった。そのなかに新婚早々のセグレスティエという人がいて、消防隊の班長をやっており、職業は靴屋だったが、その彼がわたしを推薦してくれ、その消防隊の隊長はわたしがガラス職人だということを知っていたので、すぐに消防隊に入れてもらえた。こうしてわたしはほとんどいつも剣を身につけていることになった。

ある日、ヌーヴェル・フランス地区(173)に行ってセグレスティエと食事をしているときに、彼は酔いがまわってしまった。われわれの他には彼の奥さんがいっしょだっただけで、わたしは部屋の合鍵を忘れてきてしまっており、その部屋の家主の奥さんとはいさかいをしていたのだった。もう真夜中ちかくになっていた。それでセグレスティエは自分のところに泊まっていけと言うので、その言葉に従った。かくて彼の奥さんは寝台と壁の間の空間に、彼は真ん中に、わたしは端のところに寝るということになった。われわれが寝たのはこんなふうにしてだったのだ。灯火が消され、彼は大いびきをかきはじめた。わたしは自分の手を彼の顔の上にかざしてみると、それは奥さんの顔のようである。そこで手を彼女に近づけてみると、彼女はそれに反応する。彼女は起き上がる。わたしは静かに少しずつ彼女の夫を押していき、壁とのすき間に追いやる。わたしが真ん中になり、奥さんはわたしの寝ていたところに移ってきて、こんなふうにしてわれわれは眠りこんだのである。

朝になり彼がわたしを起こすと、（わたしは）一人ベッドの上にいたのだ。彼はわたしに白ぶどう酒を飲みに来るようにと言ったが、なにか胸にわだかまるものがある様子で、わたしがベッドの真ん中に寝ていたのはどうしてなのかと尋ねる。そこでわたしは、彼が誰よりも寝相が悪く、いびきはかくし、奥さんを押しやって、彼女は壁とのすき間に落ちてしまったのだと言ってやった。すると彼はわたしを友人として信用しすぎたと言うので、わたしは憤慨して、わたしの誠実さと奥さんの貞節を疑うのであれば、彼との仲間づき合いはおしまいだと、彼に言いかける。すると彼は許しを乞うたので、われわれはお互いにすべてのことを忘れることにした。

わたしは義理の兄といっしょに仕事をすることになる。それは塗装をすること、もっと具体的に言えば、ぶどう酒を飲ませる酒場やビールの店を粗っぽく絵なども描きながら塗装する仕事に行ったということだ。わたしはぶどうの株やビールの壺やグラスを描くのが上手で、義兄はバッカスや有名な酒場の主人ランポノーの姿を描くのがうまかった。

われわれはこうした仕事をやっていて、外科医で大の花火愛好家のバロンという人と知り合いになる。われわれの塗装の腕前が評判になり、それがフォブール・サン゠タントワーヌ、シャロンヌ、ヴァンセンヌなどに広がったので、こうした地域のすべてで、われわれを使ってくれたお得意さんのところで、稼いだ金をすべて消費して、多くの人々と知り合う。日曜日や祭りの日にはいつも、午前中を花火作りに使い、夕方になると酒場に花火を打ち上げに行く。それを酒場の庭でやるのだ。われわれは打ち上げを競い合う。花火をやります、というポスターが出され、大勢の人が押しかけて来る。酒場の主人は誰もがわれわれを歓迎して、花火となると一心不乱になる友人のバロンに助けられたこともあって、ほとんど毎晩のように花火でもちきりとなる。

ある日のこと、消防隊の仲間の一人がわれわれの花火を見物しようとわたしをたずねてきたので、われわれは大勢で夜食をともにした。わたしはその友人とヴェルドレ街の彼の家の戸口で別れたのだが、その折りに今度は他の友達といっしょにドマンドオの店に昼食を食べに行くからと彼に約束しておいた。ところが当日われわれは待っていたのだが、彼はやってこない。ある者が彼を探しに行き、彼の部屋の戸をたたく。鍵穴から中をのぞいてみると、彼がベッドに横たわっているのが見える。わたしは上っ張りを着てハンマーを手にし、金てこで錠前のプレートをこわす。部屋にはいると、彼は毒を飲んでいた。彼の職業は組立て職人だった。暖炉の上にはまだ強い酸の入ったコップが置いてあった。彼は間違えたのだ。彼の唇はへこんでしまっていて《シャントゥルネ》(174)、名誉の戦死でもしたかのように埋葬されたのだが、彼は良き友の一人だったので、(わたしは)大変残念なことをしたと思った。

わたしはフォブール・サン゠マルソーのいとこの義父のところに出かける。祭りの日であった。すると彼らの一家はグラシエールに出かけているということなので、そこに行ってみると快く迎え入れられた。妹がフランス衛兵隊の兵士(175)とダンスをしていた。テーブルに戻ってきた彼女は、これは友達なんです、と紹介してくれる。わたしはお追従を言い、人々はそれを聞いているようなふりをしている。わたしはダンスをし、彼女が近衛の兵士に色目を使っているのに気がつく。わたしはからかってやる。

わたしの友人の一人で、でんぷん製造業者の息子、そしておばの弟でもあるヴェロンという男が、今晩はと挨拶を言いに来て、そのような時によくやるように酒を飲もうということになり、わたしにも彼のテーブルに来るように言う。わたしが友人のバロンといっしょにいて、彼にわたしの新しい彼女を会わせたいと思っていたのだった。衛兵隊の兵士が今晩はの挨拶を言いにわれわれのところにやって来る。わたしはその兵士とヴェロンが互いに目配せをしているのに気がつく。その夜の集いも過ぎてゆき、ヴェロンのところにおもむくと、彼はちょっと話したいことがあると言う。われわれは尊敬すべき一家を送っていく。ヴェロンも付いてきて、われわれはとあるカフェに入る。ヴェロンはわたしに、わたしがあの娘のもとにしばしば通うのはすっかり満足してのことか、しかし彼女が衛兵隊の兵士の愛人だということ、そしてわたしが四〇エキュを出すならば、その娘をわたしに譲ることもできるのだということを知っておくのもいいことで、シェニエがそれを取りもつことを引き受けており、こんなやり方で場末の娘たちの多くは買い取られるのだと言ったのである。それに対してわたしは、もしそういうようなことならば、衛兵隊の兵隊の残り物を手にするためにおれが払う金を受け取る奴など生かしちゃおかないぞ、と答えた。

その夜を中央市場で過ごすために出かけた。だがわたしは剣をつけているのを見とがめられて、デュ・ロシェに逮捕されてしまう。わたしは消防隊の副班長だと言ったのだが聞き入れてもらえず、むりやりに馬車で連れまわされ、警察署の警視ロシュブリュンヌ(176)のところに連行される。警視はわたしを、こんな時刻には消防隊員たるもの、火災の発生にそなえて自宅で待機していなくてはならないではないか、と叱りつける。これでわたしは放免されるのだが、まったくひどい目にあったもので、わたしは剣を返してもらうために駆けずり回らねばならなかったのである。わたしがあのすてきな一家と会ったのはその夜かぎりで、もう二度と会うことはなかった。

わたしはその後もフォーブール・サン゠タントワーヌに通うのをやめず、花火を作り続け、義兄といっしょに働いた。しかしこうしたことでわたしがなにかを達成できるというものではなく、稼いだものはすぐ使ってしまうので、わたしは義兄と別れ、かつての雇い主の一人であるジェロームのところに舞い戻った。ある夜、シャロンヌで楽しく過ごしたあと、大変感じのいい若い未亡人を連れて、わたしの部屋にもどって来る道すがらサン゠ジェルマン街を通っていると、けたたましい騒音を耳にし、われわれは立ち止まる。そこで目にしたのはある聖職者の服(それに)キュロットで、その聖職者は、仕立て屋の女房を誘惑するようなことをした偽善者の一人だったのだ。こうした信心家ぶった偽善者たちは、宗教と告解の陰にかくれて、彼らの言うことや絵空事を信じこむ弱い女性に信心を押しつけているのだ。自分の女房がサン゠ジェルマンの坊主の腕に抱かれているのを見つけた仕立屋は、この二人をともどもひどく殴りつけ、思う存分に振舞って、すべてのものを窓から投げ落としたのだった。坊主はそのおこないにふさわしく裸姿で帰っていかねばならなかった。彼は修道院に住んでいたが、わたしの隣人の一人で同情心をもった男が彼にフロックコートを貸してやったことで、情けない姿で自分の部屋にたどり着いたのだ。さんざん殴られたことと、悪事がばれてしまったことで、恥をさらしたこの坊主はこの三日後に死んでしまった。この出来事にはわたしも深く考えさせられるところがあった。あのマテュラン街の家でも反省したことではあったが。

こうしてみるとわたしにはもう恐れることはなにもなかった。わたしは相手の女を魅惑の部屋に連れこんでいた。どの女に執着することもなく、わたしはまったく自由に振舞っていた。少ししてからわたしは、義兄が自分の店をやめ、妹はラ・ロケット(177)と呼ばれる修道院の小間使いになったということを知った。しばらくわれわれのあいだの音信は絶えた。しかしわたしはちょっとした知り合いとの関係をすべて保つように努めていて、晩になるとカデ・ビュトー亭、またヌーヴェル・フランスのメール・シャポン亭とかフォシュールという店に食事に行っていた。わたしはこうして広く人に知られるようになって、いつも良い仲間に恵まれていた。

ある日のことヌーヴェル・フランスに行こうとして友人たちと歩いていると、処刑用の首かせが置いてあるサン＝タンヌ礼拝堂の側を通っていた一人の酔っ払いが、その首かせを首につけて、見ろ、おれはみごとな首飾りをつけてるんだぞ、と言ったのである。そこでわたしは釘を取り出し、持っていた金槌で、その首かせを打ちつけてしまう。すると酔っ払いはありったけの声を出してわめき始めたが、われわれはそれを笑いものにして立ち去ってしまう。誰もその男の首かせをはずしてやろうとはしなかった。警察隊の兵士がやって来たが、その男を助けようとはせず、人々はこんなことをしたのはガラス屋で、その男は毎日のようにメール・シャポン亭に顔を出していると告げたのだ。警察隊がその店に派遣される。（わたしは）偶然そのとき調理場にいたのだが、庭に入ってきた警察隊はガラス職人の上っ張りを着て働いていたビュシーを見つける。ビュシーはわたしといっしょにそこに来たわけではないので、なんのことかわからないまま連行されてしまった。そして首かせにつけられたままになっている男を、それから離してやれと彼は命ぜられた。そのあとビュシーは警視のところに連行された。彼は弁明に努め、犯人が自分ではないことをわかってもらう。彼の愛人が彼についてきていたのだった。わたしのほうは、友人たちに場所を変えようと言ったのだが、これは正解だった。というのも、わたしが犯人だと名指しする人がいて、警視の命令によって、警察隊の連中がわたしを探しにその店にやって来たからである。

そこに花売り娘がわたしに会いにやって来る。わたしはもう出て行ったと彼女は伝えられたのだが、ビュシーの愛人と顔を合わせ、その女が事の顛末を話して聞かせ、彼女らはビュシーともども三人で探しに出て、カデ街のヴァシュ・ノアール亭でわれわれを見つけ出す。ビュシーはがなりたてるが、われわれは彼を茶化してしまう。彼はよくできた人間だったので、わたしは、だけどおまえ、もしこんな出来事にあんたが出くわしたら、おれはあんたの代わりになってやるだろうよ、と彼に言う。女たちは逆上してしまい、それぞれの肩をもち、お互いに口論しはじめ、荒っぽい言葉を投げかけるようになる。そこでわれわれは彼女らを仲なおりさせ、わたしは彼女たちに次のようなことを言った。おれがあの悪ふざけをやらかした同じ道筋には石の女性像があったが、帰りに見せてやろうと思う、女というものは一般的に大したものじゃないということをわからせてやろう。というのも頭のさえない女とよばれているその女性像はある飲んだくれを殺してしまったことがあり、そのことを考えてわたしはあの酔いどれに首かせをつけたのだ。それは酔いどれが地面に横たわっているあの女の石像を、殺されてしまった男と同じように愛撫しにやってきて、石像が酔いどれの上にころがってつぶしてしまうかもしれないと恐れたからなのだ、おれはたぶん大きな不幸を防いだのだ、と。こうしてようやくわれわれはまた陽気な気分をとりもどし、今しがたの出来事も笑いの種にしてしまい、もう金槌や仕事用の上っ張りなどを身につけて出歩くことなどしないと約束した。そして帰りがけに、(わたしは)頭のさえない女の像を彼らに見せてやったのであった。

ある日曜日に友人のゴンボーを連れて、バロンに会うつもりでフォブール・サン゠タントワーヌに出かけたのだが、その先のヴァンセンヌの森まで行ってしまった。森の茂みのなかを歩いていくと、そこで人が巣づくりをしているのを見つけてしまった。若い男と女がよろしくやっている最中だったのだ。男は用心のため抜身の剣を自分のかたわらの地面に突き刺していた。わたしは、産めよ殖やせよ、と聖書のなかの言葉を男に投げかけた。われわれはまったく偶然にこの人間の営みの最中の男を邪魔したわけで、男は洋梨を頭越しに投げつけてきた。ゴンボーはこのふざけたやり方を見て、男の剣にとびつき、われわれは彼のこの無礼な振舞いを懲らしめてやった。というのも、われわれは二人ともども若い女に立ち直るひまを与えず、その女の体を踏みつけてやり、間抜けな男のほうはあえて攻撃してくることはまったくなかった、という次第だったからだ。われわれは若い女に、ご好意かたじけなくと言って男をからかい、少し遠ざかったところに来てから剣を投げ返した。われわれは交替で警戒をおこたらなかったのである。

その数日前、大酒を飲んでいたわれわれは、おれたちゃ大切な友人同士、だが兄弟になるべきだ、とお互いに言い合った。しかしそれに必要な資金がないため、それぞれの靴の銀製の留め金を売ってしまい、一夜を一人の女と過ごしに行く。こうしてわれわれは、これでおれたちゃダブルの家族だ、と言い合った。

わたしは相変わらず舟を持っていて、釣りや舟遊びに行く友人たちに貸していたのだが、ゴンボーのいとこのダルテュイという人物がわたしに会いに来た。この人はガラス屋で国王おかかえの花火師だった。わたしの働いている店に来た彼は、金もうけする気はないか、警察がルーヴル宮の第一のアーケードの真正面のセーヌ川に投げ棄てさせたおよそ三〇ばかりの箱があるのだが、それらは以前はパレ゠ロワイヤルの給水泉のところに置いてあって、そこで働いていた人夫がその箱のひとつに火をつけてしまい、それでサン゠トノレ街の一部の家のガラス窓を割ってしまったというものなのだ、と言ったのである。それに対しわたしは、もしそのようなことでパリのガラス屋たちを金持ちにしてやろうと望んでいるのなら、少なくともわたしが店をもって独立するまで待ってほしい、と言ってその男をからかった。すると彼は、自分は田舎のある祭りを取りしきっていて、シャンティイの公園で花火を上げているのだと言う。そこでわたしは、警察が心配だが、それらの箱を夜に川から引き上げようではないか、友人の一人に口が固く水に潜るのが（いる）と返事し、その足でこの友人に会いに行った。それは友人のルノワールで、彼と会ったわれわれは各人の分け前は三リーヴルずつということで合意ができた。

われわれは真っ暗闇の夜を選んだ。ルノワールは少し離れたところからでも自分の位置がわかっていた。しばらく川に潜ったあとで、彼は箱の沈んでいる場所を見つけた。一本の綱、それに鉤棒でもって箱の取っ手にひっかけて、それらを水から引き上げたのだった。わたしは長い鉤竿を手にして、ルノワールがなんとか浮上してきている川底のほうにそれを突き出していた。こうしてわれわれは苦労しながら、また警察がこないかと心配しながらも、二七箱を引き上げたのである。結局、日の出前にわれわれはサマリテーヌ揚水場の下のところでわたしの舟に乗って、太陽が昇るまで釣りをしているような風をよそおってそこにいたのだった。ところがそのときサマリテーヌの守衛の息子にわれわれは見つかってしまった。そこでわれわれは彼に秘密にしておいてくれと頼み、箱は夜になるまで隠しておき、夜になり次第マリオンのアーチ(178)のところかロワイヤル橋まで川を下ったところで箱を陸上げできるだろうと考えた。そのあと食事をしたときにダルテュイは一箱あたり三〇ソルしかやれないと言い出したので、それは約束が違うじゃないか、なんといったっておまえは箱を手に入れたんだぞ、と言ってわれわれは別れた。

われわれはフェライユ河岸の花火師でルフェーヴルという人に会いに行き、この箱のことを話した。すると彼は、その箱を川から引き上げてサン＝クルーの船着場の彼のところまで運んでくるなら、一箱三リーヴルは出せるし、うまい食事もご馳走すると言う。もうその箱はわれわれの手にはいっていると答えると、彼はすぐ行って来いと言うので、われわれは箱をサン＝クルーの船着場に運び、大いに食事を楽しみ、約束の金を受け取った。その金をわれわれは、約束を守らなかったのでわれわれが出し抜いてしまったダルテュイをあざけり笑いものにし、気晴らしをするのに使ってしまった。

われわれはサマリテーヌの守衛の息子と親しくなった。彼の父親はぶどう酒一瓶で友人になれるような気の好い人で、同じ街区に住んでいたこともあって、われわれ一同はすぐに知り合いになった。彼には一人の娘がいて、大変に賢い人だということで知られており、わたしはせっせと彼らに会いに行った。そしてわたしが身を固める気持になっていることを彼らに伝えたのだった。わたしはこのことを自分の父にも話すつもりになっていた。この若い娘は大変わたしの気に入ったのだ。わたしたちは何度も、ベルヴィルとかメニルモンタンに、彼女の父親かまたは、母親は亡くなっていたので兄と連れ立って出かけた。

その若い娘には一人のおばがあって、彼女の言うところでは、しばしばそのおばのところを訪ね泊まってくることがあるということだった。その親しくしている人の家はサン＝ヴィクトールにあって、わたしも娘の兄といっしょに一度その家に行ったことがあった。おばさんの家に着いてみると、若い娘は今しがたどこかへ出て行ったということなので、その近隣をたどって歩き、メゾン＝ブランシュ(179)にはいった。するとそこには、衛兵隊の擲弾兵たちとテーブルをともにしている若い娘がいるではないか。わたしは密かに彼らの姿が見えるテーブルに腰をおろした。そこからは彼らの会話の一部が聞こえ、それはわたしには愉快なものであろうはずもなかったが、しかしためになるものであった。擲弾兵のなかの一人が彼女に、どこへなりと好きなところに行ってくれ、自分にはほかに好きな女がいる、その女と今夜は過ごすのだ、ここにいる仲間たちもそれぞれに彼女がいるのだ、と言っていた。どこへなりと行ってくれとか、好きなところへ、という表現はすべて兵隊一流のもので、彼女にことの責任をかぶせてしまうものなのだ。わたしは怒りで息がつまりそうで、わたしのことをちびの消防夫などと言って悪口雑言のかぎりをついているのを聞いていると、怒りのやり場に困るのだった。

擲弾兵たちは若い娘に皮肉をこめた調子で別れの言葉を言い、彼女一人を残して立ち去った。わたしは素早く酒を飲んで、夜の闇にまぎれて彼女のすぐうしろをつけて行ったのだが、彼女は絶望しきっていて気づかれずにすんだ。彼女は大変な遠回りをしトゥルネル橋の上に出て、さまざまな橋の高みを眺めている。わたしは彼女に近づき、ちょっとした身振りをしたのを見て、不幸せな人、なにをしようというのです、と言う。彼女はそれがわたしであることを知って逃げようとする。わたしは彼女の腕をつかむ。すると彼女は、あなたのご親切には不相応な女です、と言う。そのような彼女を落ち着かせて、とあるカフェに連れて行った。

彼女はわたしが知ってしまったことを言わないようにしていたが、やがて心もなごんで告白する。彼女の言うところでは、あの擲弾兵と知り合ったのは彼がポン＝ヌフ橋の上の哨所で任務についているときで、彼女の好意につけこんで、その兵隊は彼女を部屋に連れ込んで寝たのだが、彼女はおばの家に泊まったことにしていたのだ。しかしその男は悪い奴で、わたしが彼女に言ったことによってわたしがすべてを理解したということがよくわかるので、もうこれはどうしようもない宿命なのだ、もう川に身を投げるしかないのだ、と言うのである。わたしは彼女を慰め、途方にくれているのかと尋ねると、そんなことはないと答える。そこでわたしは、こんな目に会ったのは、あなたが初めてではないと言った。

わたしは彼女を自分の部屋に連れて行く。差し向かいで軽い食事をし、衛兵隊の兵士の残り物をいただくために四〇エキュも支払ういわれなどなかったわたしではあったが、ぶどう酒のなかに溶液を入れて飲まねばならないようになった贈り物(180)をもらってしまった。わたしともども友人の外科医バロンの治療を受けて病気を治したのである。彼女はあたうかぎりの従順な態度であやまり、わたしは彼女をも愛人の一人にしたのだ。しかし、酒を飲みし者はその虜となり、禁断の木の実を味わいし者はそれを求めてやまず、という諺は間違っていないのだ。このようなことが彼女のうえにもふりかかってきたのだ。彼女は相手の擲弾兵とよりをもどし、こうした種類の恋人を持とうとした者たちと同じような運命をたどったのである。

あまりの享楽のために奥さんをむざむざと死なせてしまったばかりのシェニエとともにセーヌ川を散策しようと思って、わたしは自分の舟を探しに行った日のこと、彼女の兄がわたしをつかまえて、おまえが妹を辱しめた張本人だ、と言う。わたしは腹を立ててそれに応対しているところに彼女の父親もやって来る。彼らはわたしを川に投げ込んでやると言うので、わたしはひるまずそれに立ち向かう。鉤竿が振り上げられ今やというときにわたしは、妹が身投げしようとしているのをおれが思いとどまらせているときにも、おまえは、そしておまえの親父も、彼女をひっかけた衛兵隊の兵士に対抗しようとはしなかったじゃないか、と言ってやった。シェニエも言葉をはさむ。そこで意見が一致し、彼女を探しに行き、擲弾兵の手から彼女を取り戻してこようということになった。われわれはメゾン＝ブランシュまで行ったのだが彼女は見つからず、ラ・ポワントの風車(181)に出てしまった。先に見つかったのはあのあこがれの娘で、彼女はつかまえられる。父親は擲弾兵をののしり、それをひっぱって行く。わたしは次の日に彼女を前にして事の次第を説明したいと言ってその場から立ち去ることにし、われわれは別れを告げた。

われわれはゴンボーやわれわれの彼女たちに会うつもりで救貧院にたどり着いたのだが、やっかいな事態が待ち受けていた。警察代官がわれわれの彼女との関係に干渉してきて、われわれを別れさせるように圧力を加えてきたのだ。ゴンボーは警察がわれわれの情事に口を出してきていることを知らせようと、わたしを探しているところだったのだ。会ってみると彼は色を失っていた。いくらかぶどう酒を飲んだあと、われわれが頼み込んだのに彼は去って行った。そこでわれわれは小魚を探してきて、シェニエが自分の考えを思案しているときに、わたしも自分のことを考えていた。わたしは愛とか友愛とかにとりつかれることはまったくなかったが、楽しいことには目がなく、ぶどう酒はすべてのことを忘れさせてくれた。そうしているところに人が三人やってきて、われわれとテーブルをともにさせてくれと言う。それはラ・サルペトリエール救貧院(182)の信心深い連中(183)のようで、二人は気立てのいい娘、一人は娘たちがバルタザールと呼んでいた少年で、三人ともその収容所で育てられたのだった。バルタザールはいくらか飲んで立ち去った。彼は収容所で墓掘り人夫をやっていたのである。

われわれは娘たちに色目をつかい、会話を交わす。シェニエが四人前の鴨の料理とサラダを取りに行き、彼女たちに酒を飲ませた。こうして時間が過ぎていき、ラ・サルペトリエールの門が閉まってしまう、もう門限に間に合わなくなってしまった、ルールシーヌ街に住む洗濯女のところに泊まることにする、と彼女らは言った。シェニエは隠語《アルゴ》で、自分の部屋に連れて行かねばなるまいと言う。だが彼女たちはもう歩くこともできず、酔いでわけがわからなくなっている。われわれは辻馬車に乗り、御者にサン＝ジェルマンの修道院に急いで、と言う。帰り着くとわれわれは彼女らにまた飲ませたり食べさせたりして、彼女らを分け合い、それぞれが思い思いに夜を過ごす。彼女らが目を覚まし意識がはっきりしてくると、お互いに友達はどこかと呼びかけ、声をかけ合い呆然となってしまう。それでもわれわれは、朝食をとり、恐ろしさも消えてなくなり、彼女たちは救貧院のことを話す。われわれは自分たちは露店商なのだと言って聞かせ、シェニエは大変いい部屋に住んでいて第一の部屋を立派な倉庫に使っていたので、彼女たちはその部屋の番をすることになる。

　彼は息子をサン＝ジェルマン路地にある店に行かせ、わたしはそのあいだに買い物に出かけ、そのあとサマリテーヌの息子との約束を果たすために彼に会いに行く。彼は連れ帰った妹を、鳩を入れておくポン＝ヌフ橋の下の場所に放置していた。その彼女を連れてきたので、彼女を誘惑したのはあの擲弾兵であること、わたしとしては彼女に落ち度があったにせよ、メゾン＝ブランシュで擲弾兵とのあいだにおこったいざこざの後では、もうその兵隊のことはそれまでとして思いとどまるように説得しようとしたこと、そして彼女がトゥルネル橋の上から身を投げようとしたこと、その後彼女は自分のあやまちに気がつくだろうと考えて、友人の外科医に頼んで治療させたこと、こうしたことをわたしは彼女に事実と認めさせたのだった。わたしはその際にほかのことを言わないように用心した。というのも彼らが腹を立ててしまったら、サマリテーヌ揚水場の貯水槽のところでわたしに水を飲ませてしまうことも簡単にできたのだから。わたしは一人でやってきたのは考えが浅かったと後悔した。そうでなければ擲弾兵にたいしての借りを返すこともできたのだから。こうしてわたしは大変よき友達である彼らから遠ざかり、彼女にはもう会わないようにしたのである。彼女はどんな人でも軍人を相手にするとたどることに決まっているような結末へといたった。彼女は梅毒の治療(184)を受けていて死んだのだ。彼女は感じのいい人だったが、あまりにも警戒心に欠け、魅力的なやさしさを持っていたから、これは大変つらいことであった。

　わたしはシェニエの家に帰り娘たちに会ったが、彼女たちはいろいろお節介を焼き、夜にわれわれや彼女らがぐしゃぐしゃにしたベッドを整えたりしていた。かつて父に会ったとき、わたしがよそゆきの服を着ているのを見て、働いていないのかと聞かれたことがある。父はわたしがその日ごとに新しい服を着ているのを見て、どうもそれが理解しがたかったようだ。しかしそのとき父に、それはわたしが愛人についてもそうしているのと同じように、持っている服を売って別の新しい服を買っているのだとは言わなかった。

われわれは昼も夜もいたって打ち解けた調子で過ごしたのだが、将来のこととなるとこの獲物も負担になってきて、われわれは彼女たちを追い払ってしまうことに決めた。わたしがその手立てをこうずるのを引き受けた。夜になって、わたしは彼女らに外に食事に行くと言い、シェニエが先に出て行き、わたしはいくつもの回り道をしたあげくに、とある八百屋でサラダ菜を買い求め、娘の一人がそれをエプロンに入れた。もう一人の娘には四リーヴルのパンを買い与え、ある酒場の戸口のところで、中で友達が待っているから中へ入るように言い、（わたしは）焼き鳥を買って来るからと言って出かけた。こうしてわたしはまんまと逃げてしまい、彼女らとはこれできっぱりおさらばということで、（わたしは）その酒場とはまったく反対の方角にある別の酒場に行ってシェニエと落ち合い、それ以来、彼女らのことが耳にはいってくることはまったくなかった。というのもわたしは彼女らをまったく異なる世界に移してしまったからである。

わたしはジェロームのところで働いた。日給であったので、わたしには好都合だった。消防隊員だったわたしたちは、いっしょになってその手筈を整えていたのである。働いていると同業組合の役員(185)が立入り検査にやって来て、わたしに次のように言った。ところで貴殿は親方である、あなたも立入り検査を受けるべきである、今からわたしがそれを実施する、と。彼らは検査済証をわたしにくれる。そこでわたしは彼らに、これであなたがたはわたしの順番を飛ばしたりはしないですよね、もうガラス業の守護聖人の聖マルコの祭りでもあり、わたしは役員の任命にあたるべきなのだが、もしそうじゃないのなら、わたしの順番をあなたがたは飛ばしてしまっていることになるから、役員選挙を無効にしてしまおう、と言う。そこで彼らはわたしに立入り検査料を要求したことを遺憾に思うと述べ、これで彼らはわたしのことを記憶にとどめ、（わたしは）二人の役員の任命にあたるための若い連中のなかの最古参ということになった。

わたしは父親に会い、わたしの代理で受け取っている祖母の遺産のうちのわたしの取り分の一〇〇フランをもらいたいと頼んだ。すると父は渡すことができないと言うのだ。わたしはガラス職人の祭りの日に新調の服を着たいのだとなおも頼み込み、それで父は、金を貸している仕立屋のところに行く気ならなんとかなるのだが、ということになり、その仕立屋の親方のことはわたしも知っていたので、(わたしは)父の言うことにあっさり従うことになった。こうしてわたしは上下そろいの灰色の服を手に入れたのだが、これが母や祖母の遺産のうちからもらったもののすべてである。これはこれでわたしはよかったのだ。というのも父は母の不安をやわらげるために、わたしには一貫して厳しく、娘たちには気前がよく、とくに下の娘にはそうだったのだから。

わたしはゴンボーと別れたということでは必ずしもなかったから、拘留されている人々がわれわれに要望してくるものは心して送るようにしていた。それでサン゠トゥスタシュ教会の端のところで食事をしていると、セヴェンヌから リヨンへの旅の途中でいっしょだった旅仲間がやってくるのを目にする。わたしは彼の名前で呼びかけるが、彼の返事では、それは確かに自分のあだ名にちがいないが、わたしのことを知らない、また彼はセヴェンヌやリヨンに行ったことはまったくないと言うのだ。わたしはこのように言うのは底意あってのことだとは思わず、人違いなどしていないと重ねて言う。しかしその男がいっしょに飲んでいた女が意味ありげな目つきをしたことで、これはなにかあるなと気づく。そこでわたしは、あんたはかつらをつけていたよな、と言う。すると彼の仲間がおよそ二年前には彼がかつらをつけていたことを認める。すると男は顔を赤らめる。その部屋には大勢の人がいて、われわれの話を聞いていたのだが、そのなかの一人でいかにも陽気で気さくそうな男が、あれはマルセイユの徒刑囚監獄から脱獄してきた奴だ(186)、酒を六フラン賭けてもいい、彼はマルセイユの刻印が体に押されていると言い出し、その男の友人も六フランを取り出す格好をしてみせ、みんながその男の肩に囚人の刻印があるかどうか見せてくれなければ承知しないということになったのだ。だがその男はこっそりと逃げてしまったのだが、不覚にもすべての古着商から、二五ピエの長い筆と底の見えない円錐形のコップで書くことを習った奴だと見抜かれてしまったのだ。もし彼が刻印があるということをその場で認めれば、われわれは酒を大いに飲み、これでそのお話はおしまいということになったろう。そして彼の正体は知られずにすんだろう。

　ある日曜日、ゴンボーとともにシャロンヌの町に出かけ、ヴァンセンヌ大通りの入口のところにあるターブル・ド・ピエールという酒場にはいった。すると関係が途絶えていたあの若い未亡人を連れた義兄がそこにいた。彼女は顔が真っ赤になった。彼はわたしに、兄弟よ、おれはあんたのことをよく知っているが、おれのことを恨みになど思わないよな、彼女は身を立て直しておれを特別のひとと思いさだめたのだ、おれの不幸はあんたの知ってとおりさ、われわれがずっといっしょにいたらおれは以前のままだったろうよ、と言った。そこでわたしは、彼が不幸になったり、彼女がわたしについて言ってきたことについていくらか言ったことも、わたしのせいでは決してないと答え、ひとことつけ加えて、早すぎて起きる者も遅すぎて起きる者もいるのだ、こんなやりとりはやめにしよう、と冗談めかして言った。すると（彼は）、この未亡人のことだが、彼女をおれがものにしたのは、あんたがもう彼女のところにあまり行かなくなったことを知ってのうえなのだ、と言う。そこでわたしは、おまえはそんなこと気にするな、おれのことは知ってのとおりで、色恋のことでおれは嫉妬したことなどないぞ、ただ誠実な態度ということがあろうじゃないか、と言う。すると彼はバロンの来るのを待っているところで、彼といっしょにまた花火を始めていて、そこに打ち上げるばかりになっている花火を持ってきているのだ、と言った。そこでわたしは、わたしがとりわけ腹立たしく思うのは、家族の中でおまえにこの女を、とくにわたしがその性格をよく知っている親しい女をおまえに世話したのだなどと言われることだと述べた。

　こうして彼らに別れを告げていると、そこにバロンと彼の奥さんがやって来る。彼らは少しばかりびっくりしていて、われわれはそのまま引きとめられてしまう。バロンは、ええと、それじゃ一同で中央市場に行って楽しくやろうじゃないか、わたしは患者のところに往診だということにしとくから、大いに楽しもう、と言う。結局、真実のところは、あらゆるカフェのそれぞれのテーブルにいるパリの飲めや歌えの連中は、男も女も客寄せの道化芝居をやっているようなものなのだ。そしてこのような笑劇にバロンが魅せられているということでは、わたしと同じだったのだ。

その夜の集りは大変愉快なものだった。花火には大勢の観衆が素晴らしいものと感じたのだが、酒場の主人にとっては災難でもあった。アーチのように作られたクマシデの樹の下に(187)、たまたま花火打ち上げの鉢が置かれたために、発火とともにそのアーチを吹き上げてしまい、それはそれで見事な効果となったのだが、翌日になると、被害が出ていることがはっきりする。これはかつてノートル＝ダム＝デ＝ヴェルテュ女子修道院の近くのいとこのシェニエのところで、彼の奥さんのお祝いのためにわれわれが打ち上げた花火のことを、わたしに思い出させた。そのときには、シェニエが四〇エキュもかけて庭の端のところに作らせた樹木のアーチが、グランダンという人の不注意から、指示も待たずに花火打ち上げの鉢に火をつけてしまい、そのうえ予備としてとっておいた火薬にも火がついてしまったので、アーチ全体が吹き飛んでしまったのだ。

今度の場合は遠くから見物していた人はみんなブラヴォーと叫んでいたが、わたしはといえば、出してしまった被害を目のあたりにして、こそこそと逃げ出してしまったのである。バロンはブーリエと同様にもうそこには戻れないだろうと言っていたが、酒場の主人は彼らが花火を運び込めないような用具をそなえた。

われわれは約束しておいたので、バロンはグレーヴ広場でわれわれと落ち合い、三人は腕を組み合ってポール＝パリの下の鉄柵の側を通り、その中ほどでわたしは腕時計を見つけた。端のほうを歩いていたわたしがそれを拾う。友人たちはそれが何なのかは気がつかなかったが、ゴンボーが、おまえ何か拾ったな、と言う。わたしが口ごもっていると、友人たちは見せろと言う。そこで、時計さ、朝まで飲んじまおう、と返事する。われわれはその時計を五四リーヴルで売り払う。こうしてヴォー・キ・テート亭で食事をしたのだが、そこでわたしの父の住む街路に店を出す豚肉屋ピナールの二人の娘と連れ立っているシェニエと出会った。彼といっしょに食卓を囲んだが、われわれ各人には一五フランが残っていた。そこでわれわれは夕方プチ・シャロンヌで会うことにして別れる。

わたしはシェニエと、またテーブルで愛想をふりまいている二人の娘とともに、その場に居残る。われわれはその日の一部をヴォー・キ・テートとパントゥフルという店で過ごし、待ち合わせをしたところに行き、大いに楽しむ。シェニエは彼を放そうとしない二人の娘をそのあとも連れて歩き、とくに年長の娘については彼はまったく下にも置かぬ扱いであった。彼がいやに執着していたので、わたしはほとんど彼を見ることなく、彼もまったくわたしを見ようとしない。そこでわたしは彼を非難する。彼は腹を立て、それでわたしは彼が債務を負ったために地方のある所に身を隠すということになるまで彼に会わなかった。彼は地方にいることを知らせてきて、わたしはそこに駆けつける。彼は厳しい管理人の監視をくぐってひそかに逃げ出したというのだ。わたしは彼をわたしの部屋にかくまう。河岸で商売をしていたある女が彼の厄介事に介入してきて、わたしの手助けもあり、この女が問題を解決する。彼はしかし私的な制裁を受ける(188)だけではすまなくなって、亡き奥さんとの契約を履行することに努めようというわけで、義理の父親に会いに行こうとする。

悪い奴らとは出会わないように時をみはからい、われわれは四人で彼に同行するために集る。われわれがルーヴル宮殿を通り抜け、最初のアーケードの出口のところに来ると、警察の犬ども(189)がいるのがわかった。われわれは川を渡る。彼らが持ち場につくのが見え、ある者たちはポン＝ヌフ橋に位置をしめ、他の者はロワイヤル橋へとおもむく。またある者は小舟の中にはいって行く。われわれは行ったり来たりして足であしらうようにからかって、彼らをたぶらかす。彼らがずっとわれわれのあとを付けているということがわかったので、わたしは自分の持ち舟を探しに行く。サマリテーヌの下働きの男がわたしといっしょに来てくれる。彼らはみんななかに乗っていたので、火かきシャベルのお仲間よ、さようなら、ということになる。

でも結局のところ、ピナールの娘がある日やってきて、シェニエが国王の封印状によって自宅で逮捕されたと伝える。この封印状を願い出て獲得したのは彼の父親であり、彼はレヴェック城塞(190)に収監されたのだ。わたしはその彼に会いに行く。彼は収監のことやそのために父が出した請願書のことをわたしに話す。彼の父親は彼のことを、矯正を必要とする若者として請願したのであり、おこないを改めさせ、ガイヤルダン城館の番兵に送り出すべきものとしたのだ。わたしは彼の父親と親しくしていた父に会いに行く。父にぶどう酒一本を進呈したことで、わたしは事態の裏面のすべてを知った。わたしは陳情書を作成してもらい、そのなかでシェニエの年齢について警察代官はうその申告を受けているのであり、彼は結婚をしているのだから、彼の父親には彼に対してもう何の権限ももっていないのだと述べておいた。警察代官はシェニエの父親に厳しい叱責《ペリユク》を与える(191)。

われわれはジェロームに仕事を頼んでいたお客の知り合いの力添えによって、彼の自由をかちとる。彼は、その言うところによると、義母に自分の存在を強く見せようとして衛兵隊の兵士となる。彼はすべてのものを売り払い、商売をしていた女性と暮らし、そして遂にわたしが忠告したにもかかわらず、彼女といっしょに生活したいということで、とにかく結婚してしまった。われわれはそれから三年か四年のあいだ会うことはなかった。彼は後悔していたのだが、すでに遅かった。彼はパリのおおかたのブルジョワと同様、大事件簿に記録される(192)ようになるのは避けられないことであった。

ある日のこと、わたしはヴェルテュ街に面したグラヴィリエ街に起こった火事で召集を受けた。火は建物の三階の裏手の部分にあがっていて、階段に火の手がおよんだときに、一人のブルジョワがわたしに言ったのだ。助けてくれ、通りに面した側にある自分の書類入れの棚のなかに、すべての財産を保証する書類がはいっているのだ、そこにはお金のはいった袋も置いてある、それはあんたにあげるから、書類を運び出してくれ、と。わたしは階段に移った火をものともせず建物にのぼって行く。一本の綱と斧一丁を身につけて、煙突を二つかき分けてよじ登る。仲間たちには、おれといっしょに行こうと思う奴はいるか、と言ったのだが、誰もついて来なかった。わたしは部屋の中にはいり、仕切りを打ち壊し、かくして書類を街路に放り投げ、お金のはいった大きな袋二つも同じように投げ落とす。二分後には床が焼け落ちたのだから、危ないところだった。わたしはバルコニーに綱を結わえつけて、幸いにも下に滑り降りた。わたしはその場にいた警視に、消防ポンプを動かして二つの床を水浸しにしてしまい、そのためにその床が次ぎつぎに抜け落ちてしまったが、それでもちっとも恐ろしくはなかったぞ、と言った。

食料品屋の主人がやって来て、わたしの腕をとり、飲み物などを出して休ませてくれ、わたしが書類を救い出してやった当の本人は、重ね重ねに礼を述べて、わたしに六ルイものお金をくれた。わたしはそのお金を仲間と分け合った。その仲間というのは、消防ポンプの管を継ぎ合わせたり、ポンプを動かしフラジョレット(193)を作動させるのに大活躍を演じた靴職人や皮革づくりの職人たちであったからこそ、彼らはわたしの勇ましい行動を、大いにたたえてやむことがなかったというわけである。

ある朝のこと、ガラス屋のジェロームのところで働いていると、一人の女がわたしを訪ねてきて、一枚の窓ガラスの寸法をとってくれと言う。わたしはそれを引き受けて寸法をとる。するとすぐに家まで来てくれと言うので、その家に行き窓ガラスをいれる。と、おいくらかと尋ねられ、お代を取りにもう一度来るようにとのことである。そこで出なおして来ると、一人の女がベッドにいるのだ。わたしがその女に近づくと、彼女はわたしの首にしがみつき、力いっぱいわたしを抱きしめ、叫び声をあげ、口づけをして噛みつく。三人の女がその場にいて笑いころげているので、わたしはなんとか女の腕から逃れようとしていると、別のところからニェ、ニェという小さな声がする。それで女はわたしを放し、わたしは逃げ出し、もうそんなところにはまったくもって行きたくもなかった。わたしは店に帰り、この珍事を話した。女が心づけだからと言って二四ソルをわたしのところに持って来たのだが、あんな風にわたしをつかまえるままにしておくようなことはもうしないと約束しながらも、笑いが止まらないという様子で、それはわたしも同じことではあった。

ある日の夕食のあと、なんとダンドン・ルノワールが訪ねてくる。このダンドン（七面鳥）というのは、かつてわれわれが彼につけたあだ名であった。というのも彼は、一週間たらずのうちに一度は、われわれに焼肉屋で肉を食べさせてやろうと言っていたからなのだ。それはわれわれもまだ若く悪がきだった頃のことで、警察の隊長が現れたときにわれわれが叫んだ合言葉は、わたしの名前をほのめかすようなけたたましい《パタトラ》音を立てることだった。さて、やって来たルノワールは、おれは四ルイを獲得できるので、このことではおまえもと考えた。どうするのかというと、橋の四番目のアーチの下のセーヌ川に、三番目におれが飛び込むということなんだ、とわたしに言う。そこでわたしが、おれより他の人をあたってくれ、と返事すると、いや大したことじゃない、おまえの小舟でおれが溺れないように川から引き上げてくれればいいのだ、（まず最初に）おれの犬、その次には木片、そしてそのあとおれが川に飛び込むのだ、おれはこの賭けを身分の高い人々とやったのだ、と言った。

こういうことなのでわれわれは出かけて行った。わたしはサマリテーヌの門衛の息子を仲間にいれ、五時半に当人がやって来た。われわれは小舟を出し、前進する。ルノワールは少しばかり身を乗り出して木片を投げ落とし、犬をけしかけるが、ためらっているのを見て犬を押して川に投げ込み、そして彼は同時に頭から飛び込むのかと思っていたら、切羽つまったようにして川の流れにまかせて足のほうからとびこんだのだった。彼は舟に乗っているわれわれの目の前にいて救い上げられ、川の水嵩が増していたので、カトル・ナシオン館(194)にたどり着いた。酒場に行って彼が飲んでいるところに家内奉公人がやって来て、彼に四ルイを渡し、われわれはグロ・カイユに行ってその金でみんなで食事をし、そのあとわたしの小舟に乗り込んで、その金の続くかぎり痛飲したのである。

そのあと（わたしは）また仕事に戻った。そうしたある日のこと、わたしがダンドンとトロワ・マリの交差路(195)のところにあるトロワ・モールという店で食事をしているときに、塩漬けの豚肉が食べたくなり、ルノワールが、おれが探してくると言った。彼はわたしと大変親しくなっていたピナールのおやじさんを連れてもどって来る。それでおやじさんはわたしに、娘たちのことで大いに困っていて、彼女たちを国王の封印状で監獄に閉じ込めねばならないだろうと思っている、母親のほうは娘たちの肩をもっていて、年上の娘はシェニエのあとを追いかけ、下の娘も年上の娘のやり方をまねしている、と言うのだ。われわれは友情を交わして別れる。わたしはピナールの娘と出会う。そこでいっしょにある店に立ち寄り、わたしは彼女にピナールのおやじさんの考えていることを少し話してやる。それで彼女は日曜日の朝にわたしの部屋に訪ねて来る（ことを）約束し、彼女はその約束を守り、こうして彼女は祝日と日曜日の同じような時間にわたしのところにやって来ることを約束し、彼女はその約束を守り、こうしてわたしの家族の一員のようになった。

わたしはゴンボーの愛人のところを訪れる。彼女は魅力的な女性で、サント＝クロワ＝ド＝ラ＝ブルトヌリ街に住んでいた。そこに訪ねて行くと彼女一人がいるだけで、わたしは彼女とあれこれとお茶目なことをやらかす。ところがゴンボーが戸口のところでそれを聞いていて、（彼は）戸をたたいていきなり部屋にはいってきて、わたしを罵倒し、若い彼女にも食ってかかり、（そして）わたしに飛びかかってくる。それにわれわれはじっと耐えていたのだが、わたしはその場から出て行く。このことがあってわたしは、嫉妬というものが病気のようなもので、それにとりつかれてしまうと、相手が信頼のできる友人だということを忘れてしまうものだということがよくわかったのである。彼はその若い娘を悪しざまに扱ったあと、怒りにまかせて軍隊に志願して去っていった。こうしてわれわれが別れるときには恨みごとなど言わず、わたしは彼の旅の安全と武運を祈り、見送りに行った。

わたしはフォブール・サン＝タントワーヌのシャラントン街のある親方のもとで働いていたことがあるのだが、このときその親方はパリの親方資格(196)をもっていなくて、パリ市内で仕事をするような厚かましいことはせず、ただわたしが親方資格を持っているのを利用して、同業組合にとがめられることなく市内のいくつかの建物の仕事を請負っていた。このことが同業組合の役員の不満をつのらせることになり、ある日、役員たちは警視をともなった執行吏とともにドゥー＝エキュ街の角のところにやって来て、そこに運んでおいたガラスを没収しようとした。わたしは親方に姿を見せないようにと言い、彼らにはこれは自分の仕事でやったことだということをわからせてやったので、彼らは自分たちの無知をさらけ出すことになった。このことがあって親方は大胆に請負い仕事をするようになり、わたしはわたしでそれによって利益を得たのであった。

ある祝日の日の夕食のあと、雇い主とともにクルティーユ(197)に散歩に出かけたときにボワ・フォンテーヌという店にはいると、かつてわたしとつき合ったことのある職人たちと出会う。すぐさまわれわれはテーブルをともにする。職人のなかのサヴォワ人がわたしに、パリの人よ、もうすぐあんたのことをよく知っているボルドー人がやって来るぞ、その男はフランス修業巡歴の旅の一部であんたといっしょだったと言っている、おや奴がやって来たぞ、と言う。まず杯を酌み交わしたあと、わたしはそのサヴォワ人、それにバイヨンヌ人にむかって、このボルドー人はみんなにパリの人についていろんなことを言っているようだが、そのパリの人というのを彼はよく知っていたのかどうかをよく聞いてみてくれと言った。するとボルドー人は彼らに、そのパリ人のことは大変よく知っている、あまり腕の立つ労働者ではなく、無視してしまおうと思ったほどだ、パリ人とはアヴィニョンからリヨンまでで知り合いになったと述べ、わたしについての悪口をたくさん並べ立てた。そこでわたしは彼に次のように言ったのだ。それではあんたはそのパリ人をよくご存知というわけだが、ここにいる仲間たちとわたしはそのパリ人をよく知っている、あんたはボルドーの出身であり、ピトン（大鼻）の息子だろ、それであんたのお父さんのことを、あんたは金の握りのついた杖を手にして散歩するような金持ちだと言いふらしていたではないか、そこでだ、聞いてくれみんな、この人はみんなをだましている、彼がみんなに言ったことはでたらめ以外のなにものでもないのだ、と。するとサヴォワ人は、いやはや、おまえは自分がうそつきだということがよくわかったろう、パリの人とはこの人なのだ、彼はほんとに腕が立つ奴さ、おまえは馬鹿にされてんだぞ、出て行け、おれたちはおまえのような根も葉もないことを言う奴を仲間にしておきたくはないのだ、と言った。こうしてボルドー人は人々の罵りを受けながら立ち去った。このとき以来、わたしは職人たちからの招待を受けるようになり、彼らの集りに加わることはきっといつも楽しいことだろうし、時々は彼らのもとを訪れ、いつも歓迎されたのである。

ある月曜日のこと、わたしが職人たちに第一の市門のところで会おうと思って歩いていると、酒場の五、六人の給仕がわたしのきわめてよく知っているガラス職人を引っ張って行くのを目にする。これらの給仕の一人がわたしに、メネトラ、ほらこいつはあんたの仲間だろう、おれたちはこいつを警察に引き渡そうとしてるんだ、と言う。わたしは仲間だと思ったが、彼のことなど知らぬというようなふりをして、どうしたのだとその給仕に尋ねると、彼は自分の仕事着のポケットにすず製の皿を四枚入れたというのだ。そこでわたしは給仕たちに言った。あんたたちは何をやらかそうというのだ。あんたらは、妻もいれば子どももある一人の男を破滅させようとしてるんだぞ、彼の尻を一発蹴り上げ、強烈な平手打ちを食らわせて放してやれ、と。給仕のある者はそうしようと思うが、他の連中は司直の手にゆだねたほうがいいと考える。わたしは、そんなことをしていれば彼らもその日の仕事をふいにしてしまうことになるではないかと言って聞かせる。この説得がきいて彼らの心もようやくさだまり、ガラス職人をつかまえていた給仕の一人が職人に力いっぱい往復びんたを食らわす。それから給仕それぞれが彼の尻を足で一、二発けり上げる。これで職人は逃げて行き、給仕たちもまあいいかという気持になる。われわれは連れ立って食料品屋にはいり、わたしは酒を少々おごり、自分もこれで満足という気分になった。

わたしは、ビュシーが殴り合いをやったということで、グラン・ムードン(198)に留置されていることを知る。そこでわたしは三人の仲間と連れ立って彼に会いに行った。われわれは彼をはげましてやり、酒を飲み楽しむ。そのような場所にそれまではいったことのなかった友人の一人は、そこで無実の者が犯罪者とごたまぜになっているのを見て、中庭に出たときにわたしに、下のほうにいるのはどういう連中なのかと尋ねた。そこでわたしは仲間の一人のポケットに手を突っ込んでみせて、身振りで教えてやる。するとそうした連中と同じような奴(199)が、わたしが仲間のポケットからやすやすとハンカチを抜き取ったやり方を見て、そのハンカチを横取りして自分のポケットにいれてしまった。わたしはそのことを忘れてしまい、そのまま仲間を脇に抱えるようにして外に出てフェライユ河岸のほうに行く。わたしはそこからどっちの方角にわれわれは行けばよいかと見さだめていると、ハンカチを取り上げたくだんの男が、とある小道にはいって行ってハンカチを呼び売りの女に売り払おうとしているのを目撃する。わたしは腹を立て、そのハンカチを奪い取り、猛烈な勢いで男を殴りつけ、その男の顔は血まみれになる。すると見知らぬ人たちがわたしにとびかかってくる。どうしてそんなことをしたのかをわたしはわかってもらおうとしたのだが無駄で、彼らはわたしがあらがうのに取り合わず、警視のところに連行したのだ。そこで事のいきさつをわたしは申し立てる。砕かれたくだんの男のあごは抜けてしまっており、その男の持っていたハンケチは盗んだものだと、その持ち主の友人が証言してくれて、やっと助かったのだ。警視はわたしに、もっとおだやかにやって、その男を司直の手にゆだねなければならなかったのだとお説教をした。このあと（われわれは）ヴォージラールでその日の残りを過ごした。そこでダンス教師の娘と知り合い、二人ずつで踊る機会にめぐり会えたわれわれは、ダンスに興じたのだった。

自分のところに戻って働くよう絶えずわたしに言っていた父と、私は少しばかりよりをもどしていて、妹たちも父のところに帰るようにしばしば言っていた。（わたしは）そうした父のたび重なる要請にも折れることなく、ことわり続けていた。父はもう自分が年老いている、わたしが父と和解してその店を継いでくれと言っていたのだが、わたしはその和解に絶対に応ずるつもりはなかった。ある日曜日に父はわたしを食事に誘う。そこでわたしは豚の塩漬け肉を求めてピナールの奥さんの店に行く。奥さんは、あらまあ、誰かと思ったらメネトラじゃないの、と言う。奥さんといっしょにカウンターのところにいた彼女の年下のほうの娘が口のところに指をもっていった。娘の父親がそれに気がついてわたしに、いいか、そんなに娘につきまとうな、おれは父親の家のそばの豚肉屋をやっている同業者のデュリュのように見て見ぬふりなどしないからな、それにデュリュの奥さんは少しはおれのために考えていたし、彼女の兄はシャトレ裁判所の礼拝堂づき司祭だったのだ、と言う。これに対しわたしは、彼がいつも変なことを考えていると言って立ち去った。その際わたしは、ピナールの奥さんのほうがその二人の娘よりずっと値打ちがあるから、ピナールの言ったことは心にとめておこうと心に決めたのである。

時が過ぎ、わたしは忘れかけていたのだが、ある日曜日に自分の部屋から出ようとしていると、一冊の本を手にした母親のピナールに出会う。彼女はじっとわたしを見つめる。そこでわたしはこんにちはと挨拶すると、彼女はミサに行くところだと言う。わたしはいつぞやは彼女の夫から立派なお説教を聞かされたと答えると、彼女はそんなお説教など聞く必要はない、彼女はやりたいようにやっていて、自分は自分の意思のままに行動していると言うのだ。そこでわたしは、よしそういうことならばわたしの部屋で休んでいきませんか、と誘う。すると彼女は、女なら誰でも口にすることをいくらか言ったが、そういうことにまどわされるわたしではなかった。彼女はわたしの部屋にやって来る。わたしたちは打ち解けてうまく行き、彼女は満足し、これからはこんなやりかたでミサをあげにしばしばやって来ると約束する。間違えないようにと時間まで決めておいた。これは彼女がその年下の娘と出くわすことにならないかと恐れてのことで、わたしが他のいく人かの交際していた女と同様、そうした疑いを解いてやっても、なお彼女は年下の娘がわたしに会いに来はしないかと警戒していたのである。

ある日わたしがハムを少々買いに行くと、カウンターにいる年上の娘と偶然顔を合せ、シェニエの消息を尋ねられた。そこでわたしは、彼のことを知りたければ一時間のうちにはわたしの部屋に戻っているから、そこで話してやろうと言った。彼女はわかったという合図をしてみせ、しばらく待っていると、彼女が部屋にやって来た。わたしは彼女が美味いものには目がないということを知っていたので、ビスケットとぶどう酒を用意しておき、われわれは話にはいる。わたしはシェニエが完全に彼女のことを忘れてしまったこと、しかしその仕返しを彼女はすることができるのだと教えてやる。彼女は誰もがきまってやるような気取った態度を少しは見せたものの、そのあとは彼女の母親や妹と同じように部屋で過ごし、祝日や日曜日にはとくにわたしと楽しむために、しばしば部屋にやって来ると約束した。こうして母親と二人の娘の三人は、それぞれ別の時間にわたしと会う約束をしていたのである。

わたしの心遣いが度外れたものではなかったので、ピナールはしばしば冷たい表情のわたしを見ていた。ある夕方、彼の店の前を通っているときにわたしは棒の先で母親の腕をつついた。わたしはピナールが正面の通路(200)で小便をしているのに気がつかなかったが、彼はわたしに気がつき狂ったようになって駆けつけてきて、わたしの襟をつかむ。わたしは冗談だろうと言うが、彼はちがうと答える。わたしは彼に足払いをかけ一発なぐりつける。二人とも相次いで倒れる。理髪師をしている隣家のパトゥフレという人がわれわれを引き離し、わたしをトロワ・モールに飲みに連れて行く。ライオンのように猛り狂ったピナールもやって来て、彼の家庭に目上の者も目下の者もいないような混乱を持ちこんだのはこのわたしだ、彼の娘たちを誘惑しただけで満足せず、妻の貞節までもだまし取ったではないか、それにしばらく前からこのことはピナールや娘たちに対して家で厄介なことになっている、と言った。

このような非難をうけているあいだも、わたしは笑い、彼をからかい、彼にぶどう酒をふるまっていた。彼は、こんな杯を受けるのも、それをわたしの顔に投げつけたいからだと言い、そんなことはさせないと、わたしは応ずる。そこにルノワールがやって来る。彼はうまくことをおさめようとしたのだが、反対にわたしたちのあいだをとげとげしいものにしてしまう。彼はわたしに棒で打ち合いをして決着をつけようといい、わたしは棒でたたかれればやり返すと言う。よしそれでは、あんたはそんな恐ろしいことを言い、もとは軍人だったのだから、やることにしよう、と言う。ダンドンはそこで、箒の柄を二本探してくると言うが、わたしはそれをことわり、剣で闘うことにしたいと返事する。しかし結局わたしはダンドンの提案を受け入れ、かくてわれわれはセーヌ川の浜辺の王女の庭園〔注(19)を参照〕におもむいた。ピナールはわたしよりずっと力が強く、わたしは守勢に立つ。突如として彼はわたしの胃の部分を突いてくる。その場で観戦していた人々は、それは卑怯なやり方だと非難する。とその瞬間にわたしは相手の手首に一撃を、また同じように素早く腕にも一撃を食らわし、相手の手首を脱臼させてしまう。

わたしは箒の柄を放り出してルノワールとともに立ち去ったのだが、そのとき警察隊の兵士がわれわれを逮捕しにやってきた。ピナールは卑劣にもわたしのことを警視のところに行って告発する。わたしは余儀なく自分の部屋と小舟を売り払い、ヴェルドレ街に住むある知り合いのところに身を隠さざるをえなくなった。わたしは消防隊を指揮していたモラに手紙を書き、自分の身に起こったことを伝え、嵐の通り過ぎるのを待つことにしたのである。

わたしは資金を工面し、祖母の遺産として手に入れた服やその他の多くの衣類を小箱につめこみ、直接に会って頼んでおいた友人のバロンのところにそれを運んでもらい、ソー＝デュ＝メーヌにいてモレル未亡人と結婚していたあるまじめな男のもとにおもむいた。わたしはそこで、このぶどう作りの夫婦とともにしばしば彼らのぶどう畑の様子を見に行ったり、またしばしばその近隣の各地で働いたりしながら秋と冬の一時期を過ごした。またわたしの友人である肉屋の息子がいたフォントネ＝オ＝ローズにも行った。この友人はフルーリという名前で愛すべき若者だった。彼はわたしに馬車で果物をパリに運んでいた褐色の髪の娘を引き合わせてくれ、それで（わたしは）パリへの行き帰りにその馬車を利用できたのである。

ある日のこと、わたしはガラス職人のフェランという人に出会ったのだが、彼はわたしに、ヴィルモンさんという人がわたしに問い合わせをしたのだが返事がなく、またその人はわたしがまだ修業巡歴の旅に出ているのだと言っているのだが、一二〇の街灯を製作する仕事を持っているので、もし自分に会う意思があるのならば、大いに歓迎すると言っている、と教えてくれた。そこでわたしはヴィルモンさんを訪ね、彼は満足の様子だった。わたしは街灯一つにつき五〇ソルという割合でその仕事にとりかかった。わたしはそのころ貧窮状態におちいっていた義兄に会い、わたしといっしょに働かないかとさそい、一日あたり二〇ソルと食事を与え、毎晩のように彼をブランシュ市門(201)に連れて行ったのだが、そこにはわたしがなじみ客となっていた、ぶどう酒と料理を売っている若い未亡人がいたのだ。それでわたしのために毎日食事が用意されていた。義兄を酒に酔わせ、まだ舗石の敷かれていない道にながながと横たわったりしているのを見て、おもしろがっていたのはこんないっときのことだった。

ヴィルモンさんはサン＝ルイ街にわたしの部屋を確保してくれ、そこがわたしの仕事場となり、街灯の製作にあたったのだが、ヴィルモンさんの店はヴェルボワ街にあった。わたしが自分の部屋に知人たちを迎え入れることは、まったく自由にできたのである。ピナールの家庭のことも知ることができた。まったく手のつけられない状態になっていた。母親が一方の側に、娘たちが他方の側にという対立であり、ピナールは腕の傷が悪くなってその切断手術を受け、警察の密偵という職務につくことになり、彼はそれをそれなりにやりとげた。というのも警察代官は彼に廃兵院《アンヴァリド》(202)への入所を認めたのだから。

ある日の夕方、わたしの未亡人のところで食事をとり、義兄とも別れてモンマルトル街を通って帰ってくると、とある家の通路から一人の娘の腕をつかまえた男が出てきて、脅かしながら戸口の外にたたき出しているのが目にとまる。もう夜はふけていた。わたしが近づいて見ると娘は涙にくれているではないか。わたしは彼女を落ち着かせてから、もしよければわたしといっしょに来ないか、まったく心配ないから、と言う。彼女はためらいをみせたが結局は意を決し、わたしはその娘を連れていき、今度もまたわたしの家族を増やすことになる。この小娘はわたしのめがねにかなっていて魅力的だった。彼女の言うところだと、その父親はわたしの父を手本にしたような男のようだった。酒を飲むと彼女を家から追い出して、孤児であった彼の母親の親類のところに行かせるのだという。たっぷりと朝食を食べさせたあと、彼女はその親類のところに行ったわけだが、そのときにまたわたしに会いに来ると約束し、その約束を違えなかった。これは彼女の優しい心そのものを示すものだった。これでわたしが悟ったことは、酔いどれ状態になった父親というものが、いかにその子どもたちを失ってしまうかということだった。わたしはここで自分の無分別な行動を書いてきたわけだが、それらをわたしはいささかこれ見よがしに書いたのであり、教訓を得たり反省したりしないで書いたというわけではなかったのだ。

ある朝、わたしが環状大通りを散歩していると、偶然ピナールの年下のほうの娘の姿を見かける。彼女はわたしに大変親しげな様子をみせて、わたしの所在を知ろうといろいろ尋ねてみたのだが、探しても無駄だったのだと言う。彼女はとても立派な服を着ていて、わたしにどこかの店にはいろうとさそう。その店でわたしたちはその後あったことを話し合う。彼女の父親は店を売り払ってしまったのだが、ある日酒に酔ったときに自分の腕を折ってしまったのだという。それはわたしが手首の関節を打ってしまったことのあるあの腕だった。そうしたときに病気もわずらい、オテル゠ディユ病院(203)に入院したという。しかしピナールの直面したひどい状態について(彼女は)言いたくないとのことだったが、彼女の母親は善良な農民と田舎に住んでおり、彼女の姉はリヨンの時計屋のジュアナンという人といっしょになり、また彼女自身は大変裕福な男に囲われていて、その男ともうすぐ外国の国々に旅立つということだった。わたしはその前にもう一度、彼女に別れを告げるにあたって、わたしがこれまで愛してきたのだということを伝えておこうと思った。彼女をわたしの部屋に連れて行き、彼女はすばらしい祝福を受けたというわけなのだ。こうしてわたしは彼女に別れを告げ、また、彼女の愛すべきそしてまた途方もない家族ともおさらばしたのである。

わたしは消防隊のモラさんに会いに行き、彼は快く会ってくれた。彼によれば、消防の諸隊では改革がおこなわれていて、消防隊をもっと権威のあるものにする方策がとられつつあり、消防隊員は各自の家の戸口の上に大きな文字で、国王の消防士、と書いた表示板をつけねばならぬことになっているとのことであった。わたしは再び消防の任務につき、以前と同様の手当ても受けることになった。

父は、そしてわたしもなのだが、わたしの母方のいとこの一人から、彼が少年聖歌隊の一員となっていたことのあるノートル＝ダム大聖堂の聖母の礼拝堂で、初めてミサの儀を司祭としてとりおこなうことになったからということで招待状を受け取った。それにそのいとこはロンブの司教猊下に仕える司祭に任命されたのだった(204)。わたしはしばしば彼といっしょにいろいろ趣向をこらしたパーティーをやったことがあるので、彼のこうしたあり方は信仰心からというより野心からきたものだということが、わたしにはわかった。彼とわたしがかつて交わしたことのあるちょっとした冗談話のすべてを考えてみるとそうなのである。またいとこはミサをはじめとするカトリックの祭儀などまったく信じておらず、(そうしたものを)ただ単に人間が創り出したものにすぎず、無知な人々によって想いえがかれ、うそで固められることによって信仰箇条として維持されているもの、と見ていたのである。わたしはこの著述で省察めいたことを書かないことにしているから、もうこれ以上のことを書くつもりはない。

わたしの親類のものたちは彼がミサをとりおこなうことをこぞって尊敬の念をもって見つめていて、それはほとんど崇拝に近い態度だったが、わたしはといえばそれとはまったく違うふうに考えていたのだ。わたしは決して狂信的な人間ではなく、この地上のいかなる存在も、神を儀式の祭壇に思うがままに降臨させ、それをむさぼったり、また同様に、彼らの神をのみくだすことのできるような強力な喉を持っている者に、神を与えることなどできるとは信じていなかったし、これからも信じることはないだろう。こうしたことは想像力にたけた人なら誰もが認めることだ。またそうした人々が次のような言葉を口にするのは根拠あってのことである。その言葉とは、心の貧しい人々は幸いである、天の国はその人たちのものである〔マタイ伝五の三〕、というものである。

わたしは祭具室で彼にお祝いの言葉を伝えた。すると彼は笑顔をみせ、手でわたしを引きとめて食事にさそい、そこに行ってみると、われわれ以上によく冗談を言う太った司祭たちのなかにはいってしまった。彼がこうした人々にお礼の言葉をこれから述べることになるのだということはわかっていた。彼はわたしに言った。わたしはあんたがサン゠ジェルマン修道院のところから引っ越してしまってから、あんたの住所がわからなかったんだ。それでお父さんのところにあんた宛の手紙を出したというわけなんだ。あらためて会おうじゃないか、と。これは約束にたがうことなく実現した。

彼は次の日曜日にロンブの司教の馬車でやって来た。わたしは妹に、軽い食事を用意しといてくれよ、われわれはほんとうの友人同士になったのだからな、と言っておいた。彼はわたしに聖職者になることを決めたのは、信仰よりもむしろ野心から、またこれまでも享受してきた不安のない生活を得たいためだったこと、そしてこれはわたしの言ったことでもあるが、他人の世迷い言を聞いてやるためだということをうちあけてくれた。そして彼は、この決心はわたしにとってはいちばんかしこいものなのだ。これは人間が面倒なことに会うことも、どんな不安を抱くこともなく、生きていけることとなんだ。わたしはすぐにロンブに出発する、あんたもわたしのように振舞ったらよいと思うのだが。もちろんこれとは違うやり方で、自分の店をもって独立してだ。わたしはあんたになんの助言もしてやれない、許してくれ、あんたはわたしにときどき助言してくれたのにな、われわれは馬鹿なことをやらかしても、けっして名誉を汚すようなことはなかったものな、あんたの発展と成功を祈っている。あんたの信仰のことは、これはあんたの問題さ、あんたはつねに偏見をもたなかった、あんたは神をうやまっている、あんたは神をうやまう隣人たちに悪いことはまったくしていない、あんたは誰にとっても友達なのだ、ここが大切な点なのだ、と言った。わたしたちは友情をこめて心から別れの言葉を交わしたのだが、これが最後の別れとなってしまった、というのも彼はそれから一〇か月たつとロンブで死んでしまったのだ。

どんな省察めいたこともやらないと思っていたのだが、どうしても書かずにいられなくなってしまう。わたしのいとこのような人間、なんの苦労もなく思うがままに生き、まったく労働することなく、うまいものを食べたり飲んだり、思うがままに信者たちに愛情をそそぎ、贈り物を受けとり、彼の司教からも愛されていた人間である彼が、まさにその人生の盛りにあって、同じ年頃の他の人であれば生きていくにあたって、人生のあらゆる苦労に出会わざるをえず、生活につきまとう心労や悩み事にめげることなく生きていくというのに、輝かしい境遇を手にすることができるというときに死んでしまったのだ。

わたしが姿を隠したことで大変困惑していた女たちを、わたしはずっと探し続けていた。あの花売り娘は馬具職人と結婚してしまった。これでわたしはややこしい状態から抜け出せることになったのだ。ピナールの家族は消息不明、洗濯女はわたしをそっとしておいてくれた。子どもの家庭教師については、そのおばのところに用心しながら何度か会いに行った。モンマルトル街の褐色の髪をしたかわいい娘は、わたしを悩ますことはまったくなかった。オロールはずっと救貧院にいた。オンファルという召使いは、もっともしばしばわたしに付きまとっていた女であり、エロフのところの美しい娘はわたしが旅に出たふりをしていたときにもわたしの消息を尋ね歩き、彼女の兄をつうじてゴオドンかニコレのところでわたしと出会うということになり、わたしを見つけ出したのだった。彼女はその父親に似ておいしいものには目がなかったので(205)、わたしといっしょに彼らのところにいつも食事に行っていたことがあったのだ。しかし他の脇役の女たちはずっとわたしが田舎にいるものと思っていて、わたしはいたって波風の立たない状態にいることができた。残るは毎晩食事に行っていた未亡人なのだが、彼女はわたしが食事をするということだけで足しげくやって来ると考えていたし、同じように考えていた他のお客のこともあって、わたしが泊まるのをまったく許さなかった。

友人たちに関しては以前と変わるところなく付き合い、気がねをすれば楽しいことはない、という諺をしばしば原則としていた。わたしは仕事のことを考えた。稼いでいたが、浪費することも多く、そんなにお金が手にはいったわけではなかった。ついに一二〇の街灯の仕事もやりとげた。するとさらに六〇の街灯を作れと言われ、わたしはヴィルモンおばさんに街灯一つあたり三リーヴルをくれないのなら、もうやらないと言った。というのもヴィルモンおやじのほうがもうろくしてしまっていたからなのだ。

ある日の夕方のこと、サントンジュ街で火事があった。わたしは駆けつける。消防士の服はおろか、服をまったく着けていないままだった。誰も知らせにやって来ず、わたし自身で火事と知ったのだ。わたしは一本の綱を身につける。火は建物の四階に及んでいたが、背後には廻ってはいなかった。階段は建物の正面にあり、燃えていた。わたしは屋根裏部屋で一人の女と一人の子どもが二人とも眠りこんでいるのを見つけ、たたき起こすが、煙と恐怖で彼らは息もつけずにいる。わたしは綱を建物の横木にゆわえつける。女には綱をにぎってわたしのするように滑り降りろと言う。わたしは子どもを抱き上げ、それを裸だったのもかまわずスカーフでわたしの首にゆわえつける。これは言うも、するもとっさのことで、こうしてわたしは下に滑り降りる。人々はわたしに走り寄り、重い荷物の子どもをわたしから引き離す。女は幸いにも藁の上に降り、気を失う。消防仲間たちがよくやったと言う。母親とその子の命を救ったことにあらゆる人が喝采を送る。モランさんが馬に乗ってやってくる。彼はわたしに話しかけようとし、警視にわたしを引き合わせ、警視は火事でのことをいろいろわたしに尋ねる。それで自分のとった行動を説明したのだが、人々がわたしのことをほめたたえようとしているのを見て、わたしは逃げ出してしまい、わたしの未亡人のところに駆け込む。そこにはわたしの身におこった事情などを知らない義兄がいる。わたしの気性からしてほめ言葉など好きではなく、ましてやそれに答えてなにかを言うことなど好きではなく、それでこのような行動をとったのだ。善いことをやり、ただしそれをほんの少しだけ知っていてもらえばと思うのが、わたしの常とするところであった。こういうことがいつもわたしの原則のなかにあったのだ。

わたしは必要なものを手に入れていった。友人のバロンの家からわたしの小箱を引き取ったのだ。それはバロンの奥さんが彼を説得して、パリから離れて素朴な村で外科医として働き続けられるようにさせたばかりのときだった。しかし彼はその村で悲しみのはてに死んでしまった。

ある日わたしはどうしているかと父のところを訪ねていくと、父は匿名のわたし宛の手紙を手渡した。その手紙の文字はオロール・ド・ニュイのものだと気がついたのだが、そこには二年間のサルペトリエール監獄送りという判決を受けたこと、それでこっそり脱走できるような救いの手を期待していると書かれていた。わたしは偽名でもって許可を手に入れ、ルノワールと意気投合して彼女をこっそり脱出させることにした。わたしは彼女にその手段を言って聞かせた。サルペトリエール救貧院からは一週間に二回、一二人の洗濯女が出てくることになっていた。それは早朝に、各人が下着類のつまった負い籠を背にして、洗濯舟におもむくためだった。オロールはこれらの女たちのいく人かを味方につけておいた。そしてこのことを、救貧院にいてサン＝トゥスタシュ教会に出て（物乞い）をしている女をつうじて、わたしに知らせてきた。その日がやってきて、ルノワールにそのことを告げ、またサマリテーヌで見習いをしている男にも知らせて、日の出前に小舟で洗濯舟の近くに行った。オロールはわれわれに気がつき、監視の目をおかして船着場につないである筏(206)の上を通って脱走した。

われわれは用心して彼女にフロックコートと帽子を着せ、（わたしが）自分の部屋に連れて行き、彼女が友達の一人にあずけておいた服を探してきてやった。そして（彼女は）見知らぬ他人をつうじて、サルペトリエールで着ていた服をサン＝トゥスタシュ教会の戸口で物乞いをしている女のところにとどけ、（わたしは）かつてと同じように彼女と暮らしはじめた。こうした彼女に対する行動は、彼女をわたしにいたくつなぎとめることになった。彼女はわたしに対して感謝の気持を表わしてやむことがなかった。その親愛の情にはまったく曇りがなく、もしわたしが名誉ということを本気で考えることがなかったならば、彼女と結婚していたかもしれない。彼女は賢い女だったし、それは変わっていなかった。こうして彼女はもとのような生活をしなければならなくなったし、わたしはといえば、彼女の愛着がよくわかりながらも、できうるかぎりそっと身を退かざるをえなかったのだ。

消防隊を指揮するモラさんが手紙をよこして、わたしに伝えたいことがあるから話にくるようにと言ってきた。その招きに応じて行ってみると、彼はわたしをあれこれと持ち上げたあとで、わたしのような若者、とくに屋根ふき職人や大工やそのほかの建築関係の労働者をたくさん探してもらいたい、彼の消防隊には靴職人や馬具職人しかおらず、彼らは消防という仕事に充分かなうほどの大胆さを持っていないのだ、と指示をしたのだ。わたしはそれに対し、消防隊の班長にしてくれということを遠まわしに、もし消防ホースをいくつか与えてくれるならという表現で言い、もしそうしてくれるなら建築関係の多くの労働者を見つけてあげようと答えた。すると彼は、隊のなかにはわたしより古参の人々がいるが、間もなく消防ホースをまかされるだろう、というようなことをにおわせたのだった。それでしばらくはそうなるだろうという気持になっていたのだが、まったく音沙汰がなく、わたしは自分の希望を引っ込めてしまった。彼はこの問題についていろいろとわたしに説明をし、スグレスティエやディュという人をつうじて班長にすると伝えてきた。しかしわたしは心をきめており、人々は部隊に編成されはじめていたこともあって、もうわたしはそういうところには出て行かなかった。

　ある朝、ショーモン(207)の来るのを待つあいだ、タンプル大通りをぶらぶらしていると、馬車で通りが渋滞していたのだが、わたしは散歩を続けていた。と誰かにたしかに呼びかけられたと思ったとき、一人の家内奉公人がわたしの腕をとり、その主人と話をするようにと言った。わたしが行くと、家内奉公人が殿様と呼びかけている着飾った人物がいて、わたしに使い走りの者かと聞いた。わたしが違いますと答えると、彼はわたしに彼の使い走りにならないかと言い、四輪馬車に乗れというのだ。そこでわたしは、おっしゃることはわかりました、がわたしは娘の尻を追いかける《クルール》男でして、クルールと言われても、使い走りのクルールではございません、クルール違いでございます、はいさよなら、と言って彼のことを馬鹿にしながらその場を立ち去った。ショーモンがやって来る。わたしは彼にこのことを話して、いっしょになって馬鹿な殿様を笑いものにした。わたしが彼と会ったのはこれが最後となった。彼はこの数日あとに死んだのだ。彼は読むことも書くこともできなかったが、大変すぐれた道化役者《アルルカン》であった。彼の奥さんがいくつもの役柄を読んできかせてやって、彼はそれをたくさん記憶していたのであった。彼の死は惜しまれたし、カルラン〔注(160)を参照〕は彼を自分の仲間として遇した。

　ある日の夕方のこと、自分の仕事場を通らずに正門からはいって部屋にはいろうとする。その家屋には四輪馬車を賃貸する業者が陣取っていて、きれいな料理女を使っており、彼女は人の言うところによると、男経験があるということで、お上品ぶるようなところのない女であった。わたしはそのとき門のところで彼女と出会ったのだ。わたしは冗談を言い、お互いに言葉をかわし、これはうまくいった。しかしみんなが家に帰ってきていて、くつろいだ気分にはなれない。そこでわたしは彼女をつかまえ、厩の戸が開いているのを見て、われわれはその中にはいってしまう。そしてわたしたちの魂が天国にとけこんでしまうかという瞬間に、あらゆる悪魔が声を出したような叫びが聞こえたのだ。女主人が料理女を呼ぶ声がきこえ、馬車の御者が門の掛け金を調べてみる。幸いにもわたしは掛け金をかけておいたことを思い出した。娘は冷静で、みんな帰りました、寝てください、叫んだのはわたしです、厩のランプに火をつけようとすると火が全部消えてしまい、戸口を開けるどころか、閉じ込められてしまい、火を探しに調理場に上ってます、と大声で叫ぶ。そのすきにわたしは厩からぬけ出す。すると中庭に女主人がいる。わたしは坊主のように彼女に修道士のようなおあいそを言い(208)、その場をとりつくろう話をし、万事はわたしの思い通りに運ぶ。つまるところは、わたしたちの愛の仕事にはどんな邪魔もなくなり、彼女はわたしの仕事場を通ってわたしの部屋にやって来るようになり、朝も夜と同じようにすべては首尾よく運んだのである。

わたしのところに連れが来ているときには戸口を閉めておき、わたしはあまり人前には姿を現さなかった。彼女が夜明け前にしばしばブランデーをもってきたからである。わたしは彼女には義兄か誰か友達が来て泊まっているのだと思い込ませておいた。彼女は大変に敏感でそんなことにだまされることはなかったのだが、わたしは、気がねしていては楽しくない、という諺に従っていたので、わたしだけに好意を振りまいていたわけではないことを自覚していた彼女は、彼女の主人もそのことに怠りなく注意を払っていたこともあって、他の女と同様にわたしの言うことに黙って従わざるをえなかったのだ。なにしろ彼女の主人は陽気な人物であって、わたしが街灯をつくっているところにやって来て、ときにはいっしょに酒を飲みながら、わたしに冗談めかして、われわれは友達以上の存在で、あの女がわたしの仕事場でやるべきことがあったのだと気づいた彼は、若いわたしと同じように振舞おうと努めていたのだ、などと言っていた。わたしはといえば、そういうことは聞こえないふりをしていた。

ひそかに女と世帯を持っていた義兄は、どうしても食べていきたいのだとわたしを頼りにするので、一日三五ソルを彼に与え、わたしはもうクリシー街のわたしの未亡人のところに戻ることもやめてしまい、それで彼女を完全に捨ててしまった。このことはわたしにとって大変気づまりな問題だった。それが重大なことは考えておくべきものだったし、わたしの性格には合わないことだった。スペイン風の愛をわたしは決して好ましいとは思っていなかったのだ。

遊び人たる者はそこに出かけて行くことになっていたサン゠ドニ門あたりで、その頃人気のある娼婦になっていたオロールをともなって、ある日曜日の夕方、ボワ・ド・ブーローニュという看板を出していた店に行ってみると、数人の知り合いと出会った。テーブルにつくと人々はわたしの女神をダンスにさそった。そしてまたテーブルに戻ると、オロールに足を踏まれた見知らぬ女が罵詈雑言を浴びせかけ、オロールは従順な態度でいたって礼儀正しくしていて、丁重にあやまったのだが、その女はますますいきり立つ一方だった。そこでわたしは、そんなふうだとしまいにはおれはおこるぞ、と言う。市警察隊の鼓手をしていたフレモンという男が、その女の肩を持とうとする。わたしは、フレモン、お互い顔見知りじゃないか、と言ったのだが、彼は逮捕しようとする。お互いにののしり合い、彼は力づくで言うことをきかせることもできるんだぞ、と言う。わたしの友達も彼の友人ももうやるしかないと考える。彼はおもてに出ろと言い、わたしは外に出る。人々がそのあとについて来る。彼は言い分を聞こうじゃないかと言うが、こうなっては言い分もへちまもあるものか、力づくでやり合うだけさ、とわたしは言った。ちょうどそこに細身の長剣をたずさえたサン゠トゥスタシュ教会の守衛の息子がい合わせ、わたしにその長い剣を手渡す。女たちがこの成り行きを見て口を出し、われわれをとめようとする。われわれは庭のなかにいたので、わたしはバス街に行こうじゃないかと彼に言い、人々もわれわれについて来る。彼が手に傷を負い、そのことを言ってやったそのときに、彼の兄がやはりそのことを気にして駆けつけて来る。彼は意地を張っていたのだった。人々がわれわれを引き分ける。彼の兄がわたしに友達じゃないかと言い、この喧嘩好きな女には彼が見せしめを加えてやるから見ていてくれと言うのだ。そこでわれわれはまた店に戻り、両頬に平手打ちを加え尻を蹴り上げて、店を追い出して一件落着となる。彼の手の傷はたいしたことはなく、われわれはともにその夜の集いを過ごしたのだった。

街灯づくりの仕事がはかどっていたときに、街灯検査官(209)のヴァニエさんがわたしに会いに来て、マレー地区に設置する一〇〇の街灯をさらにつくる気はないかと尋ねた。それらの街灯は相互に間隔をとって設置されるもので、彼はわたしの手でつくった街灯と同じスタイルのものを希望していて、わたしが適任だと言うのである。そういうわけだからわたしはその仕事を引き受け、ヴィルモンおやじの仕事場でそれをつくった。ヴィルモンの親切なおかみさんはブランデーをちょっと飲むのが楽しくて、毎日欠かさずそこにやって来てそれを味わうのだ。これは女性のやさしさというものである。

ある日のこと、わたしはかつて親しくし、その後に馬具職人と結婚した洗濯女と出会う。彼女はわたしにいたく親愛の情をみせて、グラヴィリエ街の彼女のところに来るようにさそう。住居を見てほしいということだった。その住居の隣に住んでいた女に彼女は、わたしが何度かあんたに話したことのある人というのはこの人なのだと言ったので、隣の女はわたしを愛想よく迎えてくれた。こうして彼女とわたしは部屋にはいり、差し錠に二つの差し金をして心ひかれる会話をしていると、戸口をたたく音がする。部屋の主人が帰ってきたのだ。わたしは部屋のなかにシェパードがいるのに気がつかなかったのだが、その犬がにおいで主人が帰って来たとわかって、吠えながら戸口のそばに寄る。主人は、はて、女房は部屋にいるな、と思って彼女を呼ぶ。ところが返事がない。隣の女が自分の部屋から出てきて、奥さんが帰ったのを見てないと請合うようにして言う。ところが主人は、犬がなかにいるのだから彼女も部屋にいると言い張り、差し錠がかかっているのだから、女房はからだの具合が悪くなったに違いないと考える。口出しするのが持ち前の隣の女は錠前屋を探しに行くようにと主人に言うのだが、彼は戸口をたたき続ける。ついに隣の女は、彼の部屋に通じている扉が自分の部屋にあり、それは釘で打ちつけて目張りがしてあるだけだと言う。主人は戸口を打ち壊そうとしていたのをやめて、彼女の言うことに従い、その扉を破ることにする。わたしはそのすきに部屋の戸口をあけて、そこにはいったことがなかったかのようにして音も立てずに外に出る。彼女は機転をきかせて犬を押えていた。戸口はまた閉ざされ、かくてわたしはまたもや困った事態を切り抜けることができたのだ。

翌日になってわたしは、この事態の結末を知ろうとして、好意をもってくれた隣の女に会った。すべては上首尾の成り行きだった。彼女は椅子に気を失って倒れかけており、まことにうまく演技し、夫のほうはこのようなことに疑いを抱くことがなかった。情事というものに大いに関心があり、そのことをわたしにほのめかそうとしていた愛想のよい隣の女に、わたしは感謝した。彼女は自分がある酒場の主人の愛人であり、それでおいしい酒があるのだと、わたしにこっそり話してくれ、それでわたしはそのまじめな酒場の主人の貯えている酒を飲んでしまい、また大変不機嫌にしている馬具職人の女房と顔を合わせることもなく、この酒場の主人の愛人につけいることで、その男のお手伝いをやったというわけなのだ。わたしはつねに感謝していたから、彼女の用心でわれわれをそこから救い出してくれた困った事態のことを、馬具職人の女房に思い出させるようにしていた。

ある日のこと、旧友のビュシーが彼の雇い主の使いだといってやって来た。その雇い主はわたしに、警視の角灯をつくる気はないか、その角灯は色つきガラスで図柄を描くものだ、と言っているという。わたしはビュシーとともにP…のところに出かけて行った。そして街灯一つに図柄をつけて三〇フランということで合意した。雇い主の奥さんはわれわれをひと休みさせてくれて、どこで働いているのかと尋ねるので、それに答えて帰ってきた。数日がたつと、角灯をわたしがつくっているのを確かめるために、ビュシーがその奥さんを連れてやって来た。わたしが一部分に刳形《くりがた》をつけ油脂を塗ったいくつかの角灯を見せると、彼女は満足した様子であった。彼女は美しく着飾っていて、もとは遊び女(210)だったのだ。わたしにひと休みしないかとさそい、ビュシーが目くばせしているのを見て、彼と彼女が親密な関係なのだと気づく。われわれはこうして軽い食事をする。

食事が終わろうとしているときにビュシーがまた戻って来ると言って、わたしたちを残して出て行く。ビュシーと奥さんが話をしていても、わたしが差し向かいでいるのを彼はあまり気にしていないのを見ていたわたしは奥さんに、友達のビュシーは彼女の寵愛を受けていて、それでわたしの名前を取り次いでもらえ、親切に迎え入れられたことに気がついたと述べた。わたしがいろいろお世辞を言うと、彼女は、ビュシーがわたしのことについて話したこと、それでわたしの軽率な行動のいくつかを語ったこと、また色恋沙汰で浮気な奴だとも述べていた、とわたしに言う。わたしはこれに対して、奥さんがわたしのことを試してみれば、わたしがそんな言い方をされるような移り気な人間じゃないことがわかりますよ、と答えた。彼女の述べたことでわたしはいささかビュシーに腹立たしい思いを抱いたのであるが、P…夫人はそういう話に困惑しているのではないかと思った。彼女はわたしに、この今いる通りには、知り合いの婦人がいて、その人がわれわれのような二人の若い男と彼女がいっしょにいるところを見たらびっくりするだろう、しばしばその人は彼女に会いに来ることがあるのだ、と言った。そこでわたしは、街灯も見に来てくださいと言う。彼女は微笑をうかべ、(わたしは)彼女に握手し、彼女もそれに応じた。

こうしているあいだにビュシーが戻ってきたが、その様子がちょっと変で不安そうだった。わたしはその空気を察して、ビュシーの心のうちを彼女と自由に話し合えるようにと思ってその場をはずして外に出た。ふたたび席に戻るとテーブルにはご馳走が並んでいて、わたしは遠慮なくそれをいただく。こうしてわれわれ三人は陽気な気分になる。わたしは夫人のそばにいて、ときどき彼女にひざをくっつけたりしたのだが、彼女はそれにまったく気づかぬ振りをしていた。別れ際に彼女は、友人を訪ねたときには街灯づくりがはかどっているかどうかを知るために、わたしのところにも来ると言った。

わたしはこれを当然のこととして受け取ったのだが、翌日の夕方にビュシーがやって来て、大酒を飲んでさわいだので雇い主に解雇されてしまったと言う。そこでわたしは彼に、それは奥さんといっしょに飲んだということを雇い主が知ってのことなのかと聞くと、それはわからないと言う。わたしはさらに、雇い主の奥さんのことでとくに言うべきことがあるのではないかと尋ねる。彼はためらっていたがようやく、われわれがいっしょにした食事に使うために奥さんのざくろ石の首飾りを質に入れてしまったと白状したのである。これにわたしは腹を立てる。彼が言うには、これは初めてのことではない、彼女との関係は終わりになった、それに彼女はわたしに気があることは確かで、わたしのようなやることしか頭にない奴らなら、誰でも好きになるのだ、まもなくわたしのところに訪ねてくること間違いなしだ、とのことだった。そこでわたしは、そうか、あんたら二人のあいだは終わったと、今おまえは言ったが、それについては、ぶどう酒一本とサラダをお祝いにおごってやろう、と言う。彼はこれをあっさり受けいれ、われわれができるだけ早く友好的になることを願いながら別れた。というのもわたしはあまり長いこと女を熱愛しつづけることは好まなかったからだ。

このサラダを食べるときに、わたしはヴィルモンおやじのところで働いていた職人の小フェルナンおやじを招待したが、彼はわれわれの会話の一端を聞いて涙が出るほど笑いこけた。そしてわれわれの突飛な色恋沙汰のことを聞くと、なにはともあれ、わたしにお説教をしはじめたのだ。彼が言うには、わたしのように職業を身に付け、だがふしだらな生活をしたりして、それに加えてパリの親方でもあるような若い男などというのは、想像できないものだ、身を固めようともしないようだ、可愛らしく賢くて少しは財産もある娘を知っているのだが、とのことだった。

わたしの記憶するところでは、わたしが真剣になって結婚の絆を固めることを考えることになったのは、これが最初のきっかけだったと思う。わたしは彼がそのすぐれた点を数え上げることになった女性と会うことにしようと彼に頼んだのだった。それでその女性と引き合わされた。わたしは相手が気に入り、これでよしと言い、われわれはまもなく合意に達した。少なくとも六人の競争相手がいたのだが、わたしはこのすべての候補者に打ち勝った。わたしは彼女に、自分がふしだらな生活をしてきたこと、将来の希望が持てるものなど少しもないのだが、パリの親方として店を持てるような世帯をつくるもともとの力は持っている、稼ぐことのできたものといえば、自分の服を着るためぐらいのことだった、売りに出ている店を買うための資金を手にすべくいろいろやってみてはきた、今の街灯づくりの仕事がすんだときには、一応格好をつけるためにも、そして彼女の家族の望むところでもあるので、父のところに戻る、というようなことを述べたのである。

　しかしそうはいってもこういうことで、P…夫人が会いに来るのをわたしはこばむことができなかった。わたしは彼女にひと休みしに来てほしいとさそったのだが、それは彼女の望むところでもあった。その頃は愛というこの小さな神様がわたしに微笑んでいたのだ。わたしたちは部屋をもち、魅力的な二人がけの愛の椅子をそなえた。わたしは悪がきではあるが悪さはしない奴で、なにはともあれうまくやっている奴だと言われていた。彼女はわたしのことを愛の怪力男《ヘラクレス》だと言っていたからわたしに満足していたわけだ。彼女は感受性の強いわたしの心をとらえ、自尊心を満足させてくれた。それでわたしは魅力的な女の腕のなかでいつも以上の精力を発揮し、彼女はそれにこたえて激しく興奮し夢中になっていた、というわけなのだ。この日はわたしにとって生涯でもっともすばらしい快楽の一日となった。わたしたちはまた会う約束をし、もしわたしがビュシーにとってかわってその場を占めるならば、彼女はもうわたしのことしか考えないし、彼女の夫もどうすることもできないだろうということになった。このような彼女の言葉にわたしは、うんとかいいやというように簡単に答え、よく考えてみようと言っただけだった。わたしたちはこうして別れたのだが、これはだんだんに彼女の夫の見栄っ張りなところが問題になってくるだろうと思っていたし、実際に彼女は夫のことを、家で世話をする人も雇わず、また彼女の言うところでは不能だということで、ひどく不満だったのである。だから彼女の夫は去勢された太った鶏のようになっていたといえようか。

　ある日の夕食のあと、わたしたちはベルヴィルの近くの険しく切り立ったところを散歩していた。たっぷりと食事をしたあとだった。それで言ってみれば人々からは見えないところにいて、愛の衝動にかられて(211)忘我の境地になり、一人は空をじっとみつめ、相手のほうは地面を見つめていたのだ。すると突然、あきらかにわれわれのため息を聞きつけた二、三人の乱暴者が現れた。わたしたちは本能にまったく心を奪われていたのだが、彼らはわたしたちをそこから唐突に引き離し、とびかかってきたのだ。わたしは身を守ろうとした。一人がわたしの職人杖にとびつき、他の一人はわたしの襟にとびかかり、また他の一人は彼女をつかまえる。わたしになにができたというのか、わたしは一糸まとわぬ姿だったのだ。彼らはわれわれを領主裁判所の検事のところに連行し、その検事のお叱りを受けた。彼女はそれに恐れおののくばかりであったが、わたしはといえば、愛にささげものをしたことで不意をつかれて捕まってしまったことが悔しくて仕方がなかった。わたしたちは気をとりなおして、愛の衝動に身を任せるときはもっと慎重にしようと思ったのだ。

このことは教訓となったし、ヴァンセンヌの森でのわたしの行動を思い出させた。またこのことは彼女に貞淑にする口実を与えた点で大変よかったし、彼女は実に情熱的な女だったのでわたしの負担になりはじめており、そうした厄介なことから抜け出す努力をわたしがするためにも、よい機会となったのだ。こうしたこととともに、わたしは店を持って落ち着き、よく言われるように身を固めようと望むようになり、またつき合っていたすべての女性から身を引くことを考えるようになった。

さて、わたしは街灯づくりの下請け仕事を終え、多額の支払いを受けた。そこでまず三つ揃えの服をサン＝ジェルマン街の知り合いの仕立て屋につくってもらった。ある日その服がどのくらいできているかを見に行くと、仕立て屋の奥さんが隣人たちに囲まれており、部屋の真ん中には高音部と低音部のところしか空気が通らない金管楽器の管ぐらいの大きさの少年がいるのに出くわした。人々は彼の目鼻すらよくわからないありさまだった。まったく異様な姿をしていたのだ。母親が彼に問いかけても、少し年上の彼の姉に聞いても要領をえなかった。そのとき部屋のなかにふいごがあるのに人々は気がついた。少年の姉が弟のお尻にふいごで空気を送っていたに違いないのだ。それは父親か母親が薬を服用しようとして注射器を使ったのを見てやったことだった。部屋にいた大勢の人はこのことをわたしが指摘したので、事の顚末を知って一同笑いがとまらなくなった。

わたしは父に会って店を持ちたいという考えを伝えた。父は懸命になって、もう少ししてわたしの末の妹を嫁にやったときに店をわたしに譲ることになるだろうと言って、わたしを納得させようとした。しかしわたしは父がわたしにこのことで言えることなどにはもう無関心だったし、わたしは父の気性とは合わない性格であることも、父がどんな気持でいるかについても、もうどうでもよかったので、わたしはただ、店を持って独立するまで父の家に住まわせてくれるように頼んだだけだった。父は厳しい態度をとっており、とくにわたしがなにも要求しないということは、父にとっては願ってもないことだということはわかっていたのだ。わたしはプチ・リオン街に住みその店の営業権を売りたいと考えていたブリュノという人に会いに行った。われわれはかつて友達づき合いをしていたことがある人だったので、この件はすぐに三〇〇フランで話がついた。わたしは婚約中の彼女に会い、彼女が全額を貸してくれ、それを逃さず（わたしは彼女を）つかまえ、その店にはいるまえに、彼女との関係にはいってしまった。

父の家での最後の日々を働いて過ごしていたある日のこと、街路で大騒ぎをしているのが聞こえてきた。なんとそれは父やわたしがよく知っているラブルール氏という人物を、夜警の連中が逮捕したところだった。わたしは夜警の手から彼を取り返そうと考えた。樽屋の荷車に樽が積んであるのを見たわたしは、その車を押し返し、積んでいた樽が転がり出て道路をふさいでしまう。人々が群がってきて、夜警の連中は捕らえた人を連行できなくなる。人々がウー(212)という追い立てるときの叫びを上げる。夜警はその獲物を放さざるをえなくなり、わたしは友人とともに彼を馬小屋に隠し、夜になってから彼をその家まで送って行った。その人はわたしが思いついた行動に感謝する。この律儀な人物は、反抗したということもあったし、友人たちのためも考えて、自ら名乗り出て収監された。

父のもとを去っていく前に、父はわたしに大変好ましい思わぬ利益をもたらしてくれ、それでひともうけしたのだった。アカデミーのある会員がわたしに、ボヘミアンガラスで囲った部屋をつくる仕事の注文をしたのだ。というのもわたしはこの種の仕事での第一人者であり、他のガラス職人にはまだこういう仕事はできなかったのだ。わたしは諸経費をさしひいて三六リーヴルを稼いだ。

こんなふうにして日々をすごしていたときに、ある出来事がおこり、父はそれによって損失と被害をこうむったのだけれども、わたしは涙がでるほど笑ってしまうのをどうすることもできなかった。その場に駆けつけてみると、なんとしたことか、父とその配下の職人たちが窓枠を道路の舗石の上に並べて置き、それに水をかけようとしていたところに、突然さかりのついた雌犬が、それも悪童どもにつながれ彼らに追い立てられるようにして、そのうえ雌犬にうまくとりつこうとしている数匹の雄犬がそのうしろに追いすがり、雌犬はそれから逃れようとしているような状態で、一体となって窓枠の上を脚で踏んづけて通り、すべての窓ガラスを砕いてこなごなにしてしまったのだ。一方の側には父がいて箒の柄でもって犬どもを追い払おうとしており、他方の側には職人たちがいて犬どもをどかそうとして手を打ち鳴らし、集っていた人々は叫び声をあげ、犬が窓枠のなかにはまりこみ抜け出せなくなっているのを見て、どっとばかりに笑い声をあげた。わたしは犬をのろったり、ののしったりして、悪魔に食われろなどと言って途方にくれてしまっているような父を、これまで見たことがなかった。しかしそれでも幸いなことに、われわれのところにはグレソワという犬がいて、それが犬どもに吠えつきとびかかったのである。わたしは父の叫び声を聞くと、群衆のなかにはいってしまっていて、彼がわたしにひどい目に会ったことを話したときには、そのことで父をひどく驚かせた。父は気をまぎらわすためにトゥール・ダルジャンに行って友人たちに会い、酒といっしょにがっかりした気持をすっかり洗い流してしまい、わたしと妹、そして職人たちは涙が出るほど笑いこけたのであった。

われわれの家の向かい側にはありふれた娼家があり(213)、それは二流のものであった。そこからはうめき声が聞こえたり、時には叫び声を耳にした。そこの女主人が外出していたとき大勢の人々が集っていて、その家にいる不幸な女の一人が殺されたようだと言っている。そこでわたしは二人の樽作りの見習いをともなってその家にはいる。扉をたたくとうめき声がし、われわれはf…をはっきりと発音しながら、扉を破ってはいるぞ、警視を呼びに行くぞと言う。するとやっと扉が開く。そこには哀れな女が床に横たわり、手から血を出している。われわれは彼女に、こんなありさまにしたのはどこの人でなしだときく。彼女はわれわれに指で示しながら、その戸のうしろにいる司祭がそうだと言う。人々がその男にとびかかる。彼は聖職者のかぶる縁なし帽と外套を置きっぱなしにしたままその場から逃げ出そうとうろうろしている。そのときわれわれは外套の下に、枝分かれしたそれぞれの革ひもの先に針がついている革のむちがあるのを見つける。その場のある者たちは、男が女をそれでたたいた分だけ男をたたくべきだと言う。

男は膝をついて許しを乞う。だが人々はなおむちでたたけと言い張る。

この偽善者は深く恥じて消え入りそうな様子をして後悔の言葉を口にし、その性格には似合わないような卑屈な態度をとる。そこで結局わたしは彼に、おまえさんはこの不幸な女を虐待したんだぞ、今すぐあんたの財布をはたいて弁償しろ、でなければおまえさんをお裁きの場につき出してやる、と言う。どうにも仕方なく男が金をとり出しているあいだ、われわれはさんざん彼にあざけりの言葉を浴びせかけていた。わたしは、おまえさんえらく有能な教導者だってことだな、苦行修道士たちをうまく導いてるってわけか、むち打つことによってと言うのなら、天国にたどり着くために自分をむち打つという率直な態度をとった昔の修道士を見習うのがいいんじゃないかな、と言ってやった。われわれは彼に縁なし帽は返してやったのだが、外套についてはわたしが、それはこの娘がエプロンをつくるのに役立つだろう、彼女はそのことで司祭さんにえらく尻をたたかれたことを思い出すだろうと言った。男は置き忘れたものを返せとは言わずに、彼がまったくこれまで追い払おうなどとしなかったあらゆる悪魔に追いかけられているといった様子で、あたふたと逃げ去る。この出来事でわたしは、聖職者などというのは他の男どもよりもっと恥知らずな恋情をもっているのだということがよくわかった。

とうとうわたしは、すべての家具などが取り払われ、お客が来なくなった店に身を落ち着けた。わたしはアルザス製のグラスをいくつか現金で買い求めた。それは新しくパリに到来したもので、まだ知られておらず、わたしは名を知ってもらおうとしていたのだ。そうこうしているところに昔の友人で商人のダムールという人が、土曜日の夕方わたしに会いに来た。彼が言うには、自分も同じように身を固めようと思っていて、もうじき結婚するのだが、われわれの初聖体拝領をとりおこなってくれたバシュエル神父に会った、そして神父に、贖罪の苦行をするために飲まず食わずでモン・ヴァレリアンに行き、それからシュレンヌの山の麓まで行き、裸足で頂上にのぼり、さらにその道すがらポケットに小石をいっぱいつめてくるように指示されたのだと言う。わたしはこれを聞いて彼に、それではおまえは人殺しをやったとか人に暴力をふるったとか、あるいはそのほかの悪事を働いたとかいうわけなんだなと言いながら、このような奇妙な苦行の話に思わず吹き出してしまったのだ。われわれはお互いに隠し立てをしているようなことはまったくなかったから、これはただちょっとした冗談を言ったまでのことだった。わたしは彼に言ったことを考えてみて、同じような情念にとらわれた人間の名に値しないような男どもが、いわゆる秘跡の刻印により宗教の名のもとに気ままに苦行のようなことを他の人間に強制し思いあがっていることに、わたしはさらに笑ってしまうのだった。

わたしはダムールに、父のところに泊まっているからこの聖なる巡礼とこの有難い苦行に出るために、できるだけ朝早く彼と落ち合うことにすると約束した。彼も約束をたがえなかった。われわれはすきっ腹をかかえて出発したのだが、わたしはヌィイ橋のところで果実酒《ラファタ》を一杯胃袋に流し込み、その結果、その一杯を悔やむ苦行になってしまう。十字架の道行きの祈りの場を一つひとつたどって行き、すべての祈りの場に立ち寄ったあとナンテールにおもむいたわけだが、そのナンテールではそれまでとはまた異なったところに立ち寄ることになった。というのは、豚肉の甘塩漬けを食べたために酒を飲まねばいられなくなり、こうしてたくさん飲んだり食べたりしてしまった。わたしの友人はもう小石などひろってなどおらず、紫色の安ぶどう酒をたんと飲みながら歩き、それで彼はなにも食べずにいるというその朝のたわごともすっかり忘れてしまったのだ。というのもわれわれはこのようなくだらないことどもについてたっぷりと議論したからなのだ。人間というものは他の人間に絵空事を信じさせて権威を押しつけたりできるものだろうか、彼らに固有の信仰の言葉を信じてしまうほど、われわれは素朴な人間でいられるのだろうか、とわれわれは互いに語り合ったのである。

それから数日たって、結婚をひかえていたわたしは、バシュエル神父に会いに行った。告解証明書*が必要で、それは結婚に欠かすことのできないものだった。わたしは神父に、神様とではなく教会と仲直りをするためにまいりました、というのもわたしは聖職者がそのすべての祭儀について言っていることを信用してはいないけれども、永遠なる神を崇拝しているからです、と言った。すると神父はわたしの言うことなど聞きたくもない、ましてや理解しようとは思っていない、と答えた。わたしは神父にお願いだから、と手を合わせて頼んだのだが効果がなかった。わたしは引き下がってくる。神父からの呼び出しがある。ぶどう酒を水で割ると世間で言っているように、神父はその態度をやわらげたのだとわたしは思った。しかしそういうことではまったくなく、わたしが特別聴罪司祭(214)のもとに行かねばならないような男なのだということを、父から聞いて承知している、と申し渡すためだった。わたしは神父とその一党を橋の上から投げ落とす覚悟で最後にもう一度わたしの願いをくり返して言う。しかしその甲斐もなく彼は次のように言う。もしあんたが水売り人を見かけたら、わたしのところに来るように言ってもらいたい、ただし一ソルしか払えないと言うんだ、と。たまたまわたしはその家に出入りする水売り人と出会う。そこで彼に、いたずらをしてみる気はないか、酒をおごるから、神父の部屋に桶一杯の水をぶちまけてやるのだ、と言う。水売り人は神父のところに上がって行き、わたしはそのあとについて行く。神父はその男に、あなたはわたしが一ソルしか払わないことをご承知かな、と言う。ほかの一人が水売り人の気をそらせて、足をすべらせてしまう。かくして水は部屋中にぶちまけられる。わたしの教導者たる神父は、この故意になされた不手際にあらんかぎりの声を張り上げて叫び、水売り人は逃げてしまい、わたしはうまくいったと思って笑ってしまう。わたしは聖なる神父にやったいたずらのことを聞きたいと思う者には酒をふるまってそれを話し、神父はといえばこの出来事はわたしの仕業ではないかと考えて父に嘆き訴える。

＊〔訳注〕一九六二年―六五年の第二ヴァチカン公会議でカトリック教会の現代化の指針が出されるまでは、婚姻の秘跡を受けようとする場合に、この告解証明書が必要だった。

わたしは結婚契約を交したいと思っている日を父に告げた。すると父はわたしに、そのまえにいとこである父親のほうのシェニエに会っておかねばならないと言った。われわれはその会合を日曜日の朝にすることにきめた。そうしているあいだに、これは自分のことをよく説明しておきたいので言うのだが、わたしの婚約者はガラス屋のドリューという人に引き合わ（された）のだった。わたしはそのことをすぐに知った。そこでわたしはただちにペンをとり少々改まった言葉で、もし紹介された新しい相手のほうがすぐれていると思うのならば、わたしは店を譲るし、誰の気持もじゃまするようなことは言わない、と書いた。すると彼女がやって来て、わたしへの気持を変えさせるような人物がいるわけではないのだと心から打ち明けて断言し、それでわれわれはお互いに友情をこめた口づけを交わしたのであった。

日曜日の朝になり、いとこがやって来た。父はわれわれを食事をとりにヴォ・キ・テート亭へ連れて行った。いとこはわたしに、ジャック、おまえは結婚するんだぞ、明日結婚契約をとり交わす、結婚は水曜日だ、だがおまえの亡くなったおばあさんの遺産からの取り分についてはなにも要求しないことを、公証人の前で署名して約束しないと、父親はおまえの結婚を認めないだろう、と言った。わたしはこの点は少し考えてみようと思い、わたしはなにも受け取ってはいないということも伝えておきたいと考えた。いとこはわたしに、父が自分の有利になるようにと思って書いた覚え書を見せてくれた。そこにはわたしが親方資格を得たときの資金のことが書いてあって、これは祖母がしばしば言っていたことだが、祖母が父に工面してやったものだったのだが、父はその資金の分はヴァンドームでわたしが初めて負傷したときに使い、また三つ揃えの服を買ってやるのに使った、それもこのご立派な覚え書には服のことが二度も記してあるのだが、こうしたことはおじたちが知っていることであるとし、それ以外のことはなにも認めないと書いてあった。

それに反論を加えようとしたあとで、父はわたしがこの問題で主張することのできるすべてについて一歩も譲歩しないと言った。そこでわたしは父に、よしそれでは、そのことだけが問題だというのなら、この足で公証人のところに行き、おれが無私無欲だということを見せてやる。だがおれがあんたのことを思い出すなんてことは、まったく考えられなくなるのだぞ、と告げた。わたしは父の望むとおりに署名したのだが、その後は婚約者とわたしの意志にもとづいて自分の結婚の手はずを整えたのである。

当日になって、わたしは習慣に従って花嫁に手をそえるように父に言った。父は気取った態度をとりはじめ、これはわたしだけでなく双方の親族すべてに不快な感じを与えた。わたしはおじの一人を招待したが、彼は大いに喜んでくれ、わたしもそれに満足だった。わたしは食事をもてなしたが、親族たちは父が鼻高々になっているのを見て、食事をもてなしたのは父親ではないのかとわたしに尋ねた。それでわたしは費用は自分が出したのだと答えた。こんなわけで親族たちは父にも他の人と同じように帽子にご祝儀を入れさせたのだった。こうして、子どもたちのなかの一人に対してよそ者に対するよりももっとつれない扱い方をした父親との問題も、これですべて終わりとなった。

わたしは結ばれて結婚のしがらみのもとに身を置くまえに、あのもらえなかった告解証明書のことで、いろいろ面倒なことがあった。ある知人がその証明書を数本のぶどう酒と三リーヴルを出すことで聖フランシスコ会(215)のある神父から手に入れられるようにしてくれた。こうしてわたしは証明書の問題を切り抜けられたのだが、これはぶどう酒と金を出せば、祭壇を司宰する聖職者は、現世の罪を許す贖宥《しょくゆう》までを売るということ、それにこうした聖職者に免罪符を大量に発行する者は最大の悪党ではないのかということ、そして天国の門は彼のために開かれ、貧者や困窮者には閉ざされるのだということ、こうしたことをはっきりと見せつけるものだ。これはローマ教会の信仰の神聖なることを示すものである。

婚約式(216)の夜にわたしたちは少し遅れてサン＝ローラン教会に着いたが、門衛が門を閉めたところだった。二四ソル貨一枚でその門は開かれる。すぐに人が司祭を探しに行くが、司祭は出て来られない。わたしが行って司祭にお願いしますと言いながら、ポケットのなかにあるものをちゃらちゃらと響かせる。この音で司祭はその教会のどの鐘を鳴らしたときよりも速くやって来る。彼のお勤めが終わったあと、こらしめてやるために、わたしは彼に丁重にも結構ですと言い、親愛の情をこめて、ではまたあしたと言ってやったのだ。

わたしたちはいっときのあいだ用事に追われることなく過ごした。その結果わたしたちは互いをよく理解するようになり、これに加えてわたしはきわめて元気で、はつらつとして愛想もよかったので、賢い妻の家政のきりもりのおかげもあってだが、まもなく暮らし向きはどうにかうまく回るようになった。わたしはそれで平穏に日々をすごした。それまでの女たちとの付き合いからはすべて身を引いていたのだが、そうかといってこれといった娘が見つかれば、誰にも知れないようにして相変わらず浮気していた。それでもわたしたちのいたって親密な結婚生活のさまたげにはならなかったのだ。

ロさんという隣の人がわたしを呼び出して言うことには、お隣さん、真珠屋の二つの看板がわれわれの店の看板の邪魔になっていて、それが見えないようになってしまっているのにお気づきか、ときかれる。この問題では証言を供述することが必要となる。わたしは証言などはしないことにしたのだが、まったく偶然にある人に会うことがあってこのことを話し合い、わたしはそんな捜査官のようなことはしたことがない、消防隊にはいたことがあるけれど、と言うと、その人はそれでは自分がやってみようと言ったのだ。こうして数日が経つと、家にかけてある看板はすべてはずし、その支柱はすべて取り払えという警察の命令が張り出された。知らぬ間にわたしは看板廃止の張本人になっていたのだ(217)。とくにその看板が一〇〇〇エキュもするというトリュシー氏のような人はいたく嘆いたものだった。

ある日のこと、ブーシェ氏の父親でジャカンという異名で呼ばれていた真珠商が、そのガラス窓の修理をわたしにさせ、そのあと盲人のその息子の部屋に降りて行って、窓ガラスの掃除をしてもらいたいと言った。そこでわたしはその部屋の扉をたたいたのだが返事がないのだ。扉の鍵穴からなかをのぞく。扉の向こう側でなにかが動いているのに気がつく。持っていた金槌の金てこでもって苦心して鍵の受け座をこわす。それでわたしが目にしたのは、扉の向こうで首をつっているジャカンの息子の姿だった。わたしは鍵の受け座をもとどおりにして、キーを反転させ鍵をボルトにつけて扉を勢いよく閉め、あたふたとその父親のところに駆けつけて、扉の向こう側でなにかただならぬ気配がしていると告げる。父親は扉をこわせとわたしに言い、不幸な息子が扉の向こうで首をつっているのを発見したというわけだ。警視がやって来て、わたしは証人の役を果たす。

この事件はわたしがまだ大変若くサン＝ルイ島のおじのところにいたときの、ある日曜日の朝のことを思い出させた。そのときわたしはサン＝ルイ街の角の商店に釘を求めに行き、建物に付属する通路のほうの戸口からその店にはいったのだった。とそこには店のカウンター係の娘が水道栓の下に倒れていて、その口に蛇口から水が注がれ、彼女は奇妙なかっこうをしていた。その店の主人は部屋の隅のほうで床に倒れ、口から泡を吹いていた。わたしは叫び声をあげて助けを求め、彼が叫び身をくねらせているのを見て、てっきり悪魔にとりつかれたと思ったのだ。わたしはこのような状態を最初に見た者として、事情聴取を受けた。彼らはその家の女主人と料理女がミサに出かけているあいだに、いっしょに食事をし、コーヒーを飲むときに毒を飲んでしまったのであった。近隣の人は二人は恋仲だったと噂していた。

ある日のこと、わたしが井戸から桶を引き上げようとしていると、桶の綱が切れてしまった。こうしてすべてのものが井戸に落ちてしまったのだ。その少しまえに、ふたともう一つの桶も落下してしまっていた。井戸さらいの職人がわたしに、井戸に降りていくのに六フランかかると言ったので、その費用分は遊んじゃおうじゃないか、と言った。わたしはそれに賛成し、もう一本の綱で井戸のなかに降りて行った。井戸は屋根のついた囲いのなかにあり、わたしは灯火一つと一本の綱を身につけ、たえずわたしを支えているその綱にもう一本の綱をつけておくようにくり返し言った。それに対し主人は、その綱は実際のところそんなに体重のないわたしのような男の一〇〇人は支えられると答えた。わたしは井戸に降りて行き、井戸の内部にあったものを全部もう一本の綱に結わえ付けて、引き上げろと叫ぶ。わたしの職人と主人が引き上げはじめる。わたしは揺れないように引き上げるんだと叫ぶ。こうしてもうすぐ井戸のへり石にたどり着けると思った途端に、情けないことに突如として綱が切れてしまい、えらいことにわたしは井戸の底に墜落してしまったのだ。灯火も消えている。わたしは無事だぞと叫んだが無駄だった。それに答える者はなく、わたしは井戸のなかで凍えるままに置き去りにされてしまう。わたしの職人は気分が悪くなり、人に助けられて帰ってしまう。わたしの細君は職人に、もうわたしは助からないと言うし、指物業の親方は部屋に帰ってベッドに倒れこんでしまう。わたしは見捨てられてしまったのだ。助けを呼べど誰も答えず、ということになったのだ。最後に信心深いある老人がお祈りの言葉をつぶやきながら、もう死んでしまっている、警視が来ないことには井戸から引き上げようとしてはいけないのだ、と言っているのが聞こえた。

わたしはむなしく助けを求めるばかりで、どうみても万事休すというところだった。ところがラウルというまじめな男が近づいてきてわたしに呼びかけたのだ。わたしはそれに答えて、いくら助けを求めてもなしのつぶてだと叫び、綱を探してきてなかに下ろしてくれと頼む。すると全部の桶とふたを結えてあるほうの綱を引き上げようとする。わたしは必死になってそれをやめさせる。そんなことをすればわたしがゆっくりと押しつぶされてしまったろう。やっと天の助けとでも言える綱が降りてきて、わたしは暗がりでそれをからだに結え、やっとのことで地上に出る。日の光が目にいる。アヴェ・マリアの祈りが口をついて出ることはなかったけれども、神様には感謝し、またわたしを助けることを考えていてくれた善良な人々にも感謝したのだった。

わたしは全身びしょぬれで下着姿のままだった。そこで向かい側で酒場をやっていて、わたしに好意をもっていた未亡人のところに駆け込む。彼女はぶどう酒をいれたスープを飲ませてくれる。こうしてわたしは家にもどり、着替えをしていつものように仕事にとりかかる。わたしは井戸のなかにわたしを落としてしまった連中をからかってやる。彼らは精神的に痛手をこうむり、ひどく評判を落としてしまったと言う。しかしこうしているあいだにも中傷する者がいて、その毒がまき散らされる。仲間の一人はわたしが自殺したいと思っていて、それも絶望してしまったためなのだという噂を流していた。わたしは彼を冷たくあしらい、わたしの名誉は保たれる。

その頃、王太子の結婚を祝うあの悲劇となった祭り(218)がおこなわれた。妻と一人の若者をともなったわたしは、ルイ十五世広場での雑踏の押し合いにまきこまれた。わたしたちは環状大通りに出ようとしていてお互いの姿を見失ってしまった。わたしは妻を探し、そのあげくにサン゠トノレ街で妻とまったく同じ服装をした女性を運んで行く男たちの姿を目にした。わたしはたじたじとなったが、結局それは人違いだった。家に帰り着いたが誰もいない。わたしは心配でたまらなくなる。近所の男や女たちがはだしのままで、またある者は耳をひきちぎられて帰ってくるではないか。結婚のお祝いの夜は悲しみの夜になってしまったのだ。やっと妻たちが元気で無事に帰って来て、一同で悲劇的な夜を嘆くばかりとなり、この祭りはフランス人の不幸のはじまりとなったのである。

サン゠ドニ街にヴァティアンドさんという商人がいて、それが最近アルザスの奥地を旅して帰ってきたばかりのところで、買ってきたボヘミアンガラスによく似た六枚のガラスを見せたいからといって、わたしを彼の家に招いてくれた。わたしはあなたのことを念頭においてこれを買ってきた。あなたは利口な人だし、ガラスはあなたの職業でもある、このガラスはパリで売れれば商売になるだろうか、あなたにこのガラスを取り寄せてもらえればと思うのだが、このガラスを製造する工場の所有者たちは、あなたに全幅の信頼をよせることになるだろうし、あなたはそのガラスの店をもつことになろう、と言うのだ。わたしはこの仕事のことを妻に話したのだが、彼女ははっきりだめだと言ってはねつけた。わたしは彼女を説得しようとして、まったく資金はいらないということだし、保証人すら要求されなかったと言ったのだが効果はなく、家ではわたしだけでなく女房も権力をもっているということが、はっきりわかったという次第なのだ。それがわかったので、わたしはロブジョワという人に会い、その人がガラスの店を引き受け、大いにそのガラスを売りまくったのである。このガラス製品はバカラと呼ばれていたものだ。

このことでわたしは少々頭の痛い思いをした(219)。わたしの店や職業はわたしの責任ではじめたことだ。一男一女の子宝に恵まれたい(220)と諺にあるように、わたしは二人の元気な子どもを持つことになったが、二人の男の子は乳母の不注意から死んでしまった。わたしはもはや一家の主人などではなく、妻がすべてを取り仕切っていた。家庭の平和のためにわたしは私欲を捨てた。利益ということが彼女を支配していた情熱であり、わたしはそれを享受するだけだった。このことは理解し合ったうえでのことではまったくなかった。結局わたしは以前の習慣にいくらかもどっていった。それでもわたしは家のことを気にかけ、隠れ場所があったり移り気だったりしても、わたしたちはうまくいっていたのだ。

　わたしの父は自分の店を手放そうと思っていて、それで店を譲りたいということでわたしのところにやって来た。父のところの職人たちは、父が機嫌悪く気が変わりやすいことが原因で、店に居つこうとはしなかったのだ。わたしはこの申し出を受ける気はまったくなかった。わたしは父のことを知っていたし、彼の性格はわたしのとは相容れないものだった。わたしは父に一人の職人を紹介してやり、その職人はその上手なかけ引きのおかげで、妹と結婚してわたしの義弟となった。そして父の名と洗礼にもとづいたあだ名も受けつぎ、すべてのことに適応することができ、細君ともども父をおとなしくさせて善良なパパにしてしまったのである。

　わたしはその職人の結婚式には招待されなかったが、それはわたしの父がその子どもたちの意向に左右されないことを願ってのことで、もっともなことではあったのだ。職人夫婦は父に多くのことを約束したが、少したつとその約束を忘れてしまった。彼らは邪魔されるのではないかと思って、わたしに隠れて行動したけれども、わたしにはわかっていた。しかしわたしと仲のよい妹のテレーズが一通の手紙でそのことを知らせてくれた。その手紙はロケットから同じ夜の一一時半に出されたもので、いささか変わったその内容はといえば、人を馬鹿にしたようなとるに足りないものであった。この手紙の宛先も、わたしが全然店を持っていないことを暗示するかのように、わたしの父の住所を書き、そのあとで線を引いて消して、改めてわたしの店に書き変えてあった。わたしはこの手紙にいっさい返事をしなかったが、それによってわたしは充分に自分の名誉をまもったのだ。

　しかしその少しあとで、ある日の夜の一〇時にわたしの家の扉がたたかれた。わたしが扉を開ける。とそこに父がいるのだ。父は追い出されたのである。わたしは、お父さん、あなたの相続のことがどのように処理されたのか、そのことは知らないほうがいいと思っていたのだから、わたしは知りませんよ。だけどあなたは相変わらずあなたの家の主人なんだということをわきまえてください、わたしが家まで送って行きましょう、と言ったのだ。わたしは父に酒を一杯飲ませてやって、二人で父の家の戸口の前に来る。わたしが戸をたたく。家のなかから、どなたという声がし、わたしが答える。家のなかにはいったのは父で、わたしは父に別れの言葉を言った。そのあいだ誰もわたしに声をかけなかった。わたしもその二人のどちらも知らないといった風をしていたのだ。妹が、兄さんはいりなさいよ、とわたしに言った。わたしはそれになにも答えず、目の前で戸を閉めたのだった。この情けない連中は、父を店のなかの仕事台の上にほうりなげたので、父は片目が見えなくなってしまっていた。わたしはしばしば父を迎えに行かせ、しばらくのあいだ父と過ごした。彼は悲嘆にくれるのだが、わたしは慰めてやり、その苦しみを忘れさせるような手だてはないものかと、いろいろ探してみるのだった。

わたしの親しくしていたいとこの一人が結婚することになった。わたしは招待を受け、みんなで祝いの宴をやった。ともにダンスをし、そのあいまにしばしば飲み物をおごった若い女に、わたしは甘い言葉でさそいかけたのだが、気がつくと彼女はそれを本気にしていたのである。夕方になり食事をとったあと、わたしは庭に降りて行く。そこに彼女がいないかと庭を見まわす。と、わたしは舞い上がってしまう、彼女がわたしに抱きついてきたのだ。わたしたちは便所の近くに樽が積んである納屋のような建物を見つけ、このようなときにはよくやるちょっとした振舞いのあとで、ニコラのかくれんぼ(221)をした。わたしたちはうまく身を隠していた。そこに誰かがやってくるのが見える。花嫁がシモンという人を連れてきて、二人は便所にはいる。ため息がいやおうなく聞こえてきて、わたしたちは身を寄せ合っていた。そこに人々が花嫁を探しに来たのだ。シモンは逃げ去り、積んである樽の反対側に隠れる。わたしは相手の若い女をそのままにして花嫁を探しにきたような振りをする。わたしは彼女を連れ戻し、指を彼女の巻き毛のなかに入れて、シモンの場合と同じように会ってくれと頼む。なんのことかという振りをされるが、わたしにはその心がわかっている。二時間あとにわたしは彼女をあの隠れ家に連れて行き、そこで愛に身を任せ、すべては満たされる。

その翌日、若い女はわたしにさそいかけてじらす。それで前の夜と同じようにたわむれ、それから会う約束をする。こうしたことはしばらくのあいだ続き、サン＝ソヴール、サン＝トゥスタシュ、サン＝ルーなどの教会を出会いの場所とする。わたしたちはご機嫌であった。このささやかな関係はしばらく続いたが結局は終わりとなり、彼女の両親は有利な条件である豚肉屋と結婚させ、彼女は立派な奥さんとなり、わたしが思うには、他の多くの人々と同じように暮らし、さらに思いのままに、もっと大きな自由のなかで生きるために、(彼女は)すべてを捨て去ったのである。

われわれの住む家屋には一人の外科医が住んでいて、その人が隣人の建具屋に紹介したお客さんをわたしにも提供したいと言う。わたしは仕事をしており、その客は料理女で魅力的な様子だった。彼女はわたしのめがねにかない、そのことを彼女に詳しく言う。彼女は猫をかぶっていることがわたしにはわかり、結局他の女のなかの一人とする。八日ばかりたったときに、わたしは浮気が原因のちょっとした病気にかかっているのに気がつき、手を引こうと努める。日曜日に友人の二人のガスコーニュ人(222)が、いっしょに散歩に行かないかとさそいにきたので、わたしは出かける。ひと休みするために酒場にはいったが、彼らはぶどう酒を水で割り、わたしも同じようにする。彼らはそんなわたしを見ていて笑い顔になり、水で割るなどいつものわたしと違うじゃないかと言う。わたしは顔を赤くし、彼らが考えているようなことじゃないのだと言おうとする。すると外科医がわたしに〔この箇所判読不能〕おれはあんたがなんとかいうマダムの料理人をなに……したこと間違いなしと思ってるんだ、と言う。驚いてわたしは、そうなんだと答える。外科医は同郷人の建具屋を指差しながら、それに彼もなんだと言う。建具屋のほうも相手に同じことを言う。そこでわたしは、知らぬまにわれわれ三人は兄弟になっていたってわけだ。そして三人ともぶっそうなことをあんなにやらかしたキルケ*の愛のしるしの刺にやられているのか、彼女は最悪だ、と言う。外科医はそれに対して言葉を連ねたあとで、さて兄弟たち三人とも元気をとりもどそう、同じ食餌療法をやろうじゃないか、奥さんがいるので一番困るのはメネトラだけだ、と言った。われわれは断食をする一五日のあいだそれに慣れるように、いっしょになってうまく手筈を整えたのであった。だからガスコーニュ人はわたしを呼び出して、わたしに連絡すべき事柄を必ず伝えてくれたのだった。このようにして苦痛を耐え忍び、不摂生な態度をいましめることになった。だから自分ではまじめだという女や娘たちとの関係から、こんな病気にかかってしまったので、これら田舎者《カンブルース》(223)の言いなりになってしまったのだからそれ以来、わたしは大いに用心したのであった。

＊［訳注］ホメロスの詩篇『オデュッセイア』のなかで、オデュッセウスの部下を豚に変える魔術師として登場する。ギリシア神話の太陽神ヘリオスの娘とされる。

われわれの家の横にあった大きな壁の取り壊しがはじまったので、わたしはもうほとんどお客さんのために仕事ができなくなった。そこで小さなガラス細工を作ろうと考えた。それはうまくいき、商売になり、そのための仕事場を持った。これは役に立ち、パヴェ街に店を借りることになる。妻にはいろいろと言い分があったが、それを押してわたしはその仕事を拡大しようと思い、いろいろの困難に出会ったが、そのすべてを乗り越えて成功したのである。

わたしは病気になり、神経を病んでいるということで治療を受ける。全身の自由がきかず、からだを少しでも動かさねばならないときには叫び声を上げるしかなかった。入浴をするように指示されるが、状況はいっこうによくならなかった。店の近くにこの種の病気を治す死刑執行人(224)が部屋を持っていると聞いたわたしは、戸口のところに座ってその人が通りがかるのを待つ。わたしはその人を呼びとめ、自分の病状を伝える。すると彼はわたしの病状に合った薬をすぐに持って来ると言った。わたしはよく言われるように、ユダヤ人が救世主を待ち望むようにして待っていたのだが、そのとき突然、高等法院の法廷での判決が声高く読み上げられるのを耳にする。それは二人の鋳掛け屋が仲間を殺したというかどで死刑に処するというものであった。それでわたしは、薬をくれると言ったわたしの医者が、わたしのように病気などではない彼ら受刑者のところに、その連中が望んでもいないのに訪ねていったことを知ったわけなのだ。翌日になって彼は、不意の用事があって来られず申し訳なかったと言いながらやって来て、彼が指示したとおりのことを厳格に守り、指示したものだけを食べ、入浴はしないようにとわたしに申しわたし、それで一五日もたつと、わたしは立ち上がれるようになったのである。

この人はわたしに興味を抱く。死刑執行人という彼の職業は別として、彼はやさしい人柄で感じがよく親切であった。ある朝のこと、役つきのお役人が店の前を通りしなにアベルの死を描いた版画を持って来て、*額に入れてくれと言った。親切なかの人物はその版画をよく調べてみて、その図像の腕のところに傷があるのを見つけ、まったく正直にそのことを教えてくれる。版画を持って来たお役人はこれに感謝し、彼にも飲ませてやってくれということでわたしにぶどう酒の瓶一本を提供する。そこでわたしは彼をさそい、彼は丁重に礼を述べる。お役人も彼を誘い、彼がやってくる。こうしてわれわれは酒場におもむくのだが、そのとき彼はわたしに、自分がどんな職業なのかを言ってあるかと尋ねるので、そんなこと言う必要などまったくないじゃないかとわたしは答えた。彼の会話には魅了されてしまう。彼は先に帰り、代金は払っていった。お役人はますます彼のことをほめたたえていたが、わたしが今までいっしょに飲んでいたのはなに者なのか知っているかと尋ね、わたしが彼の名を告げると、お役人の顔色が変わり、まさかそんなこと、と言った。わたしは彼がわれわれに版画の傷を教えてくれたのだから、版画に精通しているのだということがよくわかったという次第である。

* [訳注] アベルはアダムとイヴの子で兄のカインに殺害される。カインとアベルについての説話は、その四つの主題について図像表象をされることがあり、ここでの版画はその一つである。

ボタン商人のベルトランさんという人がいて、わたしは彼と環状大通りで出会うのだが、わたしをサン＝ソヴール教会のなかに置かれていたサン＝プリ信心会に入会させようとして、以前からわたしを悩ませ続けてきた人だった。一つの教会のなかである者は救済《ス・ソーヴ》され他の者は罰《ス・プリ》を受けるがままとなるのだから、わが神父たちの信仰はなんと矛盾したものであることか、このことは、その名前の意味がまったく反対の二人の守護聖人と称しているものをいっしょくたにしてしまっているような神父たちの単純さをよく示していることなのだ。その謝礼金を分け合うという条件でサン＝サクルマン聖体会の教区財産管理委員(225)を引き受けさせようと、ベルトランさんはわたしを推せんしようとしていた。わたしは教会の支援者であったこともなく、教会の聖職者やその信仰などはほとんど信用していなかったのだから、そうした信心会に入会するつもりはまったくなく、ベルトランさんとぶどう酒の瓶をあけ、それで勘弁してもらおうと思った。

女子修道院のあったドゥー＝ポルト街を通っていると、彼はわたしにおごってもらったので今度はわたしにおごりたいと言って、修道院に入れてくれる。女子修道院長さんはわたしの顔に見覚えがあると思いこんで、われわれは知り合いだということになる。彼女はわたしのお得意客になってあげると言うので、わたしも冗談にではあるが、院長のお得意さんになると答える。われわれはこの出会いを祝して乾杯する。各人がそれぞれの女性を相手とし、わたしは年をとってはいるが以前からの知り合いだということで、女子修道院長さんを相手とする。わたしが修道院に行けばいつでも入れてあげるし歓迎すると言われ、わたしはまたすぐにうかがいますと言っておいとましたのである。

わたしの店の上の階には、シュリーをともなったアンリ四世をあらわす漆喰細工の像が置いてあった。それはトゥール・デュ・パン子爵(226)の所有にかかるもので、子爵の従僕がその像の剣の部分を壊してしまったので、わたしがそれを修復しておいたものだった。あるイタリア人がわたしにその像のモデリングをさせてくれないかと言って一二フランを出したので、その申し出を受け入れた。ところが彼はあまりに大量の塑像を作ったので、パリじゅうの人がそれをほしいと言い出したのだ。それでわたしの作ったガラス・ケースを、そのすべてにつけることはできなくなった。わたしの妻は利益を一人占めしてしまうことを心得ていて、わたしはといえばいずれにしろ、いつもだまされているように感じていた。というのも、わたしたちがいっしょになって稼いだものすべてを、彼女はわたしと子どもたちから横領して、その甥たちに与えることにきめたのである。ちょうどその頃、ヴェルサイユの三人のガラス職人がわたしに会いに来て、王太子に献上されて以来わたしがその値打ちをわきまえていたガラス製の書記机を、わたしから買い取った。わたしはそれぞれの職業というものは、その技芸技能を表現してきたものだということをわきまえていたから、彼らが一八リーヴル出さないかぎり譲らなかった。

わたしはプラトリエール街で、ベルガルド夫人がやっていた家具つきの宿サン＝テスプリ館(227)の仕事をひきうけていた。人がわたしを迎えに来て、三階の裏側にわたしを連れて上り、ある部屋の仕切り壁を見せて、それに壁紙を貼るように言ったのだ。その部屋にはガウンを着て毛皮の縁なし帽をかぶった男がいた。わたしは仕事をはじめる。その男はわたしにどこの出身かと尋ねるので、パリ生まれだと答える。すると彼は、パリ訛りが全然ないじゃないかと言うので、フランス修業巡歴の旅をしたし、リヨンを通って帰って来たのだと言う。彼はそれじゃジュネーヴに行ったかと尋ねる。わたしは、あそこには二四時間しか滞在しなかった、そこの総督があまり長期間留まることを許してくれず、その先に行くことも駄目だと言ったのだと話す。彼はこの話に満足していたようだ。彼はなおわたしが旅で通ったすべての都市を聞きただし、旅でのアヴァンテュールや出会った幸運などについても質問し、しばしばわたしを迎えに来るようになる。わたしはこの人物はいったいなに者なのかを知りたくなる。するとその家の持ち主が、あれはルソーさんだ、そしてルソーさんがテレーズと呼んでいる大柄のブレンヌ地方出身の女性が彼の奥さんだ、ということなどを教えてくれた。

ある日曜日、食事のあとで戸口のところにいると、ルソーさんが通るのを見かけ挨拶をする。彼は親しげに握手をしてくれ、ここがわたしの住居かときく。わたしは彼に自分の仕事場を見せてあげる。彼は散歩に行かないかとさそうが、わたしはいま外出するところなのだと言う。彼はどっちのほうに行くのかと尋ねるので、わたしは球技《バトワール》を観戦しにシャン＝ゼリゼに行こうと思っているのだと答える。すると彼は、もしそこにどうしても行くというのであれば、彼もそこにおともするのだがと言う。わたしはそのていねいな態度にうたれて、いっしょに出かける。彼は気をつかい、もの思いにふけるような人だということに気がついたが、人があまり来ない木立の一隅にさしかかるごとに考えにふけり、わたしとはあまり口をきかなかった。

われわれは球技を観戦して帰って来る。彼はサン＝トノレ街に出たところで、ひと休みしないかとわたしをさそう。わたしは彼に、自分もそれを言おうとしていたところで、先に言われてしまったと返事して、連れ立ってカフェ・ド・ラ・レジャンス(228)にはいる。彼はカラフ一杯のビールを注文してから、チェスはできるかとわたしに尋ねた。できないと答えると、ではチェッカーはどうだと言うので、少しは、と返事した。彼はふざけてそれが年相応というところかなと言う。こうしてわれわれはチェッカーをやりわたしが負ける。わたしは人々がわれわれの周囲をかこんでいるのに気がつき、いやあれはルソーだ、相手は彼の弟に違いない、などとたえず言っているのが聞こえる。実際のところわれわれは二人ともグレーの三つ揃えを着ており、それぞれが三段に編んだかつらを着けていた。重要なことは、彼はその帽子を脇にかかえており、わたしはといえばいつものとおり帽子を頭にかぶっていたということだった。われわれは同じ服装をしていたわけなのだが、知識の水準はまったく異なっていた。われわれのあいだには夜と昼ほどの違いがあった。

次の日曜日にわれわれは、サン゠マルタン門とクルティーユの市門のあいだの環状大通りのブールヴァール・デュ・タンプルのほうに散歩に出かける。そして人々がプチ・プレ・サン゠ジェルヴェと呼んでいる、その当時は樹木と緑地に覆われていてまったく絵に描かれたような美しい地帯に行って楽しく過ごす。われわれはそこで腰をおろし、彼はそこでわたしに、いく人かの才気に恵まれた人々に対するいら立ちを語った。そういう人々の一人などはやんごとなき人のまったくおぞましいありさまを彼に見せつけるものだったというし、クリストフ・ド・ボーモンなどは彼を異端として追放したのだが、彼はその人の教区の信者ではなかったので、あまり気にしてはいないということだった。わたしはそれで彼が善良なプロテスタントであることがわかったのである(229)。

彼は前に行ったことのある店でひと休みしよう、わたしがゲームをした相手と会えるだろうから、とわたしに言う。そこで連れ立ってその店にはいる。そのカフェの女主人は愛想よくこのうえないほどの丁重さでもって、われわれがその店で席をとることができないことを告げ、店の主人もまたそれに口をそえたのだ。わたしはすぐさまそれはなぜなのかと尋ねる。すると前の日曜日にルソーさんがゲームをしているのを見ようとしてあふれかえるようになっていた人々が、大理石のテーブルの上に乗るようなことになって、そのテーブルのいくつかを壊してしまったと言うのだ。それでルソーはわたしに、ねえきみ、そんなに怒りなさんな、退散しよう、と言う。多くの人々がわれわれについて出てくる。わたしは気が晴れず、これは屈辱的だと言い張るが、彼はわたしをなだめる。ルソーがゲームをしたことのある人がそこにやって来て、心から喜んでわれわれをサン＝トゥスタシュ教会の正面の扉の向かい側にあり、われわれもしばしばはいったことのある、飲み物を出す店に連れて行ってくれた。わたしを知っていたその店の主人は、店に客を集めるためにできるだけ頻繁にルソーを連れてきてもらいたいとわたしに言っていたのだ。

わたしはときどき彼に会いに行っていた。彼は楽譜を写すことを楽しんでやっていた(230)。ある日のこと彼に会いに家にはいっていくと、彼の奥さんがひどく腹を立てていて、わたしに次のように言った。ガラス屋さん、あなたはどう思いますか、一文なしの男が、オルレアン公爵さま(231)が寛大なところを見せて贈りとどけてくださった研究の援助金を、今しがた辞退して帰ってきたということを、家内奉公人には金銭の援助をしてやり、公爵さまには、殿下に献上いたしました作品は、そんなに多額の援助金をいただけるようなものではなく、殿下に献上いたす光栄に浴するだけでも身にあまることであります、と言って援助金を返してしまったというようなことをどう思われます、と。そして彼女は、まったくもって、これがルソー氏のご立派な気前のよさというものなんですよ、と言ったのである。

彼はわたしに話しかけ、そんな馬鹿話など聞きなさんな、それより現下の問題を話し合おうじゃないか、と言ってパレ＝ロワイヤルの庭園のクラコヴィの樹(232)のところに行こうとさそった。というのもその樹のところでは、本当だったり嘘だったりするあらゆる情報が飛び交っていて、ルソーはそれを聞きに行くのが大好きだったからで、人々はルソーの辞退の件をあれこれといろいろなふうに噂していて、彼はそれを笑ってすますます以外になかったのだ。

ある日わたしが彼の部屋にいると、彼と同じようにその家の家具つきの部屋に住んでいたある修道院長の家内奉公人がやって来て、その主人がルソーとともに食事をしたいということで招待するという意向を伝えた。それに対してルソーはその家内奉行人にちょっと奇妙な返事をした。わたしは僧衣をまとい信仰の刻印をもった人々と食事をすることは絶対にありません、とおたくのご主人に伝えていただきたい。ただあなたのような人とならば結構なことと思います。そういうわけだから、友達のあなたがご主人の用事をすませたら、わたしと食事をしませんか、待ってますよ、と言ったのだ。わたしは笑いがこみあげてくるのをどうしようもなかったのだが、奥さんのテレーズは、ルソーはこういう強気の人でね、とわたしに言いつのってやまなかった。マダム（ベルガルド）が、いったいなにがあったのかと尋ねたので、わたしはマダムに、そういうことはいつものことで覚悟してますと、奥さんはわたしに言ってました、と伝えた。

（わたしは）ルソーが毎朝のように手渡した恋文のように情愛のこもった短信(233)を、すべてなくしてしまったことを大変に残念に思う。彼は田舎に行ってしまい(234)、お互いに会うこともなくなった。彼は長いことパリにおらず、彼が郵便局《グランド・ポスト》のまん前に住むようになってから、何度か会うことになった。

わたしは警察の支援を受けているある修道院の仕事をしていたことがあるが、そこの女子修道院長はわたしにそれほど冷淡な態度をとってはいなかった。その修道院に長時間にわたり訪れたときにも、割れた窓ガラスを数枚いれかえるだけということがしばしばだった。ある日のこと、わたしが予告もせずに突然に院長さんの部屋にはいっていくと、途端にそこに座っていた人が叫び声をあげ、頭ごしにそのペチコートをもとにもどして、あっというまに出て行った。院長とわたしはともどもびっくりしてしまう。院長はわたしに、あんたは今日という日にわたしが良き働き手の一人を失うようなことをなさった。というのも彼女はここで無償で働いてくれていたので、わたしは大いに助かっていたのです、と述べた。わたしはその女性が誰だったのかを知りたいと思った。それを知ったのはそのそそっかしい行動のずっと後になってからだった。結局、院長はそのことを黙っているようにわたしに言い、秘密を守ることを誓わせたので、わたしも院長の部屋に他の人と同じように訪ねていってもよいという条件でそれに従ったのである。

わたしのおじの一人があるガラス商人と仲たがいをしていた。トゥール地方長官の管轄区に対して一三五〇リーヴルものボヘミアンガラスを求めていた。そこでわたしに会いに来て、トゥールにいたことがあるのだから、わたしに手紙をよこしたことのあるトゥールの親方でこうしたボヘミアンガラスを彼に送ってくれる人を教えてもらいたいと頼んだのである。わたしがそうしてもいいと言うと、彼は金貨で一〇〇エキュをわたしに渡した。わたしは事を進め、勇敢の人、シモンという親方を選んだ。シモンは知らせを受けて請求書をつくり、わたしは支払期限四か月半の一〇五〇リーヴルの手形にサインさせられたのだった。わたしはずいぶんと取引きをしたのだが、これは最初でまた最後のもので、こういう契約はもう結ぼうとは思わなかった。

この頃わたしの妻やわたしのおじ、それにいとこたちが、わたしの彼女たちとの縁を絶ってしまうのだと言って、わたしをサン＝ラザールの矯正監獄(235)に入れようと画策していた。王の封印令状を申請する書類が、グランド・トリュアンドリ街に住むいとこの世話で作成され、彼はそれをおばの一人に打ちあけたのだが、そのおばは親切にもそのことをわたしに知らせてくれたのである。そのとき、この重大にして申し分のない申請は、もうわたしの父の署名を待つだけというところだった。わたしはただちに父のところに飛んで行き、用心して署名しないようにと頼み、また警察関係の知り合いの人にも会い、同時にシェニエにも会った。わたしは気が抜けなかった。シェニエはピストルを手渡してくれたのだが、わたしは父がぶどう酒の一本も飲めると思うと、人の言うままにわたしの利益に反することをやってしまう人だということがよくわかっており、父をまったく信用していなかったので、このピストルを有効に使おうと心にきめた。

わたしは激しい怒りを心に秘めて、夜の一〇時に帰宅する。裏切りを目の当たりにして思い知らされ、別のベッドにすぐ寝たい、もし誰かが戸口を開けようとして夜中に起きることでもあれば、はいってきた最初の者の頭を撃ち抜いてやる、と言う。こうしてわたしはピストルをベッドの枕の下に入れて寝たのだが、全然眠れなかった。まったく狼狽してしまった妻は椅子に座ったままだった。朝になると彼女はグランド・トリュアンドリ街に駆けつけ、いとこたちにわたしが策謀を見破ったと告げる。わたしはその妻のあとをつけて行き、そこから帰って来るのを見ていた。彼女はわたしがなにか暴力をふるおうとしていると思いこんで、完全にまいってしまっていた。しかしわたしは彼女にただ、あんたは相談することなどやめて家事に身をいれなさい、と言っただけだった。

わたしがシェニエに会うと彼は、いとこよ、夜には同じようにフランス衛兵隊にいるジヴェと二人で歩きまわったのだが、それは、ただ復讐をするということであんたのためにやったのだ、と言った。わたしは彼に感謝する。彼はマルソーは自分のことを知っており恐れてもいるから、ちょっとついてみようかと言うが、わたしはそれを思いとどまらせ、話をして聞かせるが、彼は用心するようにと注意してくれた。それで家に帰ってからは戸口を閉めておき、わたしのベッドの枕の下に鍵をしまっておいた。こうしてこの時からというもの、妻に対しても親族の連中についても、これまでのような敬意を抱くことはまったくできなかったし、このような仕うちやあまりにひどい裏切りを忘れることは決してできなかった。

少し前から、レース編みの仕事を職業としていたあの子守り役の家庭教師と、わたしはよりを戻していた。われわれの情愛は深まり、こういうのが愛なのだと初めて知ったようなわけで、さまざまな邪魔がはいるごとにこの愛は深まっていった。わたしはこうした恋の病にとりつかれたと言っていた人々をからかったことがあるが、今度はわたしが愛にこのような賛辞を献げなければならなくなったのだ。わたしが知り合った女たちのすべてが今日まで［この箇所判読不可能］であったのに、このような愛にとらわれるとは信じられないことだった。何はおいてもわたしは彼女と会うことを続け、わたしに対してたくらまれていたすべてのことにわたしが超然としていること、またわたしが親族の側からこんなことがたくらまれたとは、思わせないように振舞っていたことが、どういうことになるかを推し測っていたのである。

ある日、わたしは酒場に呼び出されたので、その相手に会いに行った。それはマルソー家のおじたちだった。そのなかのサン＝ルイ島に住むマルソーがわたしに、あんたのいとことオラン氏との結婚式にあんたも参加してもらおうと思ってやって来たのだ、と言った。わたしがなぜ家に来なかったのかと言ったところ、彼はわたしの妻のことがあるからと答えた。わたしはそれがどういうことを考えてのことかわかっていた。彼は続けて、わたしがオランの家族に起こったことを知っていると息子が言っていた点について尋ねる。そこでわたしは、そのことに関してはわたしの知っていることぐらいは、彼の息子も知っているのだと答えたのだが、彼らは敢えてわたしに説明を求めた。そこでわたしは、じゃあ言うが事実はこうだ、オランの兄弟の一人はペルピニャンに近いスペイン領で縛り首になった。あなたがたのご存知の、そのおじも鞭打ちの刑を受けて罪人の烙印を押され、再び捕らえられて今はビセートル監獄にはいっている、と言った。

この言葉にわたしのいとしきおじは、人は五本の指を持っているが、そのどの指も相互に異なっている、というオルレアン公フィリップが言ったのと同じ言葉をわたしに言った。わたしは彼に、それはあなたがたに関係のあることで、わたしには関係ないことだと答え、いとも冷たくあしらったが、わたしはそうするだけの立派な理由があってのことで、わたしがとても自制していられるとは思えなかったので、彼らは引き下がって帰って行った。

おじは娘を結婚させ、わたしに婚礼への招待状を送ってきたが、祝宴には招待されなかった。わたしはマルソーが招待状の一つを受けとっていて、それによって祝宴の招待状がどこで書かれたかがわからないかと調べてみた。わたしは受け取った招待状にルイ金貨を入れ、《わたしの家族の面目をつぶすようなことを決してしないために、わたしのことは完全にお忘れになるべきでした、あなたはこのたびの婚礼で家族の面目をつぶそうとされています》と書き加えて再び封印したのだった。これはおじの雇っていた職人の一人から聞いたことなのだが、おじはこの手紙を受け取るところらえきれなくなって、馬鹿なことをわたしにしてしまったのだから、こんな手紙を受け取るのも自業自得というものだ、もう誰の口車にものるまい、わたしは意志の強い人間だ、彼がわたしの立場だったら同じことをしただろう、と言っていたそうである。

結局、この不愉快な婚礼の集りの日に彼らは荒っぽいやり方でなぐり合い、寝取られ男のピカールなどはもっともひどい目にあった一人だった。わたしはこのことをしばしば密かに会っていたピカールの女房を通じて知ったのであり、同業組合の役員をしていたプチ゠シャン街のマルソーなどはふくらはぎをかみつかれたのである。それでわたしはこの騒ぎのことを書面にしたため、ルニエの手でこれがなん枚も書き写されて同業組合の大部分の親方たちのもとに送られ、それでマルソー家の連中はえらく笑いものにされたのである。

遂にあの手形の支払期限がきた。その前の日にわたしは妻に、わたしがサン゠キランのガラス製造の親方に一〇五〇リーヴルの手形を出したのだが、それを償うためにわたしはサン゠ラザール監獄にではなくシャトレの監獄に入れられることになるだろうと言った。彼女はそうなるのもサン゠タヴォワ街のマルソーのせいだときいて非常に驚いていた。それで彼女はわたしに次のように言った。彼はわたしたちを破産させようと思っていたのだ。それは確かなことだ、彼らがわたしを牢屋に入れさせることができたなら、（負債のことなど）誰も知らないのだから、メネトラがふしだらな行動をして金を使ってしまったのだと言ったのではないだろうか、そうなったら人々はすべてを売り払ってしまったろうし、気の好い女房は自分自身がわたしに対してしかけた馬鹿な仕うちでひどい目にあったことだろう。わたしが監獄に入れられれば、自分自身のことを弁明する権利がなくなっただろうし、すべて非はメネトラの側にあるということになり、度胸のあるマルソーはだんまりをきめこんだことだろう、と。

わたしに言えることとは、他の三人のマルソーはだまされて過ちを犯してしまった可能性があり、わたしが手形をつくってやったもう一人のマルソーがやろうとした詐欺に加担していたわけではなかったということだ。そうかといって彼らがわたしを陥れる書類に署名したという点では汚い連中だということに変わりはない。彼らはわたしに会いに来て、この問題に彼らがなんのかかわりもなかったと告げた。わたしはそのことを疑おうとは思わなかったし、この問題でわたしが抱いた感情を彼らに言って、もうこれ以上は彼らと会いたくはないし、どんな形であれ彼らとともに行動するつもりはないと告げたのだった。

結局わたしの手形のことを解決するために、わたしは前日の夕方に彼と会って、人が言うように、心を鬼にして彼にとりいって話をした。わたしは彼にはっきりと次の日が手形の期限だと言明する。すると彼は驚いたふりをして、朝の八時にジョリ・ド・フルーリさん(236)から一二〇〇フランの金を受け取るはずだ、その金をわたしにとどけようと言った。そこでわたしは、それを受け取りに行く、いっしょに行こう、と答えた。次の日の六時になるとすぐに相手を待ちかまえるべくグルニエ＝サン＝ラザール街の角のところに行く。八時頃になると彼がド・ブラク街を通って出て行くのを目にする。わたしはグラン＝シャンティエ街をたどって彼の先回りをする。彼はこれから金を受け取りに行くと言って、わたしに旧タンプル街の角の酒場で待っているようにとのことだった。そこでわたしは一杯のぶどう酒を持ってこさせ、彼がはいった館の戸口に面した窓のところに行く。酒代を払い様子を見張っていたのである。彼はいたく興奮した様子でもどって来て、金を受け取ったので自分のところでいっしょに食事をしようと言った。わたしは金を払ってくれと言い、その金を自分の帽子のなかに入れる。彼は酒を一杯くれないかと言うのでわたしは、いっしょに飲めるような相手じゃないよ、おまえは、と答え、もしおまえがおれの母さんの弟でなかったら、酒瓶で頭をぶち割ってやるところだぞ、おまえはほかのマルソーといっしょになっておれを破滅させようとし、おれの女房にも過ちを犯させようと謀ったのだ、おまえら四人はそろってろくでなしだ、くたばってしまえ、と言ってその場を立ち去り、その足でわたしの手形を取り戻したのである。

わたしは予言者などではなかったけれど、わたしが予想したとおりのことが彼らを見舞った。わたしは多少の欠点があったものの、彼らのまねをして有利な商売をやったので、彼らはわたしに反感を抱いたのだった。彼らはわたしの仕事が繁盛をするのをねたんでいた。サン＝ルイ島のマルソーはまったく愚かなことには、もしわたしがマルソー家の一人であったならば、彼らのお得意客である伯爵夫人の仕事を、わたしの近隣の人でもあるからわたしに譲ってもいいと言ったのだ。わたしは自分はマルソーたちの息子よりもずっとマルソーの人間なのだと言ってそれに積極的な態度を示し、彼にはっきりと真実のところを教えてやった。わたしは彼に、もしわたしの母親がほかの男にはしることがあった場合でも、わたしがマルソー家につながる者であることには変わりはないだろう、そしてマルソーの家の女房たちが浮気をしたとしても、それは家族のなかによそ者を移し植えたということにすぎないだろうと言ってやった。こうして彼はわたしの要望をききいれるしかなかったのだ。

わたしの哀れな父は目が見えなくなっていた。彼は以前からファンションという名の家政婦を雇っていたが、彼女は父がどうなろうとその面倒を見続けていて、しばしば散歩にも連れて行ったりしていた。父は可愛がっていた自分の娘の数々のひどい仕打ちに耐えていて、まったく痛ましい状態で、ひどく病んでいたのだが、そんな頃のある日、近くに住んでいて、わたしのところに父を連れてきてくれたりする酒場の給仕に頼んで父を訪ねてもらい、彼は父の具合がとても悪いと教えてくれた。そこでわたしは出かけて行き、父に会わせてくれと頼む。するとそこの男も女も充分に父を大切に面倒をみるとわたしに約束し、もし万一のことがあれば立派な葬儀をするつもりだと言う。そこでわたしは、どうあってもそれがあなたたちの父になすべき義務というものだと言っておいた。

わたしは妻を見舞いにやった。彼女は彼らがなにも看病をしておらず、父がベッドから落ちているのを目にする。妻は父を元気づけしばしば会いに行くことにする。わたしも再び見舞いに行き、父に会わせてくれと要求する。すると父はまどろんでいると言われる。わたしはそれを良いことだと思ったのだが、翌日になって、妹のテレーズから、彼ら夫婦が父をオテル・ディユ病院に移したと告げる手紙を受け取る。この知らせを受けるやただちにわたしは妻を病院に行かせ、わたしも父に会いに行く。父はわたしが来たことがわかり、手を握ってわたしに許しを乞い、自分の子どもたちのことを悪い奴らだと言った。わたしはそのような父を慰めて、お父さん、一家の父たる者がその子どもたちに許しを乞うたりしてはいけないよ、ただ祝福を与えるべきなんだと言う。父は口づけをしてくれとわたしに言い、もう少しよくなったらわたしが家に連れて帰って、われわれといっしょに暮らすことにしようと言う。わたしは悲しい思いをして、父をよろしくと頼んで帰った。妻も父を見舞う。父はいまわの際に力をふりしぼってアリカンテ酒を一杯すする。妹のテレーズにはすべては終わったと伝えるようなことになった。

わたしは妹に会いに行った。この薄情な女を叱りつけようと決心してのことだった。わたしは彼らに父の死を告げ、妹に父はもういないのだと言う。そして彼らが約束していたことを思い出させる。ところが彼女は夫ともどもそんなことは不可能だと言う。わたしは約束を守るように彼女に強くうながし、わたしの考えを力をこめて話して聞かせる。彼女の愛する夫はこれもよこしまな男で、わたしにはとても忘れることのできない言葉を吐く。望みとあれば悪魔のところに埋められてしまえばいいのだ、と言ったのだ。わたしはもう思慮分別を失ってしまった。わたしは父が自分のためにとっておいた衣服やそろいの銀の食器はどこにあると聞く。彼らはそれは質に入っていると答える。わたしは激怒する。すると彼は、金を借りるのだ、と言う。わたしは彼をひっつかまえて、願わくは、この妹の名にあたいしないような女に、彼女が哀れな父親に加え耐え忍ばせたのと同じような苦痛が見舞わんことを、と言ってやる。その苦痛は、はっきり目がみえず身を守ることができなかった父が、自分の娘からやられっぱなしになり、傷つけられたことによって受けたものなのだった。

わたしはその足でもう一人の妹に会いに行った。わたしは彼女とも仲たがいしてしまっていた。それは母がいなくて自分が育てたことを誇りに思っていたが、どうしようもなくなっている下の妹のことが原因であった。こうしてわたしたちは父の遺体と対面し、イノサン墓地(237)に埋葬してもらったのだった。その日は大変注目されていた聖マルタンの日にあたっていて、わたしは自分の幼い息子を連れて行った。こうして自分で蓄えてきたものでなに不自由なく暮らすことができたはずのわたしの生みの親である父は、その生涯を閉じたのである。

わたしが用事で出かけサン＝ミシェルの橋の上を通りかかると、いとこのシェニエと出会う。彼はわたしにおごってくれないかと言ったのだが、わたしはそんなに金を持たないで出て来たし、ちょっと急いでいるのでと返事をした。すると彼は、自分もご同様なのだが、もしわたしが帰りがけにやって来るつもりがあれば、彼がウシェット街で食事をおごると言った。そこでわたしは帰りに会うことを約束した。その日はフランス豪華富くじ(238)の抽選の日で、わたしは二四ソルを持っていて、わたしがうそつきでないことを彼に証明すべく橋の下手に行って、一人の子どもの手から最後の富くじ札を受け取る。わたしは待っていてくれたシェニエに会いに行く。家に帰ろうとして外に出て富くじの事務所の前を通ると、リストが張り出されているのを目にし、それを見るとわたしの二番の札が当たっている。わたしは事務所にはいり、シェニエには待っていてくれるように言い、わたしは自分の札をさし出す。するとすぐさま四七リーヴルが支払われる。わたしはシェニエに、自分は二四ソルを持っていたのだが、帰りにシェニエともう一度会う前に、嘘つきだと思われないようにとこの札を買ったのだと説明した。かくてわれわれは辻馬車を呼びとめ、夕食を食べることにして、ラ・グラシエールへと辻馬車を急がせ、そこからわたしはおよそ三六リーヴルを持って家に帰ってきた。この金があったので利益のことしか念頭にない女房が、不機嫌になることを避けることができたというわけである。

その後しばらくして、神の恵みにみちたマリアのような妻はわたしと別れて暮らしたいと思うようになった。彼女は娘を連れ、わたしの銀の食器にいたるまでのできる限りのものを持ち去り、彼女の郷里におもむいたのだ。こうして彼女はおよそ二か月から三か月のあいだ家にいなかった。妻がこのようにして、よく言われるように荷物をまとめて家を出たので、あの子守り役の家庭教師がしばしば家にやって来て、わたしの相手をしてくれたおかげで(239)、大変快適な時を過ごした。

わたしは気を落とすことなくこの留守のあいだ自分のことにかかりきりになった。そしていつもうまくやろうと心がけたので、すべてはわたしの思いどおりに運んだ。というのも、もし用心していなかったら、わたしは軽蔑され中傷のまとになることを充分見越していたからだ。わたしはすべてのことを克服してわが道を選んだ。いずれにせよわたしは感じのよい未亡人と近づきになり、その人はわたしが妻に離婚を申し出る(240)ことを望んだのだが、わたしにそんなつもりはなかった。わたしは訴訟沙汰などまったく好むところではなかったし、おまけにわたしは子どもがいたのである。このことについてわたしが少しも同意しないのをみて、それに彼女は裕福であり、気ままな暮らしのなかに引きこもっていて、わたしをもっと幸せにしてあげると言っていて、われわれは関係を絶ったのである。彼女は大変な情熱の持ち主であったが、享楽の度がすぎて胸を病んで死んでしまう。

結局のところ、いずれにしろ支配していたのは、ふる女房であった。わたしが妻のことなどまったく忘れてしまっていた時期に、サン＝トゥスタシュ教会のところを通っていると彼女に出会ったのだ。われわれは互いに顔を見合わせ、わたしが話しかけようとすると彼女は逃げて行く。数日あとになって彼女はわたしに近況を知らせてくる。わたしは意地になって彼女に知らんぷりをきめこむ。しかし遂にわたしはなすがままになってしまい、彼女はしだいにいつものとおりに振舞うのだった。というのは彼女はいつも自分の取り分をきめることに心をつかい、その取り分を彼女の妹や甥たちに手渡すようにしていた。なにしろわれわれの商売のことで一〇〇エキュ程度の金が必要になった場合でも、わたしはまったく心配しないですんだのだ。彼らはすぐ金を貸してくれる友達を見つけたのだ。しかしこの友達というのはどこにいるのかわからなかった。ある日、わたしが必要としていた金をあてにして彼女のところを不意に訪ねると、彼女はその金をある通路で渡してくれて、いま人から借りたばかりのところだとわたしに思い込ませようとした。わたしはすべてを無難にすませようとして、見て見ぬふりをしていた。したがってわたしは自分の取引き先を満足させることしか考えず、彼女が家事の負担をになっているのをそのままにしておいた。

　ある月曜日の朝、行きつけの理髪屋が白ぶどう酒を飲もうとわたしをさそう。われわれは三瓶半を飲み、同様にして八つのプチパンを食べたが、そのうちの六つは彼が食べる。外に出ると彼は頭が痛いと訴え、もしよければ環状大通りをひと廻りしないかとわたしに言う。われわれはその大通りにおもむく。そこでわたしのところの職人の父親に出会い、わたしに息子はお役に立っているかと尋ねる。その人はフランス豪華富くじを売っていて、まだ二枚の札を持っていた。その日は抽選日にあたっていた。そこで彼の差し出した最初の札を買う。理髪屋はわたしの札が一番の番号なので二枚目の札を望んだ。二三番と八四番の札をわたしはすでに持っていた。われわれはヌーヴェル・フランスに行って食事をし、野原を歩いてついにラ・プチト・ポローニュ(241)に出てしまい、そこで酒場に寄る。するとリストが大きな声で読み上げられているのを耳にする。一枚の札を除いてわれわれの三枚の番号が、なんとそこにあるではないか。わたしは小躍りして、われわれは九五〇リーヴルもらえるぞと言った。そしてわたしの札をよく見てみると二枚の札だけで、当たり札は八五番であった。結局われわれの喜びはほどほどのものとなってしまった。わたしは彼に金はあるかときくと、六リーヴルあると言うので、わたしはそれを借りた。それで充分に晩餐を食べ大いに楽しく過ごし、現金を受け取りに出かけ、それをわれわれは山分けにし、焼き鳥を買い求めたのであった。

こうしてわれわれはわが戸口をたたく。わたしの妻は少々怒っていて、われわれは二人してそれぞれの店を放り出してしまって、理髪屋の奥さんは昼間に一〇回以上もやって来たのだとわめく。このとき息子がわたしの言いつけに従って（その奥さんを探しに行く）。奥さんがやって来て、世の中のすべての女房がよくやるように、スリッパを履いて仕事着のまま帽子もかぶらずに出て行ったと、夫に不満をぶつけはじめる。そこでわたしが彼女にわれわれが散歩で出会った出来事を話して聞かせると、みんなが機嫌をなおして、気のいい奥さんは立ち去るときに、わたしのつれあいを、そんな風にしてときどき野原に出してくださいなとわたしに言った。

わたしの娘はといえば、母親がわたしの承諾のうえで彼女を寄宿学校に入れていた。息子については、信心にこり固まった連中が、感じやすい子どもの心にそれとなく注ぎ込んでいたその先入観を、わたしは改めさせようとしていた。わたしの状態についていえば、妻は時々用事で急に出かけて行ったり、ときどき旅行をしたりしていたが、わたしはそうしたことに慣れっこになっていた。

しばしばシャン＝ゼリゼにおもむき、球技《バトワール》の試合を観戦したり、わたしもときどき試合に加わったりした。ある日のこと、若い頃に知り合いになったマソンさん(242)がイギリスから帰って来たということで、わたしに会いに来た。マソンさんの父親はわたしの家の向かい側にビリヤード場を持っており、またその人の球戯場《ジュ・ド・ポウム》がグルネル＝サン＝トノレ街にあって、わたしはそこに球戯《ポウム》をしに行っていたこともあった。マソンさんはわたしに、ようやくパリに住みついたところであり、オルレアン公とコンデ大公が二人のあいだで賭けをしにやって来る、前者は球技《バトワール》に熱中しており、後者は球戯《ポウム》に熱心だ、それに彼はわたしがこれらの競技に大変熟達していることを知っていたから、わたしのことをよく覚えているのだ、日曜日の夕食のあとに球技《バトワール》をまずやり、次の日曜日には室外球戯《ロング・ポウム》をやりたい。われわれは双方それぞれ六人ずつであるが、参加者は未定のままにしておく、それぞれの一方の組が青いマフラーを、他方の組が赤のマフラーを着け、二つの組をはっきり区別できるようにする、と伝えに来たのだった。わたしは喜んでこの申し出を受け、彼に上衣は持っているのだが、白ズボンも球技用の靴《シヨソン》も持っていないと言う。すると、彼は自分のところに寄ってくれ、わたしの必要なものは全部そろえておくからと言い、待ち合わせの場所はトゥールノン橋(243)の門衛のところとする、そこでわれわれは大公たちのもてなしを受けるはずだとのことだった。

当日となり、わたしは出かけて行き、誰もがわたしを歓迎してくれる。一つのテーブルにはご馳走がいっぱい載っていて、大公の側近の人々がわたしを迎え入れてくれ、多くのサン＝ルイ勲章拝領者たちがゲームのたびに、われわれに励ましの言葉をかけてくれ、それぞれにマフラーをつけてくれる。わたしとマソン、それに他の四人は、コンデ大公のために競技にいどむ者として赤のマフラーをつける。われわれは隊伍を組んで進み、大勢がその後に従い、数えきれないほどの人々がこの試合を観戦しようと待ち構えている。わたしに試合で対決しようと思っている人が、どんな競技をしたいかと尋ねるので、わたしは正面攻撃が誰にとっても栄誉とするところである、と答える。マソンはリターン・マッチを条件に一二フランでわたしにひと口のるように言う。わたしはこれに同意する。

こうしてわれわれは試合を始める。マソンがバックに位置をとり、わたしは第二のポジションに、他の四人は第三打のそなえとなる。われわれはすばらしい技を発揮し第一回戦に勝利する。第二回戦には敗北。われわれの耳には頑張れの声しか聞こえず、最後に圧勝する。猛烈な拍手喝采を浴び、次の日曜日に球戯《ポウム》よる雪辱戦をということになる。われわれは門衛の詰所に引き上げてひと休みする。われわれは球戯《ポウム》を愛好する貴族たちにもてなされ、勝利を祝われる。多くの人がわたしのことを、こんなに元気いっぱいで集中力があり、つねに球の行方をとらえている人には、いままで出会ったことがない、とマソンに言っているのが聞こえた。

次の日曜日にも前の日曜と同じようにもてなされた。われわれは貴族の殿様がたに囲まれ激励を受ける。ところがマソンが球戯のラケットとボールを配って、誰よりも先に球戯場に行き、気軽に相手チームと試し打ちをしていて、へまをやらかす。彼はバウンドしたボールを受けるのを貴族たちにひけらかせて見せたのだが、わたしがその技がよくないと彼らに指摘したので、彼は笑われてしまったのだ。試合がはじまる。われわれはよく防戦したが、第一回戦に敗北、第二回戦はいっきょに勝利をおさめる。われわれはこうして重要な勝負ということになったのだが、しばしばジュースに持ち込んだのだが負けてしまう。マソンはもうそこにはいなかった。わたしは彼にボールを送るよう求めていたのに、彼がいつも受けていたのだ。彼はそのボールを打って、すべて外に出してしまったのである。わたしは彼がバウンドするボールを彼らに示してみせたことに腹を立て、怒ってラケットを投げ出し、門衛の詰所に走って行き、服を着てそのまま立ち去る。しかし引き留められてしまい、われわれに見事な食事が供されたのであるが、わたしは前の日曜日のときのようにそれを楽しく食べることはできなかった。マソンは雪辱戦をしようと言ってはいたのだが、このめざましい試合は終わりとなったのだ。

聖マルコの祭りの日にわたしは新調の服を着てマソンに会いに行った。コンデ大公が試合をするということでそこに来られ、デュフォールさん(244)は来たかとお尋ねになる。もうじきおいでになるでしょうと誰かが答え、マソンは、殿下、もし試し打ちをご所望とあれば、お相手としてお楽しみいただける若い男がここにおりますが、この男はシャン＝ゼリゼで殿下のチームの一員でございました、と言う。わたしはマソンがラケットを差し出したときに、不用意なことに、殿下とは球戯ができません、と答える。マソンは不満な表情をするが、もうあとの祭りだった。わたしは自分の愚かさに気づいた。しかしもう手遅れで、マソンとはもう会うこともなかった。

ある日のこと、わたしはレースの繕いをしているわたしの彼女の家で、彼女のいとこの一人と出会ったのだが、その女性はわたしに、自分の夫は革細工職の親方としてドゥー・ポルト街に店を構えていると言った。そこでわれわれは隣人同士なのだと彼女に言って、われわれはいっしょにおやつを食べた。わたしは、彼女の夫を見たことがある、行きつけの理髪屋で髪をあたってもらっている人だと話し、敬意を表す態度をとった。彼女は、自分のいとこがわたしと知り合いになればうれしいことだと言った。日曜日にその理髪屋にいると、彼女の夫がやってくる。わたしは理髪屋と食事をするのがほとんど習慣のようになっていたので、その人にもぶどう酒をおごろうとさそい、彼もそれを受けてくれる。こうしてわれわれは知り合うことになり、彼の奥さんもやって来る。わたしは彼らに礼儀正しい態度で対応する。彼らは、シャトー・ド・ムードン(245)に晩餐会に招かれて行くのだが、もしいっしょに行きたいのであれば、快くわたしも迎え入れられるだろう、と言うのである。わたしはそれに感謝する。彼らはなお強くすすめるので、その切なる願いに従うことにする。わたしは家に帰って、次の日に宴会があるので田舎に泊まることになるだろう、と言っておいた。

こうしてわれわれは出かけて行き、快くもてなされた。夜になり、相互に通じている二つの部屋に寝ることになる。朝になって館の守衛が彼女の夫と庭園に散歩に出て行く。わたしも外に出ると、そこに小さな豚がいるのを見て、それを彼女の部屋に持ち込む。彼女は夫の姿がなく、わたしがものすごい鳴き声をたてているその小さな動物を抱えているのを見て、驚いた様子を見せる。わたしは豚をベッドのそばに持って行くと、こわがる振りをしたのだが、わたしを恐れたわけではなかった。わたしはおどけてみせる。わたしの夫なのね、と彼女は言う。わたしはずっと同じ調子をとりながら、ベッドを起き上がれば、庭園にいる彼が見えるだろうと言う。わたしの悪ふざけももうこれまでということで、豚を部屋のなかに放してしまう。彼女の夫にはわたしが豚をどうしたかについては話したのだが、それ以外のことを言うのはさし控える。人々はまたいっしょになり館の主に部屋で会い、陽気に振舞う。こうしてすべてはなにごともなく過ぎる、われわれはまた同じ集りをやろうと互いに言いながら、三人とも満足して帰って来たのである。

このことをわたしの彼女に話すと、心を動かされた様子をして、わたしたちに害になるかもしれないその女性をわたしが警戒しているのだと言う。次の日曜日に一〇人から一二人の集団でサン＝クルーに出かける。われわれは小舟で行ったのだ。わたしは大いに茶目っ気を発揮する。あの革細工職の親方の連れ合いのそばにわたしはいて、あの豚のことを話しているときに、彼女の夫がいつもの調子と違って元気がないのに気づく。わたしはそれからの一日を、努めて彼の連れ合いのそばにいるようにするが、夕方になって帰るときには、彼女はわたしにぜひとも腕を組んでほしいと言う。わたしは礼儀としてそれに従う。われわれはひと休みするために酒場にはいるが、彼女はなみなみと杯に酒をつぎ飲んでしまう。わたしは友人の一人と並んで彼女の前の席にいたが、彼女はわたしに呼びかけ、むちゃなことをやり、わたしに好意を抱いているようなことをたくさん言い、それで彼女の夫はショックを受ける。人がそのことをわたしに伝えてくれ、わたしは彼女の無分別を非難し、彼女の仲間たちからは遠ざかることにしたのだ。

それから数日たって彼女はわたしの妻に会いに来て、彼女のいとこのレース編みの女のことを悪しざまに言い、その女はわたしを誘惑しているのだ、もし妻がそうしたいと望むならその女の家に連れて行ってあげよう、きっとそこにわたしがいるだろうから、と話す。この提案はあっさり受け入れられ、二人は出かけて行くことになった。幸いにも、偶然わたしはその家の向かい側にいて、彼女たちが家に入って行き総借家人と話をしているのを見ていた。わたしは彼女が言ったと思われることを知らせてあったが、わたしたちにとって不利になることが多々あったのだ。翌日、わたしは彼女とサン＝トゥスタシュ教会の先端のところで出会う。彼女はわたしに気がつくと、えらく仲むつまじい態度をとり、わたしに言うことがたくさんあるのでカフェにはいろうと誘う。そこでわたしは彼女に、あなたは魔術を使うキルケのような人だ、あなたはわたしやあなたのいとこに対して、昨日わたしの妻を案内するようなことをしてしまったからには、もう決してあなたとかかわりを持とうとは思わないから、もうかまわないでほしい、さよなら、と言う。妻がわたしの隠れ家を発見してしまったことを知ったわたしは、その隠れ家の引越しをさせて、ジャン・ド・ヴォーヴェ街という遠いところに移ったのだ。

ある夜の一一時半頃にクリュシフィ・サン＝ジャックと呼ばれる小さな通りを歩いていると、壁にぴったりと寄りそった二人の男と、道のまんなかにうずくまり、へばりついたようにしている他の二人に気がつく。このうずくまっていた二人は、わたしが通るときに立ち上がり、道の端にいた他の二人は柵によりかかる。わたしはこれにひるまず、マントを前に引き寄せ、金槌の先端のとがったところを見せつけておいて、さっと通り抜ける。そのすぐあと、泥棒、人殺し、という叫び声がする。そのとき目にしたのは、わたしの通り道をふさごうとしたあのろくでなしの二人が逃げて行く姿であった。警官が駆けつけて来る。わたしは名前をきかれ、それに答える。もう少しのところで殺されるという目に会い、盗難にあった男が血まみれの姿で警官にともなわれてやって来る。わたしはこれらの人について警視のところに出頭する。そこで目にした悪党どもの様子を説明したのだが、このときから夜の帰りがあまり遅くならないように気をつけることにしたのである。

ある日のこと、友人の死刑執行人にいっしょに酒を飲もうと誘われる。ときどき彼とはそうしていたのである。それで彼とぶどう酒を一、二本飲んだのだが、彼はもの思いに沈んでいるようだった。どうしたのだと尋ねると、この夜が終わっていればと思うのだという返事である。わたしがさらに問いただすと、その夜の一〇時にプチ・シャトレ監獄で死刑を執行するのだと言う。そこでわたしも見に行くことができるのかと聞くと、頼んでみようと言ってくれる。わたしはレース編みの彼女と食事をとりに行き、そこからプチ・シャトレ(246)におもむく。わたしはアンリさんの名を告げる。少し待っていると彼がやって来て、テーブルの上に三リーヴルを投げるようにして出す。一人の看守がぶどう酒の瓶を六本もって来て、全員でそれを飲むことになり、陽気に話していると、突然わたしが気づかなかった戸口をたたく音がする。途端に深い沈黙が支配する。突然その戸口から三人の男がはいってくるのが見え、そのうちの一人は黒衣をまとっている。……氏を連れてまいりましたと告げられるが、その名前を心に留めることはできなかった。アンリはその男をつかまえ壁に向かって小さな踏み台のほうに押しやり、不運なその男は押されるので足を踏み台の上にのせる。その途端、釣り金具とその下に頭を覆うものがつけられ、アンリが踏み台を足で蹴ったのでその男はあっという間につるされる。すぐさまアンリの弟が男の主要な器官を診断して死刑執行が終わる。アンリは早々に立ち去り、わたしはいま見たばかりの光景を思い返すこともできなかった。わたしは外に出る。とその哀れな男を手押し車に乗せているのを目にしたのだが、わたしはもうげんなりしていてそれを見ていられなかった。

それからいくらか過ぎて、わたしはソーモン小路《パッサージュ》のさるアパルトマンの部屋の仕事をする。ところがそこに住むことになっている女性が来たのを見ると、かつてリヨンでなじんだことのある女だったのだ。わたしが挨拶すると彼女はびっくりしてしまう。われわれはわたしの使っている職人や彼女のお供をしてきた召使いに会話が聞かれないようにと、別の部屋に移る。わたしは彼女に、どんな幸運にめぐりあってパリに住むことになったのかと尋ねる。われわれは口づけを交し、そのあと彼女は、リヨンに夫がいること、その名前や地位は言いたくないのだが、ある人が彼女をパリに連れて来たこと、それがわたしに出会えるという幸運をもたらしたのだと言う。そしてわたしのことを問い合わせたいと思ったのだが、わたしの姓を知らなかったので、わたしを探すことは無駄に終わったろうに、偶然こうして（出会え）たのだ、彼女がリヨンを旅立ったことについては、そうせねばならなかった理由が多々あって、それはまた打ち明けて話しましょう、いっしょに会える手だてはいつでもつくれるだろうから、と言うのだった。わたしは自分の店のことを話してきかせ、わたしの浮ついた行状のことは話さないように気をつけていた。

わたしは彼女の言った人物について知ることになる。その人はサン＝トゥスタシュ教会の筆頭助任司祭で、その兄弟の一人がリヨン伯爵(247)であることがわかったのだ。わたしは次に彼女に会ったときに、このことを彼女に説明してもらおうと思う。彼女はいつもその人物の実際のところを隠していたのだが、わたしに大変好意を寄せていることをはっきり見せてくれていたので、このことを話題にする。彼女はため息をついてそのことは話さず、ためらいながら自分は体をこわしているのだ(248)と言い、これがパリにやって来た理由の一部であり、彼女がわたしに伝えようと思っていたことは秘密にしてあることで、この点は彼女を囲っているその男が、なにはともあれ治療を受けるための方途だけを探していることがあるからなのだ、その人物は気配りすることがたくさんあって、彼女がその人物に似ていることから、自分の妹なのだと言ってすましている、と言うのだった。わたしは彼女の病気のことを問いただす。そして彼女のところにアンリを連れて行き、彼は彼らの病気を二人ともにみてやったのである。

その人物は名前を知られるのを防ぎようもなく、わたしはアンリともども、こうした人物がその性質から美徳の模範となるべきところを、悪徳のみを体現しているのはけしからぬことだと思わざるをえなかった。なにはともあれ、その人は恩恵を受ける状態にあったのだから、わたしに信じ込ませようと思っていたことには、いくつかの前提を置いて考えるような立場にわたしはあったのだ。それに奥方はガラス屋がしばしば訪ねて行くのを必要としていた。

ある日曜日のこと、二人の友人とリオン・ドール亭で飲んでいるとわたしの背後のテーブルに小男と若い女がいた。若い女は背中あわせに座っていたが、突然ずんぐりした男が杖を手にして小男にとびかかり、このあばずれ女とダンスをさせまいとした、これはお返しだぞと言いながら、小男に平手打ちを食らわせ、そう言ってまた一発食らわせようとした。若い女性はわたしにしがみついてくる。わたしがその男にやめるように言うと、彼は、こうして楽しませてもらおうとしているのに、とわたしに応ずる。どんな男を相手にしているかよくわかっているのだな、とわたしが言うと、今度はわたしにむかってきて杖を振り上げる。とっさに反撃する。彼が第一撃を振り下ろすまえに、すでに二、三発食らっていた。これを見ていた人々が拍手をおくる。テーブルはひっくり返り、コップが割れてしまう。酒場の主人はそれを弁償させる。その男の友人二人がわれわれに、彼は一杯酒を飲むとこんな暴力を振るうのだと言い、そう言った男は小男の友達で、小男はブロックといい、わたしともめた男のほうはフォブール・サン＝マルタンのパン屋の親方で、少々やきもちをやいたせいでこんなことをしたのだ、と述べる。パン屋の親方はブロックに、もうしないからと約束し、わたしとはともに酒を飲まずに帰るわけにはいかないと言い、わたしも同様だった。彼は事情を説明したいと思っていたのだ。われわれはもう恨みっこなしだということで握手を交わす。こうしたやりとりをしているあいだに、小男とその相手の女はこっそり姿を消していた。

およそ二時間もたった頃に、一人の友人をともなったブロックがやって来て、その友人はわれわれの仲間に入れてもらえないかとわたしに言い、わたしのことを勇敢な人だとほめ、わたしの住所や職業などを尋ねるのだった。その次の日に彼はわたしに会いに来て、友達となる。また会う約束をして、わたしたちはそれぞれの彼女をともなって会い、切っても切れない友情が生まれたのだ。わたしは彼がカード占いの天才で評判の人物だということ、また三リーヴル二四ソル以下では外に占いをしに出かけることはしないということを知った。この小柄な人物は自分の家のすてきな部屋で、午前中に人々に占いをすることにしていたが、夕食後に必ずわたしに会いに来るようになる。

聖ルイの祭日に、女としての魅力をそなえはじめていたわたしの娘を、テュイルリー宮殿でのコンサートを聴きに連れて行った(249)。そこでブロックと出会ったのだが、彼はわたしをレッシェル街のさる女性のところに連れて行く。その女性は同じフラットに五つないし六つの部屋を持っていた。わたしたちは快く迎え入れられ、子どもたちはボンボンをもらい、われわれはリキュール類の好きなものを飲むようにすすめられた。彼女はその住まいを見せてくれるが、最後に見た部屋は猫でいっぱいだった。ブロックはそっとわたしに、彼女は博識家なのだと言った。彼女はまた会いに来るように言い、わたしはそうしますと言って、別の日に会いに行った。彼女はわたしにもっともなことをたくさん言っていたが、それはブロックに頼まれてそうしているのだと思って、ずっとあまり正面から受け取らないようにしていた。

わたしたち夫婦が娘を寄宿学校に入れ、妻はといえばまたも家の重要なものを抜け目なく持ち出して、ふたたび郷里へと旅立ったのは、この頃のことであった。わたしは幼ない息子と二人で家に残った。そしてやっと郷里にあきてしまった妻が例のごとく家に帰ってきて、わたしはといえばそうした妻を愛想よく迎え入れたのであった。

ある日のこと、ブロックがいつものように訪ねて来ないなと思っていると、彼が命令によって投獄されてしまったことを知らされる。その知らせを伝えてきた人は、それがブルボン公妃にかかわること(250)が原因ではないかと考えていた。ブルボン公妃の乳母のところに来るように言われた彼が、そこに出かけて行って、ブルボン殿下の運勢を占ったことがあると、彼はわたしにたしかに言っていたのだが、そのことが彼の不運となったのだ。

かつて家庭教師だったマノンはわたしが信頼していた女だったが、オテル・ディユ病院のそばの食料品屋の主人とめぐり会い、彼は彼女との結婚を望んだ。彼女はそのことをわたしに打ち明けて話し、わたしにはまったく異存がなかった。わたしは本当のところどうなっているのか知りたいと思った。彼女とわたしが知り合ってからだいぶたっていて、われわれの気分はまったく落ち着いたものになっていた。男にしても女にしても結婚で結びつくまえに、しばらくいっしょに生活してみることが望ましいように思う。わたしはライヴァルの相手の男に会った。彼はわたしを自分の部屋に招じ入れ、わたしは彼を訪ねた理由を説明した。わたしは彼がどういう状態にあるのかをわきまえているし、それが好ましい動機のものであればわたしは彼に譲歩するし、そうでなければ話は別だと言う。すると彼はきわめて積極的な態度で彼女を正式の妻にしたいとはっきりわたしに述べ、わたしに対して彼がどういう立場にあるかはよくわきまえており、わたしは大変に信義を重んずる人だから結婚に反対することはないと信じていて、そうしたことは気にしていなかったときっぱり言った。わたしは彼と握手しつつ、すべてはこれできまりとしようと約束し、大変率直に話してくれたので、名誉にかけて彼に誓ったのである。

その少し前にわたしの幼ない息子は、人がその性格をどうのこうのと言ったのを苦にして天然痘にかかった。そういうときに身動きをせずえらく静かにしていなければならなかったことは、息子には大変苦痛だった。そして遂に天然痘の症状が現れる。わたしは母親にはなにも言わずに、できるだけ妹に同じコップで飲むようにさせた。いやだというのをかまわずにパンの皮を彼らに食べさせ、二人ともそれで病気が全快し、このいまわしい病のあとが残ることもなかった。

そうこうしているときに、マノンは父親と母親がフォブール・サン＝タントワーヌに住んでいるので、そこにあるサント＝マルグリット教会で結婚式をあげるということを知らせてくる。わたしは招待を受けたのだけれども出席しなかった。ところが次の日曜日に彼女が店の前を通りかかる。わたしは彼女を見かけ彼女もわたしをちらりと見るので、わたしは彼女のあとを追い、プチ・カロの市場のところで追いつく。彼女は自分の結婚のことを口にするので酒場に行く。彼女はわたしに、たしかに夫に身をゆだねたのだが、わたしのことが忘れられないと言うのである。わたしはかあーっとなってしまった。それで彼女を奇跡小路《クール・デ・ミラクル》(251)に連れて行き、そこのよく言うことをきいてくれる女に頼んで、幸せな彼女の夫のもとに送りとどけてもらった。わたしは彼女に、今ではこれでよかったと思っている、わたしが切に願っているのは、おまえが静かに過ごし、家庭のことを大切にし、夫とともに幸せに暮らすことだ、おまえは夫に大切にされるだけのものをすべてそなえている、あの男はおまえのことを、わたしが以前から思いをかけていた女だということを知っているのだし、今では彼もわたしもそんなことは望んでいないのだから、あの男はおまえをとても愛しているに違いないのだ、と言った。わたしはもう一人別の愛人をつくろうとしていたのも確かなことではあった。彼女はモンマルトル街の夫の兄のところに晩さんをよばれに行こうとしていたところだったのに、わたしと別れたくないと思ったのであった。

通いなれていたこの娘から遠ざかったことで、わたしはどの女に対しても経験したことがないほどの困惑を感じ、友人のいく人かはそれを知ってわたしをなぐさめようといっしょに集まって気晴らしの会をしてくれた。わたしの友人の一人は、聖ヴィクトワールという名前のもとに教皇が派遣してきたと言われている聖女の聖遺物箱を最近作ったばかりであったが、その聖女の像を友人が蠟で造ったのをわたしは見たことがあり、その像を善良な女たちや偽善者どもが、これもローマからもたらされたものだと言っているのだった。ところがわたしはその像がティクトンヌ街で造られたのを見た者の一人なのだ。それで以前は悪魔の娘たちと呼ばれたフィーユ＝ディユ教会では、ミサがあげられるごとにこの蠟のかけらに御加護を祈り、大ろうそくを捧げるようになったのである。これでわたしは、聖職者どもは弱い精神の持ち主にこうしたことを強要するものなのだということがよくわかったというわけなのだ。

われわれはラングロワや何人かの友人と集まって気晴らしをすることをやめなかった。わたしは家の近くに住んでいたガイヤールさんという人と知り合いになった。（彼は）ジュネーヴの人で時計商をしており、花火師として有名なリュジエリ家(252)と大変親しくしており、わたしをリュジエリのところにしばしば連れて行ってくれたりした。ガイヤールさんは女好きで多くの娼家《クーヴァン》のおかみ《アベス》を知っており、彼女たちと金時計を売ったり買ったりしていた。ある日のこと、わたしは彼とペリカン街のアンリエット・ド・ポワシーのところにおもむく。彼はそこでよい食事を出してくれるということを条件にして時計を二つ売る。こうしてわれわれは全員六人でテーブルについた。アンリエットはその愛人と、われわれはそれぞれ女をかたわらにしていた。ガイヤールはわたしに冗談を言い、また結婚しているわたしの愛人についてのわたしの態度をからかったりする。アンリエットは、かたわらにいて時計を買ったばかりの女性を不快なおもいにさせたりは、メネトラは人にしていない、と言った。

こうして夜はふけていき、その若い女は自分の立場がはっきりしていたにもかかわらず、わたしの思い出を温めておきたいと思い、わたしはこうしてもう一度恋の誘いにのせられる。彼女は外に立派な家具の備わった自分の部屋を持っていて、わたしに存分の愛情を示してくれた。それに（彼女は）部屋のスペアキーをわたしにあずけてくれ、わたしとの関係が続くあいだはずっと――というのも身を退くことになったのはわたしのほうだったので――待ち合わせを決してすっぽかさなかったし、われわれがいっしょに出かけるときは善良なブルジョワ女の服装をし、ブルジョワ女の物腰をしていたのだった。

ある日の夕食のあとにガイヤールおやじと酒場のカデ・ビュトーにいると、召使いを連れ立派な身なりをした女がわたしたちのテーブルにやってきて、ガイヤールに話があるのだがと言った。彼は彼女に、席に座らせひと休みさせてから、お話をうかがいましょう、と言う。彼女の話では、ガイヤールの家に彼女が行くとその家の総借家人が、ガイヤールはグラン・ヴァンクールのカデ・ビュトーの店にいるにきまっていると言ったので、やって来たということであり、時計がほしいのだが今お持ちですかと尋ねるのだった。そこで彼は時計をいくつか見せた。値段については異存がなかったのだが、彼女が持ち合わせのお金では足りないと言うので、焼き鳥を食べるのを条件に、足りないぶんは手形で彼に渡した。わたしは焼き鳥と一皿のサラダを注文しに行く。それでわたしは彼女がボールペール街で娼家をやっているおかみとして有名なマダム・サン＝ルイであることを知った。彼女は次の日に晩さんに招待したいとわれわれを誘う。われわれは彼女を送っていったのだが、次の日に晩さんをいただきにうかがいますと言うと、彼女はラタフィア酒を飲ませてくれたのだった。

わたしたちはその約束を守った。彼女のところに行くと、われわれをふくめて男二人と女八人がそろった。テーブルを囲んで夜の集いとなる。それぞれの女は職業上の名前で呼ばれていて、それ相応の振舞い方をしていた。わたしもガイヤールもそういうことには気づかない振りをする。ガイヤールはそのような女の一人に時計をもう一つ売る。彼はサン＝ルイおかみさんに色目を使い、テーブルに残っていた若い女がわたしのそばにいるので、わたしはガイヤールがサン＝ルイとやっているのと同じような振舞いを彼女にする。こうしてわれわれはのり気になる。時計を買った女がぶどう酒の小瓶を持って来させる。すでに夜は更け、その家に泊まることになる。サン＝ルイの部屋にベッドをひとつしつらえ、こうしてわれわれは二人ずつ一組になって寝たのだった。

それから二週間がたったころに、ガイヤールが、サン＝ルイに会いに行けよ、彼女はおまえに気があるように思う、彼女はおまえのところに窓ガラスを入れてほしいと言ってよこしたんだが、その仕事でやって来たのはおまえの店の職人だったと彼女は言っていたぞ、とわたしに言った。そこでわたしは朝がた彼女のところに出かけると、彼女はベッドにいた。わたしは中にはいり、お幸せにと言って彼女に口づけをしたが、隠すようにしていた両方の丸い塊を見てしまった。彼女はわたしに座るように言い、少々伝えておきたいことがあるのだと述べる。それはまたどういうことなのかと尋ねると、ここだけの話なのだが、われわれがいっしょに過ごしたときから若い娘が病気にかかっているのだ、というのだ。

わたしはドゥノングレ夫人のところで同じような出来事があったのを思い出した。わたしはいちもつを手にして、ぴんぴんした状態だということを見せてやる。わたしの服が落ちるや、ひと目見ただけでやる気充分となり、さして邪魔になるものもなく、かくてわたしは突っ込んだのだ。すると、とどまることを知らぬ人だ、それでは気に入らないと言われる。わたしは自分なりの調子でやっているのだが、彼女はそれを手練手管だと非難した。その手練手管はガイヤールおやじには話したもので、ドゥノングレ夫人に対して一度うまくいったことがあり、だが彼女は……呼ばわりするものであった。わたしとしてはそういうことはドゥノングレ夫人も彼女も同じことだと思ったから、どうしてそんなに非難するのかと彼女に尋ねた。すると彼女の返事は、自分は未亡人で、彼の愛人である、そしてあの人は夫がいたではないか、というものだった。わたしは彼女がこんな職業をしながらもえらく繊細なところがあるのが信じられなかった。彼女の意見に同意したような振りをしたのだが、それはこれ以上異を唱えることはできないと知ってのことだった。彼女とわたしの気まぐれな心がおさまったので、わたしは彼女に会いに行ったが、それも時おりというか、ほかにもっとしたいことがなかったときにはそうしたということだ。それでわたしはしばしば非難されたけれども、わたしにとって窮屈な思いをさせられるのはまったくもって気にくわぬことなのだ。

わたしはときどきリヨン女のメル・ド・サン＝レオン嬢に会いに行った。彼女は愛する聖職者の名前をとってこう称していたのだ。ある日のこと、彼女は愛する司祭が田舎に出かけて行ったのでいっしょに夕食をとろうと言って、散歩に連れて行ってくれと言うので、われわれは出かけることになった。しかし、人間がしようとすることも神がその成否を決める、という諺は間違いではなかったのだ。というのもこの素敵な女性とときどき夜をともに過ごすことがあったので、その夜も楽しく過ごそうと思っていたのだが、相手の男と会ってしまったのだ。彼女はわたしの脇をかかえていた。彼は彼女にどこに行くのだと尋ねる。彼女は平然としてガラス屋さんと環状並木大通りに出て、版画の出ものでも探して買おうと思っているのだと答える。すると彼は自分が連れていってやろうと言う。わたしは彼らに丁重に挨拶し、彼らも丁重にそれに答える。わたしは立ち去り、こうしてわたしのくわだては水泡に帰したのだ。そのかわり彼女の召使いと仲良くして、手軽に心を慰める。彼女とは彼女の家で知り合ったもので、司祭と生活している女主人より彼女のほうが好きだなどと言って与太話を何度かしたのである。可愛いテレーズは燃え上がり、わたしはそれをかき立てる。彼女は自分は処女だと告げる。わたしはそれは大切にしなければと言って身を退き、自分の世界にたちもどっていく姿を思い描いてみれば、それはわたしにとってよいことであったのだ。

数日後、わたしが家の戸口のところにいると、やさしいテレーズが行ったり来たりしているのが見える。わたしが今晩はと言うと、彼女はわたしの手を握り、たくさん伝えたいことがあるのだと言う。わたしは彼女について行く。わたしの妻は家にじっとしていられないのかとわめくので、すぐ帰ると言って、彼女のところに行くと、ちゃんとした軽食が用意されている。そこで熱い口づけをやりとりしたあとで、彼女は次のように言う。立派な旦那さまと奥さまのあいだでの仲たがいは大変激しいものであり、旦那さまのほうはわれわれが散歩に出た日からというもの家にいつかないのだ、女友達がいっしょに喜劇を見に行こうと思って奥さまを訪ねて来たりする、彼女は女主人同様になんどもわたしと話ができるように努めたのだ、と。わたしはまたもや彼女に口づけしてしまう。彼女はわたしにたくさん酒をつぎ、わたしは彼女同様に燃え上がってしまったのだが、それでもわたしがやめておこうとしていたことを彼女は求めた。わたしはたびたびそれに反対したのだが、彼女はまったく耳をかさず、われわれは愛に身をゆだねてしまうことになった。彼女は情熱のとりこになっていて、われわれはこうした瞬間にはこうせずにはいられなくなることに期待もしていたのだ。

そのうちに女主人が帰って来る。彼女はわたしに会えたことを大いに喜び、わたしに話すことがいっぱいある様子だ。彼女はテレーズに顔がまっかになっているじゃないかと言うが、テレーズは、この人は家に来るたびにわたしが彼女をひどく怒らせるようなことを言うので、と返事する。女主人はやきもちをやいている相手の男がやって来たときに不意をつかれないようにと、わたしをテレーズの部屋にかくまう。そうしてテレーズはお使いに出され、わたしはもう一人の女司祭とそれも同じ祭壇で、ふたたび愛の犠牲とならなければならないことになった。

彼女はわたしに、家族からの手紙がきたと言って彼女の夫からの一通を見せてくれたが、そこには愛情と親愛の情がこめられていて、相手の司祭とは別れたいのだとわたしに言う。司祭はわれわれがいっしょに散歩しているところに出くわしてからというもの、彼女を冷たくあしらっていたし、ある日彼女が彼に、わたしとはリヨンで知り合ったのだと告げたこともあって、二人のあいだが駄目になるのは時間の問題であったのだ。わたしは相手の男の厚かましいところを言ってやり、なにも伝えなかったわけではないのだが、彼女が司祭と別れ家族のもとに帰るという意向を持っていることには、とやかく口をはさむことはせず、彼女はその意向どおりに行動した。わたしは中央市場の柱の下にいたある古着屋のところで彼女と会い、次の日にはリヨンに旅立つというので、われわれはそこで心のこもった別れの言葉を交わした。彼女はやんごとなき司祭には別れの挨拶もせず、その祝福を受けることもなしにパリをあとにし、こうしてわたしと素敵なリヨン女との関係は終わりとなったのだが、彼女はわたしに手紙をくれると約束していたのに、妻がそれを没収してしまったのか、わたしのところには一通もとどかなかった。

気立てのいいテレーズは雇い主を失ってしまった。わたしは彼女に雇い主を見つけてやったのだが、それはコメディ・イタリエンヌ(253)で端役をつとめるある女優のところだった。彼女はそこに長いこといた。彼女はわたしのことを大変尊敬していたので、わたしもときどき会いに行ったのだが、病気になってしまった。わたしはその面倒を少しはみたけれども、彼女はオテル＝ディユ病院にはいり、人生の重荷から解放され、少したって死んでしまい、わたしは深くそれを悲しんだ。

わたしは少々の失敗はあったものの自分の仕事に精を出し、妻も同様だった。彼女の利益の取り分も相当なものだった。二人の子どもは大きくなり、娘は美人になった。妻の旅行ぐせもおさまっていき、万事は順調であった。家の中は平穏になりはじめ、妻は気を抜かないようにといつも気をつけており、頭にはいつも悩み事を抱えていて、わたしも子どもたちもそれが不満の種であった。わたしが静けさをうるためには、彼女の利得への思惑に逆らうことなくいいようにさせておくことだった。

ある日のこと、真珠商のところのガラス屋根で仕事をしていると、その商人の不注意からはしごが滑り落ちてしまい、わたしは道路の舗石の上に落下してしまった。家に帰ろうとしたのだがそれができず、友人たちに送られて行く破目になり、腰のあたりが大変痛く床についてしまった。われわれはたくさん仕事を抱えていたのだが、職人がやめてしまい、わたしは職人一人をよこしてくれるように要請を出した。その翌日に職人が七時にやって来て、八時から九時のあいだに、ピカールとかいう同業組合の代表が、オランとかいう組合の役員をともなってやって来た。オランは勢ぞろいした一団の人々を引き連れていて、彼らが、同業組合に登録していない職人を働かせていて規約違反にあたるとする報告書を作りはじめたのだ。

わたしは床につき傷を負っており、職人をすぐに送ってよこしたのは同業組合の書記だと彼らに伝えたにもかかわらず、彼らはそのことはいっさい無視して、二人してわたしに対する恨みを晴らしていたのだ。一人は、彼の能力にあまる仕事をわたしがやったということで、もう一人は、その弟がフランス修業巡歴の旅の途上でわたしに盗みを働いたという一件に関してのことだった。結局、私は一五フランの罰金を課せられた。わたしは彼らに、事務所に支払いに行くときには、彼らにふさわしい言葉をお見舞いするぞ、と言った。わたしは彼らを罵倒する。その場にいた他の親方連中も彼らをあざけり笑う。わたしは、彼らが受けて当然の仕打ちを加える。他の三人の組合役員は面白がって見ていた。彼らはわたしに罰金を課そうとしていたのだが果せず、わたしに支持が集まっていると感じて、訴訟に訴えるぞと言いながらも、恥をかきかき引き下がって行った。わたしはそんな彼らにひるむことなく、彼らやその場にいたすべての人々に、これは復讐心でやっていることではないのだと（告げ）た。すべての親方がそれを信用してくれて、彼らを非難する。彼らがどんな人間かが人々に知られることになったし、わたしもそれを人々に知らせたのであった。オランは逃げ去った。事務所の通路でわたしは彼に平手打ちを食わす。それで彼のかつらは肩にずれかかってしまった。彼は叫び出し、ここにいる親方たちに証人になってくれと言ったのだが、すべての親方たちがなにも見なかったと言う。彼は下手に叫んでしまったので、ばつが悪くなって立ち去った。それからいくらもたたないうちに、これらの組合で重要な地位にあった役員や代表たちは、その地位を失うことになった(254)。わたしは彼らをたっぷりとからかい、それを文章に書いたのだが、親方連中はそれに大喜びし、わたしの文章を各人それぞれが書き写したのであった。

わたしがプルーヴェール街のガラス職の親方ジェロームのところで知り合った女と交際しなくなってから、もうだいぶたっていた。その女はメル・ボーフォルといって、農場に雇われていたブーシュという男と結婚していた。ある日プチ＝カロ街とブルボン街の角にある酒場に、ぶどう酒を飲もうとして数人の友人たちとはいった。するとこれまで見たことのない女が勘定台にいるのを目にし、その女をじっと見つめると彼女のほうもわたしを見ていた。わたしは二階に行き、歳はとっているもののかつては美人だったころの面影が残るその女と、どこかで会ったことがあるか、自分の記憶をたどってみたのである。飲み終わってわれわれは二階から降りて、わたしが勘定を払う。そのときわたしは、おかみさん、どこかで会ったことがあるように思うのだが、とその女に聞くと、彼女もまた、わたしもそう思うんですが、ひょっとしてガラス屋さんじゃないかしら、と言う。その声の調子を聞いて、わたしは彼女の手をとる。そうだ、あのメル・ボーフォルだね、とわたしが言うと、彼女もわたしのことを、友達だったメネトラね、と応ずる。友人の一人が帰ってしまっていて、もう一人の友人にわたしはもう半瓶ほど飲んで行こうと誘う。こうしてわれわれは勘定台の近くの小部屋にはいった。彼女はわたしに、この店の主人は義理の兄で、彼女は一人暮らしでこの勘定台をまかされている、彼女の夫はトルコに使いに旅立ってから五年か六年になる、もう長いこと夫からはなんの便りもない、もしわたしが彼女に会いに来たいと望むのであれば、われわれが会わなくなってしまってから彼女の身におこったことをすべて話したい、グルニエ＝サン＝ラザール街に住んでいるから、と言った。

わたしは彼女のところに行くからと言い、その約束を守った。彼女と会ったのはカーニヴァルの終わる灰の水曜日の朝のことだった。わたしはカーニヴァルの日をガイヤールおやじとリュジエリの店で過ごし、リュジエリが数回にわたってあまり金を使わずに楽隊に頼んでみんなにもてなしたダンスで、われわれは仮装して楽しんだ。わたしはそのダンスの折りに見かけた一人の女と関係を持ったのだが、それはいささか軽率で、女はまじめだと自称しているようなたぐいの女で、わたしはそれがどういうことなのかを二週間のあいだ考えさせられることになった最後の一人だった(255)。リュジエリがわたしにある水薬をくれて、それからはまったく苦しまないですんだのである。

われわれは食事をともにしたあとで、会話は彼女と知り合ったころのことから始まった。彼女はわたしに父親と母親はすでに故人となっていること、夫は賭け事に目がなく、とてもいっしょに生活できず離婚(256)せざるをえなかったこと、彼女は所有する家屋があってそれを一二〇〇リーヴルで貸していること、そのほかにメートル・ダルヴレのところと七五〇リーヴルの年金契約をしていること、それにまたパリ市に一〇パーセントの利子で二〇〇〇リーヴルを投資したところだ、といったことを語り、わたしはそうした話を感心なことだとほめてやる。と彼女は、メネトラさん、あんたはどうなの、ときくのでわたしは、なんにも持ってない、われわれが利益をつくることはできても、それを一人占めしてしまう細君がいるだけだと答える。すると彼女は、おやおや、あんたは相変わらずなのね、そんなふうに毎日を過ごし、自分の無欲でお人好しなところにごまかされてやっていくってわけね、と言ったのである。

これはわたしにとって反省すべきことだったのだが、でもどうすればよいというのか。わたしは彼女に対して、かつてわたしがとっていた立場に立ち帰るようなことは、とりあえずしないでいた。それも当然のことだったわけで、またたびたび会うと約束して別れた。彼女はこれを、大の友人の一人なのだからいつでも歓迎すると言って受け入れたのである。

このころわたしの娘は、わたしは反対したのだが母親が入れた田舎の寄宿学校からもどって来ていた。息子はわたしの職業を身につけることを始め、またその年齢の若者がやるような遊びを楽しむようになっていたが、（わたしは）二人の子どもたちに、彼らが若いとみて人が巧みに吹きこむ偏見のたぐいには超然としているようにと教えたし、ずっと教えてきた。

（ある日、）ブーシュ夫人の義兄のところに行くと司法官が彼のところにいて、彼を外に追い出していた。わたしが話をしようとすると、保証人になろうと思っているのかそれとも支払いをするのか、でなければ立ち去れと言われる。わたしは強制力には抵抗しないと言って退散する。その足でその妹のブーシュ夫人のところにおもむく。彼女の言うには、あれは賭け事に目がない人でだらしない男なのだ、売りに出させたのは義父で、義兄は彼女に多大の借金をしており、それがなければ彼の家を引き渡さないために彼にお金を貸しただろう、とのことだった。彼女は今に彼女の甥の一人がやって来るだろう、その甥は呼び売り人をしている遊び好きの男で、どうにもたちの悪いならず者になってしまった飲んだくれで、彼女はどうやってもその男を追っ払ってしまうことができず、司法当局によってそうしようとしても駄目なのだ、と言う。

彼はちんぴらのような姿ではいってきた。われわれはテーブルについていたのだが、（彼は）わたしのことで冗談を言って笑わせようとする。わたしはそれに答え、それに彼は反発してかっとなり、わたしはそれにむきだしの敵意を抱き、それから六か月のあいだ彼女の家には行かなかった。わたしはかつての自分の権利を回復する。彼女はわたしの誕生日のお祝いに絹の靴下と杖につける金の房のついたリボンをプレゼントし、たくさんの贈り物をしてくれた。わたしはなにもお返しするものがないと言ってあったので、そのどれも受け取りたくなかった。しかし彼女はわたしにただ足しげく通うことを望むだけだと言い、すべては思いどおりに運ぶ。彼女はわたしの説得に従ってサン＝ドニ門のところに住むことになる。

彼女の義兄は食べるものにも困って、うまいことを言って彼女のところにいつの間にかもぐりこんでしまった。彼女はそれを追い出すこともできず、さんざんむしり取られる。それで彼女は家に義兄を入れないようにし、われわれはヌーヴェル・フランスやカデ街の酒場で食事をせざるをえなくなった。義兄はわたしに口利きをしてくれないかと頼みに来た。そこでわたしは彼が目をかけてもらえるようにその態度を改めさせたうえで、わたしの知り合いを通じて多少の稼ぎ口をみつけてやった。

ある日われわれはノートル＝ダム大聖堂前の広場の公証人のところにおもむき、ブーシュ夫人と二人で一〇〇〇フランを受け取った。その帰りに、食料品屋のおかみさん（のマノン）が店先にいてわれわれに気がつき、ちょっと休んでいったらと、店のなかに入れてくれる。二人の女は知り合ったのを喜んで、わたしのことを念頭においてお互いに挨拶を交わしていた。彼女の夫はわたしを知っており、食事をさしあげるから改めて来るようにとわたしを招待してくれる。わたしはこのまごころからの招待に応じた。大いに用心してのことだったが、これは結果的によかった。この人はしばらくして、妻に言い寄った自分のところの使用人にやきもちをやいた。彼女がそれにどう対応したのかはわたしにはわからないのだが、そうしたことは女たちが決して口外しないことがらなのだ。使用人は毒を飲んで死んでしまい、その三日後に主人である彼のほうも使用人と同じやりかたで死んでしまった。わたしが彼ら夫婦に見境もなくしばしば会いに行くことのないようにと、彼は願うこと切なるものがあったのだが、わたしはその意にさからって、うまくやれる名案をもっていたのである。彼が嫉妬に狂わんばかりになってしまった第一の原因は、たしかにわたしにあったのだと思う。彼女はこのことをわたしに伝えたし、わたしは彼女の問題に関心をもった。わたしは彼女にその商売を続けるようにすすめたのだが、その商売に関心を抱いていた人たちが彼女にやめたほうがいいと言い、それで彼女はその店を売ってしまった。ところがその代償として人の気を引くような約束がされたにもかかわらず、彼女はまったくなにも受け取らなかったのだ。わたしはこれを見て、彼女の問題にはもう一切かかわらなかった。そして六か月あとに彼女は結婚し、それを知らせてきたが、わたしは彼女の最初の結婚のときにとったのと同じような態度をとったのである。

パリ駐屯軍の第一大隊が出征することになり、わたしはパリじゅうの勇ましい連中や酒飲みたちとサン＝ドニでいっしょになった(257)。ブーシュ夫人の甥は鄭弾《てきだん》兵部隊にいた。おばである夫人は家を留守にしていて、彼女がどこに避難していたかを知っているのはわたしだけで、結局、彼は彼女の住所を聞きにわたしのところにやって来た。わたしはそれがわからないのだという振りをしたのだが、いずれ彼に会いにサン＝ドニに行くと約束した。彼女は一八フランをわたしに渡し、そのうち一二フランを甥にやり、残りの六フランで甥といっしょに食事をするということになった。わたしは彼と同じように呼び売り人をしていたことのあるコルディエという男に同道してもらい彼と会った。わたしは彼に一二フラン渡し、われわれ一同で食事をする。だが彼は破目をはずしてしまい営倉に入れられてしまった。翌日のル・アーヴルへの出発をひかえていた彼に旅の無事を祈ると言って、われわれは帰ったのである。

帰りの道すがら家具を積んでパリに向かう馬車に出会う。風が強かったので風除けになると思い、われわれはその馬車のうしろについて歩いた。するとニャオという鳴き声がする。サラダ菜用の籠のなかにいれられた猫だった。そこでわれわれは持っていた杖でその猫をつついて怒らせる。と籠の底が裂けて猫が地面に落ちてしまい、野原のまんなかを滅茶苦茶に走り出す。馬車の前にいたおかみさんが悲しそうな鳴き声をあげる猫の名を呼ぶ。われわれは腹をかかえて笑いこけ、猫はすぐに見えなくなってしまう。あとは善良そうなおかみさんの嘆き悲しむ声が聞こえるだけだった。

ある日曜日の晩のこと、家に帰るブーシュ夫人を見送って行く道すがら、誰かにつかまったと思って見ると、二人の男がわたしの襟首をとらえており、サン＝ドニ門の広場のところで、一人が背後から髪の毛をつかんでわたしを押さえ込み、わたしが杖を使おうとしたとき、もう一人がそれをわたしの手から奪い取った。彼らはわたしを馬車に乗せたが、その馬車の奥には警視が一人ともう一人の男がいた。扉がしめられ、馬車が走り出すと一人がこの人物に低い声でなにか言い、その男は大声で、ボンヌ・ヌーヴェルの警察隊詰所へ、と言う。わたしはあれこれと想像をめぐらす。馬車が着きわたしは降ろされる。おぞましい奴(258)がわたしのうしろについて来る。わたしは大勢の警官どもに囲まれる。人違いだと言っているのが耳にはいる。警視がわたしの名前と職業を尋ね、わたしはそれに答えて、人違いだということをはっきりさせるために、自分の杖についている丸い握りに自分の職業の紋章があると言う。また懐中時計をとり出して同じ紋章がついているのを見せる。これで彼らは、釈放する、帰ってよろしい、と言う。わたしは逮捕されたことに抗議しようと思ったのだが、全員が出かけてしまい、わたしと夜警一人だけとなる。わたしはいろいろ悪口をたたいた末に出てきてしまい、どんなこととのかかわりで人違いされたのかまったくわからずじまいだったが、しかしこれらの当局の連中が間違いをしでかしたのであり、これではっきりわかったことは、悪党はまじめな人間とあまり変わらない様子をしていることが多いということだった。

　わたしは病気になった。わたしのところの古参の職人は、わたしが本当に悪くて、もう治らないのではないかと思っていた。しかしわたしは精力を取り戻し快方にむかった。ところが今度はその職人が病気になって苦しみ、わたしにとって代わってその地位を占めようという考えをもったまま死んでしまった。とにかくわたしはすべての彼女を捨てて、堅実な生活に専心することにした。

　われわれのところにはもう一人、かつては小さな店で働いていたことのある職人がいた。その男はある女に初めて愛した人と言われて信じ込み、その女にのぼせあがってしまった。彼はこのことをわたしに話していたし、わたしは努めてやめたほうがいいと言っていたのだが、結局は人が言う雌牛と仔牛*というようなことで結婚した。土曜日の夕方になって彼はわたしに、親方、月曜日にご足労願いたいことがあるんですが、と言う。わたしは彼の結婚のことは聞いたことがないという振りをして、その理由を尋ねた。すると彼は結婚式をあげるのだと言ったので、その式の時間を尋ねた。彼はわたしにその証人になってほしいのだがと頼み、サン＝ソヴール街のラ・ジェルブ亭で食事の会をするので二四フラン給料の前貸しをしてくれと言った。わたしはそれを承知し、挙式をすることになった。

＊〔訳注〕これは Il a pris, il a eu la vache et la veau という諺のことで、他の男の子どもを身ごもった女性と結婚した男のことを、このように言った。

わたしは結婚する二人がひどく待たされているのを見て、教会の外に出ていたのだが、教会のなかにまたはいってみるともうすべてが終わってしまっていた。わたしがそこに行くと、花嫁がわたしにゆだねられる。わたしは形式に従った挨拶の言葉を述べ、終わって花嫁に手を貸す。わたしは小さな流れを渡る行事をしさえすればよいのだと思った。ところがそういうことはまったくやられず、花婿が駆けつけてきて、わたしに、親方、ついてきてください、と言いながら彼はばったりと溝に倒れこんだ。彼が自分の体をふいているあいだ、ペチコートの前のほうをまくりあげられている花嫁にむかい、わたしは、こんなことだったら馬車を呼んだところなのだがと言う。会食がおこなわれる。招待客のなかの二人が、花婿の職人に金がないことは知ってのとおりなのだから、われわれ三人で食事の会の会費を分担しようじゃないかとわたしに言う。わたしは喜んでそうしてもらえればと言う。そして夕方になりわれわれは寄り集まり、とくにわたしは大きくなったわたしの二人の子どももいっしょに楽しめるようにと、音楽の演奏を頼んだ。

それから少したってお菓子屋がわたしの家の近くに店を開いた。それに多額の金を費やしたそのお菓子屋はわたしの妻をたぶらかして、妻から資金を借りたのだが、その条件として金の返済が終わったら、わたしの娘をその男に嫁がせるということにしたのである。その結婚を認めてくれという要求が、そういう場合に習慣となっている儀礼をつくしてわたしになされた。わたしは娘が十八になったばかりで、世帯を持つにはまだあまりに若すぎると思っていたし、このような事態の進展にはなにかおかしなところがあると見ており、デュリュという その男の名前にまでひっかかるところがあった。娘のことを考えるとなにもかもが気に食わなかったが、その男はわたしの妻の好みに合う才能をもっていた。彼の猫をかぶったような態度や、偽善者のような顔立ちと悪者のような表情、そういったことを見逃さなかったわたしは、娘の結婚には同意しかねたのである。

若い娘はまったく結婚の意志などもっていなかった。彼女はその母親の利害関係のために、このみにくい男の犠牲に供されたのであり、母親もそのことにはすぐに後悔することになった。わたしは妻に対して、わが子を結婚させるためには嫁資が必要だと言った。すると妻は、わたしが現金で六〇〇フラン都合しさえすれば、妻は全体で二四〇〇リーヴルを整えられるのだと言った。彼女はわたしを非難し、自分などは娘が生まれてからこのかた、一日一二ソルずつのお金を貯金していたのだと打ち明けた。このようにしてわたしの意向などはほとんど無視するかたちで結婚の契約が結ばれ、わたしが結婚契約書に署名に行ったときには、わたしの妻は巧妙に振舞い、わたしは仔羊を屠場に引いて行くと人がよく言うような具合に娘を教会に連れて行ったのだ。

毎日のように彼ら二人に関する話が、わたしのところに伝わってきた。だが、わたしがこのとき言えただろうすべてのことについて、妻はわたしになにも言わせなかった。近隣の人々までが口出しをしてきた。彼ら夫婦は五か月ももたないうちに駄目になってしまう。返済していない借金のことで毎日が過ぎたのだ。店やその他のすべてのものが売りに出され、若妻はあばら家住まいに追い込まれた。わたしは娘のために全力をつくし、結局われわれは娘を盗人のような狼の毒牙から救い出し、この悪い男がさんざんひどい仕打ちで娘を苦しめたので、彼女をわれわれの家に連れ帰ったのだ。われわれは訴訟をおこした。そのためわたしは、それが正当なことを検証しに家に来てもらったあとで、友人にともなわれた娘を民事代官のところへ連れて行かねばならなかった。男は民事代官の前で膝を折ってひれ伏し、代官の足に口づけするありさまで、ひたすらへりくだり、泣き、タルチュフまたはほんとうの偽善者よろしく振舞った。わたしは弁明をし、男は訴訟費用の支払いを命ぜられ、娘をわたしの家にとどめておくということになった。

妻はこうした厄介なことをすべてわたしに任せきりにした。彼女は娘が結婚するときのような威勢のいい態度をみせなかった。男は大騒ぎを演じたが、わたしはある日の夕方に逮捕させる手段をとり(259)、男は六週間にわたり監獄に閉じ込められた。この監獄で男に一連の殴打の罰を受けさせればいいとわたしにすすめる人もいたし、彼自身の母親もそうするようにとほのめかした。しかしわたしはそんなことをして復讐しようなどとはまったく思っておらず、ただこんな男から娘を救い出すことだけを考えて、女の働き手を必要としていたイギリスの国王おかかえの羽根細工商人を見つけ出して、娘を母国から離れて静かに生活させるようにせざるをえなかったのだ。こうしたことすべては、貸した金が返ってこないのではないかという母親の欲得ずくの関心が、やさしく思いやりのある性格をした情深く愛されるにふさわしい若い娘を不幸におとしいれた原因となったのであり、母親の最悪の過ちの結果なのだ。結局、別れて暮らさなければならなくなったわけで、母親は冷たい態度で娘の出発を見送っていたが、わたしはこの母親が、若いころにはあれほど娘を愛していたあのやさしい母親と、どうしてこんなにも違うのか理解しがたいものがあった。

その頃、王の封印令状に署名してわたしを追放してしまおうとした連中のなかの一人であるあのマルソーが、負債のために投獄されてしまい(260)、わたしに使いの者を送ってよこした。わたしはみじめな状態におちいった彼を見ると、かつて彼がわたしに加えようとした悪事を忘れてしまい、あらゆる手段をつくして彼をこのきわめて困難な状態、妻も子どもも友人も彼を見放してしまったというような状態から救い出すことで、おとしまえをつけたのだ。わたしはかつてわたしの得意客の一人で、われわれの家族と親しくしていた友人に会った。それはルグトゥーおやじという正直者で、この件に関心をもち、一定の金額を都合してくれ、わたしはマルソーを迎えにいって、彼を釈放してもらったのだ。彼の店にあったものは売却されており、それでも残っていたものは彼の妻が持ち去ってしまっていた。わたしはその細君と会ったが、彼女はもうマルソーとよりをもどすつもりはなかった。マルソーは別の店を手に入れ、彼の親族からではなく、彼が見くだしていた人々から援助を受けて立ち直りはじめていたのだが、その途端に自堕落な生活に身を落としてしまい、またもやひどい困窮状態におちいってしまった。

彼の名付け親がわたしのところにやって来て、彼に着るものでも与えてやってと言って、いくらかのお金を渡した。わたしは彼にヴェルサイユに行くようにすすめ、国王おかかえのガラス屋のジェラールさんの住所と彼に宛てた推薦状を渡した。また彼を新しい服に着替えさせ、セーヌ川のピエール・サン＝ルーの船着場(261)の浜で水浴をさせて体をよく洗わせ、古い服をすべて川に投げ捨てた。そして彼に三リーヴル渡し、見送って行き、最後に抱擁して別れを告げたのだった。彼はパリに戻って来たが、二週間もたった頃にわたしは彼が死んだということを知った。こうしてマルソー家の最後の一人が死去した。というのもマルソー家の他の三人は最後まで心に恨みを抱いたままですでに死んでしまっていたのである。このようにしてわたしがかつて何気なく彼らの運命を予告したことが、その四人すべてに起こってしまったのだ。

わたしの年下の妹はすでに死んでいたが、その夫は妹が死に際してわたしに来てほしいと言っていたのに、わたしのところに使いの者さえよこしてくれなかった。妹は不幸な父を苦しめたのを悔いているとわたしに言いたかったに違いないのだ。悔恨の念にさいなまれていた彼女は、すまないことをしたという気持でいっぱいになって、わたしの名を呼びながら死んだのだ。わたしの息子は成長し、殻から外に出るとよく言われるようにひとり立ちをめざして、ボーヴェのかつてわたしの徒弟だった男のところに去って行き、しばらくそこで働いた。そのあとまた親の家に戻った。息子を出て行くように仕向けたのはわたしであり、彼はその際にわたしが職人として使っていた若者をうまいこと言って連れて行ってしまい、二人は仕事が繁忙期にはいる頃に出発し、冬になって帰って来たのではあったが、とにかく息子を快く迎えてやった。わたしはこうしたいきさつはすべて忘れてしまって、わが子の一人が別人のように成長しているのを見て、大変うれしかったのだ。彼を家に迎え入れられるだけの余地は充分にあった。

ブーシェ夫人の甥が帰ってきて、気の好い夫人はその甥の面倒をみた。彼は酒を飲むとひどく扱いにくく、また厚かましくなった。われわれ三人でいっしょに食事をしたあと、口論になってしまう。カデ街で、気の好い彼女は、近道を通っていくと彼に殺されてしまうからやめておくようにと言う。甥はそれに答えて、そんなことはない、だが棍棒のめった打ちぐらいだと言う。わたしが彼のほうに振り向くと、棍棒が振り上げられ、わたしはこれに杖で対抗する。彼の棍棒をはねとばし、棒は地面に落ちてぐるぐると回転する。彼が身をかがめてそれを拾おうとする。わたしは彼に、フランソワ、見たかおれの強いのを、おれはあんたを地面にたたき伏せたりはしないでおこう、と言う。彼はなにも答えなかった。わたしはこれで一件落着と思い、もう身構えるのはやめてしまった。だが彼はわたしの頭に一撃を加えたのだ。やられたと思ったわたしは彼の顔面に杖で二、三発を食らわせた。彼は警官に助けを求める叫び声を上げながら逃げ出す。

その翌々日になってわたしは中央市場で彼と出くわした。彼の顔面は見る影もないありさまだった。わたしは彼に、たいした奴だと言ってやる。これを彼の雇い主や数人の知り合いの面前でもくり返し言った。彼はわたしに償いをしてもらおうと言う。これに対してわたしは、すぐにでもするぞ、墓穴の上でするとむらい(262)ほどいいものはないな、と応ずる。また、あんたは軍人なんだ、それも擲弾《てきだん》兵という精鋭じゃないか。武器を探して来い、おれは河岸に行って募兵係のロベールに会うことにする。そしてあんたをレコール河岸のマドレーヌ教会寄りのところで待っている、あんたがこれと思う奴らを連れて来い、と言う。彼はこれに対して、棍棒で戦うことにすると答える。雇い主《ブルジョワズ》が彼をとめようとするが、結局われわれは彼を怒らせてしまったために、戦うことになる。わたしはとあるろうそく屋にはいり、箒の柄を二本もらい、われわれは環状並木大通りの側からサン＝フィアクル街にはいりお互い身がまえる。彼は復讐せんものと思い、わたしは打ち込み、受けとめる。最後にその場にいた人々がもうやめろと言う。わたしが相手を強打しようとするところを人が止めにはいったのを見て、頭にきて箒の柄をほうり出す。そうした人々がわたしを飲みに誘ったので、あんたがたとなら喜んで飲もう、だが奴とはだめだ、あいつはならず者だ、と答えた。彼は、彼と同じように虚勢をはっている女を連れて立ち去る。これでまたもや彼は自分のおばさんにも馬鹿にされることがわかって、しめ出されてしまったのだ。夫人とわたしはこれでほっと一息ついた。彼女の義兄についていえば、彼はわたしにふたたび目をかけてもらいたいと思って、ときどき戸口のところに現れて、わたしに出会えないものかと探しに来たりしていた。

そうこうしているときに一歩間違えれば困ったことになりかねない、ちょっとしたアヴァンテュールに見舞われた。かつてわたしに気のあった革細工屋のおかみさんがわたしとばったり出会ったのだ。そこでわたしは彼女に、もしよろしければお宅に訪ねていくがと言うと、彼女はそんなわたしを軽く受けとって笑っていた。わたしがご主人は家にいるのかときくと、夕食をすませ外出したと言うので、それではうかがうことにしようと言う。彼女は、戸口のところに鍵を置いてきたけれど部屋にはいっては駄目だと言う。そんなことには気をとめなかったが、たぶんわたしは部屋に入るときに戸口ののぞき穴を考えに入れておかなかったのだ。そこに屈強な革細工職の見習いがやって来たので、わたしはとっさのことで寝室《アルコーヴ》のなかにかくれ、そこのカーテンに巻きつき、椅子のひじ掛けの上に乗ったのだ。彼らは誰かがいるのではないかと叫び声をあげていた。

そこにおかみさんが帰って来て、どうしたのかといぶかしげな様子をし、それはきっと部屋から飛び出した仔猫だろうと見習いたちに言う。だが彼らは、あれは誰かの足音に違いない、部屋にはいって来たときに寝室のカーテンが揺れていたようだと、こだわっていたが、それでも彼女は猫だと言い張る。そこに革細工の親方が帰って来たのだ。困ったことになったとはこのようなときのことを言うのである。機転のきく彼女は、人に会う約束があるじゃないですか、きっと待っていますよ、と夫に言い、かくしてわたしは見つけられてしまうという恐怖から抜け出せ、さらにそれ以上に、わたしのようなのを一〇人もやっつけてしまえそうな男の手から逃れることができたのだった。このようにして彼女の夫に対する巧みなやり方や機転のきかせ方、また見習いたちの疑いを払いのけたことを、わたしはみごとと言うほかはなかった。しかしこうしたことはわたしの頭を多少とも冷してくれることになった。わたしは家に帰り、窓ガラスを持ってまた彼女のところに行き、店で見習いたちにおかみさんはおいでかと尋ねる。彼らはまださっきのことを話題にしていたが、おかみさんが戸口ののぞき穴をあけ、わたしを部屋にいれてくれる。これでわたしの気づいたことといえば、暇をふさぐということは、ほかの穴をふさぐためにわたしをいれてくれるということだった。それからときどき、いくつか窓ガラスが壊れることがあり、わたしはそれでまた寸法をとりに行った。そうしてひと休みしてはぶどう酒を飲み、数時間あとには窓ガラスを入れに行き、やりはじめた仕事を完成させたのである。彼女はそうした手間をかけるだけの価値のある女で、つやつやした美しい肌をしていて、わたしがささげものをするだけの価値はあったのだ。

わたしの息子は大人になりつつあった。われわれは月ぎめの給料を彼に出していたが、はっきり言うと母親がそのようにしたのだ。だが彼はあまり稼ぎにならないことがわかる。彼は人生の春を味わっており、われわれのところから出て行く。親方連中のところにまた行ったのだ。わたしは運悪く足をけがして床についてしまう。わたしは息子に帰って来るように言ったのだが、息子のほうはなかなか言うことをきかず、われわれと取引きしようとする。これにはまいってしまい、それで（わたしが）思い出しもし、（息子が）われわれに思い出させたことは、息子が六か月か七か月か前に再びわれわれのところから出て行き、仲間の一人と飛びはねて境界石の上に落ちてしまったと言って、顔を傷だらけにして帰って来たことだった。そのことをわたしがどう考えようと思ったのか、今はよくわかるのだ。それは、人間には悪意というものもあるのだと教えておかねばならぬのは、海千山千の古狸に対してではないということである。わたしはロンドンからやって来ていた人からわれわれの愛する娘のマドロンについての情報を得ていた。その人たちは彼女のことを素敵な人だと言ってくれ、彼女が魅力的な女性に成長したことをわたしは知ったのだ。

わたしはマノンのいる家で彼女と踊り場(263)を同じくする階に住む、古くからの知り合いでリエヴァン未亡人という名前の錠前業を営なむ女主人と出会った。彼女はこんにちはと言って、ひと休みするようにとわたしを誘った。そこでわたしがおごることにしてその誘いに応じた。彼女は昔のことを話しはじめ、最後には熱くなってしまった。わたしが彼女のことを憎からず思っていたのだと彼女は言う。そこでわたしは、今も同じ気持だったらどうすると聞いてみる。彼女はひとこと答えただけだったが、わたしはこれで意思が通じたと受けとる。わたしは彼女をその部屋に連れて行き、そこでまたもや一家の主人のようになってしまったのだ。彼女はわたしが足繁く通うことなどは求めなかったが、すべてを自分のものにしたいと望んでいた。彼女は静かに暮らすことはできたのだが窮屈そうだった。こうしたことはわたしの気に入るものではなく、そのうえわたしはこまごまと気配りしたり、またそれ以上に一人の女が熱中してくるのにいちいち付き合っていられるようなたちではなかったし、彼女にないようなものが他の女のなかにあるのを見ていたというようなこともあって、わたしは慎重に振舞いながらも情熱的な気分が理性に打ち勝ってしまうようなとき以外は、彼女のところに訪ねて行かないようにしたのだ。

あれはカーニヴァルの頃だったが、われわれの店に仮装のための衣装を貸す人が来ていた。わたしの知り合いの一人が道化師とピエロの服を求めて人をよこした。道化師の衣装を借りた人はわたしと同じ身の丈だが、少し腹が出ていて、その道化の服を着せているあいだ、わたしは別の部屋でひそかにそれを見ていた。その若者が出ていくとすぐわたしは道化師の服を着て、ピエロの仮装をした若い人といっしょに家に帰った。それはもう日暮れどきになっていて、わたしは家の者をからかい大いに楽しみ、妻や息子を怒らせたりしたのだが、誰もその仮装姿がわたしだとは気づかなかったのだ。その仮装を提供してくれた人は、もし自分がその若者に仮装を着けてやらなかったら、あんなに陽気になれたとはとても思えないと言ってやまなかったほどであった。

わたしはその義兄やいとこの一人とメゾン・ヌーヴで食事をしていたブーシュ夫人に会いに行った。彼女とは食事をすると約束していたからだ。わたしは彼らのいるテーブルにおもむき、冗談を言ったりしたのだが、誰もそれがわたしだとは気がつかなかった。わたしはブーシュ夫人の耳もとに近づいて、わたしたちがともにもっている特徴のいくつかを話してみるが、彼女はわたしのことを見知らぬ人だと言う。わたしの友達は下の階にいき、わたしはその友人とレモネードを飲みに行く。彼は自分の仮装をまた着けたが、わたしはまたブーシュ夫人たちのところに顔を見せに戻る。その人々はわたしに、今しがたまで彼らのテーブルには道化師とピエロがいたのだが、それがみんなを大いに笑わせていたのだと言い、またわたしがもっと早く来ていれば大いに楽しめたのにと残念がったが、彼女は道化師に言われたことを思い出せないでいて、わたしは心から笑ってしまった。

古くからの友人の一人で、ヴェルサイユでガラス屋を開業していた男がいたが、その頃、わたしが近隣の人々とドゥー＝ポルト街の角の店に飲みに行ったときに、その男と出会った。そのときにラ・マレシャルという娼婦が彼女の部屋の窓のところにいてわたしを呼びとめ、ガラスをいれてもらいたいと頼んだ。ところがまじめな旧友はその女のことをわたしの女房だと本当に思い込んでしまったのだ。わたしは彼に自分の店を手放してしまったと信じこませ、そのいきさつを一杯飲みながら話して聞かせたという次第であった。すると彼はわたしの女房に会って挨拶をしたいと言う。わたしはそれは結構で快く迎えいれられるだろうと言う。そこで彼は女の部屋を訪ねる。その女はてっきりお客が来たのだと思って、その仕事にとりかかろうとする。わたしは友人たちには仕掛けたこのいたずらのことを話しておいた。彼はわたしの女房のことをみだらだと言い、自分がこんな女房をもったら、牢屋に閉じ込めてもらうところだとのたもうた。わたしはそれに対して、そういうのがパリの流儀で、われわれにとって代わって友人が女房の相手をするのを怒ったりはしないものなのだと答えたのである。友人たちが腹をかかえて笑いこけたので、最後には本当のことを彼に打ち明けた。彼も笑うしかないありさまで、わたしのことを、いつもいたずらばかりしている奴だと言った。

わたしは女のところにガラスをいれに行き、先日のお客はわたしが送りこんだもので、彼女のことをわたしの女房だと思わせておいたのだと打ち明けた。すると彼女は、わたしはいつも冗談ばかり言っているが、本当はそんなことをする気はないくせに、と言うのだ。そこでわたしは本心を伝えた。彼女はわたしの告白を大変喜んで受けいれ、夜食をいっしょにしに来てくれないか、そうすればわたしが彼女に好意をもっていないわけではないということをわからせてあげるからと言った。こうしてわたしはその職業のことなど気にせずに、この女との快適な夜を過ごしたのだ。そして彼女はときどき数枚の窓ガラスを割り、それは彼女がわたしにしばしば与えていた歓びを手にしたことからとり出していた報酬のようなものだった。

ある酒場の前を通るとわたしを呼んでいる声がした。それと同時に指物職の親方が酒場から出てきて、わたしにちょっといっしょに飲みに来てくれ、自分の友人の錠前職の親方を慰めてもらいたいのだと言う。その友人は細君をなくした（ことで）気も狂わんばかりで、いくら慰めても駄目で、わたしなら彼を説得して立ち直らせることができるだろう、その男はフォブール・サン゠ジェルマンに住んでいて、川に身を投げてしまいたい、できればなにもかも放り出してしまいたいと言っている、とのことだった。わたしは酒場にはいりその人物を観察する。そして慰める手だてをあれこれとつくして、身投げすると言いつのっているのをやめさせようとする。だがわたしが彼に、不幸というものは神の意思にゆだねられるべきことで、それ以外に救いようのないものだ、と言って聞かせれば聞かせるほど、彼はますますもう何もかもいやになったと言いつのるのだ。わたしが彼になにかを言えば、ますます彼は一徹になることがわかったので、わたしはきっぱりと次のように言ってやった。よろしい、あんたがそう思うならここにおれの金槌とあそこに一本の釘があるから持って行け、それにこの綱を持って行って、部屋にはいって、あんたの言っているようにすればいい、もうなにも言うな、と。そしてわたしはノルマン人のようになった(264)。彼は沈黙し、わたしはその場から立ち去った。しばらくしてからわたしは慰めても無駄だったこの男のことを耳にした。まったく驚いたことには、六週間もたつとその男は結婚したというのだ。

その頃、わたしの妹のテレーズが田舎のサン゠プリというところで再婚した。わたしは息子とともにその結婚式に出た。息子は親方たちのところを渡り歩いていたが、いつも親の家から遠くのところには行かないように心掛けていたのである。

ある日、わたしが友人といっしょにカフェをやっているアンドリューという男のところに行ったとき、広口瓶のなかに入れられた二、三匹の小さな白ねずみを見たのだった。そしてわたしは彼に、あの小さな動物はリスがよくやるようにぐるぐる廻っていたが、もしわたしにやってみろと言うなら、ガラスの籠を作ってみせよう、それがなかなかのものだということがわかるだろう、と言った。籠はできあがるとすぐに売れてしまった。わたしが白ねずみを見つけてきて、わたしと息子が中国風あずまやのような造りの籠を製作したのだ。これがいい商売になり、いい値段で売れた。わたしの妻はそうしたことに敏感でないはずはなく、担保をとって資金を出すことにはやぶさかではなく、それはつねに彼女のため、彼女が利益を手にするためであり、わたしはそれがそれほど役に立つとは感じていなかった。彼女がそのたくらみを隠しても、それは見破られてしまった。わたしはそのことを非難した。彼女が利子の四〇〇リーヴルの全額をわたしやわたしの子どもたちはのけものにして、彼女の妹や甥たちに渡してしまっていたことを、わたしが知ったかブーシュ夫人が見破ったかして、明らかになったのだ。わたしは家のなかで騒ぎ立てようと思ったが、妻は病気になってしまった。彼女は病気の原因はねずみの臭いだと言い立てた。そこでわたしは彼女に、彼女が独り占めしてしまったお金は悪臭をたてていないのだな、手際よくそれを自分の親族の手に渡してしまったのだから、と言ってやったというわけである。

妻の病気が快方にむかっているときに、わたしの妹が見舞いに来て、もしロケットという修道院にはいれば、家にいるよりずっとよい看護が受けられるだろうと言って、妻にそうするようにすすめた。そしてその費用の一か月分を前払いしたのだが、そのほかにその修道院の墓地であるベタニに将来妻が、人が言うように、埋葬(265)してもらうための費用も支払わねばならなかった。修道院のほうがよく看護してもらえると妹が断言するのを聞くと、わたしがそれはどうかなと言ったのに、妻はすぐに馬車を呼んで出発してしまう。そしてそこに一五日間はいっていた。わたしは見舞いには行かないぞと言ったのではあるが、結局、妻の妹といっしょに会いに行った。わたしがリスの籠を売っていることを妻に伝え、彼女がその利益をまったく受け取っていないと知るといらだち、家に帰ると言い出した。わたしは彼女がベタニに埋葬される費用も前払いさせられたことに不満をもらしていたので、それを笑い話にしてからかっただけで、家に帰るということには返事をせず、もうしばらく修道院にそのままにしておいたのだが、結局、日曜日にわたしは息子を連れて馬車で妻を連れ戻しに行った。こうして彼女はふたたび自分の権利だと主張していることを以前と同じように手にし、わたしはといえば波風を立てないでやっていくために、そのことにはまったく異を唱えたりしなかった。

こうしてわたしはブーシュ夫人のところで食べたり飲んだりし、自分の家に行って仕事をし、とにもかくにも退屈しないですむようなことをいつも探していたのだ。わたしは職業柄しばしばちょっとした知り合いをつくることができたし、愛の祭壇に犠牲をささげられるようにと最善の努力をしていたのである。ときどきそれで罰をこうむることがあるが、それはすべてとりすました慎み深い態度をとる女神たちによってなされることなのだ。この罰によってわたしはいくらか反省させられもしたのだが、激しい情熱のほうがそれよりまさっていた。

つまるところ、わたしは野心家などではさらさらなかったから、理性とか利害関係とかはわたしに害になるものなどでは決してなかったのだが、結局わたしが静かに暮らしていれば、神の思し召しによっては長生きできるような幸せな人間になれるという将来への希望が、わたしに反省をうながすものとなり、それでわたしはずっと静かな生活をするようになり、ずっと用心深い態度をとるようになった。またこれとともに歳をとり、髪の毛に白いものがまじるようになってきた。わたしは愛欲を完全に捨て去ったわけではなかったが、あのギリシアの英雄たちのようにまずは成功したということに満足し、わたしが誰よりもたくさん犠牲をささげたというわけでもなく、いつも仲間をさそってそうしただけのことだったとしても、バッカスにいけにえや捧げ物をしていたのであった。

老いの日々をおだやかに過ごしたいという願いは、わたしに加えられたどのようなお説教より効果があり、日々の生活を楽しくなにごともなく過ごしていたそのときに、フランス革命がすべての人々の精神を、突如として目覚めさせることになった。そしてきわめてしばしば叫ばれた自由という言葉が、またとないような効果を生み出し、すべての人々を興奮させた。

人々は武器をとり、民衆の教導者だと名乗り出た人たちを支持した。この革命は国王を王座にしっかりとすえたうえで、またとんでもない背任の罪を犯した無能な大臣たちによって先導された高等法院や教会勢力、また貴族階級が侵害していたすべての権利を回復することによって、フランス人に幸福をもたらすはずのものだった。そしてこの無能な大臣たちというものは、国家の仕組みを支配しそれを気まぐれに行使し、もっとはっきり言えば国家の仕組みなど認識されることもなく、自分たちの欲するところ、自分たちの野心のみを考えていたような連中なのだ。国家の負債は倍増していた。国家の財政負担に寄与するために聖職者の財産をどう利用するかについて無策だった。しかし嘘によってかためられ無知によって支えられ、狂信と迷信によって助けられた、ありとあらゆる絵空事を手段として、第二の権力をつくりあげていた不道徳な連中、こういう連中は自分たちが少しでも犠牲を払うのを好まず、国民が逆境におちいり、どうにもならない状態にたちいたってしまうことのほうがましだと思っていたのだ。また同様に彼らは、野蛮な時代おくれの偏見によって維持されてきた諸国民の不幸の原因であったし、またつねにそうなのだ。このようなたぐいの人間は支配する人間しか認めないものであり、そういう人間たちを彼らのドグマや途方もない宗教の神秘によって押し付けようとするのだ。

貴族たちは彼らの古い記録類によって、また、彼らの大部分が家内奉公人や馬丁や御者から成り上がったものたちなのに、昔の勇敢な騎士によって自分たちのルーツを証明しようとしていたのだが、こうした彼らは貴族階級以外の人間を自分たちの気まぐれな行動に奉仕するだけのものなのだとしか考えられない連中なのだ。そしてまた神が人間をつくり給うたときに、すべてはもっとも平等な状態にあったということ、そして人間にもっとも共通していることとして、彼らが欠陥を免れないものであり、死を免れえないのだということを、（彼らは）考えてもみなかった連中なのだ。こうした貴族たちはすべて祖国を棄てることになった。祖国にとどまった者も祖国を台無しにするあらゆる方途を追究するのである。

すべてのことが言い立てられた。彼らは野心家たちにおもねり、すべての災悪がいつの間にか頂点に達する。人殺しや没落が日常のこととなり、陰謀家たちが地位を独占する。有徳の士はうめき声をあげることしかできず、もしなにかを言えば破滅することになった。憎しみや復讐が横行し、あえて口を開こうとする者はなく、会議に出席する義務のある人が、その会議で委任された地位をあえて拒否することもなかった。

こうした混沌とした事態のなかで、国境や国内で裏切り行為があり、わたしが八月十日以後になって自分の住む地区のセクション(266)の会議に出席しはじめたのは、こうした混乱のなかでのことだった。そしてパリの民衆に対して歩哨に出る義務がだれかれの区別なく課せられたときに(267)、人々が国民軍の中隊長の地位にわたしをという声をいっせいにあげるのを見て、わたしは抗弁し、それで中尉に任命されることになり、不適格で品行方正でもない男の典型だという策謀があったにもかかわらず、中尉に三度も任命されたのだった。

またわたしの娘はフランス人が挙行したフランス革命を祝うお祭り騒ぎ(268)に出ていたということで一五日以内に退去せよということになり、イギリスから帰って来た。わたしは彼女が帰ってからしばらくして彼女の離婚を実現させてやり、彼女は、あの人間とは思えないような最初の夫から受けた苦しみや悲しみを癒してくれた誠実な男と結婚した。その人は陸軍省の官房の主任であったが(269)、パリのオラトワールの兵器廠の長となり、それからシャルルヴィルの兵器廠の監察官となってしばらくその町に住んでいた。

そうこうしているうちに恐怖政治がフランス、なかんずくパリで猛威を振るった。パリではすべてのものが著しく欠乏していただけではなく、ひどい暴力行為のなかで恐怖が支配していた。なにもかもが混乱状態にあった。フランス人は流血のみを欲していた。彼らは人食い人種に似てきていて、もう本物の人食いになっていた。隣人が平然とその隣人を告発した。血縁の絆などはもう忘れ去られていた。わたしはこうした恐怖の日々のなかでそれらのことを目撃していたし、あのいまわしい革命委員会(270)にやって来て人々がおこなうあらゆる密告のたぐいを見ていた。わたしが彼らに報告させる役目についたとき、わたしが正直だと信じていた人々が平然と、ふと口からもらしたひと言をとらえて告発するのだった。告発された人はすぐさま投獄され、しばしばギロチンにかけられたのだ。

わたしの不運な友人たち、あなたがたのことはいつもわたしの記憶にとどまることになろう。尊敬するサン＝クリストー(271)、わたしに目をかけてくれ従僕をしばしばわたしのところによこして、いっしょに食事をしようと誘ってくれた徴税請負人のサン＝クリストーよ、あんたも命を落とすことになった。あんたは裕福だった。残忍な奴らはあんたの財産だけが目当てだったのだ。セクション総会でのわたしの発言、それをわたしは全力をあげてすべての人々の好意があんたに集まるようにしてやったのだった。しかしすべては無駄に終わってしまった。正直な人々はあんたの運命を嘆いたものの、おし黙っていた。

不幸なマリ(272)のこともわかっていたのだ。いくらかのお金をなんの気なしに貸したことで告発され、死ぬことになってしまった。あんたを救おうとしたわたしのあらゆる努力も無駄になった。わたしが祖国を裏切っていた人々にあんたの釈放を要求しただけだったのに、復讐にもえた男がわたしに反対したときには、わたしはあんたと意見を同じくしようとした瞬間があったのだ。その自由の要求は会議に出席していた実直な人々の野次にかき消されてしまったのだ。そして不運なバルベ(273)、あんたは善良にして忠実な男であった。あんたとともにしばし過ごした夜、セクションの密偵二人があんたの後をつけ、あんたの行動を監視していた。わたしはあんたに警告しておいた。あんたはリヨン人で、それがあんたの犯した罪だった。密偵たちはあんたに酒を飲ませしゃべらせた。彼らはあんたを逮捕し、厳しい警察委員のもとに連行した。その警察委員は、革命委員会からと同様にその任務をまかされている保安委員会(274)に通知するというただそれだけのために、犯罪者の発見に努めている男だった。こういう男たちは思いやりを失った野蛮人になってしまっていて、自分では祖国の擁護のためにすべてを犠牲にしていると思っていたのだが、実はまったくその反対に、祖国を破壊しようとしていたのだ。

彼が逮捕された日には、わたしは国民軍の哨所で任務についていた。わたしはわが中隊とともに哨所に行く。わたしと交替する士官が逮捕者が出たことを伝える。見に行くと、驚いたことにそれはバルベだった。すぐにわたしは彼を留置所の外に出してもらい、その夜彼はわたしと静かに過ごし、わたしが尋ねると、どうして投獄されたのか彼はまるきり何も知らないのだ。人の話では、彼は監視されていたという。彼はコンシエルジュリ監獄に連れて行かれ、その三日後に処刑台の露と消えた。ああ！　わたしは、ひと言でその命が助かり、説明の足りないひと言でその命が失われるような人を、まだ何べんか見ることになったのだ。このようにしていく千もの不運な人々がその生涯を閉じる一方で、悪党どもがその同胞の財産を奪い取り、享受していたのだ。われわれの大隊づきの司祭(275)が投獄され、これが運命が決まるというときになってセクション総会にあてて手紙を書く。その総会を司会したのはこのわたしだった。この手紙を受け取るとすぐに、わたしは総会の同意を得たうえで、あの人食いのフーキエ・タンヴィル(276)に手紙を書き、その結果一七人のうちで彼一人が無罪となった。

真のフランス人が後になって嫌悪をもって見るようになるだろうこうした悲しい日々にあって、わたしはサタン、バヤール、アダン、ル・サンプル(277)という人たちとともに、九月虐殺の参加者(278)と言われた者の手から、パリの監獄のなかですべての人々を殺害していた人食いどもを〔ママ〕引き離すために派遣されたのだった。旧治安判事のサンソン・デュベロン(279)という有徳の士が死に直面していた。われわれがそこに出て行き、セクションの名において(彼の)身柄を要求し、彼をわれわれの手に取り返した。わたしはこのことでその顔つきや行動が人間らしさを示していることのような人々が、人食いどもといっしょにされていることがわかったのである。

わたしはフランスに吹き荒れていた恐怖の日々に幕をおろした。わたしの息子はまったく幸運だった。彼は祖国のための戦争に行っていたが、それは彼にとって二度目の軍隊経験だった。それはたしかに危険な日々ではあったが、そのおかげで人々がいとも簡単に犯してしまっていた犯罪行為に、彼は加担しなくてもすんだのだ。それにこうした人食い鬼を誇りにするようなことに与しなくてすんだのである。

ようやく不当な暴力行為はなくなっていったが(280)、相変わらず人々は不運をかこっていた。すべての人民がもっとも大きな信頼を寄せていたあの国民公会も、これまでの党派にかわってもう一つの党派に肩入れするために、これまでの党派を破滅させるようなことをする執念深い人々からなる密告者の巣窟にすぎず、そう言ってさしつかえないものになっていた。彼らはその情念のおもむくままに人民を意のままにあやつっていた。人民を煽動して打ち鳴らされる鐘と太鼓の音は(281)、現下の急を告げるものとしばしば言われていた。このような悪しきことのすべてが諸セクションをとらえていたのだ。

人々は自分の言動に気をつけていた。自分の考え方をあえて口にするものなどいなかった。人々は国民公会の警備のためとか食糧を守るためということで武器を手にしない日はなかった。このような状況のなかで、わたしがよき友人と信じていた一人が、わたしに対して怒りを爆発させたのだ。その本当の理由は、わたしが彼に歩哨に出るように強く命令したことにあった。彼が頑固な態度をとるので、やむをえずやったことだ。この男はいく人かの人に、わたしが二万および八〇〇〇の署名(282)に名を連ねたことを、そのままで済ますわけにはいかないとほのめかしていたのだ。これが本当ならあのような時代では死刑にあたいすることである。わたしは総会に呼び出され、国王の廃位に賛成する署名以外にはいかなる署名もしていないと、きっぱり答えた。その総会でおこなったわたしの説明は、わたしの立場を有利にするのに特別の効果があった。その日はセクション総会の事務局を改選する日にあたっていて、わたしは拍手による大多数の支持のもとに議長に再任された。わたしはその再任をことわろうとしたのだが、問題はいわゆる事務局のあずかりとなった。この事務局に連なる栄誉を与えられたすべての市民が、その果たすべき義務に相応する演説をおこなった。

わたしは総会に集まったすべての人々の前で、彼らに次のように述べた。市民諸君、みなさんの投票によってわたしより前に議長になるという名誉を与えられた方々は、みなさんに対してそれぞれ演説をなさった。そうしたことを今わたしに期待なさらぬように。わたしはただひたすらに、わたしに対してみなさんが寛大な心を持っていただきたいと願うものであります。わたしとしましては市民のみなさんに対して、努めて平静であることをお願いする次第であります。こう述べると会場全体に拍手が鳴り響き、わたしの議長就任のことやその他のわたしの名誉となったことどもが、なんの波乱を生ずることもなく流れ去ったのである。

欠員を生じたばかりのいろいろな役職にはすぐにわたしが任命された。わたしは保安委員(283)に任命され、レノンクールとともに約二か月のあいだその仕事をした。革命委員会のメンバーになることには保安委員会の命令もあったのだが、それでもなんとかこれは勘弁してもらった。わたしはそのときちょうど司会をしていたので、次のような弁明をおこなった。「市民諸君、諸君がわたしに就任せよといわれる役職は精励に努めなければならないものです。わたしの息子は前線で戦い、妻は病重く、雇っていた職人も祖国の敵と戦うために出征いたしましたので、この要請を受けることができないのです」と。

この発言は効果があり、わたし自身はポワリエ(284)という他の人を指名したのだが、彼は人間をひどくいためつける残忍な奴らのなかでももっとも悪質な男になりはてる。またわたしは治安判事代行(285)に任命された。治安判事がいないあいだ裁判にあたったのはこのわたしだった。またパリ市会で同じように委員だったギョームの破産によってアシニャ紙幣のための副議長に任命された。またプチ・ペール修道院の調停員、もと男爵のオニィ(286)やサン＝トゥスタシュ教会の司祭の市民プーパール(287)とともに起訴陪審員や裁判陪審員に（任じられた）。わたしは裁判所で夜を徹して彼らにアシニャ紙幣の偽造をおこなった三人に関する事件にあたらせた。その三人のうち男の連れ合いだという女については、わたしの説得によって命が助かったが、その相手の男と妹はギロチンにかけられた。彼ら陪審員たちはわたしに、あなたのものの見方のおかげで、あなたはわれわれに貧弱な夕食しか用意せず、寝るところさえない、陪審員はそれぞれ小さなパン、セルヴェラ・ソーセージにぶどう酒を半瓶あてがわれただけで、寝るところといえばマットレスと掛け布団一枚ずつの簡易ベッドだけだったのだから、と言っていた。このようにして翌日の朝一〇時に（われわれは）討論が終わったのである。

わたしはまた同じようにして民事委員会の委員にあわせて三度も任命されたが、しばしばそれをほったらかしにしておくことはできた。わたしは救貧委員になり(288)、また祖国擁護者の審査委員や買占めを監視する委員にもなっていて、後者についてはいち早く辞任した。また国民軍の規律評議会を構成する市民たちの合意によって、指揮官のいない場合には議長をつとめることになった。またわたしは民衆協会(289)への市民の加入を審査する中心にあり、その協会の議長をしばしばつとめた。またセクションの当局者に報告を求める役割を担った。

わたしは火薬委員の報告に承認印をとる役目を負っていた者の一人で、その委員会の議長にも任命された。また二日間にわたってパリ市会の代議員の議席をめぐる決選投票にかけられた。また一五か月にわたり選挙人選考会の議長をやった。警察委員になる三人の候補の一人に指名されたが、そのときすべての票がわたしの支持にまわるのを見て、その任ではないことを言って勘弁してもらった。また同じようにわたしはあの嫌悪をもよおさせる革命委員会に報告をさせる役にもなった。こうしてわたしは議長たるべく、またわが同胞たちが光栄にも他のさまざまな役職にわたしをつけてくれたわけだが、それゆえにこそ恐怖政治の時代にあっては、それらの役職を拒否することは差し控えたのだった。

わたしには一人の敵がいた。それはデュプレシ(290)といい、彼はよき友人の一人であったのに、その後、人を裏切るようなことをほのめかして言い、わたしをおとしいれようとしたのだ。彼は革命委員会のメンバーたちに取り入って、毎日のようにわたしに対する告発をした。それで人々は彼の家のことを小革命委員会と呼んでいた。このあとに起こった反応に対して、彼はわたしの敵手だと公言していた三人の男と手を結んだ。A　その一人がナルダン(291)で、わたしが彼に賛成するようなことをまったく言わず、彼は民衆協会から除名されたのだが、わたしがその協会で彼のことをよくも悪くも言わなかったことが、彼の敵対の理由である。B　イシドール・ラングロワ(292)、この第二の人物は誹謗文書の書き手として知られていて、国民軍の歩哨の任務にはまったく出ようとはせず、それなのにセクションのなかで密告することにはたけているので、わたしはこの男を国民軍の規律評議会で厳しく叱責したのだ。C

第三人目はヴァロワ(293)という男、騒々しく中傷を事とし度外れの密告者で、ヴァンデ戦争ではいわくつきの密偵、わが中隊の二人の市民から銀貨一二フランを奪ったことがあるのだが、その二人の市民はヴァンデ地方の軍隊に残っており、当時、中隊長がおらず中隊の重責がわたしの肩にかかっていることを知った彼らは、しばしばわたしに手紙を書き、奪われたお金を取り返してくれと言ってきていたのだ。

ほとんどつねに武器を手にしていなければならないような風雲急を告げるときであったし、デュプレシに酒を飲ませた(294)三人の徒党が、彼のなかにかき立てた敵意を一度ならず必要としたような時代であったために、これら四人の連中はわたしにとって不倶戴天の敵となったのだ。またあらゆる密告や中傷また非難が横行し、正直そのものといった人だけが投獄され、ほとんどいつも処刑台で命を落とすというような恐怖政治のなかにあって、また感受性の鋭い人もその友人たちの釈放を要求して発言するようなことをあえてしないような時代にあって、わたしは多くの友人たちの釈放を要求するために自分自身の自由をしばしば危険にさらしたのであった。総会で不運な同胞たちのためを考えてわたしが発言できたことのすべてを、これらの卑劣な連中はわたしが自分の安全を気づかわなければならないようなやり方で、ひっくり返したのだ。

これら三人の哀れな連中は、わたしに対して怒りをぶつけるのにもってこいのことが、なにかわたしにないものかとかぎまわっていた。四人目の男はといえば、自分の家であの小革命委員会なるものを開いたときに、密告のようなことをしているだけだったのだ。そしてわたしは、自分にとって不利になるような策謀のことはすべてお見通しであった。だからわたしは警戒をおこたらなかった。この四人のうちの一人は、わたしがヴァンデのその男のもとに手紙を書いたことを非難し、その手紙の一部を削ったり書き換えたりしたうえで、彼らのなかの一人が編集していた新聞に掲載させたのだ。彼らはこれでわたしを失脚させたものと信じていたのだが、わたしは自尊心を失なうことはなく、保安委員会に行ってこの問題についての陳情書を委員たちに提出した。委員たちはわたしのことやわたしの敵手たちについて調査をした。その結果彼らに対して、今後はもっと慎重に考え、誰であれ告発などしないようにという厳しい通告がなされた。これは書面でわたしの友人の治安判事(295)によって彼らに通告されたのだった。わたしに以上のような行動をとるように強くすすめたのはこの治安判事だったのだが、この行動は意図したとおりにうまくいったのだ。これで彼らは少しは慎重になったが、しかしこれはやり方を変えただけのことで、彼らは相変わらず策謀を続けていた。しかし彼らがやることのできたことは、どれも障害にぶつかっていて、わたしのほうはどんどんとわが道を進んで行った。

最後にもう一度激動に見舞われる。すべての党派が相互にぶつかり合い(296)、諸セクションの内部の党派の支持者が頭角を現す。わたしの敵たちはこの機会を利用しようとする。そのときわたしは気がすすまなかったのだが、歩哨の任務を国民軍の総参謀部の命令で与えられていた。その総参謀部で臨時の指揮をとっていたのがわが中隊の指揮官で、その人がこの任務をわたしに課したのだった。わたしの妻はまたもや田舎の友人のところに出かけていた。彼女は当時、各人に配給される一オンス半のパンではやっていけないとわかって、そうしたのだった。わたしは食糧委員ではあったが、食糧をそれ以上もっているわけではなく、虎視眈々とわたしをつけねらっている敵のことを恐れて、不正を働くなど思いもよらなかった。

副参謀がわたしのところにやってきて、指揮官と六六人の国民軍兵士が練兵場で待っており、これは内密の行動で最大でも六時間ばかりを要することだと告げ、その旨を書いた参謀部の通信文をわたしに手渡した。わたしはそれを拒む。指揮官がわたしのところにやって来る。わたしは彼に任務につかないと告げる。すると彼は無理にでも出てもらうと言う。わたしが食事していないと言うと、彼は食事のことは考えているからすぐに出てくるのだとわたしに命令する。

わたしは店を閉め、指揮官とともに練兵場におもむく。その道すがら一リーヴルのパンとセルヴェラ・ソーセージの大きな塊が支給される。指揮官は戦闘態勢をとった各中隊からの三人の兵士をわたしの指揮下に置くと言う。わたしは承知する。彼はわたしに、ここに二通の通信がある、そのうち一通は貴官がデュプレシ監獄(297)に到着したときに開封せよ、もう一通は明朝開封し、哨所を奪取しそこを武装解除せよ、参謀部は貴官が慎重に事を運ぶよう期待している、と。

わたしは指揮官に、何かかつがれているような感じだと言う。彼はわたしに合言葉を知らせ、ただ笑っているだけだった。わたしは出発する。プチ＝ポン橋の近くに来ると、一人の兵士がわたしに近づいて来て、士官殿、一門の大砲にねらいをつけられていますと言う。わたしは驚いた顔も見せず、わたしの部隊を分散させ、家屋のきわに展開させ、目標に近づき大砲を襲い哨兵を不意打ちにする。わたしは哨所のなかにはいり、持っていた手紙を開封してそれを哨所の指揮官に提示する。わたしは大砲を片づけさせ、そこの管理者と看守をわたしの指揮のもとに置いた。一〇時になるとわたしを支援するために一五人の騎兵の後につづいて一五人の憲兵が到着する。一人の兵士がやって来て、街路の向かい側に用意されている食事をするようにと伝える。そのテーブルにはご馳走が並んでいた。わたしはいっしょに食事をしようと二人の友人を呼んでくる。わたしはそこで二日二晩過ごすことになった。

こうしているあいだに、役職についていた者を粛清する(298)投票がおこなわれたのを機に、わたしの敵たちはセクション総会で怒りを爆発させた。治安判事の次がわたしだった。残忍な奴らの一人がわたしを逮捕せよと叫ぶ。しかしその男は野次り倒される。もう一人はわたしから武器を取り上げろと叫ぶが、これも非難を浴びる。最後にナルダンが発言し、この三日間わたしの店は閉まったままだと言う。これは指揮官によってさえぎられたが、なおもわたしの妻がわたしと別れて田舎にいることや、与えられている役職にふさわしいだけの徳性に欠けるところがあるなどと指摘する。打倒せよと叫ぶ者がある。誹謗文書の作者が発言し、わたしから役職を取り上げろと要求する。

夕方になって、そんなことが起こっているとは知らないわたしは、友人のレノンクール(299)といっしょだったのだが、治安判事に会って事の次第を知ったようなわけだった。そこで三人連れ立って副参謀のところに行く。そこでナルダンと出くわし、彼はわたしに謝ろうとしたのだ。指揮官がわれわれに会いに来て、わたしを攻撃するようなことを言った連中には、はっきりと反論しておいたこと、わたしを保安委員会に連れて行きたいと思っていること、総会に集まった人々には、わたしの店が三日間にわたり閉まったままだったとすれば、それはわたしがまかされた哨所を放棄しなかったからだと言っておいたが、この発言には拍手が起こり、数人の市民がわたしを支持する発言をし、裏切り者のナルダンもわたしをほめたたえる発言をせざるをえなくなり、わたしが国境で戦うようにすすめた息子の行動にも賛辞を送ったのだ、というようなことを言った。

その翌日の夕方、われわれはメルラン(300)の友人である副指揮官とともに保安委員会におもむいた。われわれは招じ入れられ、われわれの言い分が聴取される。その結果、わたしは代表委員たちが署名する書類を次のセクション総会のときのためにと手渡される。わたしはそれを総会の議長に提出し、議長はそれを読み上げさせたのだが、それはわたしが善良な市民であることを認めて、わたしが市民たちによって任命された役職にそのままとどまるようにと厳しく命令するものだった。それが読み終えられるとブラヴォーの声と拍手わき起こった。わたしの敵は一掃され、わたしはひきつづき役職にとどまることになった。

革命委員会が倒れた(301)。市民たちはほっとするが、委員会の手の者たちは自分たちがまた権力をとりもどしたという噂を流す。わたしの耳にはそういう手の者たちを悪く言う話がたえず聞こえてきて、わたしがまっさきに彼らの血祭りにあげられる人間の一人なのだ、などと言うのだ。こういうことを言ってよこす人間をわたしは軽蔑した。そういう人間自身が規律委員会に呼び出される。指揮官はわたしが議長になるようにと言う。そこで規律評議会に出ると、裏切り者のナルダンがわたしに議長になるのかと尋ねるので、わたしはそれは彼には関係のないことだと答えた。すると彼はわたしに、もしわたしが復讐したいと思っているのならば、どんな手段でもとれるのだ、デュプレシは呼び出しを受けており、彼が呼び出されて行けば、わたしは議長を一人の市民にゆだね、もちろん彼はブーロワール街(302)に行くことになるだろうと言うのだった。

わたしはこのような偽善者に答えて、そういうことは議事日程にして進めてもらうつもりだと言った。デュプレシは呼び出されて出頭し、自分の中隊長をののしった。彼はしかしまったく歩哨の任務に出たことがなく、わたしといっしょに行動したことを哨所に記録することなどまったくなかった。彼は人々に恨まれているとか、死ねばいいと思われているとか言って、泣き言を並べはじめる。わたしは彼に、そういうことじゃなく、自分が非難されていることに答えることだと言う。彼は鈍感な男(303)でなにを答えればよいのかわからないのだ。

わたしは次のように言った。市民諸君、この市民はみなさんの前に顔を出すのは初めてなので、このことは打ち切って議事を先にすすめていただきたい、と。すると多くの市民が、これは悪い市民で、遂行した任務といえば、カフェや酒場で過ごすだけだったのだと言いながらわたしに発言を求めた。議論があったがそのあと市民の一人が、議長が彼に任務をしっかり遂行するように厳しく命ずるのであれば、議長の議事進行の動議に賛成する、と言う。わたしは採決をとり、彼には次のように述べた。「規律評議会を代表して、貴官に対して歩哨の任務に出ること、そしてこれまで怠っていた貴官の任務に精励すること、また以後士官を侮辱しないことを厳命する」と。

デュプレシは退場しフランセーズ街の角のカフェに行った。わたしも友人といっしょにそこに行く。彼はからかうような調子で皮肉たっぷりに、わたしが彼に述べたことを何べんもくり返して言うのだった。そこでわたしは、デュプレシよ、おれはおまえのたわごとを以前から我慢してきたが、もううんざりだ、黙れ、さもなくばけりをつけてやる、と言った。彼は、いいとも、と応ずる。わたしはそうか、すぐもどってくると答えて、家に帰りフロックコートを着て、その下にサーベルをつけてから引き返してきて、彼を待った。彼も武器を負い革につけてやって来る。わたしは外に出る。彼もわたしの後について来ると思った。ところがそうはせず、わめき立てる。わたしは戸口を開け、彼を呼ぶ。息子のほうのバレ(304)が出て来て、こうしたことを忘れてしまうようにと言う。わたしは彼に、もう長いことわたしはあの男に侮辱されてきたのだが、もう終わりにすべきなのだと言う。そして待つのにはうんざりしたし、友人たちがデュプレシは出て来ないだろうと言うので、わたしはなかにはいって行った。そして彼にふさわしいやり方で扱ってやる。わたしはやりそこない、彼の顔にサーベルの一撃を加えることなく終わったことをたえず後悔することになる。しかししばらくたつと、ボーシャン(305)はそんなに寛大ではなくなり、彼を改めて国民軍の牢獄に送った。

わたしは事態が悪化していくのを見て、仲間たちがわたしに権限をゆだねたすべての役職を辞めようと思っていた。われわれの中隊がプチ・リオンの中隊と合体させられ、わたしはその議長に任命され、それを辞退したのである。ナルダンが立候補し、一回の投票で多くの票を得た者が士官になれることにしたいと要求する。得票順に士官になっていくということである。その結果、二一票を得た者が一人、二〇票が二人、一九票が一人で、わたしとレノンクールの二人が一七票であった。われわれはデュプレシがやった画策によって排除されたのだ。人々はわたしを曹長にしようとしたが、わたしはそれを受け入れない。人々の話では策動家として知られている人物が、わたしを伍長に任命するように言ったという。わたしは次のように述べた。「市民諸君、市民ボーシャンは指揮官をやったが伍長に任じられたこともありますが、わたしは彼を軽蔑したり、彼の支払った苦労や費用のすべてを軽視したりはしないのですが、彼が伍長に任命されたときには、結局それは彼の名誉とはならず、彼自身もいいかげんに扱われたのでした」

ヴァンデミエール十三日(306)となり、人でなしのデュプレシは彼と同じように一日中酒を飲んでいたバレを従えて、深夜になって戸口をたたき、もしわたしが隊列に加わらないときには出撃から帰ってきて銃殺するぞ、などという大げさなことをいろいろ言った。わたしは銃を持たず上着と縁のたれた帽子をかぶって出かけた。午前の一時半に、わたしはボーシャンに指揮された大隊を見つけたが、ヴィクトワール広場はこれまで決して姿を見せたことのなかった大商人だけの国民軍兵士でいっぱいになっていた。わたしは勇敢なるデュプレシが、その友人で策謀によって議長に任命されていたラングロワとともにいるのを目にした。デュプレシはラングロワにへつらっていた。わたしは指揮官のボーシャンに近づいていき、正規軍が彼らを包囲する可能性があること、広場に通じる五つの街路によって囲まれる可能性があることを彼に伝え、その場から立ち去った。

翌十三日、国民軍の非常召集を告げる太鼓が響く。わたしは集合地点に行き、そこから議会におもむくと、今までは見かけなかった面々が、気が狂ったようになって武器をとれと叫んでいた。わたしは数人の友人といっしょになって、国民公会に敵対するような行動はとらないぞと申し合わせて行進した。財務省の守備についたのだった。

五時にたくさんの人がわたしが帰ってしまったのではないかと尋ね、ぶどう酒漬けになってしまったような息子のバレは前の夜に言ったのと同じようなことをくり返し口にした。わたしの妻はわたしが処罰されるようなことにならないかと心配して、隊列に加わって行進するようにわたしに強く言っていた。わたしは弾薬を渡された多くの市民とともに出発した。市民たちは各自の小銃に弾をこめていた。われわれは出発し大隊の一部と出会う。そこにはレノンクールもいる。わたしは彼に、どこに向かおうとしているのだろうかと尋ねたのだが、彼にもわからなかった。われわれはゆっくりとヴォルテール河岸に出る。レノンクールはなにも食べていなかった。彼は朝からずっと隊列にいて行動していたのだ。わたしは彼にパンを分けてやる。わたしが境界標石の上に立つと、大砲の導火線に点火しているのが見えた。そこには河岸の上にいるすべての大隊にねらいをつけた大砲が並んでいたのだ。わたしは中隊長に、正規軍がわれわれと手を結ぼうとしない以上は、引き返すよう命令を出せと言う。すると聞き覚えのある声がして、誰であれそんなことをもう一度言ってみろ、そいつのどてっ腹に銃剣を突っ……ぞと叫んでいる。わたしは、もう手遅れになるぞと言う。その途端に、武器をとれという叫びが上る。大砲が一方の側から砲弾の音をとどろかせる。それでどうなったか、わたしの左側にいた友人が倒れ、わたしの服はその友人の血を浴びて赤く染まったのだ。もうほとんど誰の姿も見えなくなる。舗石の上は捨てられた小銃でいっぱいだった。

誰もが家屋の中に逃げ込んだのだ。わたしはどうしたかといえば、友人が死んだと叫びながらヴィユ・オーギュスタン街をたどって行く。そしてもう一つの小さな街路にたどり着いたのだが、小銃はしっかり手に持っていて、用心してポン＝ヌフ橋を渡らず、サン＝ミシェル橋にいたり、ようやくセクションに帰り着いた。人々は拍手をしたが、わたしは怒りがこみ上げてきた。そこであのラングロワが議長をしている事務局に乗り込んで行き、次のように言ったのだ。どうして拍手などするのか、ヴォルテール河岸で仲間たちが殺されたんだぞ、と。そしてまた、こんなことをしでかしたのは、なんという奴だ、おれはそいつにこの銃剣をぶっこんでやるぞ、とも言った。こう言いながら、わたしは市民たちの霊にそいつを犠牲として捧げようとして銃剣をふるおうとしたのだが、そのとき間髪を入れず度はずれて屈強な掃除人夫の親方が、メネトラ、なにをしようってんだ、と言いながら駆け寄ってきたのだった。

事務局の全員が逃げ出した。翌日、彼は法の保護の外に置かれてしまった。わたしは自分の居住する街区にいたのだが、このことには誰もが残念がっていた。わたしはレノンクールに再会したが、彼は倒れはしたが負傷していなかった。また治安判事から、セクションを通じて国民軍の武装解除の宣言を出すようにとの指示も受けた。しかし擲弾兵と猟歩兵の精鋭たちが困惑をかくせない状態なので、この良い知らせを告げることはやめにして、友人のレノンクールやその他の人に会って、別の世界からもどって来た人間のようになってお互いに抱き合って無事だったことを喜んだのだった。勇敢なるデュプレシは、前進したのではなく逃げ出したので頭のうしろに傷を受けていて、翌日になって頭の髪を剃ってもらったのだ。わたしは彼に、治安判事が負傷者の点呼があると言っていたから隠れていたほうがいいと伝えてやった。バレについては、ビスケー式の散弾(307)で腕を負傷しシャリテ病院(308)に行ったのだが、自宅で死んでしまった。

わたしはすべてをあきらめてしまい、あらたに中隊が編成されたときには、丁重に辞退を表明し、もはやどのようなこともしたくないと思った。人々はなんとしてもわたしを中隊長にしようとしたのだが、わたしはどんな国民軍の階級も、また民事上の役職も望まなかったし、どんなこともしたくないと思ったのである。八月十日(309)にわたしがセクションの一部の人々をテュイルリー宮殿に導いて行ったとき、続きの間にいた一人のスイス衛兵の剣先の一撃を危うく受けるところだった。そのときわれわれは一人の父親を救い出したところだったが、われわれがその腕の脇のところをつかまえた彼の二人の娘と妻の三人が、膝にとりすがるようにして父親の命乞いをしたので、わたしはその父親のいるところはどこかと尋ねて群衆の外にその父親を連れ出し、安全な場所にかくまったのである。わたしは(そのスイス衛兵にも)制服を脱ぐように言って、同じようにしてやろうと考えた。ところが彼はわたしを突き刺そうとし、わたしの手に傷を負わせた。さらに攻撃されるのを避けながらわたしの仲間が銃剣で彼を突き、槍を持った仲間の面々が彼の服をすぐに脱がせてしまった。

テルミドール九日、パリ市の議会の議席のための決選投票で不幸にして不運なジャンテル(310)が七票多く得たので、これでわたしは危うくギロチンにかけられなくてすんだのだ。代議士のフェロ(311)が殺された日に、わたしも危うく突き刺されるところだったのだが、その不運な人の遺体を、砲撃するぞとわれわれがおどかされ、それで誰もが逃げ去ってしまったサン＝ニケーズ街に、ほとんど一人でふみとどまっていた怒り狂った砲手の手で取り戻させようとして、わたしはすぐに気をとりなおした。

サン＝トゥスタシュ教会の前で、ボーシャンが慎重さを欠いていたために生じた事態で、われわれは砲撃を受けて手ひどくやられたのだった。根深い憎悪を抱いた敵に煽動された特定の人々からわたしがこうむった、そして回避できることでもあったあらゆる不愉快な事態、あらゆるこうした衝撃は、わたしに反省をうながすものとなったのである。それでわたしは身を退いて、もういかなる役職にも、たとえそれが派遣代表に任ぜられるというものであっても、なんとしても引き受けたくないと思ったのであり、国内で祖国が陰謀家たちによって裏切られ横領されているというのに、その祖国のために敢然と立ち向かうことでその日々を送っている、わたしの不運な息子の境遇に心を痛めること以外は、もうなにも考えなかった。

この頃にわたしの妻は、パリより生活が楽だと考えて滞在していた田舎の友人たちのところから帰って来た。しかしフランスじゅうがフランス革命にともなって生じた不幸の数々に苦痛を感じていた。エゴイストは享楽にふけっていたが、まともな人間は嘆き苦しむ以外になすすべもなく、生活が立ち行かないことに頭を痛めていた。

女市民ブーシュは病気になってしまい、彼女の義兄や甥は二人ほぼ同時に亡くなってしまっていたので、わたしにその財産を贈与したいと申し出たのだが、それはわたしがとても受けいれられないと思うような、つまりひたすら恐縮して断ってしまうような条件でのものだった。彼女がわたしに伝えたのは、わたしのためを思って以前からすでに遺言書をつくってある、しかし彼女の親族がそれをまったく考慮にいれずに、すべての遺贈や贈与を無効にしてしまうのではないかと恐れている、またもしわたしが彼女の申し出をまったく聞きいれようとしなかったときには、わたし個人に対する終身年金をわたしが死ぬまで与えるという条件で、彼女の終の住家を売ってしまうか、あるいは彼女が死ぬまでのあいだ年金を受け取るという条件で、その住家をわたしに譲ることにする、ということだったのだ。

わたしはこのことを妻に伝えたが、彼女はそれに同意しようとはしなかった。わたしはある市民、つまりわが中隊の隊長のレオナール(312)に会ってこの話をした。ブーシュ夫人はこの問題が解決をみるまでは、わたしと別れることなどしなかったのだ。彼女は離婚の手続きをする必要があった。これは解決した。ところが不運にも彼女は足に火傷を負い、わたしがその看護をした。ところが彼女は今話していたばかりなのに、もう死んでしまっていたのだ。その朝、わたしたちはいっしょに食事をとった。彼女は彼女の宝石類のすべてをわたし一人で受けとることを望んだのだが、わたしは複雑な気持になっていて、とてもそうした宝石にしても、七五〇リーヴルの任意に補充指定を受けた年金にしても、とても自分のものにする気にはなれなかったのである。

わたしは彼女が亡くなったときのことを人づてに聞いた。彼女はそれまで会ったこともなく知ることもなかった親族の人々が、ブルボネー地方のムーランからやって来たのを見て、激しい感情におそわれ息をつまらせて死んでしまったのだ。それでやって来た親族たちはすべてのものを持ち去り、そのあと封印をさせたのである。もっとも高価なものを横領した人物がわたしを尋ねて来て、彼が見つけることのできなかった宝石やお金について教えてもらえないかと言ったのだが、わたしはそれを拒んだ。この人物はこのようにして手にした相続財産で放蕩三昧の生活を一か月ほどしたあとで死んでしまったのだから、長いこと利益にあずかったわけではなかった。

われわれの婿が、秘跡を授与されたあとしばらくしてやって来る。パリの食糧難が深刻になっていたときだった。彼はわたしの店を手放して彼のところにやってきていっしょに住むように、そうすればわたしの持っているものを自分のささやかな楽しみに使えるだろう、と妻に提案し、わたしにそうすすめてくれと言ったのだった。妻はそのことをたえずわたしに話した。わたしは聞こえないふりをしていた。だがわたしの子どもたちもそうするようにすすめたので、わたしは息子に店を継いでもらうために手放さないのだと言った。ところが妻の言うには、息子はこんな店はほしくないと言っているというのだ。

わたしは全身の力が抜けていくのを感じ、たえず左腕が痛むようになって、職人もなかなか見つからず、その賃金も高いことを要求されるようになった。いずれにせよわたしは自分の家にいるのが一番なのだと説いて聞かせたのだが、なにを言ってもその甲斐なく、妻はわたしを見捨ててでもと言うのだった。こうなるとわたしも、わたしになされた提案を受け入れなかった複雑な気持をもう一度よく考えてみることになった。わたしはさまざまなことを言ったりやったりすることはできるのだが、そういう意志はさしおいて周囲の言うことに従わざるをえなかった。妻の心はきまっていた。わたし一人がいわば孤立して四日間は頑張ったのだが、そのあげく白旗を掲げたのだ。わたしの店はアシニャ紙幣(313)で一万フランにしかならなかった。大部分の衣類を店に置いたきりにして、代金の最初の支払い分として二〇〇〇フランしか受け取れず、残金は六か月後ということだったが、そのときには貨幣価値が下落していて受けとるのも無駄といったものになってしまっていた。

　わたしは大変快適に生活してきた。われわれは食糧難を意識することもまったくなく、恵まれた状態であったし、それなりの食事を維持してきた。われわれの婿はシャルルヴィルの軍隊で働く労働者の賃金支払いのために、付き合いのあった大臣ベネツェック(314)と話をつけて、フォブール・サン゠ジェルマンのジャコバン修道院のなかに、あらゆる宗教施設から集められ集積されている鉄製品を手に入れることを企てた。そして婿はその鉄製品の重量を計ったり、それを荷にして積み込む六人の男たちの監督をわたしにさせた。こうしてガラスの男であったわたしは鉄の男になったわけだが、熱心に仕事をしたわけではない。この仕事はおよそ六か月続き、そうしているときに妻は重い病気にかかったが、回復した。

　わたしは自分がかつて住んでいた街区のことを忘れたことはなく、かつての知人たち、なかでも友人のレノンクールとは旧交をあたためていた。妻は娘のことで不満をもらすようになり、わたしは別れて住むべきだと考えた。わたしとしては親愛の情を保ってそう判断したのであり、かわいそうな子どもたち、とりわけ息子のことを考えて一部屋を借りることにして、われわれだけの生活にもどったのだ。わたしは友人たちを頼りにして嘆願書を出し、息子に再会できるようにしようと思った。しかしどうやっても効果はなく、このとき以来というもの、結局われわれは息子を除隊させることも、期限つきの休暇をうることもできなかった。われわれが手にしうる唯一の楽しみは、息子からの手紙を受け取ること、（そして）田舎ではあってもモンルージュの町で子どもたちに会うことができればということであり、われわれは部屋に移った当初はしばしばそこに行ったのだ。

わたしはいろいろ苦心して辞退しようとしたのだが、リュクサンブール地区救貧委員に任命された。ルピュエルという名の、総裁政府に所属し五人の総裁の出納係をやっていた人と、わたしは何度か会議をもった。（彼は）わたしを高くかって、わたしはいろいろの話をきかせて彼を喜ばせたのだ。そして（彼は）政府の派遣委員の地位をわたしに約束したのだが、そうしているときに総裁政府が倒れたのだった(315)。

そのあとの新しい秩序のもとでわたしは、これまでになく心安らぐ思いをした。晴れた日には散歩に出かけた。若き日の情熱は消え去っていたが、いく人かの旧友たちとともに、過ぎ去った日々のことを思うのだった。われわれはかつて見たことや感じたこと、革命がもたらした善きことや悪しきこと、さまざまな危機の襲来や過ぎし日過ぎし夜のことども、苦悩の数々、そして有徳の士が生命の危険を感じたような恐怖政治の時代にあって、命を落とした不運な人々の運命など、さまざまなことを語り合った。われわれはかつて祖先の人たちが幸せに過ごした時代の黄昏を目にしつつあったのだ。わたしは息子に再会することをえたときに、わたしの願いはかなえられるのだと自分にいいきかせていた。子どもたちが二人そろって安定し、幸せになることを見とどけるのがわたしの唯一の望み、たった一つの希望なのだ。そこでわたしは神が彼らに静かで穏やかな日々をお与えくださるようにと、また革命がわれわれに強く感じさせた苦痛の数々を、彼らが乗り越えるのをわたしがこの老いの日々に見とどけられるようにと、神のご加護を祈っているのである。

われわれの巡り合わせというのは、可もなく不可もない生活をまっとうに生きてきただけのものであり、わたしは野心に支配されることがまったくなく、わたしが実行しようと思った企てや、そうするように提案された企てについても、しばしばわたしは困難にぶつかったので、それは残念ながら成果があがったとは言えないものだ。だからわたしはわれわれの財産で子どもたちを幸せにできるというような考えは捨て去ったのだ。

わたしは祖先から受け継いだものはなにもなかったし、わたしの妻とて同様だった。つまるところわれわれはいつも、子どもたちを見捨てないように努めていくであろうし、彼らのためになる（あらゆることを）できうる限りしてやろうと思っている。そしてわたしの無分別さがわたしを駄目にしてしまったような弱さに決して陥らないように、そしてわたしがやったようにあらゆる自分の考えを身につけるように、われわれに幸せな生命をお与えくださり、また安らかに生涯の終わりを迎えられるように、日ごとに至高の神のご加護を祈るようにと、われわれは有益な助言を、子どもたちに努めてしようと思っているのだ。

わが心に送る書簡詩

わが心よおまえにむかって今日わたしは語りかける
おまえが書いたことのすべてを釈明してくれ
おまえは日付はおろか年代も記してはいない
わが心よおまえ自身がそれらを覚えてはいない
そこには正字法も句読点もさらになく
それに子音すら少なくこれはおまえには意味もなく
言ってくれそれらすべての美辞すべての麗句を
まがうことなき真実か誤りなのかを
おまえは気取ることなどなく書いたというが
すべてのページが気取りでひしめいているではないか
おまえの生涯を述べそのあらゆる馬鹿げた振舞いや

あらゆる奇癖を書きつけるとはいかなる悪魔の振舞いや
楽しみにふけったわが心は貧しく
それをすぐに読みし者はなく非難を恐れることさらになく
おまえの口にする誹謗や中傷は何の役に立つのか
それでも敵たちに向けることを望まずとおまえは言うのか
わが心よおまえは無思慮に書いたという
また多くのページが幻想に満ちているという
またそこに書かれる狂った恋を誇りとするのだ
おまえが沈黙すべきはそのようなところでなのだ
華々しい恋の戦功に得意がるおまえ
それでおまえは何をしたと言うのか哀れな心よ言ってくれ
おまえはわれらにすべてを大げさに語り
虚しいことを大げさにひけらかす
わが心よおまえは友のあることを語り
こんな時代におまえはそれを信じている
怪力男《ヘラクレス》として知られているとおまえは言う
それにはわたしもいたく惑わされてしまう
愛人たちはみんなおまえに恋していたと言うおまえ
わが心よなんと単純なのだそう信じそう思っているおまえ
おまえはわれらの先祖の信仰を笑いものにし

彼らの司祭たちをなんとも無能な奴にし
確かにおまえは司祭のようには考えない
それゆえ彼らをぺてん師で野心家として扱い
おまえはたえず説教をしたいのか、なんという熱気だ
司祭たちにかまうな彼らの言葉を聴こうと思う人があるとき、それは司祭の役目なのだ
なべての人は知らずや神はすべてをそしておまえをもみそなわす
なべてわが心よ忘れるないつも安らかにあることを
すべてを理解しひとことたりとも口にすべきでないことを
わたしの言葉を信じこの駄文を火に投げ入れ
そしてわれらが祖先を不満とし中傷することなかれ
おまえは多分この駄文をとっておこうとするだろう
だがそうすれば後を継ぐ者がそれを引き裂こう
そんな心をたわ言をいう尊大な奴と思うから
そうした心はすべてを悪しざまに不機嫌に語り
これら駄文をバター売りか食料品屋に渡してしまうだろう
そこで商人たちはこの駄文を別のことに使ってしまうだろう
彼ら商人たちは思うだろう家族や家政のことを
こうした心がくり返し語ることは正しくなかったことを
おまえは信念をもってわれらにこの駄文を押しつけんとする
だがわが心よわれらはおまえ以上にこの駄文のことを考えられる

おまえのためを思い沈黙し静かにしておれとわたしは勧めるのだ
おまえは多分年老いて愚か者呼ばわりされるのだ
そしておまえを正気に返らせるように
報いとして監獄の一部屋が与えられよう
そして汝の平安のために美しい心をもったおまえよ
その書いたものすべてを否定し消し去り無効とせよ

メネトラ

共和一一年ヴァンデミエール二十五日

（1）メネトラはこの言葉を、「祖母 grand mère」また「いとしい母 bonne mère」という言葉と区別せずに、母方の祖母、ボワイエ生まれのマルソー夫人を指すものとして使用している。

（2）フランシスコ修道会の支部、さらにこの支部によって指導された若者や子どものための特別の信心会によって広められた、聖なる腰ひものこと。これは聖フランチェスコが聖ドミニクスに一二二七年から一二二八年に与えた、フランシスコ修道会の修道士のつけた腰ひもを想起させる。

（3）〔原文は la calistade〕物乞いと同じ意。多分 carista（イタリア語）か、または carestié（プロヴァンス語）に由来する。メネトラがこの言葉を用いているのは、職人組合のフランス修業巡歴の旅において、この言葉が流布していたことを示す。メネトラはこの旅で、プロヴァンス地方に滞在していたことがある。

（4）メネトラが属していた小教区はパリの中でももっとも旧いものの一つである。それはルーヴル小教区で、その管轄区域には十七世紀、とくに一七一五年に宮廷がパリにもどった後は、貴族も民衆も住んでいた。この小教区の教会は一七四〇年から四四年までは、聖堂参事会の所在する教会であった。その後、この聖堂参事会は大聖堂のそれに併合される。サン＝ジェルマンの教会の司教座聖堂参事会員と司祭は、一人の歌手とラテン語の教師によって教育された六人の子どもを受け入れる少年聖歌隊養成所を維持することに意を注いだ。サン＝トゥスタシュ教会、そしてもちろんノートル＝ダム大聖堂もまた同様に、それぞれの少年聖歌隊養成所をもっていた。これらの制度はパリの学校システムの中に位置づけられていたが、メネトラは少年聖歌隊養成所をやめた後も、小教区の学校で勉強を続けられたことは確かである。M. B. AUBRY et J. HILLAIRET. *Saint-Germain-l’Auxerrois*, Paris, 1955; R. CHARTIER, M. M. COMPÈRE, D. JULIA. *L’éducation en France, 16e–18e siècle*, Paris, 1976.

（5）これはフォブール・サン＝タントワーヌのさる家具製造業者の妻ラフォス夫人が、一七二五年五月三十日の聖体の祝日の聖体行列に際して、その病気が治癒するという奇跡が起こったことを、記念する行事について指摘するもの。このごまかしの行為は、本文の文脈からすると一七四〇年から一七四五年にかけてのこと、ということになろう。

（6）これは助祭でパリ高等法院のあるメンバーの家系に属し、その生涯にわたる聖徳によって敬愛されたフランソワ・ド・パリスにささげた祈りによって生じた奇跡を、ジャンセニストの民衆が信心の対象にしたことを暗に指している。この奇跡はサン＝メダール墓地（フォブール・サン＝マルセル街区所在）において、ひきつけの発作を引き起こすような騒動の原因となった。メネトラはこの信仰から生じた行為を、なかんずくトロワの民衆本発行の版元で印刷された大衆本にのせられていた伝説による架空の物語と同一視している。

（7）〔サン＝メダール教会のジャンセニスト（ヤンセン派）の助祭だったフランソワ・ド・パリス（一六九〇―一七二七）の墓（サン＝メダール墓地）の前で、一七二七年にジャンセニストの信徒がひきつけ（痙攣）をおこして、病気が治癒したという奇跡をきっかけにして、一七二七年から墓地が警察によって閉鎖された一七三二年までに、信徒が痙攣をおこすという集団的ヒステリーが発生した。これによってジャンセニストの支持が大衆の中に拡がり、ジャンセニストの中には痙攣派と呼ばれる人々が形成される〕

（8）〔原文は faisait fluter〕大量に酒を飲むこと。パリ式の酔わせ方。

（9）奇跡を表現する彫像。十五世紀に発生した奇跡に由来する民間信仰の対象で、その奇跡とは、あるスイス人傭兵が聖母像をたたくと、聖母像は血を流しはじめたというもの。七月三日におこなわれるこの奇跡への記念祈禱については、ルソーが回想している。その記念祈禱に際して人々はスイス人傭兵の藁人形を焼いたのだが、ルソーはそれを自分への迫害の前兆とみたのである。

（10）ベネディクト派のこの大修道院は、フランス歴代の王の墓所として知られ、また聖遺物の宝庫としても有名である。その聖遺物には、キリストの背負った十字架の断片、キリスト受難の釘、聖ドニの遺骨、初代パリ司教の遺骨、東方教会の教父たちに途方もないやり方で同定されていることが、十六世紀以来、批判のまとになっている殉教者の遺骨などがある。大修道院は、メネトラのおじがそこを工事現場にする少し前の時期に、ロベール・ド・コットによって建てかえられた。メネトラが言いたかったことは、これら聖遺物が信仰によってではなく、人々が無知だったために、宝物にされたのだということだ。

（11）一七五〇年五月二十二日から二十三日にかけてパリは民衆騒擾にゆさぶられた。この騒擾は、警察が西インド諸島や植民地に送るためにいたいけな子どもを誘拐しているという噂によって発生したものであった。実際には、警察隊が乞食の撲滅という目的と権限のもと、逮捕・拘留を実施したものだったが、この行動がメネトラの語るような根も葉もない解釈を生むことになったのである。反乱が数か所に発生した。その一つがポン＝ヌフ橋、そしてシテ島内やその他、モンマルトル街区などであった。予審の結果、石炭屋一人、古道具屋一人、それと商人（多分メネトラの話の中にあるガラス瓶売りの商人）一人が死刑を宣告され、数人の警官が軽罪に処せられた。グレーヴ広場での死刑執行は騒ぎを引き起こしたが、夜警によって押さえられた。M. HERLAUT. *Revue historique*, 1922, J. NICOLAS. *L'histoire*, 1981〔この論文は、A.-P. Herlaut, *Les enlèvement d'enfans à Paris en 1720 et 1750*, 及び J. Nicolas, La rumeur de Paris; rapts d'enfants en 1750, である〕; et BN. JOLY DE FLERY MS 1101–1102.〔本書の公刊後A・ファルジュらが次の著作を出した。A. FARGE et Jaques Revel, *Logiques de la foule. L'affaire des enlèvements d'enfant*, Paris, 1750, Paris, 1988. 本書の邦訳は三好信子訳『パリ・一七五〇、子供集団誘拐事件の謎』(新曜社、一九九六)〕

(12)〔原文は avoir apporté le feu〕革命的な煽動をおこなうこと、もっと一般的には民衆を暴動へとかり立てること。

(13) 原文 les tristes à pattes は尾行 pousse cul, また火かきシャベルの親戚 parents de la pelle à feu, また蹄鉄をつけたウサギ lapins ferrés などとも言った。いずれも市警察隊の兵士また巡邏隊（夜警隊）の兵士について、民衆が一般的によびならわしたものである。商人奉行（パリ市長）prévôt des marchands とパリ警察総代官 lieutenant général de police のもとで、これらの部隊は騎兵と歩兵とから編成されていた。巡邏隊（夜警隊）の兵士は、その官職を買い取った官吏であり、市警察隊の兵士は旧軍人兵士からなる警官であった。これら二つの部隊は一人の指揮官の統率のもとにおかれ、したがってこの指揮官は市警察隊の隊長でもあり、巡邏隊の監督官でもあった。メネトラがここで物語る時代の指揮官はルイ・デュヴァル（一七三三―一七四五）で、後任はデュヴァルの婿のルイ・ル・ロワ（一七四五―一七七〇）であった。警察隊と巡邏隊は各街区におかれた哨所を拠点としてパトロールを実施した。

(14) 一六六七年五月に創設されたパリ警察総代官――これはパリのなかで唯一、国王に対して責任を負う職であった――の権限のもとに、パリには一つの街区に二人〔実際には二、三人〕の警視が配置されていた。それで総計四〇人ほどの警視は二〇の街区それぞれで、住民の不満を確実に記録し、捜査を実施した。時には特別の任務も遂行した（風紀とか食糧供給など……）。住民についての情報をつかみながら、より直接には街頭の行動を監視する目である警視たちは、日常生活の中で野心的でもあればいかがわしくもある役割を担うものであった。これらの司法官吏は民事であれ刑事であれ、すべての案件に関与した。彼らはその官職を買い取ったものであり、その評判はさまざまであった。アンシアン・レジーム末期にはとくにその売官制と不公平さが告発された。彼らの任務は一つの街区に原則として一人が配置されていた警察の捜査官の支援を受けていた。嫌疑をかけられていた場所や人物を監視し捜査すること、そしてそれらのことを警察総代官に報告することが、これら捜査官の任務であった。彼らはまた特別の任務も持っていた。それは各種のスペクタクル、売春、賭博、風紀、馬の市、書籍商、そして犯罪事件を扱うことだった。それぞれの事項に初めは三名、一七五〇年以後は四名の捜査官があてられた。これは今日の公安警察につながるものである。A. WILLIAMS. *The police of Paris*, Londres, 1979. また A. FARGE. *Vivre dans la rue au 18e siècle*, Paris, 1979.

メネトラに関与した警視は、サン＝トノレ街のシュノンであろう。JÈZE. *ÉTAT de Paris et Almanachs royaux 1730–1789.*

（15）ジェローム親方が使用していた漁業のための漁具で、獲れた魚をそこに入れて新鮮なままで確保しておくためにも利用された。ジェローム親方はいくつかの生贄に一〇〇人ばかりの漁師を組織し、また「ヴェルジュ」という釣りの仕掛けに六〇人の漁師を組織していた同業組合（コルポラシオン）のメンバーであった。

（16）ノートル＝ダムの少年聖歌隊養成所はこの制度でもっとも重きをなしていた。この養成所でパリの聖職者は無料で少年聖歌隊の子どもを育てた。ノートル＝ダム大聖堂の隊員は一二名であり、青年期に入った後には彼らはしばしば聖職禄を給せられ、また教会あるいは音楽で出世することもできた。注（4）も参照のこと。

（17）パリの同業組合〈corporations〉では、徒弟、職人、親方の階層序列がはっきりしていた。ガラス業では徒弟を四年間、職人になってからはフランス修業巡歴の旅をやらない場合は六年間働かねばならなかった。親方資格をうるためには、親方の親戚であるか、親方の未亡人と結婚した職人でない限り、千リーヴルの費用がかかった。いずれの場合にしろ、試験かあるいは職能の知識を簡単に確かめうる親方作品によってその能力が証明されることが、方針として保持されていた。メネトラは親方資格の証書を得たのである。A. FRANKLIN. *Dictionnaire historique des arts, métiers et professions, exercés à Paris depuis le 13e siècle*, Paris, 2vol. 1905–1906, また後に付けた解説の第三章「労働、仲間との楽しみ……」を参照のこと。

（18）これは使用ずみのろうそくの蠟を再利用し、それに対し信者が新しいろうそくと同様の支払いをするという小教区の司祭の慣習的なやり方をほのめかしたもの。このことは、一七四五年頃にサン＝ジェルマン＝ロクセロワの小教区の人々とその司祭との間に発生した紛争によって、事実であったことが証明される。この紛争には大司教と高等法院の検察官が介入している（参照、ヴァンティミル猊下の教令、一七四五年五月十六日、サン＝ジェルマン＝ロクセロワ教会財産管理委員会の討議、パリ高等法院検事総長への報告書、BN4°Z Lesenne 1023）。この事件はパリ諸教区で当時敵対していたジャンセニストと教皇至上権主義者の感性のうえでの対立を物語るものである。

（19）セーヌ川の流れは現在のように制御されたものではなかったから、多数の砂浜が河岸や土手の下にできていた。ポン＝ヌフ橋の下のルーヴル宮殿の下方、セーヌ川左岸には、一つは砂浜、もう一つは王女の庭園と呼ばれる浜辺が存在した。メネトラとその友人たちは、これらの浜辺が気に入っていたのである。

（20）隠れんぼ cligne musette のことを *jeux de crismsete* ともいう。隠れんぼ jeu de cache-cache は時に cline mizette ともいわれるが、メネトラは cligne misete と書いている。ラブレーの作品、また J. BOULANGER, *De Ludis privates*, Lyon, 1627 の用例にもとづく。cligne は cligner（目を細める）という語から派生したものだろう。この遊びをするなかの一人が、両眼を閉ぢ（clignotant）、他の者たちが隠れる（se mussent）ということである。

(21)［ここでメネトラは関係代名詞 dont を使っている］メネトラは一人の人間や一つの物を指す関係代名詞 que の代わりに、二つの種類や二つの数にかかわる関係代名詞を用いて、両者を区別していない。

(22) 国王ルイ十五世は、一七五七年一月五日にダミアンに襲われ軽傷を負った。共謀した者がいるのではないかという懸念によって生じた強圧的な状況のなかで、この国王弑逆者はグレーヴ広場において、華々しいやり方で処刑された。弁護士バルビエとカザノヴァは、見物の大群衆を集めることになったこの恐るべき処刑についての物語を書き残した。アンシアン・レジーム期において国王弑逆は、この地上における神の聖なる代理者を襲い、君主をその臣民に結びつける家父長的権威を改めて疑問に付すことであるから、最も許し難い犯罪であった。メネトラはこの処刑を見物していた（Cf II F°3［第二部雑文録第三葉］）

(23) これは、キリストとユダを含む一二人の使徒が一堂に集まった最後の晩餐を記念してその様子を再現した催しの事を指していると思われる。この催しは聖木曜日に、サン＝ジェルマン＝ロクセロワの教区司祭が組織し、国王の寄附によってまかなわれるものだった。このような行事の習慣があったことは、サン＝ジェルマン＝ロクセロワ教区の歴史やパリ演劇史の記述にはみあたらない。多分それは学校の行事に関連するものなのだろう。

(24) 実在の人物であるが、メネトラの想像力によって変形されている。この記述には二つの事件が関連していて、それらについては本文の後につけた解説の第二章「快楽と遊び——笑い、暴力……」で、よりくわしくふれておいた。

(25)［原文は manger un moineau mort］これはしばしば出てくる表現であるが、メネトラにとってはたんに居酒屋で彼がよくやっていた食べ物のとり方を意味しているにすぎないようだ。焼き鳥を食べる manger un oiseau rôti ということ。しかし多分この表現には冗談が含まれているとみるべきだ。というのもパリっ子に親しみのあるスズメ moineau は黒い縞模様のついた褐色の羽毛をしており、メスのスズメ moinel、またその制服の色がこの羽毛の色に似ていることが原因で修道士 moine という語から派生した名称だからである。よく肥えた修道士 moine を食べよう、という言い方がされていた。

(26)［原文は premier guichet］セーヌの河岸とそれに隣接する街路にのぞむルーヴル宮殿の入口。

(27) パリの警察に補われた娼婦や物乞い、小ものの ぺてん師などをアメリカの植民地に追放するという、警察と行政の慣行的な方策を暗にこのように言ったもの。マノン・レスコーの場合がこれにあたる。

(28) ポン＝ヌフ橋のなじみ深い景観のなかで、テュイルリー宮殿とセーヌ右岸に水を供給する水力ポンプを格納するために、一六〇八年に建造された建物を指している。この建物はキリストとサマリアの女［サマリテーヌ、ヨハネ福音書四、一―三〇］を表現した青銅の浅浮彫りで飾られていた。この建造物は一七一四年にロベール・ド・コットによって、守衛の住居をともなう三階建ての建物として再建された。このサマリテーヌの建物を描いた美しい版画は、次の著作のなかにあるJ. B. RAGUENET, *La Samaritaine et de Pont-Neuf* (Musée Nissim de Camondo, Paris)

(29)〔原文は un jeu de bague〕輪を一本の杭に投げ入れる遊び。

(30)〔原文は au lever-Dieu〕ミサのさなか聖体奉挙に際して。

(31) シャン＝ゼリゼと人が呼んでいたのは、一六七〇年を過ぎてテュイルリー宮殿の西に位置していた野菜の栽培地と林のある地帯のなかに整備されることになった並木大通り Grand Cours の部分である。アンタン公がこの散歩道を横切っていた大下水溝に橋をかけさせたことによって、ニレの樹の植えられた大通りは、エトワールの地帯〔十九世紀になって凱旋門の建てられる地帯〕まで延長された。この世紀の後半、都市計画が大邸宅や庭園の実現でシャン＝ゼリゼの北に及ぶ。そこは室外球技 jeux de longue paume や球遊び boules がおこなわれ、清涼飲料水の売られるレジャー地区となった。しかし夜間は安全とはいえず、娼婦や盗賊が出没していたことは、警察やモルグ〔身元不明死体の置場〕の報告が証言するところである。

(32)〔原文は l'objet était très ragoûtant encore〕この encore はメネトラがある状態や行動の持続を示す、時をあらわす副詞の encore を、より評価されうることを示し漸昇法的な意味をもつ代名形容詞と副詞の même にかえて使用していることを示す実例である。

(33) フランス修行巡歴の旅に出た職人たちは、メール mère〔おっかさん〕と呼ばれる女主人によって維持される職人宿から職人宿へと巡歴しフランスを一周する。このメールは職人宿を運営し、きりもりする女性である。メールという表現は職人宿をも意味する言葉となる。重要な都市には異なる職人組合ごと、また職能ごとにメールが存在する。メールはテキストの中に述べられているように都市と都市のあいだの連絡を確保する重要な人物である。メールの夫のことを職人たちのペール père〔おやじさん〕と呼ぶ。

(34) このドゥヴォワール Devoire とは、十六世紀このかた、同じ職能や同じ職業集団の職人たちが、彼ら相互の連帯により、また同業組合ギルドの親方に対して自らを防衛するために、秘密裡に結集した三つの主要な労働者のアソシアシオンの一つである。ジャック親方の息子たち Les Enfants de maître Jacques〔またはドゥヴォワール、またデヴォラン Dévorant, デヴォワラン Dévoirant ともいう〕は、それに個有の神秘的な起源――職人組合の秘密をうちあけようとしなかったために暗殺されたジャック親方をその組織の創設者とするというもの――や、またその組織の儀礼や祭儀を自分たちに個有なものだと主張して、スービィズ親方の息子たち Les Enfants de maître Soubies と対立する。このスービィズ親方の息子たちのメンバーは、ジャック親方の暗殺者たちの一人を、自分たちの組織の創設者だと主張する。この二人の親方は、いずれもソロモンの神殿〔聖書によると、エルサレム宮殿を建設したソロモン王がエホバを祭るために建設した神殿〕の建設に従事した石工である。さらにジャック親方の息子たちは、ソロモンの息子たち Les Enfants de Solomon という、ソロモンの神殿の建設にたずさわったアドニラム Adoniram を創設者であると主張する組織とも対立する。ジャック親方の息子たちは、そのメンバーの職能に応じた呼び方をしていて、狼 Loups, 狼男 Loups garous, 渡り職人 Compagnons passants などは、なかんずく石切夫についての呼称で、指物師、錠前師、鍛冶屋、ガラス屋そして製靴職人、仕立屋などなどについてはデヴォランと呼んだ。スービィズ親方の息子たちはボン・ドリーユ Bons drilles〔すぐれものの錐（きり）〕と自称し、そのメンバーのほとんどは大工である。ソロモンの息子たちは、狼 Loups, ガヴォ Gavots またドゥヴォワール・ド・リベルテの職人などと自からを呼んだ。ガヴォとデヴォランは十六世紀の宗教戦争中に分裂したというのが事実のようで、前者はプロテスタントに、後者はカトリックに接近したのである。十八世紀になると、こうした職人組合の活動が秘密裡におこなわれたのは、警察の監視や事実上の黙認に対応したからである。各組織に属する者たちの間の対立は労働にかかわっての紛争や喧嘩さわぎを引きおこし、それはしばしば激しい暴力をともなうものになる。ドゥヴォワールという語は、それが職人組合またその儀礼を同時に意味しているために、どちらを指すのかわからないことがある。E. COORNAERT. *Les Compagnonnages en France*, Paris, 1966; BARRET/GURGAND. Ils voyageaient la France, Paris, 1980.

(35) これはボーモン＝レ＝トゥールのベネディクト派大修道院の女性の修道院長のことで、この院長はアンリエット＝ルイーズ＝マリ＝フランソワーズ・ド・ブルボン＝コンデで、コンデ大公ルイ三世の第八子だった。通称はマドモワゼル・ド・ヴェルマンドワ。院長には一七三三年に任命され、大修道院の建築に重要な功績を残す。すなわち修道院を荒廃させた大火災のあった一六八〇年以後に着手された大建設工事を、一七五七年以後に完成させた人物である。

(36) ルイ十五世の健康に感謝の祈りを捧げる礼拝式がおこなわれたということを示す証拠はまったく存在しないが、一七五七年と一七五八年には、国王が暗殺をまぬがれたことを神に感謝する多くの礼拝式がおこなわれた。

(37) 職人組合 compagnonnage においては、三つの位階を区別する必要がある。この三つの位階とは見習い aspirant、認承職人 compagnon reçu et initié〔入会儀礼によって正規の組合員として認められた職人という意味〕、そして上級職人 compagnon fini〔終了儀礼によって技能をマスターしたことを認められた職人〕である。終了儀礼は原則として入会を認められた都市とは異なる別の都市でおこなわれる。メネトラは入会も終了もトゥールで承認されている。上級職人は長老 les anciens とも呼ばれる。彼らは職人組合の慣行を熟知しており、職人の入会儀礼をとりおこなうことができる。さらに長老のあいだで選出されて筆頭職人 premier compagnon の役につくこともできる。この筆頭職人はその都市の職人組合の責任者であって、メネトラはロシュフォール、ボルドー、リヨンで筆頭職人となっている。重要な都市では筆頭職人は職能ごと、あるいは職業ごとに存在する場合がある。この職人は指揮下の職人たちの就職の世話や制裁の実施を基本的な任務としている。

(38) この民兵隊 la milice については、一定の都市でその秩序と防衛を確保する都市民兵制 milices de la bourgeoisie と、ルイ十五世治下の諸戦争の時期に組織された王国民兵制 milices provinciales とを区別しておかねばならない。一七二八年の王令は六年間で六万人の召集を命じている。この召集は、十六歳から四十歳までの未婚の男子と配偶者をなくした男子のなかから、抽選によっておこなわれた。諸都市は一七四二年以降この兵役から免除されることはなくなった。民兵の抽選はしばしば紛争を引きおこしたが、こうした紛争は一七五〇年以後、オーストリア王位継承戦争や七年戦争の時期にくり返された召集のために増大することになる。パリで親方資格証書を得た者はこの兵役を免除された。

(39) メネトラはアンジェ小教区のサン＝モーリュ在住のガラス業の親方ルネ・シャンジョンの息子で、同様にルネ・シャンジョンという名のガラス業の親方と、スレート屋根ふき職人ルイ・メルレの二十歳の娘ルイズ・メルレとの婚礼に出席している。この婚礼はサン・トーバン小教区のポン＝ド＝セにおいて一七五八年九月十一日にとりおこなわれている（メーヌ・エ・ロワール県文書館GEポン＝ド＝セ）。

(40) 〔原文は salut chante〕イタリア語的表現の a la salute（乾杯！）にあたる言葉。食事の後におこなわれる健康を祝しての乾杯で、歌とともにおこなわれる。

(41) アンジェ市の史料またその小教区の簿冊には、この大闘争を証するどんな痕跡も存在しない。八月二十四日の聖バルトロマイという日付は、九月十一日と確定しうる婚礼の日（注(39)参照）の後にメネトラが逃げ出したとすれば、明白に誤りである。この出来事はおそらく、メネトラがこの物語で書いたような勇壮で華々しいものではなかったのだろう。職人たちは受けた傷を自分で治療し、警察の追究をのがれるために、彼らのあいだで出た死者たちを隠してしまうことができたのだ。この時期の司法関係史料は失なわれている。この出来事と類比しうる乱闘は、一七三〇年のラ・クロオの件と一七七三年のシャロンでのものが実証されている。

(42) 〔原文は jouant à coupe-tête〕jouer à saute-mouton 馬跳びをして遊ぶの意。“Ils sautent tout en criant coupe-tête, l'un par sus l'autre, est-ce pas jeu honnête”（Rabelais）

(43) 四人からなる市役所の通常の警官で、刑事及び警察代官の指揮下にあって街路の取締りを任務とした。メネトラを尋問したのは、おそらく上座裁判所の通常法廷のメンバーであろう。この事件は職人組合や、兵士と民間人のあいだの対立についての、当局者の警戒心をあからさまに示している。P. BOISSONNADE. “La police municipale de Poitiers au XVIIe siècle” in *Bull. de la*

(44) *société des antiquités de l'Ouest*, 2e série, t.7, 1895–1897, pp. 564–567.

(45) このエピソードは、ヨーロッパでオーストリアと手を結んだフランスが、イギリスとプロシアに対抗した七年戦争（一七五六―一七六三）のさなかの出来事である。この戦争で英仏の海軍は海上また植民地において戦った。この七年戦争の真の原因は、両国の植民地での対立とヨーロッパでの勢力均衡にあった。

メネトラがブルターニュにやってきたのは、この一七五八年の戦いのあとである。この戦闘でサン＝カスト湾に上陸してきたイギリス軍を、デギュイヨン公が海上に撃退した。この戦闘に続く時期に軍事的な動きが激しくなる。つまり都市民兵の動員や緊急の海軍兵力の募集などである。ディナンはサン＝カストから三三キロメートルのところにあり、メネトラは海岸警備の任につかせられ、イギリス軍の再攻撃のおそれに備えて、一七五八年末から一七六〇年まで戦闘準備の態勢を保つ軍隊での訓練に参加させられたのである。

(46) サン＝マロの私掠船サン＝マリ号の活躍は、一七五九年八月にキベロン沖でフランスが敗退した後の、その年の秋の海上作戦の一環として、改めて位置づけなければならないものである。メネトラはこの私掠船に乗り組んでいた期間を誇張している。サン＝マロからイル・デューの島まで航行するのに三か月もかからない。

(47) 〔原文は faire le crucifix〕これは faire le demi-crucifix から発展した民衆的な表現。キリスト十字架像 crucifix においてのように、乞しを受けるために腕を拡げることから、乞しを求めるという意味になった。

(48) 〔原文は ravitailler〕この語は艦船を修理するという意味。しかしまた物質を補給するという意味をもつ。ともに海軍の用語である。Réavictuailler ともいった。

(49) このゲパンというのは、おそらく職人名であろう。一般的に職人名は職人の出身地の地方名や都市の名称を用いるのだが、この場合はメネトラが職人名を変形して記しているのだろう。このテキストのもっと前のところで、ラングロワ Langrois のことをラングルノワ Langrennois と記している。

(50) 労働条件か賃金に不満があって、ドゥヴォワール派のガラス職人がそこで働くことを拒否してボイコットした都市のこと。このエピソードは、一七五五年より後にナントでおこなわれた大建設工事に関連するものである。

(51) 〔原文は d'en avoir les gants〕これは en avoir le profit（得をする）という意。

(52) 原文 les ponts de Pirmil は、一五六三年にロワール川に架けられた橋のことで、その長さで有名だった。

(53) 〔原文は coco〕これはココナッツの実または内部をくりぬいたヒョウタンのこと。アフリカやアメリカの海岸各地から船で運ばれてきたものである。

(54) 〔原文はM de Radix〕Radix は Gradis が正しく、それを音声転写したものである。現実にこの人物はボルドーのもっとも重要な商人の一人であった。M. BUTEL. *Négoce et négociants bordelais au XVIIIe siècle*, Paris, 1978.

(55) ボルドーの地震は一七五九年八月十日の二〇時過ぎに発生した。

(56) ボルドーを西に見おろす城塞で、シャルトロン城外区と市壁との間にあった。一六五四年から一六八〇年のあいだに建設されたもので、王権によるこの都市の管理を象徴していた。この城は財政上の重荷また政治上の失敗を示し、十八世紀のボルドーの西部地域の都市警備にとって重大問題であった。この城の稜堡は荒廃にさらされ、その堀とよごれはてた天守閣は、娼婦と浮浪者の住みかとなっていた。この軍用地の治安は、傷痍軍人の手にゆだねられており、彼らは逮捕した者を都市の当局者に引き渡していた。

(57) 〔原文はCadran Bleu〕これは監獄のことらしい。

(58) 原文 s'était laissé grouper は、se faire grouper pour se faire agripper（捕らえられるためにひとかたまりになる）の意。

(59) この事件については、ボルドー市（都市社団の裁判所）の史料にはまったくそれを物語るものがない。そのうえ、このテキストでの qui ne fut point fait mourir というのはまったく理解不可能な文で、これは qui ne fut point mis à mont とすべきところである。またメネトラは parce que のかわりに car を使っている。

(60) 原文 ne fut pas bon marchand は民衆に特有の表現で、s'en trouver mal, en affaire ou ailleurs（事件やその他のことで後悔する）という意。

(61) このボルドーでの二番目の事件も、メネトラがそれを詳細に語り、それがボルドーでの諸データとおおむね符合しているにもかかわらず、ボルドー市の史料にはこの事件に触れる情報は存在しない。M・J・カヴェニャックの見解では、この事件は職人と当局とが対立した一連の出来事のなかの一つ、たとえば一七五九年十一月から十二月にかけてのパン焼き職人の、そして建築関係の労働者がしばしば引き起こしたものなどのなかの一つであったという。とくにこの建築関係の労働者は、仕事につくためには同業組合ギルドの親方たちが管理する雇用事務所を通して雇用されねばならぬとされていたことに異議を申し立てた。この紛争はしばしば、ボルドー市の外での「群衆騒乱」へと発展した。ここで語られていることのすべては真実のようであるが、メネトラは自分自身の行動を酔ったように熱中して書いている。とくに偉い人とほぼ対等に接したことを強調して書いているところなどがそうである。同じようなことで、四〇〇〇人という数も誇張されていることは疑いない。

(62) 大トゥルニーは地方長官に在任中、民兵の徴集が円滑におこなわれるようにと意を注いだ。ボルドー市での兵役免除を縮小し、同業組合ギルドに対して徴兵人員を提供することを義務づけたのである。同時に彼は徴兵免除を与える自分の権限を大いに行使し、紛争が起こった場合には弾圧した。M. L'HÉRITIER. *L-A de Tourny, intendant de Bordeaux*, Paris, 1920. その息子が一七五七年より彼の後任となり、戦時下に父と同じ方針をとらざるをえなかった。しかしその時の地方長官府にかかわる史料は完全なものではない。メネトラが物語っている時期についての民兵隊への敵意は、ボルドー市やボルドー地方については確かめることができる。その場合、諸紛争はすべての市当局を槍玉にあげているが、しかしそれは民兵徴集に責任をもつ地方長官に関連してのものだった。つまり多様な権力（都市＝都市社団、高等法院、地方長官府）のあいだに対抗関係が存在していたということを考慮しておかねばならないのである。

(63) これは、騎士でありエギレの領主、またヴィルラード及びカスティヨン子爵、モンテスキューの友人で学士院会員のアンドレ＝フランソワ・ル・ベルトンのことである。この当時、高等法院は財政に関する王令についての国王の政策や、ボルドー市の美化や賦役についてのトゥルニー父子の政策に反対していた。メネトラはこの地方的な対立を正確に理解していたのだ。

(64) これは一定の身分や地位を現す外面的な標章であるが、必らずしも奉仕服従を特徴づけるものではない。

(65) 一七五五年十二月、国王によりギュイエンヌの地方総督に任命された公爵リシュリュー元帥は、一八五八年六月四日に厳かに到着した。ぜいたく好みでわがまま、そして権威主義的だったこの人は、その権力を使って高等法院やボルドー市参事会と対立した。彼はバイヨンヌにむけて一七五九年四月に出発し、九月十八日に帰還した。メネトラが指摘しているのはこの帰還のときのことである。リシュリューは確かに市参事会に迎え入れられているが、討議の記録簿（AM. BB. 126. 18. 09. 1759）には、職人の介入のことやその請願書のことは記録されていない。限られたことしか記録しない議事録の担当者が、各方面にとってやっかいなこの紛争を記録しないですましたという可能性もある。そしてこの紛争に総督がその軍事的権限によって干渉することは可能である。

(66) 一七三六年に聖別されたジョゼフ＝ガスパール・ド・シャバンヌのこと。専断的で威信のある人物であるが、彼の司教職のことはほとんどわかっていない。

(67) 〔原文は maladie des cors〕これは梅毒のことで、メネトラ特有の表現である。彼はサン＝カプレーで淋病にかかったと読むべきもの。「わたしはもう一度、報いを受けることになった」、そしてそれを主人の妻にうつしたのである。

(68) これはトゥールーズから四〇キロメートルほどのところの、ブイヤック村に面して位置するベネディクト派の大修道院。二〇人たらずの修道士がいた。Dom COTTINEAU. *Répertoire topo bibliographique*, Paris, 1939, p. 1330.

(69) この十字章は軍事的能力に報いる目的で一六九三年に制定された。焔の色をしたリボンで衣服につける。シュヴァリエ章佩用者とオフィシエ章佩用者は八〇〇リーヴルから六〇〇〇リーヴルの年金を受けた。ここでの指摘は、侯爵でブレスタの領主であった一七二五年六月十日生まれのM・ド・ヴァラーニュ・ド・ガルドゥーシュのことである。この人物は近衛銃士隊の一員で、メネトラの指摘にある近衛隊の代将ではない。一七五七年においては、この人は代将ではなく連隊長にすぎなかった。

(70) これはミストラルの『フェリブリジュ宝典』によるとpeine-cul（pena et quieu -co-）〔ろくでなし〕ということである。今日のバイヨンヌではle pont du Panneceauと言っている。Panneceauはこの地域ではpassage（通路）のことだとされるが、文献学的に厳密な根拠があるわけではない。〔ミストラルFrédéric Mistral（一八三〇―一九一四）は、プロヴァンス語による文学作品、とくにその詩が高く評価され、フェリブリジュFélibrigeという団体によってプロヴァンス語やその文化の復興運動を展開した。『フェリブリジュ宝典』は彼の著したプロヴァンスの言語、文学、民俗に関する大辞典〕

(71) 〔原文はlaigue〕これはlieueまたはlegueと読むべきもの。ボルドー地方の表現。ガスコーニュ地方のlieueは六キロメートル（普通は四キロメートルであるが）。同じような逸話はA. PERDIGUIER, *Mémoires*, Paris 1980, pp172-173にある。

(72) 〔原文はpega〕これは一般的にはbroc de vin（一定量のぶどう酒）を示す。計量の単位、多分pega（poix〔松脂〕）の派生語で、そこからpéga〔トゥールーズで一定量のぶどう酒をいう〕またpégal〔カンタルで不毛の土地をいう〕という語も派生したのだろう。

(73) 〔原文はdonner une passade〕オック語のpassado-passaにあたる。この箇所は、モンペリエの職人たちが手紙でナルボンヌの職人たちに、オランをめった打ちにするように要請してきている、と読み取るべきであろう。passadoには「施しをする」という意味とともに「めった打ち」という意味もある。

(74) 〔原文はdonner la bénédiction avec les pieds〕これはêtre pendu haut et court（縛り首にされる）ということ。

(75) 〔原文はon donne la passade〕donner l'aumôneまたfaire la chairé（施しをする）の意（注(73)を参照せよ）。

(76) モンペリエ市は一六九七年以来街灯をそなえる。一七五四年以後には照明を近代化し改善する。多くの議論のすえ、金属加工業者のリゴーダンが入札により、一年間二四〇〇リーヴルで六〇〇の街灯の修復また調達をすることとなった。そこでメネトラがこれらの街灯にガラスを入れ、手入れをすることをまかされたのである（AM. DD. 304, BB. 1757, 1759, 1760 et DD. 310 bis, 19, 請負見積契約関連文書にかかわるもの）。

(77) これは十七～十八世紀に飛躍的に拡張された市立病院（現在はモンペリエ大学区庁舎となっている）。この病院はあらゆる病気に対応でき、一七五〇～一七六〇年頃には一五〇～二〇〇の病人を受け入れていた。看護要員は外科医（四名）以外に、外科見習い（六名）、医師（三名）、看護師（六名）と、一六名の灰色の衣を着た修道女あるいは貧者救済修道女、つまり愛徳修道女会の修道女によって構成されていた。L.DULIEU. *Essai historique sur l'hôpital Saint-Eloi*, Monpelier, 1953.

（78）〔原文は picotte〕オック語では天然痘をこのようによぶ。二十歳で天然痘にかかるのはきわめて稀で、子どもに猛威をふるった。テキストに記されている症状はウィルス性発疹熱を示すものだ。これは八～一五日間の潜伏期、三九～四〇・五度の熱、頭痛、喉の痛み、それに言うまでもなく化膿とそれがかさぶたとなる経過をたどる発疹である。二〇日後にかさぶたはとれる。多くの合併症で感染性の高い、したがって隔離されている病人の命がしばしば奪われる。パンの皮による治療というのは伝統的な治療法を調べても、立証できない。それは幸運にも命を取りとめたメネトラの医学的な空想によるものである。種痘の実施で、十八世紀後半には天然痘の死亡率は大幅に低下した。C.ROLLET. *Cahiers d'histoire*, 1978, P418.

（79）〔原文は je mangeais des petits pieds〕これは南フランスの栄養摂取の習慣的なやり方を示すもので、羊の胃袋と足を白ぶどう酒で煮込んだものを食べることである。

（80）〔原文は sorti de la calandre〕これは布を艶出し機にかけて艶出し calandrage することを指しているもの。艶出しは布の製造工程でシリンダーの機械で布に光沢を出すこと。また古着屋で服を、艶出しして仕立て直すことを指す言葉として使われる。

（81）メール（「おっかさん」）と呼ばれる職人宿の女主人によって管理されている宿に滞在する職人たちは、多分この部屋 logis にともに住んでいるのである。

（82）〔原文は le gros grain〕これは日常的にはあまり使われない表現で、天然痘に似た別の発疹性の熱、または冗談で梅毒のことを言っているのだろう。また petit grain は猩紅熱、またははしかを指す言葉としてよく使われる。これらの病気の発疹は天然痘のそれよりずっと簡単に消える。リトレの辞典には grain の文献上の用例として petit vérole（天然痘）が示されている。

（83）職人組合の起源神話によると、ジャック親方はオリエントからの帰途、そして暗殺されるより前に、このサント＝ボームに隠遁した。そこはまた、罪を回心したマグダラのマリアが隠遁生活をおくった場所でもある。この地への巡礼の旅は現在でもおこなわれていて、職人たちはこの山の山腹にある洞穴におもむく。十九世紀になるとそこには記念の品や来訪者名簿が置かれていた。

（84）これはカルパントラの病院（sanital または sanitat）のことで、ダンギムベール猊下の遺贈によって一七五〇年より建設がはじまり、メネトラがその工事現場に着いたときには、ほぼ完成に近づいていた。この建設事業には五〇万リーヴル以上を要した。〔ダンギムベール猊下 Monseigneur d'Inguimbert（一六九八―一七五七）は、その博識が認められローマ教皇によってローマに呼ばれ、高位聖職者となる。その後郷里のカルパントラに帰り、司教となる〕

（85）大赦の祝祭は二五年ごとにおこなわれた。ここで指摘される祭りの前の大赦の祝祭は一七五〇～一七五一年に挙行されたので、メネトラは考え違いをしている。この逸話は多分、復活祭のときのものだろう。この復活祭のときの聖体拝領は現在でも義務とされている。
(86)〔原文は battre aux champs〕出発する、町を去るという意。
(87)〔原文は trait carré〕これは十字のしるし le signe de croix の意。罪の許しをうる、という意味にもなる。しかしこれに続く文章は意味がはっきりしない。
(88) コンタ地方〔カルパントラやアヴィニョンなどのある地方〕のユダヤ人の状態は確かに差別されたものだった。教皇庁の法はユダヤ人を保護するとしているが、多くの制限をユダヤ人に課していた。黄色の帽子の着用、女性に対する黄色のマークの着用、市壁の外で泊まることや、高利貸、古着屋、古物商以外の活動をすることの禁止、ユダヤ教徒とキリスト教徒との居住地区の分離、両教徒間の結婚の禁止、両教徒の交流の監視などがそれである。ユダヤ教徒の共同体は十八世紀のあいだは繁栄した。一七五五年頃にはカルパントラのゲットーの住民は一〇〇〇人に達しなかったし、アヴィニョンのそれは三〇〇人だった。その時の前者の全人口は一万、後者は二万五〇〇〇だった。しかしその後これらのゲットーの人口は増えていく。ゲットーの経済的繁栄とその法的な状態とのギャップは、外部からの圧力が加えられるなかで結束を強めていたユダヤ人共同体の困難を増大させる。司法関係史料で実証しうる多数の事実は、メネトラの指摘が真実であることを証明している。ポグロムは発生しなかったが、小さな偶発事、子どもじみたあざけり、改宗をうながすキャペーン、日常的な恥かしめなどは、当時のキリスト教の伝統のなかでつくられていたユダヤ人のイメージに見合ったものである。R. MOULINAS. *Les Juifs du Comtat au 18e siècle*, Toulouse, 1982
(89) この司教はダンギムベール猊下の後継者、ジョゼフ・ド・ヴィニョリ（一七五八―一七七八）で、カメリノに生まれ、イタリアの都市サン・セヴェリノの司教だった人。彼の紋章は現在は病院の門の上に存在していない。
(90)〔原文は une générosité à l'italienne〕これはおそらくイタリアの高位聖職者のけちな根性を表現し、また教皇至上権論者への伝統的な敵意をも示すもの。
(91) これはコンタ地方の婚外妊娠に関しての対応の手順であり、フランスの法で嬰児殺しの疑いが生ずるのを避けるために娘たちにその妊娠を告げることを義務づけていることと、それほど異なるものではない〔一五五六年の王令、一七〇八年に改正〕。しかしテキストでは、この申告が誰の前で、またどんな条件のもとになされるべきものであったかについて、またこの申告には投獄という処置をともなうものであったかについての、正確な指摘はない。メネトラは父親であることを認めないということで訴えられ、必ずしも投獄はされないが告発される可能性はあったと思われる。この記述に読みとれることは、多かれ少なかれ結婚の約束によって騙され、そして捨てられた娘というのが、都市によくみられるようになっていたということである。メネトラの相手のコンタ地方の女性は、彼女を満足させる許婚者がいたので、多くの人々よりうまく対処している。このメネトラの語るもめごとは実証不可能である。市参事会の司法関係史料の綴り（一七六一年第一・四半期）が失なわれているからである。BM. Carpentras FF. 60（9-43）.

(92) イタリア風のパスタ類がパリの食生活のなかに入ってきたのは、まさに十八世紀の後半のことであった。それは胃弱の人に適しているという医学的なキャペーンの結果でもあり、またパスタ類の製造・販売をパリで独占していた特権的なパスタ業者の営業戦略の結果でもあった。有名なマルーアン博士、科学アカデミー、それにプルーヴェール街のサアプというパスタ業者の名とともに、ラザーニャ、マカロニ、スパゲッティーなどのパスタ類の普及を理解するためには、メネトラの名をそれらにつけ加えねばならない。

(93) 〔原文は la procession d'Aix〕これをメネトラは Foux d'Aix（エクスの愚者）ともよんでいる。聖体祭のことであって、聖霊降臨祭の八日間のあとにおこなわれ、聖体の秘跡を民衆が信仰していることを示している。この祭りはなかんずく教皇ヨハネス二十二世によって確定された。エクスでは一四六一年以降、近代のプロヴァンスでもっとも名高い祭りの一つとなっていく。この祭りの典礼は二日間に集中し、ギリシア・ローマの神々（ダイアナ、メルキュール、パン、バッカス、プルトンなど）の絵、また聖書に描かれている人物（モーゼ、ユダヤ人）、それにキリストの生涯を表現する劇などを集中しておこない、名士たちの行列で幕を閉じる。ホゥフゥと呼ぶ死神とそれが手にした鎌がすべてをしめくくる。

(94) これはメネトラの思い違いである。一七六一年にヴナスク伯爵領〔一七九一年までアヴィニョンとともに教皇領〕は、一七三四年のコンコルダ（政教条約）以降、経済や関税に関することではフランス王国に従属したのではあるが、相変わらず教皇権力の支配下にあった。ローマの教皇庁とのあいだの紛争は、一七六八年から一七七四年まで伯爵領の占領という事態を招いた。P. CHARPENNE, *Histoire des réunions temporaires d'Avignon et du Comtat Venaissin à la France*. Paris, 1886.

(95) ユダヤ人を改宗させるための説教また宗教行列や祭りの際に路上で発生するトラブルについては、コンタ地方の司法関係史料によって実証できる。ユダヤ人はどんな場合にもキリスト教の教会などの聖所に足を踏み入れることや、日曜日また祭りの日に外出することが禁止されており、聖体が通過する際はそれに出合わないように避けることが要請され、聖週間のあいだは十字架に礼拝することが義務づけられていた。R. MOULINAS. *op. cit.*

(96) ヴァントゥ山への登山は多くの好奇心をもった人々を引きつけた。十四世紀にはペトラルカ（ドゥニ神父宛の一三三一年五月九日付の手紙）、十五世紀にはトマス・プラッター・フィス、十七世紀にはペイレスが二回の登山を報告する。ラヴァル神父は一七〇一年に天体観測と植物学の観察の時代を開き、その後を一七七八年にダルックが受け継ぐ。G. BRUN, *Le mont Ventoux*,

Carpentras, 1969. et P. PANSIER. "Les ascensions du Ventoux" *Annales d'Avignon et du Comtat Venaissin*, 1932, PP. 117-130.〔トーマス・プラッター・フィス Thomas Platter fis（一五三六—一六一四）。羊飼いから身を起こし学者になった特異な人物プラッターの息子。バーゼルで物理学、精神病理学を研究〕〔ペイレス Peiresc（一五八〇—一六三七）。プロヴァンス高等法院評定官、天文学に熱中しガリレオの友人〕

(97) ルイ・ド・ベルトン・ド・クリヨン Louis de Berton de Crillon、アンリ四世（一五四一—一六一五）の親密な友人で騎士。十六世紀の偉人の一人であるが、その庶民むけの伝記は信憑性にとぼしい。クリヨンの城は十五世紀から十九世紀のあいだにしばしば改修されその形を変えた（カルヴェ博物館、アヴィニョン、MS. 2385.F° 86.）

(98) これはほとんどあらゆるところに普及した特効薬のことである。プロヴァンス地方のルールミアン Lourmian 出身の医者ジャン・アイヨオ（Jean Aillaud ou Ailhaud）によって開発され提案されたもの。スカムモニアという下剤をベースにしたこの粉末は、カドネ Cadenet〔ヴォークルーズ県（南仏）の小都市〕で試用され、多くの広告を使ってフランス王国全体に拡められた。一七五六年アイヨオの死後、その息子がこの薬の使用を続けた。この二人はいずれもエクスの慈善病院の院長であった。

(99) G・A・サルヴィアーティ G. A. Salviati は一七六〇年から一七六六年にかけて、アヴィニョンにおける教皇の代理であった。アヴィニョンの大司教F・M・マンツィ F. M. Manzi（一七五六—一七七四）と混同しないこと。マンツィは一時期、サルヴィアーティの後を補佐として継いだ。この教皇特使補佐は教皇の世俗また政治上の権限を代理し責任を負うものだった。

(100) ミシェル・ド・ノートル＝ダム Michel de Notre-Dame（サン＝レミ＝ド＝プロヴァンス一五〇三—サロン一五六六）のこと。医師の家系に属し本人も医師。一五二五年から一五二九年のペスト流行時の活躍で知られ一五四五年にサロンに定住し、天文学と占星術の探究で有名になった。その頃から彼の予言が大変評判となる。彼の墓はサロンのフランシスコ会修道院の教会内にあった。メネトラのここでの記述はノストラダムスをめぐる民衆のあいだの伝説を詳細に書き加えたものであり、その墓石にある彼の予言を指摘しようという気になっているものなのだろう。

(101) 〔原文は fûmes gagner le Dauphiné（ドフィネ地方に到着した）〕これは Nous décidâmes de gagner le Dauphiné（われわれはドフィネ地方にたどり着くことにきめた）、と理解すべきであろう。メネトラは母方の親族と再会するためにヴァランスに立寄る。しかし彼が語っていることは、ポン＝サン＝テスプリの町で再び渡河したローヌ川の右岸で体験したことである。〔ドフィネ地方はローヌ川の左岸の地方〕

(102) これは街道でおこなわれたロバの賃貸のことを、馬また馬車を賃貸する国営の詰所と対比して皮肉をこめて言っているもの。

(103) ガブリエル＝フランソワ・ド・ヌフヴィル、ヴィユロワ公、Gabriel-François de Neufville, duc de Villeroy、国王直臣の貴族（pair

de France〕、元帥代理官 maréchal de camp。この家は十七世紀以降、十八世紀を通じてリヨンの総督府となっていた。この笑劇は事実かどうか確かめることはできなかった。

(104) 改革派聖フランシスコ会の修道院で、ソーヌ川左岸のサン＝バルテルミーの登り口にある。*Histoire et description de la ville de Lyon*, 1761, P197. この箇所にあるオイルのろうそくに関する冗談は理解することが困難である。それは修道士の食事の習慣か何か、彼らの習俗を槍玉にあげているのだろう。

(105) これはかつては、川からリヨンに接近することを阻止するために、ソーヌ川を横切るようにして突き出ていた。

(106) ルイ・マンドラン Louis Mandrin（一七二五―一七五五）は密輸にたずさわる一味の首領で、サン＝マルセラン近傍のドフィネ地方サン＝テティエンヌ＝ド＝サン＝ジュオワールに生まれる。この一味が一七五四年から一七五五年にかけて展開した一連の戦闘は、間接税や関税の徴収を代行する徴税請負制を攻撃する戦争の様相を呈した。マンドランは数度にわたりブルゴーニュ地方におもむいた。メネトラは一七五四年十月の彼らによるクリュニーの占拠のことを念頭にし、それに一七五四年十二月のボーヌあるいは同じ月のオランの占拠の特徴を加えて記述していることは確かである。マンドランは一七五五年五月にサヴォワ領内でフランス軍部隊によって逮捕され、特例の裁判の結果ヴァランスにおいて処刑された。マンドランは民衆の中に伝わる伝説のなかに、義賊としてその名をとどめ、マンドリナード mandrinades と呼ばれる文学とでも言えるものを発生させた。一七六二年というときにメネトラがマンドランと出会うことはありえなかったわけだが、マンドランの名をかたる無法者の一団と出会った可能性はある。マンドラン一味というのは、民衆や官憲にとっては、無法者集団を指していう総称となっていた。

(107) 多少ともくすんだ黄色をした金属で、亜鉛と銅の合金。百科全書でこの模造金 similor という言葉が確認できる。

(108) 〔原文は ces vielleuse à cordon bleu〕、ヴィエル vielle は弦楽器で弓のかわりに円盤をハンドルで廻して奏するもので、酒場やパリの街頭でよく演奏されていた。しかしここではいささか不鮮明であるが、娼婦のことを言葉の遊びとしてこのように表現しているとみることができる。

(109) トゥーサン、ガスパール・タコネ Toussaint, Gaspard Taconnet（一七三〇―一七七四）、脚本家、劇場の道具方またプロンプター、またアルルカンであり役者でもあった。なかんずく彼は魚屋体の脚本で知られ、これらの作品はニコレの芝居小屋で上演された。一七六〇年頃、彼はカトル＝ヴァン袋口路のニコレのところに住んでいた。（AN. Y. 54）。

(110) ジャン＝バティスト・ニコレ Jean-Baptiste Nicolet（一七二八―一七九六）、ギヨームの子、定期市の見世物の興業師として有名。人形劇の人形使いでもあった。サン＝ジェルマンの定期市で人形劇を興業し、一七五九年にブールヴァール・デュ・タンプルに芝居小屋を開設する。著名な出し物の脚本についての彼一流の解釈は大劇場とのあいだに数々のいざこざを引き起こすが、保護も加えられて、当局の認可のもとフランス革命までその活動が続けられた。

(111) ピエール・グールラン、別名ゴオドン **Pierre Gourlin dit Goudon**（一七三三―?）、はじめは絵かき、ついで定期市の見世物の興業師。その綱渡りダンスはブールヴァール・デュ・タンプルまたルーヴルの列柱の前で演じられた。彼は変わった人物で激しやすく、警察と数々のいざこざを起こした。

(112) この広大な建物は監獄、裁判所、アーケードをそなえ、ポン＝ト＝シャンジュ橋の入口のところでサン＝ドニ通りを区切り、そこでこの通りは終わりとなっている。このシャトレではパリとその郊外全体を管轄区域とする民事、刑事の初審の裁判がおこなわれていた。

(113) 十三世紀に建てられベルナルド会の修道女によって維持された教育施設で、貴族の隠居所でもあり、フォブール・サン＝ジェルマンのグルネル街とベルシャス街の角のところにあった。

(114) このプールヴァールは一七〇五年以降に整備された十八世紀のパリ住民の大遊歩道の一つで、五列に街路樹が植えられ、北側には大きな家屋や劇場などの新しい建物がこの大通りにそって建てられていた。

(115) このアヴァンテュールは実際のところ、ありえないことではない。高貴な家柄の貞操観念の薄い女性にたいするメネトラの好みは、知っての通りのものである。

(116) **chaise roulante**（移動式椅子）または **voiture à un cheval**（一頭立て馬車）のことである。一七六〇年のパリには、一般には辻馬車 **fiacre** と呼ばれていた四頭立ての辻馬車 **carrosses de place** 専用の客待ちの駐車場がおよそ三〇存在した。JÈZE. *Tableau de Paris*, Paris, 1755-1760, P339.

(117) 〔原文は **défaites**〕**échappatoires**（逃げ口上）あるいは **prétextes**（口実）のこと。

(118) フォリー・ルノーと呼びならわされていた場所にあった。そこは十七世紀にはパリの城壁の外の高台であり、イエズス会の所有地があった。ルイ十四世の聴罪司祭であったペール・ラシェーズがこの場所に私邸を構えていた。一七六三年にイエズス会士が追放されたのち、この地所は分割され、一七七一年頃にはブールヴァールからくるサン＝タンドレ通りが貫通することになる。ペール・ラシェーズ墓地は一八〇四年頃にパリ市によって造成された。

(119) ナントの王令廃止の一六八五年以後、フランスには改革派の教会は公式には存在しない。メネトラは、表面的には改宗したが密かにその信仰を実践していて、聖俗双方の当局に追究されるニームのプロテスタントに生じている状況を思い起こしている。その説教はしばしばスイスで養成された牧師によっておこなわれていた。結局、私的な礼拝にもとずくこのようなプロテスタンチズムは、農村のプロテスタンチズムよりうまく現実の状況に順応していたということが指摘されるべきである。ここには農村のプロテスタンチズムと彼らが秘密に集まっていた教会 l'église du Désert との、都市よりも厳しい結びつきが書かれているのである。

(120) 〔原文は procureur fiscal〕領主裁判所において権力（fisc）を代表する地位にある。小審裁判所（簡易裁判所）でもっとも重要な人物で、領主の協力者。

(121) プロテスタントはナントの王令以後の体制のもとでは、多くの同業組合に加入できなかった。職人組合の「ジャック親方の子どもたち」は改革派教会に属する職人の加入を認めなかった。

(122) 聖ルカは福音主義者 évangéliste で、リヨンのガラス職人の信心会の守護聖人であり、その祭りは十月十八日におこなわれる。パリではガラス職人の守護聖人は聖マルコである。

(123) メネトラのこの二回目のマンドラン一党との出会いは、民衆がもっている伝承という点で興味深い。ルイ・マンドランには四人の姉妹があり、マリ、マリアンヌ、アンヌ、そしてセシールといった。マンドランの兄弟とは違い、彼女らがマンドランの無分別な行動に加わったかどうかについてはわかっていない。

(124) 〔原文は Elle fut maniée〕これは Elle fut malmenée et molestée（ひどい目に会い、乱暴される）の意。

(125) 〔原文は gibier〕この語は常用されることのないもの。少なくとも gibler（レンガを焼かせる）から派生した gibleur（レンガ造り職人）を間違えて書きうつしたものではないか。gibler はレンガを焼成するという意。しかしこれは本文中にあるような石材加工職人などとは縁遠いものである。

(126) ここでドゥヴォワール派に敵対する職人組合の各派が数えあげられているが、アルパイヤン派については、職人組合に関する書誌をみても、まったく指摘されていない。

(127) 〔原文は dégravonner〕この語はメネトラの造語であり、dégringoler parmi les gravats のことを言っている。

(128) 〔原文は sols〕ベリー地方のロモランタン近辺では、un sol とは une belle aire（美しい地所）のこと。そこから意味が拡張されているようで、岩場との対称的なかたちで地肌がむき出しになった地面のことを指す。そうでなければ原文悪筆のため sole と書かれているものなのか。この場合だと建築における構造用木材のことになる。

(129) これは跣足アウグスティヌス会の修道院のことで、黒いプチ・ペールたちと呼ばれていた。

(130) メネトラが楽士たちにダンス曲を注文したということであろう。この注文のためにはカードか券を買うのである。ダンス教師のレッスンを受けるためには券を買う。

(131) ここでは聖霊騎士団 cordon bleu〔アンリ三世が創設〕の騎士のことを言っている。cordon bleu 青綬というのは、アンリ三世によって一五七八年に定められ、貴族から選ばれた一〇〇人に授与された名誉勲章の綬(リボン)の色に由来している。

(132) 注(13)を参照。

(133) パリの照明は十七世紀の末にパリ警察総代官のラ・レーニーが六五〇〇の街灯を配置して以降、大いに改善されていく。このときの街灯はろうそくをつけたランタンで、建物の二階の高さに張られたロープにつり下げられ、その費用は住民の負担で、警視の監視のもとに置かれた。一七六三年頃に警察総代官のサルティーヌは、ドフィーヌ街に反射板つきのランタンを試験的に設置し、一七六九年以降にそれが一般に普及した。このランタンはパリ市と契約を交したランタン製造職人、金物職人、そしてガラスについてはガラス職人が製作した。

(134) ルイ、ジュール・マンシニ・マザリニ、ニヴェルネー公(一七一六年生まれ)、軍人また外交官。栄華を誇り教養豊かな大貴族(フランス・アカデミー一七四三年―碑文及び文芸アカデミー一七四四年)。その屋敷はトゥルノン街にあった。

(135) この慣用的な表現は、パリの警察隊の兵士たちの命令書、パリ、一七八九年(BN. LB[39] 7313)のなかでパリ警察隊を triste à patte と言っていることで確証される。注の(13)を参照。

(136) 〔原文は mettre en canton〕これは監獄に関連してよく使われる表現で、匿名の著者による Rat du châtelet『シャトレのねずみ』パリ、一七九〇、という本のなかに用例がある。canton は cantonner = mettre en surveillance(監視下におく)という語から派生したものであろう。

(137) 〔原文は chambre blanche〕この表現を用いているテキストはない。多分シャトレ監獄〔シャトレ裁判所に付設された監獄〕の照明のついた明かるい部屋のことで、もっと薄暗い独房との対比でこのように書かれているのだろう。この明かるい部屋には獄吏に袖の下を使った在監者がはいった。

(138) この家は徴税請負いをおこなうもののなかでも、もっとも重きをなすものの一つ。ここではジャン、ジョゼフという、宮廷に資金を融通していた銀行家で、その屋敷が一七六五年ごろにはブラン＝マントー街に、一七七〇年ごろにはアルトワ街にあった人物を指しているか、そうでなければ父のあとを継いで徴税請負をいとなんだド・バンジャマンのことであろう。彼は国王の侍従でヴォルテールの文通相手でもある。その屋敷は一七六五年にはグランジュ＝バトリエ街にあった。

(139) ここで公 duc とされているが実際は侯 marquis とすべきもの。この人物はシモン、シャルル・ド・ベルナール・ド・バランヴィリエ(一七二一―一七六七)のことで、一七五七年からオーヴェルニュの地方長官をしていた。その屋敷はデ・サン＝ペール街にあった。

(140) 貴族の大邸宅や王宮の門衛は、ぶどう酒を小売りする特権を享受していた。そうしたことから「門衛で飲む」という表現が生まれた。R. DION, *Le Vin et la vigne en France*, Paris, 1964.

(141) ジャン、シャルル、フィリベール・トリュデーヌ Jean, Charles, Philibert Trudaine（一七〇三―一七七七）、国務評定官、財務監督官、また父親の後を継いで土木局の局長となる。科学アカデミー会員でもあり、十八世紀フランス王政の大官僚の一人であった。（参照、コンドルセの称賛演説）。ヨンヌ県にシャティヨン城とモンティニー城を所有。そのパリの屋敷はヴィエイユ＝オドリエット街にあった。

(142) 戸外の囲いのない広い場所でおこなう球戯。百科全書はこれを次のように詳述している。三人また四人ないし五人が一組となってバトワールを使用する。バトワールとはきわめて硬い羊皮で覆われ、長い柄のついた木製の丸形あるいは四角形のラケットの一種で、これでボールを捕える。競技は五ないし六ゲームおこなう。競技で重要なことは、「ボールを速球で投げて、相手方がそれを捕えられないようにする上手なサーヴァーの存在である」。ボールを捕えそこなうと一五点の減点となる。

(143) 十七世紀に創建され、一七六五年にフェイドー街まで拡張されたドミニコ会の女子修道院。とくにドゥブレ夫人 Mme Doublet〔徴税請負人の娘でバショーモンとは幼少時からの知り合いだった〕のサロンがおかれたことで知られる。このサロンからバショーモンの『秘められた回想（Mémoires secrets）』が生みだされた。〔バショーモン Louis Petit de Bachaumont（一六九〇―一七七一）の著作 *Mémoires secrets* は著者の死後一七七七年に出版され、三六巻からなり、十八世紀の社交界や文芸について知ることのできる重要な史料といえる〕

(144) 〔原文は femme du monde〕この表現は当時では娼婦 prostituée また粋な娘 fille galante を意味する慣用的な同類語。

(145) このことはパリ市助役であり溺れた者などのための救急病院の管理者でもあったフィリップ、ニコラ・ピア Philippe, Nicolas Pia の著述によって確証される。彼は一七七二年以降に溺れた者を救う施設をつくり、この施設のことを一七七三年から一七八九年までに発行した一連の小冊子で報告している。彼はそのなかで、溺れた者には警視に通報した後にしか手をふれたり水から引きあげたりしてはならぬとされていることを、「いまわしき偏見」と言って非難している。法律においては溺れた者を川から助けだすことを禁じていないし、警視がやってくるまで待たねばならぬともしていない。本文での記述は法律の規定よりも民衆のあいだで信じられていたことのほうが強く影響していることを示す。民衆のあいだで信じられていたこのようなことは、蘇生法の手順についての誤解にもとずくというのが確かなところである。しかしこのことは、人体から熱を奪い、したがって生命力を奪う水――いまわしい要素――への敵意と、空気と火――好都合で有益な要素――を極端に称揚することが結びついた意識の深層にある確信に連なっていたものである。

(146) この人物はボルドー高等法院評定官のジャック・マルシアル・ド・ヴェルタモン Jacques Martial de Verthamont のことであろう。彼にはジャン＝バティスト、フランソワ、チプリアンという三人の息子がいたが、そのなかの誰がメネトラがここで問題にしている人物なのかを同定することは難しい。

(147) デュプレ夫人 la Dupré はロザリーやボフォールと同様、パリの売春の世界で娼婦としての通称を用いていたので、誰のことを指しているのかを知ることは困難である。M. E. Bénabou によると、一七五五年ごろに多額の金で囲われていたダンサーのペラジー・デュプレなる者が実在していたこと、また一七六〇年から一七六五年にかけて、他の数人のデュプレが警察に逮捕されていることがわかる。娼婦の名前は流行や前例にならったものが多い。それは特定の名前のとおりがよく、それがつぎつぎに用いられているのだ。この世界で有名になった名前は、それに倣う価値をもつようになる。そのうえ娼婦にとっては匿名のなかに身をかくすことが必要で、それで警察の手を逃れるために名前をしばしば変えた。娼家の主人はそこに囲われる女の名前を、彼らの都合によって変えたりつけたりしていた。〔E.-M. Bénabou は、十八世紀パリの買春についての博士論文を提出し、その後に E.-M. Bénabou, *La Prostitution et la Police des mœurs au XVIIIe siècle*, Paris, 1987 という著書を公判した歴史家〕

(148) この人物 la Denongrais（Dehongrais とも記される）は、警察でよく知られていた女修道院長（娼家の主人を通称でこのように言った）である。その修道院（これも当時の通称）はモンマルトル街区のフェイドー街にあった。それは高級な娼家ではあったがメネトラが示唆しているような、パリで最高級の娼家の一つというわけではない。最高級な娼家としては、グールダンとかパリなどがあった。ここでのドゥノングレは一七五七年ごろにはすでに存在しているもので、この方面では古参に属する、ラ・パイヤン La Payen はパリ警察代官に、「マレー氏はときどきドゥノングレ夫人のところで食事をしている」（当時はコック街に所在）と告発している。R. HÉRON de VILLEFOSSE, *Histoire et géographie galante de Paris*, Paris, 1957, P. 154. なかんずくパリ夜警隊の下級士官を娼家のうしろだてにすることは、しばしばおこなわれており、周知のことになっていた。

(149) これはジャック・ベルナール Jacques Bernard のことであろう。フォブール・サン＝マルセル街区のムフタール街で唯一の古紙商、『商業年鑑』には一七六〇年に屑屋とされている。

(150) 小さな鎖の飾り輪で女性の装身具として欠かせないものの一つ。腰のベルトの脇につけ、ときにはキー・ホルダーとしても使われる。

(151) 十七世紀に創建された修道院で、フォンテーヌ＝デュ＝タンプル街にあって罪を悔いた娼婦を収容した。収容は強制的な場合も自らすすんでそうした場合もあった。この施設は宿泊の費用を要求するもので、これはデュプレ夫人の場合、一定の地位があったことを示すものであろう。そこへの入所を示す帳簿は存在しない。

(152) 〔原文は fit octonner〕この語はあまり用いられることのないもので、hortonner の音調上での変形かも知れない。この hortonner のリヨンでの発音である heurtonné には用例がある。NIZIER de PUTIS PELU, *La litteré de la grande côte.* これは donner des heurtons, rudes heurts〔激しい衝撃〕という意味である（イタリア語では十四世紀に urtoner という）。これが拡張して誰それに暴力をふるうという意味になっている。

(153) これはパリ市外のベルヴィルのクルティーユにあった有名な酒場の主人。その経営していた酒場はタンブール・ロワイヤル（王様の太鼓）といい、大勢の客をあつめ繁盛していて、ランポノーはグールラン劇場で自分自身を演じるようにという申し出を受けるまでになった。ランポノーはこれを辞退したので訴訟が起こされた。このエピソードはヴォルテールによって解説されている。一七七二年にヌーヴェル・フランス地区に定住し、そこでマニー Magny（メネトラは Magnie と綴る）の家屋を買い取り、グランド・パントという酒場を営み、大勢の人々や娘たちでにぎわった。

(154) 王家の精鋭部隊で一五一六年以降スイス各州の住民から募集された。十字の槍と剣で武装しヴェルサイユ宮殿の警固を任務とした。

(155) 〔原文は les enfants de France〕これは国王ルイ十五世の孫のこと。王太子ルイとその妻マリ＝ジョゼフ・ド・サクスの子どもたちで、三人の男子は一七五四年生まれでのちにルイ十六世となるベリー公、ルイ十八世となる一七五五年生まれのプロヴァンス伯、一七五七年生まれでのちにシャルル十世となるアルトワ伯である。また、クロティルド、エリザベートの二人の娘たちがいた。cf. P.GIRAULT DE COURSAC, *L'Éducation d'un roi*, Paris, 1972.

(156) ルイ十五世はこの旧い鹿の庭園の跡地につくったヴェルサイユ宮殿の一角に、秘密の愛人たちの隠れ家となる家屋を建てた。メネトラはこの家屋に隣接した庭にはいり込んだようである。

(157) 〔原文は l'abbaye〕修道院（abbaye）を牢獄という意味で使用する例は、普通の文章には見あたらない。多分これはパリの民衆の世界に特有の使い方であり、素行の悪い青年を多数収容する牢獄を指しているのだろう。多分このような使い方はサン＝ジェルマン＝デ＝プレ修道院が牢獄に転用されたフランス革命以降に、このテキストが転写されたときの書き方に固有の特徴が関連しているものだろう。

(158) エタンプの町の近くのモン＝サン＝ティレールには寄宿学校は存在しなかったが、参事会教会から発展した小修道院があった。

(159) クリストフ・ド・ボーモン Christophe de Beaumont（一七〇三―一七八一）は、一七四六年からパリ大司教。ジャンセニストや啓蒙思想家《フィロゾーフ》と敵対、厳格で献身的、したがって放埒な人物ではなかった。

(160) カルラン Carlin はカルリノ・ベルティナッツィ Carlino Bertinazzi（一七一〇―一七八三）のこと。十八世紀の偉大な道化役者《アルルカン》の一人で、コメディー・イタリエンヌ（イタリア人劇団）における第三位の道化役者であった。

(161) アンリ・サンソン Henri Samson のことで、高級教会財産管理会員また死刑執行人だった（一七四〇―一七九三）。当時もっとも非凡な人物の一人。歴代にわたりパリの死刑執行人をつとめた家に生まれ、すぐれた教育を受ける。一七五四年に父の死刑執行人の職を非公式に継いだときは十五歳だった。一七七八年に正式にその地位についた。彼はその息子とともにフランス革命期の死刑執行人となる。温和で敬虔、エレガンスを身につけ（パリはサンソンに緑の服を贈っている）、このアンリ殿は学殖ゆたかな人物で、ブルジョワ風の生活をした。ヌーヴェル・フランス地区のポワソニエール街とダンフェール街との角にあった庭園つきの大邸宅を所有していた。だがそれを一七七八年に売却し、ヌーヴ・サン＝ジャン街（現在のシャトー＝ドー街）に移る。その遊歩道は実際のところパヴェ街へと彼をいざなうものであった。アンリ殿といえば、他の死刑執行人もそうなのだが、民衆のあいだの伝説のなかで重要な役割を担っている。彼はグレーヴ広場での死刑執行や聖ヨハネの火祭りで大きな公的役目を果す。彼の収入は大きく、手数料、見物人用の座席の販売、解剖標本の転売などによる収入があった。また人間の脂肪がリューマチに効くと信じられていたし、死者の頭部から調整される特効薬のユスネは尿砂、腎結石、脳卒中の治療に有効だと信じられた時代にあって、彼は病気治療でも評判をえていた。アンリ・サンソンはその父親と同様、人体解剖についての深い知識をもっていたことは確かで、骨折を治療し植物学も勉強していた。

(162) ジャン・タヴェルニエ・ド・ブロング Jean Tavernier de Boullongue（メネトラはブーローニュ Boulogne としている）（一七二六―一七八七）は、高等法院評定官、主任審査官、また財務監督官であり、財務総監察官の息子。きわめて富裕また権勢ある家の出で、その邸宅はサン＝トノレ街のドミニコ会修道院（ジャコバン）に面したところにあった。

(163) 〔原文は donner des lardons〕これは brocarder あざける、jeter des sarcasmes 皮肉な言葉を投げかける、という意。ヴォルテールのダルジャンタル d'Argental 宛の一七六二年二月一日付の書簡のなかに用例がある。〔ダルジャンタル Charles-Auguste, comte d'Argental（一七〇〇―一七八八）、パリ高等法院評定官、また外交官。文人でもあり、ヴォルテールの作品に親しみ、彼と親密な関係を結ぶ。ヴォルテールのダルジャンタル宛の書簡は、彼の書簡集のなかの重要な部分となっている〕

(164) 今日ではコンコルド広場と呼ばれている広場の建設工事のことで、一七五七年に工事が始められ、一七七二年に完成した。しかし国王の騎馬像は一七六三年六月二十日に落成式がおこなわれた。パリ民衆とパリ市はこの日に広まった次のような詩句を口にして興じていた。「おお、美しき騎馬像よ、おお美しき台座よ、数々の美徳は徒歩で進み、悪徳は馬で駆けていく」

(165) ガスコーニュ地方の貴族にはこの名をもつ一族が存在する。それは一六八四年と一七一四年にトゥールーズ市の capitoulat（都市評議会員の職）によって貴族に叙せられたものである。多分メネトラによって想起されている人物は、ここで述べられる森に関しての訴訟のことでか、あるいはこの森の所有権を手に入れるために、都合のよい勧告を出してもらおうとして、トリュデーヌのところにやって来たのではなかろうか。

(166) 〔原文は flamberge〕中世の武勲詩のなかの主人公の一人であるロランや、エーモンの四人の兄弟の長男ルノーが所持していた剣のことをこのように言う。それがここでは多分皮肉をこめてであろう、一般的に一ふりの剣を指す言葉として使われている。

(167) 〔原文は commis aux barrière〕これはパリの市門で入市税や間接税を徴収するのを請負う徴税請負いの仕事をする職員のことを指している。間接税徴収の職員は人頭税 taille を負課される地域の農村と、入市税を徴収される都市のあいだでの租税について の監視活動全般に従事していた。それは積荷の検査、不正の摘発、捜索、酒場の監視などである。彼らは住民からは毛嫌いされていたが、その出自は一般住民と同じようなものであった。彼らは主要な市門ごとに班に編成されていて、徴収係や検査係は終身その任務についた。その仕事は一七八五年に築造された徴税請負人の壁によってより簡素化された。しかしこの市壁は一七八八年と一七八九年に多数の反乱者によって襲撃された。

(168) 〔原文は rogomistes〕ロゴム rogome とはアルコール、蒸留酒また強いリキュールのことを言う。Fiolerla rogome 白ブランデーを飲む、voix de rogome 酒でしわがれた声、など。〔これは民衆のあいだで通用する俗語＝アルゴとみなされている〕

(169) オ・ズルス街の近くのサン＝マルタン街に住む警察の捜査官。JÉZE, *op. cit.*, P. 108.

(170) ルイ、ジョゼフ・ド・ブルボン、コンデ大公 Louis, Joseph de Bourbon, prince de Condé（一七三六―一八一八）はルイ、アンリ、ジョゼフ Louis, Henri, Joseph（一七五六―一八三〇）の父で最後のコンデ大公であり、ダンジャン公 duc d'Enghien の祖父。ルイ、フランソワ、ジョゼフ・ド・ブルボン、コンティ大公 Louis, François, Josephe de Bourbon, prince de Conti（一七三四―一八一四）は、一七六五年にラ・マンシュ伯ともなる。彼の父はルソーの保護者で、タンプル〝異端派〟協会の支援者。この二人は国王の親族で若くして大公となったのだが、その時代にあって最も巨大な財産を相続しておりオルレアン家と同様に、その時間のすごし方や生活ぶりにおいてきわめて自由に振舞った。

(171) 〔原文は cottret〕これは中ぐらいの太さで短かく切ってある薪の束のこと（一般には cotret という）。

(172) パリ警察代官サルティーヌは一七六七年頃に消防関係の部局をM・ド・モラにゆだね、それを再編成する。しかしこの部局は一六九九年以降存在していたものである。十八世紀なかばには、この組織は八班にわかれた六〇人の隊員からなっていた。隊員の大半は靴屋、靴直し、それに少数の錠前師だった。ド・モラは班の数を一六とし隊員数を一六〇人に増加する。隊員は自宅に看板と半鐘を出して消防隊員であることを明示しておくことが義務づけられた。彼らは一七五〇年頃で年に一〇〇リーヴル、一七七〇年頃には二〇〇リーヴルを支給された。一七一六年には消防ポンプが修道院に配置されていた。十八世紀末にそれらが置かれていた場所は二五か所、消防用貯水車の置場も数か所あった。これらはきわめて有効に機能した（cf. BN. MS. FF. Joly de Fleury, 1325–103–106–245–247）。メネトラは消防班の班長として年に四〇〇リーヴルを支給されていたと思われる。

(173) これは当時のダンフェール市門（現在ではラマルチーヌ街の道筋にあたる）の北側、モンマルトルの丘の麓に存在した市門の外側にあった地区。そこはポルシュロンやクルティーユ、また市周辺の諸地域すべてと同じように、酒場と関の酒場の集まる地帯であった。そこに民衆は入市税がかからないために価格が安くなっているぶどう酒を飲みに出かけた。この地区のヌーヴェル・フランスという名称は、アメリカ諸植民地に人を引き寄せるために警察が計画的に悪場所を一掃した一六七五年から一六八〇年以降になって、人々が呼びならわすことになったものである。ヌーヴェル・フランスの一帯はサン＝ピエール＝ド＝モンマルトル教会、サン＝ローラン教会の地所であった。サン＝タン礼拝堂はサン＝ラザール街の北の通り、ヌーヴェル・フランス道に面していた。

(174) 〔原文は chantournée〕これは木工細工業の用語。chantournée された材木という場合、くり抜かれ、うがたれた材木という意。これが拡張されて酸によって死者の唇がへこんでしまっていたという意味になる。

(175) 一五六三年以降に国王の警固を任務とし、騎兵隊を先頭にして六大隊で構成される。すなわち一四〇人の銃士からなる三〇中隊と、一一〇人の擲弾兵からなる三中隊である。制服の上着は青色でその袖章は赤、キュロットも赤、靴下も同様だった。この服装はパリの景観の一部となっていた。というのも国王政府はパリ市の治安のためにこの部隊を使ったからである。一七七〇年までこれら兵士は住民の家に泊まっていた。しかしこの年からペピニエール、ヌーヴェル・フランス、バビロンヌ、クルティーユ、ブロカ、ロレーヌ、ヴェルト・パンティエーヴル、ポパンクール諸兵営が建設される。兵士は警備隊屯所から出動し、一七六五年以降は日夜を問わずパトロールに従事した。彼らは厳しい態度でことにあたりパリの秩序維持に貢献した。橋やフォブールの警備はその行動の要をなした。さまざまな紛争で彼らは住民と敵対した。そのことは当時のシャンソンやプラカードのなかに表現されている。一七八九年に彼らが民衆側に加担したのは、主として上官への反撥や何人かの人々が演じた役割に帰せられるべきものである。

(176) ジョフロワ＝ラニエール街にあったサン＝ポール街区担当の警視。JÈZE *op. cit.*, P107.

(177) 一六九〇年以降、サン＝ジョゼフ援助修道女の館。長期宿泊者を四〇〇リーヴルで受けいれる個室や共同寝室を備えていた。これは老齢の女性を救護する施設であったが、十九世紀になると監獄として使われた。この建物はフォブール・サン＝タントワーヌのシュマン＝ヴェール、フォリー＝ルノー、メルクール、ポパンクールの諸街路の中間にあった。

(178) メジスリー河岸の下にあるアーケードで、ここを通るとセーヌ川に出られた。このアーケードには十六世紀に風呂屋や娼家をやっていた人物の名がつけられていた。この場所はアヴァンテュールや出会いの場として好適で、そこにはまた馬のための水飲み場や水売り人のための水汲み場があった。

(179) ジャンティイからフォンテーヌブローに向かう街道に面していた田舎家風の家（現在はイタリア広場となっているところ）。それは礼拝堂と駅馬車用宿駅の中継所からなっていた。

(180) メネトラはまたもや梅毒にかかったのである。un cadeau（贈り物）とはそのことを指す。彼はまたその後の治療についても指摘している。それは主として水銀による治療法にたよるものではなく、熱をやわらげまたそれを予防することからなっている。

(181) パリからヴォージラールにむかう街道は、サント＝ジュヌヴィエーヴ大修道院が法的に管轄する地域の南側の境界になっていた。パリを囲むようにして存在していた風車は当時その数がきわめて多く、粉ひき業者は同時に酒場や関の酒場をも営業していた。

(182) ラ・サルペトリエール救貧院とかロピタル（救貧院）というのは総合救貧院制 l'hôpital général の諸施設のことで、娘たちを矯正したり投獄したりしていた。娘たちはそこで灰色の僧服を制服として与えられた。一七八九年には一万人近くの女性が収容されていた。捨て児となったり乞食をしていたりする男の子のほうはピティエ救貧院に収容された。彼らはそこで初歩の教育をほどこされ労働に従事させられた。ロピタル l'hôpital という表現はしばしばロピタル・ゼネラル l'hôpital général 総合救貧院制という意味に使われる。この場合は行政上また宗教上の協働体のことで、一六五六年以降、ピティエ、ラ・サルペトリエール、ビセートルの諸救貧院やその他の救貧施設を総合し再編成したもので、その中心はピティエ救貧院であった。これが《大いなる閉じこめ》と言われるもののパリにおける体制である。

(183) 〔原文は calotais〕この言葉は警察関係の文書には見あたらない。Calotins（信心家）としておいてよいのではないか。しかしここではこの言葉はラ・サルペトリエール救貧院の聖職者を指しているのではなく、二人の娘と一人の少年のことを指している。さらにそこにはいれたのは女性以外ではきわめて若年の男の子だけであった。

(184) 梅毒の治療がおこなわれていたのはビセートル救貧院である。そこには梅毒にかかった囚人や、とくにラ・サルペトリエール救貧院から移管されてきた女性たち、また警察代官の勧告にもとずき救貧院の事務当局が承認した治療を望む一般の病人などが受けいれられた。患者は一七六五年頃に一〇〇〇人、一七八九年には二〇〇〇人であった。大治療と呼ばれる手当は、六週間から二か月にわたるものだった。それは休息、厳格な絶食、瀉血と下剤、六日間の入浴と水銀化合物による全身マッサージからなり、後者は発汗と唾液分泌をうながすものであった。そこには体液説にもとずく医学のさまざまな要素が存在し、それに加えて、八日ごとの告解、ミサと説教などの宗教的な治療もおこなわれた。患者の多くは次第に濃くなっていくブィヨンの食事をとる回復期を過ごしたあとで治癒、退院となった。こうした性病院とそこの職員についての悪評は、数多くの見聞記や回想記で確認される。

(185) それぞれの同業組合 corporation では、それに所属する親方が組合の運営にたずさわり、組合の規制や規約の遵守をはかる任にあたる役員ないし当番役を選出した。ガラス業では毎年二人の役員が聖マルコの日の翌日に選出された。その場合、役員に選出される資格は、一〇年以上親方の地位にあり、職業的信心会〔それぞれの職業の守護聖人への信仰を中心にした職人のあいだでの相互扶助をおこなう組織〕に属している者であること、またとくに「あらゆる混乱を避けるために親方資格証書を有するだけの親方は、六十歳代の者および古参者として周知の者を除き、組合の会合への出席や役員に任命される資格を持たないものとする」とされていた。ここでメネトラは、組合費の納入や役員を選出する権利を有するだけであり、これは彼の組合内での地位を明示しているものだ。役員は一年に一〇回仕事場や店を立入り検査して、製造に関する規制を親方が守っているのかどうかを調べ、立入り検査ごとに一〇ソルを徴収した。組合に対して自由な立場をとろうとするメネトラの目から見ると、役員は細かいことをうるさく言う連中で、宣誓ギルド jurandes〔国王の認可をえた同業組合〕の規制を守らせようとする保守派だったのである。しかしメネトラのテキストでは、ガラス業の役員選出がどのように実施されていたかは明らかでない。テキストにある「わたしの順番を飛ばす」という表現は、規約に定められているところに従ってみれば、役員になることを言っているとは理解しがたく、役員選出のための投票について言っていることになろう。若い連中のなかの最古参の役割については、組合の規約類や現在も保存されている同業組合関係史料の断片のなかには、それを規定する文言は見あたらない。(注(17))も参照のこと。

(186) これはマルセイユのガレー船漕役刑とその徒刑囚監獄からの脱獄者で、刑執行人によって犯罪者の烙印をその体に押されている者を指している。この脱獄者について「二五ピエの筆で書くことを習う」〔一ピエは約三二センチメートル〕とあるのは、つまり舟を漕ぐということを意味し、また「底の見えない円錐形のコップ」とは海のことである。また注目しておきたいことは、この脱獄者は盗品の服を隠匿する一方で警察に情報を提供することもしばしばであった古着商によって、それと確認されたということである。

(187) しばしばアーチのようにつくられたクマシデの樹のドームに覆われ、また樹木の植えられた長い並木道のことで、それが酒場のなかの客を外から見えないようにしているものである。

(188)〔原文は rester en charte privée〕これは公的な監獄とは異なり、通常の司法の権限下にはないと思われる場所に収監されることを意味する。一六七〇年の刑罰に関する法令では、このような処置は禁じられている。ここではもう少し拡大した意味をもっていて、家族の要請によって法的な管理下におかれ、監獄に閉じこめられる危険がせまっていることとして理解されるべきである。

(189)〔原文は gibiers de la police〕これは警察隊の兵士や、それよりもっと多くは捜査官の使う密偵を指す言い方である。こうした種類の人間はしばしば監獄やビセートルまたラ・サルペトリエールのなかで選ばれ任務を与えられるもので、公的には「observateurs 情報提供者」と呼ばれた。そのなかのある者は捜査官の助手に任じられ、そういう人物はさまざまな場で目にすることができた。この箇所での表現は、民衆のなかでよく使われた皮肉のこもった言い方〝狩り立てられることになった狩人〟ということであろう。

(190) 一六七四年までは司教裁判所の管轄下にあった監獄であり、ついでルイ十四世が特別な裁判権を廃止したのちには国王の監獄となる。そこには国王封印令状によって収監された者や、債権者の請求によって収監される負債者が収容された。一七五〇年頃には二五〇人近くの在獄者がおり、そのうち国王封印令状によるものが三一名、負債によるものが四八名であった。エヴェック城塞はさらに王室の部屋づき筆頭侍従が監禁を命じた喜劇役者たちをも収容した。この城塞はサン＝ジェルマン＝ロクセロワ街とメジスリー河岸との中間に存在していたが、一七八三年に取り壊された。ガイヤルダン城館 château Gaillardin という表現がされていたかどうかについては証拠がない。これは多分、古い司教城館を指すパリ風の言い方であろう。十五世紀にはセーヌ左岸にセーヌ川を見下ろすようにしてガイヤルダン城館なるものが存在したが、それは一六五五年に取り壊されたネール城館 l'hôtel de Nesle の城壁の一部分を構成していたもの。このガイヤルダン城館という名称が、多分セーヌ右岸の城塞に転用されたのだろう。

(191)〔原文は donne une perruque〕これは厳しく誰かを叱りつけること。

(192)〔原文は inscrit sur le grand rôle〕これは冗談めかした表現と考えられる。つまり、すべてこの世にあるものは死をまぬがれぬ、または、この世にあるすべてのものは見せかけだけのもの、ということ。

(193)〔原文は flageolet〕これは縦笛（リコーダー）flûte à bec のことであるが、消防ポンプの注水ホースの先端の注水口のことを指している。

(194)〔原文は pavillon des Quatre Nations〕一六六一年にマザランがイタリア、アルザス、フランドル、ルーションからの貴族の奨学生を入学させるために創立した寄宿学校。その建物は一六八三年にル・ヴォーが完成し、中央の礼拝堂の両翼に寄宿舎、図書館などがあった。現在はフランス学士院となっている。

(195)〔原文は carrefour des Trois Maries〕ポン＝ヌフ橋の出口の正面にある広場で、昔のモネー街、エコール河岸、メジスリー河岸がそこで交差している。

(196)フォブール・サン＝タントワーヌやタンプル、また、サン＝ジェルマン＝デ＝プレ教会やサン＝マルタン＝デ＝シャン教会の囲い地またその他のいくつかの場所とともに、当時は同業組合 corporation の支配を受けておらず、労働の自由があった。この免除の特権は労働についての領主権の規制に由来するものであった。フォブール・サン＝タントワーヌについてはサン＝タントワーヌ大修道院の権限に関連したものである。言うまでもなくパリの同業組合はこの免除特権を制限しようとして闘い、その臨検の権限を不当に行使し、その実行にあたってしばしば衝突の危険をはらむものとなった。ここでメネトラは二股をかけた行動をとっている。彼の親方資格証書はパリでその権利を行使することを可能としている。それで彼はパリの宣誓ギルド jurande の管理下にないフォブールの親方の仕事を防衛してやっているのだ。だが同時に、このようにフォブールで働くという時点では彼の親方資格にもとづく諸権利は効力をもたないので、フォブールで開業しているということにはなっていなかったのである。彼の義兄の場合もこのケースに該当すると思われる。

(197)クルティーユはパリの市門を外に出たところ、ベルヴィルの村落の両側、ベルヴィルの丘の斜面にあった。そこはぶどう畑や菜園、畑や林のある地帯であったが、関の酒場が生まれ、増大していった。それでこの場所は、このほかのレ・ポルシュロン、ラ・ヌーヴェル・フランス、ラ・プチト・ポローニュ、ラ・プレーヌ・ド・グルネル、ル・ムーラン・ド・ジャヴェル、ヴォージラール、ジャンティイ、ラ・ラペ、シャロンヌ、ル・グロ・カイユ、メニルモンタン、プレ・サン＝ジェルヴェと並んで、民衆が日常的にそして週末に遊びに行く場所として特段に重要なところとなった。カーニヴァルの時期になると、クルティーユではダンスが恒常的におこなわれていた。

(198)グラン・ムードン Grand Meudon という表現がここで使われているのはなにを根拠にしているのか不明である。殴り合いをしたためにビュシーが連行されるところといえば、シャトレ裁判所の監獄 Grand Chatelet 以外にはない。しかしセーヴル街あるいはムードン街道に常識を欠いた人を収監するプチト・メゾン救貧院が存在することをパリの住民は知っていた。メネトラは国王の所有するムードン城のことをパロディーとして言って面白がっているのでない限り、彼は多分グラン・シャトレとプチト・メゾン救貧院を混同しているのだ。

(199)〔原文は un sien cousin〕これは最初の、そして「下のほうに投獄されている連中」とされるものと同類のすりのことを指している。cousin＝いとこは parent＝同類と同じ意味に使われていて、メネトラはここでピックポケット＝すりの身振りを見たのである。

(200) パリの家屋には欠くことのできない通路（allée）、多くの家屋はファサードの窓の張り間は二ないし三しかなかったから、一般的にはこの通路は家屋のわきについていたが、ときには中央についていることもあった。この通路は一般的には家屋のすべてを借りている〔そしてその家屋の部屋を借家人に又貸ししている〕総借家人が、一階に住む手工業者や小店主を監視するのに好都合な場所だった。この通路は二一時から二二時に閉められて鍵がかけられる。

(201) ポルシュロン外環通りとモンマルトル外環通りに面した入市税徴収のための市門で、徴税請負いの職員がいる建物をそなえていた。このブランシュ＝白という名称は、この地域（現在のクリシー大通り）にある旧石切り場にちなんだものである。

(202) この病院、つまりアンヴァリッド療養所にはいれたのはもと軍人に限られた。ピナールは彼のスパイ行為の代償としてそこに入所の権利を獲得したことになる。

(203) パリの中心部、シテ島とセーヌ左岸の地帯にある都市評議会《カピトゥーラ》と称するこの建物は、中世以来のたび重なる建築工事の結果、多様な要素から成っていた。アウグスティヌス修道会の修道女やサン＝ヴィクトールの修道士など多数の医療従事者が、そこの二〇〇〇床のベッドに一万人近くの病人を受けいれていた。一七七二年の火災のあと、オテル＝ディユ病院を移転させる目的の多数の計画が立てられたが実現しなかった。この病院では収容された人の三分の一近くが死亡していて、パリ住民の困窮状態を物語る特段の場所の一つであった。

(204) このいとこはロンブという貧しい一一〇〇人の住民が住む小さな司教区の司教に仕える地位を得たのである。この司教区の一七六五年の司教はジャック・リシエ・ド・スリジー Jacques Richier de Cerisy であった。〔スリジー（一七〇九—一七七一）はルーアンの司教区総代理、シャージュのノートル＝ダムの修道院長を経て一七五一年から、ロンブの司教となった高位聖職者〕

(205) 〔原文は aimait à graisser le couteau〕これは肉を食事でおいしく食べるという意味で、食いしんぼ gourmande のこと。

(206) パリ市は薪や材木をセーヌ川で運び供給していた。上流のヨンヌ川やマルヌ川またその支流で組まれた木材の筏は、パリに到着して陸に上げられ巨大な作業場にうず高く積まれるまえに、まずサン＝ヴィクトール河岸から病院までのセーヌ左岸に係留された。人々はこの係留された筏の上を渡って舟のところまでいくことができた。その証拠にそれが原因の事故が多く起こっている。

(207) これはアントワーヌ・デュビュイッソン、通称ショーモン Antoine Dubuisson dit Chaumont のことで、ルスティエ一座の役者、この一座はサン＝ジェルマン定期市の火災のあと、一七六二年に解散した。

(208) 〔原文は Je fais le frère〕多分この意味は、助修道士 les frères convers あるいは修道者のように偽善的な行動をするということ。

(209) 〔原文は inspecteur pour les lanternes〕これは inspecteur とあっても警察の捜査官 inspecteur de police ではない。当時は街灯を担当するような警官は存在しなかった。警視や捜査官の公表されたリストにこうした名称をもつ者はいない。これはパリ市の吏員で新らしいランタンや街灯の取りつけを監督する係がいたということである。

(210) 〔原文は un ancien perroquet de toilette〕これは娼婦の同義語、古着や装身具を売る女商人、下着や服をあきなう女性の売り子、ときには娼家のおかみを引喩とし示すことで、花柳界の娘や女性を表現する。

(211) レチフ・ド・ラ・ブルトンヌはその作品『ムッシュー・ニコラ』のなかで、これと大変よく似た逸話を語っている。それはベルヴィルでのあるパーティーのときに彼が体験したことである。

(212) 〔原文は hou〕これは人がなにかを追いかけていることを表現するのによく使われる叫び声である。たとえば喜劇作家のスカロンは、「ウー＝ウー、おまえを狂わせちまうぞよ、どこに逃げてもおんなじさ、ウー＝ウー」と書いている。これはまた狩りのときに犬をけしかける言葉でもある。

(213) 注(147)、(148)を参照。

(214) これは教会の役職者で悔悛の秘跡に関する司教の権限を行使し、聖職者や俗人の特別の場合についての一定の告解を聴する職権を持っている者のこと。メネトラは神と教会の戒律へのたび重なる違反のために、この特別聴罪司祭のもとに送られる可能性はおおいにあったのだ。その特別聴罪司祭というのは、魔術、神への冒瀆の言動、背教、宣誓への違反、父母への殴打、殺人、堕胎、公然たる同棲関係、性的な違反行為などのケースを担当するものだった。cf. DURAND de MAILLANE, *Dictionnaire de droit canonique*, Lyon, 1770, t. I. PP.422–423, t. III, PP. 631–635

(215) フォブール・サン＝ローランの修道院には一七六〇年前後に六〇人ばかりの修道士がいた。これらのフランシスコ会の修道士は、パリや軍隊において大変人気があり、しばしば軍隊付きの司祭の地位を確保した。

(216) キリスト教の教理では、結婚は配偶者相互の合意によって成り立つ秘跡であり、結婚成立後は永久にそれを解消することができないものである。この結婚に先き立って“verba de futuro”(誓約の言葉)の交換、または婚約式がおこなわれることがあり、そこでは相互の責務を誓うのだが、この誓約は解除しうるものであった。トリエントの宗教会議以降の教会法では、このような婚約式の慣習は次第に重視されなくなる。つまりこの誓約の期間は結婚前の数日間、さらに数時間へと縮減されていく。メネトラとその結婚相手の行動は、結婚に障害となるものがないことを審問することと、婚約者相互での誓約を交わすことからなる典礼を、おこなうものであった。

(217) 木製、金属製、また石材で造られた看板は、しばしば街路に張り出していた。それらの看板は商店名や商品の名を表示し、絵画的、神話的、また騎士道的な表現、それに宗教的であったり不道徳であったりする表象のシステムを用いるものであった。また描かれたり彫りつけられた図柄や標語や地口がそこに混ぜ合わされていた。十七世紀以降、警察が看板の規制にのりだし、その大きさを制限し、街路の安全管理をおこなおうとする。こうして警察はそれまでの商習慣や都市空間における位置を看板によって同定するやり方と対立することになった。ここでのメネトラの言動はありそうなことであるが、看板排除の王令の発布された年代と一致しないところがある。一七六一年に王令が出て看板の大きさや高さが規制されるが、それが守られなかったためにその王令はもう一つ別の王令によって強化され、一七六一年十二月十七日に壁にとりつけられた看板以外の張り出した看板すべてが禁止された。警察代官サルティーヌ〔一七五九年から一七七四年までパリ警察代官、その後海軍大臣、フランス革命で亡命〕の後継者はこの王令の適用に意欲を示し、セバスティアン・メルシエ〔十八世紀末の著作家『タブロー・ド・パリ』などで知られる〕は看板が取り壊されたパリを嘆くことになる。一七六一年から徐々にではあるが、別の図柄の解読と広告のシステムが生まれはじめるが、それがはっきりと定着するのはフランス革命以後のことであった。

(218) 一七七〇年、王太子のベリー公（後のルイ十六世）のマリ＝アントワネットとの結婚を祝して、パリ市はルイ十五世広場の下方のセーヌ川の近くで、五月三十日の水曜日に花火の打ち上げを挙行した。その終了後に、多数の観衆が会場の出口を見つけられなくなった。国王の所有にかかる建物（現在の海軍省）に沿って造られた観覧席で花火を観るためにやって来た貴族たちの四輪馬車や辻馬車でロワイヤル街が混雑していたために、雑踏と押し合いによって一三二人の死者と約一〇〇人の負傷者が出た。その結果、花火会場の安全確保にかかわっていたさまざまな当局者たち、市当局や国王夜警隊隊長、警察代官などを非難する激しい議論が起こった。当局者たちのあいだで相互に非難の応酬があって、これが対策の不充分だったことを際立たせ、当局者への不信感があからさまとなった（AN. Y. 15507, H. 1873, X1. 8553）。

(219)〔原文は Cela me jeta un peu dans la traverse〕この la traverse は障害や悲しいことを意味する日常語。

(220)〔原文は J'avais souhait de roi〕息子や娘を持つことを表現する諺である。

(221)〔原文は cache-cache Nicolas〕性交をする、またその前戯を意味する明白なパリ風の言いまわし。

(222) ガスコーニュ人はパリの新住民の一つのタイプを示すもので、十七世紀の文学やビュルレスク文学の伝統（ガスコーニュ人の王アンリ四世以来の）、また軍事（近衛のマスケット銃士）や外科医術（パリの外科医学校はガスコーニュで多くの学生を集めた）などの伝統によってつくり上げられた個性的イメージを享受していた。実際にはガスコーニュ人の数は多くなく、移入民の一〜二パーセントにすぎなかったが、その生活習慣や言語、また人々が彼らのことを大ぼら吹きとみなしたことなどによって、それとすぐわかる存在だった。

(223)〔原文は cambrousses〕農民という意、パリに移住してきたばかりの移入民のことを蔑視してこのように言う。

(224) 注(161)を参照せよ。

(225)〔原文は marguillier〕教会財産管理委員会 conseil de fabrigue のメンバーのことで、教区の世俗に関することの管理、予算の作成、行事の準備、工事や規則の実施の監督などにあたる。この任務は無償でおこなわれるものであり、メネトラのここでの意見は、サン＝プリ信心会とサン＝プリ(無償)を重ねる言葉遊びがされているように、一般的に教会の金権体質に向けられている。

(226) これは多分、ルネ、フランソワ、ラ・トゥール・デュ・パン子爵、プランティエ男爵 René, Charles de la Tour du Pin, baron de Plantiers の息子で一七四七年生まれのルネ、シャルル・ド・ラ・トゥール・デュ・パンのことであろう。(BN. LM. 3 1254)

(227) メネトラはここでルソーの最後のパリ滞在を思い起こさせる証言に、きわめて具体的な証言をさらに加えることになっている。ルソーはパリでサン＝テスプリ館というベルガルド夫人がプラトリエール街に営んでいた古い家具つきの宿に住んでいた。彼は秋には自分で家具をととのえた部屋に住み、この出会いは一七七〇年の六月のことだ。証言のすべての細部は符節の合っているものだが、ルソー自身の証言に微妙なニュアンスを加えている。とくにルソーに人気が集まっていたことや、そのささやかなゲーム遊びなどについて異なるところを加えている。ここで書かれている散歩のことは、ルソーの『孤独な散歩者の夢想』のなかでも言及されている。E. FOSTER. *Le dernier séjour de Jean-Jacques Rousseau à Paris*, Paris, 1911.

(228) カフェ経営者の同業組合に加盟していた七〇〇ないし八〇〇のカフェのなかで、このカフェは一七一八年にレジャンス Régence という名称をつけたが、ルイ十四世死後の摂政時代《レジャンス》以降で最も著名なカフェの一つであった。チェス pousser le bois の流行と結びついてこの店が評判になったことは、ディドロがその『ラモーの甥』で言及しており、この哲学者は死去するまでこの店にしばしば行っていた(*Mémoires pour servir à l'histoire de la vie et des œuvres de Diderot* par Madame de Vandeul)。メネトラのここでの証言は、警察文書で確かめられる。ジャン＝ジャックを見ようとして集まった大量の野次馬を前にして、警察はカフェの入口やパレ＝ロワイヤルの広場、サン＝トマ＝デュ＝ルーヴル通りに見張りを置かねばならなくなった。

(229) ここでメネトラはパリ高等法院による一七六二年の『エミール』の出版禁止の決定のことを想起しているのである。この決定はルソーの出発と一七七〇年までの亡命の原因となった。ルソーはクリストフ・ド・ボーモンへのすぐれた手紙のなかでパリ大司教と論争をおこなった。

(230) ジャン＝ジャックが、文人が慣れ親しんでいたやり方(年金を受けたり、個人の奨励金の庇護を受けたりすること)と手を切ったとき、彼は貴族のお得意のために写譜をはじめた。彼は写譜したものを綴じて保存したが、それは一七七二年から一七七七年までのもので、優雅で芸術性をもった見事な書体で書かれた九五〇〇ページほどになるものだ。彼はこうしてささやかな収入を得ていたのである。

(231) これは一七七〇年のルイ、フィリップ・ドルレアン Louis, Philippe d'Orléans（一七二五—一七八五）に関連すること。彼は一七五二年以降公爵、一七五七年以後軍人としての活動から隠退した。生活はサン＝クルーの城館とバニョレの双方に分けていとなんでいた。息子のルイ、フィリップ、ジョゼフはフィリップ＝エガリテの名で国民公会の議員となる。この一家は国王についで王国で最も裕福な家族であった。

(232) 一六七三年以来のオルレアン家の所有にかかる庭園。そこに建つ宮殿はリシュリュー枢機卿によって整備され、摂政によって再建された。その庭園とその周辺には多くの人々が訪ずれた。そこは優雅な生活と世評を支配する場であった。クラコヴィの樹 l'arbre de cracovie と呼ばれるのは、そこに当代のほら話好き、つまり les craques（うそ）を愛好する人々が集まるからであった。ディドロ、メルシエ、J・A・デュロールなどの証言がこのパレ・ロワイヤルの庭園の名声を不朽のものとして伝えている。

(233) 〔原文は les petits poulets〕優しさと愛情のこもった短い手紙。

(234) ルソーのエルムノンヴィルへの出発は一七七八年五月である。そうするとメネトラは八年近くもこの哲学者と会っていたことになるが、こうした長期間の関係についての痕跡が、一般的な手紙や証言のなかに間接的なものにしろ残っていないというようなことは、ちょっとありえないことだ。むしろ想像しておくべきは、プラトリエール街の、郵便局《グランド・ポスト》の向かい側にルソーが引っ越した後に、同じ街路にあった絵画商の隣の家の六階にちょっと立ち寄ることが多かっただろうということだ。ガラス屋たちは版画の複製画を額に入れる仕事を画商のためにするものだということをこの場合念頭においておこう。

(235) これはフォブール・サン＝ドニ街一〇七番地の高台に存在した宗教施設である。一六三二年以来ここは同時に修道院でもあり神学校でもあった、矯正監獄があり、サン＝ヴァンサン＝ド＝ポール〔Vincent de Paul（一五八一—一六六〇）、ラザリスト宣教会を創立、弱者のための宗教を主張し、各地に女性慈善団体をつくる〕のラザリスト宣教会の支配する病院もあった。閉じ込めのための監獄は子どもを、また一家のなかで反抗的で逸脱的な息子を、また王の封印令状にもとづいて留置された者を収容した。封印令状は不身持のゆえをもって、あるいは負債のゆえをもって家族が申し立てて獲得するものである。一七七一年の頃、この監獄には五六人の在監者があった。メネトラはおじの代わりに債務を自分が負うことになるのを認識しないで、手形に署名することを引き受け、こうして彼がかかわることになった悪質な商取引きの結果、王の封印令状によって留置されそうになったのである。彼は負債を返すことができず、そのため追究される可能性が生じたが、とくに彼はここで、精神的には自由だがきちょう面さに欠けた人物をその家族が当局者に告発することになれば、その人物が体験することになったと思われる恐怖を証言しているのである。

(236) Guillaume Joly de Fleury（一七一〇―一七八七）、一七四〇年からパリ高等法院の主席検察官、パリの大法官職を代表する司法官 magistrat représentatif de la grande robe parisienne、勤勉で教養があり、司法官の世界の鋭い観察者でもあった（P. BISSON. *L'Activité d'un procureur général au parlement de Paris, à la fin de l'Ancien Régime, les Joly de Fleury*, Paris, 1964）。しかしながらその館はセーヌ左岸（サン＝ギヨーム街ついで一七七五年以降はブランシュ街）に所在。したがってこの記述は人違いである。ここで記されているのはある実業家のことで、顧客の債務を支払う、マレー地区に住む人物のことではないかと思われる。

(237) これは十世紀から十八世紀にかけてのパリの最大の墓地で、サン＝ドニ街、オ・フェール街とフェロンヌリ街の間のところにあった。一七八〇年まで近接する教区やオテル・ディユ病院での死者を埋葬した。この墓地の共同墓地には毎日のように死者の亡骸がほうむられ、この墓所には代書屋、小商人、野次馬などが入り込んでいた。臭気に悩まされた周辺の住民の苦情、墓穴の崩落、また墓地を都市の外に追い出そうとするキャンペーンなどによって、この墓地は閉鎖される。その跡地には市場が建設された。死者のあとに商売生まれる、とはその当時のアレゴリーである。

(238) 富くじは十六世紀にイタリア人たちによってフランスに導入されたものであり、賭事が禁止されていたにもかかわらず、これらの富くじは慈善を目的とするという理由により、またそれがたまたま成功したことによって、どんどんと盛んになっていった。一六五八年の富くじは総合施療院《オピタル・ジェネラル》のため、一七〇一年のそれは消防隊のため、一七五四年のは捨て子のため、一七五七年は士官学校のため、という具合にして、豪華宝くじ **loterie royale** は、部分的には外国の富くじを買おうとする人々の金を引きもどすために、一七七六年に設立されたものである。くじは一枚の番号札あるいは複数の番号札を、一回の抽選ごとに四〇組のなかの一組から、あるいは四〇組のなかからとり混ぜて買うことができた。一枚の番号札で出資金の一五倍が当たり、三枚の番号札の組み合わせ（一テルヌ）で出資金の二七〇倍が当たる。人々は一五日おきに七つの組み合わせが可能となる五枚の番号札を引く。巧みな行政当局の管理と、運がよければ富の再分配が可能になると信じた民衆に支えられて、この制度は大変な成功をおさめた。富くじは共和二年に廃止されたが、共和六年に復活した。

(239) ［原文は **malgré**］**grâce à…**（～のおかげで）とすべきところを **malgré**（～にもかかわらず）としている。これはメネトラの用法が適切でないことを示す。

(240) 旧民法は結婚の解消を不可能とする宗教の教理とはあいいれない離婚の規定をもたないが、パリのシャトレ裁判所の民事部では本人同士が別居することや獲得財産を分離することを許した。その場合の訴訟手続きは長期にわたるもので、多額の費用を要し、また再婚は不可能だった。民事での結婚の法的な破棄は革命期の世俗化の立法（一七九二年九月二十日の法律）によって可能となった。メネトラの娘は後出のように、この法律が成立したことにより、一八〇二年に離婚し再婚することになる。

(241) このla Petite Pologne は環状大下水溝 grand égout の北側に位置していた街区《カルティエ》で、一七三七年に環状大下水溝が暗渠になったとき以来、次第に都市化がすすんだ。この時点では市壁の外にあり、関の酒場や酒場が人々を集めていた。一七六四年にこの街区はマドレーヌ小教区に属することになった。〔環状大下水溝はセーヌ右岸の東側のアルスナルからパリの北側を円環状にとりまき、南下してシャイヨの丘の下手でセーヌ川に流れ込んでいた大下水道〕

(242) この人物はグルネル＝サン＝トノレ街のパリで一、二を競そうポーム球戯場とビリヤード場の経営者で、ポーム球戯で有名な旧家の出身。経営するポーム球戯場は、縦二五メートル、横九メートルの室内空間で短距離室内球戯《クウルト・ポーム》を競技する人々がそこをおとずれた。le tripot〔ポーム球戯場、一般的にはあやしげな場所〕は（足を踏みならす、薬《やく》をやる場所）ということであって、しばしば暗く描かれ、球の白さを印象づけるのだ。十七世紀には盛んだったこの球戯も十八世紀の初めには衰退にむかい、一六五七年には球戯場数が一一七とされていたのが、一七六〇年には六〇ばかりに減少した。アルトワ伯や大公たちは好んで球戯に熱中したのであり、このことは本文で指摘されている逸話が実際にあったと思わせるものである。J. DELAY. *D'une minute à l'autre*, Paris, 1978. また注（142）を参照のこと。

(243) テュイルリー宮殿の庭園とルイ十五世広場を結ぶ。宮殿の堀割りにつけられた橋。夜も昼も閉められており、スイス衛兵が警備していた。

(244) この時点での大公たちの側近のなかに、デュフォールという家の者は見あたらない。多分これはいくつかの分家をもつ古い家柄の貴族のデュルフォールか、あるいはコンデ家とつながりがあった可能性があり、当時ブルゴーニュ地方の総督であったデュポールと混同しているのだろう。

(245) ルイ十六世の時代に放棄されてしまった王宮。一七七五年にこの王宮の礼拝堂の窓ガラスとステンドグラスが嵐によって破壊された。メネトラはそのような王宮に、門番、庭師、守衛などそこで働いている人々を介してしか近づくことはできなかったのである。ムードンの管理者、そしてドゥロネー氏というそのおかかえのガラス屋が、嵐での被害を鑑定するためにムードンに、「ガラスに色を塗る技を培かって成功したパリでただ一人の男」を来させたと指摘しているのは興味を引くことだ（P. BIVER. *Histoire du château de Meudon*, Paris, 1923, p.45, pp. 292–293）。想像できることは、メネトラがムードンの移転にたずさわったということであるが、史料を調べてもガラス業のエキスパートであるが雇い入れられなかった人物の名前を確かめることはできない。建築物監督官ダンジヴィリエ伯への一七七五年九月十八日付の書簡。

(246) シャトレに向きあってプチ・ポン橋の入口のところにあった二階建ての建物で、ヴォールトが架けられた通路がついていた。

監獄として使用されていた。この建物の取り壊しは一七二二年に決定されたのだが、それが実施に移されたのは一七八二年になってからのことだった。そのとき在獄者はシャトレ監獄に移された。ゴヤの絵を思わせるようなこの逸話は、刑罰の公開性という理由で公開処刑を要請している刑法の規定にもとるところがある。謎めいた事件を想定しなければならないことになるが、より真実に近いこととしては秘匿保留条項つき判決 sentence avec retentum が下されたということだろうか。つまり刑の宣告を受けた者が秘密裡に「人道的」という理由で前もって死刑を執行され、その後に公開の場で焼かれたり、より多くの場合は絞首されたりした可能性があるということである。

(247) もっとも権威のあるフランス貴族の司教座聖堂会員の一人で聖職禄所有者の肩書きをもつリヨンの司教座聖堂会員の名簿のなかには、メネトラの指摘する名前は存在しない。この逸話は事実ではないとも言えず、誰かある聖職者の奔放な生活ぶりを語ったものだろう。

(248) 彼女は薬による治療を、ビセートルか、よりありうることであるが、その頃に薬の治療の場として開設された個人経営のクリニックで受けるためにパリにやって来たのである。注(184)も参照のこと。

(249) このコンサートは一七二五年からスイス人の大サロンでおこなわれていた。一七七三年以降はゴセックとルグロによって監督され長く続けられた。つねに三〇〇人から一〇〇〇人の愛好家が集まり、一七八七年の復活祭の日曜日には一三二四人の聴衆を集めている。

(250) コンデ大公、ルイ・アンリ、ジャン、ブルボン公(一七五六—一八三〇)とその妻ルイーズ、バティルド・ドルレアンの間に生れた子どもたちのこと。

(251) これはサン゠ソヴール小教区にあったもので、路地、中庭、迷路、袋口路が網の目状に連なった場所を指す。そこにはテヴノ街からはいる。一六六七年に警察代官のラ・レニーはこのクール・デ・ミラクルに居付いている浮浪者や物乞いの排除を実施した。そこは一七八七年まで不穏な地区であり続けたが、この年にクール・デ・ミラクルの場所にプチ・カロ市場が建設された。

(252) パリのお祭りで夜間に打ち上げられる花火なしで成功したものはない。花火は国王かパリ市から製造を請け負った親方たちによって造られた。ただし彼らは一七〇七年の火災があってからは市外に住むことを義務づけられていた。体系百科事典の第一巻の技能職業の項には十七世紀以降の主要な花火打ち上げの一覧が出ている。アンシアン・レジーム末期にはリュジエリ兄弟 frères Ruggieri が剣舞のスペクタクルに花火を君臨させた。彼らはヴォザル Vauxhall の設立者であるトレ Torré を模倣して彼らのブランシュ街の家の庭園で祭りを催し、春などのよい季節には多くの人々を集めて叙情的なパントマイムを挙行したりした。リュジエリ家所蔵の文書類に調査が及んでいないので、メネトラと交友関係を持ったのがリュジエリ兄弟のピエトロ、フランチェスコ、アントニオ、ペトロニオ、またガエタノのうちの誰なのかを知ることは困難である（THIERY. *Guide du voyageur à Paris*, T.I, 1787, P.144)。

(253) フランスの役者たちとの敵対関係のためにいくたびも苦杯をなめた後、イタリア人たちは、彼らが再びパリにやって来た一七一六年以降、ブルゴーニュ館で頭角を現すことになり、イタリア語で話すことはやめてしまった。その少しあと深刻な危機を経験し、お祭りの見世物をやるというような実験的な試みをやったりしてサン＝ローランの市場を興業の場とした。一七六二年に彼らはオペラ＝コミック座の劇団と合併した。ブルゴーニュ館の劇場は中央市場街区のモーコンセイユ街にあった。

(254) 財務総監テュルゴは、一七七四年以降、自由主義者の主張に押されて同業組合の改革に着手し、一七七六年に同業組合を全面的に廃止した。これにより労働の自由は警察の規制には従うということは別として、いかなる制約も受けないことになった。だがテュルゴは同業組合やパリ高等法院の反対にあった。パリ高等法院はその王令の登録を拒否し、宣誓ギルドとしての同業組合がその一つの要素となっている社団社会《ソシエテ・デ・コル》を擁護した。この体制が、親方層の排他的な権力とか親方—職人のあいだの絆を崩壊させ、独自の利益を優越させるといった欠陥を現実的にもっていることは考慮されなかったのである。テュルゴの改革は、それが労働者の移動を促進し彼らの反抗をうながすものとみてとった警察からも歓迎されなかった。しかしそれは下層の民衆にとっては、メネトラが彼流のやり方で証言しているように、歓迎し喜びの意を爆発させる機会となった。多くの街区がイルミネーションで飾られ、花火があげられ、「王様と自由万歳」と書かれたポスターが現れたりした。親方と職人のあいだの争いも発生した。パリ警察代官ル・ノワールは宣誓組合《ジュランド》の復活を、多少の改善を主張しつつも、支持した。一七七六年八月に同業組合を復活する王令が、それは人々の不満をさそい、その実施はあらゆる人々がよく思わなかったのであるが、宣言されたのにひき続き、テュルゴはその地位を退りぞくことになった。この一七七六年の危機は、二つのタイプの社会のどちらを選択することもできなかった旧王制の崩壊の主要な局面をなすものである。(cf. S. KAPLAN. “Réflexions sur la police du travail, 1700–1815” *Revue Historique*, 1979, pp.17–77.)

(255) これは、メネトラが最後に淋病にかかった事態を示し、リュジエリ兄弟の一人から与えられた特効薬によりどうやら治癒したもの、と理解すべきである。

(256) メネトラはここで、一七九二年以後に合法化された離婚を言葉として使用している。注(240)を参照のこと。

(257) この逸話は一七八〇年か一七八一年にヨークタウンで戦闘をおこなうことになるフランス軍が、ル・アーヴルからアメリカに送られる時点でのことだと思われる。

(258) これは捜査官か警視のことを指している。注(13)を参照。

(259) これは国王が封印令状を発したということであり、この封印令状は国務卿補佐が署名し、特定の個人について一般的に追放ないし投獄を命ずることを内容とする。実際には、これを山師とか浪費家といった放埒な者を厄介払いする手段だと見なした家族の者の要求にもとずいて、地方では地方長官の、首都ではパリ警察代官かパリ担当大臣の審査を経て与えられるものなのだが、国王の専制を典型的に示す行為だと見られていた。この令状はあらゆる社会層を対象にしうるものだった。フランス革命での体制変革のなかで国王封印令状は廃止された。注(235)も参照のこと。

(260) ピエール、クロード・マルソー Pierre, Claude Marseau はガラス業の親方でサン=トゥスタシュ小教区のグランド=トリュアンドリ街に居住。メネトランのおじで、一七七八年二月五日にパリ商事裁判所によって破産を宣告された。彼はこのときまだ一万六三四三リーヴルの資産があったが、負債は一万五三七二リーヴルであった(AD Paris〔パリ市古文書館〕, D4, B6, 66, 42. 981)。

(261) これはテュイルリー宮殿の近くの旧コンフェランス市門の下流のセーヌ川右岸にあった船着場コンフェランスのこと。十八世紀にとり壊された。そこではサン=ルーから送られてきた石材や筏で運ばれた木材が荷上げがされていた。

(262) 〔原文は il n'y a pas de plus beau deuil que sur la fosse〕ただちに故人となった人の負債を弁済すること。

(263) パリの家屋の内部にあった階段の中間の踊り場で、しばしばその家に住む人々が集まる場所にもなった。

(264) あまり使われることのない表現であり、おそらくは、はっきりイエスともノーとも言わない抜け目のないノルマン人のようにわたしは関心をもっていない、ということであろう。

(265) 〔原文は exhumer(掘り出す)〕もちろん inhumer(埋葬する)とすべきものである。埋葬の費用を前もって支払うことは、一定の救貧院や病院でおこなわれていた収容に際しての条件の一つで、救貧院を営む宗教団体の葬儀費用の負担をとり除くものであった。ベタニというのはロケット修道院の墓地がある場所の通称である。

(266) この地区《セクション》(section)という行政的な組織体がどのように機能していたかを明確にしておくことが重要である。メネトラはまず地区《セクション》総会に参加したことを回想しているが、この地区《セクション》は一七九〇年の五月から六月にかけて創設されたパリの行政単位であり、それは〔六〇の〕旧来の地区《ディストリクト》(district)にとってかわったもので、この district というのも、かつてのカルティエ quartier にとってかわったもの。パリは四八のセクションに分かれ、まずもって家内奉公人を除く能動的市民——選挙権をうるに必要な税額として三労働日分を納税した市民のこと——の選挙活動の場として使われた。ついで一七九一年からは、一七九四年まで自由に開催されていた地区《セクション》総会やその総会が組織した多様な委員会によって形成された民衆運動の基本的な手段となった。地区《セクション》は能動的市民以外の人々が積極的に活動する場となっていく。その訴えや請願、街頭での行動、革命の諸事件への参加などによって、地区《セクション》は議会や革命政府の政策に影響を与え、政府は一七九四年まで地区《セクション》を自からの支えとしていた。その年の三月〜四月から政府はそれらを操作し、粛清する。これは転期を画するものであり、地区《セクション》の運動と諸委員会のあいだでの不一致が次第に明白になっていく。それがテルミドール九日のロベスピエールの失脚を許すことになった。メネトラが属したのは第一六セクションでモーコンセイユ Mauconseil と呼ばれたが、一七九二年八月にはボンコンセイユ Bonconseil という名称が与えられた。

(267) ここで指摘されているのは一七八九年の夏に、武装することのできた能動的市民を組織して生まれた国民軍（国民衛兵）にかかわることである。メネトラはその『雑文録』のなかのある文章で、八月十日に国民軍の一員として加わったこと、またパトロールや地区《セクション》の構成員によって維持された警備隊のことなどを回想している。一七九二年からこのセクションの人々は彼らによって選出された士官と下士官をもった一二六人の中隊に組織される。セクションには一〇〇〇人ほどの能動的市民ごとに中隊が組織されて、ボンコンセイユには一七〇〇人の能動的市民がいたので二〇近くの中隊が存在したものと思われる。ディストリクトごとの大隊に組織されていた国民軍が、諸セクションに統合されると、メネトラが想起しているような軍事委員会や規律評議会が設置された。共和二年フリメール十二日（一七九四年十二月二日）の法令はパリ国民軍の指揮権を再組織する。諸セクションは一部で武装解除されて、共和四年ヴァンデミエール十六日（一七九五年十月八日）以後、軍部の管理下に置かれた。

(268) これはロンドンに在住したフランス人のあいだに生じたフランス革命を支持する騒擾を暗に指しているもので、これによって一七九二年以前のイギリスでジャコバン主義が全般的に拡がるのを恐れての、ロンドン在住のフランス人の追放という事態を引き起こした。

(269) メネトラの娘は共和一一年に、エルマン、ポール・ゴヴェール Herman, Paul Govers と結婚した。この人物はマルセイユ生まれの大商人で、マルセイユの貿易商の家系に属する。C. CARRIÈRE. *Négociants marseillais*, Paris, 1969, 2 tomes, t. 2, p. 724, p. 923. 現在までのところ、文書館の身分登録簿では、マリ＝マドレーヌ・メネトラと生活をともにし、一七九一年頃に陸軍大臣官房の主任であり、またメネトラが指摘するような多様な職務についていた人物とポール・ゴヴェールとの間にどんな関連があったかは明らかにしえていない。兵器工場は、リュクサンブール宮殿の近く、市門の向こう側のランフェール街のオラトリオ礼拝堂の建物のなかに置かれていた。

(270) セクションは民事委員会と革命委員会によって指導されていた。メネトラは前者のメンバーであったことを認めているが、後者のメンバーであったと認めることは拒否している。民事委員会の一六人のメンバーは市の行政の職務を担っており、警察委員を監視し行政当局の条例のすべてを実行に移していた。この委員会の議長が総会を招集し、総会がその議長を選出しまた罷免することもできた。これはセクション総会の義務であった。民事委員会は革命委員会より政治性が薄かったが、共和二年以後には後者が前者に次第にとってかわるようになる。民事委員会はテルミドール以後に再び多くの権威を回復することになり、なかんずく食糧供給にかかわる最重要課題が民事委員会にふりかかってきた。民事委員会は共和四年に廃止される。革命委員会ないし監視委員会は一七九二年以降セクション総会によって選出された一四名の委員から成り、一七九三年の三月に再組織されて委員は一二名とされ、反革命容疑者や外国人の監視を任務とした。人々が公民証 certificats de civisme や身分証 cartes de sûreté の発行を要請したのはこの委員会に対してだった。これは政治警察の役割を担い、民主的なセクションの運動における基本的な組織としての役割を果し、パリ市会《コミューン》や国民公会の諸委員会と直接に連携していた。一七九三年の末以降、公安委員会はこれらの革命委員会をコントロールすることに努めた。そして公安委員会は直接また間接に革命委員の任命に干渉し、それはとくに過激派《アンラジェ》やエベール派の粛清後に目立つようになる。メネトラが回想しているのはそうした事態のなかの一七九四年三月から四月における一例であり、彼は「彼らに報告させる役目についた」と記しているのである。メネトラはそのときロベスピエール派に近いジャコバンであったのだ。一七九四年八月に革命委員会は国民公会の保安委員会に従属する位置におかれ、そして共和四年のブリュメールに廃止される。記憶にとどめておくべきことは、共和二年の革命委員会のメンバーは、一般的に言って穏健派と反動派の攻撃に悩まされ、共和三年また四年には彼らによってテロリストであったと非難されることになる。

(271) アダム・フランソワ・パルセル・ド・サン＝クリストー Adam François Parcel de Christau。徴税請負人で大変富裕、金融業者の家系の出であったが、共和二年フロレアール十九日（一七九四年五月八日）に刑の宣告を受けて執行された。（AN. W, 362(785).）

(272) ボンコンセイユ・セクションの革命委員会のメンバーのフランソワ・マリエ François Marié で、モンデトゥール街に居住〔原文ではマリ Marie とされている〕。この人物は共和二年テルミドールにそのセクションの他のジャコバン派とロベスピエール派とともに逮捕された。ヴァロワによる密告であった。（AN. F^7. 4663, 4774 - 35）

(273) バルベ Barbet またはバルベー・マテュー Barbey Mathieu. 三十七歳の帽子職人でフランセーズ街一六番地に居住。共和二年プレリアール一日に反革命で王党主義者ということで逮捕、処刑される（AN. F^7. 4585, W369）。メネトラはこの人物のリヨン出身ということが判決に影響したと考えている。この時点でリヨンは一七九三年十月九日に粉砕されたフェデラリストと王党派による蜂起のあと、もっとも卑劣な都市とみなされていた。二人の密偵は保安委員会に、大変漠然としてはいるが、その時期においては充分に身の危険が生ずる言葉が発せられたことを報告している。

(274) 立法議会の監視委員会のメンバーをもって一七九二年十月に設立された。ジロンド派との闘争の賭金となったもので、モンタニャール（山岳派）によって支配された。一七九三年九月から、アマル Amar, ダヴィド David, ル・バ Le Bas, ヴァディエ Vadier らを中心として、この委員会はしばしば公安委員会と衝突した。テルミドール以後は、警察権力のすべてがそこに集中し、一部の委員が入れ替わり反ジャコバンの反動を確固たるものにした。

(275) 氏名はわからない。このような事件の痕跡を発見することはできなかった。こうした行動が実際にとられたとすれば、手紙は一七九二年八月に選出され、公安委員会の推進力のもとでフランス革命政府を受けいれることになった国民公会の諸委員会に送られているはずである。共和二年のテルミドールに革命運動の未来が定まったのはこの国民公会においてであった。国民公会は共和四年に総裁政府下の議会に席を譲ることとなる。

(276) アントワーヌ、カンタン＝フーキエ＝タンヴィル Antoine, Quentin-Fouquier-Tinville（一七四七―一七九五）。パリのシャトレ裁判所検事、弁護士、革命裁判所の中心的な検察官となり、共和二年プレリアールの大裁判《グラン・プロセ》〔ルイ十六世の裁判〕の立役者だった。彼の性格はメネトラの直接的で個人的な行動を受けつけないものである。共和三年のフロレアールに今度は彼が処刑されてしまう。

(277) ジャン・マテュー・サタン Jean Mathieu Satin 四十四歳、金利生活者、ルナール街一一番地居住、パリ生まれ。能動的市民でセクションの運動に一七九一年から参加、ロベスピエールまた一七九三年五月にはパリ市会《コミューン》に忠実であった。（AN., carte de sûreté Bonconseil, F⁷. 4775–13, Arch. Préf. Police, mars-octoble 1791-Boncoseil, BN. 8°. LB. 40, 1958）
ピエール、カジミール・バヤール Pierre, Casimir Bayard, 三十三歳の羽根細工師、プチ＝リオン街に居住。ノワイオン生まれ。セクションの諸委員会で職務を担う。泥土や街灯の臨検官、警察委員。また国民軍の中隊長。共和三年に逮捕される。ということはジャコバンつまりはロベスピエール派、ただし温健派で、そのことはバルベについての彼の陳述が明らかにしている。（AN., carte de sûreté. F⁷. 4585, 4589², 4775³², 4663, W. 369, BN?4° LB4° 1733.）
ジャン・フランソワ・アダン Jean François Adam レース及び下着商、三十一歳（一七九二年）、グランド＝トリュアンドリ街に居住、コンピエーニュ生まれ。一七九二年にボンコンセイエの革命委員で、これは彼がジャコバン派であったことを示唆する。（AN., carte de sûreté, Arch. Préf. Police Boncoseil 28 décembre 1792）

ジャック・ニコラ・ルサンプル Jacques Nicolas Lesimple 金利生活者、三十六歳、モントルグイユ街に居住、モートル＝シュル＝セーヌに生まれる。かつてはパン屋だったようであり、一七九一年にセクションの職務についていた。（AN., carte de sûreté, Arch. Préf. Police Boncoseil avril et septembre 1790, octobre 1791.）

(278) プロシア軍のフランス侵入という脅威を前にして、パリの監獄のなかでおこなわれた九月二日から六日にかけての在獄者虐殺という事件を暗に指摘するもの。

(279) 治安判事フランソワ、サンソン・デュペロン Jean, François, Samson Duperon は一七九二年九月に逮捕されるが、ボンコンセイユのセクションの人々の介入によって九月の虐殺をまぬがれる。（AN F^7. 4589^2）

(280) これはロベス・ピエールの失脚とともに共和二年のテルミドール九日から十日にかけて起こった変化に関連してのことである。ロベス・ピエールの失脚は恐怖政治に終止符をうち、議会が権力をもつ時代を開くことになったが、議会は残存するジャコバンと反動派やフレロン Fréron とジュネス・ドレ（裕福な青年）たちの王党派の圧力、多数の温健派などの間の対立で引き裂かれたのだった。諸セクションの内部は、旧ジャコバン派やテロリストが迫害される衝突の時期へと移行した。

(281) 規則で定められた太鼓の音はセクションの人々が武装して集合することを指示し、鐘の音については、ゆっくりとくり返して長く打たれるときは警鐘であった。

(282) これはジロンド派、したがって温健派によって出された二つの請願書のこと。それらは全国から集まった志願の義勇兵（連盟兵 fédérés）がパリで野営することに反対するもの。また一七九二年六月二十日の反王政の運動に反対するものだった。この非難の動きは一七九二年六月に、過激派《アンラジェ》が温健派の疑いのある者を名指しするという事態を招いた。ジャコバン派の権力はこの盲目的な粛清の動きを抑止する。一七九二年にメネトラは温健派だという容疑をかけられ、彼とこのようにして敵対した人々は過激分子ということになった。無実が証明されたメネトラは、彼がルイ十六世の廃位を要求する陳情書——これは一七九二年八月十日より前に諸セクションで人の手から手へと廻されていた——に署名したという事実ではっきりするように、なお善良なジャコバン派であり続けた。この頃に彼はセクション総会の議長にされたのだろうか。それはありえないことではない。しかしこれはさらに加えて彼のサン＝キュロットたることを際立たせることになると言ってよいだろう。

(283) 監視委員会つまりは革命委員会のメンバーということ。注（270）を参照。

(284) ポール、マリ・ポワリエ Paul, Marie Poirier 金物製造職で二十八歳、プチ＝リオン街二六番地に居住、クレテイユ生まれ。彼はセクション総会で地区の書記役をよく務め、革命委員会のメンバーでもあった。恐怖政治のもとでのクラブ活動家。共和三年ブリュメールに彼が逮捕されたときの事由を信じるとすれば、ジャコバンの過激派《アンラジェ》ということになり、多分バブーフ派に近いものだったろう。メネトラがこのように非難攻撃を加えたのは、ジャコバン派の活動家のなかではこの人物だけである。多分それはこの人物が共和二年にとった過激な立場のためであろう。（AN., carte de sûreté F7. 4774 48; Arch. Prefe. Police, AA. 281, fol. 257-278.）

(285) すなわち一七九〇年九月二十九日の法令以後に選出された治安判事の補佐また代行のこと。彼らは個人の、動産についての、民事についての訴訟（たとえば賃金、労働、侮辱、けんかなどなど……）すべてのうち、控訴権のない五〇リーヴルまでか、控訴権のある一〇〇リーヴルまでの全ての事件の裁判をおこなう。彼らは一七九三年十二月から一七九五年八月までパリ市会の総評議会によって任命され、その後も再任された。年鑑によるとメネトラは一七九三年、一七九四年と一七九五年にこの役職にあったことが明らかである。（AN., D. III. 253-11 pluviôse an III）。ド・ギヨーム De Guillaume は一七九二年と一七九三年に補佐を務めており、県裁判所の陪審員だったことは確かである。

(286) クロード、ジャン・リゴレー・オニィ男爵 Claude, Jean Rigoley baron d'Ogny. ピク・セクションの区内で、息子の一人が亡命貴族だったために逮捕される。当時七十五歳。セーヌ＝エ＝オワーズ県のミルモンの住民の陳情書が彼の釈放にあずかって力となった。（AN. F7. 4774 93）。一七九二年以前の日付で彼が陪審員をしていたという痕跡はない。

(287) サン＝トゥスタシュ教会の司祭。ジャン＝ジャック・プーパール Jean Jacques Poupart はトレネ街四九番地に居住。オラトリオ礼拝堂に属し、ついでその小教区司祭となる。ルイ十六世の聴罪司祭を務めたこともある。司教区で大変尊敬されており新しい憲法に宣誓した聖職者である。一七八九年八月の臨時パリ市会の一員となり、一七九〇年から九二年までつねに議会選挙会の一員であった。恐怖政治下でも危険な人物とみなされたりすることはまったくなく、一七九五年には憲法を尊重するということで自分の教会を再開することもできた。（AN. W257.）

(288) これはつまりセクションで貧困な人々を救済することを任務とする委員会のメンバーだったということ。一七九〇年にはサン＝トゥスタシュ教会の司祭は救援物資の分配を統一しておこなうために、これらの委員の集会を画策したことを指摘しておこう。一七九三年に委員会の会議が貧困に対する闘いの全体的なプランを作成する。一七九三年七月以降、諸セクションはその構成員のなかから、食糧品の買占めとそれへの投機を禁止する法令の適用を監視する、買占めと食糧にかかわる委員を選任した（AD. Paris, D. 796. Sd.）。

(289) 国民公会が一七九三年九月にセクションの総会の回数を二回に減らしたときに、セクションの活動家たちは自由に集まることができるようにと民衆協会を組織した。これは実際のところではセクション総会の準備にあたる純化されたセクションといえるものだった。その審査委員会は反市民的な陳情書に署名する可能性のある候補者を排除したりした。それで一七八九年にさかのぼってこの協会の活動が正当であることを主張しなければならなくなった。ロベスピエールやジャコバン派はこの協会を厳重に監視し、共和二年フロレアールにはこの協会のなかのいくつかはロベスピエールと離れたが、そういうセクションの一つがボンコンセイユであった（E. MELLIÉ *Les sections de Paris*, Paris, 1898, pp. 274–285.）

(290) デュプレシあるいはデュプレシー Duplessis ou Duplessy、理髪師でパヴェ街に居住。メネトラの隣人。歩哨に立つことをめぐって険悪となった彼との不和は、二人の間の対立についてのメネトラの言いわけに使われている（cf. II F°. 82-83）

(291) ポール、ルイ・ナルダン Paul, Louis Nardin. 使用人、三十二歳、サン＝ソヴール街に居住。ノレ Naulet 生まれで一七九〇年にパリにやって来る。一七九三年にはパヴェ街二六番地に身を寄せるが、これはメネトラの住所と同じである。国有財産局に雇われ治安判事補佐でもあった。彼はテルミドールの反動以降にセクションを煽動した青年王党派《ミュスカダン》。（AN., carte de sûreté. D. III. 253-254; BN. 8°Lb. 40 1728 et 4°Lb. 40 1733）

(292) イシドール・ラングロワ Isidore Langlois 自称するところでは教師、学生、文人。一七九三年に二十四歳でモーコンセイユ街六三番地に居住。一七八六年にルーアンからやって来た。一七九四年にはプチ＝リオン街一七番地に居住。革命の激烈な支持者。ルイ＝ル＝グラン中学の奨学生で一七八九年に学校の若者たちとともに諸事件に参加する。その当時は医学を志す貧乏学生。一七九二年に、ルイ十六世の廃位を要求するボンコンセイユ・セクションの裁決を他の諸セクションに持参したのはこの男である。一七九三年における彼の活動はよくわからないが、三月には温健派に転向し、ヴァンデ戦争のために志願兵が徴集されたのを契機に反革命派になったことは明らかである。一七九三年に逮捕され、テルミドール後になってからやっと釈放された。その頃にはもっとも才能のある反革命派のジャーナリストの一人となっていて、とくに『メサジェ・デュ・ソワール』紙において活躍する。青年王党派《ミュスカダン》で反動家。共和三年に死去。（AN., F^7. 4774^{61} et 4279^{21}）。

(293) シャルル、ジェローム・ヴァロワ Charles Jérôme Valois 扇子屋、パヴェ街一四番地、ついで二三番地に居住。三十六歳のパリっ子。ラングロワとほとんど同様の経歴をたどり、テルミドール以後に地区のなかの青年王党派《ミュスカダン》の反動で反ジャコバン派の中心人物の一人となる。メネトラはこの人物の兵役について思い違いをしている。この男はヴァンデにいたことはなく、ピレネー軍に勤務し、そこで中尉に昇進した。この記憶の混乱はラングロワとヴァロワが、ヴァンデ地方への徴用者の徴集に激しく反対し、殴り合いにまでなったという事実からくるものだ。ヴァロワがその軍隊からの帰還に際して保安委員会のスパイをしていたことは、証拠によって明らかなところである。（AN., Carte de sûreté, F^7. 4589^2, 4775^{32}, 4775^{38}. BN. 4°Lb. 40 1733）

(294) 〔原文は faisaient gobleter〕飲ますこと、酒場でパーティーをすること。ヴォルテールの一七六〇年十一月十九日付の「ティリオ *Thiriot* 宛書簡」に用例がある。

(295) これはピエール・デュメイジあるいはデュメイニュ Pierre Dumeige ou Dumeigne のことで、彼は一七九二年に警察委員となっている。書記役職員で三十六歳、モントルグイユ街四一番地ついでサン＝ジャック＝ド＝ロピタル司祭館に居住。セクションの民事委員であったこともあり、総会の書記役。一七九三年から一七九七年にかけて治安判事だった。（*Almanach national*, AN. D. III. 253-254, F^{7}. 4589^{2}, arch. Préf. Police Bonconseil, 1792.）

(296) これは共和三年ジェルミナールの事件についてのぎくしゃくとした回想を記しているもの。このときもっとも民衆的な諸セクションは、食糧不足とテルミドール派の反動的な政策に反対して、国民公会に向かった。保安委員会はパリ西部と中心部――そのなかにボンコンセイユ・セクションも含まれる――の諸セクションの温健派の国民軍大隊に動員をかけた。パリには戒厳令がしかれ、モンタニャール派の指導的分子は追放され、テロリストは武装解除され、しばしば逮捕される。この武装解除は公民権の喪失をともなうもので、公職につくことが禁止され、自由の喪失を象徴的に示すものであった。

(297) この監獄はサン＝ジャック街の旧プレシ中等学校のなかにあったが、共和三年プレリアールの逸話が何日のことかを明らかにするもの。このとき、ジェルミナールの事件が失敗に終わったあと、民主的な諸セクションは行動に出ようとし、国民公会は民衆運動が生ずるのを危惧した。テネソン*によれば、この拘置所が行動を組織化する中心となったという。というのも多数のサン＝キュロットがそこに閉じ込められていたのだが、外部との連絡が容易にとれたからである。そこの主要な愛国者を脱獄させようとする策謀は発覚してしまう。この監獄の内部で作成されたパンフレットがパリで配布されたりしたのだ。これがこの時点でむしろ「中間派《サントリスト》」であった国民軍やメネトラが動員されることになったことを説明するものである。フランス革命の諸事件についてメネトラが語ったもの（Cf. II, F°69-76, F°80-100）やこの『人生の記』のなかで、彼は他の場合と同様に不正確にではあるが、彼が国民公会が侵入を受けた際に国民公会に忠実な国民軍とともに行動したことや、一七九五年五月二十日にフォブールの諸セクションの人々によって殺害された代議士フェローのことを打ち明けて書いている。

〔テネソン〔コーレ・テネソン **Tønnesson, K.**〕は、ノルウェーのフランス革命研究家で、ここに指摘される共和三年のサン＝キュロットの運動についてとくに詳細な研究をおこなった。著書に *La défaite des sans-culottes*〔サン＝キュロットの敗北〕Oslo-Paris, 1959 などがある〕

(298) プレリアール一日の事件の結果として、巨大な総決算の波が諸セクションをゆるがす。共和二年に活動家の役割を果した者すべて、とくに革命委員会や民事委員会のメンバーが危険視された。パリでは一二〇〇人のジャコバン派が投獄され、国民軍は厳しい粛清に見舞われた。このことはテロリストの極端な行動には同情を示さなかったがジャコバン派であったメネトラも、糾弾されたと考えることが、ますます妥当性のあるものにする。また国民軍の連帯感やメネトラの中隊の指揮官の介入が生じるのを目にすることにもなるのだ。

(299) ジョゼフ・ド・レノンクール Joseph de Lénoncourt シャトレ裁判所の法廷執行吏、四十二歳、パヴェ街三〇番地に居住。シャンパーニュ地方のサン＝テュルバンに生まれる。また会計法院 Chambre des comptes の執達吏であったともされている。彼はセクション内部や中隊長であった国民軍の内部のさまざまな職務についた。温健派のジャコバン。

(300) アントワーヌ、クリスティアン・メルラン。通称はド・ティオンヴィル Antoine, Christian Merlin dit de Thionville（一七六二—一八三三）。公安委員会及びテルミドール九日の後に保安委員会のメンバー。この時点で彼はロベスピエールと別れ反動政治の手先の一人となる。

(301) これはメネトラの記述が時間的に一貫性を持っていないことを示す好例である。というのも、革命委員会はこれより相当前（共和二年フリュクティドール七日、一七九四年八月二十四日）にパリの一二の監視委員会によってとってかわられたのだから。しかしここでの記述は共和二年の革命委員会のメンバーが維持した役割をめぐっての対立を強調している。ここでもまたメネトラは自分を中間派だと自称し、権力をとりもどしたという噂が流された極端派の敵手であったように描いている。しかしながら、革命委員会の大多数は共和二年の春に排除されてしまったことは周知のとおりである。ジェルミナールとプレリアールの後に彼らは追放されてしまったのだ。

(302) この街路に保安委員会の事務所があった。ということは、警察が存在したということである。

(303)〔原文は Il n'a ni bouche ni éperon.〕これは馬術の用語で、騎手が手綱その他で自分の意志を馬に伝えるが、それに反応しない馬を持っていることを意味する。

(304) ジャン＝バティスト・バレ、フィス。Jean-Baptiste Baré ou Baret fis, サン＝ドニ街三六番地の飲食店・酒場の経営者。革命二年フリュクティドールに彼の父親は負債のため拘禁され、釈放されたあと青年王党派《ミュスカダン》となる（AN. F^7. 4586.）

(305) クロード・ボーシャン Claude Beauchand。一七九三年に五十八歳で室内装飾業者、サン＝ドニ街四七番地に居住。アヌシー Annecy に生まれ、四十八歳のときからパリに在住。メネトラは確かにサヴォワ人の先祖をもっている（Cf. IIF°. 12）から、地域的近接関係が、年齢の近接関係や活動での近接関係とともに注目されよう。この人物は一七八九年に国民軍の少尉であり、おそらく一七九五年から九六年にかけて国民軍の大尉で指揮官をやっていたと思われる。

(306) メネトラの語るところは、ヴァンデミエール十三日に反動派と王党派によって煽動された蜂起の過程で国民公会に敵対するボンコンセイユの国民軍が介入したという事実を確証するものである。パリ西部の諸セクション——四八セクションのうちの七セクション——は、バラスと将軍ボナパルトに守備された議会に向かって進軍した。メネトラはセーヌ左岸のヴォルテール河岸からの攻撃を回想しているが、この攻撃はヴェルディィエの大砲の榴散弾の一斉射撃の前に挫折したのである。こうして国民軍は武装解除された。メネトラが回想する「新顔の連中」というのは数年のあいだ姿を消していたが青年王党派《ミュスカダン》に後押しされて再び姿を現した大商人からなるブルジョワの国民軍のことである。この蜂起は統一的な作戦計画などはまったく持たず、反動派とフーイャン派（一七九〇年—一七九一年の王党派）によってとくに指導されていたものであるが、アントレーグ「Antraigues, Henri Louis（一七五三—一八一二）、初期の共和思想を捨て、フランス革命において王政擁護、一七九〇年に亡命。スペインやロシアの情報員となり、ブルボン支持の組織網をつくった」の組織が加わっていた亡命貴族の組織網に属する王党派は関係していなかった。H. ZIVY. *Le Treize vendémiaire an IV*. Paris, 1898, et D. WORONOFF. *La République bourgeoise*, 1794–1799, Paris, 1972, pp. 42-45. II fº 97–100 も参照のこと。

(307) 初めはビスケーで製造された大口径の小銃のことを指し、ついでこの小銃の弾丸や大砲の散弾の破片を指すようになる。

(308) 有名な病院でヴォージラール街にあり、ネッケル夫人「フランス財務総監となったジャック・ネッケル（一七三二—一八〇四）の夫人」が建てたもの。

(309) セクションの人々がテュイルリー宮殿を占拠しルイ十六世の統治に終止符をうった蜂起の日であり、宮殿を守備していたスイス衛兵の一部は殺害されたが、その多くは当時テュイルリー宮殿の球戯場《ジュ・ド・ポーム》を議場としていた議会に逃げ込んだ。

(310) アントワーヌ・ル・ジャンテル Antoine Le Jemptel、ときに Jemplet（メネトラは Gentelle と書いている）と記される。バターー市場の仲買い人、五十一歳、グランド＝トリュアンドリ街一〇番地に居住。コミューン・ド・パリの総評議会へのボンコンセイユ・セクション選出議員。コミューン・ド・パリは八月十日以降それまでのパリ市庁にとってかわったもの。それを決定した最終的な投票では市会の主導権をロベスピエール派にゆだねることになった。彼は一七九二年と九三年にセクションの民事委員であった。テルミドール十一日にロベスピエールの支持者とともに逮捕され処刑された。E. CAMPARDON. *Le Tribunal révolutionnaire de Paris*, Paris, 1886, p. 545. Arch. Préf. Police, Bonconseil juin-juillet, septembre 1790, novembre 1792; BHVP. 100^{65}(340); BN, 8°. LC31(381).

(311) ジャン・フランソワ・フェロ Jean François Féraud（一七六四—一七九五）、オート＝ピレネー県選出代議士でジロンド派に近く、国王裁判では国王の処刑に賛成票を投じた。共和二年には地方派遣議員「革命政府が地方に派遣した議員で地方のコントロールに当たる」を務める。テルミドールではロベスピエールの反対派にくみする。共和三年プレリアール一日に国民公会の議場で殺害され、議場で殺害され、その頭部は槍の先きに付けられて引き廻される。メネトラは自分がその中隊とともに国民公会に出かけて行って、蜂起した地区の人々の大砲に脅やかされたことを確認する記述をしている。

(312) ルイ・レオナール Louis Léonard、塗装・指物職で、一七九二年当時二十五歳、フェルタンの生まれ。パヴェ街一五番地ついで一二番地に居住。一七九三年に国民軍の中隊の大尉・中隊長。民衆協会により、いささか意志薄弱ということで追放されたが、多数の市民は彼が愛国心を持っていることを証言する。治安判事補佐(陪席治安判事)であった。一七九四年にレオナールが中隊長に再選されていないのであればその限りでこの逸話は一七九三年のことであろう(AND. III 253–254, W. 112. A. SOBOUL, *Les Sans-culottes parisiens*, Paris, 1958, pp. 702–703.)

(313) 一七九〇年に発行された紙幣で、基本的には聖職者と亡命貴族の土地を没収した国有財産を担保としていた。この紙幣の価値は低下しつづけ、とくに一七九四年以降の物価上昇と投機の結果それが激化した。アシニャ紙幣を回避する動きは一七九五年の経済危機の一つの要因となる。メネトラが回想するような事態はありえたことである。すなわちブリュメールに二〇〇〇リーブルの値がついたルイ金貨がフリメールには五〇〇〇リーブルに達し、一か月間で八〇億のアシニャ紙幣が流通していたというのが共和四年の状況であった。金貨は退蔵され、国家は金策に走り廻る結果になった。一七九六年三月に国家は新たな紙幣を発行する。これは三〇アシニャと評価される土地抵当証券であった。アシニャ紙幣は名目的な価値の四〇〇分の一の価値しかなくなっていた。この証券はすぐさま価値が暴落し一七九七年二月に流通廃止となる。こうした通貨の状況は激しいデフレーションと負債を軽減する処置や税収を改善する方策によって正常化された。

(314) ピエール・ベネツェック Benezech(一七九四—一八〇二)、モンペリエ会計法院評定官の息子、実業家で一七八九年に革命に加担した。共和四年に内相となるが、王党派との関係で評判を落とし、共和五年フリュクティドール十六日に免職となる。ボナパルトに加担し、サン゠ドマングの知事となって死去する。

(315) ブリュメール十八日のクーデタを暗示するもの。このクーデタでボナパルトは総裁政府のメンバーを倒し、一七九九年十一月十日に執政政府を樹立した。

ジャック=ルイ・メネトラ、十八世紀を生きたある人生のかたち

ダニエル・ロシュ

Ⅰ　子ども時代、結婚、文化

この二、三〇年の間に、都市の家族史は農民のそれと同様に、戸籍簿を統計的に利用することにもとづいて構成されてきた(1)。しかし、そこで得られた結果が提起する多くの問題は、司法関係の史料（妊娠の届け出、訴訟）と宗教に関わる史料（近親婚の特別許可の請求、司教による決定事項、告解の手引書、宗教裁判所の訴訟）、さらに医学に関する人間考察をおこなっている文献からの証言、文筆家たちの言明(2)、さらには民俗学者たちの調査に関する史料によって解明されてきた。いくつかの例外を別にして、得られた情報が一身上のことを記した個人の記録から出ていることはまれで、特に民衆の家族に関しては、情報は大部分が民衆の生活環境の外部にいる観察者からでたものであり、彼らはその生活環境を改革するべくそれを理解しようと試みているのだ。かくしてパリについては、セバスティアン・メルシエとニコラ・レチフ・ド・ラ・ブルトンヌが民衆の生活の貴重な像を残してくれた。しかし観察したことに彼らは意味づけをしており、その場合彼らの語りは多くの屈折によって偏ったものになっている。その屈折とは、腐敗した都市と対照しての自然への賞讃、貧困という異常さへの魅惑と嫌悪、人間の本性は道徳的な固定観念をもともと正当化するものなのだという考え方への執着というようなことだ(3)。貧しい人々について証言しようとしているすべてのテキストにおいては、秩序づけ統制することが必要な堕落し規律を欠いた人間の姿と、洗浄を必要とする死んだような都市の病理的な姿とが交錯している。こうした見地から、家族のイメージ、とりわけ大都市の慣習と対照をなしている農民家族の生活習慣のそれは、重要な位置を占める傾向がある。その内部に対立がなく自然に成り立っている階層序列という神話にもとづいて倫理的、宗教的に組織化することの重要性を多くの人々に教え込もうとするモラリストたちは、私的領域の道徳的規範に対象を限定することを避けることはできなかったのだ(4)。

道徳的な観察者たちの言葉に対して、フランスの都市についての人口統計学者たちの意見に対して、ジャック゠ルイ・メネトラの『わが人生の記』は自分なりの自然な記述を対置していて、異なった視点を表現するものになっている。しかし、『わが人生の記』がどんな前提も念頭に置いていないと考えるなら、無邪気で質の悪いポピュリスムに陥ってしまうことになるだろう。実際に、慈善家のそれとは別の見地、科学者とは別の先入観、文学者のとは別の推測が、彼の家族像をゆがめ、彼の情動的な理解力を変えてしまっている。こうした側面はそれ自体で意味をもつものではある。というのもそれはそこで表現されていることとは切り離すことのできない実体験に完全に属しているからだ。要するに、こうした側面は想像力がどのように行動に入り込んでいるかを見せてくれるのである。メネトラのテキストは、悲観的な見方(5)と楽観的な観念のどちらになるのかをきめかねている、「わたしは家族持ち」という意味を語っている。悲観的な見方とは、教会と社会による行動の規範化、馴致化の手段をテキストの中に探す歴史家たちにその根拠となるものを与えるもので、一方、楽観的な観念とは、近代の家族の中に個人の地位向上の成果、性と情愛の解放との関連を探す歴史家の主張によく見られるものである(6)。いずれにせよ、フィリップ・アリエスが再構成したような西欧の家族がたどった道程に(7)、メネトラのテキストは平行する一つの道程を書き加えるものであって、そこには家族における情愛と感受性の民衆的なモデルが浮彫りになっている。そのモデルは支配階級の中に生まれたモデルからまったく独立したものではなく、また支配階級によって考え出された規範に完全に従属しているものでもないのだ。すべてがほとんど父と子の間で演じられている母のいないエディプス・コンプレックスの物語を越えて——メネトラは二歳になる前に母を亡くしている——都市の中に織り込まれた家族という網の目の現実、子ども時代の冒険と徒弟見習い時代の災難、最後に、独立して結婚し今度は子どもをつくり、またものを作り出す職人の単調な運命が浮かび上がってくるのである。「天が下に新しきものなし」という古い原理を言外に秘めるかたちで描いているこのユニークな冒険物語は、幸福で自然に身についたモラルをそなえた主人公の性格に実際以上に高い評価を与えていることは確かである。その上、他のテキストと比較できないことに、また啓蒙の時代のパリの集合的な人口動態を反映していないことに、やや問題を残している。

『わが人生の記』では父親の像が中心的な位置を占めている。状況がそれに見合ったものになっているのだ。つまりガラス職人の親方であるジャック・メネトラは四人の子どもをもうけた後、やもめとなる。そこでジャック＝ルイは里子に出される。これは商人やパリの手工業者の家族によくみられる慣習だった(8)。彼が二歳のとき、父親は再婚して家族を扶養する方策を立てざるをえなかった。早くに亡くなってしまった母親について、幼児には次のような母親の役割のイメージしか残っていない。貞節と子どもに恵まれたこと、そしておそらく一番下の娘の誕生のときに命を失なったことなどである。リヨンでの調査の平均によると(9)、およそ五年で一組の夫婦の間に生存する子どもは三人。知られている以上に家族の規模は大きくなっていて、職人層が高い出生率と経済の不安定を両立させるのに耐えられる限界に達している。このことが、二度目の結婚では子どもがないことの、少なくとも生存している子どものいないことの説明となるだろう。また産児制限の実践を示唆しているのかもしれない。伝説や根強い伝統に反して、継母は先妻の子どもたちを愛し、彼女が亡くなるとき、まもなく十五歳になるジャック＝ルイは嘆き悼んだ。彼の家族にかかわる視界は、たとえ父親を中心として整然と動くのをやめなかったとしても、すでにぎくしゃくしそこなわれていた。

まず、パリのすべての子どもたちと同様に、彼は育児の体制が脆弱なことや、郊外に住む乳母が金で雇われて授乳してくれることを体験した。しかしその子どもたちの大部分にふりかかる死からは逃れる。これは彼の祖母の配慮のおかげであり、おそらく彼のおじと名付け親、またやはり父親のおかげであったことも確かだ。当時の記憶を書くにあたり、たとえジャック＝ルイ・メネトラが父親にいだく悪いイメージを強調するために、この人物の良い面を指摘するのをいささか巧みに避けているとしても、この点は明らかである。良くない乳母にもかかわらず生き残り病気にもならず、二年後にパリに戻ってから十一歳までを、彼はよくできた女である祖母の家で過ごす。彼女については後で取り上げよう。

父子の断絶を誇張しないようにしよう。メネトラの言説にはなお少し強調しすぎているところがあるのだ。プレートル・サン＝ジェルマン＝ロクセロワ街から祖母の住むラ・グランド＝トリュアンドリ街まで、距離は遠いものではなく、子どもは父の教区にある小学校に通う。教育を与える父と愛情を与える祖母のつながりは断ち切れていないが、民衆向け《アド・ユザム・ポピュリ》の教科書あるいは民間の教育の文献のもっていたわざとらしい規則性をもつものではなかった。教育と愛情は共有しあい代用しあっている。父ジャック・メネトラは、息子よりいいと思っていたらしく、二人の娘のことに手いっぱいで――しかし語り手をすっかり信用しなければならないのだろうか――、息子の教育面で義母に援助されることに不満であるはずはなかった。

ガラス屋である父親の役割は『わが人生の記』のなかで次々と浮かび上がってくる。しかしその役割は、一見したところ固定的で、しかも思春期の葛藤によって強められた父子の対立の論理に合わせたものであるようにみえる。そこにはパリの家族の民衆的な伝統の型どおりの表現が認められる。まず第一に、父親は食べ物と住まいを引き受けねばならない。もし彼が下宿代を支払うべきだなどと言って、けちをつけてそれをしなければ、彼は義務を怠っていることになる。子どもに必要な、特に思春期の青年に必要な数ソルの金を拒否してけちな態度をとれば、さらにもっと義務を怠っていることになる。つまり彼の最年少の頃から、父子の関係は金銭の関係がかかわっている。一七五〇年頃のパリでの子ども三人と大人二人の生活の負担のことを考えれば、この金銭は馬鹿にならないものなのだ(10)。第二に、父親は教育者である。矯正する者として父親は表象されている。明らかに過剰な暴力、好んで足で尻を蹴ること、平手打ち、さらには杖や綱でのめった打ち、これらは教育上の配慮や責任感を表現する方法なのだ。息子が一方的なやり方で描く家長としての父親の役割は、『わが人生の記』において初めから終わりまで一貫して問題とされている。人生の運命はこの役割の失敗あるいは成功にかかっている。というのも都市は少年少女たちに労働に従事するという細い道を離れ、周縁の道へとはずれていく機会を、あまりに多く提供しているからだ。子どもたちの面倒を見るべきは父親。「そのことで、自分の子どもを失ってしまうのは父親たちのやり方のせいだということがわたしにはわかった」。深く愛する者は厳しく罰する、逆もまた同じである。

しかし、それではこうしたことのどこに父親の愛があるのか。そもそもそれは存在するのか。子どもに両親が深い愛情を注ぐことは、ルソーとティソ医師〔スイスの医師（一七二八―一七九七）。家族や子どもの健康をうながす著書が、各国語に訳され読まれた〕の著書が読まれるようになってから新たに一般化したことであると、少々性急に考える人々に対して、メネトラの直接的な証言を対置させてみよう。メネトラは、変わってしまったのは愛情を注ぐ形と背景であると証言している(11)。彼流に、息子メネトラは飲んだくれの父親を尊重していることは確かだ。彼が父親をこうあらねばならない、またこうありえたかもしれないというように描いているとすれば、それは父親自身の性質である本質的なやさしさと、不幸な状況でも正直な生涯を送った非凡な性格を気遣いをもって説明しているものなのだ。ジャック＝ルイは大変辛いいくつかの回想のなかでも、一七五〇年五月のある日、父親が抱いた不安を忘れることはなかった。その日パリでは子どもが誘拐されるという噂で恐怖が広がり、プレートル・サン＝ジェルマン通りの各家庭は、樽作りの頑強な徒弟見習いたちを子どもたちの迎えにやり、学校の出口で子どもたちを待ち受けさせた〔本文五八ページ〕。ジャック＝ルイに対してジャック・メネトラがすばやく手をうつという態度は、真の愛情と相容れないものではない。たとえそのうつ手の速さが息子の立場を都合のよいものにし、家出をし暴走するのも当然だという口実になっているとしてもである。深い意味をはらんだ多くの対立が語られていくなかで異議が唱えられるにしても、父親の権威は疑問の余地のないものなのだ。父は息子が軍隊に志願するのを妨げる。父は、奇妙な砒素中毒を危ういところで免れる。これは父親の資格が欠けていることなのだ〔本文六八ページ〕。父と息子はロザリーの美しい瞳をめぐって性的に張り合う〔本文一四一ページ以下〕。それは、子の背反と自分の評判を気にした父の怒りの背後で、家族の名誉がかかっていることなのだ。法が父親の権威を保証し、封印令状〔本文原注(259)を参照〕の脅しを意識的にちらつかせているということである。国王の権威だけが家長の権威と拮抗している。「おれはもうあんたのものじゃない。おれは国王のものだ」と、軍隊に志願してきたばかりの子は挑戦的に叫ぶ〔本文六九ページ〕。しかし、少なくとも成人する前には、独立した職人が両親の同意なしには結婚することはできない。彼らの言葉からまず起こる対立の姿から、暴力と激しい情愛と共謀の意識を同時にともなった緊張関係のイメージが生まれている。追いはぎから守ろうとして千鳥足の父親のポケットを探る青年の、あいまいで少し尊大な姿をわれわれは忘れることはないだろう。また人は、妻の葬儀のときに寝ずの番をするよう言いつけるやもめになった父親の息子への信頼を思い出すであろう。つまり、これはメネトラ式「父親学校」なのであって、民衆の生活そのものの一貫性のなさ、しかしまたその連続性でもあるのだ。その学校の生徒は、遅かれ早かれ教育者となる。後になればそれがわかるのだ。

それでもやはり子どもは愛することと愛されることを強く必要としていた。ここで彼の祖母、彼が優しい母、またお母さんと呼んでいる、息子の愛情から去ってあまりにも早く天に逝ってしまった母親の母親が登場する。このよくできた女性は亡き母の役割を十分に引き受ける。マルソー夫人、ガラス屋の未亡人、独立した店を営む四人のガラス職人の子をもつこの母親は、父親の系統に価値をおく法律があるにもかかわらず、母権制の称揚と、そしてたぶん人類学的価値を持っていることを強調する役割を担っている。彼女の背後に、堅固な一族の存在がかいま見える。また彼女がドフィネ地方出身であるということに留意しよう。彼女はヴァランスのボワイエ家の出で、そして彼女は、田舎でしばしば見かけることのあるある種の女性像の活力を、首都パリにおいて体現していた。それは善良で思慮深い農婦の活力であり、正規の修道院でいえば女子修道院長か有能な女性の財産管理人の活力というものだった。助言し判断を下すのは彼女である。後ろ盾にされるのは彼女である。そしてガラスの市場においては、パリのマルソー未亡人が地方のガラス職人に照会する任にあたっている。ジャック＝ルイにとって彼女は、傷を負った人の手当てをし、正しいおこないを指示し、庇護し、包容することのできる人だった。孫の記憶のなかでは、子ども時代に不可欠な愛情を注ぐにあたって生じた、すべての実際的な出費を彼女が引き受けている。彼女はまた彼の将来のことも保証していることに留意しておこう。というのは、四人の息子に店を構えさせ、娘を結婚させた後、なお彼女はささやかな独立を保証する親方資格証書の費用を孫に支払ってやっているのだから。彼女の財布は旅に出て遠くにいるこの職人のためにいつでも用立てられる。ひとつの象徴的なエピソードがメネトラの心の中にあり、この代理の母と、とりわけてかわいがられた息子をつなぐ実に緊密な関係を照らし出している。このエピソードというのは、彼が遍歴の途中で聞いたもので、セヴェンヌ地方のある母親がその放蕩息子が帰ると死んでしまったという話であり、これは彼に個人的なたとえ話を思いつかせたものだ〔本文一二八ページ〕。それは瓦版《カナール》の新聞、青表紙本また聖書の中から無意識的に借用してきたものが随所に見られる演劇化されたスタイルで考え出されている。それは見かけはともかく以前のままの姿で、常に善良で従順、体は健康でポケットをふくらませてパリに帰ってくる息子、つまり彼自身を事実として認めているものなのだ。「お父さんのところへお行き」という祖母の言葉に彼がすぐに従うという話を書くことで、パリに帰還する物語が終わっていることに注目すれば、この情景描写は祖母の愛情と父親の権威のバランスがとれている点についてこそ意味があるのだ。祖母にとくに愛されていた子であることと、父の権威とを調和させる関数のすべては、時とともに変化する感情が祖母の死に立ち会えず、その死の時を想像して語っていることのなかに再び現れることになる。この調和関数はもちろん父親に反抗を示す論議の根底にあるのだが、複雑に作用しているということも証明している。

父方の家での両親、ジャック＝ルイ、二人の姉妹からなる核家族以上に、母方の家系がもっとも重要な役割を果たしている拡大家族の姿がかいま見える。民衆の住居の状況は久しい以前から世代ごとの別居を強いているのは疑いないが、時には同居することもあり、かくしてメネトラの父は娘たちと暮らしている。長女のテレーズとはフォブール・サン＝タントワーヌに夫と住むまでともに暮らし、次に店で働く職人と次女が結婚すると、その娘と暮らすのだ。どうやら姉妹たちによって結びついているメネトラ家の側には、二つの家族も登場している。一つはいとこの家族。つまりおじたちの家族である。新兵の募集係官のシャルパントラと例のシェニエである。後者はジャック＝ルイの人生において重要な役割を果たしている。彼はフェライユ河岸の大きな小間物屋と食料品屋であると一七六九年の名鑑が明らかにしているが、落ち着いていて思慮深く、信頼するに足る人物である。ヴェルチュにある別荘に彼は誰彼となく招待する。息子が二人いるが、一人は後に西インド諸島で死亡し、もう一人はメネトラの仲の良いいとこで、食料品屋の仕事をした後フランス衛兵隊にはいる。シェニエおじは、したがって、父親のメネトラと同様に、騙され落胆する父親たちに共通の心の痛みを知っている(12)。アンヌ・マルソーと祖母ボワイエのほうには、おじ、おば、男女のいとこなどがひしめき、のちにはいっしょになってとんでもないアヴァンテュールをやったり、真実だと思われる日常のつき合いをしたりできる甥、姪などと、そのほかに、とくに年下のいとことの関係もある。マルソーの一族では、ガラス職人の四人の息子とその配偶者たちが、ある時は擁護者としてまたある時は危険な親族として『わが人生の記』の中に現れてくる(13)。祖母の周辺では、三世代が別居しているにもかかわらず、恒常的な関係が結ばれている。彼らは複雑な事態を取り沙汰し、浪費家の将来のことや発覚した姪の処女性の問題や祖母ボワイエの嫉妬深い情念といったことを問題にし、家族のモラルについて議論し合う。祖母の病気のときには、マルソーのおばたちは一丸となってメネトラとの面会を謝絶し〔本文一四六ページ〕、また祖母の死に際しては、界隈の復讐の女神となった彼女らは、ジャック＝ルイを罵倒し脅迫する。彼は彼なりにマルソー家の人々に恨みを抱くことになる。家族関係の大騒ぎはかくして間接的ながら明らかとなっているのだ。

メネトラの子ども時代が展開するのは、熱気があり、動きの激しいこうした環境においてである。人はこのまたとない機会を手にして、感情、知恵、作法を身につける様々な方法を、そして習得した知識を使うための教訓を獲得するのだ。言いかえれば、文化の構成要素がどのように組み上げられ、利用されるのかがわかるのである。メネトラの周囲では界隈のすべての腕白たちがひしめき合っている。そういうなかで、年齢階梯集団が形成され、その連帯感が青年期から大人にかけての生活にまで作用している。一人前となった男のノスタルジーがあの青春の頃の情熱と血気をかいま見させてくれる。徒弟見習いだった頃のことはいくつかの場面で述べられている。父の家と祖母の家で獲得されるのは、祖母の厚情で織り成された日々の習慣、宗教に関する初歩的な行為、家族内の情愛を表現する習慣的な行為、父親が怒りのなかで示す思いやり、妹たちの小心な嫉妬、おじとおばたちの心配と愛情。小教区の学校では、学問的な教養の初歩、教会の祭儀と公認された宗教が教えられる。親族たちの仕事場、パリと郊外の工事現場では、観察と指導を通して職業の方法と所作が伝えられる。路上やセーヌ河岸では、都市の慣習、社会のしきたりが理解され、人生の最初の経験が積まれる。民衆教育の歴史を総合的に見るには、何よりもまず二つの事実が重要となる。それは、相互に補い合うと同時に相互に対立もする教育の多様性と、子どもの体験の中ではそれらが同時に存在しているということだ。

メネトラの『わが人生の記』は子どもたちがどのように都市を生きているかを理解させてくれる。祖母の愛撫と父の怒声は、百姓の乳母のもとでの不安定な貧しい状況のなかで獲得された最初の分別に仕上げをする。性格からくる天賦の才、感受性、早熟、機転のよさ、しぐさをまねる能力はすでに現れている。やや信心深く、古い伝説の語り部、少々ジャンセニストであるマルソー夫人は孫息子に、次のようなことを伝える。民衆と中産階級のパリの母親たちの日常的な習慣、物語を好み、奇跡つまり日常における異常なことに魅了されること、宗教的な素朴さに対するあこがれなどである。この素朴さは、大司教あるいは小教区の聖職者の姿でよりも、純化された初期の教会の「やさしいパリ司教さま」に象徴される姿において、よりはっきりと具象化されたものだ。この初期の教育のなかで、七歳までにすべてがおこなわれる。役割分担がなされている。祖母は、母親の代理でやさしさと想像力を、父親は暴力および一定のやり方で快楽や安易さとは関係のない世界の現実を伝える。教育者としての二人の姿は、無邪気さと祝祭への激しい熱望、そしてものごとの厳しさと社会関係の難かしさ、という民衆の生活全体の二つの面を照らし出している。

小教区の学校はメネトラに別の現実があることを知らせ、別の活動の場を開く。その時代としては例外的なのだが、パリの学校の網の目は、それを受ける人々――パリに居住する家庭の男児のほぼ全員、女児でも高い割合に達する――に幅広い選択を提供している。約五〇〇の施設がそれを引き受けているのである。典礼聖歌学校、小教区の学校、慈善学校、認可寄宿学校(14)によって達成されることになったカトリックの改革による学校制度から生まれた文化のおとし子なのである。祖母の家に住んでいたときには、彼はサン＝トゥスタシュ教会の学校の教師に、そしてサン＝ジェルマン＝ロクセロワ教会の教師に教えられたようだ。彼が卒業することになるのは一七五〇年で、十二歳のときだった。その後まもなく、彼は教区の少年聖歌隊の試験に合格した。歌に才能のある生徒六人の席が設けられていて、彼らは礼拝に参列しなければならず、一般の授業とラテン語の授業を受ける。メネトラは素質のある奨学生である。彼は早熟な才能でサン＝ドニ教会の神父たちを楽しませる〔本文五七ページ〕。その後一七六〇年にリル＝ジュルダンの教会で、彼はその歌声とパリジャンの歌う見事な賛歌で聖週間の礼拝を讃え飾ることになる〔本文一〇六ページ〕。最後には、職人になってから、彼の歌は祭礼の行列のなかや旅籠で聞かれ、くり返し歌われることになる。民衆の体験のあまりよく知られていない側面は、祭りと宗教と労働、またすぐれて美的なものを好むことや感動する能力などが結びついている、こうした平凡な行為のなかに現れる。歌は、路上や十字路で一枚ずつの紙片で買い求められる前に、教室と少年聖歌隊のベンチで学ばれる。それらの歌は、賛歌、聖書の詩編詠唱、リフレンに必要な知識をひとりひとりに提供し、あげくに合唱と結びつき「諸天使諸聖人を揺り動かしなさい」や「汝の家畜に牧草を食べさせなさい」といった歌の節で「汝の娘たちに接吻させよ」と歌われるようになるのだ。メネトラ流の駄じゃれでは、「歌い手（シャントゥール）になる、それは魔術師（アンシャントゥール）になること」なのだ。

結局、ほぼ十五歳でメネトラはパリのすべての子どもと同様に、かばんの中に、読む、書く、数える、歌うという四つの知識を蓄える(15)。学校のこの初級課程の次に、彼は中等教育も受けることができたはずである。彼は父親の権威的でけちけちした人物像を強調して、このことをそれとなく言っている〔本文六〇ページ〕。マルソー夫人と「いくたりかの人物」の意見に反対して、父親は息子を仕事場に入れることを急いだのである。彼は同時代の人物セバスティアン・メルシエを越えることができたかもしれない。小教区の学校の生徒で、フェライユ河岸の刀の研ぎ師の親方の息子であったメルシエは、その後、小教区の教会の中庭をあとにしてトッケ神父の汚い寄宿学校に入り、さらにセーヌ川を越えてカトル・ナシオン学寮〔本文原注(194)を参照〕に入ることになる(16)。メネトラの未来はこれとは別のものだった。というのも職業継承と労力と資力を結集する必要が力となって影響を及ぼし、彼はガラス業で働かねばならなかったからだ。しかし彼は子ども時代の学校生活について生き生きした思い出を持ち続けた。その思い出の中では、教会の小さな信心家の夢と、生活から学びとった厳しい現実とが結びついている。というのは、パリの教室で叱責やへらの体罰でひとが学ぶこと、それは不可欠な知識であり、しかしまた身体の規律づけでもあるからだ。つまり、文字を書くことは複雑な所作を身につけることでこのことを引き受け、沈黙、監視、そして教理問答書がそれ以外のことの仕上げをする。学問のうわ面だけの知識が科学の代わりをしているこの教育においては、宗教は特権的な地位を保っている。教育方法は司教区の公教要理と礼拝に参列することの上に基礎を置いているのである。初めての聖体拝領のときから、メネトラは好奇心と議論に才能を発揮し、それは失われることはないだろう。聖職者の三重の権力との合意に基いて、社会生活全体が宗教を通すことになっている。すなわち、メネトラの結婚のとき、小教区の聖職者たちの教育的な力を示すために、若いときに出会った贖罪司祭が象徴的な証人として再び現れる。あらゆる種類の宗教教育家が知識、礼儀、従順、忍耐などを教え込むことを引き受け、家庭つまり父親と母親は彼らに助けを求めて自分たちの指揮権を強固にし、腕白小僧たちに秩序を教え込む。子ども時代に自由があるのは、この権威の三つの層のすき間においてである。民衆の創意に富んだ能力と、規範を操る能力、「ことをなす技」、ありとあらゆる手段(17)」が伝えられるのは、この規律づけの権限を握る三つの審級の間の闇の領域においてである。

人が仕事の所作の荒仕上げをやり、また、誰であれ采配を振るいたい者、店を経営したい者、事業を拡大したい者に不可欠な初歩的な人と人の絆を利用することを学ぶと同時に、こうしたしきたりの追認を受けるのは、仕事場においてである。道具が手と連動し、眼の動きが鋭くなり、動作が機敏になるのは、職務の分類体系に基いて獲得される。つまり、見る、手助けする、掃く、階段を照らす、間食を用意する、運ぶ、加工する、といったことは段階的に習得されるのだ。この徒弟見習い時代はマルソーとメネトラの家庭の店舗兼仕事場でおこなわれた。しかし顧客しだいでは都市の中や郊外にもこの新入りは連れて行かれる。隣の建物にガラスを入れる、おじが工事代金の支払いを受け取りにイシーまで行くお供をする、サン゠ドニの大修道院の工事現場にもう一人のおじに付いて行くなど、これらは、職業を身につける手段であり、ひとの役に立つ機会、給料に相当するものを少しずつ家族に持っていく機会である。また同時に世間に出る通過儀礼でもある。徒弟は家族と小教区の殻から出て、良いブルジョワか悪いブルジョワか――このブルジョワとは客と雇い主両方を意味している――を判断し、思わぬ幸運を発見し、少しずつ自分の翼で飛ぶようになる。さまざまな親方に雇われて働く準備ができたのだ。彼の入門時代は終了し、父親の教育者としての役割は終わる。父親の手本を通じて教え込まれた仕事は、旧社会においては、民衆的な職人教育の基本的な場のひとつになっていたとみてさしつかえないだろう。父と子をともすると声を荒らげた対立に導くアイデンティティの危機の中で、人生についての時代の基本的なしきたりが姿を現す。それは両親のまなざしと隣人たちの意地悪な批評のもとで集団的に体験されるものであり、彼が自伝を書く動機のひとつとなっている独特な個性によって内在化されているものである。

古い街区をもつ民衆的なパリをつくっている街路、裏通り、また修道院や路地や家屋に通ずる通路の網の目の中で、「メネトラ―パタトラ〔ガチャンという音〕」という叫び声で集まる腕白小僧たちの間から、右に述べたのとはまた異なる振舞いや喧騒が伝わってくる。セーヌ川、河岸、橋、そのアーチ、家畜の水飲み場、資材置き場、船着場、ポン゠ヌフの橋の下の砂浜、アンリ国王の像の足下、ルーヴル宮殿に沿った王女の庭園と呼ばれる砂浜のしも手、これらすべてが子どもたちの遊びといたずらの場であり、初めて空間の占有がおこなわれる場所である。都市の路上や河岸を喜びもなくうろつく小さな、そして大きな浮浪児たちの世界(18)と、民衆―市民層とパリに根を下した手工業者の子どもたちの世界とは対照をなしている。後者は定着し、家庭と仕事によって安定していて、また同時に流動的でもある。というのも彼らは、いたずらをやらかし、また自分たちのまだ弱々しい独自性をうまく守っていくために、監視の目から逃れることを知っているからである。腕白小僧たちが夕暮れどきに大胆な行動に出たりすることは、自発的な、あるいは青年たちがそうせざるをえなくなってくる最初の夜間の家出の前触れとなる。父親たちは彼らのために責任をかぶることになるのだが。都市の警察隊との追いかけっこや警視の厳しい叱責は、家族と社会に反抗する自由にさらに真剣に引きつけられ、またそれにあこがれていることを告げているものだ。同じ年齢集団と友情にもとずく根本的な共謀関係が、熱い期待をはらみながら結ばれていて、思春期にある少年はそこで最初の情熱を燃やすのだ。

子どもたちの日常的な行動を分類することで、重要な遊びを取り上げてみよう。かけっこ、首狩りごっこ、かくれんぼ、室外または室内球戯《ボーム》、水際のおしくらまんじゅう、筏の上の鬼ごっこや干草を運ぶ船の中で駆け回る、漁師の親方の小舟でためになることを教わりながらさまよい出て楽しむ、その親方と釣りをする、そして泳ぐ、これらの活動はすべて身体の訓練なのだ。遊びは、度胸をつけ、たぶん小さかったと思われる彼の体を埋め合わせてくれる機転と肉体の力を与えてくれるのだ。遊びは結局、都会の子が郊外の農民の子どもと争うときに起こる、単独あるいは集団での殴り合いの訓練となっているのである。肉体をもってする勇気は美徳として強調される。つまり、普通の、あるいは並外れた暴力の落とし穴から抜け出すことを可能にする行動の知であり、その効果は、大人になってから街道を旅するときに証明されるのだ。この訓練の過酷さは思いもかけないことなどではなく、時代がそうさせていることなのだ。水に落ち、溺れ、農業用フォークで殴られ死ぬ、ある日軽率に扱われた拳銃が暴発し料理女が撃ち殺される〔本文六八ページ〕。暴力と死は男の若者たちのまわりにつきまとう。彼らは、平手打ちの連打を浴びて水に投げ込まれ、あらゆる方角から殴られ殴打の応酬をやり、通過儀礼の段階を乗り越えていく。繕い仕事をする老女やりんご売りの女たちのスカートの下で破裂する爆竹の大音響、たえず仕掛けに工夫をこらした中国花火の鋭い音、警察代官殿の命令で禁止されているすべてのこと、これらは子どもたちの祝祭の背景を色どる音楽となり、思い出を美化する。放浪する若者の時代、メネトラは困難な瞬間を好むこと、そして厄介な状況を切り抜ける術を、この路上の騒々しく荒っぽい教育から身につける。つまり、即興で馬に乗る、旅の疲れに耐える、職人組合の殴り込みにあっても無事切り抜ける、といったことである。身体の祝祭をいくらかでも楽しむには相応の代価が必要ということだ。身体についての民衆のテクニックはこの路上で自発的に身につけるものだ(19)。つまりそのテクニックは、制御されていると同時に大胆な歩き方によって――道徳的な観察者のレチフとメルシエは、それを革命前の傍若無人な振舞いと言って告発している――表現され、また力を正確に評定し驚くべきジャンプ力をみせることによって、歩行の持久力によって、また肉体的勇気のさまざまな表明によっても示されているものだ。若き成人メネトラは、この教育の輝かしい手本である。このような能力は、結局のところ社会の中で、活力と雄々しさを教え込まれる男の世界と、慎みと恥じらいを定められた女の世界の間に境界線を引く。若い男性たちの騒々しさと熱狂、対するはうら若き乙女らの優しい静けさ。路上と家庭が、若者を身体的にも、精神的にも作り上げるのである。

　徒弟見習いの時期に、メネトラはその文化が変容しつつあるパリの人々のつくる環境の中にいた。一七五〇年ごろ、彼と同様に若者の四分の三は読み書きができていた。この数は、常に恵まれない環境の若い娘たちよりも、また地方の若者たちよりも多いのだ(20)。しかしそこからわれわれに読み取れることは、どのように彼が自分の能力をふりしぼっているか、ということである。数を数えること、彼はそれが得意であることを見せている。後にわかるように、これは彼の職業にうってつけのものだった(21)。書くこと、それは彼の習慣的な行為であり、手紙を書く行為に、パリの庶民と小店主層が習熟していることを示している。この利点は、社会のエリート層が独占していたわけではない。単に歴史が、支配階級からでた書簡体の芸術の洗練された作品を保存してきたにすぎないのだ。身分の低い男と女たちによって交わされた、へたな字で綴りを間違えている取るに足らない手紙など、まったく念頭に置かれることも、探されることもなかったのである。だが、こうした私的な手紙は存在するのだ。駅馬車運送の規則的な運営、パリ市内の郵便物を配る市内郵便《プチト・ポスト》〔一七六〇年に開始されたパリ市内用の郵便システム〕の創立は、明らかにそれを促進した。『わが人生の記』は民衆が書いたメッセージの形態を具体的に把握させてくれる。家族間の連絡、商用、恋

り、帰還を知らせる手段である。つまり、姉妹とも、祖母とも、おそらく父親とも、注目すべきことは父親もまた署名し手紙を書いていることで――彼は結婚の契約書と宣誓組合の決議に飾り書きの署名を添えている(22)――、これは家族生活を生きることで身につけた手段である。仕事においても働き口を探すにも、初歩の教育は財産となる。よい商売をするにも、よりよい職につくにも、手紙を書くことによっている。旅にあって必要な金を受け取るのは郵便によってであり、雇用条件を決めるのは手紙によってである。メネトラには経理を管理し、彼に給与を支払う未亡人の雇い主たちの商業用書簡を書いてやるだけの能力がある。彼は代表者の代わりに署名する権利をもっている。ひとたび紛争がおこると、交渉を先導し、決済をおこなうのに彼の能力が適しているのだ。こうした能力をもたない仕事の仲間たちに対しても雇用主に対してもこの職人の威信は、こうしたささやかな文化的財産を有効に運用する能力のうえに成り立っている。彼はこの威信を、ある時は仕事上の紛争で、ある時は筆頭職人として、ナント、ボルドー、ニオール、リヨンで発揮している。このことは後になって詳述することになろう。しかしたとえば、ドゥヴォワール派の入会儀礼において、ジャック親方の職人たちの規約名簿を書き写すことが重要だったことを、それに先だって言っておこう。商売においてと同じように恋愛においても、メネトラは彼の利点を活用している。ニームの気の毒な未亡人は彼から、彼の到着が遅れていることの言い訳をしつつも、結局は交わされた約束の履行を延期するという内容の巧妙な手紙をいく通も受け取った。彼の才能は次のような一つの例で、つまり「パン皮の会」の設立に関して、一定の判断を示した壮重な手紙を書いてドゥヴォワール派の職人たちに返事をしたのはメネトラだったという例で、どれほどのものだったかがわかるのだ〔本文一六六ページ〕。彼はここで、モラリストたちを不安にする集団的行為が普及していることを証明しているのである。制御し道徳をうえつけるために入念に作られた模範的な教育法を、民衆が逆用していることに彼らモラリストは早くも気づいているのだ。メネトラのこうした習慣は書簡体小説の人気と独学の手引き書の流行に影響されているのであって、そもそも彼が読んだと思われるのは『恋人と家族の手紙模範文例集』なのだ。

当時の書物の文化のなかで彼は読み書きを身につけることができたのだろうか。彼はその五〇〇ページのテキストの中で何のコメントも付けずに五冊の本の題名を挙げている。祖母に送ってもらい、また別の時には情熱的な豚肉屋の女房がミサに持っていった『聖書』と『教区のミサ典書』、発行部数の多い白魔術についての本『ル・プチ・アルベール』、『社会契約論』、『新エロイーズ』、『エミール』である(23)。結局、彼が何もコメントしていないのは、彼が慎重だったと解釈される以外にないだろう。読書は不規則なもので、むしろ成り行きまかせのものであることと、薄っぺらな知識をしるしづけるものだ。彼はいく冊かの本を持っていたことは疑いない。おそらく彼が仕事で訪ずれた城館や修道院で借りることもできた――時としてそれは、たとえば田舎の司祭のところの女中との情事の口実になっている〔本文一九九ページ〕。都市においても田舎においても、思いがけぬ幸運にこと欠くことはなかったのだ。彼は新聞を、いずれにせよ『婦人ジャーナル』(24)は読んでいる。パリではこれはかなり普通のことである。結局、メネトラはある種の文化を身につけているのだ。

そのような文化をどう名づけるべきか。民衆的なものか知識人の文化なのか、支配者の文化なのか、被支配者の文化なのか。事実、『わが人生の記』と『雑文録』は、彼の創造的な能力を示してはいることは確かである。偉大な文学や高尚な思想に比べて彼の書いたものの価値がどのようであれ、彼独自のやり方で書くという冒険を試みたものである。彼の詩学はもちろん、愛情あるいは官能にひたされ、その時の状況に応じて、そして政治や家族の出来事に動かされた模倣の願望を表現しており、読んだと思われる書物の影響を示し、格調の高い、そしてギリシア・ローマ神話の言葉を意識的に使おうとしている(女性はキルケ、ヴィーナス。邪悪な人物はアルゴス、ケルベロス。ベッドやソファー、そしてバッカスは晩年の酒盛りを表すのに使われる)。しかしこのような雑多な素材がどこから取られたものかを突き止めるより、努力のあとを認め、学識ある言説から独自の着想を生み出す能力のあることを高く評価しなければならない。出来ばえはここでは独創的なものであり、時代と文学史によって認められた作品の作者たちの意図や規準に還元して考えることはできないものなのだ。宗教と政治の考察の領域においての彼の試みは、神学上の、さらには哲学的に考えることのできる教養があることを明らかにしている。この教養はサン＝ジェルマン教会の聖歌隊の小さな子どもであったことを考えれば意外なものではない。彼の攻撃的な活力が、敏捷な行動を、そして宗教によって魅惑された少年のぎこちない新鮮さを保ってきたのである。彼がくり返し力説し、不器用に行ったり来たりすることでしか、思想のなかにあるきわめて微妙な矛盾を解決することがどうしてもできないということ、これは彼の精神的な若さと教養の限界の両方を明らかにしているものだ。

『わが人生の記』の全体もそうなのだが、もっと理論的な『雑文録』はその客観性を示そうとする言述が民衆的な論理に支配されており、そこではくり返しが証明の役割を果たし、「……と言われている」という表現が充分な権威を生んでいる。おおよそのところ、という言い方に慣れた思考のせいで、事態を読み取れぬあいまいなところがあり、意図的なあるいは無意識の不器用さが、個人の言説の可能性を証明しようとする者にショックを与えることもない。もっとも多様な遺産、『聖書』、『妖精物語』、『暦書《アルマナ》』、瓦版、旅で出会う面白い話、笑わせたり教化するための冗談、これらが彼の情報の骨格を作り、それを正当なものにしてしまう。啓蒙思想家たちのことを彼はよく知らないのだが、くだけた調子で書かれた断片の中でヴォルテール、フォントネル、ルソーを引用している(25)。彼はルソーと会ったことがあり、メネトラが書いた政治的考察の中にその影響が見られる。無意識のうちに彼を引きつけているのは直接的な平等主義とルソーの特徴ある宗教観である。こうした瞬間的なひらめきは、テキストと思想の確かな、しかしきわめて迂回した流通回路が存在することを思い起こさせる。このことでもメネトラは知識に目覚めつつある民衆の子なのだ。

最後に残っている重要な点は、演劇の創造的な影響という点である。しばしば観劇に行くことはたしかに彼にとって、早い時期からの習慣であった。『わが人生の記』は、彼がタコネ、カルラン、ゴオドンを知っていること、つまりブールヴァール演劇とイタリア喜劇のトップクラスの俳優たちすべてを知っており、そのうちの女優たちには当然のことに秋波を送っていることが明らかにされている。こうした交流から彼は会話形式を好むようになり、彼の書くものにはこうした彼の好みについての数多くの実例が出ており、そこで彼は同時に作者であり役者であり観客ともなっているのだ。兵役志願が失敗したときのこっけいな場面〔本文六九ページ〕、ブルゴーニュの司祭が予想より早く戻ってしまったときに露見した恋愛の、陽気であけすけな即興的場面を思い浮かべよう〔本文一九九ページ〕。あるいは、憲兵と旅籠の主人とセヴェンヌの僻地の部落の百姓たちの前で彼が演じる無実の囚人の三幕ものの劇を思い浮かべよう〔本文一五三ページ〕。今にも燃え立ちそうな彼の想像力は、芝居小屋の幕間の笑劇と客寄せ芝居の魅力と柔軟性を常に備えている。

全体として、彼の文化的な体験は、書くことと語ることが日常的に相互に浸透しあったものであることを示している。彼のコミュニケーションのシステム全体が、ひとつの台本から別の台本へと絶え間なく通過していくことに基いている。つまり、ある物語が食卓で話される。プロヴァンスの年老いた領主に若気の過ちの話が語られる。次にそれらが文字で書き上げられる。歌は文字で書かれ、ついで歌われる。手紙がくると、手紙は声に出して読まれる。笑劇は構成され、演じられる。頑固な話し言葉と分かりにくい綴り字の中で、『わが人生の記』自体もまた、まず声に出して読まれることで初めて理解されるのだ。メネトラの文化、それはすべてのひとの文化、活発で、諸説混合で穴だらけ、蓄積とくり返しでできた文化である。パッチワークの芸術はもっぱら羽毛布団のためのものというわけではない。それは一つの文化のモデルなのだ。

知識が蓄積される時期に、メネトラは青年時代の転換期を迎え、職人となる。フランス巡歴への旅立ちは彼にとって真に職業的な義務というわけではないが、精神的な必要、感情の面で蓄積された問題から逃れる方法、家族と縁を断つ手段、熟慮と資金を必要とする独立を前にして時機を待つ手段である。もうひとつの観点として、年齢階梯のことが考えられるだろう。それは、思春期の後の遊びと、フランス巡歴から帰ってすぐに直面する責任との間で生きていかねばならない中間的な状態である。約七年の巡歴の後メネトラは、六〇年代末のパリにおいて、父とのつながり、家族の関係、独立の必要という出発前にあったすべての問題に再び出くわす。この局面を乗り越えると、今度は彼が、パリの家庭にはつきものの伝統的な波乱を生き、家長としての徳性を少しずつ体現することになるだろう。

ジャック・メネトラとの関係そして恒常的な対立は、息子の結婚によって初めて終わりにすることができるものだ。一七六四年の夏、父子の間に大きな亀裂がはいる場面は、その後に続く一連の場面の最初のものである。父親は浪費家の息子に、家庭生活と仕事場へ復帰するよう、また過去のこと、とくに母方の遺産については忘れるよう提案する――祖母が一七六三年頃に死亡したことを想い起こそう――。息子は子としてのお決まりの尊敬のことば「わたしはあんたの癇癪にもかかわらず、いつもあんたを尊敬してきた」と言って反駁する。しかし自分の独立を宣言し、一七六三年から法律上は成年に達していて、なんとか仕事をやっていくことになる。二世代はここでは、現実的な一つの理由のために同居することはできない。性格の不一致である。息子たちは父親たちのために働くこと、そして口先でごまかされてお金が支払われないことに、もはや我慢ができなくなる。大人の年齢に達すること、それは自分のために働くことである。愛情のつながりは全体として経済的なつながりと切り離すことはできない。そして父メネトラの家では、その小さな仕事場に必要な労働力を、自分の便宜のために自分の周囲、娘むこ、息子でまかなおうという意志が窺える。手工業の不安定を克服しようとする合理性が、こうした緊張した家族関係の背後で明らかになっている。その時から父と子の関係は二つの面で展開していくだろう。潜在的な対立の面と、まっとうな暗黙の合意の面である。

対立、その機会にはことかかない。父親の飲酒癖と放蕩の傾向、吝嗇、おそらく一部を飲み代にあててしまった遺産、いつも人の意表をつく説教のやり方。父親は親切な警視のおかげで自分の立場をとりもどす。息子メネトラは産みの親にありふれたモラルを呼び覚ますことで勝利する。「あんたがわたしを愛してないってこと、一度も愛したことがなかったってことはよくわかっている。だからあんたは悪い父親なんだ」。暗黙の合意、それはささやかな振舞いの中に現れる。ジャック＝ルイはしばしば父親と出会い、その場合によっては彼とぶどう酒を酌み交わす。彼はゴゲット〔「歌《う》会」が開かれている酒場〕で二人のプロヴァンス人の侮辱から父親を守る。彼は父親の老後を楽にする手はずに協力する。相続問題が決着し――息子メネトラは権利をすべて放棄する――、そして結婚――彼は持参金をもらわない――すると、父親への気遣いができるようになる。彼の文章では父親の役割はあいまいなままであり、彼の父親像にはこっけいなところと愛情がこめられたところが同時に存在する。加齢、病気、死が少しずつしかし抗しがたく現れ出てきて、その結果、調子が変わってくる。末娘を店の職人と結婚させ独立させた父親はその娘に追い出される状態となる。その時から、父と子の役割は逆転する。ジャック＝ルイが父親を扶養し、父親の不運を慰め、病院から父親を救い出そうとする(26)。最後の場面は、死にゆく父の枕辺が舞台となる〔本文二七五ページ〕。そこでは和解の美徳と謝罪の正しさが讃えられる。当時の文化において盛んになっていた涙をさそうていの美学と一致して、その場面はグルーズ〔十八世紀フランスの風俗画家。オランダ絵画の影響を受け、風俗画を歴史画に仕立て上げる〕の絵画やスデーヌ〔ディドロの理論による正劇で知られる十八世紀の劇作家〕の演劇に類似している(27)。状況の真の変化を再現するために、また父親の欠点に高い評価を与えるまでになる感情の深さを表現するために、言わばここで抑制のきかない書き方になるのだ。同時にメネトラが作っているビュルレスク風でバッカス礼讃的な碑文は(28)、父への同情と全体としての理解を物語っている。身振りと涙にあふれた台本の中に、どうにもならないという感情とどうにもならなかったという後悔、また享楽に生きた者への享楽主義者からの贈り物、という父子の関係の真の、そしてあまり因襲にとらわれることのない観念が示されている。父親の愛、息子の愛が貧しい者たちの文化的なあいまいさの中にこのようにして表明されているのである。

このような語りは、その他の家族の和合にかかわることを問題にするようになる。そのうちの二つについて取り上げよう。一族の名誉を守ること、および父方と母方の家族間の対立の問題である。メネトラは徐々にメネトラ家の道義的象徴的利害を守ることを引き受ける。彼は姉の夫を多少とも守ろうとし、世間体など意に介さず、結局悪い娘であることがはっきりしてきた妹を説教し、立派な縁組をさせようと交渉したり、選択相手を間違えていると批判したりしている。しかしこうしたそもそも徒労に終わる干渉の中で——彼はまったく駆け引きがへたである——彼が家庭での気高い貞淑という観念を重視していることがわかる。マルソー家に対しては、マルソーの人々の心配は遺産相続の彼らの取り分を確保することから始まっているのだが、一連の対立の中で彼はメネトラ家の人々を守っている。マルソー家自身の名誉の感覚では、メネトラのあらゆる向こう見ずな行動を評価できるわけがなく、彼らとの関係は、経済的にまた同業組合にかかわる親族間の対立によって悪化する。仕返しをしてやろうというとげとげしい空気の下で、経済的、感情的、また祝い事に際してのつながりから生じた濃密な関係の中身が認識される。通念となっている規範を侵すことに対する集合的な感性、価値、感情、利害の三つが折合うことの難しさがそこにはっきりと現れている。

親方として独り立ちするための戦略は比較可能な要素の絡み合いによって特徴づけられている。経済活動はたえず恋愛地図と感情線をかき乱すが、感情線は事業や貯蓄を合理的に展開しようとする道から人を逸脱させるものでもある。人は二十歳でお金など貯めないものだ。巡歴をして歩くこと、それは町から町へと安定を求めてかけずり回ることである。その安定の機会がさし出されても、もっと後にしておこうということになるのだ。それは結局は辞退することになる機会を巡ることである。というのも青春時代が過ぎ去ることが必要だからだ。それは未亡人から親方の娘へと、さらには親方の姉妹へと巡ること、楽園とは、誘惑してくれる仕事場のある町のことである。ヴァンドーム、アンジェ、ナント、トゥールーズ、とりわけニーム、そしてカルパントラ、リヨン、そしてその他の町ではあまり期待が持てないのだ。〈パリの人、歓待される人〉は取り交わした結婚の約束を数え上げているが、そこではほとんどいつも経済的関係に性的な意味が付与されている。しかし家族の要望と生まれ故郷に結びついた人間関係、この職人の性格と巡歴する労働者としての生き方は、身を固めることを妨げる。婚姻の関係は、庶民的な恋愛体験がつみ重ねられる道程の終わりになってはじめて、そして主たる資金的な必要が解決したときに必然性を帯びる。結婚は二重の選択の上におこなわれる。つまり、資産の問題で合意に達し、心と体が互いに気に入ること。読み書きはできないがしまり屋の、というのは彼女は所帯の財布に一〇〇〇リーヴル以上の金を貯め込むのだから、地方出身の女と結婚することによって、メネトラは有利な取引きと不利な取引きの両方をおこなう。彼は子どもをもうける人生を実現し、店と家庭をつくることができるのだが、同時に、夫婦となり、家庭という安定した関係の退屈さと苦さを知る。性と愛の物語を語るには、この証言はもっと先でもう一度とり上げられることになろう。ここでは二つの点について考えることで満足しておこう。つまり、どのように家庭運営の規範がとりきめられていくのか。どのように子どもたちへの両親の愛情が見てとれるのかという点についてである。

メネトラは妻を愛していたのだろうか。彼の言説はマリ＝エリザベト・エナンの真の姿を完全には明らかにするものではない。というのは、結婚についての民衆の考えの基礎となっている情熱と真の友情とが両立している短い期間の記憶と、彼自身の気まぐれ、浮気そして普通の夫婦関係の摩滅が彼のなかに引き起こす困惑との間で、彼は引き裂かれているように感じられるからだ。ルイ十五世広場の騒乱で妻を見失った一七七〇年五月三十日の夜の記憶を思い起こして、彼が感じる優しい親密さと深い不安はほんもののようである〔本文二五八ページ〕。対立は次の二つである。誰が主導権を握り家庭と資産を管理しなければならないのか。どのように子どもを育てるのか。明白に、第一の疑問には、メネトラが家庭のもっとも幅広いモラルにかなった答えを出している。一家の父たる家長こそが正当性をもち、神と法は彼に道理を与えている、民衆の知恵もまた、「良い雄馬も悪い雄馬も拍車を欲しがる(29)」としているところだ。しかしマリ＝エリザベトは、この権威は少々時代遅れになっていると思っており、彼女の性格は術策をろうして財布のひもをぎゅうじるように彼女をしむけるものなのだ。ジャック＝ルイは少しずつそれに慣れていくが、完全に慣れることはなく、仲たがいと家出、裏切りと和解からなる波乱万丈の夫婦関係を最終的に和らげるためには、老いの静寂が必要となるだろう。遅くになって書かれた「わが妻へ」という一断片(30)と『わが人生の記』の終わりの数ページには、和解手段のあったことが証言されている。メネトラは自らの経験から、婚前の体験と熟慮した結婚という考え方を引き出している。「二人の気性があうかどうかを知るために、結婚する前にしばらくの間いっしょに暮らすことは、女性にも男性にも望ましいことだろう」。それは、法的・慣習的拘束からまったく新しい道徳的視野を解き放つことなのだ。

メネトラは四人の子どもをもったが、そのうち二人は死亡し、二人が生き長らえる。彼の家庭は当時において標準的なものである(31)。彼の権威はまことの父性愛をともなったものだ。妻を愛することができたように、彼は娘と息子を愛する。しかし妻よりもっと愛しているように見える。彼は子どもたちのうちに自分を見出す。そして『わが人生の記』は、すべてはくり返されることになる民衆の習慣としきたりをもって、自分の激しやすい性格から生まれる矛盾をはらんだ要請、夫婦関係の悪化と真のやさしさを彼がどのようにつじつまを合わせようとしているかを証し立てている。父と息子、父と娘の関係は、ちょうど彼が息子として一七四〇年から一七六〇年の間に体験したのと同じように、一七七〇年から一七九〇年にかけて再演される。しかし彼にみなぎっている父性愛は、彼の父のようになることを禁じ、彼の父のようにならないよう命ずる。父親としてジャック＝ルイは子どもたちに気を配っていて、彼らの教育に留意し、コンサートや散歩に連れ出す。病気になれば看病をし、彼らのために豊かな前途と幸せな結婚を望む。偽善者で度を越えて乱暴な菓子職人の婿と娘の結婚――彼の妻によって押し付けられた――は、彼を怒りの淵に沈め、彼らを離別させ、娘を遠くへ、イギリス国王の羽根細工師のところへ行かせるという解決策〔本文三〇三ページ〕――つまるところ恋愛の自由に賛成している――を強いてとらせることによって、やっと怒りをおさめることができたのだ。娘と遠く離れることに彼の心は張り裂けるばかりで、ロンドンから手紙を受け取ると彼は感動する。法律が離婚を認めるようになるとき、彼はその離婚を喜ぶだろう。息子に対しては、和解の時が感じられ、息子が「親方たちのところに足しげく通う」ようになると、彼の興奮は鎮まる。年齢は忍耐を教え、話し合って和解することを余儀なくさせる。息子が共和国のために戦いに行くとき、メネトラは心配し、息子を引き戻そうとするが、伍長に昇進することは歓迎している。確かに、そうしたあらゆる点で、マリ＝エリザベトと比べてみれば、彼は少々安易に自分によい役割を演じさせている。しかし教育に関する次元では、真摯に対応することができ、妻が亭主を尻にひくという状況の中で物笑いになることを怖れないメネトラは、いずれにせよ次の三つのことを明らかにしている。家長たるものは子どもを愛することができ、また愛さねばならないこと、また子どもを差別なく愛することができ、また愛さねばならないこと、そして子どもの独り立ちの面倒をみることができ、また面倒をみなければならないことの三点である（32）。こうした規範は生活と日常の経験に入り込み、慣習と道徳が要請することと折り合いをつける。メネトラは『わが人生の記』の終わりの数行で、平和になった家族関係のいきさつ、家長たちへの賛歌を書きつける。子どもを棄てることなく、子どもを物質的に援助し、有益な助言を惜しみなく与えるという家長を讃えるのだ。聖マルタン〔四世紀にトゥールの司教だったマルティヌス。その墓所は巡礼地の一つとなる。祝日は十一月十一日〕の祝日に父親の葬儀を進めながら、彼は別の年の十一月十一日にイノサン墓地に埋葬した今は亡き幼い息子を思い出しているが、そのように感動は遠い過去のものとはなっていない〔本文二七六ページ〕。苦労して得られた心の平安、晩年の単調な生活は、過ぎ去った若気の過ちと血気を理解する手立てでもある。平凡な生活が快楽の時代と対照をなすとき、人生を語ることは自分の位置を知り、意味をもつことになる。

原注

（1）豊富な文献のなかで研究の現状を明らかにするものは、A. ARMENGAUD. *La Famille et l'enfant en France et en Angleterre du XVIe au XVIIIe siècle, aspect démographique*, Paris, 1975 et F. LEBRUN. *La Vie conjugale sous l'Ancien Régime*, Paris, 1975.〔（邦訳）ルブラン『アンシアン・レジーム期の結婚生活』（藤田苑子訳）慶應義塾大学出版会、二〇〇一年〕

（2）J.-L. FLANDRIN. *Familles, parenté, maison, sexualité dans l'ancienne société*, Paris, 1976.〔（邦訳）フランドラン『フランスの家族』（森田伸子、小林亜子訳）、勁草書房、一九九三年〕

（3）D. ROCHE. *op. cit.*, pp. 30–35 et J. KAPLOW. *Les Noms des Rois, les pauvres de Paris à la veille de la Révolution*, Paris, 1974.

（4）G. BENREKASSA:《Le Typique et le fabuleux, histoire et roman dans *la Vie de mon père*》in *Revue des Sciences Humains*, 1978, pp. 32–56.

（5）J. DONZELOT. *La Police des familles*, Paris, 1977〔（邦訳）ドンズロ『家族に介入する社会』（宇波彰訳）、新曜社、一九九一年〕et P.

MEYER. *L'Enfant et la raison d'État*, Paris, 1977.

(6) E. SHORTER. *Naissance de la famille moderne*, Paris, 1977.〔(邦訳) ショーター『近代家族の形成』昭和堂、一九八七年〕

(7) P. ARIÈS. *L'Enfant et la vie familiale sous l'ancien régime*, Paris, 1960〔(邦訳) フィリップ・アリエス『子どもの誕生　アンシァン・レジーム期の子どもと家族生活』(杉山光信他訳) みすず書房、一九八〇年〕et D. HUNT.《Parents and children》in *History*, New York, 1970.

(8) J. KAPLOW. *op. cit.*, pp. 140–161, D. ROCHE. *op. cit.*, pp. 85–89, et pp. 242–255.

(9) M. GARDEN. *Lyon et les Lyonnais au XVIIIe siècle*, Paris, 1970, pp. 96–106.

(10) D. ROCHE. *op. cit.*, ch. 3 :《Fortunes et infortunes populaires.》

(11) 別の文脈では、P. THOMSON. *The Edwardian, the remaking of british society*, London, 1975.

(12) II F°34, シェニエおじの死に際しメネトラによって作成された墓碑銘。「ここに一人の商人が眠る／ものを売り、密売をし、物の交換をした／もしも彼が身近かにあんたを見つけあんたを切り捨てたのなら／彼こそがトゥッサン・シェニエと分かるのだ」

(13) 一族の系統樹を作成することができないので、一七六九年の商業名鑑の中に載せられたおじたちの家族の住所を記そう。おそらくおじマルソーであるルイ・フランソワ、メネトラの名付け親で彼の結婚に立ち会っているが、彼はサン＝ルイ・アン・リル街に住んでいる。おじピエール・クロードはラ・グランド＝トリュアンドリ街、たぶん祖母の家に住んでいる。彼は破産によってより知られている。そしてサン＝タヴォワ街のおじとプチ＝シャン街のおじ。

(14) R. CHARTIER. D. JULIA. M. -M. COMPERE. *L'Éducation en France du XVIe au XVIIIe siècle*, Paris, 1976, pp. 45–85.

(15) 全体の概観としては、Cf. D. ROCHE. *op. cit.*, chap. 7《les Façons de lire》.

(16) B. ARSENAL〔アルスナル図書館〕、MS. 10579. 2, t. 4, F° 109–110, *Le Parnasse Saint-Jacques*, セバスティアン・メルシエはその中で、パリの諸階層の雰囲気を精彩に描いている。メルシエが一七四〇年にサン＝ジェルマン＝ロクセロワの教区で生まれたことに留意しよう。

(17) D. ROCHE. *op. cit.*, chap. 8:《Les Manières de vivre》; M. de CERTEAU. *L'Invention du quotidien*, Paris, 1980, t. 1, Arts de faire.〔(邦訳) セルトー『日常的実践のポイエティーク』(山田登世子訳) 国文社、一九八七年〕

(18) A. FARGE. *Vivre dans la rue à Paris au XVIIIe siècle*, Paris, 1979, pp. 62–65.

(19) マルセル・モースがその身体論で充分に論じた点を参照すれば、この点については、さらに人々の納得のいくこととなろう。M. MAUSS. *Sociologie et Anthropologie*, Paris, 1950, pp. 365–383.〔(邦訳) モース『社会学と人類学』(有地亨訳)、弘文堂、一九七三年」

(20) 一七一五年の民衆階級の読み書き能力のおおよその割合を想いおこそう。男性の六一パーセント、女性の三四パーセントが署名ができた。一七八九年には男性六六パーセント、その妻が六二パーセント。警察によってあらたに実施された農村の住民の調査では、一七八五年頃にこの数字は四〇パーセントと七パーセントと低くなる。

(21) ここで、結婚の契約書に署名することのできない彼の妻が計算については完璧に習得していることに注目しよう。

(22) AN. minutier central（公証人文書保存所）、XIX . 28 juin 65; BN. F 22960, 3 novembre 1753.

(23) もっと広く読まれた通俗物語の文化を表している次の表現にも注目しよう。「古い城館……まるで物語の中に描かれるような……」。

(24) IIF° 117,「ウラリー」と題された仮綴本への手紙あるいは返事。『婦人ジャーナル』一七七九年（われわれはこの本を手にしえなかった）。

(25) IIF° 20, *Critique des Jurés*（『組合役員への批判』）et IIF° 145 そこでは文学的哲学的論争についての言及が見られる。その中でメネトラはルソーを「シャンソンにいたるまで」「今世紀のもっとも偉大な人物」と擁護している。

(26) P. CHAUNU *La Mort à Paris, XVI, XVII et XVIIIe siècle*, Paris, 1978, pp. 166–196. ピエール・ショーニュ以上に、わたしは病院における死を強調したい。パリの住民の三分の一近くが自宅の外で死亡している。その多くがパリへの新来者である。しかしメネトラの証言によると、古くからのパリの住民は家族から離れて病院で死亡しているが、また家族はそのことを遺憾に思っていて改善しようとしている。

(27) メネトラには芸術についての素養もそなわっていた。版画を額に入れ選ぶことは彼にとっては慣れ親しんだ行為である。

(28) IIF°33, 四つの墓碑銘のうちの最後のものは、家族の経済的な出来事を大雑把にまとめている。「わたしの父は酒を飲みすべてを使ってしまった／わたしの一番上の義兄はすべてを浪費した／二番目の義兄はすべてを貯めこんだ／わたしときたら何も相続しなかったし、そんなこと知ったことじゃない」。また第一番目の墓碑銘は第二、第三のと同様に、父親が大酒飲みだったことに触れている。「ジャック・メネトラここに眠る／酒を飲んで他界する／ここから天国へ、一七〇〇もの酒場があるが、彼はそのひとつとして名残りを惜しまずに通り過ぎることはないだろう」

(29) J. -L. FLANDRIN. *op. cit.*, pp. 120–127.

(30) II F° 130,「わたしもまたさっと扉を開け、自分の過ちを告白しながら去っていく」、cf. aussi II F° 38–40, *Ma façon de vivre et de penser*（『わたしの生き方、考え方』）、「私は深い情愛をもって子どもたちを愛する、……」。

(31) D. ROCHE. *op. cit.*, ch. 3 :《Fortunes et infortunes populaires》; M. GARDEN. op. cit., pp. 150–155. そこではなお避妊が避けられなかったようにみえる、四〇年間の夫婦生活で四人の子どもとなると！

(32) J. -L. FLANDRIN. *op. cit.*, pp. 128–169.

メネトラは都市を歩き回り、フランスを踏破する。彼の歩みは文化を問題にする歴史家たちにとって実に貴重な贈り物となっている。というのも、彼はさまざまなものの見方と逸話、多くの実際にあった小さな出来事や、彼の想像力と関心がどのようなものかを示している、脚色された大事件を書いているからだ。彼の筆のもとで、度外れた自由はその報いを受けるが、自由のためには制約や、さらには約束事にも従わなければならないことも描かれている。職人の生活は自由気ままであるが、放浪には約束事がある。その第一は統制されていないことを旨とすること、第二は気まぐれや冗談の圧倒的な力を受け入れること、第三は機会があればそれを逃さないことである。家族や宗教、そして俗世からも管理されているにもかかわらず、青年期以降の実際上での自由な振舞いは、生活を悪意のない笑劇にし、ディドロが言うように情熱をすべての快楽の源にするような、茶目ないたずらのなかに表現されている。こうした自由の振舞いや、体験し物語られるあれこれのアヴァンテュールのなかで、民衆生活の見事な光景が、無分別な行動を物語り、思わぬ幸運を数え上げるやり方自体を通じて具体的な形をとるようになる。確かに言えること、それは記憶をたどるという作業は経験を美化して再構成し、経験を豊かにするということ、そして『わが人生の記』はここでは、過ぎ去った日々に熱気と色彩をもう一度与えるための一つの試みとして読まるべきものだということである。またその試みは、官能の激しさ、想像力の奔放さとそれが実現されるチャンスなどと、礼儀作法が多少とも強制されて尊重されることとのあいだのずれが、増大する時期にあたって、行動する快楽に代わってテキストの快楽をもってするものなのだ。「わたしの歳なら落ち着いて賢くなければいけない、そうしないといつか後悔することになるぞと毎日わたしは言われる。そのとおり、その時になったらわたしは考えるだろう……(1)」。書くという作業は、瞬く間にすぎる年月の経過と「各年齢の階梯」(2)で体験されたやり方を基盤としており、日常のあらゆる構造を雑然としたかたちで明らかにしてくれる。

未完成で豊かなこの秩序を通して、このテーマに関する三つのアリアドネの糸が指針を与えてくれる。その一つはまず仲間のあいだの連帯感。これはそれを見ている観客と演ずる役者たちを笑い、冗談、遊びへといざなうものである。二つ目は私的でしかも社会化された暴力。そこでは身体的文化が、規範をあらわに示す儀礼的行為のなかで、しかしまた死、周縁、犯罪への魅惑も明らかにする儀礼的行為のなかで演じられる。三つ目は性的な自由。それは民衆の恋のやり方を語り、その戦略と合意の仕方を示している。メネトラの自伝のなかでこのようなテーマが実際に大きな位置を占めているのだが、このテーマには相対的な重要性しか見ないことには異論を唱えることができるだろう。そこには、主人公にふりかかってくる誘惑に全体としては負けないという主人公の課している個人的選択と方法があるからである。不器用に蓄積されたあれらの欲動は本来は貴族やブルジョワの猥談として知られるものの民衆版——貧民のカサノヴァ——だということになりかねないのだ(3)。セクシャリテの問題についてその過去のことも含めてわれわれが寄せる深い関心(4)、あけすけなあるいは放縦な十八世紀というイメージは、それぞれに有利な証言をそこに見いだすだろう。メネトラがそのことしか考えていない、しかも長い間にわたって、というのは真実のところだ。しかしそれが、仕事の単調さ、家庭生活の味気なさ、「熱情」の衰えといったさし迫った他の問題から、昇華作用によって逃れる彼流のやり方が、回想を書くということだったのかも知れない。

悪ふざけによる連帯の歴史は書かれていない。民衆の生活のなかで中心的な位置にあるにもかかわらず、笑いの歴史も書かれていない(5)。ここで、メネトラはひとつの記録を、つまり浮れ騒ぐ友愛の絆の重要性を雑多な形で記録し手渡してくれる。彼はひとつの目録を、つまり世代によって様々に異なる遊びと気晴らしの行為の目録を提供してくれる。そして最後に教えられること、それは彼の同時代人たちを涙が出るほど楽しませることをめぐって、彼といっしょになって笑うためには、異なるものの考え方を受け入れねばならないということであって、暗黙の了解とはこういうことなのだ(6)。何はさておき、笑うこと、楽しむことはまず仲間たちとわかち合うことなのだ。友情の領域は三つの次元に広がっている。子ども時代から街区の同じ年齢集団が集結してつくる共謀の絆の次元(7)、仕事の場での友情と人間関係の次元、最後に、つまりは晩年の友人関係と特権を与えられたいくたりかの人物についての短い洞察がなされている次元。この晩年の友人たちは、庶民がどのように敬意と共感を感じとるかということよりもむしろ、社会的関係や隣人関係の機能を明らかにしてくれる。死刑執行人のアンリ・サンソン(8)、ボタン職人ベルトラン、酒場や売春宿で時計を売るジュネーヴ人ガイヤール、ブルボン公爵夫人によってレヴェック城塞に送られた不運なカード占い師、パン屋のブロック、皇太子たちの球戯の試合を組織するビリヤード場の主人マソン、これらの人々はメネトラの人生と『わが人生の記』のなかを駆け巡るいきいきとした才能ある登場人物たちである。同年齢の、遊びの、仕事場の仲間たちは、それぞれの役割によってより重要な存在となる。五十歳ごろ、執筆にあたって、メネトラは次のことを自覚している。「わたしは友人たちを愛しとても尊敬している。ジャン＝ジャックがわたしにしばしば言ったように、友人というのは不死鳥のように稀なものだと思う。あの時代の友人たちはとても稀だと思う(9)」。

暗黙の合意を生み出す絆は、学校で、教会で、そして子どもたちの大騒ぎの遊びのなかで結ばれる。この絆は、旅の途上の偶然の出会いや、若者の思わぬ災難のなかで見つけたり失ったりするものだ。彼が旅立たねばならぬときにはルーヴル街区の悪童たちが集って来る。小店主や手工業者の息子たち、近い親類や遠い親類の子どもたち、初めて酒を飲んだ仲間や仕事場の仕事仲間などである。彼らはみな結束している。というのも、仲間の一人が旅立つときには、希望と不確かさのともなった彼らの人生の新しい時期が見えてくるからだ。ポン＝ヌフ橋の出口のトロワ＝マリ十字路からオルレアン街道の入口のダンフェール市門までの間で、危険なことを企んだり、街区の少女たちを追いかけたりといった、ささやかないたずらやたわいない経験が重ねられ、子どもたちの熱気のなかで彼らの行動は共謀の絆をつくりあげる。巡歴の旅の途上で彼らに再会すれば職人にとってそれは大祝宴になるだろう。かくして、サン＝ジェルマン＝ロクセロワ教会のあの門衛の息子のコルディエとは、アジャンで出会う。そのとき彼は金物装身具を売りながら売春婦といっしょに定期市を回っていた〔本文九九ページ〕。デュ・ティレはディジョンの高等法院院長シャルル・ブロスの給仕頭になり、後に妻が衣類係の下働きをしていたトリュデーヌ殿のお屋敷へ、メネトラを連れていってくれる〔本文一九五ページ〕。殴り合いや激しい口論があったときには、友人たちがその場に居合わせており、誰それと名が上げられている者――ロベール、ジヴェ、ラピエール――と、あるいは名前のわからない者――小店主の職人――とがいたのだ。巡歴から帰還したときの大酒盛りや民衆の祭りの日の夜のパリで彼らと再会することにもなる。焼肉屋兼居酒屋の主人でポン引きもしていたダンドン・ルノワール、グルニエ＝サン＝ラザール街に店を構えた職人ラングロワは、メネトラの恋人との結婚を望んでいたが、彼もまた娼婦のひもで娼館の常連であった。エロフの仕事場の仲間ビュシーはサン＝トゥスタシュ教会のそばのパージュヴァン街に住んでいたが、メネトラの悪ふざけの犠牲者である。共生的友愛の名のもとにメネトラが「友よ行け、おれがおまえの代わりになろう……」と言うのを真に受ける〔本文二一一～二一二ページ〕。メネトラの吟唱叙事詩風な語りは、時に得体の知れないさまざまな人物を次々と登場させてくる。外科医のバロンはパリを離れざるをえなくなり、やがて死ぬ。アルルカンのゴオドン。好感のもてる娼婦のひも然としたガラス屋の親方ゴンボー。フォブール・サン＝マルソーのでん粉製造業者ヴェロン。そしてとりわけいとこのシェニエは愛人たちのために破産し、フランス衛兵隊の兵士となる〔本文二二四ページ〕。もちろん彼らは快楽を分かち合っているが、しかしとくに彼らは店を持って定着するという規範をまだ受け入れないような生活が可能だと強く信じている。メネトラは登場人物を序列化することをせず、彼らをさまざまな状況のなかに登場させる。それは、けんかの仲裁、一つの戦利品の分かち合い、隠れ家の確保――いざこざを起こした人物のトランクと衣類いっさいを隠し、秘密にかくまう――、結婚の申し込みへの立会い、告解を迫られたときの連帯――商人ダムールによるヴァレリアンの丘への巡礼〔本文二五一ページ〕――、梅毒にかかったときの連帯、そして性行動に関する友愛といった状況である。父親に、妻を寝取られた男に、警察に、結局は秩序に対して、街区の若者たちは反抗する。これは独身の男子青年の一時的な真の対抗社会であり、その絆は「やきもち焼きや金持ちとは結べない」友情である。

フランス修業巡歴の途上においては、放浪生活と職人組合の結合のなかで、また別の仲間が生まれる。仕事と余暇は旅の行程の都合に応じて組み合わされていく。この職人はかならずしも友人として扱われるわけではない。彼は冗談の標的にされたり、さらには職業上の、あるいは性的なライヴァルであったりする。ガスコーニュ出身の男たちはその迷信と純朴さのために、北部の男であるパリ出身のメネトラによってしばしばからかわれる。〈ケルシー人、できそこないのすりガラス〉は顔にやらかした失敗の刻印をつけている〔本文九一ページ〕。片目のロシュレの人は冗談を理解できずとばっちりを受けることになる。結局、フランス修業巡歴の職人たちの友愛の絆は実益に即した必要性と友情とをあわせ持ったものなのだ。何人かで工事現場にいる場合、陽気な作業班での仕事の進行はより速くなる。デヴォラン派の集団はガヴォ派に対する抗争で暴力を行使する。いくつかの友人に呼びかける形容によって友情の質に差があることがわかる。「わが友《モナミ》」「わたしの仲間《モン・カマラード》」。あるいはまた、いくつかのエピソードがある。ガラス職人のレンヌの人はニームからカルパントラまでのあいだの旅と仕事のみちずれ――半年以上にわたって――だったが、モンテリマールで別れる。そこで彼は働きながら旅の疲れを休めるのだが、一七六二年から一七六三年にリヨンで再会する。彼は悪いことがあっても常に誠意があり、出世をしても連帯を忘れない人物である。そしてパリではメネトラを迎えにやって来て、祖母の死を告げる。この場面では、描写が省略されているのだが、それによって彼のつらい感情がはからずも明らかになっている〔本文一七二ページ〕。

彼の放浪の物語のなかで、雄弁な語り手メネトラはパリ出身の職人たちを特別視しているが、これは共通の帰属意識と同じ価値感への愛着による連帯意識の表れである。裏切り者と盗っ人はそこでは容認されない。かくしてガラス屋オランは「同郷人」であるにもかかわらず、つきがなく不正実な人間なのだ。旅の行程でたまたま出会うが、放浪の終わりには友情は消えてしまい、店をもって定着するときまで友情が続くことはない。しかし、もういなくなったあれこれの顔を思い起こし、友人たちが起こしたあれこれの出来事や行為を思い出すことは、このかつての職人メネトラにとってノスタルジーであることは疑いないところだ。市門の外の酒場で、思いがけぬ幸運で職人たちと出会うことによって、友愛のきらめきが再び体験されることがありうるのだ。「彼らは会いに来るようわたしを招いてくれ、わたしの仲間であることを相変わらず楽しんでくれることになるだろう」――月曜日ごとの大酒盛りにわたしを待っていてくれるということなのである。食事をともにすることは、冗談やバラードの歌と踊りやさまざまな気晴しを好み、また芝居と仮面への魅惑などで形成されている、一つの共通の文化に属していることを意味する。

『わが人生の記』のすみずみに冗談が絶えることなくゆきわたっており、笑う機会の範囲は幅広く広がっている。「わたしはいろいろといたずらをしたものだった」あるいは「あのあらゆるくだらない冗談でわたしは笑ったものだった」という表現は、人をいくつかのタイプの状況へと導いていく。しばしば、いたずらは不器用な、あるいは純朴な仲間を犠牲にして、あるいはこのパリ男の饒舌に魅せられた農民を犠牲にして行使される。笑いはここでは社会を統合していくプロセスのなかの一つの要因となっている。つまり笑いは地元のエリート、ヴァンドームの善良な司祭、好意的なブルジョワ、そして好奇心があり開放的な田舎の領主などをとりまとめる性格をもっている。彼らはこの職人の向こう見ずな行動の話を聞き、「息ができなくなるほど笑い転げ」て楽しむのである。文化的な対話は、地方の人々や洗練されていない手工業者や、またもっと解放されているその他の人々を対立させるものである。それとは違ったやり方で、笑いは社会的な調整の力をもつ。笑いは年齢階梯に応じた倫理的規範が欠けていることを確認するのだ。あるいは笑いは、身体的欠陥、酔っ払いの過失、仕事上の失敗、奇形、そして物質的、知的、社会的な地位の暗黙の序列付けにかかわる、あらゆる不適切を強調するものである。窓枠に頭を突っ込む雇い主、はしごから落ちる職人、ろばの背から落ちる仕事仲間、間違えて複雑な状況に踏み込んでしまったのだが、別の人ととり違えられたもうひとりの仲間、首かせに釘づけにされる酔っ払い、尻を露出して罰せられる少女たちなどなど、どんなことでも冗談の種にすることができる。盲目、せむし、奇形、これらはとりわけ喜劇とみなされ、笑うために集まってきたリヨンのすべてのせむし男たちを犠牲にして、多少なりとも不吉ないたずらがおこなわれ、詩やシャンソンで愚弄されて全体の混乱になるとき、民衆的ないたずらは貴族のやった冗談を増幅させる〔本文一三一ページ〕。いたずらで調整していく笑いはもう少しで社会を転覆させるのかと思わせるものがあり、逆立ちした世界や桃源郷の文化の要素をすべて結集させたカーニヴァルの時期に、職人組合のこっけいな言動が増幅するのを目にしたとしても、それはことさら意外なことではない。

地震で家々が倒壊する、それは壮大な物語を書く機会とはならないが、その恐怖がおさまった後には、月の光に照らされてあらわになる不恰好な裸体や、「ふたつの巨大な尻」、つまり雇い主の尻とその妻の尻のことだが、こうしたことを犠牲にして笑いが爆発する契機となる〔本文九二ページ〕。犬の愛の営みがあれば人々は仕事を放り出して外へ飛び出し、大笑いしてけちをつける。桃色に丸々と太った仔豚を「旦那様」と呼んで館の寝室に連れ込むのは、立派なアヴァンテュールの、また奥方を首尾よく寝取る前の序曲である〔本文二八二ページ〕。

性や食物と結びついた冗談で仕事や毎日の生活が陽気になる。圧倒的な力を持った身体の文化は印象的な糞尿趣味の爆笑のなかに笑う人々を結集させる。小さな男の子が糞尿溜に落ちると、彼には幸福が約束されたことになる。寝室で子どもが大きなおならをすると、それは避妊のためとも消化のためともとれる洗浄器や洗浄ということで成り立つ比喩をもたらす。職人たちはきちんとした半ズボンをはいていない。そんな様子を、トゥーレーヌ地方の若い修道女たちの汚れのない目で見られたときに起きたあの場面に彼らはびっくりする〔本文七五ページ〕。仕事仲間が梅毒にかかると、「足に魚の目ができた」と冗談を言って慰め合う〔本文一〇〇ページ、原注(67)を参照〕。絶倫男のおもしろい話が食事の最中に語られ、子どもたちも若者もその話を役立てることになる。メネトラの笑いは、たとえそれが上品ではなくとも、それでもなお健全な価値を保っていないわけではない。昔も今も冗談のセンスのない清廉の士はそれを楽しむことはできない。ビュルレスク文学のなかの胸のときめく旧い世界観、ものの豊かさと豊饒、その時代の破壊的でしかも再生の力をもった宇宙的パワーがはっきりとそこには表れている(10)。身体的価値の崇拝は、さらにこれらとはまた異なった余暇の行動を意義あるものにする。その行動とは演劇と仮面への愛好である。

ダンスをすること、冗談を言うこと、歌うこと、これらは習慣的な余暇の過ごし方なのだが、また気晴らしに女にもてる機会を求めて一人であるいは集団で歩き回ることも同様である。たっぷりと楽しむこと、派手に酒盛りをすること、こうした行動は生活にスペクタクル的な側面をもたせる。おとなの競技、剣や職人杖への情熱、二人でまたは集団での試合、かけっこや、垣根や溝を飛び越える、といったことなども、同様に身体の価値にもとずく文化に属しているものだ。シャン＝ゼリゼはこのようなスポーツをするのに適した場所である。バトワールと呼ばれる室外球戯《ロン・ポーム》は、いなかでは村の名士たちの前で、パリではグルネル＝サン＝トノレ街か王女の遊歩道《クール・ラ・レーヌ》の下の球戯場でおこなわれる。セーヌ川の舟遊びでサン＝モールからムードンへ、サン＝クルーからラ・ラペへと友人たちを連れて行く。水泳、橋の上から飛び込むことは彼らの気分をすっきりさせる。焼肉屋のルノワールがそこで賭けに勝ったことを思い出そう。結局、熱情の時代はまた身体的な遊びの時代でもあるのだ。

四旬節前の日々や、パリの夏の暑い夜には、こうした民衆の祝祭の二つの山場がある。その時、職人たちは都市の活気にみちた街区を巡り、グレーヴ広場から中央市場へ、サン＝トゥスタシュ教会からポン＝ヌフ橋へとぶらつき、場末のフォブールを歩き回る。いたるところで暗い夜空に花火の光の筋が走り、爆竹が破裂し、打ち上げ花火が音を立てる。市門の外の酒場のアーチは明るく輝き、酒場の騒々しいにぎわいがあちこちから聞こえる。メネトラの友人のルッジエーリは彼と梅毒を交換し合うことになるのだが、花火職人の親方になる。酒盛りは長く続き、すべての肉体と心の衝動にうってつけの暗闇のなかで時は止まったかのようにみえる。貧しい人々の夜は、少なくともパリでは、貴族的な祝祭の影響のなかで、そして言葉と身振りの連続するスペクタクルのなかで、束の間のきらめきによって明るく照らされるのである。

メネトラは定期市の芝居とブールヴァール演劇が民衆に大いに流行していたことを証言している。一七五〇年代からフランス革命まで、彼は劇場に通い、そのうえ楽屋にまで姉妹と行き、子どもたちを連れても行く。彼はイタリア人の役者やオペラ・コミックの成功を支えた愛好家のひとりである。彼はカルリーノ・ベルティナッツィ〔本文原注(160)を参照〕を好んでいて、その墓碑銘は彼の気に入るところとなる。「カルランには運命を表現するのに、わずかの言葉で充分であろう。生涯にわたり彼は笑わせ、彼の死に際しては泣かせてくれた」。魚屋体文学の作者で役者でもあったタコネ〔本文原注(109)を参照〕を彼は近くで見たことがある。メルシエはプレヴィルよりも彼のほうを好んでいて、ルカン〔役者(一七二九―一七七八)でコメディー・フランセーズの座員。ヴォルテールの多くの悲劇を演ずる〕と同じぐらい高く評価している。彼の下品な表現のせいで起こった問題は、町中や宮廷でうわさの種となった。彼はおそらくジャン＝バティスト・ニコレ〔本文原注(110)を参照〕と知り合いだった。この人物は当時、スペクタクルのもっともすぐれた企画者の一人で、一七五九年にブールヴァール・デュ・タンプル〔ブールヴァール劇の芝居小屋が軒を連ねたところ〕に居を構え、一世紀にわたってパリの娯楽を主導する。メネトラはまた俳優のゴオドン〔本文原注(111)を参照〕を賞讃している。この人物は一七七〇年以前は綱渡り芸を推進した人物で、またアルルカンのショーモン〔本文二四〇ページ、また原注(207)を参照〕の指導もしていた。パリ北部のブールヴァールの広々とした散歩道や西部の上品な街区のあたりで毎晩開かれていた常設の市で、メネトラは民衆の文化のあらゆる要素を目にしているのだ(11)。

トーレやルッジエーリのピュリケーの踊り〔古代ギリシアの剣舞〕を思わせるスペクタクルは、輝く束の間の背景を作り上げている。そこの蠟人形博物館には有名人や怪物たちの蠟人形が展示されている。綱渡りの芸人は身体の柔軟さが効果をもつことを証明し、制御された身体を讃美している。ニコレのパントマイム、客引き芝居《パラード》と笑劇、魚屋体演劇、イタリア人の道化のオペラや、その成功にうながされて出現した競争者たちの道化のオペラ、これらは、身分の低い人々のアヴァンテュールを描き、彼らの喜びを歌い悲惨を嘆きながら、からかいと笑いに対する好みを養ってくれる、さまざまな偶然のいたずらを演ずる出し物を提供している。メネトラ、手工業者、小店主、日雇い人夫、家内奉公人などにとって、大道芝居あるいは芝居小屋の劇は広場の文化とその繊細さを教えてくれ、涙と笑いのあらゆるスタイルを可能にしてくれるものである。そこに頻繁に通うことによって、愛好家になる機会を手にし、ヴェルサイユでは仲間のビュシーとともに、城館の領主たちと都市のブルジョワと陽気な大衆のために、「靴直しの笑劇」と「仕立て屋の道化芝居《パラード》」を上演する〔本文一九一ページ〕。カーニヴァルのときには彼は仮面と仮装用の服を借りて、酒場を回っておどけてみせる〔本文三〇八ページ〕。アルルカンやピエロに扮した彼の無邪気な仮装は、民衆の倫理の主要な要素である仮面の文化に属し、生活からドラマを、世俗のことから演劇を作ろうとする。そこではすべてが儀式化されていて、人生と運命が命ずるままの役割に従って演じられるのだ。笑いとパロディへの愛好、また如才なさと野卑な言動への愛着は、同じ時期、ディドロに『ラモーの甥』という大パントマイムによる批判的シニスムを創作する意欲を吹きこむ。演劇と仮面のわざとらしさと幻想的なものは、すべてのものが再構成されることを、またヘーゲルのいう「自己と他者のすべてに共通する錯覚」を引き受けることを、要するに、貧しい者と乞食の運命を引き受けることを可能にする(12)。

こうした諸要素は暴力の直接的な体験のなかにも存在している。子どものときから暴力は日常的に体験されることであって、家のなかや家族・親族関係において、また街頭や近隣の人々のあいだの喧嘩や酒場での情景のなかにも存在していた。「とことん殴りあう」ことを、田舎でも都会でも学び取った青春時代が過ぎると一段階進むことになる。そこで若者は友人たちや娘たちの目の前で、その力量を証明してみせなければならないのだ。背丈の低いメネトラにとっては、ぜひとも実力以上の力を発揮しなければならなかった。殴り合いのひとつひとつが個人的な通過儀礼となり、修業巡歴の旅の途上では集団のために必要なこととなる。職人組合での粗暴な滅多打ちは、ドゥヴォワール派の連帯を改めてひきしめるものだった。この点についてはもっと後で述べることになるだろう。ここでは集団的なまた個人的なアイデンティティを形作るために、くり返される殴り合いの喧嘩が意味をもっていたことに注目しておこう。『わが人生の記』のなかでは、こうした喧嘩の五分の四はメネトラが結婚し店を持つ以前のこととして書かれている。それ故に、店を持った親方たちがしばしば青年期の気まぐれを取り戻して殴り合うことがあったとしても、普通こうした喧嘩はもっぱら青年期にやられたものなのだ。六十歳代になってフランス革命の混乱のなかでも、王党派《ミュスカダン》青年を挑発するぐらいのことはやり、職人時代の青年の血気をメネトラは保っていた。暴力行為の動機については（理解しえたものに限る、というのもそのいくつかは動機がはっきりしないのだ）、主として三つの種類がある。職人組合間の対立が三分の一、仕事のなかでの異議申し立てと仕事場での悪ふざけによるものが三分の一、残りは女性にからんだ問題や性にまつわる争いがもとになっている。重要なことは殴り合いがあっという間に起こることであり、またその殴り合いはルールに従ってやられるということだ。五〇年ほどのあいだにわたり、そのパターンは同じなのだ。挑発と罵詈雑言、殴り合いと相互の平手打ち、それで終わりとなるか、もし充分に名誉回復がされていないと見えるときには、さらに闘いが続けられる。そこで拳や杖による殴り合いは、都市のなかの人目につかない一隅での、ルールをともない組織立っておこなわれる決闘となる。この場合、フランス衛兵の友人やブルジョワから借りた剣が、戦う者の勝敗を決めることになる。これは優に五〇回を数えるすぐに決着のついた乱闘に対して、六回ほど起こったもので、深刻な事態なのだ。メネトラの『わが人生の記』はここで、セバスティアン・メルシエの証言や警察の報告に書かれている警告を追認するものとなっている(13)。殴り合いの喧嘩や衝突は、暴力への素質と連帯に向から能力とが混り合った、特殊な人と人の絆《ソシアビリテ》の様態に結びついているものなのだ(14)。これは名誉を公的に賭けての闘いであり、その公的な場の中心は女性が占めている。青春の情熱がみなぎる時期の近隣の同じ歳頃の若者たちをあつめるのは、この女性たちである。しかしまた家での習慣的なやり方に焦点を合わせて集まっているのが彼女たちなのだ。殴り合いと滅多打ちは日常の風景になっていて、それらは「消滅しつつある野蛮状態の名残りで時代おくれになったものと言うよりは、社会的事実の構造化された要素」なのだ(15)。好んで自分を誇示してみせ、性的な悪口をたたき、身振りを大げさにしてみせることなどは、民衆の喧嘩騒ぎを文化的なスペクタクルにする。このスペクタクルの本質は競技や祭り、演劇や身体のぶつかり合いなどの領域に属している。ただたんにブルジョワたちやモラリストを恐ろしがらせる無統制な野蛮さなどではなく、そこには民衆の習俗の多少変わった性格のものが表現されている。その習俗は暴力に魅力を感じ、死が身近にあることに慣れっこになっていて、そばをかすめて通る犯罪行為の蠢《うごめ》きに魅了されるような性格のものだ。

啓蒙期のパリがいかに死を招き寄せる都市かという点は、人のよく知るところである。いたいけな子どもを大量に死なせてしまうことや、成人の死亡率の高さは恐ろしいほどのものであった。こうしたことが改善に向かっていることを示すいくつかの指標はあるものの、さまざまな風土病や手工業者によくある病気は、いまだに生命がいつ危険にさらされてもおかしくないほどのものだった。子どもや若者も死と隣り合わせに生きていたのだ。『わが人生の記』は都市の死亡率の近代的な特徴に敏感に反応しており、そこでは近親者の死が察知され、名を知られることなく死んだ人の多いことが垣間見られるのである。

なかんずく異常であり華々しい公開の処刑に対する好奇の目は、パリでは普通のことであった。メネトラは近隣において生じた自殺者の数や急死した職人のこと、また旅の途上で耳にした記憶に残る殺人のことを書いている。こうしたものは教訓となる死であって、共通の避けられない運命や生命のはかなさを考える契機となっているのだ。人は事物の理法を免れうるものではないという考えは、すべてのことについて確認されているが、とくに犯罪者について立証される。この点についてメネトラは犯罪の専門家ではなかったが熱心な観察を好んでやっていた。彼はダミアンの処刑を見ているし〔本文六三ページ〕、盗賊デュアメルとラ・ジルー、またシャロンでのある泥棒の処刑の場にもいた。彼は山賊についての物語や、殺人のあった旅籠について言い伝えられていることを拾い集めて書いている。こういうことは犯罪行為に対する民衆の態度を理解するのに好適なのだ。まず第一に、人はそこに、現実にもとづきながら想像力はどのようにしてまぎれもない真実を、象徴的次元において作り上げていくものかということを、読み取ることができる。メネトラが書くセルコットの森林の山賊のことは〔本文六四ページ〕、彼のゴシック小説のリアリズムの手法にかかると、パリ南方のボース盆地の平野を時おり荒し回る犯罪者が身を隠す森や洞窟の隠れ家を連想させることになり、実話として受け取りたくなるものだ。月明かりの宝石屋〔強盗のこと〕や騎馬巡邏隊の獲物などは、パリ近郊の田舎の生活で実際にあったことである。しかしながら、メネトラが一七六三年にディジョンに向かう途上でマンドランと乾杯したと主張しているのは作り話で、密輸にたずさわっていたマンドランとその一党は一七五五年にヴァランスで処刑されていたのだ〔本文一三五ページ〕。これはおそらくもっとありふれた現実――彼は盗賊の一隊と出会いいっしょにワインを飲んだというのが実際のところだ――を、象徴的イメージで美化しているのだ。こうすることで彼は一〇年このかたマンドランを英雄視してきた人々を満足させていたのだ。マンドランの妹とその仲間たちに出会ったといううくり返し語られている逸話は一年後のことであるが〔本文原注(106)を参照〕、これはメネトラが徴税請負制によって痛めつけられている民衆に連帯を表明しているもので、彼は「すべての人々がマンドランたらんことを欲している」と書いている〔本文一六四ページ参照〕。

デュアメルとジルーの事件は、マンドランの場合とはまた異なった犯罪についての反響を民衆の心性のなかに呼び起こしているものだ(16)。その真相は、メネトラが現実の逸話に手を加えて書いていることを歴然とさせるものなのだ。司法関係史料では二つの一件書類を手にすることができる。その一つは十七歳の不運なガラス業の労働者についてのもので、彼はルールシーヌ街の花火師の息子――偶然の符合に注目しよう――で、共犯者と謀って盗みを働きビセートルからジャンティまでの大街道筋で暴力行為に及んだとして断罪され、一七六五年十二月五日に、グレーヴ広場で絞首刑になっている。もう一つは風俗事件であり、二十三歳の女中による未成年者誘拐について一七六三年八月八日に欠席裁判での判決があり、その判決文の裏面にしたためられた、「九月九日、月曜日、正午、警官二〇名」という注記の意味を解釈すれば、一七六五年九月に処刑されたことは間違いないところだ(17)。結局、盗みと女中に関するありきたりの二つの事件が、不運な結果になったものであり、これらの被告人は情け容赦のない一連の証人によって糾弾され、うまく切り抜けることができなかったものなのだ。いずれにしろ二つの裁判の一件書類は別々のものであり、相互に何の関係もないのである。メネトラは双方をうまく交差させたのであり、さらに巡歴の旅に出発する前にラ・ジルーの処女を奪ったことにしてすらいる〔本文六六ページ〕。彼は判決文が街頭で読み上げられ、それが噂によって脚色されたのを耳にしたに違いなかったのだ。しかしながら彼の筆によってこの二つの事件は、現実にパリ社会全体を脅威にさらしていた途方もない犯罪行為が存在したことを、小説風にわかりやすく示そうとするものなのだ〔本文一三八〜一三九ページ〕。

都市パリの底辺には、仕来たりや掟によって一般社会からは隔てられた一味徒党が組織されていて、そこに挑戦的なごろつきや人の気をそそる娼婦などが集まっていた。こうしてささやかな、その場限りの犯罪者が途方もなく大きなスケールの盗賊になったりする。彼らは覆面の生活をしており、扮装を変え罠を仕掛け、かもになった金持ちを打ちのめし、死体をセーヌ川に捨てる。社会の基本的な規則を破り、その情婦を殺したりして残忍な行為に没頭する。確かにこうした暗黒の世界はパリにも、当時の他の大都市にも存在していたが、メネトラの物語では暗黒の世界は、犯罪が人の気を引きつける魅力のあるものだということを証明してみせ、誠実な良心をえがたい恐怖に陥れる力を触発するのに役立つということだけのために、描かれることになっている。この都市の中心部の諸街区で、労働する民衆は、しばしば貧困にかられて暴力に身をゆだねる社会の周辺に生きる人々《マルジノー》、乞食、盗っ人、出来心で罪を犯した者や職業的な犯罪者といった連中と日常的に隣り合わせで生活していた。娼婦の大群が街路を歩き回っており——セバスティアン・メルシエはその数を四万人以上としている——、前科者も稀ではない。時には本物のすりに仕返しをすることもでき、救貧院と同様に監獄もきわめて身近な現実なのだ(18)。要するに犯罪の昂進は、パリの発展の結果による雑居と沸騰という状態のしからしめることだった。それはまた都市当局者には、もっとも恐るべき犯罪の弾圧を正当化するものであり、その大部分は効果のあるものだったが、そうした犯罪の昂進は、民衆に一定の振舞い方を余儀なくさせるものだった。

雑多な情報から成る文化に堪能し楽しむというのが、集合的な心性の在りようだった。その場合に重要なのはその情報から得られた事実の真実性ではなく、事実を民衆の想像力が飾り立てるときに生まれる、人を幻惑させる力なのだ。血や黄金や夜のオーラは、もっとも悲惨な出来事をも、百倍の説得力をもって真実性を帯びたものにする。瓦版小新聞《カナール》や暦書《アルマナ》、シャンソンや小話の紋切り型の内容は、気晴らしと驚嘆を呼び起こすために自然に生まれたものであった。加えて人を驚かすような犯罪や有名な訴訟事件は、貧しい人々に安心できる教訓を示すものだった。悪人はつねに罰せられ善人は安心させられるのだが、しかしまた罪人は不幸な人間であり、同情すべき犠牲者でもある。かくてどんなこともその運命を免がれることはかなわず、こうして大罪人は罪を犯す運命にあったということになり、逆に職人の美徳を証し立てているものでもある。懲罰に関心を寄せていることは、その効果を確かめていることでもあるように思う。というのも、モンテスキューは「そこにおいて、恥辱があらゆるところから生まれ、刑罰の個々の方式を形作る」(『法の精神』六編一二章)と明言しているのである。同様に「懲罰がたび重なりこれ見よがしなものになっていることは、犯罪を通常は罰しなくなっていることと同時に、犯罪者が周辺化していることに起因している可能性のある、懲罰の能力の減退をつねに際立たせているものなのだ(19)」。結局、あらゆる幻惑的な事象にはその裏があるということである。

メネトラや民衆はたしかに盗賊についての物語を面白がるのだが、盗賊の姿に自分を重ね合わせて見ることなどまったくない。労働する人間、農民や賃金生活者や手工業者には犯罪者集団は、E・J・ホブズボームが以前に他のところで定義づけたような、「素朴な反逆者」を行動に立ち上がらせる社会的要求を持った者たちのようには見えないのだ(20)。盗賊や犯罪者は貧しい者たちを助けたりするわけではなく、それは伝説でのことであって、働く人々の世界を活気づけているものとは異なる目的に従って生きていく。犯罪者が不穏な動きに出る場合、たとえ革命的な時期に社会の解体に寄与することがあったとしても、そこに大した政治的内実がはらまれているわけではない(21)。盗賊の世界は快適に生き、ご馳走をたらふく食べ、飲み、賭けをやり、働かず、勝手放題をやる、それは浮かれて過ごす別天地、夢想と誘惑、そして幻想を合わせ持った逆立ちした世界なのだ。一七六四年に二度目のマンドラン一味と出合ったときのことを回想してメネトラは、「彼らはかつてのマンドランのようには、好意をもって見られてはいない」と書いている。この指摘には警戒心が暗示されており、さらに言えばこの都市を巡り歩いた職人がはっきりと気づいていた、農民の拒否的な態度がほのめかされている。

『わが人生の記』のなかで性的アヴァンテュールが占める位置は、メネトラの現実の生活と想像の世界においてそれが重要だったことを物語っている。それはこの自伝の重要な原動力の一つをなしており、三十歳になる前に結婚したことで得た安定した生活とは対極にある、自由と情熱の記録簿を照らし出すものだった。五番目の序章的な書簡体詩はこの点で大きな意味をもつ。「わたしの青春時代は、私にとって法悦の歳月であり、その星霜は幸福な時であった――その青春は永久に自分の物語を書いた時間から逃れ去る」と、それは言っている。頭に白髪をいただき情熱も和らぐ歳になって、この職人は自分の生涯の基本的な意味を絶望することなく、復元しようと試みたのだ。自伝契約は彼を強いて真実へと向かわせるが、筆のすべりで勢いがつき、語ることが楽しくなってきて、多くの普通の性的アヴァンテュールは常軌を逸したものに仕立て上げられていく。それはしばしば小説に近いものとなる。当時は放埒できわどい逸話を好む風潮があった。他の領域に対してと同様に、これは彼に愛欲に傾斜する気質があり、それが数多くの弱点を生む原因になっているという自分の宿命を強調することが重要だったのだ。こうした行動の矯正しえない性格は、遅かれ早かれ静かな生活の道程、結婚生活と家族の再生産の生活の道程に付随して生ずるすべてのことに、最後にはのしかかってくる。性的な活気にあふれ、盛んに女性を誘惑しようとした時期から、かつての願望も衰え結婚生活に適応していく時期へと、メネトラはさしたる軋轢も起こさずに移行していったのだが、これはもともと彼の性格が善良であったことを証明している。普通でありたいと望んでいる性行動を過剰に物語るということから教えられるのは、人は年齢相応の思慮分別から逃れることはできないが、そこに介在するのが想像力や夢想によって美化されているということがあるので、それは多分その思慮分別に抗っているところがあることを示している点だ。これらの性のアヴァンテュールは乱脈だとはいえ、救いようのないほどありきたりなもので、そのため子どものときの自慰行為のことも、同じ年齢の者たちのあいだの気晴らしなどで生まれる親しい付き合い、あるいは職人組合での集団的生活などのなかに存在する可能性のある同性間の誘惑のことも、打ち明けて語られることはない(22)。メネトラは女の尻を追い回す男であり、そうであり続ける。彼の『わが人生の記』は、旧時代の性行動についての話は、三つのパースペクティヴから成り立っていたことを教えてくれる。それは、ありきたりの性の秩序はどのようにして形づくられているかということ、そして現実と想像のあいだで恋と偶然の戯れはどのように展開するか、そして最後に男性と女性のそれぞれに性の役割を配分する諸表象はどのようなものか、という三つである。

人はメネトラの『わが人生の記』のなかに、社会の深層で風俗が変化しつつあることを示す息吹を感じ取る。それはパリと巡歴の旅で訪れた地方都市での変化で、これにかかわる人々は、商店主層や手工業者層に属する独身の若い男性である。ただ念頭に置いていただきたいことは、こうした証言は一七五〇年から一七六五年についてのものが重要だということだ。メネトラは一七五一年に十三歳である。そして二十七歳で結婚するが、これはルイ十五世治下のフランス王国では結婚するフランス人の平均年齢にあたっている。このような遅い結婚までのあいだ、キリスト教の倫理によって課せられた貞潔と、人目を忍びあるいは大目に見られていた関係によって密かに抑圧されていたものを解消すること、また若者の孤独な、あるいは相手との自慰行為、婚前のペッティング、さらに牧童の獣姦といったことを同時に体験する農民の愛についての古典的な記述に慣れている歴史家は、そこに婚前において驚くような自由があったと読み取っている。職人は幸運な巡り合わせのことを積み重ねて書く。つまり、旅籠の娘やゆきずりの娼婦とのその場限りのアヴァンテュールのことを除いても、——数え上げれば五二回にも及ぶ婚前の——性交渉のことを書いている。一七六五年以降、そして一七九〇年に至るまででは、結婚外での思いを遂げるに至ったちょっとした浮気を一三ほど告白している。

このような性的能力の誇示がどのような社会階層に及ぶものかという点も考えられるだろう。民法上また宗教上の規範を逸脱した、合意の上で結ばれた非合法の性的アヴァンテュールは、四つの社会的領域にわたっている。第一に高い身分の女性にかかわる五件のアヴァンテュール、それは高貴な身分の女性が一人、ガルドゥーシュ侯爵夫人〔本文一四二ページ〕、そして三人の修道女である。次は三人の農家の女性との関係、それから家内奉公人との関係が六件、そして残りのすべては家庭の子女とのもの、女性の雇い主、未亡人、雇い主の妹、それに小店や仕事場や賃金生活者層やパリの小親方層に属する女性、花売り娘、ボタン売り、豚肉屋の女性——ピナール家の美しい女性たちである！——、酒場の女将、カフェの女主人、酒屋や貸し馬車屋の女主人、馬具商、錠前屋、アイロン掛けの女、レース編み女工などである。このように通常の社会的関係がここでは性的関係となっている。手工業者、家内奉公人、賃金生活者、それにガラス屋をはじめとする小店主に属する女性が周知の交渉相手の三分の二を占めている。こうした密やかな愛の関係の将来は結婚に至りつく可能性のあるものだった(23)。それはなによりも都市的な現象で、それぞれが相互に異なっているが、同時にまたは相次いでおこなわれる愛の戦略にふさわしい三つの領域で主として展開されている。その第一が、これはすでに見たところだが、未亡人や親方の娘にかかわるフランス修業巡歴の旅の都市の地図に一致するもの、第二は、家庭の娘たち、近隣の結婚している女性たち、また働いている独身の女性たちなど、男女の欲望の対象になる女性で性の市場が活気を呈しているような近隣関係をもった街区にかかわる領域、第三は都市パリ全域に広がるもので、そこでは娼婦たちとのアヴァンテュールが支配的だが、都市の雑居性がときには冒瀆的な乱入や貴族とのチャンスも可能にする。

こうした多少とも持続的な集団のなかで、若い独身男性の性行動は強固な約束事に従っており、暗々裡の承認を前提としているものなのだ。街区の近隣の娘の尻を追いかけることは、すべての年齢集団が前世代——つまり父親やおじの世代——の者と取り交わした一時的なルールを、いとこや姪やかわいい隣の娘の名誉を傷つけてしまって、疑わしいものにしてしまうことだ。権威の争い——注意してもらいたいのは、父親の権威は子どもの財産や人格に対して絶対的なものだったということである——はここでは性的な領域で展開されるのだ。そこでは父親と息子が金次第の、あるいはゆきずりでの娘の関心を買おうとして、お互いに争うことになったり、脅かされた娘の貞節を、つまりは家の名誉を守ろうとして争うことになる。メネトラの愚かな行為と、多分いつもながらの状況が、家長に数えきれないほどの打撃を与えることで、それを嘲笑の的にしてしまう。短気な豚肉屋のピナールおやじは、家の女たちを守ることができず、彼の妻と二人の娘はメネトラとベッドを共にしてしまう〔本文二二六ページ、二三〇～二三一ページなど〕。ピナールおやじは、街区の娘たちのモラルに心を配る家長としての資格とは反する資質のすべてを体現することになる。メネトラは誘惑者という評判をえたのは当然のことで、そのおかげでいくつかの思わぬ出来事を体験するが、名誉にかけてそこから抜け出す。このことを証言するのは唯一人、彼だけなのだ。

結婚待機中の若い男たちは、これ見よがしな同棲関係をもって暮らし、宗教的な規制を気にすることなどない。宗教的なモラルが衰退しつつあるなかで、完全にキリスト教から離れてはいない民衆の旧来からの振舞いや習慣的行為――人々は機会があればミサに出席し、告解をやり、復活祭をそれぞれおこなう――が、新たな自由と同居している。宗教や警察の当局者の監視があるにもかかわらず、同棲関係が増大するのには(24)貧困が力を貸していることはありうるとしても、貧困がこうした若者の行動の原因となっているわけではない。若者をそうさせているのは、結婚へと飛躍しようとしている若い独身者が、長いこと結婚を待っていなければならないことにあった。そうした状態で純潔を保つのは不可能なことでもあったし、現実性にも欠けていた。この結婚への飛躍は恋愛に巡り会うと同時に利害が一致すれば実現する。それまでは、機会さえあれば、若い時期の不安定な気持が、結ばれたり離れたりのかりそめの結合をもたらすことになる。プロレタリアの同棲関係は結婚するかしないかよりも実質的に世帯をつくることが重要なことから生ずるもので、貧困におしひしがれた下層民の周辺部で見かけられるものだが、ここでのかりそめの同棲関係はプロレタリアの堅実で律儀な性格のものとはまったく異なるものだ(25)。メネトラとその仲間たちにとっては、しかるべく自分の生活を実現し、いっときのあいだ一定の範囲での自由を享受し楽しむことが重要だった。娼婦、さらに娼館の女主人を相手にすることも、この職人は厭わなかった。メネトラはロザリー、オロール、またデュプレ夫人、ボフォール夫人、ドゥノングレ夫人といったなじみの娼館の女主人とのひとときや愛の行為を、他人と分かち合うことに慣れるすべを知らねばならなかった。彼の目に娼館は非神聖化された女子修道院のように見えたのだ。

同じようにして友人たちのあいだで性を分かち合うことを、またそれを追い求めるということを受け入れなければならない。好機はともに享受される。ちょっとした情事――それはわれわれの目には紛れもない暴行なのだ――が旅の途次や茂みの中で職人二人でおこなわれる。旅籠の男性の共同寝室に紛れ込んできた娘が、旅立つ前の早朝にあわただしい抱擁の後、交換の対象になってしまう。娘たちをこのように共同でものにしてしまうことは、嫉妬や個人的な抗弁が起こるのを妨げるものではないのだが、しかし極端なものではなく、交換パーティーや酒場で酒色に浸るのと同じように、友人との連帯感を強めるものだった。「おれはおまえにぶどう酒一本とサラダをおごる。彼はおれの言うことをあっさり受け入れた、われわれはすぐに兄弟になることを期待して別れたのだ」とメネトラは書く。あるいくつかの街区では誰もが受け入れないような厳しい金銭的なとり決めを、こうした交換に課している。メネトラは彼のいとこのシェニエが受け入れたことに四〇エキュ支払うことを拒否している〔本文二一〇ページ〕。ここではフランス衛兵の存在が、他のところでは象徴的な慣行であるものを、強いものにしているのだ(26)。

結局、こうした自由も、約束事や幻想の入る余地のあるものだった。約束事のなかには、「帽子覆《クーヴル・シャポー》い」とみなされる」こと、つまり貴族の恋愛のお余りと結ばれることを拒否する、ということがあった。情婦との結婚に至ることは稀であり、娼婦とは決して結婚しなかった。また友人の奥さんと口づけすることはない。二番目の幻想については、女子修道院の恋というのを取り出しておこう。これは「幼子イエスの花嫁たち」というとっておきのハーレムに対面している若い独身男の欲望が表現されている夢、あるいは現実の姿なのだ。修道院の禁域の内部での神聖な論理は本能のままに一夫多妻的な生き方をするような者のいささか埒外にあり、いずれにしろ想像以上のものではないのである。結局、メネトラとその仲間の職人たちは、彼らの女との関係について責任を引き受けることはできないであろう。娘たちを騙したり、うその約束をしてかどわかしたりすることは、それだけで非難されるようなことはないが、ただこの職人が「女がこぶをこしらえた」のに気がつくか、誘惑したいとこが「気持が悪くなる」と、彼はすぐさま逃げ出す。それでも一、二の例外はあって、彼は助けを出すこともある。不都合なことがあったアヴァンテュールに「社交界の女《ファム・デュ・モンド》」がかかわっていることはない。彼女たちはそうしたことを回避する方法を知っていた。こうして歴史家たちが婚外の出生数が上昇していくこと、また避妊の方法が娼婦から民衆へと広がっていくことを指摘する十八世紀の半ばは、注目すべき転換点なのだ。しかし梅毒の不安は同じようにこうしたすべての重圧の上にのしかかっていた。メネトラは自分が淋病にかかったことを優に一〇回は告白している。こうした病は不運、懲罰、不当な仕打ち、病院で死を迎える娘たち、といったことをもたらすことになる。

逆説的なことだが、メネトラのこうした肉体の愛の一覧には、その記述に官能的なところがいたって少ない。メネトラの表現には卑猥なところがないのだ。彼の大胆な書き方は彼の属する階級の人間たちに見られる大胆さを表すものであって、それはさまざまな機会を積み重ね、機敏さや熱情、あからさまな冗談などでよしとする振舞いを山ほど書いていく能力によっており、過度に気取ったところなどはないのである。パリの娼館を盲目的にあがめるような常連客などにこれに比肩しうるような性格の持ち主はいない。彼の行動や態度の振幅は、諧謔的で響きのよい詩が備えているものに似ている。エロティックなリフレーンは、寝取られた夫や好色な司祭、女性にちやほやする聖堂参事会員、興奮した修道女、大胆な若い娘、あけすけな家内奉公人などを、もっとも一般的で自然な真情の吐露を讃美する小舞台に登場させる。「各人はそれぞれに女をものにし……各人はやれるようにやり、誰もが望むようにやるわけではない」（27）。このような詩法はありきたりな民衆的エロスを表出しているものであって、そこでの主な関心は、官能と愛のあいだの結合ということについて、民衆がどのように意識することができたのかを示すというところにあるのだ。

メネトラは官能と愛という二つの領域を混同することはなかった。官能は衝動的で若者に特有の領域、合意のうえまたは力ずくで従わせた相方とのあいだで共有する快楽の領域のものである。そこでは時におこなわれる強姦も大目にみられている。第二番目の愛は持続的な感情のかかわること、とる態度において繊細で深く長く続く友愛の情にかかわる事柄なのだ。一つは心ゆくまで楽しみ、放蕩にふけるための時なのであり、もう一つは愛のためそして結婚生活をおこなうための時なのだ。結婚後の数少ないアヴァンテュールがそのことを証明している。同時にそれは自由だった独身時代への郷愁と、必要な貞節の観念と浮気な気質を両立させることの難しさを表現しているのだ。メネトラは浮気をする前には妻を愛していた。そして妻の欲得づくのやり方と、男としてまた父親としての面目に耐えないほどの権柄づくな態度に我慢がならなくなって、またそれを都合のよい口実にして、彼は再び街にさまよい出ることになる。しかし彼が気に入った世帯をつくったのはレース編み女のマノンおよびブーシュ夫人とのあいだでの二回であった。酒の神バッカスが愛の女神エロスにとってかわり、愛情が移り気と折り合いをつけねばならなくなったときには、年齢とともに性についての思慮分別が生まれる。しかしながら、もし民衆の結婚愛についての旧い時代での可能性、と同時に生活習慣や親の権威、経済的必要などが彼につきつけていた困難を、さらに明らかにしてみようと思うのであれば、誘惑されて捨てられたが決して忘れられることのなかったニームの未亡人とのアヴァンテュールのことを読み直してみるのがよいだろう〔本文一一五ページ以下、また一四六ページ以下〕。十九世紀を待たずとも愛を一定のロマンティスムの心情で夢見ることはあったのであり、二十世紀でなくとも、結婚愛を官能的に生きることはありえたのだ。ラングドック地方でメネトラは、愛と友情が結合し、肉体的快楽――ニームの未亡人は人を引きつける魅惑の持ち主だった――と洗練された感性とが溶け合うのを体験したのである。ラングドックで自然に生まれた感性の高まりは、パリで結婚した初期の頃に再び感じ取ったことでもあった。しかしそれは事の成り行きに流されてしまう。いずれの意味にしろ、重要な約束事に浸されている行動について、その成功や失敗を一般化することには慎重でありたい。

こうした行動を見定める鍵は、子どもの頃からしつけられてきた男女のあいだの性役割の根強い対立のなかに求めるべきものだ。メネトラの心理的宇宙は傲然たる男性優位《マチスム》が支配している。彼の目には女性の存在はなきに等しいものだった。女性はこれという性格を持っていないのだ。大部分の女性の名前は書かれておらず、姓については彼の妻を含めて、まったくといってよいほどわからない。彼女らの顔立ちがどんなか、体つきはどうなのかもわからない。女性たちは、感じがよい、魅力的な、気に入った、きれいな、というように形容されている。つまり肉感的なところのない抽象化した形容なのだ。

たしかに『わが人生の記』のなかでも詩のなかでも、彼の書くものにはマチスムが露呈されており、そこで彼が陳腐な愛の詩法を積み重ねていても、本来の意味でその陳腐さがわかっていないのだ。そこで表現されているのは特徴があり個性をもった女たちというよりは、全体として従属的な立場にあり、厄介事を起こす女、慎みのない女、おしゃべりな女、おまけに偏見や迷信に感化されやすい者たちなのだ。ここで狩り《シャス》とか取引き《コメルス》という言葉使いが意味をもってくる。女性は人が狩りで襲い追いつめていく獲物であり、それと同時に、男らしさを崇拝していることが、一人の女にだけ愛着することを拒む――すべてのドン・ジュアンは多数の愛人をもつ――ことを正当化し、われわれにいささか慎みのない考えを抱かせる恒常的な性格をつくり上げることにもなる。その慎みに欠ける考えとは、そうした男の手柄とは精力的なヘラクレスのそれであり、注意深い愛人は、「彼女はおれのもっとも感じやすいところをつかまえていて、おれの自尊心をくすぐったので、おれは悪乗りをしたのだ……」といった側面でそうした男をとらえることができるのだ、との考えである。これとは逆になるがメネトラは女から仕掛けられることは好まず、いたく熱烈な女性を警戒し急いで逃げてしまう。

メネトラの『わが人生の記』は、近代的な愛の歴史に欠くことのできない一つのモメントを証言している。彼は習俗から漸次的に解放されていくことと、慣習や法が維持されていくことのあいだに生まれてくる矛盾を示してくれる。彼はキリスト教による愛の抑圧に対して、結婚前や結婚中の性の正当性を対置する。肉欲が断罪されることに対しては、彼の確固としたエピキュリスムを対置する。しかし同時に彼は習慣の重さ、人生を生きるために体験させられる伝統、また少年期、青年期、結婚と自立の時期というように時の流れをしるしづける儀礼の重さなどを明らかにしている。メネトラとそのアヴァンテュールは、事物の必然的な成り行きや社会的また性的な役割が決定されていることと折り合いをつけた変化の能力、近代性への適性を、直接的に明らかにしている。要するに彼の自伝は、暴力の領域においてと同様、性行動の領域の中で創り上げられた人格について、それを解明する鍵を手渡してくれるが、またこうした領域での自由には限界のあることも明らかにしてくれている。貴族階級の奔放さとは正反対のものだが、肉体の価値に敏感な彼は、健康に恵まれて女性たちをまさに肉体において愛する。こうした民衆の性は、儀礼や象徴のなかにとらえられた、本能的で頑強な唯物主義を肯定するものなのだ。

原注

（1）IIF°19.

（2）M. PHILIBERT. *L'Échelle des âges*, Paris, 1968.

（3）きわめて興味深く不可欠なものとして、J. SOLÉ. *L'Amour en occident à l'époque moderne*, Paris, 1976, pp. 12–13.〔邦訳ソレ「性愛の社会史—近代西欧における愛」（西川長夫訳）人文書院、一九八五年〕

（4）M. FOUCAULT. *Histoire de la sexualité*,1 :《la volonté du savoire》, Paris, 1976, 88–22.〔邦訳フーコー「性の歴史1、知への意志」（渡辺守章訳）新潮社、一九八六年。〕

（5）これについての一つの素描は、P. BURKE:《Popular culture》in *Early Modern Europe*, Londres-New York, 1978, pp. 116–148.

（6）ディドロの『ラモーの甥』での、あるいはまた『運命論者ジャック』でのロマネスクの技法と比較することができよう。cf. E. WALTER. *Jacques le Fataliste*, Paris, 1975, pp. 41–49.

（7）中世の例については、J. ROSSIAUD. *Histoire de la France urbaine*, t. 2, Paris, 1980.

（8）IIF°42–43, 一七七五年七月十五日付けの書簡体詩の献辞。

（9）IIF°39. *Mon humeur et ma façon de penser.*

（10）M. BAKHTINE. *L'Œuvre de François Rabelais et la culture populaire au Moyen-Âge et sous la Renaissance*, Paris, 1970;〔邦訳バフチーン「フランソワ・ラブレーの作品と中世・ルネッサンスの民衆文化」（川端香男里訳）せりか書房、一九七四年。〕

（11）M. ALBERT. *Les Théâtres de foire*, 1660–1789, Paris, 1900.

（12）M. DIDEROT. *Le Neveu de Rameau*, Paris, 1950, Introduction de J. FABRE, pp. LXII-XCV.

(13) D. ROCHE, *op. cit.*, chap. 7:《les manières de vivre》.

(14) A. FARGE et A. ZYSBERG.《Les Théâtres de la violence à Paris au XVIIIe siècle》, in *Annales*, E.S.C., 1979, pp. 904–1015.

(15) M. MAFFESOLI et A. PESSIN. *La Violence fondatrice*, Paris, 1978, pp. 19–20.

(16) Affaire Giroux: AN, Y. inv. 450; AD.III, 11（sentence）; Y. 10267（procès）. Affaire Gilbert et Duhamel: Y. 10269（procès）et X^2A830（appel）.

(17) AN. AD, III, 11.

(18) A. ABBIATECI, F. BILLACOIS, Y. CASTAN, P. PETROVITCH, N. CASTAN. *Crimes et criminalités en France au XVIIIe siècle*, Paris, 1971.

(19) 基本文献は N. CASTAN. *Justice et répression en Languedoc à l'époque des Lumières*, Paris,1980, pp. 252–253.

(20) E. J. HOBSBAWM. *Les Bandits*, Paris, 1972.［邦訳「匪賊の社会史」（斎藤三郎訳）みすず書房、一九七一年。］

(21) N. CASTAN. *Les Criminels de Languedoc*, Toulouse, 1980, pp. 278–324.

(22) メネトラがある貴族からの申し出について回想するとき、都市のソドミーを暗示する。

(23) A. DAUMARD et F. FURET. *Structures et relations sociales à Paris au XVIIIe siècle*, Paris, 1961.

(24) J. KAPLOW. *op. cit.*, pp. 110–113.

(25) M. FREY:《Les comportements concubins à Paris au sein des classes populaires》in *Aimer en France*, Clermont-Ferrand, 2 vol., 1980, t. 2, pp. 565–578; A. FARGE, *op. cit.*, pp. 108–109.

(26) J. CHAGNIOT:《la criminalité militaire à Paris au XVIIIe siècle》, in *Annales de Bretagne*, 1981, pp. 326–345; *Lettre de Sartine à Chaban aide-major*, le 24 octobre 1770.

(27) II F° 160.

Ⅲ　仕事、絆を深める喜び、そして経済力

一七五〇年から一七五五年にかけてジャック＝ルイ・メネトラの経済的境遇は、もう選択の余地のないものになっていた。彼は父親と同じようにガラス業の親方になっていくであろう。そしてメネトラの息子の労働の人生も、抵抗を示したりこれといった衝突もなく、一七八〇年から一七九〇年のあいだに父親と同じ道をたどることになる。若いパリジャンたちは、手工業の親方で小店主という社会的階層に生まれるという幸運に恵まれるならば、少年期から青年期にかけてをこのように、職業の将来について悩むことなく過ごすことになる。こうして初めから一つの階層に統合されていること、わずかなものであれ一定の資産を所有していること、雇っている賃金生活者への支配力をもっていること、そして社会的上昇の望みもあることなどは、同業組合に属する親方層を厳密な意味での賃金生活者層から区別する存在たらしめている。こうした相違は、両者のあいだに職業上また政治上の協力関係が生まれるのを排除するものではなく、習俗や心性の面で一線を画することが難しいということがあるにしても、なおこの区別は存在するのだ(1)。メネトラの証言にみられる職業的また社会的な階層は、この社会集団、同業組合、そしてパリの地域共同体の旧い階層構成のなかに組み込まれているものだ。この証言には労働の旧いやり方を三世代にわたって考察していけるだけの素材が存在する。

メネトラの父親がそうだったように、彼も息子のなかに自分と同じような血気にはやる性格のあることがわかっていた。それは子どもが「親方たちのところに足しげく通う」ようになるときまで、父親の仕事場でじりじりしたり、

「見よう見まねで、また伝え聞いて」学んだばかりの仕事のうえでの所作を、もったいぶってやってみたり、自由な振舞いをこれ見よがしにしたり、といったことなのだ。それはまったく徒弟修業の完成といったものではなく、同じ年齢階梯にある者すべてが持っており、基本的には経済的自立への見通しを立てたいという、独立への渇望ということである。プチ＝リオン＝サン＝ソヴール街のガラス業の親方メネトラにとって、時が来れば息子が自分のあとを継ぐということは、疑いをさしはさむ余地のないことだった。それはメネトラ自身が、プレートル＝サン＝ジェルマン＝ロクセロワ街の彼の父親の店を継ぐということではなかったにしても、職業において父親が経た道をたどったのと同じことなのだ。同業組合が安定していたことがこれを可能にしたのだが、フランス革命期の法律と諸事件がこの可能性を部分的に失わせることになる。

年老いた職人はその孫たちが仕事台につくのを目にすることはないであろう。歴史は革命というかたちで事を決着させていった。そのようになるまでは、老いた職人であれその孫たちであれ、結局は同業組合と職人組合のあいだのどこかにいたのである(2)。同業組合はフランス革命後まで生き残ることはなかったが、職人組合は十九世紀になると、最盛期を迎えたというわけではないが、少なくとも産業革命の変動に労働者階級を対決させる闘争と変化のなかで、さらに人々によく知られたものとなる。メネトラの証言は、旧い同業組合が効率と有効性を念頭においたエコノミストと改革派の非難にさらされ、後に政治革命を生き延びることになっていく労働者の価値観全体が強固になるという、きわめて重要な時期に位置している(3)。そのテキストは労働の日常の条件、職人のあいだの友愛関係の際立った様相、手工業者の労働のやり方や利害などに照明をあてている。

ルイ十五世治下のパリにおいてガラス屋であることは、ルイ十一世が一四六七年に発布し、一六六六年にルイ十四世がそのいくつかの条項を修正した法令によって確固としたものになった、ガラス職及びガラス絵付け師の職業共同体に属していることを意味していた(4)。この職業共同体は首都パリのなかで権威をもったものではなく、祭礼行列では権威を誇る六つの組合のはるか後方に位置するものであった(5)。組合役員の選出を規定した一六九一年の王令では、ガラス業は最後から三番目にランクされている。この職業で新たに親方となるには、国王に二〇リーヴルを納めねばならなかった。一七七六年八月の王令——これはテュルゴが宣誓組合を再編成したときのもの——は、ガラス業を一九番目に位置づけている。そのようなわけでガラス業は親方の数——その数を一七三〇年頃にサヴァリ〔エコノミスト（一六五七—一七一六）、死後にその著『商業百科』出版、その補巻が一七三〇年に出ている〕は三〇〇とし、一七六九年の『商業年鑑』のリストにあげられているガラス業の店は二六〇にすぎない(6)——においても、また権威の点でも弱小な職業であった。親方資格を購入するときの価格ではガラス業は中位にランクされており、一〇〇〇リーヴルを要求されたが、これは小間物業の二分の一——メネトラのおじのシェニエの場合を念頭に置こう——であり、パリの宣誓組合の経済的ヒエラルキーの頂点にあった薬剤師の五分の一であったが、研ぎ師の二倍——フェライユ河岸で具足業をしていたセバスティアン・メルシエの父親のことを考えよう——、そして梳毛業、婦人服仕立て業、庭師、あるいはヒエラルキーの最下位にいる貧しい籠編み職人の五倍の価格であった。ガラス業では職人組合の所属年限は、四年間を義務としていた徒弟期間を終えた労働者で、全国のすぐれた都市に証明書を持参して働くことを厭わない労働者であれば六年間ときまっていた。これはメネトラが選んだ道であり、一七五三年から五七年までが徒弟、一七五七年から六四年までが職人として修業巡歴の旅をしたのである。

しかしながら、同業組合の規約に照らしてみると、彼のこの修業の課程には不明確な点がある。第一に、同業組合に宣誓して加入した親方の息子はその徒弟見習いを父親の家でおこなうことが許されていた。ところが父親のジャック・メネトラは宣誓組合が毎年、規約を守らせるために選ぶ者のなかにはいったことはまったくなく、これは親方になってから一〇年後、また同業組合と重なり合った宗教的な団体である聖マルコ信心会の中心的な親方になった後に選ばれるものだった。ジャック＝ルイ・メネトラの徒弟時代は、彼がパリの親方たちのところに通って働き、加えておじのマルソーのところで仕事を教えられていた年月を勘定にいれなければ、有効年限の四年に達しない。このことから同業組合がそこで働いたおじの一人、サン＝ルイ島のマルソーは、一七六〇年代に組合役員になっている。メネトラ組合の規約を親族が画策して、メネトラのために誤魔化してしまう手が使われたと見て取ることができるのだ。第二の点は、親方資格の取得についてである。メネトラは親方になるために提出する親方作品《シエ・ドウーヴル》を製作していない。――この親方作品の製作という職人の生活での決定的瞬間を、もしメネトラが経験していれば、彼の性格からみて書いていると思われるのに、その記述がないのだ――ということは彼の親方資格は資格証書を得ただけのものなのだ。言葉を変えて言えば、彼は労働者が親方になるにあたってその主要な障壁を間接的な方法で、つまり祖母がメネトラに遺す遺産の取り分を前倒ししてもらって、それで親方資格証書を買い取るという方法で乗り越えたのだ(7)。ガラス業の宣誓組合は親方の息子のために便宜をはかるということはなく、親方の娘の婿となるか、亡くなった親方の未亡人と結婚した職人には、いくらかの便宜を与えるということはあったのだが、しかし親方として迎え入れたのは一年に二人の職人のみだったので、「無資格の親方」の資格を授与するという特例が存在したのである。政府は一七二二年に各同業組合に八通の親方資格証書を割り当ててきて、パリの宣誓組合はそれを買い受け、組合はその財政難に対処するためにそれを売ることになったのだが、メネトラはそのなかの一通を買い取ることができたのだった。結局のところ彼はその職業の内部でも少々例外的な存在だった。親方の息子である彼は、そうした場合には父親の店で徒弟見習いができるという伝統による特典を利用せずに、規約にかなうように徒弟修業をしたのである。彼は親方作品を作らないであろう。これは親方になる通常の道を閉ざすものだ。たしかに親方資格証書のおかげで、彼はガラス業の宣誓組合が機能していた王国のすべての都市に定着する権利を持っていた。しかしそれ以上に、彼の職業上の将来はすべての職人と同様に、定着して店を持つことを前提にしていた。それ故また営業権も買い取らねばならず、したがっていくらかの資金がさらに必要だった。彼はその資金をすでに見たように結婚によって手にする。しかし正規の資格のない親方は六十歳になるまで組合役員に選任されえず、とくに組合の会議の討議に出席することはなかったから、彼の同業組合での立場は相変わらず周縁的なものにとどまるであろう。一七七〇年代に彼をパリの宣誓組合と対立させることになる紛争はこれで理解できる。メネトラの『わが人生の記』は、位階制的秩序や規範の意味を深く内在化し、さらにそれを警察の助けをかりて押しつけてくる同業組合の動きが、どのように体験されているかを明らかにしている(8)。宣誓組合はこのようにして、平等と不平等のあいだの不安定な均衡を保つように調停し、特権を持った組合員――親方と職人では格差があるが――をしっかりと社会的に統合し、また労働の独占に依拠しつつ、日常的な行動で親方資格に基礎づけられた――親方作品はただたんに職業上のきまりきった活動をおこなう能力を承認するものにすぎなかった――経済的な独立性を保障していた。宣誓組合は経済的行為を規制し、それを硬直化させ、組合の規定に反する活動の原則は抑制する(9)。親方たちに関して言えば、統制と自由は相互に矛盾するところがある。将来の親方の心は職人のそれに根ざしているが、親方と職人とでは親方資格と店を持つこと、また組合役員の地位を手にすることで多少異なるところがある。メネトラを取り囲む状況は結局その行動のニュアンスを把握するにはいささか例外的なところがあり、その行動を唯一のタイプに押し込めたり、単純化してあいまいに限定してしまったりすることが難しいのだ。

フランス修業巡歴の旅の途上にある労働者の状況と、パリにおいて彼らが知ることになる状況とのあいだには、きわめておおきな差異がある。パリの職人は限りなく多様な地方の技法や巧みな手法に接し、これまでの技術にさらに磨きをかけようとして旅に出るのだが、それでもパリの職人が得ている技能についての名声をたずさえて、それを守らなければならない職人として地方にやって来る(10)。地方の労働市場は労働力不足の状態にあり、移動する職人の存在は雇用主《ブルジョワ》にとっては好都合なもので、職人宿の網の目を使ってたやすく移動する労働予備軍のなかから、労働力を吸い上げることができた。メネトラの筆致には自立した行動についてのその時代の理想が、ここでも他のところでと同様に影響しているが、そこには安定期の雇用主と労働者の関係が表現されている。メネトラを雇った親方たち、そのなかには死去した夫のすべての権利を受け継いで確保している未亡人もいるのだが、おしなべて彼らは、いくつかの例外はあるものの、善良な雇い主である。つまり、仕事の出来具合さえよければ規則正しく働くことに関しては口うるさいことは言わず、職人とともに食卓を囲み、ともに住み、職人の祭りに招待されれば参加し、とくに職人にさそわれればいつでも「酒瓶をあけに」行き、おごることもあるといった雇い主なのだ。大変親身になってくれる親方は、身持ちの悪い職人とは言い争いをする。彼らは職人たちの安定を守ってやっているのであり、職人がなにかの騒ぎを起こせばうまく逃亡できるように取り計らってやり、職人が逮捕されたときには監獄に食べ物をできる限りうまく差し入れてやったりする。総じてメネトラの巡歴の旅の歳月を通じて、労働の共同体とそこでの親和的な人と人の絆が旅の支えとなっている。そこでは紛争も起こっているが、そうしたことは話し合いによって――ナントでのように――か、また妨害を受けることなど全くなく逃走することで解決される。職人組合はすべての構成員に社会的上層への移行を可能にするものではなかったが、そうした社会的上昇への希望をはぐくむものではあった。親方に雇われてその家の女性と結婚して親方になっていくことは可能だったし、これは将来への希望や幻想に拍車をかけていたのだ。

これとは反対にパリでは労働力は足りており、ガラス業は平均して一つの店に一人または二人雇われるとして、全体で六〇〇〇人の雇用が可能であった。パリの都市拡大に従って――ガラス業は建築業を部分的に担っていた――労働力の需要は急激に高まり、同業組合は職人を厳しく監視していて、その役員は職人を親方たちのあいだに過不足なく割り振っていた。つまり労働者の独立性は制約を受けていて、職人たちは事前に申し出なければ、また「一五日前に申告する」ことなしには、仕事場をやめることはできず、監視のもとでの自由という状態に置かれていた。彼らは往々にして居心地のよくない親方のもとで長期間にわたって働くことを余儀なくされた。それも親方は彼らが仕事場を立ち去ることを認めなかったからなのだ。彼らは仕事場で働いていることによって身元が特定され監視されていたのだ(11)。次第に確立されていったこのような規制は紛争を発生させる原因となるが、この点についてもメネトラは証言している。

家族的、家父長主義的な理想は多少のもめ事があっても地方都市では機能していたが、パリでは小事業主と労働者のあいだの利害の対立から生ずる衝突のなかでそれは解体しつつあった。労働者は挑戦的な行動によってそれを切り抜けていた。メネトラは悪質な雇い主エロフのところにいた職人を引き抜く。彼は挑戦的な言葉を投げつけたり罵詈雑言や不敵な態度をもって、自分の独立独歩のやり方を誇示している。そうしたことで彼はひどい目にも会っており、警察は約四〇日間にわたりヴェルサイユへの退去を命じ、ヴェルサイユでは国王おかかえのガラス屋と警察の監視のもとで、城館やそれに付属する厩舎の建物のガラス工事に従事している〔本文一八九ページ以下〕。彼は反抗者《カバリスト》(12)また煽動者とされたのだ。しかし彼が雇い主と対立した紛争で問題にしたのは賃金や労働時間であるよりは、雇い主のとる態度だった。

メネトラにとって労働の自由とは、基本的に自立してあること、そして統制されたり一つの仕事場に釘付けにされたりするのを受けいれない態度と一体化したものだ。フランス巡歴の旅のあいだ、一つの工事現場から他の工事現場へ、一つの都市から他の都市へと移動し、一つの場所に長くは留まることはなかった。パリでは自分の店を持って定着するまでは、二年たらずのあいだに六回以上、雇い主を変えている。すなわち、義兄の店からヴィルモンおやじの店へ、そしてヴィルモンの同意を得てエロフのところへ、エロフのところからジェロームのところからエロフのところへ、エロフのところからラングロワのところに前者の同意なしに移り、ラングロワからベレ、ベレからジェロームへ、そしてジェロームからヴィルモンのところへと店を変える。たしかに彼はその都度自分の境遇を変えようと務めているのだが、古参の職人や地位の安定した親方の束縛から逃れようと思っていたのだ。親方のほうではさまようこの職人を居つかせようとして、ある場合には強制力をもって、また前面におし立てる娘や姪あるいは未亡人がいる場合には恋心に訴えるなどして、それぞれのやり方で流動する労働力の移動を妨げようとした。メネトラの書いたあるシャンソンはこうした振舞い方の対立を回顧しつつ、職人たちがこうあってほしいという思いを詳細に述べている。『旧来のやり方』という詩は、雇い主は尊大であったり悪意を持っていてはならず、雇った者を丁重に扱うべし、その権威は金銭の力や野心ではなく、そのすぐれた能力によるものたるべし、良き親方は鑑識力、知識、才能において良き労働者であること、親方は金属のスプーン、ナイフ、フォークで縁のかけていない皿に盛られた「常に良き食べ物」を職人とともに食する、そしてバターと塩を卓上に置く、と述べている(13)。この職人の言うところを信じるとすれば、当節の親方たちが職人を受け容れ食事を提供する「新しい様式」は、旧来の習慣を小馬鹿にし、雇い主と労働者のあいだの対立を増大させるという誤りを犯しているということになる。

メネトラは親方になっても職人時代のことを忘れないであろう。その習俗においては少しずつ職人の時代への愛着を断ち切っていくことになるが、大変小うるさいことを言うように思えるガラス業の宣誓組合に対する敵意では、彼は相変わらずかつての若さを保ち続ける。同業組合のおこなう店の臨検に際しての費用を彼が払わなかったことで——この費用は店を持たない親方資格所有者も支払わなければならなかった——組合役員と言い争い、役員選挙のことで議論をふっかけ〔本文二一九ページ〕、すぐに組合に申告しなかった職人雇い入れのことで組合執行部と論争する〔本文二九四〜二九五ページ〕。一七七六年〔テュルゴによる同業組合廃止がおこなわれる〕に彼は親方資格の廃止に賛意を表する。彼の職業上の道程のなかでは、「所有という障壁でプロレタリアとはへだてられており、社会的危機に際しては常にその所有を擁護する者に与するのだが、まだその行動や嗜好においてはかつての自分も属していたきわめて民衆層に近い貧しい小ブルジョワ層」(14)も加わった争議が目につく。この争議は地方では衰えるがパリでは高揚していたのだ。宣誓組合や警察が告発する労働者の反抗的な態度は、徐々に進む経済条件の悪化、社会関係や人間関係の悪化のなかに刻まれているものだ(15)。反抗的な職人であるメネトラは服従を拒む親方の一人になり、フランス革命前の数年間にメルシエやレチフが危惧し告発したような反逆の精神が、以前と異なることなく息づいているということを証言しているのだ(16)。この職人自身はモラリストと同様に、「旧来のやり方に従って」いたかつての習俗や社会関係は現在とは異なって、ずっと調和的だったと考えている。これは確かにフランス修業巡歴の旅で身につけた主導的な観念の一つなのだ。

それぞれの職人組合は職人を結社体《アソシアシオン》に統合していた。この結社体は原則として非合法であったが、力関係を考慮に入れて、集会や異議申し立て、また諸都市のなかでと同様に巡歴の旅の途上の職人の移動を監視していた雇い主や警察も、これを黙認していた。メネトラとその職人仲間たちはポワティエであいまいな嫌疑をかけられて逮捕されているし〔本文八三ページ〕、メネトラ自身もセヴェンヌ山地の街道上で不審尋問を受けている〔本文一五三ページ〕。十六世紀以降とくに、この団体は職業を軸とする閉鎖的なグループ――ヴァカシオンという――に分かれた職人たちの利害を、他のグループと対抗しながら守り、職人たちに保護と救済を保障するものであった。これらの団体の力は労働者の伝承する秘伝に関心を持つ歴史家たちを引きつけてきたような神話や秘密に由来しているというよりは、修業巡歴の旅における不安定な生活を支える必要事に対処する能力と、若者組や職業と結びついた宗教的信心会の旧い習慣的行為に深く根を下ろしているものなのだ(17)。習慣をさまざまな象徴によって表現することや、職人組合の多様な起源神話から汲み取った神話的な思想の力は、労働と、伝統的な人と人の結合関係《ソシアビリテ》を大いに統合し、若者たちを結集することのできる世界についての、全般的な物の見方を反映するものだ。異なる結社体のあいだで発生する争いもこのことから説明することができる。というのも、こうした争いはどの結社体であれ最後の説得手段《ウルティマ・ラティオ》と考える暴力によって、彼らの理念の優越性を主張する機会になるからだ。メネトラが体験したような職人組合の友愛の絆は、三つの次元ではっきりした形をとっている。すなわち友愛の絆は共通の利害を擁護する。また儀礼や祭りによって職人組合とそれぞれの職業の卓越していることを広く知らしめ、最後にそれは、交流関係であれ対抗関係であれ、いずれにしても闘争的な演技という形で、一定の年齢集団の社会関係の圏域を決定する。

　メネトラはドゥヴォワール派に属する職人で、おそらく一七五八年だと思われるが、トゥールの職人組合の宿でその派に入会する〔本文七五ページ〕。つまり彼はジャック親方の息子たちの流れをくんでいることを標榜していたのであり、渡り職人＝コンパニョン・パッサンあるいはデヴォランと呼ばれていて、ソロモンの息子たち、またの名をガヴォという流派、そしてまたペール・スービィズの息子たち、別名ボン・ドリーユと呼ばれる流派とも張り合っていた(18)〔本文原注(34)も参照〕。この職人組合の伝統的な三つの流派は、いかなる点からも現代の労働者のアソシアシオンと同じものではなく、むしろ職能にかかわる習慣的行為を統合する運動と理解すべきものである。それぞれの職人組合は原則的には一つの職業を組織するのだが、時期や都市によって多様な結社体が存在していて、そうした結社体を通じてそれに対応するさまざまな職業を加入させている。そして最後になるが、とくにこの組織の性格、それはこの機構の存在が事実上知られるようになったときにも保持され続けたものだが、これは形成当初から備えていた秘密を保つ方法によって刻印されていた(19)。警戒をおこたらず防御を固める方策は、自らを他と区別し、他とは異なる文化をはっきりと示す方法でもあった。規律と秘密の厳守、警察の追及をはぐらかし、集団を均質化するための独特の職人名の採用、よそ者の監視、有資格者の保護、警察の密偵や裏切り者の追及といったことがそうした方策である(20)。職人組合の普段の生活では三つの重要なモメントが存在することを、『わが人生の記』――それは十九世紀について詳細に語るものではないが(21)――は強調している。労働条件のコントロール、制度にまで高められた連帯、位階制と規範を作動させること、の三つである。

　メネトラは旅する労働者に仕事と保護を確実に与える多様な活動の恩恵に浴している。彼は職人組合に加入する前ですら、ヴェルサイユを旅立つと同時に、親方――しばしばかつては職人組合に加入していた――と職人組合の代表者がつくっていた連絡網のなかに組み入れられている。そこでは親方と職人組合の代表が、労働力市場をすでに一体化させる共同の活動をおこなっていたのである。彼の旅の行程はこうして、ひとつの都市から次の都市へと、モントルイユ＝ベレからナントへ、ナルボンヌからモンペリエへ、リヨンからポン＝ド＝ヴェイルへと、仕事を提供せよという指示に従って進められる。いたるところで彼は待ち受けられ、滞在し保護を受け、バイヨンヌで一時的に職がなかったという例はあるが、そういうことは稀である。工事現場または仕事場での労働時間は前もって交渉で取り決められ、その仕事が完成すれば再び自由になる。雇われること約三〇回のうち、一回だけカルパントラで彼は雇い主と争いを起こす(22)。二度にわたり彼は、旅の職人に提示される雇用とその条件をめぐって、それを有利にする集団行動《カバル》に加わる。ナントでは組合が職人たちに、この都市で働くことを禁止することを指令する。ボイコットと呼ばれていたものがおこなわれているが、これは提示された条件に不満を抱いたガラス職人の行動であった。メネトラと二人の労働者は現場にとどまって親方たちをやり込め、同業組合の役員と仕事の再開をめぐって交渉している〔本文八七〜八八ページ〕。ボルドーでは問題はもっと複雑なものだった。当事者であったこの職人の書いた物語は、自分の果たした役割や、すべての職業の労働者を糾合した行動を潤色するのに適した、例外的に規模の大きなものとなっている(23)。この事件は雇用の問題をめぐって職人組合を宣誓組合やボルドーの親方たちに対立させた一連の紛争のなかに挿入されているものだが、イギリスに対する戦争〔七年戦争〕のために、一七五八年から一七五九年にかけての法令で定められた兵役義務に労働の世界が反対した敵対行動に起因するものであった。職人たちが兵役の抽選と民兵制を忌避してボルドー市の外に脱出したという事態は、巧妙な駆け引きをともなうもので、現実的な政治認識に欠けた行動ではなかった〔本文九四ページ以下〕。職人たちはボルドーの地域にかかわる諸権力、つまりトゥルニー・フィス地方長官〔アルベール・トゥルニー、侯爵、(一六九〇―一七六〇)ギュイエンヌ地方長官〕、ボルドー市当局、高等法院、それに地方総督リシュリュー公〔(一六九六―一七八八)リシュリュー枢機卿の甥の息子、元帥、七年戦争などで活躍〕などのあいだに発生していた意見の相違を利用することができたのだ。一つの都市をボイコットすることや、騒乱の気配をもって集合すること、そしてさらに暴動といったことも、その当時の対立にはよくあることだった。他のところでと同じように、ここでもメネトラが大げさに書いているとすれば、また立ち上がった労働者の数を誇張しているとすれば――ボルドーの手工業者・職人層は合わせて六、七〇〇〇人たらずであったのに、短期滞在の職人四〇〇〇人が結集したと言っている！――、またそこでの行動や言説を職人組合のしきたりに従った形式で書いているとすれば、それは彼が職人組合の組織能力や、その構成メンバーの利害を守るのに組合が現実に有効だということを証言しているものなのだ。この場合、職人たちの前には地元の利害、雇い主や都市の権力の利害などが立ちはだかっていたのであり、彼らの行動はボルドーの秩序と経済を混乱させる可能性があった。

このような連帯はあらゆる領域で発揮された。追われている者の逃走を確実なものとし、華々しい脱獄を仕組んだり、場末の旅籠で危険な目に会ったりすると隠れ家や潜伏場所を確保してやったりする。リヨンでまずいことになった決闘の後、メネトラはこうしたことを経験している〔本文一六二ページ〕。もっと日常的なやり方でも、組合の連帯はパリの職人をあらゆるところで快適に過ごせるようにする。たとえば投獄されれば援助を与える――ドゥヴォワール派の問題にかかわることであれば一日五ソルが支給される――し、病気になれば病院に運んでくれ、見舞いに来てくれる。これには自分も次には同じようにするという義務がともなっている。職人組合は同じ職業の者たちが宗教的な信念をもって生み出したというその起源については、世俗化した十八世紀の組合も単に習慣を守るということ以上に、そうした伝統の成果に心を配っていた。確かに規律を守らせたり、職人と雇い主《ブルジョワ》のあいだの紛争を調停したりするのは職人組合の階梯秩序によることなのだ(24)。こうした統制力が機能し問題に介入していくことについて、『わが人生の記』はきわめてとらわれない視点で書いている。

メネトラは職人組合での数か月にわたる見習《アスピラン》いが終わって一七五八年にトゥールで正規の組合員となり、その後ほどなく上級職人《コンパニオン・フィニ》となり、一七五九年にロシュフォールで早くも筆頭職人に選ばれ、それから少ししてボルドーでまた筆頭職人となり、一七六二年あるいは六三年にリヨンでもその地位についている(25)。こうして一年の年限で選出された指導者《キャピテーヌ》としての資格で――ただしこの年限は動かせないものではなかった――、彼はガラス職にかかわるすべてのことを取り仕切る。彼はこの任務で世話役《ロールール》(この姿はリヨンにおいてのみ描かれている)をはじめとする数人の職人に補佐される。世話役は労働者や古参の職人に職を配分しその報酬に心を配る。職人が大勢いて役職者のやるべき仕事は多く(これは巡歴する都市に応じて異なるが、正邪を判断したり、儀式や祭りをとりおこない、職人組合の宿場を統制し、また見送りの儀式の段取りをつけたりなどである)、筆頭職人は職人として働きにでることができないほど忙しい。こうした活動により大きな時間をとられるのは大都市の場合である。約一〇〇人のガラス屋がいるナント、ガラス業の宣誓組合が三〇人ばかりの親方を組織し、一〇〇人以上の地元の職人と渡り職人がいたボルドー、メネトラが六二人の職人の筆頭職人として指揮をとり、五〇軒ばかりのガラス屋の店とその倍の数の労働者がそこで働いていたリヨンなどがそうした大都市であった。小さな都市では――アンジェには八人の親方、ポワティエには四人ないし五人、マコンには二人ないし三人の親方がいるのみだった――職人たちは大都市に比肩しうるような組織を持たず、職業上の関係も一般生活での関係も、当事者同士の話し合いで取り運ばれていた。同時に儀式や祭りが盛んなのも大都市であり、そこではまた往々にして大きな紛争がくり広げられることもある。

『わが人生の記』はこの点では当時の労働者の生活が儀礼化した行為に従っているという様相をきわめて鮮明にしめしている。そこでは神話、さらに職人組合のイデオロギーが広がり、社会的な役割の再生産が引き受けられ、それ自身が真の文化であるような人と人の絆《ソシアビリテ》を強固にする儀式と出会いによって織りなされる網の目の上で、すべての活動が展開されている。メネトラは筆頭職人に就任したことについて二つのことを記憶していた。それは、職人たちが彼に職人名簿――入会儀礼ではこの文書は組合規約をそこから書き写すのに使用される――や規約、また宿に新たに到着した者を職人組合の基本文書に多分つけ加えることになる新来者リストなどを、書き写させたということであり、第二に記憶していることは、彼が職人名をつけられたこと、そしてこの名前の変更は実利的であると同時に象徴的なものだったということである。この命名はその目的において教育的であり、この本質において宗教的なものだったことはよく知られている。――それはキリスト教の洗礼の主題を、さらにキリスト受難とその儀式の小道具である水とパンとぶどう酒を分かち合うという主題を踏襲したものである。秘儀を伝授する神話の物語において、また暗殺されたジャック親方の苦悩や起源伝説のなかに、職人たちは彼らの連帯の意味を見出し、道徳化され高度に精神化された価値規範のなかに、労働を軽視する社会に対して手仕事の力を回復させる意味を発見するのだ(26)。職人組合の洗礼は入会儀礼であり、それは最終的に年齢階梯と職業のなかに組み入れられるものであり、それはまた同時に、ジャック親方の息子たちではより民主的で、ガヴォ派においては多分よりエリート主義的である、友愛のイデオロギーへの象徴的な入門なのだ。他の職人組合の行為もすべてこうした実利と象徴性を兼ねそなえている。

こうしてメネトラは旅立ちの儀式の実利的な性格をも巧みに指摘している。六〇人のたくましい職人が旅立つ者に保護が与えられることを約束する。しかしながら、これは明白に象徴的な行為である。これはしばしば旅立ちを想定した儀礼である。この儀式で重要なのは音楽で、バイオリン、オーボエ、そしてメネトラは指摘していないのだが、別れと使命を表現する所作がともなう。これらは出発地の規模や出発する人物の軽重などによって異なったものになるが、いずれにしろ不安定さに支配されている職人組合のなかに、あまりにもはかない記憶をつなぎとめるために用意されているものだ。職人組合の宿のなかでも同じように実利的なことと象徴的なことが二重になっている。人々は宿に見習い《アスピラン》を迎え入れ、加入した職人に手ほどきをし、完全な職人に育て上げ（メネトラはトゥールで上級職人になる）、そこで儀式を準備し、埋葬の儀も祭りもとりおこない、紛争の調停もやる。しかしとくに重要なのは、位階的に秩序づけられ神聖化された職人組合の集会の雰囲気である。そこにはすべての職人が古参の順に帽子をかぶらずに出席し、帽子をかぶった筆頭職人が組合の基本文書と書類を前に置いて、集会を司会する〔本文一五六〜一五七ページ〕。謹んで控えている見習いは、これから体験しようとしている新たな雰囲気と、これからは自分も共有しうるものとして授けられようとしている豊かな伝統のことを、意識していなければならない。メネトラはさりげない言葉と控え目な態度のなかに、自分が純粋な職人であり、組合の名誉を、つまりは団結と組合の力をつくり出すささやかな秘密を守護する者であることを示す。この秘密とは試練、確認、挨拶にかかわる密かな儀礼的行為のことである(27)。最終的に彼は一七六四年にオルレアンの近くのシャトーヴューで組合を終了する儀式を受ける。彼が感謝し——また感謝を受けて——巡歴の旅とともに一つの時期が完了すると、『わが人生の記』の調子も変化する。以上のようにして、一定の年齢集団の存立の根拠自体と、フランス修業巡歴の旅の意味を明らかにする一つの文化が姿を現す。

　すべてが、それが結ばれる場また拠点といったものを備えた人と人の絆《ソシアビリテ》による習慣的行為に依拠している。メネトラが宿をとり食事をするのは、場末の街区にあって監視されることの少ない旅籠である。そのような宿に職人組合の宿場《シャンブル》また「職人の集まる場《カイエンヌ》」が置かれており、職業のことを取り仕切っている。「メール」と呼ばれる女主人と「ペール」というその夫が、こうした職人宿を営んでおり、他の都市の職人宿に情報を伝達したり、仕事を提供したり、金銭を職人に貸し、あるいはその宿のすべての職人の保証を得て信用貸しをしたりする。職人宿で盗みを働いたりすれば、ガラス職人のオランのように決して許されることはないであろう〔本文一〇八～一〇九ページ以下〕。宿の職人のすべては酒場で出会い集まって食事をし酒を飲み、歌い、憩いの時をもつ。寝るときも、いくつかのベッドが備えられた部屋か共同寝室でいっしょに眠る。誰が何をしているのかは各人の知るところとなっており、口伝え――物語、シャンソンなど(28)――と文字――手紙、規約、職人名簿など――による意思疎通がたえず交じり合うなかにあって、職人の世界の全体がその生き方を方向づけている。

職人たちの乱闘騒ぎや祭りは、このような点からみれば二重の機能を発揮している。それらは連帯感を目覚しいやり方で強めるものであり、また若々しさと力への崇拝を主張するものでもあるのだ。メネトラの語りにおいて重要なのは、細部の記述が真実であるかどうかということよりも、記述全体が意味することは何かという点にある。ボルドーでのことはアンジェでのことと同様に誇張されて書かれているのは明白であるが、しかし職人組合の堂々たる戦いは実際におこなわれていたものである。そうした戦いの実例はいくつも挙げることができるのだ(29)。絶え間なく起きる小競り合い――メネトラはそうしたものを優に一〇回ほど語っている――は、ヴォルテージの上った若者のあいだでの衝突や、雇用の調整の問題やイデオロギーを背後にした対立に関連しての職人組合各派のあいだの対立に、集団的に、また儀礼化したやり方で決着をつけるものだった。このような修業巡歴の旅での仲間うちでの戦いは、公的な秩序に向かっての対抗社会の挑戦的な自己主張でもあった。ブルジョワやその民兵はこれを放任していたが、街道筋を警備する騎馬巡邏隊はこの戦いに勝利しまた敗北して急いで退去していく職人たちを追跡し、司祭は戦いで死んだ者を見つければ埋葬してやり、職人たちは重傷を負った者を救出し、ときには死体を隠してしまうことにも成功する。メネトラはこうした手柄話で、組織がどのようなことに気を配っているかを、現実に即してというよりは想像をまじえて示しているが、それは一つの理想的な在り方を明らかにしているものだ〔本文八一～八二ページ〕。その理想的な在り方とは、大規模なつかみ合いや殴り合いで、また杖による打撃や石つぶて、また格闘などが、職人組合の肉体的優位とその名誉を断固として示す記憶に残る喧嘩騒ぎのなかで、相手方の暴力を軍隊がやるように制圧し支配する

ことであった。すべてこれらのことで競争に決着がつけられたのである

祭りというものは、宗教的な祭儀もそうなのだが、平穏な状況にかかわっているものである。職人たちにとっては、あらゆることが祭りの機会となる。日曜日の遊蕩、宗教や世俗の祝い事、テ・デウム、またナントやマコンで引き当てた王様の役割など〔本文八八〜八九ページ〕、こうしたことすべてが祝宴やダンス、行列や音楽やシャンソンをやり始めるきっかけとなる。死者の埋葬すらもが、その葬儀や盛大な会食のなかで死者に捧げられる敬意を通じて、喜びのひとときに転じていく。各職業の祭り――アヴィニョンでの一七六一年七月二十日の聖アンナの祭りや聖ルカの祭りなど――は指物職人やガラス職人の周囲にドゥヴォワール派職人組合の勝利を呼びさますものだった。メネトラにとってリヨンでの聖ルカの祭りは、個人的な大成功をも意味していた。彼はすべての役割を筆頭職人、古参職人、メールとペール、上級職人、見習い職人、初級職人、職人組合の終了者、旅の職人、雇い主とその家族などに割り当てた。当局との関係も調整している。それが進行していくなかで、祭りは時間を統合し空間を領有する。それは一週間続き、昼も夜も交互に都市を占拠し、店から店へと花と酒の典礼に従ってめぐり歩き、その盛大な行列は力と栄誉のデモンストレーションであり、歌ミサと奉納の儀式、ダンス、それに四回か五回にわたり次々におこなわれるパンタグリュエル的な大盤振舞いが展開される。こうした祭儀を全体として読み解かねばならないとすれば、そこに具現化されているのは秩序と混沌が折り合いをつけた様相だと言えるであろう。若者の暴力はそこでは抑制されており、このような祭りではとりわけて、惜しみなく酒が飲まれるにもかかわらず、体面が尊重されており、と同時に職業や都市の体裁も尊重され、ドゥヴォワール派のすべての職業の団結と各年齢層の結束が重んじられている〔本文一五七ページ以下〕。

祭りの象徴的な意味作用は、それによって豊饒にこそ価値があるという心を生み出すことであり、職人組合の時間とともに生じた浪費の経済体系の性格自体を明確に示すものでもある。そこでこの点についてメネトラが語っていることをたどってみれば、そこでは一つの価値がその他すべての価値、暴力のそれすらも押しのけて前面に出てきてい

るのだが、その一つの価値とは気前のよさ、つまり贈与の能力ということである。職人組合の活動はすべて、あらゆる人の財を共同の財とすることに基いており、人は集団的な財の循環と再分配を押しのけて個人的な回収を前面に立てる強欲な者や盗人を、この職人が嫌悪するのはなぜなのかを理解するのだ。すべては盛大でこれ見よがしのものであるべきで、節約などは馬鹿げており、稼いだ一スーは消費される一スーであり、雇い主から贈り物をもらえば、仲間うちでの交流の口実となり、すぐさまいっしょに飲むことになる。見送りの儀式や仕事の後の酒場での出会い、祭日であればなおさらのこと、贈与を交わす仲間同士であることを象徴的に示すための、また人を解き放つような消費の価値をこれ見よがしに主張し、吝嗇を非難するための、思いがけない幸運なのだ。トゥールにおいては五〇〇日分の賃金がテ・デウムの儀式とその後に続く痛飲で消え去る。リヨンでは筆頭職人が祭りに一〇〇労働日を投入し、その他の参加者は二〇〇労働日分以上を消費する。この参加者は宴会での費用や雇い主の寄付を除いて総計で三〇〇リーヴル以上を「金庫に納入し」、借金までしたのだった。メネトラは雇い主から一二リーヴルをもらったが、すぐに夜食をそれで提供し、間食を受けとり、バイオリン演奏その他のことにも使った。給与金はたちどころになくなったのだ。倹約するという価値観を拒否しつつ、この年齢層の人々は、贈与という慣習的行為のなかで、つまり連帯感をいちじるしく強化する贈与交換のモラルのなかで(30)、また性の交換や親密な生活による共同体、また祝祭的でカーニヴァル的な行事において際立っていた仲間のあいだの終わることのないポトラッチのなかで、職人たちは職業の修練を積んでいったのだ。この贈与の体系は、社会的紛争や世代間の争い——雇い主はブルジョワであるが、かつては職人でもあった——のなかで表現される対立と集団的な習慣とを、同時に生み出していくものだった。魅惑と浪費の体系は、宗教界の権威者や治安と道徳を取り締まる当局者、そしてまた当時にあってのエコノミストなどを不安におとしいれたと考えられる(31)。職人組合の儀礼はそれが形成された当初においては、店を持って定着する時をくり延べにするもので——貯蓄は不可能だったのだ——あり、それ故に商品社会の法則や個人的契約を拒否する態度を示していたのであった。

青年期から責任を担う年齢へと移行していくことは、また経済的な転機にもなっている。しかし労働での共同性と資格を重んずるイデオロギーが、この生涯の二つの時期を連結させている。多数の労働者にとって職人組合は、手工業者のエリートを生み出すことを目的にしているわけではなかったが、ことをなす伝統的なやり方を、一つの世代から次の世代へと伝えていくという目的を持っていた。「これは多くの職業において交替要員が準備される鋳型であった(32)」。フランス修業巡歴の旅はそれ故に、唯一の技能の学校であった。われわれの目には、ガラス業はきわめて平凡な技能のもので大した専門性を必要としないように見えるが、それではガラス窓が家々にゆきわたったことが、習俗の転換にむけての基本的な役割を果すものだったということが見落とされることになる。この習俗の転換は、都市と農村の居住様式の機能の一つである温度調節、それに加えて採光をも、根本的に変化させたことによるものだった。そしてまたステンドグラスがガラス業及びガラス絵付け業の同業組合をして近代まで保持せしめた、技芸上また教育上の働きをも無視してしまうことになる。メネトラはこの技能の二つの傾向を明らかにしている。その一つは、それ自体が確固たる職業の古風な《アルカイスム》性格とその伝統であり、もう一つは、さまざまな規制にもかかわらず、このアルカイックな職業のなかに浸透してくる近代性である。たしかにそこには、すべての手工業的体系に内在するジレンマと、その世紀の経済成長についての主要な問題の一つが介在している(33)。

メネトラはガラス職人の職能について、まずその主要な技術と所作を教えてくれる。仕事場や店は都市や農村の工事現場で完成させる仕事を準備するために使われる。そこでは丈が長く体にぴったりとした上着に革のキュロットと上っ張りを着けて仕事に精を出す。小銭や釘また小型金槌を入れる大きなポケットの付いた便利な労働衣である上っ張りは、警察が道楽者の職人メネトラだと見分ける目じるしになるまでは、あまり脱いだりはしなかった。街路に出たときには、この上っ張りは肩に斜めに掛けた負い革でくるまれ、金槌は手軽な武器にすることもできた。金槌と釘は日常の仕事には欠かすことのできない道具である。それは紙テープをつなぎ止め、あるいは継ぎ目に埋める封泥を釘で補強し、石灰粉を濃い油でねったパテを補強したり、指物職人が準備した窓の木枠にガラスを固定したりするのに必要なのである。ダイヤモンドはその末端を木製のはめ輪に入れ込まれたり、あるいは柄をつけずに使われて、大きなガラス板を切るガラス切りとしても不可欠な道具である。旅の途中や宿で、持っているダイヤモンドを盗まれることは、ガラス職人誰もが心配していたことだ。店の中には炉、鍋、三脚台があり、ガラス片を焼きなまし、鉛や松やにを溶かすために使用される。またパトロンと呼ばれる石灰で白くなった大きなテーブル、それに定規やコンパス、鋳型、帯金の鋳型、鉛取り、ペンチ、パテ用のパレット、直角定規、小刀、ブラシ、その他の古い労働用具などが入れてある棚などが、ぎっしり詰め込まれている。鉛で鋳造した後、ときには冷やす必要がある組み立てられた窓枠は、物置の中の壁に立て掛けたり、並べられたりしており、外の街路にある大樽には水がたたえられている。

ガラス職人はこうして、あまり厳密にではないが暗黙のうちに分化している労働に対応する多様な業務を一つにまとめて組織しているのであって、職人はそのすべてを遂行できなければならないのだ。ありふれた仕事は、寸法を測る、窓ガラスを入れる、紙をはる、仕切りやガラスに色を塗るといったことである。メネトラはこうした所作の一部始終をプラトリエール街のルソーの間借りしている部屋で、ルソーの見ている前でやって見せている。数多くの零細な顧客、商人や隣人、娼婦、酒場の主人、友人などから注文がある。こうしたときガラス屋は雑多な仕事をこなす。だが指物業者や建築家とともに建築工事の仕事をするときは、もっと高い熟練度を発揮するガラス屋になる。さらに専門性の高い仕事は、大修道院や修道院、城館や貴族の温室、国王の厩舎あるいはヴェルサイユ宮殿の部屋のガラスやステンドグラスの修繕や手入れ、仕上げなどの場合である。またメネトラは、ガラスに彩色し鉛で接着し、縁取りをデザインし、巧みに窓ガラスや大きな板ガラスを切断したりすることを心得ていなければならない選り抜きのスペシャリストであった。彼はステンドグラス職人ではなかったのだが、こうした技術的能力を持っていて、それが彼をして達人たらしめていた。そしてこうした能力を彼は、「流行の作品(34)」に対抗し「古い方式」に従いながら、堂々と主張していた。ガラス業の技能は敏捷さと器用さが要求されるもので、それは教会や修道院の食堂のガラスをさっと入れてしまう機敏さと素早い判断力なのだ。旅の途上でメネトラは、自分の巧みな手腕を証明してみせている。彼はちょっとした傑作を残して行く。それにはさまざまなものがあって、ガラスの筆入れ、化粧箱、またカルパントラの病院のステンドグラスの上の司教の紋章といったものである。モントローでは雇い主には面目ないことになったのだが、八〇枚の大ガラス板を一五日間で組み立てるということをやってのけた。オーシュの大聖堂のステンドグラスとそれらに描かれた聖書にある教訓の物語は、彼を感動させている〔本文九九ページ〕。彼はすぐれた鑑識眼の持ち主で、デッサンの帳面を持っていたし、創意に富んだ製作方法を求めて店を訪ね歩き、友人に自分の得たものや失ったもの、また反省したことを伝えるために、その帳面を貸したりしている(35)。そこでは、美しい作品への愛情や、それを作る方法がどのように構成されまた伝えられていくのかを見てとることができる。またささやかな職業でありながらそれなりにより近代的な物質文化をどのようにして広めていったかが読み取れるのだ。メネトラは、ヴェルサイユ宮殿を構築し十八世紀に数多くの壮大な、あるいは普通の建設計画に協力したパリの手工業者の後を継ぐ者であった。彼はフランス南部の諸地方に技術上の所作と生活習慣を広めたのだ。田舎の司祭、田舎貴族、壮麗な大修道院、あるいはつつましい女子修道院などが、そこで工事がおこなわれることで、ガラスという近代的なものを広める中継点の役割を果たしていた(36)。田舎においても都市においてもメネトラは、窓の新しい構成にかかわる技術と利用法を広めたのだ。この窓の新しい構成というのは、サヴォ〔医師、文筆家、その『フランスの建築』は、技術上のデータの正確さで知られた〕の後のフェリビアン〔建築家また古典主義の理論家（一六一九―一六九五）〕やブロンデル〔建築家、ルイ十六世様式の建築を創始（一七〇五―一七七四）〕がその原則を提示し、一七五〇年頃に『百科全書』で再度指摘されたもので、今でもわれわれに知られている寸法をもった大パネルが平板ガラスによって可能になったものであった(37)。良質のガラスはフランス製、さらにパリ製をおいて他にはないし、ガラスを入れる方法はパリ方式にまさるものはない、ということになっていた。布地の窓や油紙の窓が衰退していき、小さいガラス窓も使わなくなっていくと、十七世紀には首都を、十八世紀初頭にはリヨンのような大都市を変容させていった習俗の変化の動きは――トゥールーズをとって見るとよい――、大きな商店を介して、またパリの職人を介して地方の中規模の都市や農村にも及ぶことになる。そこにはゆっくりした技術上の変化がかかわっていた。十八世紀の中頃、リヨンの建築物保守についての報告書がそれを証言しているのだが、ガラス取り付けについてのあらゆる手順、あらゆる形式と質をもったものが共存しており、あらゆるタイプの窓を閉じる仕掛けも存在しているのだが、生活の様式は徐々に変化していった。人々は窓越しに見通しがきくことに少しずつなれていき、光がよくはいることにもなじみ、より防寒にすぐれていることも好都合だと感じ始めていた。

このような点で彼は、つまるところ近代に接近していたことになる。というのも利益を上げるために彼は実験を重ねたのであり（ガラスの鳥籠、リス用のガラスの回転ぐるま、版画用のガラス製の額縁などを考案する）、また同業組合の規制に抗してその事業のために闘ったからである。フランス修業巡歴では、十八世紀に利潤が急上昇していた植民地貿易を展開する資本主義の中心地を通って旅をした。彼はナント、ラ・ロシェル、ロシュフォール、ボルドー、ニーム、そしてリヨンでも、貿易熱が盛んなのを目にし、もっとも経営に積極的な手工業者たちが、国王の艦船のガラス工事や西インド諸島へのガラス板の輸出、また海軍工廠や病院や貴族の城館にある温室などの保守や修繕に従事し、いかにこうした交易の一端を担っているかを目にしたのだった。またモンペリエの街灯を設置した金物製造業者のリガンディエ〔本文原注(76)ではリゴーダンとある〕と共同で成果を上げた仕事の意義を、はっきり認識することもできた〔本文一一二ページ〕。メネトラはよい稼ぎ口がなくて悩む職人や街灯設置のためのモンペリエ市の入札に参加しない引っ込み思案の親方たちとは異なって、この入札に参加するという大胆な行動に出たのであった(38)。一七六五年頃に彼はパリでヴィルモンおやじとともに同様の仕事に引き込まれており、あちこちで都市の照明を改善することで生活様式を転換させる流儀に協力していたのである。自分で資金を算段して店を持ったメネトラは、利益になるような仕事を待ち構えていた。こうしたことは「機敏で愛想のよい」すぐれた商人といえるものであり、彼の妻も経営の才に恵まれていた。こうして彼はアルザス産のガラス——バカラ——をパリの市場に流通させようと試みるのだが〔本文二五九ページ〕、この新機軸は同業組合の規制にひっかかることになる。彼は同業組合とは、フォブール・サン＝タントワーヌの組合の承認を受けていない親方〔このフォブール内部では同業組合に加盟できない親方も営業できたが、市内に製品を出すことが禁じられていた〕の市内での仕事を、自分の仕事であるかのように見せかけて庇護したときに、すでに対立していた〔本文二二七ページ〕。メネトラは成功をおさめるためには、窓用ガラスの市場を規制し、ノルマンディのガラス製造業者に独占権を与え、大量買付けの価格や量を抑制していた同業組合の規制には反対せざるをえなかったのだ。彼が一七七三年および一七七四年にそのシャンソンで描き出している「有力《グロ》な役員《ジュレ》」との争いは、組合規制の細部、つまり組合の少数の役員が狭い仲間うちでの役員選挙を抜け道として利用して組合財政を操作することによって、経済的な権力をたらい回しにするようなやり方を問題にしたものだった(39)。同業組合が一時的に廃止された一七七六年に彼は大喜びして、もと親方や前役員や委員たちにあてて次のように書く。「あんたらガラス業の資格を持つ者たちよ／正義の女神テミスはあんたらの悪癖を／また独占権が不正に行使されたのを知っているのだ／当然にも独占権とあんたらは倒れ去る／そして同じ激震のなかで破棄される(40)」。仕事の拡大に積極的な手工業者は、テュルゴの率先した自由主義的な行動に拍手を送ったのだ。メネトラは競争や企業活動の自由、そして利潤を支持しており、彼を成功に導いた「ガラス製の小物」を製造し販売するためにその事業を拡大する必要があったので、組合の規制で禁じられていたにもかかわらず、パヴェ街に二番目の店を開いた〔本文二六三ページ〕。彼と彼の妻そして店の職人たちは、「たくさんの仕事」をすることができる。こうしたジャック＝ルイ・メネトラの手工業者としての大胆な行動には、ささやかながら経済的変化に賭けるところがあったのだと気づかされる。利益を確かなものにする革新の動きと、同業組合の秩序を分泌する技術的また商業的な旧套墨守の態度のあいだでの絶え間ない対立は、〔テュルゴの改革で〕メネトラの側に法的な保護が与えられることになったのである。ガラス業の宣誓組合はその停滞的なやり方が足枷になっているとは感じておらず、それを組合の機能を保証するもの、また組合の力を生み出すモラルを内面化する手段だと見ていた。人が富裕になるのは分相応の成功と粘り強い倹約によってであり、事業の拡大によってではない、というわけである。メネトラの個人のドラマはこうした社会的対立と、奇しくも重なり合っていた。彼の妻マリ゠エリザベト・エナンは、長期的な展望などなしに節約するというたちの人で、宣誓組合やけちな利子生活者をその経済のモデルとしたものであった。ジャック゠ルイは事業拡大を支持する者であり、現金と進取の気性が社会のなかに循環するのを推進しようとする者であって、この点では公的自由の擁護者だった(41)。

修業巡歴の途上で、あるいはまたパリの店で働くメネトラは、生き、生活を楽しむために働くのであって、働くために生きているのではなかった。マリ゠エリザベトの持参金でもって、とにかく自分の店を開いた彼は、停滞している経済を打開することに貢献した人々の集団に伍していたことになる。彼は民衆の世界や小店主の集団の内部において、経済にかかわる心性が錯綜していたことについての重要な証言を与えてくれるのだ。この職人は利潤を上げることを夢見るのだが、それは浪費と社交性によって顕示的消費をするためなのだ。つまり倹約などできないのだ。この親方は術策を弄したり事業を継続的に拡大したりすることで、利潤を増大させようと振舞っているのだが、無頓着であり、上手に稼ぐが同様に消費もするといった青年期の生活習慣を保持し続けていた。これはどっちつかずのキャピタリストということで、彼は倹約などはしたくなかったのだ。同等の権利をもって自分の時間と小額の資本をガラス屋の仕事に投資している彼の妻は、経営の良き担い手であり、その経済的な役割は重要で、彼女は店を動かしていたのだ。しかし彼女の想像力と視野は宣誓組合や利子生活者のそれを越えるものではなく、その意味で計算高いのだ。こうして年齢と役割が対立するなかで、この個人的な伝記には啓蒙の世紀の都市経済のあらゆる問題が見えかくれしているのである。

原注

(1) J. KAPLOW. *op. cit.*, pp. 61–62, D. ROCHE. *op. cit.*, ch. 2:《Connaître le peuple.》

(2) E. COORNAERT. *Les Corporations en France avant 1789*, Paris, 1968 et *Les Compagnonnage en France du Moyen âge à nos jours*, Paris, 1966.

(3) W. E. SEWELL. *Work and Revolution in France, the language of labor from the old regime to 1848*, Cambridge, UP, 1981.

(4) R. de LESPINASSE. *Les Métiers et corporations de la ville de Paris*, Paris, 4 vol. 1879–1897, t.IV, pp. 745–754:《statuts et règlements》.

(5) A. FRANKLIN. *Dictionnaire historique des arts, métiers et professions exercés dans Paris depuis le XVIIIe siècle*, Paris, 1906, pp. 291–296.
〔(訳注) ここに指摘される「六つの組合」とは、十八世紀においては、毛織物業、食料品業、小間物業、皮革業、帽子製造業、金銀細工業の各同業組合のこと〕

(6) J. SAVARY des BRUSLONS. *Dictionnaires universel de commerce*, Genève, 1744, 4vol., t. IV. このサヴァリのあげる数との相違は、商業年鑑が店の数だけをあげて親方資格の数をあげていないことによる。一七三〇年から一七七〇年のあいだにパリのガラス屋の数が減少したと考えるのは、この期間に起こった建築熱のことを考えれば、ありそうにないことではある。

(7) この親方資格証書を受けるためには、徒弟修業終了証明書を提出――これに三〇リーヴル――、製作する親方作品の指示を受け入れる――親方に支払われる手数料としての作業代金、約二〇リーヴル、その親方作品を審査に出す――この審査料が六三リーヴル――、そして最後に親方資格証書の代金が一〇〇〇リーヴルに四〇リーヴルの税金が必要となる。それ故に総計で一二〇〇リーヴル近くを支払うことが必要である。〔この注は本文中に番号の指摘がないので、訳者が最適と思う箇所に番号を付した〕。

(8) S. KAPLAN:《Réflexions sur la police du monde du travail 1700–1815》*Revue historique*, 1979, pp. 17–77.

(9) J.-C. PERROT. *Genèse d'une ville moderne, Caen au XVIIIe siècle*, Paris-La Haye, 1975, 2vol. t. I, pp. 321–345.

(10) A. PERDIGUIER. *Mémoires, op. cit*, pp. 10–11.

(11) S. KAPLAN. art. cit., pp. 24–26.

(12) S. KAPLAN. art. cit., pp. 33–35.

(13) II F° 140–143.

(14) A. FAURE. introd. cit., p. 12.

(15) S. KAPLAN. art. cit., pp. 70–71.

(16) D. ROCHE. *op. cit*, ch. 2, S. MERCIER. *Tableaux de Paris*, Amsterdam, 12 vol., 1788, t. 12, pp. 323–324.

(17) J. LECUIR:《Associations ouvrières de l'époque moderne, clandestinité et culture populaire》in *Histoire et clandestinité*, colloque de Privas, 1977, *Revue du Vivarais*, 1979, pp. 273–290.

(18) E. COORNAERT. *op. cit.*,:《Les compagnonnage》, pp.175–205.

(19) J. LECUIR. art. cit., pp. 284–285.

(20) G. MARTIN. *Les Associations ouvrières au XVIIIe siècle*（*1700–1791*）, Paris, 1900, pp.91–124.

(21) BARRET-GURGAND. *Ils voyageaient la France, vie et traditions des compagnons du tour de France au XIXe siècle*, Paris, 1980.

(22) カルパントラの商事裁判文書はすべて保存されているが、一七六一年一月から七月期の帳簿のみが欠落している。丁度この時期にメネトラのいざこざが起こった。cf. BM, Carpentras, FF 60.

(23) J. CAVIGNAC. *Le Compagnonnage dans les luttes au XVIIIe siècle*, Bibliothèque de l'école des chartes, 1968, pp. 377–411.

(24) S. KAPLAN. art. cit., pp. 42–58; G. MARTIN. *op. cit.*, pp.124–180 à noter in E. MARTIN SAINT LÉON. *Le Compagnonnage*, Paris, 1901, pp. 65–66,
ここに例示されているのは、一七五三年五月にトゥールのガラス職人によって書かれ、オルレアン宛に出された一通の手紙で、そこには排斥すべき雇い主の名が書かれている。この事実はメネトラが修業の旅を開始した地域での職人組合の実践的な力を間接的ながら証明するものである。

(25) Cf. Nicolas CONTAT dit LEBRUN. *Les Anecdotes typographiques* éd. par G. BARBER, Oxford, 1980. ここでは、パリの印刷業の仕事場で職人組合のシステムが機能していることが読み取れる。

(26) C. M. TRUANT :《Solidarity and symbolism among journeymen artisants, the case of compagnonnage, comparative studies》in *Social history*, 1970, pp. 214–226.

(27) A. FAURE. introd. cit., pp. 15–16.

(28) メネトラはフランス修業巡歴にかかわる五つのシャンソンを書き残している。最初のものは旅で支配力を振るおうとするドゥヴォワール派とガヴォ派の対抗を描いており、二番目のものはカルパントラで作ったプロヴァンス風野菜入りグラタン料理を讃美するもの、第三はオルレアンのガラス職人を讃え船乗りの弱点を歌い、第四のシャンソンではパリジャンの風俗と巡歴の旅での風俗を対比し、最後のものはオーセールの職人たちの偉業を讃えている。

(29) G. MARTIN. *op. cit.*, pp. 40–44, pp. 96–97; BARRET-GURGAND, *op. cit.*, pp. 149–184, pp. 267–288.

(30) M. MAUSS. *op. cit.*, pp. 145–225.

(31) G. MARTIN. *op. cit.*, pp. 62–63, cite *l'Encyclopédie méthodique, Police.* t. II, p.607.

(32) A. FAURE. intro. cit., p. 9.

(33) J.-C. PERROT. *op. cit.*, t. I, pp. 321–322.

(34) II F° 140–142.

(35) II F° 141「装飾をつけて鉛にはめる／巧みに作る、しかし時間をかけて／もっともきれいに溶接する／これは旧式の方法だった／

凝固した溶接部分、強化骨材のつまった／変に白濁し切断の仕方のまずいガラス／しわになり下手に溶接された鉛／これが流行の仕事／デッサンで知識がいっぱいの／建築のためにより高級であること／このうえない技でガラスに彩色する／これは旧式の方法だ／現時点、これは変化である／人は親方を金銭好みの人間と受け取る／センスなく鑑識眼もなく才能もなし／これが今様の規約だ……」。

(36) R. COTTIN: 《La fenêtre et le verre à Lyon aux XVIIe et XVIIIe siècles》 in *Mélanges de travaux offerts à Maître J. TRICOU*, Lyon, 1972, pp. 111–137（基本文献）.

(37) L. SAVOT. *L'Architecture française*, Paris, 1624; F. BLONDEL. *L'Architecture française*, 1673; A. FELIBIEN. *Des principes de l'architecture*, Paris, 1681.

(38) BM Montpellier, BB. 1759–1760, F° 108, 599 et DD. 310 bis 19.

(39) 革新は技術の次元のものであり――新しい原則の導入など――、また商業の次元のもの――同業組合を通さずにロレーヌやアルザスで直接買い付けたガラスの導入――でもあった。メネトラはこの仕事を漁夫の利を占めていたセーヴル街のガラス業の親方の手に渡していた。多分彼も利益を得ていただろう。また貿易商人であるに違いないヴァタンクルという商人の役割も強調しておこう。

(40) II F° 20–31 et F° 48: 《フランスの検査官は慌てる、自由はフランスにある。フランスの、またすべての職業の検査官は慌てる、望みどおりにすることができるのだ》。

(41) E. COORNAERT. *op. cit.*: 《Les Corporations》, pp. 165–177, pp. 236–245; J.-C. PERROT. *op. cit.*, t. 1, p. 322; ガラス業者の独占に対する抗議はパリ警察総代官ベリエの法令によって明らかにされている（一七五三年三月八日、パリのガラス取引きに関する規制についての報告）。「技芸の充実と商業の増進に協力しているがゆえに、実際に特権が付与されるに値する同業者の共同体が存在していたが、しかしガラス業者の同業者共同体のなかにはそうしたものが全く存在しなかったこと、そのすべての技術は指物職人によって作られた窓枠に応じた大きさにガラスを切ることから成っており、それは八日あるいは一五日で獲得しうる技術であり単純な手仕事であったこと。一般公衆はガラスを導入したり、またそれを利用するために店で購入できないほどに、ガラス業の共同体の支配の下に置かれて苦しんでいたことは驚くべきことだったこと……公共の自由にこれほど反することはないように思われていたこと……、こうしたことは驚くべきことであった。」AN, F^{12}, 100, Cf. F^{12}, 58, 85, 89, 55, et BN, MS., FF., 22959 et 22960.

Ⅳ　空間と場、時間と動作《ジェスト》

仕事における動作の在り方は、民衆文化の世界をつくり上げていくのに役立っており、それは体験の地平や認識の一定のタイプに現実を導き入れていくものである。しかしそうした動作をそれぞれの文化が空間と時間をわがものとする思考方法や生き方から切り離して考えることは、当然のことながらできないのである（1）。メネトラの『わが人生の記』のなかで生活のリズムや社会的行動《コンポルトマン》が姿を現すのはこのようにしてなのだ。日常の歴史はそこで、伝統や集合的記憶の動きが露呈されてくる彼の遠まわしの打ち明け話のなかに、それが史料としうるものを発見する。第一にメネトラは彼と同じ階級に属する人々がどのようにして、都市と農村によって作られている地理のなかに、また周囲の景観との具体的な関係のなかに、つまりは何を見、何を見ていないかという一定のものの見方のなかに身を置いていることを、理解させてくれる（2）。第二に彼は、パリの住民が時間を理解する方法について考察することを可能にしてくれるし、最後に民衆文化のなかでの服装などの外観が身体ととる関係を浮彫りにしており、そうした外観の役割を引き立てる、日常の動作の分析を可能にしてくれるのだ（3）。

都市を認識すること……、『わが人生の記』はこの点について方法の問題を提起している。彼は正確には何を明らかにしているのか。人は彼の記述のなかに場所の名称を読み取る。たとえば場所の名前のラ・ラペ、またラ・アルといった街区《カルチエ》の名称、またブランシュ市門といった通称、簡略なやり方での住所の記載などであるが、パリの家屋に番地がつけられるのは遅く、最終的に番地が生活習慣のなかに定着するのは十九世紀の初頭であることを念頭におこう(4)。全体としてトポグラフィーは行動の痕跡によって再構成されるものであって、それを街区ごとの地図にしてみれば、それは即座に認識されたこと、またそれを動機づけているものを、累積的また間接的に明らかにしてくれるのだ。こうして人は再構成された空間のシステムを手にするが、それは反復的なものを過大評価し、記憶と結びつき、それ故に自伝の原則自体と結びついた場所に指摘が集中しているこの史料の性格によって、バイアスがかかっている。メネトラが結婚する前にさんざん放蕩して歩いた空間と、彼が結婚した後に埋没していった単調な生活の舞台とのあいだにある、構造的な対照性を理解するためには、一七六五年以前について最もしばしば指摘されている場所と、一七六五年以降になって最もしばしば出てくる場所とを対比してみれば、それで充分である。

そうは言ってもこのメネトラの自伝は、その文化によって民衆に接近したところにいる人間自身が書いたものとして知られている唯一の史料なのだ。そこには日常生活でのそぞろ歩きとその道筋、またその際に立寄った主な場所が列挙されている。ここではそれを、修業巡歴の旅に出発する前、ついで一七六三年から一七六五年の時期、最後に結婚してからフランス革命までの年月、の三つの時期に分けてみよう。ただフランス革命期にはいってから、地理のうえでの描写はほとんど完全になくなっているか、メネトラが語ってはいるが行為者あるいは証言者としての語り手が必ずしも体験したわけではない諸事件の地点と、自分が実際に行動した地点とがごっちゃになってしまっているかなのだ。

彼の少年期と青年期のパリの空間は、二つの中心をめぐって編成されている。その一つは父親の家庭であり、これには祖母のマルソーの家庭もくわわる。もう一つはセーヌ川とポン＝ヌフ橋である。これ以外のところは散発的に描写されるだけだ。ジャック＝ルイ・メネトラはプレートル＝サン＝ジェルマン＝ロクセロワ街の家で生まれた。そこは彼の父親が店を開いていたところで、父親は最後の年月にいたるまでここで生活するであろう。里子に出されていたパリ近郊の乳母のもとから帰ってきてから、フランス修業巡歴の旅へと飛び立って行くまでのメネトラの記憶は、初めて仕事をやり、また遊びに夢中になっていた、感受性に富む特別の場所にまつわるものだけだ。そこに姿を見せているのは安定したパリの側面である。それは街なかに立派な店をかまえる人々のパリ、人口が過剰になっている狭い街路の旧い中心街区のパリだ(5)。この旧い中心の諸小教区、サン＝ジャック＝ル＝マジュール、サン＝ジェルマン＝ロクセロワ、サン＝ジェルヴェなどの小教区では、一ヘクタールあたりの人口がおよそ八〇〇から一〇〇〇であった。当時まだ人々はセーヌ右岸の諸街区の住民をパリの都会人《シタダン・ド・ラ・ヴィル》と呼んでいたが、それを構成するのは商店主、手工業者、商人、ブルジョワ、さらにその上層の人々——当時は厳密な社会上の識別の仕方がないのでこのように言っておく——であり、彼らは、不幸、貧困、そして暴力が支配する下層民と隣り合わせになって住んでいた。一七八〇年代の末にこれらの旧い小教区では、住民の二〇パーセントが救貧の扶助を受けているようだ。十八世紀の第三・四半世紀には、暴力行為の発生した地図上の場所は、ルーヴルからサン＝ジェルヴェまでに広がり、セーヌ川の両岸を囲む地帯と一致する(6)。メネトラの青春時代はこの普通のパリジャンが活動し、物資の流通は活発で市場や製造所が活力を発揮し、行動への情熱がたちどころに燃え上がったと思うとすぐに鎮静化するような、特別に注目される舞台で展開される。それは人々が余暇を楽しみ、またあらゆる人々の労働で活気を呈するところでもあった。街区と街路は空間をわがものとして活用するときの中心をなしており、あらゆる感覚を働かせて生きる方法を身に付ける場でもあった。

その感覚の第一のものは視ることだ。メネトラは社会的習慣の微妙な差異に気がつき、都市の泥の黒と工事現場の石灰の白とのコントラストになじんでいき、さまざまな服装や情景のなかに、時間やセーヌ川に投げかけられる光が移り変わる、絵のような光景のなかに溶け込んでいく。第二は聴くことであり、いつも耳にはいってくる音のさまざまな波長を、次第に聴き分けるようになる。母親の優しい声、階段の踊り場や家屋にはいる通路での雑談の、いつ果てるとも知れないくぐもった声、職人たちと父親のはじけるような笑い声と彼らの猛烈な怒り声、騒動へとかり立てられる民衆のうぉ！　という叫び、道路の敷石の上を石材運搬車や豪華な四輪馬車が走る音、サン＝ジェルマン教会の丸天井に響く司祭や聖歌隊員の低い声や、坊主のような姿をした少年が歌う清らかな応唱、爆竹や打ち上げ花火で人をおどかす馬鹿騒ぎ《シャリバリ》、壮重な音楽に対してもひけをとらないような暗闇の朝課の美しい調べといったものを聴き分けるのだ。嗅覚についてはあまり述べられていないが、現在のわれわれのものとは異なる当時の、ひどい悪臭のなかでの嗅覚というものを想像してみねばなるまい。そこでは日常生活での衛生は、身体の見えないところを人知れず清潔に保つことよりも、外観の清潔さを重視していて、水洗でない便所やその汲み取りは日常の風景になっており、麝香を大量に使った香料が貴族の汗や娼婦の独特の嫌な匂いを覆い隠していた時代であったのだ。味覚もパリでの快楽追究の最先端にあるこの地域では、かかわりを持ってくる。それは職人と雇い主が民衆の好みに合った食事をともにする食卓で獲得されるものだ。しかしまた、朝がたに飲む初めての一杯の白ワインや、酒場で隠れて飲む一本の安ワイン、また聖別されたミサで拝領する聖体のパンの干からびた味、またものにした女性に仕える小間使いが出してくれたブリオッシュと丸菓子を、時間つぶしに食べたりすることによっても獲得されるものだった。

触覚はメネトラの直接の注意を引いていないか、他の感覚と同じようには彼の記憶に残らなかったものだ。しかしそれは家庭で愛撫されたり小突かれたりのくり返しのなかで、また仕事の動作を見習い、また肉体についての教育のなかや初めての抱擁のなかなど、あちらこちらで身につけたのだ。これについて注目しておきたいのは、メネトラは高貴な家庭の婦人とのことで童貞を失ったことだ〔本文六二ページ〕。すなわち洗練され、はやくも享楽的ですらあった官能的な状況のなかでということである。

歩くことで空間が解明され、街路が身体で理解され、道筋はそれで認識されうるものなのだ。子どものとき、また青年となって、彼は巧みに組織された数多くの小さな道筋をたどってパリを歩き回る。それはグランド゠トリュアンドリ街からプレートル゠サン゠ジェルマン街へと、またセーヌ右岸の河岸からシテ島へ、ノートル゠ダムの島からグレーヴ広場へ、カトル・ナシオン学寮〔これはセーヌ左岸にあるが、川をへだてて右岸正面にルーヴル宮がある〕からポン゠ヌフ橋へと足を運ぶものであった。彼がサン゠タンドレ゠デ゠ザール小教区の裏通りのなかに、あるいはさらにセーヌ左岸のフォブールへと危険を冒して足を踏み入れるために、セーヌ右岸から左岸へと渡ったのは、かろうじて二度ほどだった。ジャック＝ルイ・メネトラのパリは周囲が一〇キロメートルたらずの範囲で、一〇〇〇ヘクタール近くの面積がある都市のなかで、ようやく五平方キロの面積しかない。同年代の若者の気晴らしで、また家族関係の網の目のなかで彼が街を移動して歩くのは、余暇や仕事のためである。働くために親方のもとにおもむくといっても、彼にとってはおじたちの店に行くということであり、また市門の外に出て行くことになるのも、おじに連れられてのことで、このようにして彼は近郊農村を初めて見ることになる。そこで目にしたのはパリを環状に取りまく菜園、沼沢地や畑、また牧地やパリが少しずつかじり取っている林野地である。おじの手を握って歩くこの小パリジャンは、フォブール・サン＝ジェルマンからイシイ〔パリ南西の小村〕までの一二キロメートルを二時間で歩くことができた〔本文五六ページ以下〕。サン＝ドニやヴェルタス〔パリの東の町〕において彼はパリと異なる生活がすでにあるのを発見するが、そこには農民の荷馬車や家畜の群、野菜運搬車、そして六月の末にはライ麦や小麦の匂いなど、さまざまな農村の空気が浸透してきていた(7)。

青年期の都市は少々これとは異なる様相をもっている。記憶のなかの空間は地図全体に拡がり飛び散る。いくたの機会が生まれ、あらゆる分野の多様な知り合いができ、それらがこのガラス職人をいたるところで引きつける。ただマレ街区のサン＝ポールとセーヌ左岸のリュクサンブール街区がまったく触れられていないだけである。彼が店をもって定着するのに先立つこの時期は、こうして何よりもまず、都市の質をわがものとして全面的に領有するものとなった。それは富や文化がくりひろげられるなかでのそぞろ歩き、街のにぎわいと社会階層間のコントラスト、職人仲間の小競り合い、そして警察に威嚇されるなかでのそぞろ歩きなのだ。

六年間にわたった旅、街道や森をたどって歩き、小さな町や都市を巡歴し、原野を一人行く孤独を味わう六年間の修業巡歴の旅から帰って来てパリを歩き回ることは、第二の教育となるものであり、それは新たな人生に歩み出す方法であった。さしあたって地理的にみれば、それはもはや一、二の家族を中心にしたものではなくなっている。それは仕事の必要に動機づけられた歩行、気晴らしや性的な関係で動き回ること、はかなく消えてゆくアヴァンテュールといったことのなかで組織されていくものとなる。まずもってこの職人は住むところを絶えず変えていくような年頃になっている。父親の家から祖母の家へ、そこから離れたところにあるサン＝シュルピス小教区のなかのパンテモン大修道院の裏手にあった、情婦ロザリーのところに一時は身を寄せたこともあり、フォブール・サン＝タントワーヌの雇い主や義兄のところにいたり、フォブール・サン＝ジャック街のソルボンヌの裏手に小部屋を借りたりして、住みなれた地域から一時的に追放されたようなこうした状態が終わると、またセーヌ右岸に戻ってきて、サン＝ジェルマン＝ロクセロワ教会の前の方形広場に面した家屋の八階の小さな屋根裏部屋を借り、警察の追究を逃れてレッシェル街とサン＝トノレ街のあいだにあるサン＝ルイ通りのヴィルモンおやじの店に仮住まいしたりというわけで、あちらこちらと移り住む。三年間に少なくとも七か所の住所である。店を持って独立していないこの職人は仕事の上でも同じだが、不安定な生活をしている。ここで行動の軌跡は、サン＝マルタン街区のヴェルボワ街に主要な仕事場を経営していたヴィルモンの家から(8)サン＝トゥスタシュ街区のパジュヴァン街のエロフの店へと移って行き、次いで同じ街区のプルーヴェール街のジェロームの店へ、そしてまたエロフのところへ、そこからサン＝マルタン街区のラングロワのところへ、次いでもう一度エロフのところ、そしてまたラングロワのところに戻り、次いでまたジェロームのところ……結局またヴィルモンのところに戻り、そして最後に父親のところに帰ることになるが、その前は義兄とともにフォブール・サン＝タントワーヌにおり、次いでシャラントン街のある親方と組んで仕事をする。この二年間に六人ないし七人の雇い主のもとで働いているのだ。ただしセーヌ左岸ではラ・アルプ街のベレのところだけであり、七人の雇い主については、どれも二回以上にわたって仕事場を去ったり、また雇われたりをくり返している。職人メネトラはパリに帰ってからも、あちらこちらと遍歴するのをやめられなかったようだが、ただそれはパリ内部でのことで、ときにどうしても必要になってパリの外に出ることはあっても、追放されてヴェルサイユに四〇日間ほど、フォントネ＝オ＝ローズ、ソーの未亡人モレルのところ、トリュデーヌの城館のガラスの工事のためにシャティヨン、モンティニ＝シュル＝ヨンヌへ、参事会教会での仕事でエタンプの近くのモン＝ティレールへ、など一時的なものである。社会的また技能上の経験、見たり事をなす技、自分を表現したり話したりするやり方、行動や観察、記憶に留めることなど、このようにして人生航路で密かに学び取ったことが、総じて個人また集団で人間が変化していくための基礎になっていたことがわかるのだ。というのも、これは疑いないことだが、この職人は彼の経験を語り、それをわれわれに伝えてくれているからである。

余暇で歩き回るのはこれとはまた別の道筋をたどるものだった。それには三つの組織立ったタイプがある。その第一は、パリの中心でのこの職人の散策がつくり上げるものだ。それは彼が生まれた街区とその周辺、中央市場やいくつかの河岸、サン゠マルタン街、モンマルトル街そしてサン゠トノレ街をめぐるものだ。第二の道筋は市門の外にまで足をのばすもので、フォブールや周辺の村落に向かっている。最後の第三は、セーヌ川を舟で行くもので、シャラントンの町〔セーヌ川とマルヌ川の合流点にある町〕からサン゠クルー〔パリ西部、十八世紀にオルレアン家の城館があった〕までのものである。これらの道筋は活気に満ちた旧い街路のなかの酒場や食事処のある空間、また娼館のある空間でもあり、また貴族の住む新たな街路のなかの、洗練された修道院も存在する空間である。ちなみにドゥノングレはフェイドー街で娼家をやっていた。またそれは芝居や見世物、そしてブールヴァールのある空間、つまりロワイヤル街からタンプル市門までの広い地帯で、一七五〇年以降に定着していった定期市の祭りの雰囲気へと、人々の心をさそうところであり、並木や独立の家屋や小劇場、また洒落たカフェなどが並ぶ遊歩道の魅力をすべての人々に提供しているところだ。それはなかんずく夜のパリでもある。娼婦を追いかけ、あやしげな仲間と酒を飲み、捜査官やその手の者である密偵、また夜警隊とかくれんぼのようなことをやる夜のパリだ。土地勘があること、近道や横道をよく知っていることは、遊び仲間を痛快な気分にさせる。ポルシュロンやヌーヴェル・フランス、またクルティーユやシャロンヌは、関の酒場が集まっているところであり、人々は仕事の後の夜や日曜日に、そこでダンスをしたり女に言い寄り、「彼女たちと知り合ったり」と、要するにあらゆるやり方で楽しむのだ。このようなパリは次第に近隣の村落の近くまで拡大してきている――そうした村の一つであるヴォージラールは五回にわたり指摘されている――、入市関税を免れる市門の外の地域の安ワインの世界を、パリはその生活圏に組み入れてしまっている。そして最後はセーヌ川。パリを横切る川は、この都市に新鮮な大気を送り込み、その港と川舟は物資を供給している。また歓楽をも引きつけて、砂浜には酒場や食事処もできて、合法的な、あるいは酒色にひたされた活気であふれている(9)。メネトラやシェニエと彼らの美しい女友達は、川舟に乗って東から西へ、西から東へと、人目につかぬ河岸とアヴァンテュールを求めて周遊する〔本文一八三ページ〕。彼の川舟はパリの中心のポン＝ヌフ橋の下に係留されていて、サマリテーヌ水力揚水場の番人の息子がよく手入れをしてくれていたのだが、この息子の妹は身を持ち崩す〔本文二一五～二一六ページ〕。川舟は視野を拡げ、都市の光景が日常的に開かれてあることに役立ち、王族たちの城館のある郊外を近くに感じさせる。オルレアン家で花火を打ち上げるサン＝クルーとかセーヴル、そしてムードンなどがそれである。パリの川セーヌは青春の最後の炎を守ってくれていたのだ。

　結婚したメネトラはサン＝ソヴール小教区のプチ＝リオン街に居を定めたが、その一〇年ないし一二年後にはパヴェ街に二番目の店を開く。それはプチ＝リオン街の住居から二〇〇メートルたらずのところにあり、フランス革命期の調査のときに彼が住んでいたのはこの二番目のところだった。結婚以後、他のことを圧倒して回想の中心になるのは、この新たな街区である。そこは彼の職業上の活動や恋愛にからむ行動の核心的な部分が展開される彼の村社会となる。他地域に短時間出かけることはあるが、それは他の小教区に行くとか、ときには以前の習慣のままにブールヴァールや関の酒場の野性的な領域に足をのばすというものである。足早に散歩することはあるが都市の外の空間は縮小しているというのが、この時期の特徴である。その散歩は、モンヴァレリアンへの巡礼とかプレ・サン＝ジェルヴェでのルソーとの散歩、サン＝ドニやムードンへの遠出などである。ガラス屋の親方となったメネトラは自宅から外出ことが以前ほどではなくなり、彼の散歩のスタイルは変化し、高級なカフェ・ド・ラ・レジャンスに行ったり、ルソーといっしょにシャン＝ゼリゼで若者がやっている球戯《ロン・ボウム》を観戦したり、彼の子どもたちを連れてテュイルリーの庭園を散歩したり、あるいはテュイルリーのコンサートに彼らを連れて行ったりと、ブルジョワの年金生活者のような

ン=ドニ
サン=マルタン
サン=
タヴォワ
ラ・グレーヴ
サン=
タシトワーヌ
・シテ
サン=ポール
フォブール・
サン=タントワーヌ
プラス・モベール
0
500
1000m

パリの街区(警察管轄)
J・ド・ラ・カイユ図による
1714年

メネトラのパリ

		1757年以前	1763年～1769年	1769年以後
1	シテ／ポン＝ヌフ	6	30	8
2	サン＝ジャック＝ド＝ラ＝ブシュリ	—	1	—
3	サント＝オポルテュンヌ	—	3	—
4	ルーヴル（サン＝ジェルマン＝ロクセロワ）	9	39	8
5	パレ＝ロワイヤル	—	9	15
6	モンマルトル／ポルシュロン	—	21	10
7	サン＝トゥスタシュ	2	22	11
8	レ・アル	—	5	5
9	サン＝ドニ	1	13	46
10	サン＝マルタン	—	12	5
11	ラ・グレーヴ	1	3	1
12	サン＝ポール	6	—	—
13	サン＝タヴォワ	1	2	1
14	タンプルとフォブール	—	7	5
15	サン＝タントワーヌとフォブール	2	8	3
16	モベール／サン＝ヴィクトール／サン＝マルセル	1	9	—
17	サン＝ブノワ／ユニヴェルシテ	—	2	4
18	サン＝タンドレ＝デ＝ザール	1	5	1
19	リュクサンブール	—	—	1
20	サン＝ジェルマン＝デ＝プレ／グロ・カイユー	—	8	1
	セーヌ川	3	8	1

振舞いをする。職業上の必要からサン＝ドニ街やサン＝マルタン街などの活気のある旧い街路にまだ足を運ぶのと同じように、彼はサン＝トノレ街やパレ＝ロワイヤルの庭園など優雅な街区を、気晴らしの散歩の主な場所としている。セーヌ川はそのような場ではなくなっている。生活は化石化したように静まり返った空間のなかに固定するが、その空間は一七九〇年から街区の人々がセクション総会に結集することになり、ボンコンセイユ・セクションと呼ばれることになる。この政治的変化は旧くからの日常の行動様式をまったく変えなかったが、年とともにそれを覆す原因となる。それでメネトラは、セクション内部の政治的争いの時期に、リュクサンブール・セクションのカネット街に移り住む。彼にとってこれは別の生活への時宜にかなった亡命であった。それは多くのことから抜け出し、心して自分と家族の安息を求める静かな生活であった。しかし彼の頭には、もっと遠くに行くという考えは浮かばなかったようだ。彼は友人の外科医バロンに、田舎で死ぬ、少なくとも最後はそうなるのだ、と明言してはいるが。ということは彼の生涯は圧倒的に都会人のそれなのだ。彼は都市的性格に満足し、さらにパリの市民であることを誇りにする都会人、このような人間に根付いている習慣は、フランス巡歴の旅の経験によっても、まったく変わることはなかったのである(10)。

七年間にわたって全国を徒歩で遍歴することは、一人前の職人たらしめる力となるものであり、春の旅立ちは親しい者との別れを象徴し、夏に帰り着いたときには、あらたな人生へと踏み出す。しかし旅の行程はこのパリジャンに、自分がすぐれた存在であることを確信させるものだった。メネトラの語りは当時の多くの小説と同じように、都市と地方が対照的なものであることを改めて認めているものだが、小説家やエコノミストと異なって、都市を非難するためにそうしているのではない。それでは何を物語っているのか。それは、一日の短い旅程を徒歩で積み重ね、街道の埃や泥のなかを行く人間が、その身の丈で見たフランスなのだ。これはフランス南部の二五〇〇キロメートルの行程のうち二〇〇〇キロメートル近くを踏破したもので、ロワール川以南の地域にわたるものだ。その行程は旧くから定められているもので、別の派の職人組合の伝統が支配的な地域は除かれ、仕事があり、ドゥヴォワール派の職人組合がさまざまな権利を有している拠点都市にある職人宿をたどって行くものである(11)。一日の道程の長さ、また滞在の期間は疲労の程度や、とくに好ましいチャンスにぶつかる――工事現場があったり、きれいな娘に出会ったりということで長く滞在することもある――といったことで変化する。いくつかの道程からはずれた寄り道もあり、それはメネトラの好奇心と冒険心を明らかにするもので、興味をそそられる。二度にわたって観察したブルターニュには、あまり好感を抱いていない。メネトラは海や海軍、騎馬巡邏隊、十字架などを嫌悪する。ガスコーニュ地方そしてバスクの地は、サン゠ガヴォ――これはサン゠ジャック・ド・コンポステラのこと――に巡礼しようかと思ってみたりしたときに、垣間見ただけであった。聖地への遠征は彼のとる道程とはいえないものだ。そして最後に、ロモランタンに定着していたある友人のもとに滞在したソローニュ地方である。以上の地方以外は、職人たちがそれまで歩んだ道筋を、さまざまな印象や好ましい出来事に恵まれながらたどっていく。この旅の語りは二本の緯糸によって構成されている。その一つはパリジャンの資質を引き立てて見せようとすること、そして第二は、差異の認識と、景観への注目を示すもので、これはもっと詳細に見てみる必要がある。

都市はメネトラにとって好適の地であって、多少とも長期にわたって滞在した宿泊地の四分の三は都市圏にある。当時都市とされるのは人口二〇〇〇以上のものである。とくに人や物の交流が盛んで成長しつつある都市を彼は優先しており、定期市に引きつけられている(12)。この都市化された世界にあって、職人は大変くつろいだ気分でいて、関心を抱いた特別のものというのは少なく、記念建造物などを見物することもなかった(13)。仕事のためということを除くと、彼の生活はパリでのそれと同じように、仕事場、工事現場、旅籠または酒場、夕暮れどきの散歩などのあいだをつないで構成されている。友人は別として、彼の仕事場の仲間や住民については、冗談の対象になっていたり、うまい取引きの機会でもない限り、個々人の性格などが立ち入って記述されることは少ない。都市の外での農民を目にすることも少なく、まして畑などで働く姿などはまったく描かれていない。描かれる農民といえばほとんど常に休息している時のもので、旅籠にいたり、移動してどこかに行こうとしていたり、夜になって客をもてなしている農場でのもの、あるいはまた放浪しているメネトラに向かって犬や下男をけしかける農民の姿である。農村に関する彼のボキャブラリーは限られており——借地農《フェルミエ》、羊飼い、女の羊飼い、村人、善良な人々など——、これは都市と異なる現実と彼のあいだには距離のあることを際立たせているもので、農村の現実は彼がもてなしを受けたかどうかで判断されている。しかしながら二つの例外があり、そこにはもっと観察に熱心なメネトラがいる。一つはトゥールーズの近くのオカンヴィルにおいてであり、そこで彼はひと冬を農民、手工業者、家内奉公人、密猟監視人と生活をともにしているが、司祭や修道士また小領主とも過ごしている〔本文一〇二～一〇三ページ〕。二つ目はモンティニでのこと、そこでは彼は村祭りと農村の世界の身分序列を目にすることになる。とくに彼の印象に残ったのは、農民がメネトラの話すフランス語に感嘆した様子で、「大きな目を見開いて」聴いていたことだった。多少とも教養のある地方の人々が、パリジャンの権威をはっきりと見せつけるような資質を支持した、というわけなのだ。

　環境への一定の注目、これは自然あるいは田舎と都市の多様性を認識する兆候のようなものだが、そうしたことがある程度、記述のなかに現れている。盗賊の隠れる森が彼の想像力をかき立て、人がその背後にいたりする生垣で囲われた農地、海や風や接岸といったことは、風景を絵に描くようなピトレスクな描写を生み出す。二つの地方では道は「ひどいもの」であった。ブルターニュとセヴェンヌ山地である。サントンジュ地方の平原は「沼地《マレカジユーズ》」で、また「熱病のはやる《フィエヴリユーズ》」ところであった。オリーヴの樹が不思議なことに横なぐりの雨や雷を防いでいる。職人組合の「すばらしい山」であるサン＝ボーム(14)に向かう気晴らしの小旅行では、観光名所であるヴァントゥ山のことが書かれている。この山の頂上にある湖を見るために登頂した彼は、少々酔っぱらって登ったようである〔本文一二三～一二四ページ〕。その他、ヴォークルーズの泉、サロンとノストラダムスの墓〔本文一二七ページ〕、エクスとその聖体の祝日、アルルの舟の橋やポン・デュ・ガールなどもこうした名所だった。彼は密かな恋の密会場所になる小別荘《バスティド》が大変気に入る。泉を好み、馬に熱中し、ろばや猫をからかい、だが犬を狼と同じように警戒する。結局のところ彼の動物誌はその知覚と同じ程度に限定されたものなのだ。こうしたことは重要なことを証言しているものだ。つまり、すでに手にしている文化的な与件にもとづいて、見ることのできるものしか見ていないということだ。都市の人間であるメネトラは、文明化され飼いならされ、気心の通じた自然しか感じ取っていない。すべてそうしたことは、風景を功利主義的また前ロマン主義的に感じ取ることに、なじんでいないことを示しており、彼はそのような感性には無関心だったのだ。こうしてセヴェンヌ山地は粗野な自然の呪いを現しているようで、苦労して歩く街道、風、寒さ、森、狼、盗賊、孤立した村落、道中の危険、やたらに方言を話す人々などは、現世の地獄であった。それでもときには、そしてこれとは別のパリという文脈では、絵画的《ピトレスク》に風景を感ずることがあったことも確かだ。たとえば「緑で青々とした木々は」とジャン＝ジャックといっしょに眺めたプレ・サン＝ジェルヴェのたたずまいを表現する〔本文二六七ページ〕。しかし次のことはやはり別の感受性にかかわることではないと言いきれるであろうか。彼は詩のなかで、「わたしは田舎を愛する、それはわたしを魅了し、好ましいものと思うのだ、わたしはそれを無上の喜びとする……」と確かに書く！　だが、田舎で生きるということとこれは別の話なのだ。民衆の言葉は集合的な表象にもとづくものであるから、それは空間に存在する社会的現実を別のこととして、知らないでいることがありうるのだ。メネトラはアンシアン・レジームのフランスの本質的な現実を垣間見せてくれるだけなのだ。つまり彼の『わが人生の記』はまだ懐古的なものになっておらず、ゆがみをもっていないパリジャンの作品なのだ(15)。彼の回想は空間を読み取る二つの方法を備えている。その一つは、日常生活で身につけたことと、そこでの必要事が指示するもので、そこにはパリのなかの象徴的事象をいくつかの著名な建造物に定着させている想像の領域が透けて見える。たとえばポン＝ヌフ橋――気晴らしの時――、シャトレ〔本文原注(112)を参照〕――投獄――、病院――病と死――という具合に。もう一つの方法は、さまざまな機会や出会い、またさらに自然に対する新しい好みを都市のために役立てるような慣習によって導かれたものである。

同じような慣習的性格は時間のさまざまな表象にも、また時間の支配から逃れようとする意志のなかにも、きざまれている。回想を書くという自分の企てが独創的なことを明確に示そうとして身がまえているメネトラは、確実な歴史を書いたりすること、また日付を正確に指摘したり、注目すべき事件によって歩んできた道程の標識にしたりすることが、日誌や自伝の作者たちに年代順の参照系をもたらすというような、安全なやり方を拒否するのだ(16)。こうして『わが人生の記』は間接的に、民衆の時間の観念というよりも、生きられた体験とその持続とでも言える時間の連鎖が知覚される方法を明らかにしてくれている(17)。

都市パリの人間であるメネトラは、すでに季節の影響力からほとんど完全に免れている。その影響力が指摘されるのは――一〇回ほどだが――、フランス修業巡歴の旅の途上、徒歩での行程がひどく困難なとき、また旅程が大いにはかどる晴れ上がった日を喜んでいるときなど以外にはない。その場合、一度はディジョンでの雪の日のことを〔本文一六九ページ〕、パリでは一度セーヌ川が凍りついて危険だった日のことを指摘している〔本文六九ページ〕。ただ一度、十月のことが指摘されている。それはイル・デューの島から立ち去ったメネトラは数日をかけて、「シラミだらけになって」ニオールに帰り着くときのことである〔本文八五ページ〕。ところが彼の回想は自分自身を欺くものだ。というのもブルターニュでの船による出撃はどうみても「三か月」も続けることはできなかったもので、この帰着を十月とすることは不可能なのだ。だからこの言及には、季節のリズムを感じ取っているという意味は、まったくなかったのである(18)。旧い農村文明に特徴的な時間のサイクルに無関心なメネトラは、大時計や懐中時計のことを気にかけていただろうか。そして日常生活のリズムを合理的に計量することに心配りをしていただろうか。この三〇〇ページの自伝において時間を指摘しているのは二〇回たらずであり、それもきわめて紋切り型のもので、朝五時また六時(五回)、八時(一回)、夜の一〇時(五回)、一一時(二回)という、ただそれだけのものなのだ。こうしたことは、朝と夜、夜明け方と夕暮れどきということを、ちょっと異なったやり方で表現しているだけのことだ。ところがメネトラは懐中時計を知っていた。一七六三年に彼が立派な身なりをし何スーかの金をポケットに入れて旅からパリに帰ったときには、「まがいものの金の懐中時計」だという、安物の時計を奮発して買って所持していた〔本文一三七ページ〕。こうした時計が出まわっていたことは、ある種気どった振舞い方が流行していたことを物語るものであったのだ。というのも、懐中時計を所持することは、多分実用のためというよりは、ある種の威信を保つためだったようなのだ(19)。十八世紀のパリの民衆層の遺産目録のなかには、新たな習俗の発展を読み取ることができるものがある。一七〇〇年ごろでは懐中時計はそうした遺産目録の二〇パーセントたらずのものに記載されているが、それはとくに家内奉公人の目録においてである。ところが一七九〇年ではそれが五〇パーセント近くになっている(20)。これ以降は、パリの民衆層である零細な手工業者は時間の流れをもっと合理的に、そして機械的に読み取るようになり、時間を組織化し、創出し、それを形成する手段を手にし、それまでとは異なる時間の世界に接近していった。これは同時に個性を明確に打ち出していくもので、別の行動圏域への接近とその成就を象徴するものでもあった(21)。囲われ女のボォフォールが金時計を二つ所有し、そのうちの一つをメネトラへの贈り物にする。娼家の娘たちはジュネーヴ人のガイヤールから時計を買ったり交換したりしている〔本文二八九〜二九〇ページ〕。このガイヤールは酒場や「警察に保護された女子修道院〔娼家のこと〕」で時計を買う客を見つけているのだ。それはこのスイス人の時計商人やパリとそのフォブールにいた四〇〇人以上の時計商の活躍によって維持されていた、まがうことのないパリの魅惑であり、それはまたブルジョワの懐中時計を盗み取るパリのすりのねらい目でもあった(22)。ある警視に逮捕され警察隊の哨所に連行されたメネトラ——この場合は人違いでのことだった——は、職人杖の柄頭と懐中時計のケースに彼の職業を象徴する紋章が彫りつけられているのを見せて、自分がれっきとした市民であることを証明してみせたのだった〔本文三〇〇ページ〕。

現実にはメネトラの時間についての記憶は、時間を計る単位や年代、また気象の移りゆくさまにも、おしなべて同じような無関心を示すものだった。これは、自然のリズムがすでに必要不可欠なものとして知覚されることがなくなっているが、さりとて合理的な時間の連続性がまだ強制されていない時点での、都市文明に共通する特徴なのだ(23)。そこでは、教会の時間、商人の時間、それにメネトラの『わが人生の記』のなかに見られるような、まだ時間の枠組に縛られていない諸個人の時間などのさまざまな影響力が競い合っており、心的にも社会的にも中間的な状況にあるのだ。職人の時間は、おおよそのところ、ということに適合したまだ既成の枠にとらわれていない現実なのだ。流れ去る歳月は個人的な困難を次第にあらわにしていく。さまざまな恋愛もそう容易なものではなくなっていくし、うぬぼれてその時々にやらかす愚行よりも不安の方が勝ってくるし、肉体の精力も衰えをみせてくる。歳月の流れは、新たな世代による行動が改めて循環的にくり返されることを明らかにする。息子は「青春を意識するのは今度は彼の番だ」と言い、娘も結婚する。同じような記憶の糸がまつわりつき、捕捉される。そこでの時間への言及は、事実の展開をしるしづけるための、また物語を分節化し、自伝的記述のなかでは欠かすことのできない、真実性を物語に与えるための、おおまかな参照系として役立てられているのだ。

　教会の時間についてメネトラは習慣でかかわることしかできない。ミサに出たり、礼拝式につき従い、晩課を唱えたりしたが、彼はそこで何を心に留めていたのか。いくつかの祝祭を心に留めたが、そのうち三つは職業団体にかかわる意味をもっていた。大工の聖アンナの祭り、ガラス業の守護聖人であった聖マルコと聖ルカの祭りである。他の二つの祭りは記念的な意味を持つもので、アンジェの町のサン＝バルテルミーの日、この日付はあるにはあるが、確証されていないもので、職人組合のあいだで大乱闘があった日である〔本文原注（41）を参照〕。聖マルタンの日は彼の息子と父親の埋葬の日であった〔本文二七六ページ参照〕。メネトラの時間は非キリスト教化しており、これは後に見るとおりであるが、その観念は世俗化している。教会の時間の持続性に彼は関心を示しておらず、教会の時間を参照してみるのは休息のときや祭りのときだけである。カーニヴァル、つまり灰の水曜日の前の三日間《ジュール・グラ》は、彼にとって灰の水曜日よりずっと期待していたものだ。復活祭の時期は快適な旅の行程を思い起こすために記憶されている。この旅でメネトラはいささか時代遅れの、ラングドック地方の僻地で、「狂信的になっている」と彼が表現した観衆を、ごまかしてしまうことができた。復活祭と大赦の年の祝日を混同していることは、彼の宗教への関心が薄れていることを示す。聖体の祝日は純粋に見世物を見物する日であり、洗礼式や結婚式は酒宴にありつけるかもしれない日なのだ。一週間の曜日では日曜日、それに土曜日と月曜日のみが言及されているが、その回数はそれぞれ三〇回、五回、六回で、それらは宗教的な視点をもってなされているわけではなく、常に仕事から解放されるひとときとして指摘される。日曜日や祭日は余暇を象徴するものとなっているのだ。韻をふむようにして唱えられる祈り、聖書によって讃えられたもろもろの出来事の反復のなかで、農民の共同体が生き続けることを可能にする祝賀の行事、「時禱書」やお祈りのとき、キリスト教の経てきたいく星霜といったことは、もはやこのパリの手工業者の関心の外にある。もっとも彼は少年期には宗教にひたされていたのであり、たとえば修道女は朝課を唱えるとか、熱心な信徒は教会におもむく、筆頭職人は日曜日のお祈りのために職人たちが教会に行けるように配慮する、といった現実を短い言葉で描写することはできる(24)。

このようなことは個人の変化なのか、それとも集合的な変化なのかを言うことは難しい——彼の証言は一人の立役者だけを登場させているわけではない——のだが、二つの事実がある程度のことを明らかにしている。その一つは、一つの文化を棄て去るのは容易なことではないということだ。メネトラの筆からこぼれ落ちるちょっとした指摘は、教会の時間が彼に染みついていることを物語っている。そして第二に、職人や手工業者の生活様式が、彼らの世界像の基礎、また宗教的規範から次第に彼らが解き放たれていくのを支える基礎として、決定的に重要であることを認識する手立てが、そこには存在している。

労働の時間と気晴らしの時間は、実際のところ都市の手工業者の生活が奏でる二つの音階のようなものだ。労働の時間においては、当時は手工業の技術が最盛期にあり、パリの手工業者は彼らが引きつけられていた価値に深い愛着の念を表明しており、これは気晴らしの時間においても同様に表明されている。彼らの大多数——四分の三以上の手工業者——にあっては時間性が浮上するのはこの生活の二つの分野と結びついてのことであり、ただいくつかの表現の幅をもったものであった。まず連続する日々についての表現、活動や行動のくり返しについての表現があり、それは一定の言葉や定型的表現をとっている。たとえば、翌日、翌々日、この時に、こうした時期に、それからいくらかして、ある日、その日、ある(あるいはその)一日、数日、といった言葉は、彼が順応しているきまりきった単調さを表現しており、休息によって埋め合わせがつけられる束縛であるよりも、持続する生活の自然な枠組なのだ――こうした表現は全部で八五回になる。こうした言葉は労働と気晴らしが交互にあることを、一週間――土曜、日曜、月曜――、また一か月、一年というおおまかな時間の用法で示しているのだ。

ついで第二に、工事現場の仕事の始まり、また終わりを示す言葉、また雇われている時間や、友情をあたためたり愛人と会うためにたびたび出かける空間、おおまかに区切られた時間の展開をしるしづける言葉などが書きとめられている。記憶によってつくられた時間の成層は中程度の長さの時期を特別に扱っている。二日間から八日間までを示す表現は約一〇回、一五日から一か月については二〇回ほどである。一か月から六か月は九回、一年は二回となる。職人は瞬間のうちに生き、粉々になった時間、その流れのなかで制御されることをめざして短縮された時間の記憶のなかに、すべてのものが蓄積されている。そのあげくに一日のなかで仕事や余暇の時間を区切っていく表現が現れる。朝、夕食、夕食後、夕方、宿泊、夜食、夜、それにカルパントラの修道士の昼寝のことも忘れられていない。このような言葉が八五回使われている。

生活の流れをこのように分析してみるとはっきりした定数が存在することが確かめられる。それは職人組合の旅の不安定な性格と時間を断片化して知覚することとのあいだには、はっきりとした関連性があるということだ。とり上げた言葉の四分の三は一七六五年以前のものである。パリに店をかまえた後では、こうした言葉についても他のことと同様に変化する。メネトラのように、ときに職人として仕事をすることのある親方の場合でも、そうなのだ。まず徒弟制度のなか、そして独身生活の自由のなかで体験するこみ入ったところのない関係は、仕事と正真正銘の自分の生活とが入り組んで結びつくなかで表現される。結局のところ腕の立つ労働者にとって、時間はあまり関係がない。問題になるのは仕事を終わりまでやりとげられる能力なのだ。必要とあれば夜中も仕事をする〔ヴァンドームで悪魔の仕業と思われた仕事での悪ふざけは、彼が自分の職業を誇りにしていることを明らかに示している〔本文七〇～七一ページ〕〕、彼は自分の仕事をこれ見よがしに誇示している。「わたしは彼に言った、門衛のところに行ってもらいましょう、そしてわたしに仕事を続けさせてください。彼の《そのおかしなやり方》では、二日間も苦労したあげくにやっと仕上がるこの仕事を、わたしがあっという間にやってのけるのを雇い主に見せてやる絶好の機会なので」と書いている〔本文一二五ページを参照〕。ここには、観念的にとらえてはならないものの見方がある。それはその世紀の言葉のなかにおいては、力仕事を賞讃する態度を基礎にした肉体の力の讃美に照応しているものである。しかしそれは多分、「時間の単位で計量される労働よりも人間的に理解できる」ものなのだ。それはまた、仕事の時間と余暇の時間を区分する厳密な境界線がまだ現れていない生活の様式なのだ。一日の労働は必要に応じて短縮されたり延長されたりする(25)。日曜日の休息は聖月曜日へと延長される。エコノミストや道徳家も聖職者も、それこそ金を浪費する日だと言って非難するのが聖月曜日なのだ。

メネトラは自分の店をもって独立してからも、いくつかの逸話が示しているように、このような側面での習慣を保持しつづけている。彼はカーニヴァルの終わりの日には友人を連れて精進するために店を閉める。「月曜日には」友人とつき合う。月曜の朝に行きつけの理髪屋と飲みに出かけ、半瓶のワイン三本を空にし、それに見合ってプチ・パンを八つもたいらげ、頭が痛いのをブールヴァールを一巡することですっきりさせてしまい、富くじを買い、食事をとりに行き、ヌーヴェル・フランスで大酒盛りをやり、その後で田舎を散歩し、夕食を食べに行って富くじで当り札を引いたのを祝って飲み、遅くなって帰宅すると奥さんにしめ出しを食いそうになり、「われわれはそれぞれの店を抜け出してしまったので」怒られる〔本文二七八〜二七九ページ〕。思いのままに働いたり、あるいは遊蕩にふけったりすることは、多くの店を持った零細な手工業者がそうもできないと残念に思うはずのもの、また追い求めようとする理想の生活なのだ。フランス革命のあいだにメネトラは、「三日間店を閉めたこと」を人々に不道徳の証拠だとして非難されたと書いている。これは職人たちにどのような束縛《リベルテール》も嫌う心性が思わず感情の高まりとなって表面化したものので、このような心性はいく人かのすでに親方になっている人々のなかでも生き続けていたのであって、労働を取り締る警察に対する反抗に出たりもすることになる。メネトラは時間を「無駄にする」自由を擁護するが、それはもっと表立っては集団で飲むことの自由を擁護するのと同様のことなのだ。真面目な人々はこうしたことをなくしていこうと望む。彼は怠惰から生まれる無秩序や怠ける権利を支持していて、レチフやそのほかいく人かの人々とは相容れない立場に立っているのだ(26)。

空間のなかを不安定に移動すること、時間を細分化することは、定着する以前の働く人々の世界を充分に特徴づけるものである。金を貯えていない古参職人は定着できない。国王の認可した同業組合である宣誓組合《ジュランド》の束縛を拒否し、その階級の文明化されたモラルに従おうとはしない、かつて職人組合のメンバーだった親方たちは、多かれ少なかれ職人組合で体験した生き方に忠実なのだ。たとえばこうした親方たちはリヨンの聖ルカの祭りの宴会に集まって来て、職人組合の行事に改めて協調したりしている。なべて自分の人生を生きるということは、統合化の社会的力(家族と仕事場)と、それに離反する力、つまり自由な行動と浪費の文化、そして肉体の快楽などとのあいだで、あっちに引きつけられこっちに引っ張られをくり返すことになるのだ。『わが人生の記』で食物や肉体や日常生活の場などの記述が位置しているところは、こうしたことがとるさまざまなニュアンスを理解させてくれるものだ。飲むことと食べることは、職人組合的気晴らしの二つの形であるが、これらは道徳家たちが非常に早くから非難を浴びせていたものである(27)。メネトラにとっては、食事についての取り決めのないものは、けっして割の良い仕事ではなかった。鶏の一羽も食べられず、豚肉の甘塩漬けも買わず、仔牛の頭をいっしょに食べることもなく、魚のワイン煮やサラダと羊のもも肉、そしてワインのつかない食事は、お話にならない仕事なのだ。明け方に飲む少々の白ワインと夜の最後の杯とのあいだでは、仕事と酒を飲むことがたえず交互になされており、余暇を楽しむときにはもっと酒がはいることになる。日曜日と祝日そして聖月曜日は、数限りない「健康」を祈っての乾杯のときなのだ。職人組合の酒盛りでは、ムスカデ、ボルドー、クレレットまたラングドック地方のさまざまなピケット・ワイン、ボージョレそしてマコンのワインなど、それぞれの地方の酒を飲む。フランス修業巡歴はワインのフランス巡りというわけである。パリでは酒場や関の酒場、街なかやフォブールにあるそうしたところでワインはふんだんに飲まれる。工夫をこらした祭りの酒宴や交換パーティー、家族・親族の者たちの乱痴気騒ぎなどでは安ワインが流れ出すかのようである。つまり民衆文化においてはワインは基本的な役割を演じている。パンと食物を人々がともに食べることと同時に、ワインは秘跡の泉から汲み取ってきた象徴的な力を保持していた。教会が十七世紀以来、職人組合の儀礼について、教会の儀式のまねをしてふざけていると言って非難したのも、理由のあることなのだ(28)。そこにあるのは、各個人が自分の意志に従って結ぶ永続的な共同性の絆なのである(29)。しかしミシュレの考えていたこととは異なって〔ミシュレ『フランス史』第一四巻、一六四ページなどを参照〕、これは職人たちが求めていたのが「特別の飲み物への幻想」などではなく、連帯を確認し合うことであった(30)。祝祭や儀式に際して、筆頭職人は酔いで意識がかすんだりしないように気を配っていた。健康を祈って交わされる杯は闘技を交わす交流の一部となっていて、これは友愛の乾杯ということなのではないか。飲酒癖は若者にかかわる問題ではなく、あてにできることに身をゆだねてしまう父親たちや老人の特性なのだ。彼らがよく酒を飲むことは、若者を心配させるよりも感嘆させたものだった。若者は、ワインは人を犯罪に押しやり、家族の離散や租税逃れに追いやるものとする宗教や警察の当局者の考えとは、まったく異なった考え方をしていた。

　地上の糧と性の喜びの結合は、こうした習慣的行為のもうひとつと表現である。性のアヴァンテュールは食卓を囲むことがともなうものだ。食べることはアヴァンテュールに先立つことも、それをしめくくるものであったりもする。これは若い男やその男が誘惑した娘にとっては、農村でのとりすました態度とは正反対の倫理なのだ。このような自由の感性は性についての饒舌なおしゃべりのなかで表現される。それは、同年齢の者たちが出会ったときになされる、メネトラが熱望していたような、市門でのドン・ファン風の女あさりでしか垣間見られることのないような性についてのおしゃべりなのだ。征服しそれを話題にすること、一人の娘を共有してそれを自慢の種にすることは、職人に周知の男性優位《マチスム》によるものである。またそれは生活の必要時や、年老いてきたことによって揺らいできた友愛の関係を確かなものにするための補助手段でもある。肉体的な力が衰えたり破綻をきたしたりすること、これは『わが人生の記』の職人が大変気にかけていたことであった。肉体との関連では、こうして三つの領域でその考え方が表明されている。それは、事故にかかわること、梅毒に関すること、老齢化にともなう成人の病気についてのこと、の三つである。事故については（五回ないし六回を数える）労働に関してのもので、階段からの転落、はしごや工事の足場が崩れての脚の骨折（三回）、窓ガラスのところから足をすべらせて腰をひねるといったことである。このようなことを書いているのは、喧嘩騒ぎの場合と同様、工事現場で負った傷やこぶを、事故で危ない目に会ったなどとはせずに、誇りにするという態度を表すものである。この誇らしげな事故の跡は戦争を表現したものなのだ。淋病についての告白は優に一〇回に及ぶが、それはメネトラの最初の娼婦との関係から、梅毒にかかるということまであった二人の隣人と共有した料理女までの、女遍歴をしるしづけるものである。これは彼の女あさりの一覧表を誇示し、性とその危険を語りながら、いささか浅薄なモラルを説くもうひとつのやり方なのだ。そのモラルとは、すべてのメダルにはその裏面があるとか、代償のともなわない快楽はないとか、貞淑ぶった女から少々贈り物をもらうことで慎重さを身につける、年齢こそ現実の教導者、といったものであった。しかしこうして人生は困難の多いものになっていく。メネトラは病気になり、神経の病ということで看病される。それは重いものでパリの医学の治療は信用できなくなり、遂にパリの死刑執行人《ムッシュー・ド・パリ》のアンリ・サンソン〔本文原注（161）を参照〕の世話を頼りにする。この死刑執行人は彼を一五日間で回復させ、人体組織をよく知っていたこの人物は、無資格で医学を実践することができることを証明してみせた〔本文二六三ページ〕。実際に民衆はこの医学を頼りにしていたし、正規の医師の医術を出し抜いていたのだ。これはメネトラにとっては、すべての活動を衰えさせていく別の病気へのワン・ステップであり、これについてはフィリップ・アリエスがよく考察しているところだが、人間の生命と自然がなすこととのあいだに関連をつけていく共通の方法を表すものだ（31）。親方のもとを奔走して歩く時期、この若者の春といえる時から地の糧の時、つまり穏かになった親方の秋の季節までにわたって、人生の年齢ごとの文化と階級の文化は相互に入り混じったり別々に分かれたりしていく。私的なものと公的なものが相互にたえず干渉し合う場が継起していくところで、すべてが演じられている。そのような場について、この時間と空間の考察を終えるにあたって、述べておく必要がある(32)。

メネトラが生きる民衆的世界での行動には、人的結合関係《ソシアビリテ》の三つのタイプが同時に存在している。家庭の絆、父の家でのそれ、そして結婚の後にかまえた家庭での絆、これらがまず第一に中心をなすものだ。旧いパリの世界で、そこには共同の食事と人々を団欒へと誘う暖炉の暖かさに象徴される安定した価値観が密かに息づいている。メネトラは直接には書いていないが、狭さと貧しさ——民衆においてはそれが少々ひどく、手工業者では多少はましなものであるが——が、日常生活をともにすることを強いているような家のなかでの生活のやり方に照明をあてている。人々は誰もが見ているところで生活しており、階段やその踊り場で、夕方には鍵を掛けに行き昼間は立小便をしたりする、家屋に通ずる通路《アレ》で〔本文原注(200)を参照〕、またつるべの綱がすりへって切れているような共同井戸の周囲で、そしてまた囲いのない便所で、人と人の関係の糸口が生まれる(33)。家屋の各戸を管理する総借家人、同じ階の隣人たち、店で働く労働者たちなどは、すべてのことをよく知っていて、その家の名誉が保たれるように、また同時に娘たちの名誉に対しても気を配っていて、そうしたことを長い時間かけて議論する。このように隣り合って住む人々の連帯は、路地に大きく開かれている仕事場や商店から街路へとあふれ出し、他の家屋や近くの酒場へと向かう。家屋に入っていく通路《アレ》から人々は店にはいる。格子窓からは隣の美しい女があなたを眺めている。いくつもの関係が生まれ、それは噂となり——噂は一七五〇年に子どもをさらって行く警察の手の者を打ち殺すべく、すべての街区の人々を動かすことにもなった——、あの人とこの人との恋愛沙汰について、チャンスだぞとか、成功した、失敗したといったうるさい無駄話が、そうした関係につきまとう。また悪童たちの無分別な行動が親たちに伝えられ、隣人たちは誰かが結婚するとなれば、助言のひとつもしたくなる。全員で死者の数をかぞえたりもする。こういうことで、そこの人々はみんな知り合っていて、人々が仕事のことであれ余暇のことであれ、絶え間なく集まってくるような村社会なのだ。

パリ風に整えられた仕事場は多くの場合一階にあり、しばしば中庭や脇にある通路に開かれており、食事をとったり、休息したりする個室と仕事場に分けられていることも多かった。もしいくつかの部屋で手狭に生活している親方であれば、この個室で食事もする。甘いものがそこに持ち込まれるし、ワインの味見もやるし、近隣の顧客をそこで応接するし、雨か晴れかと天候のことを問題にし、版画を見てその出来ばえを話し合い、理髪屋がガラス屋を探しにやって来るし、豚肉屋は妻を寝取られた恨みを晴らしにやって来る。店は情報センターになっていてその界隈では見かけないなべて疑わしい人物に目星をつけ、恋人や悪餓鬼を目で追う。すべては街路に通じていて、メネトラは仕事のために仕事場を出て行くだけでなく、どこの酒場へでもワインを飲むために行ってしまう。

　職人たちの生活では、すべての人々の日常の習慣にとってと同様に、酒場は移ろいゆくものの中心、習俗が流動する場である。つまり親和的な交流による人と人の絆《ソシアビリテ》のよりどころであり、消費の殿堂なのだ。フランス修業巡歴での街道筋にある旅籠、旧い街区の酒場、そしてフォブールの関の酒場などがこうした役割を果たしている。それらは習慣化している出会いを確保してくれるし、密会の場ともなる。職人組合の文化において、民衆の余暇において、酒場は教会と対置されるものだ。もしこの酒場に対して改革を唱えるすべての者が属する部隊――教会、警察、経済――を結集してみても、それでは労働の活力が失われてしまうし、資本も浪費されてしまうだけである。パリの子たるメネトラは、公認された多くの取引きや、数多くの非合法な行動を酒場で盛んにやっており、酒場の子だとも言える。酒場は群衆のなかに身を置くのに最適の場所であり、雑多な集団と交わり、ダンスをするのに適し、さまざまな階級が行き交い、名を秘した小手工業者や職人、盗っ人、「娼婦」や貞淑な女性たちが顔を合わせるような熱い社会の織りなす空間で、微温的で静けさが支配し、組織化された空間であるカフェとは異なるものなのだ。メネトラは一軒のカフェに対して一〇〇の酒場を指摘している。そのカフェはルソーとチェッカーをやりに行ったラ・レジャンスである〔本文二六七ページ〕。もう一度ある常連といっしょにこのカフェに行ったのは熟年に達してからのことであった。彼と彼の雇う職人にとっては、喧嘩沙汰にけりがつくのも、友情や愛情のためにと杯が上げられるのも酒場においてであり、あらゆる種類の権威に対してかち取られた自由の世界なのだ。酒場の網の目のなかでも、マニイからポルシュロンのあいだにある、ヴォー・キ・テートと中央市場のトロワ・モール、ジェルプとグラン・ヴァンクール、リオン・ドールとパントゥフルなどでは数多くの絆が結ばれ、庶民の文化の多くの筋立てが形成されまた消滅していき、異議申し立てや犯罪の地下世界が沸き立ち、顔をのぞかせていたのだ。メネトラは、道徳家たちにとってはなじみがなく危険であるが、民衆にとっては親しみがあり、それとなく気脈を通じ合っているような世界との境界線上を横断して行く。フランス革命がこれとは別の規範を課すとき、サン＝キュロットやセクションの人々また国民軍の兵士は、民衆と軍隊の勝利を祝うために、また哨所に当番で立つ合間に休息するために酒場におもむく。メネトラはテルミドールの後も敵対者を挑発すべく酒場におもむくであろう。このような機能は政治上の変化の後も生き残り、生き方が変容したのにまだ存在しつづけていた。そこで社会と政治は状況一般を覆しながら、日常の些事に介入する。

原注

（1）L. FEBVRE. *La Terre et l'évolution humaine*, Paris,1922 et G.GURVITCH. *La Multiplicité des temps sociaux*, Paris, 1958.
（2）H. LEFEBVRE. *Le Droit à la ville*, Paris, 1968, pp.185–189.
（3）F. LOUX. P. RICHARD. *Sagesses du corps*, Paris, 1978. D. ROCHE. *op. cit.*, ch. 6 :《Le Vêtement populaire》.
（4）D. ROCHE. *op.cit.*, ch. 7 et surtout J. PRONTEAU. *Les Numérotages des rues de Paris*, Paris, 1966.
（5）D. ROCHE. *op. cit.*, ch. 1:《Espaces et populations》; J. KAPLOW. *op. cit.*, pp.21–54.
（6）A. FARGE, A. ZYSBERG. art. cit., pp.888–901, cf. carte 1.
（7）RÉTIF DE LA BERTONNE. *Les Nuits de Paris*, Londres（Paris）, 1788,7 vol., pp. 2493–2494.
（8）Adresses dans *l'Almanach du commerce*, Paris, 1769, article《vitriers》（pas de pagination）.
（9）A. FARGE. *op. cit.*,《Vivre dans la rue》, pp. 49–53.
（10）II Fo 38–40,「わたしはパリの住民だ、田舎に生まれたわけではない」。
（11）BARRET-GURGAND. *op. cit.*, pp. 43–60.
（12）地図を見よ。A. PERDIGUIER. *Mémoires, op. cit.*, pp. 109–393, なかんずく、Beautés de ... véritables leçons de ce qu'il y a à regarder. と

いうパラグラフを参照のこと。

（13）A. PERDIGUIER. *op. cit.*, pp. 130–131, p. 335.

（14）BARRET-GURGAND. *op. cit.*, pp. 53–55 et surtout J. VIDALENC. *Un Aspect de la vie ouvrière au XIXe siècle, le pèlerinage des compagnons du Devoir du tour de France à la Sainte-Baume*, congrès national des sociétés savantes, Lille, 1955, Paris, 1956, pp. 280–295.

（15）J. M. GOULEMOT. *op. cit.*, pp. 14–16.

（16）ダミアンの処刑、サン＝カストの戦い、ボルドーの地震、ルイ十五世像の除幕式、一七七〇年五月の乱闘、ジュランドの廃止、フランス革命の諸事件、彼が取り上げている歴史上の事件はこれだけである。

（17）L. FEBVRE. *Rabelais et le problème de l'incroyance au 17e siècle*, Paris, 1947, pp. 430–432.

（18）H. LEFEBVRE. *Critique de la vie quotidienne*, Paris, 1958, pp.52–56, 循環的時間と線状の時間の対置、田舎と都市の時間の対置では単純にすぎる。［邦訳『日常生活批判』Ⅰ、Ⅱ、（田中仁彦訳、現代思潮社、一九六八年）］

（19）掛け時計と腕時計の普及については、L. MUMFORD. *Techniques et civilisation*, Paris, 1950〔（邦訳）『技術と文明』生田勉訳、美術出版社）〕; C. CIPOLLA. *Clocks and culture*, 1300–1700, Londres, 1967.

（20）D. ROCHE. *op. cit.*, ch. 6:《Manières de lire》; A. FARGE, *op. cit.*,《Vivre dans la rue》, pp.82–50.

（21）E. P. THOMPSON:《Temps,trvail,capitalisme industriel》in *Libre*, 1979, S, pp.3–64, pp.11–18.

（22）C. AUBRY. *La Jurisprudence criminelle du Châtelet de Paris sous Louis XVI*, Paris, 1971.

（23）E. P. THOMPSON. art. cit., pp.18–38; K. THOMAS. *Work and leisure in pre-industrial society, past and present*, 1964, 2, 9, pp.50–66.

（24）J. LEGOFF:《Au Moyen âge temps de l'Eglise et temps du marchand》*Annales*, E. S. C., 1960, pp.417–433; *ibid.*:《Le Temps du travail dans la crise du XIVe siècle, du temps médiéval au temps moderne》, *le Moyen âge*, Paris, 1963, pp.597–613.

（25）E. P. THOMPSON. art. cit., pp.21–22.

（26）S. KAPLAN. art. cit., p.54; D.ROCHE. *op.cit.*, conclusion.

（27）E. MARTIN SAINT LÉON. *op. cit.*, pp.30–50; J. LECUIR. art. cit., pp.279–284.

（28）J. LECUIR. art. cit., pp.281–282; G. DURAND. *Vin, vigne, vignerons en Beaujolais à l'époque moderne*, Lyon, 1979, pp.10–30.

（29）P. N. STEARNS.《The effort at continuity in working class culture》, *Journal of modern history*, 1980, pp.626–655（文献目録と省察にとって重要な論文だが工業化された労働者階級の形成にこの習慣的行為を結びつけすぎている。それはパリでは工業化前のものである）。

(30) E. MARTIN SAINT LÉON. *op. cit.*, p.51.

(31) P. ARIÈS. *L'Enfant et la vie familiale sous l'ancien régime*, Paris, 1960, pp.10–20.〔邦訳『子どもの誕生』杉山光信・杉山恵美子訳、みすず書房、一九八〇年〕

(32) D. ROCHE. *op. cit.*, ch. 8《Manière de vivre》; A. FARGE《Vivre dans la rue》. *op. cit.*, pp.26–41, pp.72–77, メネトラを他の史料と対比させるために。

(33) M. GARDEN. *op. cit.*, pp.4–22.

旧社会でのジャック＝ルイ・メネトラの立場は簡単な方法では明確にならないのであって、社会的想像力と同様に、法的また経済的な現実に根ざした一連の指標をも用いて明らかになっていくものだ。彼は自分のことを先祖など誰であるかもわからない平民だと宣言しているが、これは身分の最上層を占める聖職者や貴族からは遠く隔たった、階層序列の底辺にありたいという願望を込めて言っていることなのだ（1）。パリ市民、つまりパリに生まれ育った彼は、はっきり自覚したうえで自分が手工業者の階級、そしてガラス業の職能に属していることを主張している。彼の自伝の独自性はすでにわれわれが見たように、アンシアン・レジームの信奉者たちが鼻にかけている社会的標章、家紋や紋章、名誉ある祖先といったものを、はねつけている点にある。ここでいう旧社会の信奉者とは、貴族だけではなく成り上がりのブルジョワも含んでいる。というのもこうしたすべてのシンボルは、古い家系の領主から成り上がりのブルジョワまでのすべての人々にとっては、あの時代の支配的イデオロギーのなかでは深い満足感を与える古き伝統に自分たちが属していることを宣言するものなのだから。しかしまたメネトラは断固として、自分が独立独歩の人間たることを望んでいる。これは一個の個人主義者であり、すべての人と平等であらんがために、何かよりどころとするものを求めたりはしない人物である。

事物の旧い秩序についての彼の理解は、彼が『わが人生の記』に再び手を入れていたフランス革命期の新しい状況によってゆがめられたことがあったとしても、それは小ブルジョワ、手工業者、商店主、都市の民衆などの社会の下層の代表者にとって、諸身分の時代から諸階級の時代への移行が、どのようにおこなわれるかをわかりやすく説明するものだったのだ。彼の証言はまず、社会的なものについて実際に体験した領域を浮彫りにし、とくに法律論において鮮明なヒエラルキーがどのように評価されているか、さらに日常生活のなかでそれがどのように混乱させられているかを明らかにしている。これに次いで彼は多様な視点から、ユートピア主義者の考察や行政担当者の活動が彼らの積み重ねる術策を通じて、大多数の人々を育成し練成し文明化し統制しようと試みている時代にあって、権力や権威との通常の関係がどのように体験されるかを明らかにしている(2)。そして最後に『わが人生の記』は、瞬間的な知性のきらめきを見せて、省略した書き方ではあるが、フランス革命期の数年間に生活が覆ったさまを証言している。それはいかにして愛国者が狭い視野で、広大な外海へとただよい出て行く歴史を見たか、という点についての証言なのだ。

メネトラは手工業者である。パリの第三身分という身分階層序列のなかでも彼は底辺の周辺部に位置していて、それは知識のある平民階級から隔たったところに、また大規模な商取引きや銀行業にたずさわる資本家階級の富から、また伝統や経済的な成功によって、当時の人々が描いた階層の一覧表の頂点に分類され、またはパリ市民の列の先頭に立っている名誉ある職業からはさらに遠く隔たったところに位置するものだった(3)。彼は同業組合に属する親方であり、「苦労しながら手仕事で働くすべての職業の人々」と彼が言う民衆階層より上の階層に属する。なぜならば、彼は多少の生産手段を所有し仕事場を監督し経営する才覚をもち、手工業者のモラル・エコノミーの規範に順応していたならば成功の見込みがあったからである(4)。しかしこの零細な資本家は一七五〇年から一七五五年に仕事を始めてから一七六五年に自分の店を持つまでのあいだ、職人としてガラス業の労働者とその不安や労働や喜びをともにしながら生きる。彼はその上層の階級とも下層のそれとも境界を接するところにいたわけで、この境界領域の現実は経済との関連からも、文化的心性との関連からも吟味してみるべきものではある(5)。

メネトラは最初は賃金生活者で、親方のところで提供される仕事に依存していた。徒弟見習いとして働いていた家族や親族の仕事場において、ようやく自立して働けるかどうかという程度の技能をなんとかつまみ食いした後で、彼はそうした仕事場から立ち去る。その頃の彼の収入は、ちょっと盗んだり、わずかの取引きをやったり、両親からもらったりしたものと、日当や出来高払いの賃金で成り立っているが、どのくらいの額になるかははっきりしない。彼の所持品の一切は背負い袋のなかに収まっており、背負い袋を整える《フェール・ソン・サック》という言葉は、職人の移動性と独自性を示す行動を比喩的に表現している。死後に残される遺産目録のなかで、この背負い袋が職人の残した唯一の財産だったということがしばしばある。職人が背負い袋を盗まれるということは悲劇なのだ。

　フランス巡歴修業の旅の途上で、またその帰途にあって、この労働者が手にした収入の額は彼の記述のなかに数多く指摘されているが、それは旧社会における賃金という概念のもとで一括されている内容が、多岐にわたっていることをきわめて明確に示している。まず第一に、賃金の額が一日当たりで評価されるか、または最低額の日数でどこまで仕事ができたかで決められる。これは職人が一時的に滞在するとき、また事故とか病気とか監獄に入れられるというような困った問題が起こったことで旅の移動ができなくなったときに、契約を結ぶ場合に適用されている。このような困ったことが起こったときには、職人組合は一日に一五ソルを支給している(6)。これは組合員の誰でもが受け取ることのできる最低保障額で、その他にドゥヴォワール派の友人たちからの支援金や親方からの小額の借金に頼ることができる。雇い主はしばしばもっと気前がよいこともある。モンドゥブローの修道院長はバイイ裁判所の長官に強いられてのようだが、一か月三四リーヴルを支給しているし、コンデ大公の王女はメネトラが一五日間仕事を休む代償として一二フランを与えている〔本文七五ページ、本文原注(35)を参照〕。この代償金には、働いていたメネトラとの契約を破棄せず、そのうえ彼の面倒をみなければならなくなった親方が供し続けた、食事と住居という実物給与を加えておく必要がある。雇用主が労働者を自分の仕事場に呼び寄せるために金銭を送ってくれる場合には、その労働者は、もっと自由を味わえる。メネトラはモントルイユ=ベレからナントまで〔本文八七ページ〕、ベジエからモンペリエまで〔本文一二一ページ〕、アヴィニョンからベドワンまで〔本文一二二〜一二三ページ〕旅するのにそれぞれ雇い主から一二フランを送ってもらう。もしこの額が事実だとすると、この職人が旅籠代と食事代を自分で支払わなければならなかったとしても、これは必要な旅費を支出しても余るほどの額である。これは雇用されるに際しての手当といえるものである。国王の命令でロシュフォールからブレストまで徒歩でおもむく職人たちは一五リーヴルが支給されている。これはそれほど気前のいいものではなく、この道のりを一週間かかって歩いたとすれば、職人には一日当たり一リーヴル弱しか残らない。

第二の実態について。雇用は八日単位、一五日、そして一か月単位でおこなわれる。一か月以上は稀である（メネトラの場合、リヨンでは一か月以上だった）。口頭での契約をメネトラは回想して書いているが、それにはいくつかの要素が含まれている。一日当たりあるいは一か月当たりで評価される基本額には食事とそれに住居が付け加えられている。カルパントラで月当たり一六リーヴル、パリでメネトラの父親は息子に月当たり一八フラン、エロフ、ラングロワ、ジェロームの各親方は一日当たり三五ソルを支給するが、この場合メネトラは通勤である。サン＝トマの修道女は一二ソル支給するが、その後でこのガラス職人を引きとめるために二〇ソルを支給する。この場合は食事つきの通勤。大領主たちはこれも質の高い労働力による仕事をいつまでも確保しようという配慮からもっと高額を出す。ラボルド殿のところでは食事と住居つきで月に二五リーヴル、トリュデーヌのところでは同じ条件で三五リーヴルである。総合的にみて、賃金の推定額をメネトラが参照しているところでは、彼は建築業の作業員より多くを稼いでいるが、しかし実質労働日がわかっていないので、実質所得を評価するのは難しい。それに労働力の需要と供給が賃金額を上下させているし、出来高の報奨金または特別手当、それにチップなどのちょっとした報酬を、この基本給に加えて考えなければならない。月当たりの二四リーヴルによい食事がつけば、この職人は満足のいくものだと考えている。メネトラが義兄を自分の店に引き取ったときの条件がこれだった。彼が雇用主のところに住み込む必要のないときは、住居費も支給されて余裕ができ豊かになったようだが、しばしば部屋代を払うことになるから、それほどのことでもなく、彼が拒絶する家内奉公人の雇用条件より低い実質所得となった。収益になる仕事と遊び暮らす生活を交互にやりながら、彼はパリのブルジョワの生活をちょっと味わってみる。この生活はパリの民衆の視野にはいってくる経済上の理想で、何もしないで利子で生活するということなのだ。

賃金の実態として最後に、請負い仕事への出来高払いのことを考えておかねばならない。これはモンペリエの場合とヴィルモンおやじのところ〔本文二三三ページ〕でやられたものだ。渡りをつける才覚と製作の能力があれば賃金労働者であっても、この請負い仕事をやることになる。これに対し職人は月当たり一五リーヴル、そして一〇〇個の街灯製作につき六リーヴル、報奨金として二四リーヴルを受け取り、きわめて良い食事と住居が提供されている。左の表はほぼ確定することのできたモンペリエのデータにもとづいて、三か月また四か月当たりにして計算したメネトラの実質所得を出してみたものである。

	三か月	あるいは	四か月
定額報奨金	二四リーヴル		二四リーヴル
月ぎめによる収入	四五リーヴル		六〇リーヴル
街灯六〇〇製作	三六リーヴル		三六リーヴル
一リーヴル（一日当たり）で評価しての平均食事・住居費	九〇リーヴル		一二〇リーヴル
	合計一九五リーヴル		合計二四〇リーヴル
実質労働日数	六〇日		八〇日
一日当たり実質賃金	三リーヴル		三リーヴル一〇
年間賃金	七五〇リーヴル		八五〇リーヴル

ここに出ている総額は工程三か月で取得しようと彼が見込んでいた収益（八〇〇リーヴル）に相当するものである。これは働きづめの生活の果てに、一七八九年のパリのプロレタリアの大多数が苦労の多い生涯の終わりに自分の財産だと申し立てる額よりも多い(7)。結局、三つの特徴が職人の賃金を特徴づけている。第一は能力と進取の気性が問題になること。これは職業と経済の景況が好いときにはつねに相手と交渉してきめることのできる報酬なのだ。もちろん、失業や経済危機のときはそうはいかない。第二の特徴は、それが多様で場合によって変化する要素を合わせた合成物だということ、そして最後にそれは直接に生活様式に結びつき、ひと踏ん張りしようと訴える意欲とか、創意工夫や仕事中にサイドワークもしようという意欲をかき立てる欲求に結びついていること。消費とか顕示的な行為を第一に優先することのないような経済のなかでは――だがメネトラは非常に衣服のことや外見に気をかけている――やろうと思えば貯蓄もできただろう。

パリに定着した親方になるには、店を持つ必要がある。メネトラとそのフィアンセはガラス屋のブリュノから三〇〇リーヴルで店を譲ってもらったのだが〔本文二四九ページ〕、これは時価にしてそれほど高いものではなく、当時八〇〇フランまた一二〇〇フランぐらいのものだった。二人ともども資産額を一三〇〇リーヴルと申告して公証人のところにおもむく。フィアンセであるマリ＝エリザベトの持参金と実質資産で二三〇〇リーヴル、これはジャック＝ルイ・メネトラの親方資格の評価額一〇〇〇フランを加えたものである(8)。これは親方層の資産としてはぎりぎりのものであり、男性の側の相続財産と女性の側の貯蓄によって成り立っているものである。マリ＝エリザベトは、ピカルディ地方のヌーヴィルの羊毛を梳く仕事をする貧しい労働者か零細な手工業者の娘であった。これは地理的にみても社会的にみても族外婚ということになるが、こうしたことは十八世紀中葉のパリにおける結婚の三分の一弱に生じていたことである(9)。メネトラは金銭にかかわる条件では有利な結婚をしたのだが、社会的には彼より下層で文字を知らず、パリに移入してきた人で、成人に達した多くの娘たちがおそらくそうであったように、家内奉公人として働いていた娘と結婚したのである。経済的な能力の序列においてこの若い夫婦は、パリの親方や商人階級の多数の人々のなかに位置づけられる。この階級のなかの六五パーセントは一〇〇〇リーヴル以上の資産をもって結婚し、二七パーセントが最上位にあり、二〇〇〇から五〇〇〇リーヴルの資産で結婚した。これは高いところに位置するものだ。これらの階級はより多数を占める貧困者層とは隔たっていた。当時のパリ人口の二〇パーセントは結婚契約を交わさずに結婚し、二五パーセントが五〇〇リーヴル以下の資産で結婚していたのである。また彼らはブルジョワや貴族からなる少数の豊かな生活からも隔たったところに位置していた。

いずれにしてもメネトラ夫婦は、都市パリの発展で恩恵を受ける。パリの建築業が好調で、それにつれてすべての業種の景気がよくなった。そして一七六五年から一七九〇年までガラス業もこれに歩調を合わせたのである。ちょっとした思惑があたって、こうしたことはそうあるわけではないのだが、彼は一三五〇リーヴルの手形を受け取るのだ。そして彼は娘を二四〇〇リーヴルの持参金で結婚させる。その相手は菓子職人であった。今度の場合は族内婚〔パリ生まれの職人の家のあいだの結婚という意味〕での結婚で、これによって社会的な安定が確保される。彼の指摘に従うならば、一八年間で最低でも彼の資産は増大したことがわかる。彼の妻は一日一二ソルを節約したと言明しているので、一二ソルの年三六五日×一八＝三九四六リーヴル、さもなければ実賃労働日だけをとってみれば、一二ソルの年二五〇日×一八＝三七〇〇リーヴルとなる〔実際には前者は三九四二リーヴル、後者は二七〇〇リーヴルとなろう〕。

これは倹約によるささやかな成果であるが、しかしメネトラはその職業の水準に見合う持参金を娘マリ＝マドレーヌに持たせてやれた。彼の世帯にとってこのことは少なく見積もっても、五〇〇〇から六〇〇〇リーヴルに近い財産を所持していたことを意味する。というのも店や商品や家族の取得した家財を勘定に入れるべきだし、メネトラの妻がまんまと手にした金利収入、一七八九年頃の資産額にして三〇〇〇リーヴルをこれに加えれば、財産額は八〇〇〇から九〇〇〇リーヴルとなる。一七七八年におじのマルソーが、借り方一万五〇〇〇リーヴル、貸し方一万一〇〇〇リーヴルで破産するが(10)、この挫折を別にしてみれば、マルソーの資産の水準はメネトラのそれに等しいものだ。

結局のところ、アシニャ紙幣の大幅な価値の下落以前にこの夫婦は店の営業権を一万フランで売却しているので、こうした資産額をとってみれば、メネトラは安定した手工業者・小商店主層のなかでも、パリのブルジョワにもう少しで手が届く一群のなかにその場を占めていたのである。これによりそれなりの生活が、とくにアシニャ紙幣の価値下落以前の時期には良い生活ができたのだ(11)。

メネトラのたどったこのような道程を詳細に再構成してみる価値はある。この分野の史料は稀にしか存在しないということでもこれは妥当なことであり、さらには、個性豊かな人物に関することを、一つの類型にあてはめてしまうことはそもそも困難があり、これは言うまでもなく明らかなことだからだ。社会化された個性はどのように構築されていくものかを充分に理解するためには、社会的現実がどのように体験されたかという点を、ここで取り上げなければならない。別の言葉で言えば、S・メルシエやN・レチフ・ド・ラ・ブルトンヌの流儀で、類型化のそれぞれの水準の背後に潜んでいる金銭にかかわる活動や現実に、社会集団間の関係を特徴づける行動を——この行動はすでに他のところで人口動態や文化の次元についてすでに素描されているのだが——、重ね合わせてみる必要がある(12)。

メネトラの社会は厳密な類型化の原則に従うことはなく、流動化していてこの人物と同じように変化を続けており、それを評価するにしても時期や人生での役割とかかわり合って変化しているのである。それは奇妙な複合体であって、そこでは変化するものの価値と変化しないものの価値がぶつかり合っている。変化・流動化について言えば、街道筋や都市が豊かになっていく事例についての記憶をはぐくんでいる。たとえば、村から姿を消したある息子が帰ってきたときには、立派な馬にまたがっていて国王軍の士官になっている〔本文一五一ページ〕。このような夜の集いで耳にした小話が、急速な社会的上昇が可能だという伝説集をつくり上げているのだ。パリにおいてボフォール夫人が事務員と結婚する。おまけにその事務員はトルコに出かけて姿を消す〔本文二九六ページ〕。しかしここで人は流動性のまったく特殊な回路に触れているのだ。女優や娼婦のとる回路がそれである。これとは逆にピナールの家族が解体してしまうことは、そこに社会的下降を見てとれるものである。豚肉屋は警察の密偵になる。彼の妻はある農民《フェルミエ》と駆け落ちをする。それだけでなくその娘の一人は時計屋とリヨンに行ってしまい、もう一人の娘は囲われ者だったのが、ある裕福な銀行家の手荷物にまぎれて外国に出ることができた。同じように豊かな家に生まれた友人のシェニエはさらにそれ以上の金持ちと結婚し、フォブール・サン゠マルソーの屑や紙を扱う金持ちの商人と約束し、その身を持ち崩した娘を六〇〇〇リーヴルの持参金つきで――これはメネトラの場合の三倍である――引き受けるのだが、彼は破滅して軍隊に志願せねばならなくなる〔本文二二三―二三四ページなど〕。

都市の社会関係は、うわべの駆け引きや地位を上昇させたり下降させたりする運命の転変によって、どこまでも込み入ったものになってきていた。実際に都市は大量に不平等な関係をつくり出し、またこっそりと平等な関係も生み出していた。メネトラが自分の思うがままに行動したのは、身分関係が混乱し不平等と平等とが混在するという、こうした都合の好い状況においてだった。彼は各人がその法的地位に相応していることを望ましいとする身分制社会と、富によって秩序づけられる階級社会とよりなる全体的な網の目に、彼独自の評定格子をあてはめて見ていた。彼のなかでは、裕福な貴族または聖職者がなべて同一の側に並べられて、嫌悪の対象にされるということは、少なくとも一七八九年以前にはなく、職人、親方、そしてブルジョワを明確な解放への意識にもとづいた徳性のすべてを身につけた人々とすることもない。すべては自発的な原則に従って動くのだ。個人の天分に従って各人において、ということである。メネトラはパリの人間であり、さまざまな身分やさまざまな財産が入り混じった状態のなかでただちに平等を実現しようとする人間であった。彼の目から見て重要なことは、各人が行動するときの振舞い方なのだ。このいくつかのケースは、経験を扱う社会学にとってもこの点を例証するものだ。

女性たちを見てみよう。疑いないことだが、弱き性は全体として当然のように蔑視した呼び方がされている。性的関係は同じ社会職業的環境、つまり賃金で生活する者とささやかな手工業者の階層のなかで、基本的には展開されているのだが、だからといってこのような蔑視した呼び方がされてよいわけはない。いくつかの例外があり、それらは、基準が明確なものだ。まず成功への希望を体現している未亡人、また結婚の成功を夢見る妻たちが最上位にいる。レース編みの女マノンと、とくに後になって善き年金生活者として貞淑な女性に転ずるブーシュ夫人などがそれである。しかし次の二つのケースはメネトラがお人好しではないことを、そして現実の身分序列を意識していたことを示す。一つはボーモン＝レ＝トゥールの女子大修道院長のアンリエット・ルイーズ・マリ・ド・ブルボンであり、彼女はコンデ大公のおばで式服を着た姿が堂々としているのだが、母性的だと言ってメネトラが感じ入った女性〔本文七五ページ以下〕、もう一人はバランヴィリエ侯爵夫人で、この女性にはガラス屋の親方のエロフがきつく抱き締めてしまったもので、メネトラはこの人の召使いの忠告もあって、パリ風の色好み《ガラントリー》の自由さにも限度というものがあることを教えられたのであった〔本文一八一ページ〕。

仕事場や酒場でも、仕事の途中や余暇の気晴らしをするにあたって、その場にいる雇い主も含めて平等の関係が支配している。そこにいる雇い主は愛想のよさや、贈り物をする能力があるかどうかで評定される。もしブルジョワが親方と職人のあいだの均衡を保つ規範に背いたならば、彼はひどい目にあう。職人が徒党を組んで反抗したり、労働者が遊んでばかりいたり、たちの悪い冷やかしをしたりして雇い主は懲らしめを受けることになる。このようなことになるのはまたもやエロフである。また友情が結ばれるのも多くは同様の状況においてであり、ほとんどすべての友人は人と人の結合関係《ソシアビリテ》が共有する規範に従っていさえすれば、きわめて具体的に社会的また道徳的に高く評価されることになるのだ。外科医のバロン、焼肉屋のルノワール、貧しい手工業者にきわめて近い状況にいるルソーなどは、知識や富裕の程度が異なっていても、感情をともにして生きていけることを例証している。

農民の世界に対するメネトラの態度は、これと比較してみることができる。その文化の遅れ、その狂信ぶりなどで、農民はたしかに抜け目のないパリジャンと張り合うことは望めない。しかし彼らは善人なのであり、聖職者や山賊の犠牲になり最善のことも最悪のこともやる能力があり、ある日気持よくあなたを迎え入れるかと思えば、別の日には犬を放ってあなたを追い出す。ある時は温和で愛想がよくあなたを祭りに招き、ある時は意地が悪くけんか腰であなたの鼻先で戸口をぱたんと閉める。モンティニでメネトラは農民の祭りの光景を見て、そこにさらけ出された農民の世界の階層序列を認識する。領主が頂点におり、外国人、メネトラのようなパリジャン、バイイ裁判所長官、司祭、名士たち、若者組、彼を騙した密猟監視人という具合に序列化されている。初歩的な性格判断がそのなかのあれやこれやの人物の性格をとり出してくるのに役立てられている〔本文一九六ページ以下〕。この性格学は暦書《アルマナ》や民衆文化の概説風の冊子、『悲惨なこと』とか『愚かしい言行』といったものから、その力を汲み取ったものであることは疑いないところで、この職人はそれで自分のいる位置の見当もつけることができるのだ。彼は隷従的な家内奉公人を階層序列の下層に位置づけ、デュ・ティレのような友人たちを中間に位置づける。

メネトラの社会的世界

善人たち

デヴォラン派	ヴナスクの領主
ルソー	ガルドゥーシュ氏
シェニエ	コンデ
	コンティ
	コンデ公妃
	バランヴィリエ侯爵
同郷人	
善良なブルジョワ	
善良な隣人たち	モラ氏
ラングロワ	バロン
ゴンボー	サンソン

レース編み女マノン
ブーシュ夫人

サント＝ユルシュル修道女
ガルドゥーシュ夫人

善良な未亡人たち
善良な娘たち

マリ＝エリザベト・エナン

目したの者

善良な農民たち
ピナール家の女たち
田舎女たち
上品ぶった女たち

道化師たち
デュ・ティレ

職人たち

メネトラ

家内奉公人たち

都市の子どもたち
悪い親方たち
エロフ
ピナール
マルソー家の人々

ヴナスクの司祭
モンティニの司祭
いとこの助任司祭
グランセルヴの隠修士
グランセルヴの修道士

目うえの者

名士たち
ブーローニュ氏
グランセルヴの神父たち
厳格派修道士たち
聴罪司祭たち
説教師たち
教皇使節補佐
アジャンの司教

警視たち
捜査官たち
警察隊員
フランス衛兵

特権階級についての彼の見方は、敬意を払う、様子をうかがう、そして純粋にして素朴な拒絶、といったことのあいだを揺れ動いている。聖職者は在俗であれ正規のものであれ雑然と取り上げられ、否定的な形容詞がたてまつられる。カルパントラの司教、アジャンの司教、サン＝ドニの修道士たち、グランセルヴの修道士たち、リヨンの聖フランシスコ会厳格派の修道士たち、モンドゥブローの修道院長、サン＝ジェルマン＝ロクセロワ教会の助任司祭、それに聴罪司祭や説教師などが、彼の非難の標的となっている。この根底に横たわるのは反教権主義――これについては後に触れる――であって、これによって少年期から老年に達するまでのこうした行動の説明はつく。この場合に念頭に置くべきは、彼がごく早い時期から労働者の世界と裕福な人々の世界が対立しているということを体験として知っていたということであり、たとえばメネトラの父親はサン＝ジェルマン＝ロクセロワ教会の司祭のところでメネトラに、お前にしても、もしまったく働かなかったらどんな給金ももらえないんだぞ……、と教えている。いく人かの聖職者はこのような攻撃を受けないですんでいる。グランセルヴの助修士たち、ラングドックの善良な隠修士、ヴァナスクの領主の施設つき司祭、モンティニの司祭、にせ信者のいとこ、こうした人々すべては多かれ少なかれ、民衆の人と人の絆《ソシアビリテ》の慣習を受け入れている。彼らは自由で、飲み、笑い、議論したりする楽しさを知っていた。修道女たちも、明らかにこれは宗教的な理由ではほとんどないのだが、高く買われている。

『わが人生の記』のなかでは、貴族ははっきりとは認識されず、大変混乱した存在である。メネトラは爵位を間違えており、侯爵のことを公爵としたりしている。彼は事態を外側から見ており、とくに権威のシンボルまた権力の誇示に強い印象を受けている。サン＝ルイ十字章とか聖霊騎士団の青綬、またX字形に置かれた剣、宮廷人の行列と急いでその後を行く従者などに驚嘆しているのだ。たしかにこのガラス屋はパリの貴族階級の近くまで行っているのだが、それは豪華な階段を通ってではなく玄関の控えの間を通る折りに垣間見るだけのことなのだ。しかしそれでもよき観察者であり、絶えず評定し語るのだ。怪しげな場所で賤しい下層の者たちとつき合い、凡庸な市井の娘たちのところに通ったり、球戯のチームの力を向上させるために頑健な若者を募ったりするパリの大貴族とは、それでも友情を結ぶことは不可能なことだった。だがそれに彼はひるんではならないのだ。この職人はこうした大貴族より、田舎にいてずっと近づきやすく、パリ風の彼の流儀を楽しんだりする小貴族のほうを好ましく思うのだ。トゥールーズに住み警備隊の士官で、いつでも軍務に服する覚悟でいるガルドゥーシュ氏、メネトラがその熱病を治療してやったプロヴァンス地方の小領主のブィヤック伯爵などは〔本文一〇三ページ〕、執務室ではなく食卓にメネトラを迎え入れているようだ。パリの労働者であるメネトラは地方の階層化された流儀をわきまえていて――「地方の田舎の流儀では下層の者は上層の者の前を馬で行く」と彼は書く〔本文一〇三ページ〕――、より不平等でない関係を持つことができる振舞い方を高く買う。全体としてメネトラの社会は、法的なまた経済上の地位にかかわる規範を介してよりも、道義的な行為を分類する規準に従って組織化されている。法的経済的な地位にかかわる規範が存在しないわけでも、過小評価されているわけでもないのだが、それとともに、各人をそれぞれの能力に従って評価するような、生活上の実際の行為と想像力《プラチック》が意味を持っているのである。一方の側にこの職人は善人を拾い集める。その善人とは社会的な隔たりを忘れてしまう人であり、もの惜しみせずに与え、迎えいれ、受けいれる人であり、笑い、飲み、人の言うことに耳を傾ける人である。他の側に彼は、拒絶する人々、怒りわめく人、蓄える人、その富から目を離さない人、また下女や娘たちを監視する人々、結局は不正義や欺瞞にこり固まってしまうような人々を拾い集めている。メネトラはお互いに尊敬し共感し合えるような平等の関係を求めているのである。この平等は、特権や身分また富から必然的に生まれる不平等によって、つねに異議が出されるような平等である。これはルソー主義者なのだ。この職人にとってこれは、その人格そのものから生じたものである。というのも彼は個人の自由と、事物の運命を具現するような権力の強制とのあいだに生じている、極度の緊張関係を生きているからなのだ。そこには民衆的な政治が姿を現している。それはまず日常的関係のなかで素描され、社会を統制している諸力を経験したおかげで、少年期以来ずっと学んできたものであった。

メネトラは貧しき者がいかに生きているかを示し、歴史家がいつものように警察の書類の綴りのなかで発見する諸事件の別の一面を観察している。そこで人が目にするのは、警察の機構と君主制国家がパリに押しつけている監視の目が作動する様相であり、それを人は、民衆的なものと秩序側の諸力が生活のあらゆる分野、つまり労働、商売、余暇、風俗、家庭生活などの分野をますますまき込みながら毎日のようにぶつかり合っているという、そうした展開の在りようを通して見ることになるのだ。その賭け金は、つまるところ社会秩序の維持ということにある。この職人とその仲間にとって、それは疑いようのないことだった。彼らにとっては非常に早くから、自分たちに向けられた監視を策略を使ってかいくぐるということが、関心事となっていた。その基礎には、ときに駆け引きや殴り合いとなる度重なる衝突が存在していた。夜中の追跡行や、気のきいた悪ふざけでパリの夜警や警察隊員を笑いものにする。馬に乗りまた徒歩で街路を、夜明けから夕暮れどきまでパトロールする多数の兵士たちは、酒場を臨検しブルジョワの要請で出動する〔本文原注（13）を参照〕。トリスト＝ア＝パット〔「惨めな」〕、プス＝キュル〔「間抜けな尾行」〕、ラパン＝フェレ〔「蹄鉄をつけた兎」〕、パラン・ド・ラ・ペル・ア・フー〔「火かきシャベルの親類」〕――これは火ばさみのことをふざけて言っている――というような警官を冷やかして言う言葉は、つねに相手を軽蔑しているものとは限らないのであって、彼ら警官もまた度を越して泥酔してしまい、パトロールの最中も千鳥足になることがあるのだ。メネトラはこうした警官よりも警察隊の下級士官を嫌悪していて、夜警隊の班長であり近隣《カルティエ》の若者で恋敵のフルーリを、ペール・ラ・シェーズにある家屋の裏手で「パリ風」の懲罰を加え〔本文一四四～一四五ページ〕、同じようにして、ドゥノングレ夫人のひもでもあり愛人でもあり、耐え難いほどの飲み助だった下士官もたたきのめしてしまう。このようなケースは稀ではない。

頂点には警察代官が、遠く手のとどかない存在として位置している。息子の放蕩ぶりに手を焼く一家の家長たちが、国王の封印令状で息子を閉じ込めようとし訴え出るところがこの代官なのだ。メネトラやシェニエは青年の頃に、こういうことをなんとか回避できた。ところがメネトラが家長になると意味が変わり、婿を追い払うためにこの制度を利用するのだ。一七八九年以前にその担当官であったルイ・ティルー・ド・クローヌがメネトラ、それに破産してしまい妻としていたメネトラの長女を虐待した菓子屋のデュリュと、この問題で面会したということが書かれているが〔本文三〇三ページ〕、これは架空の話である——というのも、こうした場合には国王封印令状は警視を介して法的な手続きを踏めば充分だった——がしかし、この架空の話は恐れられまた広く知られていた当局の権威を明確に示そうとしているものなのだ(13)。メネトラは四人ないし五人の警視の姿を描いているが、そのなかのロシュブリュンヌはジョオフロワ゠ラニエール街に警察署をかまえていた。捜査官については一七七〇年頃に約二〇人が職務についていたが、三〇〇人以上のスパイと公認の密告者の指揮をとっていた〔本文原注(14)を参照〕。彼らはひどく憎まれまた恐れられていた。こうしたスパイの活動や勢力のほどは『わが人生の記』に明確に指摘されているところであり、それはパリの現実の在り方を示しており、その力はあらゆる分野に及んでいたのである。多かれ少なかれ実直で公正、また多かれ少なかれ注意を怠らず活動的であったのだが、こういう連中は職人たちや民衆にとっては、まったく良いことなど期待できない嫌われ者であった。結局のところ秩序の混乱に対応する専制の一つの形態であった。彼らについてひとこと陰口を言っただけで、職人はシャトレの監獄に収監され、か弱い愛人たちはサルペトリエール監獄に、遊び人たちはフォール・レヴェック城塞に投獄された。こういう権威や力を前にすると、しばしば身を屈しなければならなかったのだ。『わが人生の記』の示すところはこれと同じで、警察とその対象者のあいだの現場にからんだ諸関係には微妙なところがある。ルーヴル街区担当の警視ロシュブリュンヌとデュ・ロシェは、当時ははずれ者ときわめて親しかったメネトラなる者を認識していたが、野放しにしていたのである。メネトラのほうでは警視らが介入してくる恐れを感じておらず、侵してはいけない限界をわきまえている。この限界というのは、警察の方策が一定していないことや、その役割のあいまいなところ、安定している人々と落ち着きのない連中の折合いをつけていくことの難しさなどによって生じているものだった。旅の途上でと同じようにパリにおいても、メネトラは秩序側の人間や司法官を前にすると、人々が日常的に支持している自由のイメージを体現する人となる。これは受身であるよりは能動的な徳性なのだ。

彼の反発はまず反抗的な精神や若さからくる横柄な態度によって特徴づけられているが、しかし次にそれは軍隊的な組織のあらゆる形態を全面的に拒否する態度のなかに浮彫りになる。海軍、ブルジョワの指揮下に射撃訓練をするような地方の民兵、職人組合の乱闘を城壁の上から監視している都市の民兵、国王の命令で強制される仕事、街道をパトロールする騎馬巡邏隊、こうしたものが旅の途上においてこの職人が出会った隷属状態についての、嫌悪をもよおす多様な姿であった。喧嘩やひどい悪ふざけ、また仕事上の紛争などで、職人たちはパリでは警視のもとに連行されたことがあるのだが、地方では同じようにしてその地域の裁判官のところに連行される。メネトラはその書いたものを信じるとすれば、いつもそうしたことをうまく切り抜けている。彼は読み書きができ大変思慮深い態度をとりきわめて巧みに応答するので、首謀者のような様子をしていた〔本文八三ページ〕。しかし大きな事件が起こった後——たとえばアンジェ、ポワティエ、トゥールなどで——での場合は、彼は当局が本当に寛大だとは思っていなかったことはたしかで、大急ぎで逃げ出すのだ。しかし不自由さや規律などを嫌がるメネトラにしても、ある種の魅惑には抗し難いこともあった。メネトラはすでに見たように、よき策略家また組織者たらんと欲するようなところがあるのだ。しかし相手が圧倒的な力を振うときには、身につけたいつもの警戒心を働かせる。一般の市民と軍人のあいだでの根深い対抗関係がここで明らかになっているのだ。

民衆は軍隊を好まず、民兵を嫌悪し、戦争をあたかもペストや飢餓のように恐れていたのであり、こうした習慣と心性はフランス革命を待って、決定的な急変をひき起こすことになろう。『わが人生の記』ではこのような嫌悪や恐れは、集団的な次元では徴兵登録の拒否、個人の水準では脱走、無視、挑戦、またメネトラが剣を差した者《ポルトゥール・デペ》 porteur d'épée に対しておこなった決闘などの形をとって表面化している。ここで問題にしているポルトゥール・デペとは、一つの社会的役割と、原則的には貴族が確保している特権の序列のなかの一つの地位を象徴したものだ。メネトラはこのポルトゥール・デペという言葉を利用して「エペティエ épétier（14）」という造語を作り出す。これは民衆を侮蔑するということにかけては同じ態度をとる連中をひとまとめにして指しているのであって、たとえばナントの小親方、パリの女たらしの小貴族《シュヴァリエ》、リヨンの連隊に入隊したフランシュ・コンテ人の古参の職人、そしてフランス衛兵のすべての小隊などへの軽蔑を強調する造語なのだ。エペティエは唾棄すべき連中で「パリジャンのやり方」で仕返しをしてやるのだが、しかし同時に彼らは少しばかりうらやましい存在でもある。メネトラはド・モラ氏によって一七八五年に再編成された消防隊の一員となり、今度は隊員であるからと言って剣を自分もつける口実にする〔本文二〇七ページ〕。これは身分序列の混乱を示す一つの兆候ではある。メネトラは、パリの当局者が十八世紀の後半になるとますます警察隊の代役として利用することになったフランス衛兵〔本文原注（175）を参照〕が大嫌いなのだ。フランス衛兵の分遣隊は、強制力の発揮と調停の必要性というさじ加減から生ずるあいまいな関係を、住民とのあいだで保っていた。きわめてしばしば住民の家に宿泊していたのだが、次第にそうしたことがなくなっていくのは、国王政府がその部隊を一七七〇年以降、フォブールや郊外の兵営に集めたからであり、兵士たちは副業をやっており、これは人々の仕事と競合するものだった。メネトラはその二重の地位を大変巧妙に利用している、かつてガラス職人だった一兵士のことを指摘している。この兵士はポン＝ヌフ橋の上やフォブール・サン＝マルセルにおいて街娼たちを統制する権限を勝手にわがものとしていたのだ。同時に警察隊から酒場までにわたってメネトラが指摘するのは、身近な人間の誰彼のことである。破産したシェニエとジヴェが制服を着ることになる。しかしこういうケースは次第に稀になっていった。ときにはよた者出身だったりしたこの兵士＝警官は、この軍隊の歴史を書いたシェノー氏が指摘するように（15）、だんだんとパリでは徴募されなくなった。民衆の目には、このフランス衛兵はますます専制的でなじみのない権力と映るようになった。この軍隊は弾圧において厳しい懲罰的態度がとれたのであり、そのうえ一七八二年以降はすべての市民の嫌悪のまとであった徴税事務所の吏員を日常的に支援するようになった。メネトラは、フランス衛兵が一七八九年以降に人々が言い伝えて歴史的な伝説となったような〔フランス衛兵の一部がバスティーユ攻撃に加わったことを指す〕、民衆のあいだに威信を保つ存在などではなかったことを証言している。フランス衛兵がときに民衆に加担したのは、民衆の圧力に押され、数人の兵士と反抗的な下士官に引きずられてのことで、また部隊内の紛争と強引に士官を配備したことが原因で起こったものだった。メネトラの目には、彼らは口達者なろくでなしの群れであり、ほら吹き、いつも女の尻を追いかける連中であり、つねにひどく荒々しい奴らであった。肝心なことは、すべての権威に対してと同じように、このフランス衛兵にも警戒の目をむけていることだ。

まさにここにアンシアン・レジームの最後の年月を生きた職人の政治的なモラルが宿っている。警戒心と独立心、順応主義と諦観主義がそうしたモラルの鍵となるものである。メネトラは宣誓組合の規則を拒んだのと同じようにして、軍隊の規律を拒否している。彼は特権や生まれ、そして富が授ける支配力に異議を申し立てている。「わたしは偉大な人物という柄ではないし、卑小な人間でもけっしてない。わたしは有益なことをする人間の一人なのだ。わたしは恐るべき人物などではまったくない……」(16)と書く。ここにも純真なルソー主義者の彼がいる。このルソー主義者はジャン＝ジャックのなかに愛想のよい人間、偏見や見かけだけの友人の犠牲になっている、誠実で知識豊かな人間を見出して、感嘆している。しかしメネトラは苦労の多い貧困状態をわざとらしく気取って見せる──「彼は楽譜を筆写する仕事を楽しんでいた」とメネトラは書く──ところや、あるいは贈り物や晩餐への招待を断わったりするような、ルソーのいささかこれ見よがしの嫌悪感を前にして、懐疑的な姿勢を保つことができた。メネトラは、「これには苦笑せざるをえなかった」と述べている〔本文二六九ページ〕。別の言葉で言えば、世界を変えることも軍隊また「警察さま《マダム・ラ・ポリス》」の抑圧をなくすこともできないメネトラなのだが、それに順応していくことを、ただし自分の自由の領域を自由に選び取った諸関係によって擁護しながら、欺かれることなく、適度の自立性のなかで、そうすることを提案しているのだ。「わたしはどんな形であれ束縛されるのは絶対に嫌だったし、自分の自由を失うなどさらに論外のことだった……」と彼はいく度もくり返して書いている。「人がわたしにお世辞を言うのを見るや、わたしは逃げ出す……わたしの持って生まれた性格からして讃辞というものがまったく好きになれず……それに答えるのはなおさら苦手であり……」と言う。彼が貴族の申し出に従ってその家の奉公人として働けば物質的には有利になったにもかかわらず、それに従わず奉公人のお仕着せを拒否した理由は以上のようなわけなのだ〔本文二〇一ページ〕。それに彼は、奉公人はたまたま不運に会って従僕や小間使いと似たような階層に置かれたものであり、家内奉公人がよくやる犯罪だなどといって非難されることは、そのほとんどがあらゆる人々が犯しかねないものなのだとし(17)、「彼らも人間だ、そのことを忘れないようにしよう」と言って家内奉公人を擁護することができたのに、この貴族の申し出に従わなかったのだ。

地位を安定させた親方メネトラは、かつて職人であったときと同じようにして、品位を保つ順応的な態度を誇示してみせる。たとえばわれわれはテ・デウムが歌われる儀式に彼が参列するのを目にするし、お役人の決定を受けいれたり、国王に関するあらゆることを、それは卓越した権威なのだから仕方がないと言い、ルイ十五世の彫像の除幕式をじっくりと拝観したり、未来のルイ十六世の結婚を祝う花火の一部始終を見守っていたり、下手糞な詩を作って――しかし彼はその詩を描いてコップの下にはめ込んだ――国王や王妃そして王太子をたたえたりしているのを目にするのだ(18)。メネトラが世俗の秩序に服従するのは、懐疑的になりながらも法の力でよぎなくされているのであり、メネトラは内心では納得していないのだ。『わが人生の記』とその後に書かれた文章(19)で展開されている三人の道化師についての主題は〔本文一九四ページ〕、メタファーによって彼の独自の政治や、歴史の狡知が強いる服従によって消え去っている人間の自然的平等を信じているメネトラの信念を、説明するものだ。道化師は広場の文化における民衆の自由を象徴するものであり、秩序化された社会からは猥雑さと肉体の挑発的な輝きを具現化したものと見られ、真の感情を隠す仮面の男、腕力のある詩人であり、野卑でもあれば華やかでもある想像力を擬人化したものでもあるが、この道化師が人間をあやつる者となるのだ。まず三人の道化師の第一の者は死刑執行人であって、彼はグレーヴ広場でまたシャトレ監獄の地下室で〔本文二八四ページ〕、生活の敗者や真の罪人をとらえることになる運命の力による判決、常にそうしたものである裁判所の決定を執行するのである。第二の道化師は大聖堂の大司教であり、これは宗教権力の厳しさと、民衆をその言説と行為によって欺く巧みな手腕を象徴している。この場合、深い信仰から啓蒙哲学者に反対した、モラルと信念の人クリストフ・ド・ボーモン〔本文原注（159）を参照〕がその破廉恥な行動――これをメネトラは下世話の噂話にもとづいて信じてしまう――によって罪ありとされるのではないか、といったことが問題なのではない。最後にカルラン、定期市の大道芝居の舞台でこの第三番目の道化師は、どのようにしたら民衆を楽しませることができるのかを示す。メネトラにとってのこの三人の道化師は、悪魔的な幻想に本来そなわった挑発を、またアルルカン、悪党にして男根を誇示する者たちの王、また社会におけるパントマイムをよぎって滑っていく欺き欺かれる者に本来的に備わった挑発を、多分とりもどすのである。彼らは人間的な弱さによって権威や信念にまでなってしまうような、本当の讃美の念が入り混ざっている猜疑心という大切なものを体現していることは疑いない。最後に彼らは順応主義と個人の問題である独立への欲求を正当化する。つまり世評に左右されることと分別ある態度をとることを調和させるため、またもっぱら殴り合ってとるべき手順を早めるため、不穏な空気を広め、助けるに価する逃亡者のみを助けるために、貧しい人々の規範に従って警視をだましたり、とくに自分自身を正しいと認めたりするのである。このような束の間の機会以外では、嵐をやりすごし、「力に対して抵抗は無用」とくり返し言って、その時代に従って生きていかねばならないのである。

こうした原則に身を固め、自分の運命に心を配りながらメネトラは、平穏な街区のなかで、家族内部の変転はあったものの、「その日その日を楽しみ、日々が過ぎていく」のを見ていた。『わが人生の記』のなかでは、彼の人生のなかで当然の運命だったかのようにしてフランス革命が突発している。それは穏やかな空に轟く雷鳴といったところだ。この時からすべては変わる。つねに首尾一貫しているとはいえなかった彼の書き方は、さらに論理性も失なっていく。一人称の物語は家族的な視点から活動家の視点へ、さらに革命期についてはは全般的な脱線へと読者をいざなっていく。そしてこの脱線は最後には、むりやり敵対者にしてしまったような人物に向けられた攻撃という、明白な非論理性を改めて帯びることになる。メネトラはフランス革命を考察したわけではないのだ。彼流のやり方で革命を生きたのであって、ここでは彼が証言していることの核心を引き出すことができればそれに越したことはない思う(20)。

まずもって確かなことは、メネトラが愛国者だということだ。運動への彼の参加はすぐさまというわけではなかったが、きわめて迅速だったことは確かだ――「人々は武器を取った」と彼は書く〔本文三一二ページ〕――。ただ彼は諸事件に参加したことを直接的に言及することはない(21)。『わが人生の記』はすぐに善悪二元論となり、事態を単純化してとらえる。次のような用語――国民《ナシオン》、祖国、フランス人、平等、自由――などが使われるが、これは請願書で使ったり、運動に加担した新聞の用語なのだ。言説は一方の側にはフランス人の幸福のために働いている人々、民衆の父たち――つまり代議士や市民――を取り出し、他方の側にはそれらの敵対者、高等法院、司教、貴族を選び出す。「亡命貴族 emigrants (sic) は部分的にフランスを失った!」そして大臣たちは背任行為に及んでいると彼は書く。

「革命の最も銘記すべき波乱の日々」というリストのなかで、彼は自分の果たした役割のことをまったく述べていないのだが、革命の政治的展開について当を得た考えを書いている。一七八九年七月十四日は、「この日はわれわれを自由へと導き、偉大なる人民にふさわしい法をわれわれに与えた」。一七八九年八月六日〔民衆のヴェルサイユへの行進の日〕の国王一家のパリへの帰還は「主権者に対するフランス人の愛」が明確に表現されたもの。一七九二年八月十日〔民衆のテュイルリー宮殿攻撃、王権の停止〕は「もし宮廷が優位に立ち民衆が大量に殺されたり、永久にひどい隷属状態に再び陥るならば、フランス人民はもう一度自らの権利を行使せん」とする。共和一年ヴァンデミエール八日〔一七九二年九月二十二日の共和政を宣言した日〕は「共和政が宣言された。すべての善良な市民は豊かな生活と静けさを期待していた……(22)」。

この経過の記述は人の意表をつくようなものではない。メネトラは多くの小ブルジョワやパリ民衆全体と同じように国王に忠実な立場から共和主義の立場に、すぐさま移行したのである。彼の言うことを信用すれば、メネトラがこうした大転換に伍して闘ったのは、一七八九年七月に組織化された国民軍に加入したことによってなのだ。一七九二年八月十日に彼の姿はテュイルリー宮殿に入った闘争参加者のなかにあったが、そのとき彼は宮殿の襲撃へと彼が導いていった彼の属する国民軍大隊や、彼のセクションの仲間たちと行動していたのであった(23)。彼はしばしのあいだ中尉に選ばれ、ついで下士官――多分伍長であろう――に、国民軍がテルミドールの後に再組織されたときに選出されたと主張しており、そして最後に国民軍の規律委員会のメンバーに選ばれたという(24)。これはありえないことではないが、パリの国民軍関係の史料は失われてしまっているので確認することができない(25)。どうみても事実と思われることは、メネトラが能動的市民の条件である六リーヴルの人頭税を充分支払うことができ、国民軍の制服、装備を整える四ルイ、つまり八〇リーヴルを自費で負担できたということであろう。そのうえこのような機会は彼にとって、武器に対して彼が感じていた魅力と、暴力を好む気質を、自由への純粋な愛とうまく折合いをつけていける機会となった。国民軍はその成立の当初、貧しい人々をそこから排除したのであるが、民主的な制度として機能する(26)。こうして一七八九年から一七九五年まで、彼は国民軍の任務を確実に担い、パトロール隊を指揮したり、大隊にゆだねられた歩哨の任務――穀物中央市場やデュプレシ拘置所などの(27)――を組織化したりすることになる。彼はあらゆる危険な行動に加わっている。一七九二年九月二日〔反革命容疑の収監者を民衆が虐殺する〕、彼はデュペロン判事を虐殺から救うためにアベイ監獄におもむいている(28)。一七九三年五月三十一日〔ジロンド派が国民公会から追放される〕、彼は山岳派の国民公会を支持する(29)。テルミドール九日〔一七九四年七月二十七日、ロベスピエールの逮捕、テルミドールの反動〕、メネトラは中隊の指揮官であり、保安委員会の安全を確保し、パリ市会とロベスピエールに敵対する議会に彼のセクションが加担することに貢献する(30)。プレリアール一日――一七九五年五月二十日〔民衆蜂起発生、鎮圧される〕――に彼は蜂起したフォブールの民衆と対決する国民公会議員の保護にあたる部隊のなかにいる(31)。ジェルミナール〔一七九五年四月一日、民衆蜂起発生〕に彼は、デュプレシ拘置所に収監されていたサン＝キュロットの活動家が騒動を起こすのを恐れた諸委員会のために、その拘置所の警備にあたる(32)。最後に共和四年ヴァンデミエール十日――一七九五年十月五日〔王党派の反乱、ボナパルトにより鎮圧〕――に彼は、国民公会に敵対して前進するために動員されるが、これはいやいやながらそうしたのであって――「わたしは強制された」と彼は書いている――、その結果ヴォルテール河岸でヴェルディエール砲兵隊の大砲の散弾で攻撃を受ける。サン＝ロック教会のいっせい射撃の後に、ダニカン、ラクルテル、それに王党派にあやつられて蜂起した諸セクションが新たな攻撃を試みる(33)。このようなことがあったにしても何よりもメネトラは市民派の兵士であって、議会の合法性を擁護し、その議員の選挙の原則を支持していた。彼の眼からすると、共和国は「それが威厳を持っていれば、専制君主どもを震撼させ」、それで「民衆の偉大なることが鮮明になる(34)」その時にこそ、共和国は輝かしいものとなるのだ。

確実な第二の点は、メネトラがサン＝キュロットであり、セクションの活動家だったということだ。八月十日の後、モーコンセイユ、一七九三年に新たにボンコンセイユと名づけられたこのセクションの総会には当時、能動的市民と受動的市民がともに結集していたが、メネトラはこの総会に足しげく通っていたとはっきり言っている。彼は集会に参加し、いく度か重要なポストに着いている(35)。彼のセクションはおよそ一万三〇〇〇の住民を数え、一七〇〇人が能動的市民で四〇〇〇人以上が受動的市民であった。社会的には労働者と手工業者が人口の多数を占めていて、セクションはその権力をしばしば小商店主層と零細な手工業者層にゆだねたのだった。セクションの集会場――サン＝ジャック＝ド＝ロピタル教会の一室――には共和二年ヴァントーズ十日〔一七九三年二月二十八日〕にこのセクションの行動では最大の九〇〇人の出席者が集まっている。また警察委員の選挙には三〇〇人の出席があった(36)。共和二年と三年のあいだこのボンコンセイユは、歴史家のソブール、ジャンドロン、テネソンがその歴史と社会的環境を再構成してみせたパリの旧中心街の性格をもったセクションの一つであった。このボンコンセイユが集団としてたどった道程は、メネトラがたどった軌跡を理解するのに役立つ。このセクションは、その総会のとった変転する立場やそこで対立して闘うさまざまな党派の行動、またそれまでは名を隠してひそんでいたリーダーが姿を現してひき起こす騒動などによって揺れ動いていた。不幸にしてこのセクション総会の討議の記録簿は失われており、歴史家の利用する史料――議事録の写しや印刷された議会への請願書、警察の資料、諸委員会の書類――では、メネトラの発言を確かめていくことができない(37)。しかしこうした史料類は彼の証言していることに照明をあて、それを理解することに役立つ。この場合、三つの段階に明確に分けられる。一七九二年、そして一七九三年の春までは、メネトラのセクションはサン＝キュロット運動がもり上がったセクションの一つとなり、八月十日の組織化に参与し、国王の廃位を要求する。メネトラも議会への訴えに署名したと言明している。またセクションはジロンド派に反対する請願をやり、穏健派を排除し、遂に山岳派に権力を与えている。敵対者の粛清と反革命容疑者の武装解除は一七九三年六月に完了する(38)。次に一七九三年の夏からテルミドールまでの段階。この時期は恐怖政治をほどほどに支持するロベスピエール派が支配するセクションであり、一定の軋轢があって、最も過激なサン＝キュロットと、会議に出席することで代償を受け取る四〇ソルの男たち、それに誠実な市民とが激しく対立する。この誠実な市民は共和三年に請願運動をするが、これは恐怖政治を支持する一派が助長していた暴力的な対立を再び呼び起こすことになり、市民を二つの対立する集団に分裂させる(39)。しかしながらこのセクションは過激派《アンラジェ》を支持しなかった(40)。これは共和二年ヴァントーズ二十三日の士官選挙でメネトラの友人であり隣人でもあった、きわめつきの穏健派の中隊長レオナールを国民軍の指揮官から排除するというようなことがあったにしても、アンラジェを支持することはなかった、ということなのだ(41)。ボンコンセイユ・セクションの人々は、彼らの民主的な制度を擁護することに気を配りながら――民衆協会の山岳派による解体に抗議した(42)――、同時に山岳派にも忠誠――最高存在の祭典の組織化に讃辞を呈する(43)――であり続けた。革命政府に敵意を抱いた穏健派《モデランテイスト》が再び登場するのは、この最高存在の祭典のあったメシドール〔最高存在の祭典は一七九四年六月〕の転換点においてだった。この穏健派《モデランテイスト》はテルミドール九日にセクションを日和見主義にするほど強力になる(44)。国民公会とその諸委員会の分裂によって調子をくるわされてしまったボンコンセイユとその革命委員会やセクション総会は、反対派の復活によって今までとは逆の方向をとり、粛清や恐怖政治にうんざりしてしまって、ロベスピエールと蜂起するコミューンが倒されるのを傍観していたのであった。

山岳派が失脚した後、ボンコンセイユは反動派と王党派青年《ミュスカダン》、国民公会やジャコバンの穏健な支持者などがあい争うセクションの一つとなる(45)。そこで恐怖政治の支持者に対する処置、セクションの諸制度の粛清、札つきのロベスピエール支持者の武器解除などが、共和三年に進められた。連邦主義者《フェデリスト》、隠れていた王党派、ブリソ派〔ブリソはジロンド派の指導者（一七五四―九三）〕――「きっちりしまったキュロットをはいた馬鹿ども」とメネトラは言う――などあらゆる種類の人々が再び姿を現してきて、彼らと愛国者《パトリオット》のあいだで記憶に残るような激しい口論が起こり、若者の王党派青年《ミュスカダン》がそこで民衆の活動家に立ち向かっていった。しかしセクションは反動へと転落していくことはなく、ジェルミナールにもプレリアールの時と同じように、依然として議会に忠実であり続けたのだが、それでも次第に旧ジャコバン派は――わけてもメネトラの友人のバヤールがこれに属していた――セクションから追い出され、ときには逮捕されさえする。ヴァンデミエールではボンコンセイユの闘士たちは無気力になり、パリの西部や北西部のブルジョワの住む諸セクションに依拠していたジュネス・ドレ〔テルミドールのクーデタを支持した上流層の青年〕や王党派をおずおずと支持した。しかし彼ら闘士たちも武装解除され、メネトラもそうしたなかの一人であった。セクションの波乱に富んだ動きはここに幕を閉じる。

ここで重要になってくるのは、メネトラをもう少し正確にこうした脈絡全体のなかに位置づけ、彼の行動のなかにその政治的な考えのきざしのようなものを探してみることである。この場合、三つの困難が検討を複雑なものにする。その一つは、サン＝キュロットの運動が再び衰退する時期に書かれた話がどういう日付に属するものなのかはっきりしないことである。一七九四年――一七九五年の反動期に書き始められたもので、それが終わった後に自分を弁明するための「フランス革命について」という『雑文録』のなかの文章が書かれたのだろう。『わが人生の記』とそれに関連して書かれたテキストでは、脅迫的だったが実行されることはなかった糾弾に対して反論や弁明がなされている。メネトラはそこであまりむきだしにではないが、知らん顔をしている標的を攻撃しているのだ。第二に、彼の考えが恐怖政治への恐怖とでも言える、より深層にある感情によって、妥協的なものになっていることである。メネトラは共和二年の時期を極度の恐怖感を抱いて過ごしていて、これはカール・マルクスがあえて、パニックのなかで小便をもらすほどの恐怖で震え上がる彼ら、と書いたプチ・ブルジョワの類いということになる。ロベスピエールが失脚し、メネトラは反動派が仕返しをする可能性のある、自分のとったつい最近の立場を弁明しなければならなかった——多分、セクション総会で彼は攻撃を受け、おそらくひたすら自分自身のことを弁明したのだ——。第三の困難な問題は、前の二つの点から直接に出てくることだが、彼の言説のスタイルは、王党派《ミュスカダン》青年や革命への敵対者たちが使ったスタイルであること、彼はこのようにして標的を完全にわからなくしてしまっている。メネトラは同じ言葉を全く区別せずに、山岳派のことを語るためにも、活動家の熱気が日毎に低下していたセクションに対抗する権威を、棍棒の一撃によって確立しようとしていた当時のミュスカダンの一党を非難するためにも使っている。そこでは人食い《カンニバル》、血に飢えた人々、食人種《アントロポファージュ》、流血の革命裁判所、食人鬼、追放され裏切られ暗殺された高潔な代議士、というようなことしか問題になっていない。結局のところ、こうしたイメージは「見知らぬ新たな顔ぶれ(46)」が活動家を脅迫している時点では、反動を正当化することで公安委員会の支配する政府の敵対者に役立つものである。

このような言述のもとでは、彼の味わっている深い幻滅と、彼につきまとっていると思われる被害妄想とを見分けることは困難なのだが(47)、いくつかの彼の告白は、過去のジャコバン主義を隠そうと絶望的に試みているかのようにみえるのだ。彼が隠していることで最も重要なことをあげてみれば、国王の廃位を求める請願に署名したこと、一七九三年に穏健主義だというのが事実ではないと証明されたこと、彼が数か月にわたり民事の行政官になったことなどだが、しかし革命委員会のメンバーであった——この点は少なくとも彼にそのような要請があったと思われる——ことを彼は非常に激しく否定している。そして彼は一七九三年の選挙に際して市会に立候補したこともある。人は彼が「民衆協会への入会を受けつける市民の中核」だと見ており、これはまさに一七九三年九月九日以降にセクションの諸団体のメンバーの粛清を担当した活動家グループを意味しうるのだ。彼は、「セクションの当局者たちに弁明」させた者たちに属していたと言明している。ということは一七九四年春の粛清の実行者だということになる。この日付は諸委員会が「吸血鬼ども」、エベルティストや過激派《アンラジェ》を粛清してセクションの運動を掌握した日である。後になって人々は彼のことを、ジャコバンを支持するディジョン市の請願を支持したと言って非難することになる。彼は山岳派をかつて擁護したことがあったとしても、できることなら人々がそのことを忘れてしまうようにと、強く願っていたのである。「あの恐怖政治の時期には、わたしは努めて任務を拒否しないようにしていた……」と彼は言う。彼の公民精神《シヴィスム》は追従主義《スイヴィスム》にすぎなかったかのようである。過ぎた日々の彼の態度は誤ったものであり、陰謀の結果であるかのようだ。しかし誰がこのような隠蔽を非難できよう。

メネトラが告発している人々を見てみよう。文筆家のイジドール・ラングロワは一七九五年には二十五歳になっておらず、腹をすかせた学生であり、一七九三年には穏健派の支持者、その後すぐに逮捕されるが、テルミドールで救われる。彼は反革命の立場に立つジャーナリストで才能に最も恵まれた人物の一人となる。ヴァンデミエールの王党派反乱を煽動した者の一人でもある(48)。ヴァロワ、シャルル＝ジェロームはパヴェ街の扇屋、メネトラの隣人の一人でもある。旧志願兵で東ピレネー第三大隊の中尉であった。彼はテルミドールの前から保安委員会の密偵をしており、それゆえ公安委員会を支持したジャコバンの敵手である。ボンコンセイユでの反動派の中心人物の一人となる(49)。そして国有地管理局の職員であったナルダン。彼もまたメネトラの隣人、治安判事補佐をつとめる。共和三年にボンコンセイユのセクション総会をひっくり返した穏健派の騒擾の中心人物(50)。そして最後に、裏切り者のデュプレシは理髪屋でメネトラと同じ街路に住み、彼もまたヴァンデミエールの王党派反乱をうながした連中の一人ということ以外にはわからない(51)。結局メネトラの敵手は恐怖政治の敵対者、さらには穏健なジャコバンの敵対者である。ところが彼の友人はとなるとメネトラが非難している——これがどうしてなのか、はっきりしない——サン＝キュロットのポワリエを除くと、すべてが革命裁判所の犠牲者である——バルベ(52)、サン＝クリストー(53)、リゴレ・ドニ(54)など——か、または警察委員になるバヤール(55)のように、一七九二年九月に穏健派だった人々であるか、またはセクションの穏健派の当局に名を連ねた者——たとえばレオナール(56)、ボーシャン(57)、治安判事のデュメージュ、もと執達吏で国民軍の中隊長となるドレノンクール(58)、プチ＝リオン街に住み、監視委員会のメンバーで保安委員会の命令によりテルミドール七日に逮捕されたマリエ——であり、そして最後に不運なジャンテル(59)がいる。彼はメネトラに先んじて市会に当選し、ロベスピエールとその一党に次いで処刑される。このように一覧してみると、そこには二つの特徴があることに気づかされる。つまりメネトラの友人はすべて多かれ少なかれ、穏健な立場からジャコバンの行動に引き込まれた者たちであること、またそのすべては、彼の敵手たちもそうなのだが、彼の自宅から一〇〇メートル以内のところに住んでいるのだ。メネトラの政治はローカルの場で、本質的な点についての対立に決着をつけることであったのだ。

ジャコバンであったことは(60)、その社会的出自からいっても、フランス革命より以前でのあらゆる束縛からの自由を求める理念からいっても、疑いをいれないところであり、メネトラは二つのことを拒絶しているのである。すなわち「変節すること」——彼は完全に裏切られたという点でヴァロワとラングロワを許さない——、そして個人的な人と人の関係の調和と率直さを政治のなかで破壊するような暴力を許せないのだ。彼が恐怖政治について、怖れと密告という状況のもとに置かれた物語を語っているとすれば、それはサン＝キュロットの内部の人と人の関係が崩壊したことを、そしてその実態を証言しているものであり、またすべての者にとってギロチンの影がいかに重苦しいものだったかを告白しているのだ。彼の言説はフランス革命がヨーロッパに感動を与え、「自由の敵」に勝利した胸おどるような瞬間への愛惜の念を語っているのだ。これは、プレリアールの大恐怖政治の時期、過激な行動に失望し、代議制の継続——議会の継続——の価値にできる限り身を寄せ、反動が「誠実な人を祖国から追放する」、つまり真の愛国者を追放せんとしていた日々についての記憶から逃れようと試みている真の共和主義者の姿なのだ。彼の政治意識は、一時期には民衆の要求を表現していた極左翼から彼を遠ざけ、また党派争いを受容して衣服を脱ぐようにしてその属する陣営をどんどん変えていったブルジョワからも彼を遠ざけたのである。彼は、「わたしは間近に革命を見た。しかしそれは感受性の鋭い者には恐ろしい教訓であった(61)」と書くような、気取りのない人物なのだ。年をとるとともに彼は軍人の愛国心を擁護したときと同じように、共和派の将軍としてボナパルト(62)に拍手を送る。彼の息子は前線で戦っていた。そこにこそ真の問題があり、そこにこそ真の誠実な人間を党派に属する人間から区別するものがあったのだ(63)。テルミドール九日が恐怖政治に終止符をうったとき、メネトラは喜んだ。しかし彼が闘争と退廃の進展に気づいたとき、自分ひとりで密かに考えていたことを書いたもののなかに、ブルジョワ的でもプロレタリア的でもまったくない一つの階級の幻滅を、投影させたのである。

フランス革命の民主主義的位相の深い意味を理解するために、今日でも歴史家や公衆の関心を集めるさまざまな論争のなかに、メネトラは、恐怖政治の政治目標が理解できず、犠牲的行為に及ぶことができるかどうかについて確信がなく、希望を失った活動家の声を響かせているのだ。テルミドールの真の立役者は彼らなのだ。しかし同時にメネトラは心理的外傷もあらわに見せており、事態に便乗することなく、平等、自由、愛国主義の原則に立っていた人間の誠実さを証明してくれているのだ。多分これは、こうした種類の夢見がちな人々とともに諸革命は遂行されるということなのだ。

原注

(1) アンシアン・レジームの社会の解釈に関する議論については次を参照のこと。R. MOUSNIER. *Les Institutions de la France d'ancien régime*, 2 t., Paris 1974–1979. また J.-C. PERROT:《Rapports sociaux et villes au XVIIIe siècle》, in D. Roche (éd.), *Ordres et classes*, Paris, 1973, pp. 141–166.

(2) D. ROCHE. op. cit., :《Le Peuple et les polices》; A. FARGE. *op. cit.*, :《Vivre dans la rue》, pp. 193–245; S. KAPLAN. art. cit., pp.17–18 et 74–76; Marie E. Bénabou の博士論文の完成が期待される。〔このテーズは下記の研究書としてその後出版された。Erica-Marie Bénabou. *La Prostitution et la police des mœurs au XVIIIe siècle*, Paris, 1987.〕

（3） J. KAPLOW. *op. cit.*, pp. 59–75.

（4） J. PEUCHET. *Mémoires tirés des archives de la police*, Paris, 3vol., 1883;t. 1, pp. 204–210.〔この注は本文のなかに注の数字が記入されていないが、注（3）に続く文章に付けられるべきものであろう〕。

（5） F. FURET.《Pour une définition des classes inférieurs à l'époque moderne》*Annales*, E.S.C. 1963, pp. 459–474.

（6） 一リーヴルは一フランに、また二〇ソルに相当することを銘記しておこう。

（7） D. ROCHE. *op. cit.*, ch. 3:《Fortune et infortune populaire》.

（8） AN, Min. Cent.,〔公証人文書保管所〕、XIX, 28 juin 1765.

（9） F. FURET et A. DAUMARD. *op. cit.*, pp. 57-93.

（10） AD Paris, Faillite Marceau, doc. cit.

（11） D. ROCHE. *op. cit.*, ch. 3, 労働者の生活水準と比較すること。J. KAPLOW. *op. cit.*, pp. 120–140.

（12） J.-C. PERROT. art. cit.., pp.143–150; D. ROCHE. *op. cit.*,:《Connaitre le peuple》.

（13） ここまでのことについて民事訴訟手続の書類にはいかなる痕跡も見い出しえない。

（14） II F° 7, 13.

（15） J. CHAIGNEAU. art. cit., pp.344–345.

（16） II F° 39.

（17） II F° 117（Réponse au Journal des dames).

（18） II F° 47:「王太子についてわが願いはかなえられた、友ありて、来たれり、収穫のよき季節に、このブルボンの光輝く血統に栄えあれ、酒を飲もう、歌え、そして全フランスの名誉と喜びをくり返し歌おう。彼はわれらを導き平和とともに来たる、われらが欲求と願いはかなえられよう」。（透明のグラスの下に書かれた詩……一七八一年の王太子誕生を祝って）。

（19） II F° 123.

（20） フランス革命については、M. VOVELLE, M. BOULOISEAU, D. VORONOF. *Nouvelles histoires de la France contemporaine*, t. 1–2–3, Paris, 1972.

（21） II F° 69, 72–73, 102–103.

（22） II F° 102.

（23） フランス革命期の国民軍の歴史は書かれていない。cf. L. GIRARD. *La Garde nationale au XIXe siècle*, Paris, 1964, pp.3–4, pp.7–9. ま

た参照しうる文献に、C.Comte. *Histoire de la garde nationale*, Paris, 1830. があるが、これはまったく不充分なもの。証言としてはCADET-GASSICOURT. *Les Quatre âges de la Garde nationale*, 1818; G. ACLOCQUE. *André Arnoult Aclocque, commandant-général de la Garde nationale, 1748–1802*, Paris, 1947.

（24）II F° 86–87.

（25）G. ACLOCQUE. *op. cit.*, pp.63–65, pp. 153–163（メネトラのセクションは八月十日にカルーセル中央広場のセクションとともに整列させられていた。彼は戦いの最初の段階でセクションの人々が退却したこと、しかし増援部隊が到着しスイス衛兵が敗北した後の第三段階で、宮殿の略奪があったことについては言及していない）。

（26）E. MELLIÉ. *Les Sections de Paris pendant la Révolution française*, Paris, 1898, pp.245–275.（基本文献）

（27）II F° 82.

（28）II F° 102; AN, F^7 4589（2）サンソン・デュペロン判事の言明にはメネトラのことは述べられていないが、バヤールとともにやって来て、デュペロンのことを呼び求め、こうして彼を虐殺から救った「市民の一人」とあるのは、メネトラのことであろう。

（29）II F° 102.

（30）II F° 76–78 et 94–96 et A. SOBOUL. *Les Sans-culottes parisiens en l'an II*, Paris, 1958, pp. 998–1012.

（31）II F° 82.

（32）II F° 91, cf. KD TÖNNESSON. *La Défaite des Sans-culottes, mouvement populaire et réaction bourgeoise en l'an III*, Paris-Oslo, 1959, pp. 365–370; F. GENDRON. *La jeunesse dorée*, Paris, 1891, p. 63, pp. 129–199.

（33）II F° 91, 98–101, 102; F. GENDRON. *op. cit.*, pp.299–320; H. ZIVY. *Le Treize vendémiaire an IV*, Paris, 1898, pp. 90–95.

（34）II F° 73.

（35）セクション総会議長、おそらく一七九三年に、（メネトラは八〇〇〇人の請願――パリの市壁のもとに連盟兵が陣営を張るのに反対したもの――に署名したこと、また二万人の請願――ジロンド党が劣勢となった一七九二年六月二十日の事件に反対したもの――に署名したことが無実であると証明された）。保安委員会派遣委員（彼は民事委員の役目と混同している。というのもそれが書かれている二行前で、彼はセクションの革命委員会内の監視委員の任務を拒否したと言明しているのだから）、治安判事補佐（これは一七九四―一七九五―一七九六年度の国民年鑑で確認できる）、救貧委員（救済物資を配分する委員会のメンバー）、そして多分、アシニャ及び食糧問題のためにセクションからパリの市会に派遣された代表であった。A. SOBOUL. *op. cit.*, pp. 581–650; E. MELLIÉ. *op. cit.*, pp. 158–166, 178–222, 273–275; pp. 234–245. 救貧委員会の書類には証拠になるものはない。AD

Paris S-D 687.
（36）A. SOBOUL. pp. 588－590（セクション総会への参加）.
（37）E. MELLIÉ. *op. cit.*, 308－315; A. SOBOUL. *Les Papiers des sections de Paris*, Paris, 1950; KD TÖNNESON. op. cit., pp. 390－400; F. GENDRON. *op. cit.*, pp. 333－340.
（38）E. MELLIÉ. *op. cit.*, pp. 114－116; A. SOBOUL. pp. 245–247, p.43, pp. 100, 200, 206.
（39）A. SOBOUL. *op. cit.*, p. 22, pp.24－25, p. 41, p. 43, p. 48（一七九三年六月二十日の投票, cf. Bibliotheque V. COUSIN, MS II91）; pp.68, 78, 192, 196（非キリスト教化）, pp. 308, 376, 410, 430; BN, Lb 40 1733（20 germinal an III）.
（40）A. SOBOUL. *op. cit.*, pp. 555, 565（AN, F 74603）, pp. 572－574, pp. 593, 675, pp. 706－707（affaire Lullier－AN, F^7 4774^{27}）, pp. 773, 783, 871.
（41）A. SOBOUL. pp. 702－703.
（42）A. SOBOUL. *op. cit.*, p. 911.
（43）*Ibid, op. cit.*, p. 926.
（44）*Ibid, op. cit.*, p. 965, pp. 998－1022.
（45）K. D. TÖNNESON. *op. cit.*, pp. 39, 69, 72, 92, 98－99, 179－182, 191–192, pp. 208, 227, 250, 267, 318, 339; F. GENDRON. *op. cit.*, pp. 14－15, 42, 52, 65, 81, 127, 135, 181–185, 201, 245, 255, 299.
（46）IIF° 88－90.
（47）IIF° 79:《もっとも愚かにして排他的な人間がおこなった悪罵に対するわたしの返答》, Fo 83:《密告へのわたしの返答、誠実な人間は中傷などせず、善きことをなす。わたしの敵は共和国の敵であった。》
（48）AN, F^7 4787（4）F 25 ; 4774^{61}, 4279 d^{21}.
（49）AN, F^7 4787（4）, 4589^2, 4775^{32}, 4775^{38}.
（50）AN, F^7 4787（4）, DIII 253 254, BN, 8° Lb^{40} 1728 et 1743. II F° 89.
（51）AN, F^7 4787（4）; Duplessis または Duplessy は理髪屋、多分 II F°89－91 より前に言及されている身持ちの悪い職人のことでもあろう。
（52）AN, F^7 4785, W 369.
（53）AN, F^7 W362（785）.

（54） AN, F^{7} 4774^{93}.
（55） AN, F^{7} 4787（4）, F^{7} 4585, 4589^{2}, 4775^{32}, 4663.
（56） AN, F^{7} 4787（4）, D III 253–254.
（57） AN, F^{7}, 4787（4）, W 369, D III 253–254.〔この注は本文に番号が表記されていないが、ボーシャンについてのものであろう〕
（58） AN, F^{7} 4787（4）, BN LC^{31} 381.
（59） AN, F^{7} 4787（4）, A.P.P. Nov 1792. Septembre 1790. Juillet 1790. BN 8° LC^{31} 381.
（60） II F° 77,《わたしはこの協会に属していた誠実な市民を非難しようとは思わない。大革命の輝かしい日々、彼らはフランスを救ったのだから……》
（61） II F° 69.
（62） II F° 78, 103, 125, 127–129.
（63） II F° 93.

VI　宗教と個性

フランス革命の時期にメネトラは、長いあいだ続けてきた聖職者たちとのやり取りに、つまり「うそで固められ無知によって支えられ、狂信と迷信によって助長された奇怪な夢物語のすべてをもって、第二の権力を築いていたこれらの不道徳な者ども……」と呼んだ聖職者たちとのやり取りに、けりをつける。聖職者の野心、その偽善やさもしい根性などは、革命の危機や共和国にふりかかる諸困難を説明する手立てとなる。だからこうしたメネトラの言説を、共和二年にパリとフランスを揺るがした非キリスト教化の波（1）によって根拠づけるのも、たやすいことになるだろう。メネトラはそうしようと思えば反宗教闘争の闘士にもなるだろうし、そうすれば彼の『わが人生の記』は、歴史についての集合的でもあり個人的でもある回顧的な解釈、革命の結果として生じた変化に照らしてメネトラが書き改めた、歴史についての解釈を提示するものになるかもしれない。だがそうだとすれば、この『わが人生の記』のフランス革命について書いた部分が――革命運動の原因を明らかにするために不可欠の、ちょっとした導入部分を別にすればだが――、ボンコンセイユ・セクションの反宗教的な立場の表明や、サン＝キュロットの神を冒瀆する行為、また教会からの人心の離反や、それを煽り立てる祭典の実施などについて（2）、全く問題にしていないことは、大変意外なことに思えてくる。

これとは反対に、メネトラにとっては『わが人生の記』を補う性格の『雑文録』が、「自然宗教」（3）や、「敬神博愛教について」（4）、また聖職者の勢力回復とボナパルトの宗教政策などについて省察する場となっている。そこではボナパルトについて、「おおボナパルトよ御身はフランス人を子どもにすぎないと見なす。／御身は彼らの信仰や感情を見抜いたのだ。／フランス人は奇怪な夢物語やキリエル quirielles（これはキリエ Kyrie［ミサの冒頭で唱えられる求憐誦］を指す）に夢中になっていて／何はともあれ礼拝堂に好んでおもむくのだ(5)」と述べられている。

メネトラのうちに見なければならないのは、カトリシスムや公認の宗教に次第に無関心になっていった人間ということであって、サン＝キュロットのなかの反宗教的分子として、彼が登場するということではまったくないのだ。彼は山岳派の国民公会や総裁政府の時期に、自分が生涯にわたって深い関心をよせていた問題が、わかりきった調子でくり返されるのを目にし、ローマ教皇に従うカトリックの聖職者が一八〇〇年頃に返り咲くなかで、新たな幻滅の種に出くわすことになるのだ。『わが人生の記』は民衆階層に属する人間でも、支配的な宗教から身を引き離して、自分なりのやり方で人間の将来についての考えをめぐらすことが可能だということを、証言しているのである。気がよく潑剌とした色好みの男、うまいものには目のない男、そして自分なりに肉体の崇拝に心を傾けるような男のなかに存在する、持続的な宗教感情を検討することは矛盾をはらむことではない。というのもこうした検討は、物質的また社会的な条件によって不可避となった一種の無気力状態に追い込まれた労働者の集団が、ゆっくりとではあるが教会から離れていくと同時に、多くの矛盾を内包させながらも、われわれのものとはまた異なった合理性をそなえた自由な思想、つまりはもうひとつの宗教文化を作り上げることができたのはどうしてなのか、ということを理解させてくれるからなのだ。メネトラの語り口に難解なところがあるのは、彼がその出所をまったく明らかにしていない原典をもとにして、その言説を作り上げていることによる。メネトラが『わが人生の記』で予期せずにおこなった言明や、また『雑文録』のなかの「最高存在について(6)」や「ルソーについて(7)」などの文章、またとくに「真実の探求(8)」（一七六六—一七七六）という論考にあてられた二〇ページほどの文章のなかで、もっと熟慮したうえで展開している言説などは、彼よりもっと学問的でもっと古くからある批判のモティーフやテーマをたっぷりと取り入れている。だがカルロ・ギンズブルグ(9)が十六世紀のフリウリ地方の粉ひきのメノッキオについておこなったような、社会の上層から下層への情報の伝播、そしてその影響関係やテキスト間にうがたれた差異、またそれらを口承の伝統によって活用することと、前工業化の時期の都市に住む多少の知識をもった人々が、独学によって書いた文章とのあいだの差異といったことを、検討することはこの場合にはできない。それがどのような社会階級によってなされたものであれ、どのような文化的行為も完全に他からの影響を受けず自律的であることなど決してないのであって、少なくとも活力のある思想は、すべての人々の宗教的行為というありふれた土壌の上に作られるものだということを、『わが人生の記』は理解させてくれる。メネトラはさまざまな異端の学説によって織りなされる状況を充分に考慮したうえで、そこから非寛容や狂信に対抗する武器を引き出し、最後には自分に固有の宗教上また道徳上の原則を打ち立てようと試みている。

メネトラの『わが人生の記』をまず一度読んでみると、そこには民衆の盲目的な信心や先入観と、教会の祭儀や秘儀の意味とを同一視してしまうことに基いた民衆的な反教権主義が生まれていることに気づかされる。それは熟慮のうえでの自発的な選択であり、「素朴な一般信者は自分が信じているのがどんなものかがわかっていない信徒であり、教会の信者の世界に生きていて、別の世界に生きるべくそれを捨てることのできない人々なのだ……(10)」という現実の状況を改めて問題にしていることを鮮明に示している選択なのだ。しかしながらメネトラの態度は、教理問答や聖職者の存在などどうでもよい民衆宗教に特有の行為(11)と一脈通じ合うところのある、ヒエラルキーへの服従の拒否ということよりも、もっと先に進み出ていくものだ。それは原理や制度に異議を唱えるものだが、信仰への欲求を保持しているのである。

メネトラの物語においては、宗教の日常的な影響力を証明し、そうした宗教的な振舞いから手を切ることの難しさを示す表現には事欠かない。それを彼はある面では思わずそうしているのだ。というのも彼は、自分が生まれながらにして偏見から自由で、理性的で反教権的な人間であるということを、人に信じ込ませようという強固な意志をもっており、それが自伝を書く彼の原動力になっているのだから。それはあたかも、個性豊かな人間を神聖なものとする考え方は、基本的には宗教の非神聖化を経たうえで生まれるとでも言いたげなものであり、宗教以外の分野での彼の考え方にはなかったような深い断絶を必要としていたかにみえる。彼は少年期をサン＝ジェルマン教会の内庭回廊の暗がりのなかで過ごした。少年聖歌隊に属し教会の祭儀につねに出席し規則的にミサに出て、伝道師の説教を注意深くまた辛抱強く聴いていた。少年期にこのようにしてカトリックの教えに浸りきっていたことは、次のような多くのことを説明してくれる。つまり彼が身につけた文化は、ごく自然に聖書のなかの文言を参考することができるていのものだったということ、たとえばオーシュの町の大聖堂のステンドグラスの絵の意味を説明したり〔本文九九ページ〕、性交中のカップルに皮肉をこめて《産めよ、殖やせよ》〔創世記一の六〕という聖書中の言葉を投げかけたり〔本文二一一〜二一三ページ〕、ボルドーで地震に際会したとき発生した恐慌状態の後、最後の審判の恐怖のイメージが彼の頭に去来したことなどがそれである〔本文九二ページ〕。しかし多分それ以上に、パリの坊主どもの傍らにいて早くから理屈を並べ立てて議論する方法をかなり身につけたということがあるだろう。二十七歳になって結婚の直前に告解をするためにメネトラは、少年時代に教えを受けた聖堂付き司祭に会いに行ったのだが、昔と同じような論議をしてお叱りを受ける〔本文二五二ページ〕。子どものときに教会に出入りしやすかったことは、彼にとっては、周囲の環境のなせるわざだった。その頃カトリック改革は頂点に達しており、五〇の小教区に参事会教会と修道院、数えきれないほどの礼拝堂によって織りなされた網の目が広がり——一七八九年には少なくとも一〇〇ほど礼拝の場が存在した——首都を聖なる空間に仕立て上げ、パリ市民を祭礼や宗教的行為によって励ましていた(12)。これは疑いないことだが、聖なるものが山積みになっているということは、逸脱行為に出るにも順応的態度をとるのにも、等しく好都合な条件なのだ。というのも集団的な信仰心は、「集団と口伝えによって順応していく(13)」という特別の態度が家族や階級が共生するなかで伝達されることを通じて、またそれと同程度にきわめて制度化され監視された振舞いが実現されるなかで、育てられるからだ。子どもの頃のメネトラは、固く信仰を守った人たちについての伝説を、祖母やおばたちからたっぷり聞かされたのだ。彼はサン＝メダールでの奇跡〔本文原注（6）を参照〕の振舞いのすべてを知ることになり、「驚くべき奇跡」が理性的には不可能だと早くも書き留めており、フォブール・サン＝タントワーヌでの聖母像にかかわる出来事も詳細に語っている〔本文五五ページ〕。パリの聖職者や開明的な改革派の警戒心や、民衆宗教が組織を形成する局面に加えられる抑圧などは、宗教への集団的な無関心がもたらされる原因となっていることは疑いなく⒁、そこに根をおろしているのがメネトラの反教権的なカトリック否定の主張なのだ。サン＝ジェルマン＝ロクセロワは反ジャンセニスム色の強い小教区であり、その教会の司祭のラブリュ（一六八七―一七四七）やローネイなどは、正統派のカトリックの司牧神学に気を遣っており、効果的で厳格な態度をとっている。そのことは『愛徳修道女会の諸規則について』（一七三七）や、一七四五年から一七四七年の『サン＝ジェルマン＝ロクセロワ教会に固有の典礼』といった著述が証言しているところだ⒂。メネトラが宗教についての修業を積むのは、宗教の対立や禁圧が混乱や審問の原因になりえたような信仰の最前線においてなのであり、オ・ズルス街の聖母像〔本文原注（8）を参照〕に供えられたろうそくの香りのなか、たどたどしく歌われる賛歌の調べ、またはそのかん高い音、神学上の論争や説教師の脅迫するような説法の声などの騒がしい音響のなかでだったと言えば言えるのである。そうしたことは何ひとつ失われることはなく、忘れ去られることもなかったのだ。職人から親方《ブルジョワ》になっていくなかで、メネトラは生涯にわたりこの刻印を保持しつづけるであろう。

主な兆候から見て最終的には感化されたことはわかるのだが、その行動にはまだ確信はなく迷っているところがある。成人に達した彼は、十五歳から十六歳の頃に受けた最初の聖体拝領のことを回想している。この職人は機会があればミサに出席し、テ・デウムを聴き、祝別されたパンを捧げる。シャトレの監獄では、ひざまずいてそこの礼拝堂でミサを受ける〔本文一七八ページ〕。信仰を表す身振りの二つや三つは身につけていて忠実な態度を示す。彼が放浪生活の途上でつくった子には急いで洗礼を受けさせている。片隅に投げやられて通夜もお祈りもなしに放置されたある死者に対するひどい仕打ちに、彼は衝撃を受ける。自分の友人が死んだときには、ちゃんと教会の墓地に埋葬させている。啓蒙期のパリにおいて信仰にかかわる実践が気がつかないうちに変化したと推定されているにもかかわらず、こうしたことは死者に対して誰もがとった態度なのだ。実際に宗教上の禁止事項があっても、性的な振舞いは自由になってきていた。パリ市民の遺言書——そこでは死後にミサを上げてもらおうとする要望が記されることが少なくなってきており、肉体がどのようになるのかということへの無関心も明確になってきているし、そこに書かれている言説そのものが貧弱になっている(16)——には、忠実な信仰心の衰退が表現されている。信仰心にあふれた習慣を尊重する態度は維持されているが、それは因習と聖職者の活動により保たれているのだ。メネトラの親族は全員そろって、司祭になったいとこがとりおこなった最初のミサに出るためにノートル＝ダムにおもむいた。「わたしのすべての親族はいとこが司式するのを、うやうやしく見守っていた」と彼は書いている。メネトラが反教権的になったのは親族や職業がかかわっていたというよりは、彼固有の性格のためなのだ。しかしそれはまた、パリの啓蒙主義の時代の宗教的雰囲気のなかで、宗教に加担することを、あるいはそれを拒否することを、はっきり助長するような、あらゆる可能性が渦巻いていたということなのだ。

彼の知的な力量は、彼が受け継いだものや個人の観察をもとにして、ただ一人で考えていけるほどに充分なものではなかった。ジャンセニスムとそれがかき立てた論争はジャンセニスムの個性的特徴のある側面に、その論争に対する責任の一端があることは確かである。この場合の特徴とは、個人主義への選好性、個人間の平等への感覚、つまりは単なる原理上の問題ではなく経験的知識にかかわるデモクラシーということであり、そこには世界を構想する方法、司牧神学や信仰のなかで感覚が鋭くなりうるような方法が内在しているのである(17)。貧困な人々にとって恩寵とか理性とかは意味のない概念だと言うのは、文字を書く民衆の知的力量に無理解なことを証明するものだ(18)。ジャック＝ルイ・メネトラが断絶と呼んだものは、こうしたこととは反対に、問いかけることについての偉大な能力をもっていることを証明するものであり、それは大きく言って異なる三つの次元にわたって発揮されている。

まず第一に、それを乗り越えることができずに非難が加えられることになる、一つの文化的障壁が認識される。それはラテン語という障壁だ——「この坊主の言によると、この死語を知らなければ、あまり値打ちのない人間であるかのようだ」とメネトラは言う――、そしてまた当時の神学の壁があり、この壁は説得を試みるよりはいち早く言葉の権威の背後に立てこもって身を守る――「わたしは聖職者たちにときどき質問したのだが、彼らはそっけなく答えるだけか、それは神秘なのだと言ってわたしの口を封ずるか黙らせてしまうかなのだった」と彼は書く。メネトラにとってそれは神の呼びかけがうやむやにされることなのだ。次に第二には、偽善あるいは教会の欺瞞的行為についての主題が浮かびあがる。そこにはいくつものモティーフが集められる。たとえば聖職者のさもしい根性とか守銭奴ぶり、また周囲の状況を利用して人をだますことに長けているといったことである。こうしたことのすべては、継母の葬儀に際しての逸話のなかに現れる。人はそこに頭ごなしに反教権主義的な解釈がくだされている好例を見い出すことができるであろう。それは小教区での些細なことを都合よいように解釈するものである。つまり灯明のろうそくの使い残りの切れ端を節約して再利用し、信徒からは正規の料金を徴収するという事実にかかわってのことである〔本文六一ページ〕。しかし事態はもっと進展して、若いメネトラと父親は教会財産管理委員会において、信徒の負担する葬儀費用と謝礼金の問題で、ル・ブリ司祭と対立し、紛れもない紛争の当事者となる(19)。パリ大司教のヴァンティミル猊下と高等法院がこの紛争に介入するまでになり、これについては高等法院の検事総長に提出された報告書が明らかにしているところだ。それは「サン＝ジェルマン＝ロクセロワにおける費用の不当徴収とそこで侵された誤謬について」というものである(20)。この文書には葬儀をおこなう際の不平等について、誰であれ反省をうながす材料が出ているのだ。葬儀によって費用に格差のあることが、祭壇飾りやその他の飾り付けについて一五〇リーヴルから五リーヴルまで、埋葬の費用は柩代金込みで二五〇リーヴルから三〇リーヴル、それには墓掘り人夫の費用は含まれず、鐘つき代や灯明代は二〇リーヴルから三五ソルまでという具合だ。小教区の聖職者の悪弊は家族には耐え難いものなのだ。司教の出した規則では禁止されている料金を支払わされたり、無料のはずの説教や完全な奉仕にも料金を課している。それは死者へのお勤めの一環というわけである。門衛や教会の用務員への心づけは大目にみられている。一〇人の聖歌隊員による伴奏つきの聖歌は規定に定められ、鐘を半分だけ打つようなことは拒否され、使い古しの蠟を利用してろうそくの数をごまかして消費する点は批判されており、最後に慈善による葬列で聖歌を歌ってくれとの要望が出ても返答は避けられている。そこでの信徒たちの抗議は、メネトラの指摘していることを確証するに充分なものであり、また利益になる豪華な祭式をめぐって、伝統的で旧習を守ろうとする司祭と、簡素な祭式とその平等なあり方を気にかけている、多分いくらかジャンセニスムの影響を受けたと思われる小教区の数人の人々とのあいだに対立が起こっているこの小教区の空気を、暗示するに足ることが書かれている。

断絶が現実のものとなる最後の次元がもう一つあるのだが、それは司祭たちが色恋沙汰や家族の問題に、むやみに干渉してくることに関連するものだ。相応の年齢になるとともにメネトラは、家族のプライヴァシーに向けられる聖職者の視線を拒むようになり、彼らが自分の行動についてあらかじめ指示したりすることを受け入れなくなる。そのことはすでに、ニームの未亡人を精神的に指導する聖職者の存在に耐えられなかったという事実のなかに表現されている。教区司祭の巧妙さ、人にうまく取り入る性格、彼が未亡人の家につねに出入りするやり方、こうしたことは新たに改宗したもとプロテスタントの女性がつねにその道を誤らないようにするための配慮から出たものなのだが、この司祭が一人の人間の良心にかかわることについて、あらかじめその将来を見透かすような叱責や攻撃をするのを見て、職人メネトラはそうしたことから断絶して旅立つことを決意したのである〔本文一四七ページ以下〕。これによって人は二つのことを確認できる。まずメネトラは、もうまったく信仰の実践をしていないということ——「わたしはまったく教会に足を運んでいなかった」と彼は記す——であり、そしてまた彼は、教会とは別個の個人として宗教を支持するという態度——「それでもわたしはあなたよりは良きキリスト教徒だ」と彼は言う——を表明している。その態度は、彼が民衆のなかに見い出したさまざまな偏見とは大いに異なる宗教的態度なのだ。こうして彼はそれなりに、人間の将来を宗教に対する個人の自由の行方と結びつけることで、自己や意識の問題を最も重要な基本概念と考える同時代の人々と、彼の考え方が一致するようになっていく(21)。

ここで彼の歩む道はその友人たちのそれから遠ざかり、彼を学者や文人たち、つまり啓蒙思想家の世界に近づける。彼は理性を引き合いに出して、良きヴォルテール主義者または開明的な司祭のごとく——たとえばJ・B・ティエール〔フランスの神学者、司祭（一六三六—一七〇三）。カトリックや世俗の習俗の考察を通じて、宗教を表象するさまざまな現象を解明する〕のように——、民衆の偏見や迷信を暴き出す。彼にとってこれは、生活のなかでいつもつき合っている同輩たちの文化的な遅れに対して、自分なりの思想や行動の自由を示す機会になっている。奇妙なことにこの次元では、彼は正統的な教会に接近していて、パリ生まれのメネトラと同様に自分の小教区の住民はときとして愚かだと考えていると言ってよいヴァンドームの善良な司祭が、彼の意見に同意するようなことが起こるのだ。われわれにとって注目に値するのは、民衆の信じやすさをあからさまに示している、いくつかの面白い逸話である。それをあげてみるならば、病気を治療するために子どもの生き血の風呂にはいる王妃がいると信じたり、占い師の予言や魔術師の祈禱、悪魔の出現を信じたり、仕事のなかで彼が魔法を使ったとされ、悪魔との契約があると疑われたりする〔本文七一ページ〕。また黒猫による白魔術のちょっとしたいたずら〔本文二〇二ページ〕、真夜の森に出た幽霊の話〔本文一七〇〜一七一ページ〕や、ノストラダムスの墓石の割れ目に小刀を突き刺した人は急死するという脅迫めいた話〔本文一二七ページ〕、聖なる丘に住みあれこれと幻想をふりまく地獄の美女、その「媚態、気取り、数々の約束」といったことである。こうしたすべてのことに対するにメネトラは良識をもってし、また女性や子どもの疑うことをしない素朴な精神に優越している男性的な精神を対置する。つまりはパリ風の教養ある精神の洞察力を対置するのである。そんなわけで、民衆の迷信は未開人の習俗が形をとって現れてきたもの、アダムとイヴの愚かしさと素朴さから生み出されてくるものにすぎないということだ。歴史的にみるとメネトラは頑固な進歩主義者で、人間というものは年を経るごとに向上すると考えている。同様にパリの教理問答書によって啓発された生徒として彼は、超自然的なものの驚異や、われらが祖先の宗教のなかには今では残念なことに失われている、原初の素朴さが存在することをわきまえていた。彼はやすやすと司祭たちや「野心家たちの」手口を察知する。彼らは人々の信じやすさをいいことにして、それを利用して欺瞞に満ちた彼らの原理を作り上げるような「うそにまみれた連中」なのだ。聖職者たちは民衆をあざむいている、「彼らの言葉の神性」を信じ込ませるために、「一群の不合理な作り話」を利用しているのだと彼は言う(22)。メネトラはその考察のなかに、反宗教的な哲学思想の通俗的な解説者が概括的に書いたもの——これは草稿の形で十七世紀以降、博学な自由思想家たちの蔵書のなかで流通していた——のなかにあるモティーフを、ふんだんに盛り込んでいるのだ。こうした反宗教的誹謗文書のあるもののなかには、『宗教についての自由な思想』とか『思考する自由についての新思想』また『奇跡についての話』や『宗教についての批判的検討』などの数々の寄せ集めは別としても、『メリエ司祭の教理問答』を耳にし、またボワの司祭ピエール・キュペの『キリスト教の新体系』を目にしたと思われる(23)。すべてこうしたことは、草稿や印刷また口伝えでのものが、民衆や小ブルジョワの周辺で流通していたことを暗示するにたるものだ。かくてメネトラは、あらゆる無神論や唯物論また反宗教的伝統を、フランス革命の恐怖政治下のパリや地方で発生した暴力による非キリスト教化の意思表示と同じように、明白なかたちで証言しているだと言えるだろう。その場合、これらのモティーフを利用するときの彼独特のやり方、ときに揺れ動き締りのないところのあるやり方は、モティーフを概論風に仕立て上げてしまっていて、そうしたことが、それぞれのモティーフがどこから取られているのかを見定めるのを、実際のところ不可能にしてしまっている。『三人の偽善者について論ず』という文書はただ一つの例外であって、メネトラは彼の「真実についての探求」や「宗派について」という考察で、この文書の展開のあとをたどっており、「宗派について」では次のように書いている。「モーゼ Moyse (sic) はユダヤ教を作り上げ、その後にきたイエスは同様にしてキリスト教を作り、三番目のマホメットはオリエントで鉄と血によって支配した信者たちの宗教を作った……(24)」と。この三人の偽善者について論じた文書は、それが地下において流通していたことが明確にわかっているものの一つで、その版には一七一九年のものと一七二一年のものがあるが、その後もいくつか再版されていて、禁圧下にもかかわらず広く普及したことが知られている(25)。

ところで二つの問題が未解決のままである。一つは、メネトラや彼と同じような環境にあった人々は、どのようにしてこうした誹謗文書のたぐいに近づくことができたのか、という点であり、もう一つは、メネトラの思想は、自分とは別のところで生まれた文化を貧弱なかたちで反映したものになってしまっている、という問題である。これは粉屋のメノッキオが十六世紀の民衆文化を研究するあの歴史家に提起した二つの問題でもある。最初の問題には、われわれは仮定のかたちで答えることができるだけだ。読書についての民衆層の伝統のなかには、こうしたスキャンダラスな異端的文書はまったくその姿を現さないのだ——といってもこれは、死後の遺産目録、公認された書店の図書目録、書籍行商人の背負い籠のなかの本といったものを通じて見た場合のことである。書籍の行商や暦書《アルマナ》に登場するのは、当局が大目に見てもいいような反教権主義であって、それは古くからの艶笑小話、当時の誰もがすることのできた、司祭とその小間使いとか、若い修道女と礼拝堂付き司祭、修道士とそのロバなどについての馬鹿話で、そうしたものは当時よく使われた多くの諺で言われていた程度のものだった。これとは反対に、哲学的と称される草稿や本は密輸のルートで流通していた。それらはスイスやオランダにおいて仕入れられ、山師的な書籍商の手から偏見にとらわれていない読書愛好家へ、また知識が豊かな職業的な読者、聖職者や教養人、さらに学識のある警察関係者などの手に渡っていった(26)。これらの書籍は高価で民衆や中間階級の家などではあまり見られない読書の習慣を前提としていた。一七八〇年以後にその普及にはずみがついていくこうした地下出版文書への接近は、文章の素養がそうあるわけではなく、資産とてわずかな人々にとっては、当然のことなのだが二つの手段による以外にはなかった。その一つは蔵書の豊富な図書室で借りる道、もう一つは引用や筆写また少数の人々のために作られた抜粋などをもとにして、異端的な図書目録を作成するという習慣を口伝えにするという道である。職人のメネトラは仕事で城館から大修道院へ、小さな司教館から修道院へと渡り歩き——すでに見たようにモンティニ＝シュル＝ヨンヌの司祭は彼に数冊の本を貸している——、領主の館からブルジョワの屋敷やパリの貴族の館へとさまよって行くが、周知のようにそのような上流階級のところでは、書籍は図書室から調理場へと手渡されて回されていく。家内奉公人はすぐれた仲介者であり(27)、彼はこうして禁書に近づける主要な抜け道をもっていたのだ。彼はその友人たちから禁書を借りる手段を持っていた——トリュデーヌ家の給仕頭のデュ・ティレ、フォブール・サン＝タントワーヌの外科医で花火師という不思議な人物のバロン、死刑執行人のアンリさんといった彼の自伝のなかに登場する人々を考えてみればよいのである。このようにして借りた本を急いで部分的に書き写しそれを議論し、似たり寄ったりの変な連中のあいだで、それぞれがおこなった書き写しを交換する。哲学的と称されるテキストの流通のルートが、このように存在しえたという推定をくつがえす証拠はどこにもない。こうしたルートのなかでは、抜粋や流通がもっとたやすくできる概要を整えなければならなかっただろう。こうした思想が、それが正しいものであろうがそうでなかろうが、丁度いい時期にもたらされることになったということを考え、また想像してみるほうが、いずれにしろよいのである。

メネトラの思想が別のところで生まれた文化の貧弱な反映ではないかというもう一つの問いに対しては、それほど確固とした答えは出せない。しかしながら言葉として言われていることが独創的かどうかよりも、行動の独創性に注目することのほうがずっと重要である(28)。メネトラの独特な経験は重要なのだ。というのも彼は二つの自発的な行動をとっているのだから。まず第一に世界を解釈する伝統的なシステムから距離をおこうとしていること、次いで自分個人の経験(それと読書も確かにそうだが)によって手にした素材から出発して新たな省察力を鍛えようとしていることだ。『雑文録』はこの場合『わが人生の記』と切り離して考えることができない。というのもそれらが一体となって示しているのが、メネトラの言説によって切りきざまれたテキストについての陳述と、このテキストのほのかな光に照らして知覚された行動についての陳述だから、つまり深い意味での真実の探求だからである。この省察力を鍛えようという意志は二つの主要な次元で展開されている。教会批判の次元と異端の魅力という次元である。

聖職者のイメージを再構成し、教会の神秘を再検討するなかで、多くの人物が登場してきて、第一の次元の企てを方向づけていく。メネトラは当時の聖職者のことを猜疑の目でしか見ていない。彼らは傲慢で凶暴だと言う。アジャンの司祭は、「狂信的な農民たち」に見くだすようにして祝福を与えながら、全速力で駆ける数頭の馬に引かせた馬車で街道を走り回る〔本文九九ページ〕、アヴィニョンの教皇使節補佐は、「またとないようなひどい残忍な行動」に没頭する〔本文一二六ページ〕。北部の人間であるメネトラはバロック的信仰を暴き出し、そこに狂信性を見てとる。ある不幸な裁判事件を見て、それを決定的に断罪し、「心優しく慈悲深い神のしもべたちは、野心と復讐心しか知らないのだ(29)」と言う。メネトラは教会なしのキリストを擁護する。彼は福音書をよく読んでいた。聖職者は享楽的で蓄財することしか考えていないと言う。彼は修道士の貪欲ぶり——たとえばモンドゥブローの修道院長や、リヨンの聖フランシスコ会会則厳守派の修道士たち、フォンテーヌ＝ド＝ヴォクリューズのベルナルド会の修道士のそれ(30)——を告発し、教区司祭に対しても同様であった。「こうした者たちに巨額の金貨を与えるのは極悪人ではないだろうか、天国への門はこうした者どもに対して開かれていて、貧者や困窮者に対してはけっして開かれないのだ……」と言う。ローマ・カトリック教会では風紀が乱れている。サン＝ジェルマン＝ロクセロワ教会のある司祭は苦行信心会の女性に、それらしい鞭打ちをやってもらい、もう一人の司祭は売春宿の現場で取り押さえられ〔本文二五〇ページ〕、また一人の教会参事会員は娼婦と公然と同棲しており、クリストフ・ド・ボーモンは、多くの高位聖職者とは違って高潔であり、そうしたことはこの大司教に限ってなかったのだが、メネトラにかかると情婦をわがものにしているとまで言われてしまう。警察の情報提供者などだけでなく、国務卿から国王まで、そして啓蒙哲学者さえもが、聖職者たちの性生活に関する逸話を聞いて楽しんでいたということだが、ここで重要なことは、メネトラもこうした当時の逸話を楽しむほうだったのだが、その実際の様相——一七五五年から一七六四年までのパリでは性的乱行に及んだ聖職者の逮捕が一〇〇〇件にものぼったことで、この現実には否定しがたいものがあった(31)——から、彼の目で見ての二重の典型的な教訓を引き出している。それは、すべての聖職者は隠れた放蕩者であるということ、そしてこれは聖職にある者のモラルとはあい入れないという教訓である。彼はフランス革命期に聖職者の乱行が暴露された後に主張されることになる、聖職者のための恋愛の権利などということを要求したりはせず、ただ聖職者が偽善をこととしないように望んだのだ。享楽的な絶世の美女のいる修道院にまつわる彼の性的な幻想には、愉快な男の生殖についての遺憾の念が顔を出している——これは男女の聖職者の独身生活に問題ありとする当時の人口論者が同じように遺憾とするものであった——のだが、しかしこれは同時に女性の修道院生活についての、伝説的であり多分に民衆的なイメージでもあって、それは三つの主要な役割に要約される。その一つは苦しみを癒すこと――これはサン＝エロワ病院の修道女の場合〔本文一一三ページ、また原注（77）を参照〕――、俗世の外にあって時間を無駄に費やすこと――トゥールやアジャンの修道女のように――、最後に修道女たちの仕事をしたために職人たちがその男らしい力強さを失いそうになること――これはサン＝トマ修道院の修道女たちの変わった飲み物の例〔本文一八二ページ〕――である。しかし全体としては、偽善が聖職者の基本的な悪であることには変わりなく、すべてが仮面をかぶっていて、人間の恐怖心や不安を利用しているのだ。「ふとっちょの坊主ども」や新たに叙階された彼のいとこなどは、なんの心配も不安もなく生きている〔本文二三六ページ〕――これには貧者の空想などまったくないと果たして言えるだろうか――、しかしそれは教育をほどこし救済へ導くと彼らが称している疎外された人間を、犠牲にしているからこそ成り立つことだ、とメネトラは考えるのだ。これはけっして狂信的ではなかった人間のまなざしがとらえた、聖職者のただ一つの野心なのである。メネトラは抑圧的で不相応な特権を与えられた教会制度を否定し、遂には教会の秘跡に守られた神学的構築物を拒絶するにいたった人々が育ててきた、長い伝統のなかに身を置いていたのだ。

この点については、モンティニの司祭に彼がふっかけた議論が心に残るものとなっている。というのもそれは教会そのものに対抗して生まれた反教権主義の論点と重なり合う彼の論議のすべてがとりまとめて出されているからだ〔本文一九八ページ〕。しかし彼はそれを自分自身の意見だと主張して理性的な批判に仕立て上げている。寛容であるべき教会が不寛容であり、教会の外においては、異端であるとして偶像崇拝者に救済が与えられることはない。教会は金銭でなんとかなるもので、秘跡や贖宥を商売にしている。ローマ・カトリック教会は無知なものに典礼や祭儀を押しつけている。このように言いながらメネトラは基本的なことにむかって行く。聖体にキリストの血や肉が存在するとか、キリストの受肉などといったことはありえない(32)、地獄などまったく存在しない――「地獄の大釜などわたしは少しも恐ろしくない」と彼は言う――、煉獄などないのだ、つまり人間はただ一人で自分の救済を手にするのであって、弱い精神の持ち主のみをかどわかす架空の話やうそくさい話などの助けによって、救済が実現するわけがない、理性はヴォルテールに対してと同様にメネトラにも、自分の神をがりがりかじったり食べて消化したりできると信じたりすることを禁じている。それと同じように理性は彼に、ある一つの宗教のほうが他の宗教より価値があるとかないとか考えるのを禁じている。教理や原理への批判は(33)、寛容を讃美することに導いていくもので、その寛容とは経験を獲得することなのだ。相手のブルゴーニュ人の司祭は困惑して答える。「あなたは見識をお持ちだ。支配する者たちの幸福のためには民衆はつねに無知のなかで生きていなければなりません」と。この答えが彼のなかにかき立てたことといえば軽蔑以外のものではなかったであろう。「わたしは彼に、かくあらしめ給え、アーメン」と言ったとメネトラは書く。

メネトラのような社会の下層の人間の口からラディカルな言葉が出るのを耳にするのは興味深いことであるが、そういうことのほかに、彼が無防備な論敵を前にして要点をぬかりなく押えた論争を楽しんでいる様子を目にするのは、多分もっと興味深いことだと言えよう。レンヌの人に罪の赦しを与えなかったコンタ地方のドミニコ会修道士、また告解を聴こうとせずメネトラに幻想など抱かず容赦せずに特別聴罪司祭のもとに送ったバシュエル神父に対して〔本文二五三ページ、原注(214)を参照〕、メネトラが口にしたラディカルな言葉にはもっと感心させられる。メネトラは煮えきらない男ではなかった。そのような点はプロテスタントやユダヤ人に対する彼の関心の示し方で明らかになる。というのも彼が教会の不寛容をとくに自分の眼で確認することができたのは、旅の途上のことであったからだ。

彼がプロテスタントの存在を知ったのはきわめてはやい時期、それは一七五九年にモワサックの地域の旅籠でのことで、ここで自分たちの話題や解熱剤のことを熱中して話している善良な人々を見たのである。またニームのフリコ夫人とつき合うようになってからプロテスタントたちと出会う。これは二度目だったが、大変な刺激を受けることになる。カトリックに改宗したばかりのフリコ夫人が聖職者すべての関心の的であったことが関係していた。そして一七六三年に再びニームに滞在したときには、プロテスタントたちとまた出会うことになり、この場合も非常な関心を抱いたのである〔本文一四七ページ以下〕。そして最後に、セヴェンヌ地方を渡り歩いているときに別のプロテスタントと出会って、激しく意見をたたかわせた。こうした遠慮のないつき合いによって、ローマ・カトリックのなかで成長してきたパリジャンは、さまざまなことを記憶にとどめることになったのだ。この記憶は彼の反応の仕方を物語っており、また彼はそこから論争のときに論拠となるものを引き出してくるのだ。しかし注意しておくべきは、こり固まった原理に反論を加える考察のなかでは、プロテスタントの改革の流れをとくに重視しているわけではないことだ。ただしこう指摘したからといって、メネトラがこの改革の流れを書籍で読まなかったとか、考えてもみなかったと言おうとしているのではない。彼がまっ先に注目したのは、決定的な時期につき合ったフランス南部のプロテスタンティスムに対して出された教会の差別的な決定であった。彼は都市だけでなく農村でも、プロテスタントが聖職者や裁判所からの監視の対象とされていることに気がついたのだ。サン＝ティポリット＝デュ＝フォールの領主裁判所の検事は、旅籠でメネトラを激しく突き飛ばした頑固一徹なプロテスタントのことを密告するようにと彼にすすめたとき、彼はそれを拒否する〔本文一五二ページ〕。この場合、その時点で問題になっていたことを念頭に置いておこう。この時はフランスのプロテスタントにとっての衰退期にあたっていて、迫害は水面下でおこなわれていた。それに、表面的に改宗したように見せかけていればよいと思う都市の名士たちと、街道筋を警備する騎馬巡邏隊の探索の対象にされていた、ジュネーヴから派遣されてくる牧師を迎えておこなわれる、秘密の集会の伝統にこだわる農民たちとのあいだに、分裂が生まれた時期でもあった(34)。そしてまたこの頃は、フランスのプロテスタンティスムに訪れた最後の危機がもたらす転換点にもあたっていた。メネトラは一七六二年に処刑された牧師ロシェットが、モンタルバネで福音を説いていた丁度その時期に、ラングドック地方やセヴェンヌ地方を旅していた。またトゥールーズを立ち去った後、彼はモンペリエにいたのだが、その時カラス事件〔トゥールーズのプロテスタントの商人カラスが、息子の改宗を止めようとしてそれを殺害したと疑われ、処刑される。息子は自殺だった〕が一七六一年に突発している。またカトリックとの妥協を図ろうとしていたジュネーヴの駆け引きとラボーの政策〔ポール・ラボー（一七一八—一七九四）プロテスタントの牧師で長くニームの聖職にあり、カトリックとの妥協を図る〕に、プロテスタントの民衆とジュネーヴを追放された牧師らが不安を感じていた時期に、メネトラはセヴェンヌの山地を越えて行ったのである。結局、観察者たるこの職人は、このような状況を見たり聞いたりしたのであり、こうした事情をわきまえたうえで、モンティニの司祭に対して、「いくつかの見解を別にすれば、われわれと同様の神を崇拝している人たちを苦しめるようなこと……」を非難することになる。彼はナントの王令廃止の体制がなにを意味するかがわかっていたのである。

　ニームでの彼は、ただ好奇心に動かされた観察者というわけにはいかなくなった〔本文一四七ページ〕。彼はプロテスタントのブルジョワの女性のところをしばしば訪れていて、ブルジョワの名士たちが善意の持ち主であることに気づき、彼らの娘たちがカトリックのブルジョワの娘たちより、取り澄ましたところがないようだと見てとっている。プロテスタントの信者たちと彼は「快適な会話」を交わし、「わたしをいつも苛立たせていた」小教区助任司祭の説教などよりも、それは好ましいと思う。そのうえさらに、彼はプロテスタントの秘密裡の説教にも出かけて行っており、彼が愛する未亡人を教導しようとする聖職者が、カミザール〔ルイ十四世に反乱したセヴェンヌ地方のプロテスタント〕のところに足しげく通っていると言って彼を非難している。結局のところ、道徳的にも宗教的にも気取ったところがない改革派の信仰と、ニームのカトリシスムのひけらかすような狂信ぶりとの、対照的な性格を強調するためにいささか抽象化された記述となっているものの、メネトラはユグノーのもとでくつろいだ気分でいられたことがわかる。彼はユグノーと仕事での取引きをしており、そこでユグノーの運命に思いをはせ、彼らは追放された者たちで、責任ある職務をおこなうこともできないと言っている。彼の同情心はさらに客観的な理解になっていく。この関心はサン＝ティポリットの町でさらに深まる。この町で彼の雇い主となる親方はプロテスタントで、夜の語らいのときに彼から迫害の物語を聞かされる。それは五〇年ほど前のことだが、すべての人の記憶に残っていた。メネトラはこうした人々とともに働くなかでも、また余暇の遊びでも良好な関係を保った。

　しかし宗教的な共同体で生活をともにするうちに、彼は迫害を受けている者たちも狂信的であることに気づき、すべてのことが白々しく見えてくるのだった。メネトラはある夜旅籠におもむくと、「教皇崇拝者《パピスト》がやって来た」という侮辱のわめき声に見舞われる。馬鹿にされ罵り声を浴びされたのだが、それは彼だけでなく聖アウグスティヌスや初期キリスト教の教父ヒエロニムスをも「ろくでなし」呼ばわりするものだった。これは彼にとって不愉快なことで、殴り合いになる。「これら凶暴な連中はわたしを殺そうとした」と彼は書いている。メネトラは警察隊に助け出されたが、これらの酒場の神学者を警察に告発することは拒んだ〔本文一五二ページ〕。ここで二つのことを記憶にとどめておこう。初期の教会の教父たちの名声が汚されたとなれば、無信心の彼でも一戦を交えることがありえたということ、そして誠実な人間は一方の宗派にも他方の教会にも存在していたわけだが、問題は正義の力を明確に示すことだったのであり、この点には公認の宗教も世俗の権力もまったく心にとめることがなかったということの二つである。メネトラはセヴェンヌで受けた屈辱に対しても、告発などはしないという思いやりのある態度で報いることになる。メネトラの寛容についての説教は職人サン＝ティポリットの人に職人組合の規約を思い出させるであろう〔本文一五六〜一五七ページ〕。それは、その人が誰であれ、その信ずるところを絶対に侮辱するな、というものであった。メネトラはアウグスブルグ信仰告白にもジュネーヴのカルヴァンの信仰にも、改宗することはない。彼がプロテスタンティスムにかかわって体験したことは、彼の次の二つの指摘をもって最後となる。その一つ、彼は一七六四年にジュネーヴにおもむき〔本文一六五ページ〕、「彼らの父祖の国を見物する(35)」と述べているが、これはジュネーヴについて彼がおこなっているただ一つの指摘である。もう一つ、一七八一年頃に彼はルソーのことを、「良きプロテスタント」であり、迫害されているがゆえに好ましい人物と考えることになる〔本文二六七ページ、原注(229)参照〕。

彼がユダヤ教に引きつけられたのは、もっと短期間それと遭遇してのことだった。彼は一七六一年の春の数か月間を教皇領であったコンタ・ヴネサン地方に滞在していたが、そこに到着したときには反ユダヤ的だった彼が、そこを去るときには、プロヴァンス地方のゲットーでユダヤ人に加えられている仕打ちを不当なものだと認めるに至っていた〔本文一二一ページ以下〕。その地方のカルパントラで彼は、石切り場や農村に住む人々にいたずらを仕掛けてからかったりしているし、規則に定められた黄色の帽子をかぶらないユダヤ人に盗みを働いてもいる。このユダヤ人は地方の行政官に非難され告発されてしまうのだが、これにはメネトラも大変驚いたのだった〔本文一一九ページ〕。しかしアヴィニョンでと同じようにカルパントラでも、彼はユダヤ人地区に大いに興味を抱き、禁じられているのもかまわずに、家族に厳しく監督されていたユダヤ人街の娘たちのところにしばしば出かけて行く。またゲットーの狭い街路のなかにあった小商店に職人組合の親方作品を探し求めて訪れている〔本文一二二ページ〕。そこでの彼の第一印象はある程度そこの雰囲気を伝えている。つまりユダヤ人街の閉鎖性と人口の密集、キリスト教徒とユダヤ教徒とのあいだに紛争が多発し、まったくの不平等が支配する関係(36)などのことだ。メネトラのいたずらや好奇心の背後から、ユダヤ人の現実の状態が露呈されている。それは教皇庁当局者が容赦なく適用する不平等な法的規定、外見上のさまざまな標識を課することによって、また活動に対して数々の制約を課することによって、日常的に受ける屈辱感がユダヤ人にはあり、日常的な接触を制限されたキリスト教徒への厳格な監視が他方には存在しているということであり、そして可能な妥協点は、キリスト教徒が育て親となりユダヤ人共同体を経済的に発展させるというものである(37)。パリの職人が度外れた言葉づかいで不幸なユダヤ教徒の定められた運命と、彼らを対象としておこなわれる可能性のある迫害について叙述するとき、メネトラは正しく事実を指摘している。こうした事実はとくに聖週間の期間や聖体行列の際に誰の目にも明らかなものとなる(38)。ポグロムは発生しなかったとしても、しばしばユダヤ人狩りは起こったし、ときには子どもたちの遊びが悪質なものに転化した。こうしたことはメネトラにとって、カトリックの狂信と不寛容を彼が告発し、したがってまた独自の寛容の概念を形成していくことを助ける契機の一つとなっている。

『わが人生の記』においてメネトラは、すべての宗教はその実践においていずれも同等の価値をもつと彼が考えるに至った筋道を説明しているが、『雑文録』ではもっと深く考察し、自分の主張を正当化しようと試みている。コンタ地方の聖職者の政府のもとにある狂信的なカトリック教徒を前に置いて、彼はその行動をののしったとしている。彼は三つの理由でユダヤ教徒へのカトリック教徒の残忍な行為と蔑視は、断罪されると考える。その第一は、「ユダヤ教徒に打撃を与える」ことでカトリック教徒自身が、贖罪と愛の宗教たるカトリックの特徴と矛盾したことをやっているということ。第二は、それだからカトリック教徒は「ユダヤ教徒も神の前でのわれらが兄弟」ということを忘れてしまっている。そして最後にメネトラは、その主張の根拠を聖書の伝統に求め、また一神教が一体的なものであることを宣言することで、自分の宗教的知識を確認して、ユダヤ教はその教理と祭儀においてキリスト教の教父であるとするのだ。彼は「真実の探求」のなかで、カトリック教とユダヤ教は共通の枝から生まれてきたものだという彼の思想を、より激しく中傷するような調子でではあるが、明確に述べている。そこでは、天地創造の物語はおとぎ話か小説、すべての宗派の聖職者が信徒たちを悩ませる作りごとということになる。また「最初の律法の制定者」たるモーゼはまた「最初の偽善者」であり、悪意あり不公正で復讐をこととする人間を神から作り出した責任者だとされる。モーゼは筆頭に置かれる聖職者ではあるが、だからと言ってユダヤ教に当然のごとく特権が与えられているわけではないと言うのだ(39)。

プロテスタンティスムを前にしてのメネトラの立場は、これとは異なるものである。彼はそのさまざまな考察のなかでは、プロテスタンティスムについての考察に立ちもどったりはせずに、彼の実際的な判断、いたるところに狂信が存在しうるという判断をそこではとくに確認している。「教皇崇拝者」扱いをされたメネトラは、「もしおれがそうじゃないとすれば、名誉にかかわることになるだろうよ」と答える〔本文一五二ページ〕。というのも、人は宗教を中傷すべきではなく、すべての宗教は等価であり、聖ヒエロニムスも聖アウグスティヌスもカルヴァンやルターの教父でもあるというわけなのだ。メネトラが筆頭職人として司会をしていた、職人たちの会議の儀礼は、職人組合の世界における宗教の問題の重要性を強調しているものである。そこではプロテスタントの職人サン＝ティポリットはドゥヴォワール派の職人組合に受け容れられないのだ。そこでメネトラはこの不平等な扱いに規則として順応しながらも、仲介にはいってサン＝ティポリットを修業巡歴の途上にある職人として正式に認める。こうしてこの職人はリヨンで働くことや公開の集会や祭りに加わることを認められる。これはカトリックの環境のもとにあっての事実上の寛容ということだったのである。

メネトラのこうした寛容は実際上の必要に基いたもので、とりあえずはすべての啓示宗教への非難で満足しているのだ。つまり啓示宗教はさまざまなまやかしに立脚し、すべての信条とおかしな宗教的実践を押しつけ、その狂信ぶりによって評判を落としている、「すべての宗教は虐殺をこととする(40)」といった非難をおこなうのだ。メネトラは信仰の必要を否定していないし、自分自身のものたりうるモラルを明確にしようという意欲を抱いていないわけではない。彼の立場は、その人生の諸時期にそれぞれが対応する、彼の三つの記録に明確に記されている。まずはじめに『わが人生の記』においては、彼はすぐに役立つ知恵といくつかの原理を述べることでよしとする。つまり日常的な慣習を信ずるということである。第二は「真実の探求」や「最高存在についてわたしに質問したある友人に」という手紙においてのもので、自分の疑問や問いかけの内容を説明する。そして最後に「諸宗派について」とフランス革命後に書いた「敬神博愛教について」において、彼は最終的な信条を明確に示している。

『わが人生の記』に宗教的感情が流れていることは、それが風俗や性的ないたずらなどに筆を費やしているにもかかわらず、明白である。独身の職人、そしてさらに独立して店をもち五十歳代を迎えたメネトラは、束の間のモラル、社会や宗教のモラルの規範を意に介することのない官能的な快楽主義に満足している。享楽をして、すべての気のいい若者が終わるべきところで終わりにするのをつねとし、その手腕をもってやれることで欲望を満たすということは、アヴァンテュールを好む大衆一般に際立つ肯定的な態度なのだ。それは「気がねがあっては楽しみもない」という諺のとおりなのだ。しかし同時に、彼らの行動のなかに放縦なところがあるとは思わせないような、いくらかの規範が彼らには是非とも必要なのだ。メネトラはこの規範をまずもって相互扶助や統制の必要性、各人の自由などが均衡のとれた形で存在している職人組合的な連帯のなかに見い出す。それについで彼は、それを諺のなかに存在する知恵から、そしてまた行商人の売る民衆本のモラリスムや暦書《アルマナ》に出てくる素朴な真実から汲み取っている。たとえば、あらゆる暴力にはそれを教唆する人物がいる、つき合いの悪い人間であってはならぬ、人からされたくないことを他人にするな、重要なのは両親と子どもを愛することだ、というのも彼らは一心同体なのだから、仕事のときも友達づき合いをするときと同じように約束を違えることなかれ、というような諺的な規範である。「われわれは無分別であっても、けっして名誉を失うようなことはしない」という聖職についたいとこが口にした表現や、「わたしはどんな卑劣な行為もできない人間なのだ」という言葉は、完全に世俗化した社会関係のモラルを鮮明に示している。「おまえは隣人たちに悪事を働くことは絶対にない、おまえは人間たちの友であり、この点こそが真実なのだ……」とするメネトラのモラルは漠然としていて、すべての人やあらゆる状況に適用できるものだ。そのモラルは、運命の兆しを信じ、恵み深き神の摂理の取りなしを信じたりする宿命論でもって、自らを正当化するのだ。思い当たるのだが、これはこの自伝の掛け金の一つになっている。メネトラはその少年期に友達づき合いをしていた悪い連中の言うままにつき従い、犯罪を企てる行動に加わろうとした。しかし誰もがそれぞれの運命をまぬがれえないもので、悪い連中は処罰され、善良な者は神の御加護をえて、「もしわたしが昔も今もこのわたしであるのなら、わたしに御加護を与え給うたのは神なのだ……」と彼は言う。これは彼の身に起こったことを書いているのだ。ここで人は、予見されそれぞれの人に定められた運命のことを民衆が感じ取っているものと、アウグスティヌスの予定説からの漠然とした影響とが合流していると、想像してみることができる。メネトラはある面でジャンセニスムに接近した環境で育てられ、ある部分では正統派カトリックのなかで養育され、プロテスタントの説教もしばしば聴きにいく。道徳論と宿命論が素朴な信仰を表明するために結合されていて、これが三度にわたって主張されるのを見る。すなわち村の司祭と討論したとき〔本文一九七〜一九八ページ〕、また司祭となったいとこの告白を聞いたとき〔本文二三六ページ〕、メネトラの告解を聴くのを拒否したバシュエル司祭を前にしたとき〔本文二五二ページ〕、この三度である。宗教は個人の問題であり、「信仰については、おまえ次第のこと……」なのだ。神の摂理は善人をみそなわすが故に神を敬うべし――彼は二度も火薬の暴発を危ういところで免れる――、そして隣人を尊敬すべし。メネトラが『わが人生の記』を完成させようと願ったのは、この素朴な信条の上に立ってのことである。

しかしもう少し彼の歩みに接近して観察し、その民衆的な理神論をよく考えてみねばなるまい。この民衆的理神論はもう一度整理され、じっくりと考えられた哲学的批評の余白に書き込まれているものであるが、これはなにかを引き写しているという消極的なものではなく、積極的に自分の信条を表明しているものなのだ。「最高存在について」の考察と「真実の探究」は、問いかけをしているメネトラの姿を示すものであり、同時に彼が孤立しているわけではないことを確証するものでもある。なぜならば「最高存在について」での考察は、「わたしに問いかけた一人の友人(41)」への回答だからだし、「真実の探究」は、他者と討議して問題を提起した示唆に富むものだからである。そしてさらに彼のルソーとの出会いは、「神の実在について」また「われらが始祖の信仰の見地から……(42)」、彼の情熱をかき立てた対話を思い出させる機会となっているからである。また彼は神学者たちの神の存在を説明する能力を疑っている——彼はライデンの神学者たちのことに言及している〔一五七五年創設のライデン大学はカルヴァン派神学の中心の一つ〕。これはカルヴィニスムからの間接的な影響を示すもう一つの痕跡である。彼はそうした神学者の大言壮語を認めない。以上のような他者との討議のすべてを通じて、すべての宗教の価値は同等であり、そのどれにも特別の地位を与えないほうがよいという確信だけが彼の心に残った。ただ一つのことが重要とされる。それは一神教、「唯一の神の信仰《クレド・ウンアム・デウム》」である。その他のことはすべて排除してよろしい。それに加えて神性はそれ自体が万物によって明確化されるものであり、誰もそれを定義できない。「われわれが実在するのはそしてこの広大な地球上に存在するすべてのものは神なる存在によっているのだがそれをもっと明確に示すためには最高存在を敬おうそしてそれらを悪しざまに言うにまかせておこう何ものももっとも奥にひそむ一点を掘りさげて考えることはできないわれわれは永遠性を認め信じなければならないもし君がそれを信じ善きことをなすと信ずるならば君の魂はつねに実在するこの一点こそ真実なのだ(43)」〔原文に句読点なし〕。

　ためらい、くり返し、後もどりなどは、確かさを追及する彼の足どりにもともと備わっているものなのだ。「わたしは真実を探究するが自分の運命や創作物のことを考えているのに真実を見い出すことができないわたしは諸思想の迷路 labyrinque (sic) に身を投ずるがその迷路はときに夢のごとき実在をわたしに注目させわたしの生涯が終わるにあたってもっと幸福な他の生涯や別の瞬間のことを考えさせるわたしは意味もなく生まれてきそして死を迎えねばならぬことをそして偉人たちが万物や自然について書いたすべてのことがまったくの作りごとにすぎなかったように思えるのだそのようなときに想像力によってあの世を信じるようになっているわたしはもしやあの世からもどって来た人がいるのではないかと自問し探し求めるのだ……(44)」〔原文に句読点なし〕。自分固有の合目的性や人類の合目的性についての真剣な考察を最後まで遂行しようとする努力は、メネトラにとっての苦悩の深刻さをあらわに示すものだった。彼の思想は民衆の神秘的な信仰の隠された諸層を探査するものではなく、その思想は彼の読書から学んだもので回転している。その思想は大きな仮説や独我論、無についての絶対唯物論、救済の宗教や報いを受ける霊魂にかかわる神人同型論などを探り出している。そしてまた彼の思想は、独自に考えた真理を構築するために、彼に適したものを選び出す。それは一個の世界像なのだ。

快楽主義の職人、しかし善人であり、懐疑する小ブルジョワ、それでも公正な人物ではある。この人物はその信念とその行動によって正当性を認められるのだが、この場合そこから解放されることの困難な遺産が立ちはだかっている。ただその祭儀やドグマや中間に介在するものを常に拒否することはできる。問いを続けたすえに、トリエント宗教会議の公教要理に学んだ忠実な信者が独自性をもった宗教の信奉者そして理神論者になるという、ラディカルな鋳落としがおこなわれるのを人は目にすることになる。メネトラの神は、宇宙の創造者たる万能の時計師の描く線と、寺院のなかのみでなく、いたるところに偏在している慈愛に充ちた最高存在のイメージを両立させるものなのだ。彼の宗教はモラルに還元されるものではない。というのも、それは祈りと神の恩寵を必要としているからで、「神を敬愛しよう、最高存在の御加護を祈ろう(45)」と彼は言っている。これは不可避なことである。というのも人間は「自分が陥りがちな過誤を思い起こす」必要があるからなのだ。そこにこそ真の崇拝と真の信仰があり、それのみが、「かんばしからぬ善とありのままの善」とを見分けられるのだ。かくてこれは、「われわれの寿命が終わりに近づくときわれわれの魂は期待された幸福を享受するようになりわれわれの肉体がその根本のところではまったく無意味ないく多の議論を探し求めることもなくなりまたわれわれの死が近づいても心を動かされたり苦しめられたりはせずにわれわれを生んだ大地のふところにわれわれの肉体が帰って行くことになろう(46)」〔原文に句読点なし〕ということなのだ。

ところでジャック＝ルイ・メネトラは、フランス革命期に、パリのサン＝キュロットの極左派――これについてメネトラは沈黙を守っている――に率いられた偏狭な非キリスト教化の激しい動きから距離をとりながら、同時に聖職者の失脚を歓迎することができたと考えられる。彼はキリスト教との戦いを目の前にしてもキリスト教に関心を持っていなかったようなサン＝キュロットではなかった(47)。というのも彼は、よく考え理性の言うところに耳を傾ける、そして他者の信条を尊重するという二つの行動原則に忠実であり続けたからだ。いくつかの点からみて、彼は立憲派の司祭に近い立場にあったという感じがする。というのも彼はかつてオラトリオ会修道士であったプパールを友人としていたのだから。プパールはルイ十六世の贖罪司祭だったが、一七八九年にはサン＝トゥスタシュ教会の司祭であり、仲間の司祭とともに聖職者民事基本法に従って宣誓をおこない、つねに選挙会に選出されるほどパリの民衆に声望があり、恐怖政治の時期にも身の安全が危険にさらされるようなことはなかった人物である(48)。その使う言葉からみて、メネトラは共和国の礼拝、あるいは最高存在への崇拝を呼び起こそうとする山岳派の主導下にある活動家であるよりは、注意深い観察者といった感じがする。しかしとくに敬神博愛教のなかに彼の姿を見いだすのである(49)。彼の理神論はブノワ・ラモットあるいはヴァランタン・アユイのような人物の有神論と折り合いをつけているものだ。というのも合理的な祭式の必要性を信ずる彼の信仰は、共和五年（一七九七年）のあいだにパリの寺院にその場を占めた穏健な文化的綱領で満足するものなのだ。また彼のモラルは賢者たち〔ラモットやアユイなど敬神博愛教の中心人物のことを賢者と称した〕の規範とモラルが広めた一般的準則でよしとするのである(50)。また彼は「一家の父たち(51)」〔敬神博愛教では、聖職者の役割を担う家長たちのこと〕のなかに多分その名を連ねている。これは古参の助任司祭シャサンが立憲派司祭と協調することができたサン＝ジェルマン＝ロクセロワ教会や、カトリックとプロテスタントが共存することになるサン＝トゥスタシュ教会で次第におこなわれるようになった典礼をつかさどる（52）家長たる父親たちのことである。共和七年にサン＝トゥスタシュ教会は農業に奉献される。これは穀物中央市場の近くに教会があったからである。またサン＝ジェルマン教会はルーヴル宮殿の近くだったので感謝《ルコネサンス》に捧げられる。「民衆を野蛮状態から抜け出させ、それゆえに永久に感謝を捧げるに足る宮殿（53）」というわけなのだ。メネトラはおそらく、社会的調和の宗教であると同時に反カトリック闘争の手段でもあった敬神博愛教の両義性にあまんじていたのだ。彼が、「聖職者は自然宗教が継続するのを阻止すべく再び登場してくる（54）」と述べてその考察をしめくくっているのは、悲観的な総括をしているということである。

さまざまに検討してみた結果、この職人のイメージはきわめて活気にとんだものであることが鮮明になる。その進路をきりひらいた精神の自由に彼は忠実であり続けた。彼はボナパルトのなかに祖国と寛容な宗教を救うと思われた共和派の将軍を見ている。これは彼の宗教や政治についての経験の限界であるかもしれない。希望を抱くこともでき、また同時に懐疑する力もあり、政治的能力にはたけていないが、しかしまた彼が基本的なことと思っていた自由を、放棄することのできない人物、彼は民衆的自発性と知的な反省の中間点に立ちつくし、待つのである。

原注

（1）M. VOVELLE. *Religion et Révolution, La déchristianisation de l'an II*, Paris, 1976; C. LANGLOIS.《A l'épreuve de la Révolution》in *Histoire des Catholiques de France du XVe siècle à nos jours*, sous la direction de F. LEBRUN, Toulouse, 1980.

（2）A. SOBOUL. *op. cit.*, pp.296–315.

（3）II F° 55–58, 104–116.

（4）II F° 65–68.〔敬神博愛主義（教）Théophilanthropie とは総裁政府下にシュマン＝デュポンテス Chemin-Dupontes（生没年不詳、革命期に出版印刷業者として、革命派のパンフレットを多数発行した）がヴァランタン・アユイ Valentin Haüy（一七四五—

一八二二、聾唖教育を確立した）らとともに一七九六年に形成した理神論の一宗派。パリのサン＝ジェルマン＝ロクセロワ教会などの主要な教会において祭儀をおこなった。ヴォルテールやルソーの哲学的理神論の影響を受け、市民的モラルを基礎づける教理を提起した。執政政府下の一八〇一年の法令で、パリの教会での活動を禁止された〕

（5）II F° 125, 134–135.

（6）II F° 40–43.

（7）II F° 53–54.

（8）II F° 55–65.

（9）C. GINZBURG. *op. cit.*, pp. 18–20, pp. 176–178.

（10）B. GROETHUYSEN. *Les Origines de l'esprit bourgeois en France*, Paris, 1927, pp.15–20.

（11）A. DUPRON.《De la religion populaire》, postface, in *La Religion populaire*, Paris, 1980, pp.411–419.

（12）J. KAPLOW. *op. cit.*, pp.192–217.

（13）A. DUPRON. art. cit., p.413.

（14）P. CHAUNU. *op. cit.*, pp.216–217.

（15）M. BAURIT.（abbé） et J. HILLAIRET. *Saint-Germain-l'Auxerrois*, Paris, 1955, pp.145–146.

（16）P. CHAUNU. *op. cit.*, pp.432–454.

（17）M. COTTRET. *Le Thème de l'Église primitive*, Thèse de 3e cycle, ParisX, 1978.

（18）J. KAPLOW. *op. cit.*, p.209.

（19）BN, 4°Z Le Senne 1023（3）, décret de Mgr de Vintimille, règlement et délibérations de la fabrique–16 mai 1745.

（20）BN, 4°Z Le Senne 1023（6）.

（21）M. MAUSS. *op. cit.*, pp. 359–361.

（22）II F° 104–105《sur les sectes qui se sont introduites par les organes de mille imposteurs ...》.

（23）I. O. WADE. *The Clandestine organisation and diffusion of philosophic ideas in France from 1700 to 1750*, New York, 1967, pp. 11–19.〔メリエ司祭――ジャン・メリエ（一六六四―一七二九）。その死に際し『遺言書』を残し、そこで宗教や政治制度を激しく批判した。ピエール・キュペ――ボワの司祭、十八世紀の初頭『すべての人々に開かれた天国』を著し、異端者も救われることを説いた。この本のコピーは広く流布した〕

(24) II F° 40–42.
(25) I. O. WADE. *op. cit.*, pp. 124–140; G. BRUNET. *Le Traité des trois imposteurs*, Paris, 1867.
(26) R. DARNTON.《Le livre français à la fin de l'Ancien Régime》, *annales*, E.S.C., 1973, pp.735–744.
(27) D. ROCHE. *op. cit.*, ch. 6.
(28) C. GINZBURG. *op. cit.*, p. 70, pp. 110–111, R. CHARTIER. art. cit., p.80–81.
(29) II F° 56–57.
(30) II F° 60.
(31) M.-E. BÉNABOU.《Amours vendues à Paris à la fin de l'Ancien Régime, clercs libertins, police et prostituées》, in *Aimer en France, op. cit.*, pp. 493–502.
(32) II F° 60–61, 107–109.
(33) これはII F° 104 S_{11} *Sur les sectes* においてさらに展開されている。（受肉、無原罪の御宿り、三位一体、それに秘跡の実践）。
(34) E.-G. LÉONARD. *Histoire générale du Protestantisme*, 3vol., Paris, 1963–1964, t. 3, pp.20–29.
(35) II F° 12.
(36) Cf. la thèse fondamentale de R. MOULINAS. *Du ghetto pontifical à la nation française, les juifs d'Avignon et du Comtat Venaissin au dernier siècle de l'Ancien Règime*, Ex. dactylog., Aix-en Provence, 1979, 6 vol.
(37) R. MOULINAS. *op. cit.*
(38) *Ibid., op. cit.*
(39) II F° 40–44, Fo 55–65.
(40) II F° 61.
(41) II F° 40.
(42) II F° 53–54.
(43) II F° 42.
(44) II F° 55.
(45) II F° 62–64.
(46) II F° 64.

(47) M. BOULOISEAU, *op. cit.*, pp. 195–196.

(48) Notice biographique communiquée par E. DUCOUDRAY.

(49) A. MATHIEZ, 《La Théophilanthropie et le culte décadaire 1796–1802》, *Essai sur l'histoire religieuse de la Révolution*, Paris, 1903.

(50) A. MATHIEZ, *op. cit.*, pp. 40–66, pp. 84–94.

(51) A. MATHIEZ, *op. cit.*, pp. 95–103, 171–182.

(52) A. MATHIEZ, *op. cit.*, pp. 117, 124, 169.

(53) A. MATHIEZ, *op. cit.*, p. 169.

(54) II F° 65–69.

ジャック＝ルイ・メネトラとともに過ごした年月を終わるにあたり、彼の人柄が基本的には一貫したものであったことを理解するのは、容易なことではないと感じている。この点は、メネトラが生きた十八世紀の都市パリを、現在からみて理解するのが難しいのと同じである。サン＝トゥスタシュ教会からセーヌ川までのあいだでの、メネトラの日常的な行動の軌跡をたどることは、錯綜した事態の連続というものでしかないのだ。いくらかの人名と裏通りが、サン＝ジェルマン＝ロクセロワ教会の落とす影のなかにその名をとどめているだけなのだ。

その誇大な様相が色あせてしまった文明の境界から離れて、二世紀ものあいだ変化することのなかったこの教会にはいってみると、他のところと異なって、メネトラと出会うことができるのだ。メネトラはそこに受け入れられ、一七四〇年代には理屈を言う少年聖歌隊員となり、大胆でずうずうしいこの少年は、黒ずんだ柱の背後を、しぶしぶといった様子で歩いて行く。後に独立した親方となり、父親となってからは、彼が大変気に入っていた気ままな散歩の途次、妻と子どもたちをこの教会に連れてはいることもあったろう。日々の記録は一八〇二年十月で終わっているが、この時点でジャック＝ルイの住居はリュクサンブール街区のカネット街にあった。彼の娘マリ・マドレーヌは一八〇三年九月七日にエルマン・ポール・ゴヴェールと二度目の結婚をする。彼女は一八二二年八月十九日にパリで死去する。彼の息子のピエール・ローズ・メネトラは一八〇六年に結婚して父親の仕事を再びやることになる。彼の母親はこの息子のところに住み、そこで一八一〇年に死去した。ピエール・ローズはその三か月後に死去、子どもはなかった。一八一〇年九月八日、ジャック＝ルイは自分の後継者のことはあきらめてしまい、二年後の一八一二年五月十三日に死去した。その時に申告された遺産は二〇フランである。*

＊〔原注〕この情報はセルジュ・バルバザンスの信頼と友情によるものである。参照、オート・ド・セーヌ古文書館、結婚契約書、公証人ピエール・ルルー、一八〇六年三月十五日。パリ古文書館、復元戸籍簿、結婚、共和二年フリュクティドール二十日（一八〇三年九月七日）。パリ古文書館、D7 U1 65, 封印一八一〇年八月二十八日。オート・ド・セーヌ古文書館、戸籍簿、5, M.I.E. C Saint-Cloud 4, 一八一二年五月十三日及び登録、39, Sèvre, 一八一三年一月十二日。

影になって見えない部分のイメージを喚起することは正統派歴史学のとる方法ではない。しかしながらこのイメージの喚起はいきいきとした現実を、輝いたりかすんでいたりする一個の人生の濃淡に歴史を重ね合わせるすべての再構成と同じように、いきいきした現実を描くのに役立つものである。

『雑文録』と『わが人生の記』を読解することが、メネトラを的確にとらえるのにより確かなやり方であり、それらの記録はメネトラとの出会いをもたらすことになったものだ。しかし回想が重要な出来事をはっきりと語っているとしても、記憶にはそれが可能とするものだけが保持されているのであり、願望や想像がからみ合ってもいる。これらのテキストの展開で彼は自分が演じていると主張するさまざまな役割を、あるいはわれわれの目には彼が解釈しているようにみえる多様な役割を、自分の人物像として探っていて、テキストには豊かなところと当惑させられるところが同時にあって、彼自身の人間自体が多少ともあいまいになっているところがある。ほら吹きで人をからかうのが好きな彼は、自分には見栄えのする役割をつねに演じさせているが、しかし自分自身の覆いをはごうというその企てにあって、人を騙そうとしているわけではない。彼の人間や事物を観察する天賦の才能や生きることへの意欲は、われわれにきわめて大きな、本物の興奮を起こさせてくれるし、おだやかな享楽主義、豊かな感受性の果実、日常の凡庸さの圧倒的な支配を確信をもって拒否する静かな自信、そして何よりも、死に至るまで彼を貪欲さや支配を事とする精神から免れさせた自由への熱烈な愛、といったことをわれわれに示してくれるのだ。

彼がすべての人の幸福への権利を重要視しようとするとき、その力強い文体のせいもあって、彼はわれわれに親しみ深いものとなるかのようだ！　意外な出来事や偶然の出会いを愛好するこの語り手は、欲望の重要さやそれが人を後悔に駆り立てるということをさらけ出す率直さにおいて、何と魅力的なことか！　彼の素朴な確かさが、すでにしてこの人間がまっとうなことを証明している。

しかしそれ以上のものがある。さらにそれ以上に友愛の心を持つ彼は、その時代のため、また彼の階級のために書こうと思ったのである。そのような行為はそうざらにあることではない。彼はそれなりのやり方で冒険を試みて、自分自身を激しくそのなかに投げ入れるような性格の文章に挑戦し、おのれ自身で主体を全面的に射すくめることを試みたのだった。この点においては民衆である彼のやり方は、彼が出会うことになり、また人間として、著述する人物として、また友人としてメネトラに魅力を感じたルソーのそれとよく似ていた。その場合、書くことは一個の人生たりえたということを率直に伝えることであり、言葉により生きざまについての忠実な一瞬の反映に到達しようとするすさまじい努力を伝えている。

メネトラに深く根ざす資質は、自分自身を理解し、他者と世界を理解しようという意志を、くり返し静かに確認することにあるのは疑いないところだ。彼が企図するところは、そこに矛盾が介在しているにしても、真実と絶対的なものを探究することであった。それがわれわれの意識にさし出している基本的な問題は、人間というものは悪また善のどちらかにはっきり与しているわけではなく、何事も一刀両断というわけにはいかないような世界における正義の問題なのだ。

ジャック＝ルイ・メネトラの信念、彼の孤独な試みのやむにやまれぬ性格は、その一貫性のなさが素朴な人々を当惑させ、その過酷な状況が空想的な観念論者たちに不意に襲いかかることになった政治の突然の出現に直面して、鮮やかに浮かび上がっていく。しかしながらメネトラの自由な友愛の心は、われわれを世界についての、また事物や人間たちについての開かれた読みに導いてくれる。この友愛の心はわれわれを、それこそ感性豊かな心から生まれた才能であると、納得させるものがある。

パリ、一九七七年——一九八二年。

図版目次

訳者あとがき

本書の第二版に序文を寄せたロバート・ダーントンは、その冒頭で、「ジャック＝ルイ・メネトラの『わが人生の記』の出現は、歴史家が思い描いていた夢が現実のものになったということなのだ」と記している。その出現はまことに突然のことだった。啓蒙の世紀といわれるフランスの十八世紀を研究する各分野の学者は多数にのぼり、厖大な研究を蓄積してきたわけだが、誰も十八世紀のパリにガラス業の手工業者ジャック＝ルイ・メネトラなる人物が存在したことなど知らなかったし、ましてやその人物が草稿で三五〇ページになる『わが人生の記』と題する文章を、いわば自伝という形で、自分の人生を堂々たる自己主張のようにして書き残しているとは気づかなかった。歴史家たちが参照してきた厖大な文献・資料のなかのどこにも、そのような記録が残されていることを推測させる指摘は存在しなかったのである。

ところが一九七〇年代になって、啓蒙期を研究対象とする歴史家ダニエル・ロシュが、パリ市歴史図書館に埋れていた二束の草稿を発見する。ロシュがそれらを精査した結果、第一の草稿の束は『わが人生の記』であり、第二の草稿の束は、詩や散文、また雑文の断片などが集められているもので、その中には短文であるがまとまった省察も含まれていた。いずれも十八世紀を生きたパリのガラス職人また親方として店を持っていたジャック＝ルイ・メネトラという人物が書き残したものであることが判明する。当時ダニエル・ロシュは、『地方における啓蒙の世紀。地方の学術団体《アカデミー》とその会員たち一六六〇―一七八九』という博士論文を完成させ注目されるようになり（一九七八年に公刊される）、『パリの民衆。民衆文化についての試論』（一九八一年、パリ）の仕事にとりかかっていた。後者は本書でもしばしば参照されているものであるが、内容は民衆階層の人々の遺産目録などの公証人文書を中心にして、庶民における物質生活や読み書きの進展、また、精神生活が、文書に記録された日常生活にかかわる多様な物品を系列的に数量化して計量し、十八世紀における民衆の日常生活や文化の変容を明らかにしたものである。これは生活文化を中長期的な変動局面において、計量的手法においてとらえるという当時のいわゆる社会史の方法にのっとったものとして、しかもそれを計量的史料を得ることが難かしい民衆階層について試みたものとして注目された。しかしダニエル・ロシュはそうした方法だけでなく、自身で発掘したメネトラの『わが人生の記』という記述史料（質的史料）を精査・分析することによって、十八世紀のパリ民衆階層の社会文化にアプローチしていった。その結果が本書のような形をとることになったのである。

その際にロシュはテキストの校訂をおこなっている。そこで留意された点は、まず句読点のないメネトラの文章を読みやすくするために、文と文の間があけられ、文章の段落がはっきりわかるようにしたこと、十八世紀におこなわれた正字法は、現代の正字法に改めたこと、文意を明確にするために（　）に入れて最小限に言葉を補い、不必要に言葉が反復して使われていたり、メネトラの判断の誤りからそれが使われていたりする場合、そうした言葉を［　］に入れる、などのことがおこなわれた。いずれもメネトラの文章を読みやすくする処置である。校訂においてより重要なことは、実に綿密な注がロシュによって付けられていることである。それはメネトラの行動を具体的に理解できるような、その背景となる事象を詳細に指摘する。その調査は、メネトラが巡歴の旅で滞在したいくつかの都市の古文書館や図書館に、メネトラの足跡にかかわる史料を探索することにまで及んでいる。この注はメネトラのテキストを読むにあたって不可欠のものであり、それに目を通すことで、テキストへの理解は飛躍的に深まることをここで強調しておこう。

さらにロシュは一冊の著書にも匹敵するような解説を書いていて、さきに指摘した質的な史料に対する、みごとな分析力を示している。メネトラの記述は自分の体験を誇大に表現し、フィクションをでっち上げてもいる。そうしたことからすると正統的な歴史家からは、メネトラのテキストは史料価値の低いものとみなされることになるだろう。だがロシュも指摘しているように、メネトラの語りの細部が事実であるかどうかよりも、メネトラが語りの大筋において、どうしてそのように語っているのかを、現代歴史学の方法と成果によりながら考えることが重要であり、そうしてみると、司法関係文書、警察文書、公証人文書やエリート層の残した記録や文献類によって構成されたこれまでの歴史像とは異なる位相と様相をもった歴史の局面が、忽然と姿を現すことになる。ましてやメネトラの『わが人生の記』は、パリの民衆階層に属する人が書いたものとしては唯一の、発見された自伝的な記録なのである。そこにはらまれる、書くことへの熱狂はなにを意味するのだろうか。そうしたこと一つをとってみても、この記録を史料価値の低い史料とみなすとすれば、それは歴史学の敗北を自ら宣言するにひとしいものである。

ダニエル・ロシュは本書の最末尾につけられた「あとがき」に相当する文章で、「影になった見えない部分のイメージを喚起することは正統派歴史学のとる方法ではない」と書く。メネトラの『わが人生の記』はまさにそうした「影になった見えない部分」を語っていることをロシュは念頭におきながら、それが「いきいきした現実を描くのに役立つものである」と言いきっている。こうしてロシュの『わが人生の記』についての解説は、解説などではなく、「影になった見えない部分のイメージ」に関する、すべてで六章を構成する全面的な分析となった。それは現代歴史学の諸分野の方法と成果（それは歴史人口学や家族史、そして読み書き能力の歴史や、本と読書の歴史から都市史や身体技法、愛と感性の歴史までのあらゆる分野にわたっている）に依拠し、身体技法についての人類学や「プラティック」という概念が多用されていることでもわかるように、最近の社会学、また「自伝契約」の概念が用いられることでもはっきりする文学研究といった分野の成果をも利用する、総合的な一個の研究をなしている。ロシュはそうしたなかで歴史人類学を達成させるということを念頭に置いていたようである。本書の解説はこうして「影になって見えない部分のイメージを喚起する」のに、現代歴史学はどのような有効性を持っているかを例証する、得がたい分析となっている。したがってメネトラの『わが人生の記』をどのように読むかについては、このロシュの論考にゆだねることにして、ここでは翻訳をしていくなかで気がついた二、三のことを述べておくことにしたい。

『わが人生の記』は原書においてはメネトラの草稿にしたがって句読点を付していないが、訳文では凡例の1に記したように、句読点を付けざるをえなかった。メネトラの文章は知識人の書く文章とは異なっており、彼自身が言っているように統辞法に従っていないところがあるが、いわゆる俗語《アルゴ》が用いられている場合はごくわずかであり、使用される言葉の一つひとつは、知識人の用いていた文章語である。しかしメネトラの文章には、往々にして何を表現しているのか、その意味がよくとれない箇所が存在する。それは彼が言葉をたたきつけるようにして文字にし、その文章が文法にかなっているのかどうかを穿鑿することを好まず、そこから自分の書いたものの独自性を主張しようとしていたことによっている、とも言えるだろう。しかしそれだけではなく、彼の記述は対象とする人物や事象また状況について、その具体的様相を描写し、性格づけ、形容していくことにあまり関心を払っていない、ということがあるように思う。

　このことを端的に示すのは、あれほどの女性遍歴を誇示してみせるメネトラではあるが、ロシュも指摘するように、女性を形容する言葉は、「善良な」「美しい」「魅力的な」といった、ごくわずかで平凡な形容詞なのである。巡歴修業の旅の途上、ニームで出会ったガラス屋の未亡人を、メネトラは心から愛し結婚しようと本気で考えたわけだが、その愛する人がどのような容姿であり、どのような衣裳、どのような立居振舞いや感情を持っているかを形容し具体的に描写することをしていない。読者は、そうした女性がどのような行動をするかによって、その人物の性格を判断する以外にはないのである。

情景描写についても同様である。ロシュがメネトラの絵画的《ピトレスク》な景観描写の数少ない例の一つとしてあげているのに、ルソーとともに散歩したパリ市外辺のプレ＝サン＝ジェルヴェのたたずまいについての記述がある。だがその描写は、「その当時は樹木と緑地に覆われていてまったく絵に描かれたような美しい地帯に行って楽しく過ごす」というにすぎないものだ。彼は「絵に描かれた」と表現できるような感性を持っていることは確かなのだが、それを具体的に描写してはおらず、彼は「楽しく過ごす」という行為のほうに目を向けているのだ。

このようにメネトラの文章は、直面する事象や状況を形容し説明する記述があまりにもそっけないために、ときとして彼が書いていることを理解しにくいことがあるのだが、それがかえって彼の文章に躍動感を与えている。それとの関連で指摘できることは、彼の文章で重要なのが動詞だということである。その動詞の過去形には少々独特な形が用いられているものの、仮定法から接続法も含めてすべての時制が駆使されていて、その用法も正確である。彼の文章を訳していくとき、動詞とその時制が一番たよりになったと言っていいほどである。彼の記述は、次から次へと物語の舞台を転換させながら語りついでいく性格を持つが、そうした場合に動詞が重要な位置を占めている。それぞれの舞台で人々がどのように行動していくかが、そのプロットの動力となっており、したがってその行動の意味を理解することが重要になるのだ。

そしてこの変転する舞台と行動の積み重ねによって成り立つ物語のプロットを支えているのは、道化芝居のそれであると思う。メネトラはブールヴァール・デュ・タンプルに軒を連ねていた芝居小屋で演じられていた道化劇の熱狂的な愛好者であったことは、『わが人生の記』のさまざまなところで述べられていることから明白である。彼はその芝居小屋に妹と連れ立って、さらには自分の娘や息子を連れておもむく。そしてメネトラはこうした芝居やスペクタクルの企画者だったニコレとは知り合いで、道化役者でもあったタコネやゴオドンとも交際していたらしい。メネトラ自身も道化の服を買い入れ、部屋で道化の身振りを習得しようとする。さらには、カーニヴァルに際して道化の仮装をして街に出て行き、妻や子どもたちをさんざんにからかったのだが、家族の者もそれがメネトラだと感づかなかったと得意気に語っている。またヴェルサイユで宮殿のガラス工事に従事したときには、仕事の終わった後に、樽や仕事台などであり合わせの舞台をしつらえ、そこで「靴直しのバラード」や「仕立屋のバラード」と称される、道化芝居での寸劇を自ら演じ、貴族やブルジョワなどの男女が観覧にやって来て、好評を博したと言うのである。道化芝居のリズムとプロットは彼のなかで肉体化されていたとみてよいだろう。

そしてまた、彼は独特の社会批評を展開する場合にも道化を比喩として持ち出すことがあった。彼はパリ大司教のクリストフ・ド・ボーモン、死刑執行人のアンリ・サンソン、そして道化役者で彼が賞賛するゴオドンの三人を並べて、当代の三大道化役だと評している。この比喩は、道化というものをメネトラがどのように考えていたかを語っている点で注目される。つまりパリ大司教はノートル＝ダム大聖堂の説教壇から人々の心をゆり動かす言葉を発し、異次元の世界に人々を導き、死刑執行人はグレーヴ広場の舞台で公開処刑を演出し、集まった大衆の心に衝撃を与え、日常の営みを宙づりにし、道化役者はブールヴァール劇の舞台において、辛辣な冗談の数々を投げかけ、人々の心を揺るがせ、日常的な世界を相対化させる。

メネトラは道化をこのようなものと考えていたことは確かで、文化人類学で言われる道化のトリックスターとしての意味を彼は理解し、それを熱愛していたのである。こうして彼において肉体化していった道化芝居のリズムとプロットは、ごく自然に『わが人生の記』のプロットとなり、またそれを支える動力となっているのだ。もしそうでないとしたら、知識人とは別の世界に住み、知識人とは異なる文体をつくろうとして悪戦苦闘する「独学の人」に、草稿で三五〇ページにもなる『わが人生の記』を、一貫したモティーフでもって書き上げる持続力はどこから生まれたと言えるのか。

こうしてメネトラは自分自身を道化に擬して「わが人生」を語ることによって、期せずしてトリックスターの能力を自らに負わせることになった。彼がその行動のなかで放つ冗談やいたずら、暴力や人を刺すような悪口雑言などなどは、仕事仲間や近隣の人々、また酒場や市門の外の関の酒場など、身近な人々の間だけのものではなく、女子修道院の内部や貴族の館の中から、これもまた修道院と呼んだ娼館の女主人に至るまでの、社会の上層やら下層にわたってくり広げられ、ここかしこで人々の心を揺り動かし、いたるところで波瀾万丈の成り行きを出現させる。彼の多彩な女性遍歴の話は、誇大に語られたり、つくり上げられたりしたもののようだが、これはトリックスターのまき起こす波瀾万丈を強調するための道具立ての意味も担っている。そうした波瀾の末に見えてくるのは、身分序列に関係なく人間の営みに内在する悪も善も、激動にさらされていることでは同じであって、身分序列は宙づりにされる。このような宙づり状態を出現させるなかでメネトラが展開するカトリック教会批判は現実にもとづいた妥協を許さぬところがあって、こうしたことによって彼は、ダニエル・ロシュの表現を借りて言えば、絶対自由《リベルテール》な精神を保持し続けるのである。『わが人生の記』の語りの面白さは、せんじつめるとこのようなところに行き着く。

本書の原本はJournal de ma vie ; Jacques-Louis Ménétra, Compagnon vitrier au 18e siècle, Edité par Daniel Rocheで、初版はパリのモンタリバ社から一九八二年に、第二版はパリのアルバン・ミシェル社から一九九八年に出版された。第二版でロバート・ダーントンの序文がつけられた以外は、そして最尾につけられたロシュの「あとがき」に相当する文章に、メネトラの生涯についての新たな情報が書き加えられているほかは両版の相異はない。このメネトラの『わが人生の記』はこの本の発行より前、草稿が発見されたときから、啓蒙の世紀を研究する歴史家は、その研究書などで必ずといってよいほど、メネトラの草稿を参照し史料として引用してきた。それからするとこの訳書は、いささか遅ればせの訳業ということになる。しかし『わが人生の記』が、啓蒙の世紀にこれまでとは全く異なる位相から接近する道をひらいているものであること、さらにはそこに示されている民衆の日常的実践《プラクティック》の世界を解明していくためには、歴史学の諸分野の方法のみでなく、他領域で開拓されたさまざまな視点や方法を駆使した、いわば超領域的な探究を必要としていることを、ロシュがきわめて具体的な分析のなかで示している点で、あえて翻訳の労をとることにした。日本で歴史人類学ということが言われるようになって久しいけれど、この本の原書を全体として読み通した人はごくわずかしかいないだろう。しかし本書のダニエル・ロシュの分析を読めば、ごく自然に歴史人類学の様相が浮上してくるのである。

ちなみにダニエル・ロシュは一九三五年のパリ生まれ、フランスの歴史学界の要職を歴任しているが、主なものを参考のために記しておけば、パリ第一大学＝ソルボンヌ教授（一九七八—九九）、社会科学高等研究院指導教授（一九八九—九七）、コレージュ・ド・フランス教授（一九九九年以降）などである。主要著作には前述したもののほか多数あるが、日本の研究者がしばしば指摘しているのは、『啓蒙期のフランス』（一九九三年、パリ）であろう。そのほかに『文芸の共和主義者』（一九八八年、パリ）、『衣裳の文化』（一九八九年、パリ）さらに『日常的些事の歴史』（一九九七年、パリ）では、十七から十八世紀の消費生活の変化を叙述するなど、その研究の幅はきわめて広い。二十一世紀に入っても、いくつかの著書や編著書を出しているが、そのなかに『認識を介しての自由、ピエール・ブルデュー（一九三〇—二〇〇二）』の編者に加わっていることが注目される。

私の今回の翻訳の仕事は、多大の時間と労力を要するものであった。従来から翻訳については、回想や証言記録として重要と考えた著作に努めて限定し、訳するに価いすると考えたものについておこなってきたつもりである。友人たちと共訳した、ルイ・シュヴァリエの『労働階級と危険な階級』（みすず書房）という著名な研究書にしても、同時代の調査記録や証言が大量に参照されていることもあって、書店の求めに応じたのであった。今回の訳業は白水社の小山英俊氏の提案によって決断したものであるが、その際も、これが十八世紀の庶民の書いたその時代の証言として、とくにパリについて唯一のものと言えるので、私の訳業のしめくくりになると思ったからである。この翻訳を引き受けるにあたっては、宮下志朗氏の励ましもあったことを、謝意とともに記しておきたい。

翻訳にあたってはさまざまな方のご援助をいただいた。日本女子大学の森田安一氏からは、キリスト教関係のいくつかの事項についてご教示をいただいた。またフランス語関係とオック語関係の、そしてまた文学関係の辞典や事典類の参照については日本女子大学の高頭麻子氏、また明治大学の木下賢一氏のお世話になった。感謝の意を表する次第である。

また原稿の整理や語句の修正などについては、ドニ・プロ『崇高なる者』（岩波文庫）などの訳書を出されている見富尚人さんのご協力を得ることができ、大いに助けられることになった。これも有難いことであった。

最後に白水社の小山英俊氏と芝山博氏には、いろいろご助言をいただき感謝します。

本書は歴史の他者を理解し、その目線でモノを見ることには、さまざまな方法をもってのぞまなければならないことを教えてくれるものだと思う。どうか熟読玩味されんことを！

喜安　朗

二〇〇六年二月二十八日

著者紹介
ダニエル・ロシュ　Daniel Roche
1935年パリ生まれ
パリ第一大学=ソルボンヌ教授（1978-99）、社会科学高等研究院指導教授（1989-97）などを経て、コレージュ・ド・フランス教授（1999年以降）。
主要著作
Le siècle des lumières en province. Académie et académiciens provinciaux 1660-1789 (1978)
Le peuple de Paris, essai sur la culture populaire (1981)
Journal de ma vie, par Jacques-Louis Ménétra (présentation, 1982)
Les français et l'Ancien Régime, t. Ⅱ：sociétés et cultures (1984)
Les Républicains des lettres (1988)
La culture des apparences (1989)
La France des lumières (1993)
Histoire des choses banales (1997)
Humeures vagabondes : de la circulation des hommes et de l'utilité des voyages (2003)
La liberté par la connaissance : Pierre Bourdieu (1930-2002) (co-dir, 2004)

訳者紹介
喜安朗（きやす・あきら）
1931年生まれ
日本女子大学名誉教授
主要著作
「革命的サンディカリズム」（河出書房新社 1971）、「社会主義と民衆運動」（勁草書房 1977）、「パリの聖月曜日― 19世紀都市騒乱の舞台裏」（平凡社 1982）、「大都会の誕生」（共著、有斐閣 1986）、「近代フランス民衆の〈個と共同性〉」（平凡社 1994）、「夢と反乱のフォブール― 1848年パリの民衆運動」（山川出版社 1994）、「近代の深層を旅する」（平凡社 1996）「ドーミエ諷刺画の世界」（編著、岩波文庫 2002）、「天皇の影をめぐるある少年の物語」（刀水書房 2003）
訳書
リサガレー「パリ・コミューン」（共訳、現代思潮社〔上下〕1968-69）、トクヴィル「フランス二月革命の日々―トクヴィル回想録」（岩波文庫 1988）、ルイ・シュヴァリエ「労働階級と危険な階級― 19世紀前半のパリ」（共訳、みすず書房 1993）、マルタン・ナド「ある出稼石工の回想」（岩波文庫 1997）

わが人生の記
十八世紀ガラス職人の自伝

2006年3月15日　印刷
2006年4月5日　発行

訳　者©　喜　安　朗
発行者　川　村　雅　之
印刷所　株式会社　三　陽　社

発行所　101-0052東京都千代田区神田小川町3の24
電話 03-3291-7811（営業部），7821（編集部）
http://www.hakusuisha.co.jp
株式会社　白水社
乱丁・落丁本は、送料小社負担にてお取り替えいたします。

振替 00190-5-33228　Printed in Japan　松岳社㈱青木製本所

ISBN4-560-02615-7

ジョルジュ・デュビー　新倉俊一、松村　剛　訳

十二世紀の女性たち

本質的に女性蔑視のキリスト教中世において、女性たちはどのように見られていたか。アナール派を代表する歴史家が豊富な資料を駆使して物語る。　定価５０４０円

フィリップ・ヴォルフ　渡邊昌美　訳

ヨーロッパの知的覚醒

◎中世知識人群像

西欧世界にはじめて真にヨーロッパ的なものが出現したのはいつだったのか。ヨーロッパに知的覚醒が生み出される歴史的過程を描いた古典的名著。　定価３３６０円

鹿島　茂

馬車が買いたい！

◎19世紀パリ・イマジネール

十九世紀小説の主人公たちが目指したパリ、その生活現場に豊富な資料を駆使して立ち入り、当時の風俗・世相に鋭い検証の光を照射した会心作。　定価３０４５円

鹿島　茂

職業別　パリ風俗

社交界に君臨するための絶対条件は？　十九世紀小説にはなぜ女中が出てくる？　これを知らずしてバルザックやフロベールを語れない風俗ファイル。定価２３１０円

ルイ・シュヴァリエ　小倉孝誠、岑村　傑　訳

三面記事の栄光と悲惨

◎近代フランスの犯罪・文学・ジャーナリズム

世相を如実に反映し、我々の関心や欲望をあぶりだす三面記事。近代フランス風俗史の大家が、その歴史と社会・文学への影響を多面的に考察する。　定価２５２０円

アルフレッド・フィエロ　鹿島　茂　監訳

パリ歴史事典

文化・政治・宗教から芸術・風俗習慣まで、数多の項目で浮かび上がるパリの素顔。エピソードをふんだんに盛り込んだ、読み物としても面白い事典。定価９９７５円

定価は５％税込価格です．　(2006年3月現在)
重版にあたり価格が変更になることがありますので，ご了承下さい．